**2024年版** 一級建築士合格戦略

# 法規のウラ指導

教育的ウラ指導 編著

JN108493

学芸出版社

# \\ 読者特典 //

本書をご購入後，下記 URL からお申し込みいただいた方全員に，

## ① 教育的ウラ指導オリジナル インデックスシール を 無料配布 いたします !!

持込法令集に使える！

合格者たちにヒアリングを重ねながら改良を重ねてきました．貼りながら法規の理解も深まる独自のレイアウト，他にも独学合格者ならではの工夫が満載！ シールを使って合格に一歩近づこう！

## ② 著者による対策講座 （オンライン） に 無料で参加 できます！

※詳細は下記の URL にアクセスしてご確認ください

お申し込みは下記の二次元コードか URL にアクセスください

https://book.gakugei-pub.co.jp/campaign/ura24/

【申し込み受付期間：2023 年 12 月〜2025 年 1 月末まで】

# はじめに

　本書の前身である『一級建築士受験　法規のウラ指導』は，2005～2015年の10年間，出版されました．その間，実際に一級建築士試験の法規科目の点数が稼げる本として，数多くの合格者を輩出してきました．しかしながら，毎年の法改正に対応させるなど，執筆・編集の業務負担はあまりに大きく，2015年度版をもって出版を断念することになりました．ところが，口コミによって本書の評判は広まり続け，2015年版については過剰なプレミアがつき，また出版社にも再販を望む声が数多く寄せられたこともあり，2018年にリニューアルした形で出版する運びとなりました．

　本書で勉強することによって，本番で点数を稼げるようになる理由は二つあります．

　一つは，建築法規について体系的に理解できるようになること．そのために，法令同士の比較や併読がしやすいように工夫した構成・解説となっています．もう一つは，出題者が求めているモノを的確に読み取れる能力が身につくこと．本書で勉強する際には，解説を丸暗記するのではなく，問題作成者がどのような意図で，その問題を出題しているのかを丁寧にくみ取るようにしてください．

　上記の2点を意識しながら本書で勉強していただければ，試験本番で法令集を開く時間を少なくでき（＝時間の短縮），かつ，得点力を劇的に高めることができます．

　一方，「遠回りな方法だ」「丸暗記の方が近道だ」と考える方もいるかもしれません．しかし，最近の学科本試験問題を見ると，問題作成者が明らかに「詰込み丸暗記型」の受験生を振るい落とそうとする意図が読み取れます．この傾向は，学科試験だけでなく，製図試験においても強まっています．過去問がそのままの形で出題される小テストや模擬試験と異なり，本番では「詰込み丸暗記型」の勉強法では点数を伸ばせません．どれほどインプット量を増やそうとも，身に着けた知識を的確に引き出せるアウトプット力がなければ点数を稼げないからです．試験元はその能力を受験生に求めています．事実，猛勉強したのにあと一歩のところで合格点に届かない不合格者が非常に増えています（＝アウトプット力不足が敗因）．

　学科試験全般について言えることですが，最低限20年分の過去問の知識はマスターする．ただし，知識を丸暗記するのではなく，知識どうしの関連性や繋がりを常に意識しながら体系的な理解を目指す．その上で，問題作成者の出題意図を丁寧にくみ取る訓練を重ねていく．

　これらを効率的に実践できる点に本書の価値があります．

　本書を通じ，本番で点数を稼げる快感を一人でも多くの受験生に体感していただき，合格への道標のひとつとなれば幸いです．

2023年11月

著者

| ① 19014 | ② 用語の定義<br>③ 建築物 | ④ 食堂用の鉄道車両を土地に定着させて，レストランとして使用する場合は，「建築物」に該当する． | ⑤ ○ |
|---|---|---|---|
| ⑥ | | 「法2条第一号」に「建築物」の解説が載っており，そこを訳すと「①.屋根＋柱 又は，②.屋根＋壁のどちらかでできていて，かつ，土地に定着している建物は基準法上の建築物である．」とわかる．そのため，鉄道車両を土地に定着させて使用した場合は，基準法上の建築物として扱われる． | |
| ⑦ | | 原文：法2条第一号<br>一．建築物　土地に定着する工作物のうち，屋根及び柱 若しくは 壁を有するもの……をいい，建築設備を含むものとする． | |

①.コード　　　　　問題は，全て5桁のコード表示により扱っています．はじめの2桁が「年度」，次の2桁が「問題番号」，最後の1桁が「何番目の選択肢か？」を表します．
例：コード19014 → 平成19年度本試験問題 1問目 4番目の選択肢

②.インデックス　　これから作成する持込法令集のインデックスに対応しています．

③.小項目

④.問題　　　　　　1選択肢ずつ1問1答化してあります．

⑤.解答

⑥.解説

⑦.原文　　　　　　原文欄にあるアンダーラインは，法令集への線引きの参考にしてください．

例:「換気設備」についての条文を探してみよう!

1. まず上インデックスにある「設備」を開きます.

本書では, 通称:緑本(横書)をもとに「法令集の作り方」を説明しておりますが, どの法令集にも対応可能です.

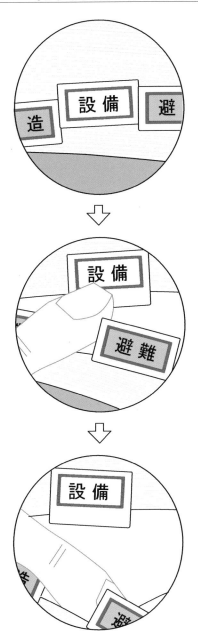

2.上インデックス「設備」を開くと，右インデックスに設備に関する各項目が一覧で並んでいます.

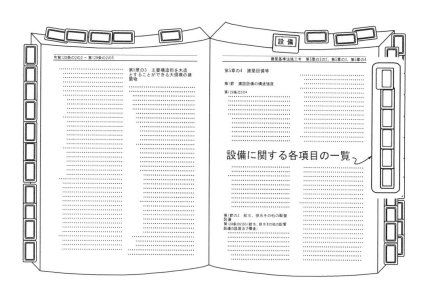

設備に関する各項目の一覧

3.右インデックスの設備に関する各項目の中から「換気設備」を開くと，換気設備についての条
　文にたどりつけます.

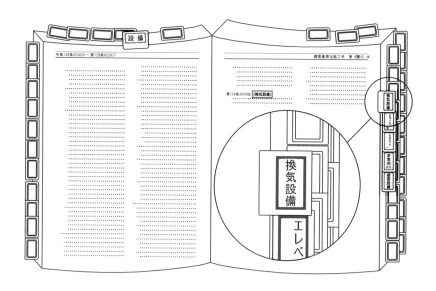

# ■インデックス一覧

| | | | | | | | | | |
|---|---|---|---|---|---|---|---|---|---|
| 用語の定義 | 用語の定義 | 構造 | 構造 | 法もくじ | 法もくじ | 消防用設備 | 消防用設備 | | |
| 別表一 | 別表一 | 防火地域 | 防火地域 | 令もくじ | 令もくじ | 品確法 | 品確法 | | |
| 類似特建 | 類似特建 | 防火区画 | 防火区画 | 規則もくじ | 規則もくじ | 別表三 | 別表三 | | |
| 用語の定義（令） | 用語の定義（令） | 内装制限 | 内装制限 | バリアフリー法 | バリアフリー法 | 避難安全検証法 | 避難安全検証法 | | |
| 容積率 | 容積率 | 避難 | 避難 | 耐震改修法 | 耐震改修法 | 耐火性能検証法・防火区画面積検証法 | 耐火性能検証法・防火区画面積検証法 | | |
| 敷地構造設備 | 敷地構造設備 | 道路 | 道路 | 建築士法 | 建築士法 | | | | |
| 設備 | 設備 | 建築制限 | 建築制限 | 建設業法 | 建設業法 | | | | |
| 採光・換気 | 採光・換気 | 地区計画・条例制限 | 地区計画・条例制限 | 都市計画法 | 都市計画法 | | | | |
| 一般構造 | 一般構造 | 建築協定 | 建築協定 | 消防法 | 消防法 | | | | |
| 確認申請 | 確認申請 | 罰則 | 罰則 | 消防法別表一 | 消防法別表一 | | | | |

| | | | | | | | | | |
|---|---|---|---|---|---|---|---|---|---|
| 建蔽率 | 建蔽率 | 除却届 | 除却届 | 組積造 | 組積造 | 許容応力度 | 許容応力度 | 非照明 | 非照明 |
| 高さや用途制限 | 高さや用途制限 | 用途変更・工作物・設備 | 用途変更・工作物・設備 | 補強コンクリートブロック造 | 補強コンクリートブロック造 | 地盤 | 地盤 | 非進入口 | 非進入口 |
| 配管設備 | 配管設備 | 類似用途 | 類似用途 | 鉄骨造 | 鉄骨造 | 材料強度 | 材料強度 | ドーロ内建築・壁面線 | ドーロ内建築・壁面線 |
| 換気設備 | 換気設備 | 工作物準用 | 工作物準用 | 鉄筋コンクリート造 | 鉄筋コンクリート造 | ローカ幅 | ローカ幅 | 地区計画・条例基準 | 地区計画・条例基準 |
| エレベーター等 | エレベーター等 | 設備準用 | 設備準用 | 鉄骨鉄筋コンクリート造 | 鉄骨鉄筋コンクリート造 | 歩行距離 | 歩行距離 | 避雷設備 | 避雷設備 |
| エスカレーター | エスカレーター | 仮設建築物 | 仮設建築物 | 構造計算 | 構造計算 | 2直階段 | 2直階段 | バリアフリー法（令） | バリアフリー法（令） |
| 非常用EV | 非常用EV | 既存不適格 | 既存不適格 | 積載荷重 | 積載荷重 | ヒナン階段・特別ヒナン階段 | ヒナン階段・特別ヒナン階段 | バリアフリー法・誘導基準 | バリアフリー法・誘導基準 |
| 採光割合 | 採光割合 | 構造方法 | 構造方法 | 積雪荷重 | 積雪荷重 | テンポ出入口・屋上広場 | テンポ出入口・屋上広場 | 耐震改修法（令） | 耐震改修法（令） |
| 換気設備 | 換気設備 | キソ | キソ | 風圧力 | 風圧力 | 敷地内通路・地下街 | 敷地内通路・地下街 | 耐震改修法・規則 | 耐震改修法・規則 |
| 定期報告 | 定期報告 | 木造 | 木造 | 地震力 | 地震力 | 排煙設備 | 排煙設備 | 免許 | 免許 |

| | | | | | | | | | |
|---|---|---|---|---|---|---|---|---|---|
| 業務 | 業務 | 建設業法（令） | 建設業法（令） | 建蔽率等の指定 | 建蔽率等の指定 | 住宅用防災機器 | 住宅用防災機器 | 非常警報設備 | 非常警報設備 |
| 事務所 | 事務所 | 地域地区 | 地域地区 | 許可を受けた土地 | 許可を受けた土地 | 消防用設備の設置義務 | 消防用設備の設置義務 | 避難器具 | 避難器具 |
| 管理建築士帳簿・図書 | 管理建築士帳簿・図書 | 都市施設 | 都市施設 | 許可を受けた土地以外 | 許可を受けた土地以外 | 消防用設備の適用除外 | 消防用設備の適用除外 | 誘導灯 | 誘導灯 |
| 監督処分 | 監督処分 | 地区計画 | 地区計画 | 建築許可 | 建築許可 | 消火器具 | 消火器具 | 紛争処理機関 | 紛争処理機関 |
| 建築士法規則 | 建築士法規則 | 都市計画基準 | 都市計画基準 | 建築規制・届出 | 建築規制・届出 | 屋内消火栓 | 屋内消火栓 | かし担保責任 | かし担保責任 |
| 建設業許可 | 建設業許可 | 都市計画決定 | 都市計画決定 | 都市計画事業 | 都市計画事業 | スプリンクラー | スプリンクラー | | |
| 請負契約 | 請負契約 | 都市計画決定（令） | 都市計画決定（令） | 許可の同意 | 許可の同意 | 水噴霧消火設備 | 水噴霧消火設備 | | |
| 一括下請負 | 一括下請負 | 開発許可 | 開発許可 | 防火管理者 | 防火管理者 | 屋外消火栓 | 屋外消火栓 | | |
| 紛争審査会 | 紛争審査会 | 開発許可（令） | 開発許可（令） | 消防法（令） | 消防法（令） | 自動火災報知設備 | 自動火災報知設備 | | |
| 主任技術者 | 主任技術者 | 建築制限 | 建築制限 | 令8区画 | 令8区画 | ガス漏れ火災警報設備 | ガス漏れ火災警報設備 | | |

# ■インデックス貼り付け箇所一覧表

| インデックス | 条文 | 貼付箇所 | インデックス | 条文 | 貼付箇所 |
|---|---|---|---|---|---|
| 用語の定義 | 法 2 条 | 右 11 | 換気設備 | 令 20 条の 2 | 右 10 |
| 別表一 | 法別表 1 | 右 1 | 定期報告 | 法 12 条 | 右 5 |
| 類似特建 | 令 115 条の 3 | 右 1 | 除却届 | 法 15 条 | 右 6 |
| 用語の定義（令） | 令 1 条 | 右 11 | 用途変更・工作物・設備 | 法 87 条 | 右 7 |
| 容積率 | 法 52 条 | 下 4 | 類似用途 | 令 137 条の 18 | 右 2 |
| 敷地　構造　設備 | 法 19 条 | 右 8 | 工作物準用 | 令 138 条 | 右 3 |
| 設備 | 令 129 条の 2 の 4 | 上 5 | 設備準用 | 令 146 条 | 右 4 |
| 採光・換気 | 法 28 条 | 右 9 | 仮設建築物 | 法 85 条 | 右 5 |
| 一般構造 | 令 21 条 | 右 8 | 既存不適格 | 法 86 条の 7 | 右 2 |
| 確認申請 | 法 6 条 | 右 4 | 構造方法 | 令 36 条 | 右 3 |
| 構造 | 令 36 条 | 上 6 | キソ | 令 38 条 | 右 5 |
| 防火地域 | 法 61 条 | 上 1 | 木造 | 令 40 条 | 右 6 |
| 防火区画 | 令 112 条 | 上 2 | 組積造 | 令 51 条 | 右 7 |
| 内装制限 | 令 128 条の 4 | 上 3 | 補強コンクリートブロック造 | 令 62 条の 2 | 右 8 |
| 避難 | 令 117 条 | 上 4 | 鉄骨造 | 令 63 条 | 右 9 |
| 道路 | 法 42 条 | 右 3 | 鉄筋コンクリート造 | 令 71 条 | 右 10 |
| 建築制限 | 令 130 条の 3 | 下 3 | 鉄骨鉄筋コンクリート造 | 令 79 条の 2 | 右 11 |
| 地区計画・条例制限 | 法 68 条の 2 | 下 1 | 構造計算 | 令 81 条 | 右 4 |
| 建築協定 | 法 69 条 | 下 2 | 積載荷重 | 令 85 条 | 右 5 |
| 罰則 | 法 98 条 | 右 10 | 積雪荷重 | 令 86 条 | 右 6 |
| 法もくじ | 基準法目次 | 下 7 | 風圧力 | 令 87 条 | 右 7 |
| 令もくじ | 施行令目次 | 下 7 | 地震力 | 令 88 条 | 右 8 |
| 規則もくじ | 施行規則目次 | 下 7 | 許容応力度 | 令 91 条 | 右 9 |
| 建蔽率 | 法 53 条 | 下 5 | 地盤 | 令 93 条 | 右 10 |
| 高さ制限 | 法 55 条 | 下 6 | 材料強度 | 令 97 条 | 右 11 |
| 配管設備 | 令 129 条の 2 の 4 | 右 3 | ローカ幅 | 令 119 条 | 右 3 |
| 換気設備 | 令 129 条の 2 の 5 | 右 4 | 歩行距離 | 令 120 条 | 右 4 |
| エレベーター等 | 令 129 条の 3 | 右 5 | 2 直階段 | 令 121 条 | 右 5 |
| エスカレーター | 令 129 条の 12 | 右 6 | ヒナン階段・特別ヒナン階段 | 令 122 条 | 右 6 |
| 非常用 EV | 令 129 条の 13 の 3 | 右 7 | テンポ出入口・屋上広場 | 令 124 条 | 右 7 |
| 避雷設備 | 令 129 条の 14 | 右 8 | 敷地内通路・地下街 | 令 128 条 | 右 8 |
| 採光割合 | 令 19 条 | 右 9 | 排煙設備 | 令 126 条の 2 | 右 9 |

| インデックス | 条文 | 貼付箇所 | インデックス | 条文 | 貼付箇所 |
|---|---|---|---|---|---|
| 非照明 | 令126条の4 | 右10 | 建設業法（令） | 建設業法令1条の2 | 右11 |
| 非進入口 | 令126条の6 | 右11 | 地域地区 | 都計法8条 | 右4 |
| ドーロ内建築・壁面線 | 法44条 | 右4 | 都市施設 | 都計法11条 | 右5 |
| 地区計画・条例基準 | 令136条の2の5 | 下1 | 地区計画 | 都計法12条の5 | 右6 |
| バリアフリー法 | バリアフリー法2条 | 右6 | 都市計画基準 | 都計法13条 | 右7 |
| 耐震改修法 | 耐震改修法1条 | 右9 | 都市計画決定 | 都計法15条 | 右8 |
| 建築士法 | 建築士法2条 | 右4 | 都市計画決定（令） | 都計法令9条 | 右9 |
| 建設業法 | 建築業法1条 | 右5 | 開発許可 | 都計法29条 | 右10 |
| 都市計画法 | 都市計画法1条 | 右1 | 開発許可（令） | 都計法令19条 | 右11 |
| 消防法 | 消防法目次 | 右2 | 建築制限 | 都計法37条 | 右3 |
| 消防法別表一 | 消防法令別表1 | 右3 | 建蔽率等の指定 | 都計法41条 | 右4 |
| 消防用設備 | 消防法令7条 | 右4 | 許可を受けた土地 | 都計法42条 | 右5 |
| 品確法 | 品確法1条 | 右1 | 許可を受けた土地以外 | 都計法43条 | 右6 |
| 紛争処理機関 | 品確法66条 | 右6 | 建築許可 | 都計法53条 | 右7 |
| かし担保責任 | 品確法94条 | 右7 | 建築規制・届出 | 都計法58条 | 右8 |
| 別表三 | 法別表3 | 右1 | 都市計画事業 | 都計法59条 | 右10 |
| 避難安全検証法 | 令129条の2 | 右1 | 許可の同意 | 消防法7条 | 右6 |
| 耐火性能検証法・防火区画検証法 | 令108条の3 | 上7 | 防火管理者 | 消防法8条 | 右7 |
| バリアフリー法（令） | バリアフリー法令4条 | 右7 | 消防法（令） | 消防法令1条 | 右8 |
| バリアフリー法誘導基準 | バリアフリー法誘導基準1条 | 右8 | 令8区画 | 消防法令8条 | 右9 |
| 耐震改修法（令） | 耐震改修法令1条 | 右10 | 住宅用防災機器 | 消防法9条の2 | 右5 |
| 耐震改修法規則 | 耐震改修法規則2条 | 右11 | 消防用設備の設置義務 | 消防法17条 | 右10 |
| 免許 | 建築士法4条 | 右6 | 消防用設備の適用除外 | 消防法17条の2の5 | 右11 |
| 業務 | 建築士法18条 | 右7 | 消火器具 | 消防法令10条 | 右6 |
| 事務所 | 建築士法23条 | 右8 | 屋内消火栓 | 消防法令11条 | 右7 |
| 管理建築士，帳簿・図書 | 建築士法24条 | 右9 | スプリンクラー | 消防法令12条 | 右8 |
| 監督処分 | 建築士法26条 | 右10 | 水噴霧消火設備 | 消防法令13条 | 右9 |
| 建築士法規則 | 建築士法規則1条 | 右11 | 屋外消火栓 | 消防法令19条 | 右10 |
| 建設業許可 | 建設業法3条 | 右6 | 自動火災報知設備 | 消防法令21条 | 右5 |
| 請負契約 | 建設業法18条 | 右7 | ガス漏れ火災警報設備 | 消防法令21条の2 | 右6 |
| 一括下請負 | 建設業法22条 | 右8 | 非常警報設備 | 消防法令24条 | 右7 |
| 紛争審査会 | 建設業法25条 | 右9 | 避難器具 | 消防法令25条 | 右8 |
| 主任技術者 | 建設業法26条 | 右10 | 誘導灯 | 消防法令26条 | 右9 |

## 「一級建築士試験用持込法令集」の作り方

### ■ 法令集についての基礎知識
今から「一級建築士試験用持込法令集」について説明していきます.

はじめに, 法令集を用意してください(お手持ちのもの, または, 普段お使いの見やすいもので構いません. ただし, 法令集自体が試験会場に持ち込めるものを用意してください).

### □ 代表的な持込可能法令集
- 建築資料研究社発行　通称:オレンジ縦書・横書(A5)
- 総合資格学院発行　通称:緑本横書(B5)
- 井上書院発行　通称:青本横書　法令編・告示編(A5)
- 井上書院発行　通称:黄本横書(A5)
- TAC出版発行　『建築基準関係法令集』(B5)

※本書で説明する「持込法令集の作り方」は, どの法令集にも対応可能です.

なお, (公財)建築技術教育普及センターの試験受験要領のなかに「建築士試験の『学科の試験』において使用が認められる法令集について」載っており, 所定の条件を守らなければなりません.

以下に同センターのホームページより2014年現在の要領から抜粋を載せておきます.

・使用が認められる法令集の条件
学科Ⅲ(法規)の問題を解答する場合に限り, 次の1及び2の条件を満たす法令集の使用が認められます.
　条件1. 条文等の順序の入替及び関連条文等の挿入を行っていないこと(条文等の省略は認められる).
　条件2. 次に掲げる簡単な書込み及び印刷以外に解説等を付していないこと.
　　イ. 目次, 見出し及び関連法令・条文等の指示(法令, 章, 節, 条等の名称, 番号及び掲載ページを限度とする)
　　ロ. 改正年月日
　　ハ. アンダーライン

「認められる書込み等の例」や「認められない書込み等の例」が, 図入りで掲載されていますので, 必ず, 同センターのホームページや今年度の試験受験要領にて確認してください.

(公財) 建築技術教育普及センター
「建築士試験の「学科の試験」において使用が認められる法令集について」
https://www.jaeic.or.jp/shiken/1k/notes_on_the_day.files/horeishu-1k-2021.pdf

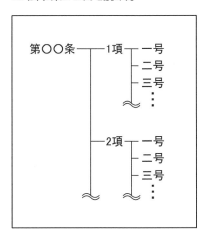

法令集の構成を簡単に説明すると,「上図」のように,まず「条」があって,その中に「項」があり,さらにその中に「号」があります.また,「条」と「項」は「1, 2, 3・・・」のように数字ですが,「号」については「一,二,三・・・」のような「漢数字」になっています.

具体的に法令集をみていきましょう.

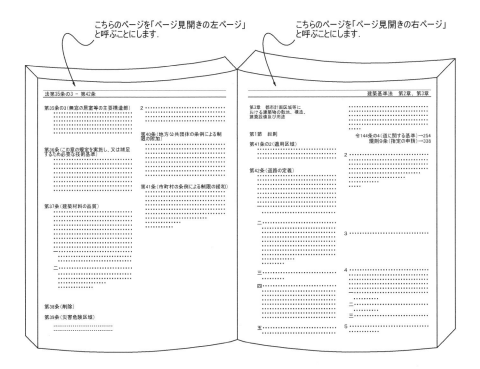

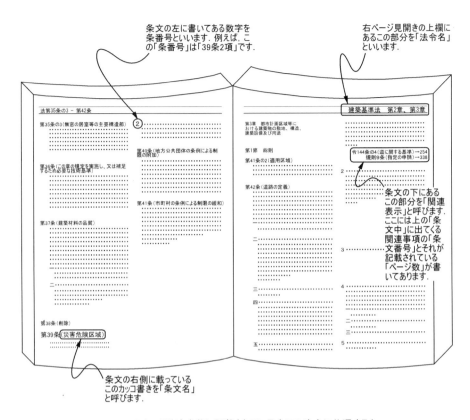

条文の左に書いてある数字を条番号といいます。例えば，この「条番号」は「39条2項」です。

右ページ見開きの上欄にあるこの部分を「法令名」といいます。

条文の下にあるこの部分を「関連表示」と呼びます。ここには上の「条文中」に出てくる関連事項の「条文番号」とそれが記載されている「ページ数」が書いてあります。

条文の右側に載っているこのカッコ書きを「条文名」と呼びます。

このルールは法令集に記載されている全ての法令に共通するものなので，最初にしっかりとこのルールを理解してください。

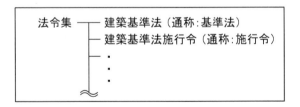

法令集 ── 建築基準法（通称：基準法）
        ── 建築基準法施行令（通称：施行令）

法令集には「基準法」，「施行令」等の他，複数の「法令」が収録されています。そのうち一級建築士試験においては，「基準法」，「施行令」からの出題が約7〜8割を占めます。

また，「基準法〇〇条〜項」という表現を省略して，「法〇〇条〜項」と表現します。同様に「施行令××条〜号」という表現を省略して，「令××条〜号」と表現します。なお，「法52条の2」の中の「2項」の場合，「法52条の2 2項」と表現すると分かりにくいので，「法52条の2第2項」のように表現します。

## ■ インデックスシールの貼り方

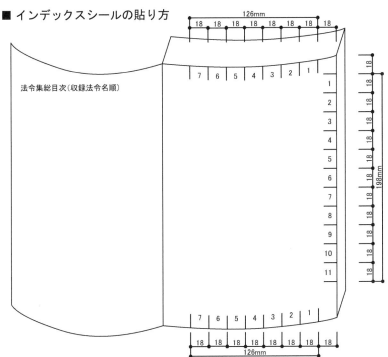

上図のように，番号と線を引いてください．（単位はmmです．）表紙をめくった見開き右ページの右側にインデックス11枚分，上下側にインデックス7枚分ずつの貼り付け箇所を取ります．次に下図のように，側面・上下面に線を引きます．そこにインデックスを貼っていきます（法令集の側面に既に線が引かれている場合は，ガイドラインとしてそのまま利用ください）．

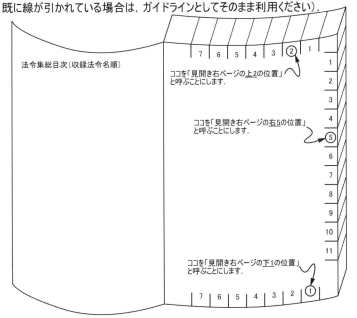

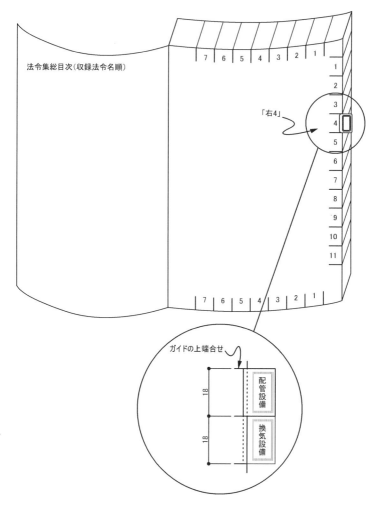

次に，法令集への「線引きの仕方」を解説します．

使用するペンやマーカーは，法令集に書き込んだ際に，ウラ側ににじまないものを用意してください．

基本的には，「赤ペン（鉛筆）」のみで線引きしますが，「適用除外」や「〜を除く」等の部分には「青ペン（鉛筆）」を使用してもいいでしょう．「青ペンの線引き」を見たときには，「規制を受けないんだな．」とわかります．尚，注意事項として最初は必ず「シャーペンで線引き」してください．はじめは不安なため，余分なところまで線引きしてしまいがちです．線引きのコツは，重要なキーワードのみを線引きしていくことです．

では，具体的に例を挙げて，説明しましょう．

問題編

| コード | 項目 | 問題 | 解答 |
|---|---|---|---|
| 19014 | 用語の定義<br>建築物 | 食堂用の鉄道車両を土地に定着させて，レストランとして使用する場合は，「建築物」に該当する． | ○ |
| | | 「法2条第一号」に「建築物」の解説が載っており，そこを訳すと「①.屋根＋柱 又は，②.屋根＋壁のどちらかでできていて，かつ，土地に定着している建物は基準法上の建築物である．」とわかる．そのため，鉄道車両を土地に定着させて使用した場合は，基準法上の建築物として扱われる． | |
| | | 原文：法2条第一号<br>一．建築物　土地に定着する工作物のうち，屋根及び柱 若しくは 壁を有するもの……をいい，建築設備を含むものとする． | |
| 24013 | 用語の定義<br>建築物 | 土地に定着する観覧のための工作物で，屋根を有しないものは，「建築物」に該当しない． | × |
| | | 「法2条第一号」に「建築物」の解説が載っており，土地に定着している工作物のうち，「観覧のための工作物」は，基準法上の建築物である．」とわかる．問題文は誤り． | |
| | | 原文：法2条第一号<br>一．建築物　……観覧のための工作物……をいい……． | |
| 30011 | 用語の定義<br>建築物 | 高架の工作物内に設ける店舗は，「建築物」である． | ○ |
| | | 「法2条第一号」に「建築物」について載っており，「高架の工作物内に設ける店舗は基準法上の建築物に含まれる．」とわかる． | |
| | | 原文：法2条第一号<br>一．建築物土地に定着する工作物のうち，……地下若しくは高架の工作物内に設ける事務所，店舗，興行場，倉庫その他……をいい，建築設備を含むものとする． | |
| 25011 | 用語の定義<br>特殊建築物 | 事務所は，その規模にかかわらず，「特殊建築物」に該当しない． | ○ |
| | | 特殊建築物（通称：特建）については「法2条第二号」に載っており，条文の最後に「これらに類する用途に供する建築物」とある．ゆえに，「特建かどうか？」を判定する場合は規模ではなく，用途によって決まる．その用途については，基準法の最後にある「別表1(い)欄」で判断できる．ここをチェックして，載ってない場合は「特建」に該当しない．問題文の「事務所」は「別表1(い)欄」のいずれにも該当しないため特建ではない． | |
| | | 原文：法2条第二号<br>二．特殊建築物　学校(専修学校及び各種学校を含む．以下同様とする．)，体育館，病院，劇場，観覧場，……その他これらに類する用途に供する建築物をいう． | |
| 22011 | 用語の定義<br>特殊建築物 | 地域活動支援センターの用途に供する建築物は，「特殊建築物」である． | ○ |
| | | 「地域活動支援センター」は「別表1(い)欄用途」に該当しないため，「類似特建(令115条の3)」をチェックする．その一号の「(二)項用途に類するもの」の中に「児童福祉施設等」とあり，児童福祉施設等については，「令19条1項」に規定されている．「地域活動支援センター」はその中に含まれているため「特建」に該当するとわかる． | |

| | | |
|---|---|---|
| | 原文：令115条の3<br>(耐火建築物等としなければならない特殊建築物)<br>法別表第1(い)欄の(二)項から(四)項まで及び(六)項（……）に掲げる用途に類するもので政令で定めるものは，それぞれ次の各号に掲げるものとする．<br>一.(二)項の用途に類するもの　児童福祉施設等（幼保連携型認定こども園を含む.以下同じ.）<br><br>原文：令19条<br>法第28条第1項……の政令で定める建築物は，……助産所……老人福祉施設，有料老人ホーム，……地域活動支援センター，福祉ホーム……（以下「児童福祉施設等」という.）とする. | |

| 18013 | 用語の定義<br>特殊建築物 | テレビスタジオの用途に供する建築物は，「特殊建築物」に該当する. | ○ |
|---|---|---|---|
| | | 不特定多数の人が利用する建物を「特殊建築物」（通称：特建）という．また，「特建かどうか？」の判定は，建物の用途によって決まる．それは基準法の一番後ろにある「別表1(い)欄」をチェックする．問題文の「テレビスタジオ」は「別表1(い)欄」のいずれにも該当しない．そのような場合「令115条の3」をチェックする．そこに「通称：類似特建（特建に類似するもの）」について載っており，ここに該当するものも「特建」として扱われる．その四号の「(六)項用途に類するもの」の中に「テレビスタジオ」は含まれているため「特建」に該当するとわかる．問題文は正しい. | |
| | | 原文：令115条の3第二号，四号<br>二.(三)項の用途に類するもの　博物館，美術館，図書館，……水泳場又はスポーツの練習場<br>……<br>四.(六)項の用途に類するもの　映画スタジオ又はテレビスタジオ | |

| 28013 | 用語の定義<br>建築設備 | 建築物に設ける消火用の貯水槽は，「建築設備」である. | ○ |
|---|---|---|---|
| | | 「法2条第三号」に「建築設備」について載っており，「建築物に設ける消火用の設備は，建築設備である.」とわかる. | |
| | | 原文：法2条第三号<br>三.建築設備　建築物に設ける……消火……の設備……をいう. | |

| 19013 | 用語の定義<br>建築設備 | 物を運搬するための昇降機で，建築物に設けるものは，「建築設備」である. | ○ |
|---|---|---|---|
| | | 「法2条第三号」に「建築設備」について載っており，「物を運搬するための昇降機で，建築物に設けるものは，建築設備である.」とわかる. | |
| | | 原文：法2条第三号<br>三.建築設備　建築物に設ける……昇降機……をいう. | |

| 28011 | 用語の定義<br>居室 | レストランの調理室は、「居室」である。 | ○ |
|---|---|---|---|

「法2条第四号」に「居室」の解説が載っており、そこを訳すと「居住、執務、作業、集会、娯楽等の目的で継続的に使用する室を居室という。」とわかる。調理室はコックさんがそこで継続的に作業（調理）するのであるから居室に該当する。

原文：法2条第四号
四. 居室　居住、執務、作業、集会、娯楽その他これらに類する目的のために継続的に使用する室をいう。

| 20014 | 用語の定義<br>主要構造部 | 建築物の自重等を支える基礎ぐいは、「主要構造部」である。 | × |
|---|---|---|---|

「令1条第三号」に「構造耐力上主要な部分」について載っており、そこを訳すと「基礎ぐいで建物の自重を支えるものは構造上主要な部分に該当する。」とあるが、「法2条第五号」に「主要構造部」の解説が載っており、その中に「基礎ぐい」は含まれていない。よって、「建築物の自重等を支える基礎ぐい」は「主要構造部」ではない。問題文は誤り。

原文：法2条第五号
五. 主要構造部　壁、柱、床、はり、屋根 又は 階段をいい、建築物の構造上重要でない間仕切壁、間柱、付け柱、掲げ床、最下階の床、回り舞台の床、小ばり、ひさし、局部的な小階段、屋外階段その他これらに類する建築物の部分を除くものとする。

| 29013 | 用語の定義<br>延焼のおそれのある部分 | 同一敷地内に二つの地上2階建ての建築物(延べ面積はそれぞれ400m² 及び 200m² とし、いずれも耐火構造の壁等はないものとする。)を新築する場合において、当該建築物相互の外壁間の距離を5mとする場合は、二つの建築物は「延焼のおそれのある部分」を有している。 | ○ |
|---|---|---|---|

「法2条第六号」に「延焼のおそれのある部分」の解説が載っており、そこを訳すと「同一敷地内の2以上の建築物（延べ面積の合計が500m² 以内なら一つの建物とみなす）の相互間の中心線等から1階にあっては3m以下、2階以上にあっては5m以下の距離にある部分をいう。」とわかる。問題文の場合、延べ面積が500m² を超えるため一つの建物とみなされず、外壁間の距離が5m（中心線からの距離は2.5m）であるため、問題文にある二つの建築物は「延焼のおそれのある部分」を有することになる。

原文：法2条第六号
六. 延焼のおそれのある部分　隣地境界線、道路中心線 又は 同一敷地内の2以上の建築物（延べ面積の合計が 500m² 以内の建築物は、一の建築物とみなす。）相互の外壁間の中心線（……）から、1階にあっては3m 以下、2階以上にあっては5m以下の距離にある建築物の部分をいう。……

原文：令1条第一号
一. 敷地　一の建築物又は用途上不可分の関係にある2以上の建築物のある一団の土地をいう。

| 20075 | 用語の定義<br>延焼のおそれのある部分 | 防火上有効な公園，広場，川等の空地又は水面に面する建築物の部分は，延焼のおそれのある部分から除かれる． | ○ |
|---|---|---|---|

「法2条第六号」に「延焼のおそれのある部分」の解説が載っており，その「ただし書き，同号イ」より，「防火上有効な公園，広場，川その他の空地又は水面，耐火構造の壁その他これらに類するものに面する部分を除く．」とわかる

原文：法2条第六号
六．延焼のおそれのある部分　……．ただし，次のイ又はロのいずれかに該当する部分を除く．
　イ．防火上有効な公園，広場，川その他の空地　又は水面，耐火構造の壁その他これらに類するものに面する部分

| 19015 | 用語の定義<br>建築 | 建築物の屋根の2/3を取り替えることは，「建築」である． | × |
|---|---|---|---|

「法2条第十三号」に「建築」の解説が載っており，そこを訳すと「建物の新築・増築・改築・移転をいう．」とわかる．ゆえに，建築物の屋根の2/3を取り替えることは，「建築」に該当しない．

原文：法2条第十三号
十三．建築　建築物を新築し，増築し，改築し，又は移転することをいう．

| 20012 | 用語の定義<br>大規模の修繕 | 建築物の構造上重要でない最下階の床のすべてを木造から鉄筋コンクリート造に造り替えることは，「大規模の修繕」である． | × |
|---|---|---|---|

「法2条第十四号」に「大規模の修繕」の解説が載っており，そこを訳すと「1種類以上の主要構造部の過半を修繕することを大規模の修繕という．」とわかる．また，「法2条第五号」の「主要構造部」をチェックすると，「最下階の床」は主要構造部に含まれてない．ゆえに，問題文は「大規模の修繕」に該当しないため，誤り．

原文：法2条第十四号
十四．大規模の修繕　建築物の主要構造部の一種以上について行う過半の修繕をいう．

原文：法2条第十五号
十五．大規模の模様替　建築物の主要構造部の一種以上について行う過半の模様替をいう．

| 19012 | 用語の定義<br>工事施工者 | 請負契約によらないで自ら建築物に関する工事をする者は，「工事施工者」である． | ○ |
|---|---|---|---|

「法2条第十六号」に「建築主」について解説しており，そこに「工事の発注者又は自分で発注し，自分で工事をする者のことを建築主という．」とあり，また，「法2条第十八号」に「工事施工者」の解説が載っており，そこを訳すと「工事の請負人又は請負契約によらないで自分で工事をする者のことを工事施工者という．」とわかる．そのため，問題文にある「請負契約によらないで自ら建築物に関する工事をする者」は「建築主」であり，「工事施工者」でもある．

|  |  |  |  |
|---|---|---|---|
|  | 原文：法2条第十六号<br>十六. 建築主　建築物に関する工事の請負契約の注文者又は請負契約によらないで自らその工事をする者をいう.<br><br>原文：法2条第十八号<br>十八. 工事施工者　建築物……に関する工事の請負人又は請負契約によらないで自らこれらの工事をする者をいう. |  |  |
| 20011 | 用語の定義<br>地階 | 床が地盤面下にあり天井の高さが4mの階で，床面から地盤面までの高さが1.2mのものは，「地階」である. | × |
|  | 「令1条第二号」に，「地階」の解説が載っており，そこを訳すと「床が地盤面下にある階で，床面から地盤面までの高さがその階の天井の高さの1/3以上のものを地階という.」とわかる.この問題の場合，床面から地盤面までの高さが4m×1/3=1.33m以上であれば「地階」として扱われるため問題文は誤り. |  |  |
|  | 原文：令1条第二号<br>二. 地階　床が地盤面下にある階で，床面から地盤面までの高さがその階の天井の高さの3分の1以上のものをいう. |  |  |
| 02014 | 用語の定義<br>構造耐力上<br>主要な部分 | 建築物の自重，積載荷重等を支える最下階の床版は，「構造耐力上主要な部分」に該当する. | ○ |
|  | 「令1条第三号」に「構造耐力上主要な部分」について載っており，「建築物の自重，積載荷重等を支える最下階の床版は，構造耐力上主要な部分に該当する.」とわかる. |  |  |
|  | 原文：令1条第三号<br>三. 構造耐力上主要な部分　基礎，基礎ぐい，壁，柱，小屋組，……床版，屋根版……で，建築物の自重……，積雪荷重……を支えるものをいう. |  |  |
| 16012 | 用語の定義<br>耐水材料 | 陶磁器は，「耐水材料」である. | ○ |
|  | 「令1条第四号」に「耐水材料」について載っており，「陶磁器は耐水材料に含まれる.」とわかる. |  |  |
|  | 原文：令1条第四号<br>四. 耐水材料　れんが，……コンクリート……陶磁器……に類する耐水性の建築材料をいう. |  |  |
| 24012 | 用語の定義<br>プログラム | 電子計算機に対する指令であって，一の結果を得ることができるように組み合わされたものを，「プログラム」という. | ○ |
|  | 「法2条第三十四号」に「プログラム」の解説が載っており，「電子計算機に対する指令であって，一の結果を得ることができるように組み合わされたものをいう.」とわかる. |  |  |
|  | 原文：法2条第三十四号<br>三十四. プログラム　電子計算機に対する指令であって，一の結果を得ることができるように組み合わされたものをいう. |  |  |

| 30012 | 用語の定義<br>避難階 | 傾斜地等で敷地に高低差のある場合は，建築物の避難階が複数となることがある． | ○ |
|---|---|---|---|
| | 「令13条第一号」より，「避難階とは直接地上へ通ずる出入口のある階をいう.」とわかる．ゆえに，傾斜地等，敷地に高低差がある場合には，建築物の避難階が複数になることがある． | | |
| | 原文：令13条第一号<br>一．避難階（直接地上へ通ずる出入口のある階をいう．以下同じ.）…… | | |
| 27012 | 用語の定義<br>（令）<br>特定天井 | 脱落によって重大な危害を生ずるおそれがあるものとして国土交通大臣が定める天井を，「特定天井」という． | ○ |
| | 「令39条3項」より，「特定天井とは，脱落によって重大な危害を生ずるおそれがあるものとして国土交通大臣が定める天井をいう.」とわかる． | | |
| | 原文：令39条3項<br>3．特定天井（脱落によつて重大な危害を生ずるおそれがあるものとして国土交通大臣が定める天井をいう．以下同じ.）…… | | |
| 23012 | 用語の定義<br>構造 | 限界耐力計算において，建築物の各階の構造耐力上主要な部分の断面に生ずる応力度が短期に生ずる力に対する許容応力度に達する場合の建築物の各階の水平力に対する耐力を，「損傷限界耐力」という． | ○ |
| | 「令82条の5」に「限界耐力計算」について載っており，その「三号」より，「損傷限界耐力とは，建築物の各階の構造耐力上主要な部分の断面に生ずる応力度が短期に生ずる力に対する許容応力度に達する場合の建築物の各階の水平力に対する耐力をいう.」とわかる． | | |
| | 原文：令82条の5第三号<br>三．……，損傷限界耐力（建築物の各階の構造耐力上主要な部分の断面に生ずる応力度が第三款の規定による短期に生ずる力に対する許容応力度に達する場合の建築物の各階の水平力に対する耐力をいう．…… | | |
| 20013 | 用語の定義<br>防煙壁 | 天井面から55cm下方に突出した垂れ壁で，不燃材料で覆われたものは，「防煙壁」に該当する． | ○ |
| | 「令126条の2」に，排煙設備の解説が載っており，そこを訳すと「防煙壁とは，間仕切壁や，天井面から50cm以上垂れ下がった垂れ壁等で，不燃材料で覆われたもの.」とわかる． | | |
| | 原文：令126条の2<br>……天井面から50cm以上下方に突出した垂れ壁その他これらと同等以上に煙の流動を妨げる効力のあるもので不燃材料で造り，又は覆われたもの（以下「防煙壁」という.）…… | | |

## ❖「若しくは・又は」と「及び・並びに」の違いについて

　法規科目を効率的にマスターしていくためにも，条文の意味を原文から正確に読み取れるようになろう．そのために，次の文法的ルールについて知っておこう（実務でも役立つ）．
例）
　私が好きな生き物は，
　パンダ，キリン，コアラ若しくはゴリラ又はカツオ，イワシ，若しくは，アジです．
　↑のように条文に記載されている場合には，
　**「パンダ，キリン，コアラ若しくはゴリラ」** が１つのグループ，**「カツオ，イワシ若しくはアジ」** がもう１つのグループとなる．
○　「若しくは」の場合，小さなククリ（グループ）を表す．「又は」の場合，大きなククリを表す．
○　「及び」の場合，小さなククリを表す．「並びに」の場合，大きなククリを表す．

## ❖「小さなククリ」と「大きなククリ」について

　「若しくは・又は」の場合，ＡかＢかＣのうちのいずれかというように選択的関係を表す．
　それに対し，「及び・並びに」の場合は，ＡもＢもＣもという具合に並列的関係を表す．
例）
　Ａ，Ｂ，Ｃ及びＤは食べることが出来ません．
　この場合は，「ＡもＢもＣもＤも食べることが出来ない」という意味となる（このとき，Ａ，Ｂ，Ｃ，Ｄは並列関係にあると考える）．
　「及び（小さなククリ），並びに」系の場合，どちらか一つだけを使用する場合は，「及び」が使用され，「若しくは（小さなククリ），又は」系の場合は，「又は」が使用される．「並びに」や「若しくは」だけを単独に使用することはない．

　はじめに「又は」を使用して，ククリに大小の強弱をつけたい場合に，「若しくは（小さなククリ）」という表現を用いる．「及び，並びに」系の場合は，「及び」が最初に使用され，ククリに大小の強弱をつけたい場合に「並びに（大きなククリ）」が使用される（ややこしいよね）．

例）法6条第二号（申請手続）
　木造の建築物で3以上の 階数 を有し ，又は 延べ面積が 500m² ，高さが 13m 若しくは 軒の 高さが 9m を超えるもの

例）令23条1項（階段）
　階段 及び その 踊場 の幅 並びに 階段の けあげ 及び 踏面 の寸法 は，次の表によらなければならない．
※ちなみに，上記例のように ▢ はその次にくる ▨ にかかっている．こうして整理してみると「又は」「若しくは」のククリに大小があることがよくわかる．

　「その他」は，「その他」の前の部分に掲げられている語句と「その他」以下の部分に掲げられている語句とが完全に並列的な関係の場合に用いる．

例）法2条第一号（用語の定義）
　建築物　土地に定着する工作物のうち，屋根 及び 柱 若しくは 壁を有するもの（……），これに附属する門 若しくは 塀，観覧のための工作物 又は 地下 若しくは 高架の工作物内に設ける事務所，店舗，興行場，倉庫 その他 これらに類する施設（……）をいい，建築設備を含むものとする．

**法2条第一号**

一　建築物

土地に定着する工作物のうち,

　屋根 **及び** 柱 **若しくは** 壁 を有するもの（…）,

　これに附属する門 **若しくは** 塀,

　観覧のための工作物

**又は**

地下 **若しくは** 高架の工作物内に設ける

　事務所, 店舗, 興行場, 倉庫 **その他** これらに
　類する施設（鉄道 **及び** 軌道の線路敷地内の運
　転保安に関する施設

　**並びに**

　跨線橋, プラットホームの上家, 貯蔵槽 **その他** こ
　れらに類する施設を除く.）

をいい, 建築設備を含むものとする.

**第6条の2**（国土交通大臣等の指定を受けた者
による確認）

……当該確認は **前条** 第1項の規定による確認と,
当該確認済証は **同項** の確認済証とみなす.

「**許可**」とは, 原則として禁止の事項を公の機関
が特別の事由で解除する行為をいう.

「**認定**」とは, ある事実又は法律上の存否を確定
し, これを公に宣告する行為をいう.

「**認可**」とは, 法律上の行為の効力を完成させる
ために, 公の機関が与える同意をいう.

「**指定**」とは, 公の機関が法令により, 特定の
資格を与えることをいう.

「**確認**」とは, 公の機関が法律上, 事実の在否
について判断する行為をいう. 法律効果の発生
を意図する意思表示ではなく, 判断の表示に過
ぎない.

A. 土地に定着する工作物のうち
　A① 「屋根及び柱」 若しくは 「屋根及び壁」
　　を有するもの
　A② これに附属する門・塀
　A③ 観覧のための工作物
又は
B. 地下・高架の工作物内に設ける
　B① 事務所
　B② 店舗
　B③ 興行場
　B④ 倉庫
　B⑤ その他これらに類する施設（鉄道系の施
　　設を除く）
をいい, 建築設備を含む

「前条」「前項」「前号」は, 1つ前の「条」「項」「号」
「同条」「同項」「同号」は, 文章中, 直近にある
「条」「項」「号」

「**申請**」とは, 私人が行政権限に対し, 又は下
級行政機関が上級行政機関に対して許可, 認定
等を求める場合に発する文書をいう.

「**届出**」とは, 行政庁に対し一定の事項の通知を
する行為をいう. また, 届出は, 相手方である
公の機関に一定の行為を求めず, 又は期待しな
い点で申請と異なる（許可証等の発行がない）.

「**準用**」とは, ある事項についての規定はないが,
類似の事項について規定がある場合に, その規
定を読み替えて, ある事項に当てはめて適用す
ることをいう.

| コード | 項目 | 問題 | 解答 |
|---|---|---|---|
| 03021 | 用語の定義<br>（令）<br>‥‥‥‥‥<br>建築面積 | 国土交通大臣が高い開放性を有すると認めて指定する構造の建築物については，その端から水平距離1m以内の部分の水平投影面積は，建築面積に算入しない． | ○ |
| | | 「令2条第二号」に「建築面積」の解説が載っており，そこにただし書きで「国土交通大臣が高い開放性を有すると認めて指定する構造の建築物又はその部分については，その端から水平距離1m以内の部分の水平投影面積は建築面積に算入しない．」という「通称：1m緩和」の規定がある． | |
| | | 原文：令2条二号<br>二．建築面積　建築物(地階で地盤面上1m以下にある部分を除く．……)の<u>外壁</u> <u>又</u><u>は</u> <u>これに代わる柱の中心線</u>（……「<u>軒等</u>」……で……<u>水平距離1m以上突き出たもの</u>（……）がある場合においては，その端から<u>水平距離1m後退した線</u>……）で囲まれた部分の水平投影面積による．ただし，<u>国土交通大臣が高い開放性を有すると認めて指定する構造の建築物</u> <u>又は</u> その部分については，その端から<u>水平距離1m以内の部分</u>……は，……<u>算入しない</u>． | |
| 20035 | 用語の定義<br>（令）<br>‥‥‥‥‥<br>駐車場1/5<br>緩和 | 容積率を算定する場合，専ら自動車又は自転車の停留又は駐車のための施設の用途に供する部分の床面積を容積率の算定の基礎となる延べ面積に算入しないとする規定については，当該敷地内のすべての建築物の各階の床面積の合計の和の1/5を限度として適用する． | ○ |
| | | 「令2条第四号」に「延べ面積」の解説が載っており，その「イ」，及び，「令2条3項第一号」に「通称：駐車場1/5緩和」についての規定がある．これらを訳すと「駐車場・駐輪場等の部分は全体の床面積（駐車場部分を含む）の1/5までを限度に容積率を算定する場合の延べ面積に算入しない．」とわかる． | |
| | | 原文：令2条第四号<br>四．延べ面積　建築物の各階の床面積の合計による．ただし，<u>法第52条第1項に規定する延べ面積</u>（……）には，次に掲げる建築物の部分の床面積を算入しない．<br>イ．<u>自動車車庫その他の専ら自動車</u> <u>又は</u> <u>自転車の停留</u> <u>又は</u> <u>駐車のための施設</u>（……「自動車車庫等部分」という．）<br><br>原文：令2条3項<br>3．<u>第1項第四号ただし書の規定</u>は，<u>次の各号に掲げる建築物の部分の区分に応じ</u>，<u>当該敷地内の建築物の各階の床面積の合計</u>（……）<u>に当該各号に定める割合を乗じて得た面積を限度として適用する</u>ものとする．<br>一．<u>自動車車庫等部分　5分の1</u> | |

02

| 28021 | 用語の定義<br>（令）<br><br>延べ面積 | 延べ面積 1,000m² の建築物の電気設備室に設置する自家発電設備の設置部分の床面積が 20m² の場合，当該部分の床面積については，建築基準法第 52 条第 1 項に規定する容積率の算定の基礎となる延べ面積に算入しない． | × |
|---|---|---|---|
| | | 「令 2 条第四号」に「延べ面積」について載っており，その「ニ」，及び，「令 2 条 3 項第四号」に「通称：自家発 1/100 緩和」についての規定がある．これらを訳すと「自家発電設備を設ける部分は全体の床面積（当該部分を含む）の 1/100 までを限度に容積率を算定する場合の延べ面積に算入しない．」とわかる．問題文の場合「延べ面積 1,000m²」とあるため，その 1/100（10m²）までは算入しないが，それを超えるため誤り． | |
| | | 原文：令 2 条第四号ニ<br>ニ．自家発電設備を設ける部分（第 3 項第四号……において「<u>自家発電設備設置部分</u>」という．）<br><br>原文：令 2 条 3 項第四号<br>四．自家発電設備設置部分　　<u>100 分の 1</u> | |
| 03022 | 用語の定義<br>（令）<br><br>延べ面積 | 建築物の宅配ボックス設置部分の床面積は，当該建築物の各階の床面積の合計の 1/100 を限度として，当該建築物の建築基準法第 52 条第 1 項に規定する容積率の算定の基礎となる延べ面積（建築物の容積率の最低限度に関する規制に係るものを除く．）に算入しない． | ○ |
| | | 「令 2 条第四号」に「延べ面積」について載っており，その「ヘ」，及び，「令 2 条 3 項第六号」より，「宅配ボックスを設ける部分は全体の床面積（当該部分を含む）の 1/100 までを限度に容積率を算定する場合の延べ面積に算入しない（通称：宅配 1/100 緩和）．」とわかる． | |
| | | 原文：令 2 条第四号ヘ<br>ヘ．宅配ボックス……を設ける部分（第 3 項第六号……において「<u>宅配ボックス設置部分</u>」という．）<br><br>原文：令 2 条 3 項第六号<br>六．宅配ボックス設置部分　　<u>100 分の 1</u> | |
| 20034 | 用語の定義<br>（令）<br><br>高さ | 前面道路の境界線から後退した建築物の各部分の高さの制限の適用において，当該建築物の後退距離の算定の特例の適用を受ける場合，ポーチの高さの算定については，前面道路の路面の中心からの高さによる． | ○ |
| | | 「令 2 条第六号」に「建物の高さ」の解説が載っており，そこを訳すと「「道路斜線による高さの算定の場合（法 56 条第一号）」，「道路斜線制限において，セットバック距離を求める際に緩和される部分の高さを求める場合（令 130 条の 12）」，「容積率の算定の際に前面道路と壁面線との間の部分で，緩和をうける部分の高さを求める場合（令 135 条の 19）」等の高さの算定においては，前面道路の路面の中心からの高さによる．」とわかる．問題文は「「令 130 条の 12 第二号」の道路斜線の検討をする際のセットバック距離を算定する場合の特例」についての記述であるため「前面道路の路面の中心からの高さ」となるため，正しい． | |

原文：令2条第六号
六．建築物の高さ 地盤面からの高さによる．ただし，次のイ，ロ又はハのいずれかに該当する場合においては，それぞれイ，ロ又はハに定めるところによる．
イ．法第56条第1項第一号の規定並びに第130条の12及び第135条の19の規定による高さの算定については，前面道路の路面の中心からの高さによる．

原文：令130条の12第二号
法第56条第2項及び第4項の政令で定める建築物の部分は，次に掲げるものとする．
二．ポーチその他これに類する建築物の部分で，前号ロ及びハに掲げる要件に該当し，かつ，高さが5m以下であるもの

| 18023 | 用語の定義 (令) | 避雷設備の設置を検討する際，屋上部分にある階段室，昇降機塔等の高さは，建築物の高さに算入する． | ○ |
| | 高さ | | |

「令2条第六号」に「建築物の高さの算定方法」の解説が載っており，その「ロ」に「屋上の階段室や昇降機塔などがある場合で，それらが建築面積の1/8以下の場合，それら（階段室等）が所定の高さであるならば，建築物の高さに含まなくてよい．」という緩和措置がある（通称：高さ1/8緩和）．ただし，この条文の最初に，「法33条」（避雷設備），「法56条」（北側斜線），「法57条の4」（特例容積率適用地区内における建築物の高さの限度），「法58条」（高度地区の北側斜線）の場合を除く．」とある．ゆえに，問題文にある「避雷設備の設置」についての条文は「法33条」に該当するため，その場合，階段室等の高さは算入しなければならない．（高さ1/8緩和は適用されない．）

原文：令2条第六号ロ
六．建築物の高さ
ロ．法第33条及び法第56条第1項第三号に規定する高さ並びに法第57条の4第1項，法第58条……に規定する高さ（……）を算定する場合を除き，階段室，昇降機塔……に類する建築物の屋上部分の水平投影面積の合計が当該建築物の建築面積の8分の1以内の場合……，その部分の高さは，12m（……）までは，当該建築物の高さに算入しない．

| 18022 | 用語の定義 (令) | 北側の前面道路又は隣地との関係についての建築物の各部分の高さの最高限度が高度地区において定められている場合の高さの算定に当たっては，建築物の屋上部分にある階段室で，その水平投影面積の合計が当該建築物の建築面積の1/8以内のものであっても，その部分の高さは，当該建築物の高さに算入する． | ○ |
| | 高さ | | |

「令2条第六号」に「建築物の高さの算定方法」の解説が載っており，その「ロ」に「屋上の階段室や昇降機塔などがある場合で，それらが建築面積の1/8以下の場合，それら（階段室等）が所定の高さであるならば，建築物の高さに含まなくてよい．」という緩和措置がある（通称：高さ1/8緩和）．ただし，この条文の最初に，「法58条」（北側の前面道路又は隣地との関係についての建築物の各部分の高さの最高限度が高度地区において定められている場合の高さ）を算定する場合を除く．」とある．ゆえに，問題文の場合，高さ1/8緩和は適用されないため問題文は正しい．

原文：令2条第六号ロ
ロ．法第33条及び法第56条第1項三号に規定する高さ並びに法第57条の4第1項及び法第58条……に規定する高さ(北側の前面道路 又は 隣地との関係についての建築物の各部分の高さの最高限度が定められている場合 におけるその高さに限る．) を算定する場合を除き，階段室，昇降機塔……に類する建築物の屋上部分の水平投影面積の合計が当該建築物の建築面積の8分の1以内の場合……，その部分の高さは，12m（……）までは，当該建築物の高さに算入しない．

| 23023 | 用語の定義<br>(令)<br>――――<br>高さ | 第二種低層住居専用地域内における建築物の高さの限度の規定において，階段室及び昇降機塔のみからなる屋上部分の水平投影面積の合計が当該建築物の建築面積の1/8以内の場合においては，その部分の高さは，5mまでは，当該建築物の高さに算入しない． | ○ |
|---|---|---|---|

「令2条第六号」に「建築物の高さの算定方法」について載っており，その「ロ」より「階段室及び昇降機塔のみからなる屋上部分の水平投影面積の合計が1/8以下の場合，それら（階段室等）が12m以下（第一種・二種低層住居専用地域内における建築物の高さの限度の規定に係る場合においては，5m以下）であるならば，建築物の高さに含まなくてよい．」とわかる．問題文の「第二種低層住居専用地域内における建築物の高さの限度の規定」とは，「通称：絶対高さ」のことであり，「法55条1項」に載っている．

原文：令2条第六号ロ
ロ．……，階段室，昇降機塔……に類する建築物の屋上部分の水平投影面積の合計が当該建築物の建築面積の8分の1以内の場合……，その部分の高さは，12m（法第55条第1項……の場合には，5m）までは，当該建築物の高さに算入しない．

| 28023 | 用語の定義<br>(令)<br>――――<br>軒の高さ | 前面道路の境界線から後退した建築物の各部分の高さの制限において，当該建築物の後退距離の算定の特例を受ける場合の「軒の高さ」の算定については，前面道路の路面の中心からの高さとする． | ○ |
|---|---|---|---|

「令2条第七号」に「軒の高さ」について載っており，「地盤面（第130条の12第一号イの場合には，前面道路の路面の中心)から建築物の小屋組 又は これに代わる横架材を支持する壁，敷桁又は柱の上端までの高さによる．」とわかる．問題文の「道路斜線制限において，セットバック距離を求める際に緩和される部分の高さを求める場合（令130条の12）」の軒の高さの算定」については，前面道路の路面の中心からの高さとする．よって正しい．

原文：令2条第七号
七．軒の高さ　地盤面(第130条の12第一号イの場合には，前面道路の路面の中心)から建築物の小屋組 又は これに代わる横架材を支持する壁，敷桁又は柱の上端までの高さによる．

| 17035 | 用語の定義<br>(令)<br>階数 | 昇降機，装飾塔，物見塔その他これらに類する建築物の屋上部分で，水平投影面積の合計が当該建築物の建築面積の1/8以下のものは，当該建築物の階数に算入しない． | ○ |
|---|---|---|---|

「令2条第八号」に「階数の算定方法」の解説が載っており，そこを訳すと「屋上の昇降機塔等や，地階の倉庫，機械室等の部分で，水平投影面積の合計がその建築物の建築面積の1/8以下のものは階数に算入しない．」とわかる．例えば，地下1階・地上3階建の建物で，地階に倉庫や機械室等があり，その面積が建築面積の1/8以下の場合は階数に地階部分は含まれないので階数は3となる．

原文：令2条第八号
八．階数 昇降機塔，装飾塔，物見塔……に類する建築物の屋上部分……で，水平投影面積の合計がそれぞれ当該建築物の建築面積の8分の1以下のものは，当該建築物の階数に算入しない．……

| 02024 | 用語の定義<br>(令)<br>階数 | 建築物の一部が吹抜きとなっているなど建築物の部分によって階数を異にする場合は，これらの階数のうち最大なものを，その建築物の階数とする． | ○ |
|---|---|---|---|

「令2条第八号」に「階数の算定方法」の解説が載っており，そこを訳すと「階数を異にする場合は，これらの階数のうち最大なものをその建築物の階数とする．」とわかる．

原文：令2条第八号
八．階数 ……建築物の一部が吹抜きとなつている場合……によつて階数を異にする場合においては，これらの階数のうち最大なものによる．

| 25021 | 容積率・延べ面積<br><br>地階住宅<br>1/3緩和 | 容積率を算定する場合，建築物の地階でその天井が地盤面からの高さ1m以下にあるものの住宅の用途に供する部分（共同住宅の共用の廊下又は階段の用に供する部分を除く．）の床面積を容積率の算定の基礎となる延べ面積に算入しないとする規定については，当該建築物の住宅の用途に供する部分（共同住宅の共用の廊下又は階段の用に供する部分を除く．）の床面積の合計の1/3を限度として適用する． | ○ |
|---|---|---|---|

「法52条3項」に「地階にある住宅部分の容積率1/3緩和」の解説が載っており，そこを訳すと「算定用延べ面積（容積率の計算をする場合に対象となる延べ面積）には，建物の地階でその天井が地盤面からの高さ1m以下にあるものの住宅の用途に供する部分の床面積は，原則として，その建物の住宅（又は老人ホーム等）の用途に供する部分の床面積の合計の1/3を限度として算入しないでよい．」とわかる．

原文：法52条3項
(容積率)
3．……建築物の地階でその天井が地盤面からの高さ1m以下にあるものの住宅 又は 老人ホーム，福祉ホームその他これらに類するもの（以下この項及び6項において「老人ホーム等」という．）の用途に供する部分（……）の床面積（当該床面積が当該建築物の住宅 及び 老人ホーム等の用途に供する部分の床面積の合計の3分の1を超える場合においては，……3分の1）は，算入しないものとする．

| 19132 | 容積率・延べ面積 | 地方公共団体は，周囲の地面と接する位置の高低差が3mを超える住宅の容積率の算定に当たり，土地の状況等により必要と認める場合においては，条例で，区域を限り，一定の範囲内で，地盤面を別に定めることができる． | ○ |
|---|---|---|---|
| | 地階住宅1/3緩和 | | |

「法52条3項」に「地階にある住宅部分の容積率1/3緩和」の解説が載っており，「算定用延べ面積には，建物の地階でその天井が地盤面からの高さ1m以下にあるものの住宅（又は老人ホーム等）の用途に供する部分の床面積について緩和がある．」とわかる．また「5項」「令135条の15」を訳すと「地方公共団体は，周囲の地面と接する位置の高低差が3mを超える住宅の容積率の算定に当たり，土地の状況等により必要と認める場合においては，条例で，区域を限り，一定の範囲内で，地盤面を別に定めることができる．」とわかる．

原文：法52条5項
5．地方公共団体は，土地の状況等により必要と認める場合においては，前項の規定にかかわらず，政令で定める基準に従い，条例で，区域を限り，第3項の地盤面を別に定めることができる．

原文：令135条の15
（条例で地盤面を別に定める場合の基準）
法第52条第5項の政令で定める基準は，次のとおりとする．
一．建築物が周囲の地面と接する位置のうち最も低い位置の高さ以上の高さに定めること．
二．周囲の地面と接する位置の高低差が3mを超える建築物については，その接する位置のうち最も低い位置からの高さが3mを超えない範囲内で定めること．
三．周囲の地面と接する位置の高低差が3m以下の建築物については，その接する位置の平均の高さを超えない範囲内で定めること．

| 27202 | 容積率・延べ面積 | 共同住宅の共用の廊下又は階段の用に供する部分の床面積は，当該床面積が当該建築物の床面積の合計の1/3を超える場合においては1/3を限度として，建築物の容積率の算定の基礎となる延べ面積に算入しないことができる． | × |
|---|---|---|---|
| | 共用通路緩和 | | |

「法52条」に「容積率」の解説が載っており，その「6項」を訳すと「所定の規定に該当する共同住宅における共用廊下や共用階段の床面積は，算定用延べ面積に算入しなくてよい．」とわかる．問題文には，「床面積の合計の1/3を超える場合に1/3を限度として」とあるが，緩和の限度に関する規定はない．

原文：法52条6項
6．……建築物の容積率の算定の基礎となる延べ面積には，次に掲げる建築物の部分の床面積は，算入しないものとする．
一．政令で定める昇降機の昇降路の部分
二．共同住宅又は老人ホーム等の共用の廊下又は階段の用に供する部分
……

| 30021 | 容積率・延べ面積 | 容積率を算定する場合，建築物のエレベーターの昇降路の部分の床面積は，容積率の算定の基礎となる延べ面積に算入しない． | ○ |
|---|---|---|---|
| | 共用通路緩和 | | |

「法 52 条」に「容積率」の解説が載っており，その「6 項」を訳すと「エレベーターの昇降路の部分又は共同住宅における共用廊下や共用階段の床面積は，算定用延べ面積に算入しなくてよい．」とわかる．

原文：令 135 条の 16
法第 52 条第 6 項第一号の政令で定める昇降機は，エレベーターとする．

| 25161 | 容積率 ---------- 2 地域 | 建築物の敷地が建築基準法第 52 条第 1 項及び第 2 項の規定による建築物の容積率に関する制限を受ける地域，地区又は区域の 2 以上にわたる場合においては，当該建築物の容積率は，当該各地域，地区又は区域内の建築物の容積率の限度にその敷地の当該地域，地区又は区域内にある各部分の面積の敷地面積に対する割合を乗じて得たものの合計以下でなければならない． | ○ |
|---|---|---|---|

「法 52 条」に「容積率」の解説が載っており，その「7 項」に「建築物の敷地が法 52 条 1 項及び 2 項の規定による建築物の容積率に関する制限を受ける地域，地区又は区域の 2 以上にわたる場合においては，当該建築物の容積率は，当該各地域，地区又は区域内の建築物の容積率の限度にその敷地の当該地域，地区又は区域内にある各部分の面積の敷地面積に対する割合を乗じて得たものの合計以下でなければならない．」とわかる．

原文：法 52 条 7 項
7. 建築物の敷地が第 1 項 及び第 2 項の規定による建築物の容積率に関する制限を受ける地域，地区又は区域の 2 以上にわたる場合においては，当該建築物の容積率は，第 1 項及び第 2 項の規定による当該各地域，地区 又は 区域内の建築物の容積率の限度にその敷地の当該地域，地区 又は 区域内にある各部分の面積の敷地面積に対する割合を乗じて得たものの合計以下でなければならない．

| 23132 | 容積率・延べ面積 ---------- 特定道路緩和 | 幅員 15m の道路に接続する幅員 10m の道路を前面道路とする敷地が，幅員 15m の道路から当該敷地が接する前面道路の部分の直近の端までの延長が 35m の場合，容積率の算定に係る当該前面道路の幅員に加える数値は 1.2m とする． | × |
|---|---|---|---|

「法 52 条 9 項」より，「特定道路（幅員 15m 以上の道路）に接続する幅員 6m 以上 12m 未満の前面道路のうち当該特定道路からの延長が 70m 以内の部分において接する場合，容積率の算定について，前面道路の幅員を緩和して適用する．」とわかる．その緩和される幅員は，「令 135 条の 18」の計算式による．問題文は，前面道路の幅員が 10m，延長が 35m とあるため，前面道路の幅員に加える数値（$Wa = (12 - 10)(70 - 35)/70$）は，1m とわかる．問題文は「1.2m」とあるため誤り．

原文：法 52 条 9 項
9. 建築物の敷地が，幅員 15m 以上の道路（以下この項において「特定道路」という．）に接続する幅員 6m 以上 12m 未満の前面道路のうち当該特定道路からの延長が 70m 以内の部分において接する場合に……，第 2 項中「幅員」とあるのは，「幅員（第 9 項の特定道路に接続する同項の前面道路のうち当該特定道路からの延長が 70m 以内の部分にあつては，その幅員に，……延長に応じて政令で定める数値を加えたもの）」とする．

原文：令 135 条の 18
(容積率の制限について前面道路の幅員に加算する数値)
法第 52 条第 9 項の政令で定める数値は，次の式によつて計算したものとする．

| 17033 | 容積率・延べ面積 | 容積率の算定に当たって，建築物の敷地内に都市計画において定められた計画道路がある場合において，特定行政庁が交通上，安全上，防火上及び衛生上支障がないと認めて許可した建築物については，当該敷地のうち計画道路に係る部分の面積は，敷地面積又は敷地の部分の面積に算入するものとする． | × |
|---|---|---|---|
| | 敷地不算入 | | |

「法52条」に「容積率」について載っており，その「10項」を訳すと「建築物の敷地内に都市計画において定められた計画道路がある場合において，行政庁が許可した建築物については，敷地のうち計画道路に係る部分の面積は，敷地面積又は敷地の部分の面積に算入しない．」とわかる．よって誤り．

原文：法52条10項
10．建築物の敷地が都市計画において定められた計画道路（第42条第1項第四号に該当するものを除くものとし，以下この項において「計画道路」という．）に接する場合 又は当該敷地内に計画道路がある場合において，特定行政庁が交通上，安全上，防火上及び衛生上支障がないと認めて許可した建築物については，当該計画道路を第2項の前面道路とみなして，同項から第7項まで及び前項の規定を適用するものとする．この場合においては，当該敷地のうち計画道路に係る部分の面積は，敷地面積 又は 敷地の部分の面積に算入しないものとする．

| 22021 | 容積率・延べ面積 | 前面道路の境界線から後退して壁面線の指定がある場合において，建築物の容積率の算定に当たっては，特定行政庁の許可を受けて当該前面道路の境界線が当該壁面線にあるものとみなす建築物については，当該建築物の敷地のうち前面道路と壁面線との間の部分の面積は，敷地面積又は敷地の部分の面積に算入しない． | ○ |
|---|---|---|---|
| | 敷地不算入 | | |

「法52条」に「容積率」について載っており，その「11項」を訳すと「前面道路の境界線から後退して壁面線指定されている場合において，行政庁が許可した建築物については，容積率の算定の際に前面道路と壁面線との間の部分を敷地面積に算入しない．」とわかる．

原文：法52条11項
11．前面道路の境界線又はその反対側の境界線からそれぞれ後退して壁面線の指定がある場合において，特定行政庁が次に掲げる基準に適合すると認めて許可した建築物については，……当該建築物の敷地のうち前面道路と壁面線との間の部分の面積は，敷地面積又は敷地の部分の面積に算入しないものとする．

| 25163 | 容積率・延べ面積 | 敷地の周囲に広い公園，広場，道路その他の空地を有する建築物で，特定行政庁が交通上，安全上，防火上及び衛生上支障がないと認めて許可したものの容積率は，その許可の範囲内において，都市計画で定められた容積率を超えるものとすることができる． | ○ |
|---|---|---|---|
| | 特例 | | |

「法52条」に「容積率」の解説が載っており，その「14項」に「所定の建築物で，行政庁が交通上，安全上，防火上及び衛生上支障がないと認めて許可したものの容積率は，その許可の範囲内において，都市計画で定められた容積率を超えるものとすることができる．」とわかる．また，その建築物については，「二号」より，「敷地の周囲に広い公園，広場，道路その他の空地を有する建築物」とわかる．

| | | | |
|---|---|---|---|
| | 原文：法52条14項<br>14．次の各号のいずれかに該当する建築物で，特定行政庁が交通上，安全上，<u>防火</u><u>上及び衛生上支障がないと認めて許可したものの容積率</u>は，<u>第1項から第9項まで</u><u>の規定</u>にかかわらず，その許可の範囲内において，これらの規定による限度を超え<u>るものとすることができる</u>．<br>一．同一敷地内の建築物の機械室その他これに類する部分の床面積の合計の建築<u>物の延べ面積に対する割合が著しく大きい場合における</u>その<u>敷地内の建築物</u><br>二．その敷地の周囲に広い公園，広場，道路その他の空地を有する建築物 | | |
| 29163 | 建蔽率<br>――――――<br>防 耐 火 緩<br>和・角地緩<br>和 | 都市計画において定められた建蔽率の限度が6/10の第一種居住地域内で，かつ，防火地域内にある準耐火建築物については，建蔽率の限度の緩和の対象となる．ただし，敷地は，街区の角にある敷地又はこれに準ずる敷地で特定行政庁が指定するものではないものとする． | × |
| | | 「法53条」に「建蔽率」について載っており，その「3項」より，「建蔽率の規定は，「一号又は二号のいずれか」に該当する建築物については，1項各号に定める数値に1/10を加えたものを，「一号及び二号（両方）」に該当する建築物については，1項各号に定める数値に2/10を加えたものを建蔽率の数値とする．」とわかる．その「一号（通称：防耐火緩和）」条件は，「所定の規定により建蔽率の限度が8/10とされている地域を除き，かつ，防火地域内にある耐火建築物（又は準防火地域内にある耐火建築物等若しくは準耐火建築物等）」とわかる．問題文には「防火地域にある準耐火建築物」とあるため，緩和の対象とならない． | |
| | | 原文：法53条<br>（建蔽率）<br>3．前2項の規定の適用については，<u>第一号</u>又は<u>第二号</u>のいずれかに該当する建築物にあつては第1項各号に定める数値に1/10を加えたものをもつて当該各号に定める数値とし，<u>第一号</u>及び<u>第二号</u>に該当する建築物にあつては同項各号に定める数値に2/10を加えたものをもつて当該各号に定める数値とする．<br>一．<u>防火地域</u>（第1項第二号から第四号までの規定により<u>建蔽率の限度が8/10とさ</u><u>れている地域を除く</u>．）内にある<u>イに該当する建築物</u>又は<u>準防火地域内にあるイ若</u><u>し</u>くは<u>ロのいずれかに該当する建築物</u>．<br>イ．耐火建築物又はこれと同等以上の延焼防止性能（……）を有するものとして政令で定める建築物（……「<u>耐火建築物等</u>」という．）<br>ロ．準耐火建築物又はこれと同等以上の延焼防止性能を有するものとして政令で定める建築物（耐火建築物等を除く．……「準耐火建築物等」という．）<br>二．<u>街区の角にある敷地又はこれに準ずる敷地</u>で特定行政庁が指定するものの<u>内</u>にある建築物 | |
| 21021 | 建蔽率<br>――――――<br>適用除外 | 建蔽率の規定は，近隣商業地域内で，かつ，防火地域内にある耐火建築物については，適用しない場合がある． | ○ |
| | | 「法53条」に「建蔽率」の解説が載っており，その「6項」を訳すと「建蔽率の規定は，第6項各号のいずれかに該当する建築物については，適用しない．」とあり，その「一号」より「所定の規定により建蔽率の限度が8/10とされている地域内で，かつ，防火地域内にある耐火建築物には，建蔽率の規定は適用されない．」とわかる． | |

| | | 原文：法53条6項<br>6．前各項の規定は，次の各号のいずれかに該当する建築物については，<u>適用しない</u>．<br>一．防火地域（第1項第二号から第四号までの規定により建蔽率の限度が8/10とされている地域に限る．）<u>内にある耐火建築物等</u> | |
|---|---|---|---|
| 19134 | 建蔽率<br><br>適用除外 | 建築物の敷地及び建築物が防火地域及び準防火地域にわたる場合において，当該建築物が耐火建築物であるときは，準防火地域内にある建築物の部分は，建蔽率の緩和の対象とならない． | × |

「法53条」に「建蔽率」の解説が載っており，その「7項」より「敷地が防火地域の内外にわたる場合，建築物の全部が耐火建築物等であるとき，すべて防火地域にあるものとみなす．」とわかる．問題文の建築物は耐火建築物であることから，すべて防火地域にあるものとみなし，「3項一号」又は「6項」の「建蔽率の緩和」の対象となる．問題文は誤り．

原文：法53条7項
7．建築物の敷地が防火地域の内外にわたる場合において，その敷地内の<u>建築物の全部が耐火建築物等であるときは，その敷地は，すべて防火地域内にあるものとみなして，第3項第一号又は前項第一号の規定を適用する．</u>

| 29203 | 高さ制限<br><br>絶対高さ | 都市計画において建築物の高さの限度が10mと定められた第一種低層住居専用地域内においては，所定の要件に適合する建築物であって，特定行政庁が低層住宅に係る良好な住居の環境を害するおそれがないと認めるものについては，建築物の高さの限度は，12mとすることができる． | ○ |
|---|---|---|---|

「法55条」に「絶対高さ」の解説が載っており，その「1項」を訳すと「一種低層，二種低層又は田園住居地域内では，建築物の高さは，10m又は12mのうち都市計画に定められた高さの限度を超えてはならない．」とあり，またその「2項」より「都市計画において建築物の高さの限度が10mと定められた一種低層，二種低層又は田園住居地域内において，所定の要件に適合する建築物で，行政庁が低層住宅に係る良好な住居の環境を害するおそれがないと認めるものは，12mとすることができる．」とわかる．

原文：法55条
通称：絶対高さ
<u>第一種低層住居専用地域，第二種低層住居専用地域又は田園住居地域内</u>においては，建築物の高さは，<u>10m又は12m</u>のうち当該地域に関する都市計画において<u>定められた建築物の高さの限度を超えてはならない．</u>
2．前項の都市計画において建築物の高さの限度が10mと定められた第一種低層住居専用地域，第二種低層住居専用地域又は田園住居地域内においては，その敷地内に政令で定める空地を有し，かつ，その敷地面積が政令で定める規模以上である建築物であつて，特定行政庁が低層住宅に係る良好な住居の環境を害するおそれがないと認めるものの高さの限度は，<u>同項の規定にかかわらず，12mとする．</u>

| 17031 | 高さ制限 ------- 天空率 | 「道路高さ制限」を適用しない建築物の基準の一つは，当該建築物（「道路高さ制限」が適用される範囲内の部分に限る．）の所定の位置を想定半球の中心として算定する天空率が，当該建築物と同一の敷地内において「道路高さ制限適合建築物」の当該位置を想定半球の中心として算定する天空率以上であることである． | ○ |
|---|---|---|---|

「法56条7項」，「令135条の6」に「前面道路との関係についての建築物の各部分の高さの制限（通称：道路斜線）の適用除外」について載っており，その「一号」を訳すと「道路高さ制限を適用しない建築物の基準の一つは，道路斜線制限が適用される建築物について，所定の位置を想定半球の中心として算定する天空率が，当該建築物と同一の敷地内において「道路高さ制限適合建築物」についての当該位置を想定半球の中心として算定する天空率以上であることである．」とわかる．

原文：法56条7項
7. 次の各号のいずれかに掲げる規定によりその高さが制限された場合にそれぞれ当該各号に定める位置において確保される採光，通風等と同程度以上の採光，通風等が当該位置において確保されるものとして政令で定める基準に適合する建築物については，それぞれ当該各号に掲げる規定は，適用しない．
一．第1項第一号，第2項から第4項まで及び前項（同号の規定の適用の緩和に係る部分に限る．） 前面道路の反対側の境界線上の政令で定める位置

原文：令135条の6
（前面道路との関係についての建築物の各部分の高さの制限を適用しない建築物の基準等）
法第56条第7項の政令で定める基準で同項第一号に掲げる規定を適用しない建築物に係るものは，次のとおりとする．
一．当該建築物（法第56条第7項第一号に掲げる規定による高さの制限（以下この章において「道路高さ制限」という．）が適用される範囲内の部分に限る．）の第135条の9に定める位置を想定半球の中心として算定する天空率が，当該建築物と同一の敷地内において道路高さ制限に適合するものとして想定する建築物（……以下この章において「道路高さ制限適合建築物」という．）の当該位置を想定半球の中心として算定する天空率以上であること．

| 27021 | 用語の定義 （令） ------- 地盤面 | 建築物が周囲の地面と接する位置の高低差が3mを超える場合，第一種低層住居専用地域内における建築物の高さの限度に関する規定において，建築物の高さを算定する場合の地盤面は，建築物が周囲の地面と接する位置の高低差3m以内ごとの平均の高さにおける水平面とする． | ○ |
|---|---|---|---|

「令2条2項」を訳すと「地階の検討（前項第二号），「建築物の高さ（前項第六号），「軒の高さ（前項第七号）」における地盤面とは，高低差が3m以内の場合，建物が周囲の地面と接する平均の高さをいい，高低差が3mを超える場合においては，その高低差3m以内ごとの平均の高さにおける水平面をいう．」とわかる．

原文：令2条2項
2. 前項第二号，第六号又は第七号の「地盤面」とは，建築物が周囲の地面と接する位置の平均の高さにおける水平面をいい，その接する位置の高低差が3mを超える場合においては，その高低差3m以内ごとの平均の高さにおける水平面をいう．

| 02022 | 高さ制限<br><br>地盤面 | 日影による中高層の建築物の高さの制限に関する規定において，建築物の軒の高さを算定する場合の地盤面は，建築物が周囲の地面と接する位置の高低差が3mを超える場合においては，その高低差3m以内ごとの平均の高さにおける水平面とする. | ○ |
|---|---|---|---|

「法56条の2」に「日影による中高層の建築物の高さの制限」の解説が載っており，「別表4(い)欄の対象区域内にある同表(ろ)欄に掲げる建築物は，日影の制限の対象となる.」とわかる. 同表(ろ)欄の制限を受ける建物の「軒の高さ」の算定は，令2条1項第七号」より，「地盤面」からの高さとわかる.「令2条2項」より，「地盤面とは，高低差が3m以内の場合，建物が周囲の地面と接する平均の高さをいい，高低差が3mを超える場合においては，その高低差3m以内ごとの平均の高さにおける水平面をいう.」とわかる.

原文：法56条の2
(日影による中高層の建築物の高さの制限)
別表第4(い)欄の各項に掲げる地域 又は 区域の全部 又は 一部で地方公共団体の条例で指定する区域 (以下この条において「対象区域」という.) 内にある同表(ろ)欄の当該各項 (……) に掲げる建築物は，……
……

原文：法別表4第1項（ろ）欄
軒の高さが7mを超える建築物又は……

| 27023 | 高さ制限<br><br>平均地盤面 | 建築物が周囲の地面と接する位置の高低差が3mを超える場合，日影による中高層の建築物の高さの制限に関する規定において，日影時間を算定する場合の平均地盤面は，原則として，建築物が周囲の地面と接する位置の平均の高さにおける水平面とする. | ○ |
|---|---|---|---|

「法56条の2」に「日影による中高層の建築物の高さの制限」の解説が載っており，「別表4(い)欄に掲げる地域又は地方公共団体の条例で指定する区域（対象区域）内にある同表(ろ)欄に掲げる建築物は，冬至日の真太陽時による午前8時から午後4時までの間の4時間，同表(は)欄に掲げる「平均地盤面」からの高さの水平面に日影となる部分を生じさせることのないものとし，敷地境界線からの水平距離が5mを超える範囲においては，同表(に)欄のうちから地方公共団体が条例で指定する号に掲げる時間以上日影となる部分を生じさせることのないものとしなければならない.」とわかる. ここでいう「平均地盤面」とは「別表4の終わりにある注意書き」より「建築物が周囲の地面と接する位置の平均の高さにおける水平面」とあり，「令2条2項」の「地盤面」と同じ言い回しの解説であることがわかる. しかしながら，建築物が周囲の地面と接する位置の高低差が3mを超える場合に関しては，「別表4」でいうところの「平均地盤面」には記載されていない. 要するに，建築物に対する「地盤面（令2条2項）」は，高低差により複数存在する場合があるが，日影による中高層の建築物の高さの制限を検討する際の「平均地盤面（別表4）」からの規定の水平面の高さは一定で，一つしか存在しないことになるため問題文は正しい.

原文：法56条の2
……それぞれ，同表(は)欄の各項（四の項にあつては，同項イ又はロ）に掲げる平均地盤面からの高さ（……）の水平面（……）に，敷地境界線からの水平距離が5mを超える範囲において，同表(に)欄の(一)，(二)又は(三)の号（同表の三の項にあつては，(一)又は(二)の号）のうちから地方公共団体がその地方の気候及び風土，土地利用の状況等を勘案して条例で指定する号に掲げる時間以上日影となる部分を生じさせることのないものとしなければならない．ただし，特定行政庁が土地の状況等により周囲の居住環境を害するおそれがないと認めて建築審査会の同意を得て許可した場合又は……においては，この限りでない．

原文：法別表4(は)欄
平均地盤面からの高さ

原文：別表4 備考欄
この表において，平均地盤面からの高さとは，当該建築物が周囲の地面と接する位置の平均の高さにおける水平面からの高さをいうものとする．

| 29023 | 高さ制限 | 日影による中高層の建築物の高さの制限の緩和の規定において，建築物の敷地が幅12mの道路に接する場合，当該道路に接する敷地境界線については，原則として，当該道路の反対側の境界線から当該敷地の側に水平距離5mの線を敷地境界線とみなす． | ○ |
|---|---|---|---|
| | 日影 | | |

「法56条の2第3項」，「令135条の12第3項第一号」より，「日影による中高層の建築物の高さの制限の緩和において，建築物の敷地が道路に接する場合，その接する敷地境界線は，当該道路の幅の1/2だけ外側にあるものとみなす．ただし，道路の幅が10mを超えるときは，道路の反対側の境界線から当該敷地の側に水平距離5mの線を敷地境界線とみなす．」とわかる．

原文：法56条の2第3項
3.　建築物の敷地が道路，川又は海その他これらに類するものに接する場合，建築物の敷地とこれに接する隣地との高低差が著しい場合その他これらに類する特別の事情がある場合における第1項本文の規定の適用の緩和に関する措置は，政令で定める．

原文：令135条の12第3項
（日影による中高層の建築物の高さの制限の緩和）
……
3.　法第56条の2第3項の規定による同条……の措置は，次の各号に定めるところによる．
一　建築物の敷地が道路……に接する場合……敷地境界線は，当該道路……の幅の1/2だけ外側にあるものとみなす．ただし，当該道路……の幅が10mを超えるときは，当該道路……の反対側の境界線から当該敷地の側に水平距離5mの線を敷地境界線とみなす．

02

| 30023 | 高さ制限 | 日影による中高層の建築物の高さの制限の緩和の規定におい | ○ |
|---|---|---|---|
| | | て，建築物の敷地の平均地盤面が隣地（建築物があるもの）又 | |
| | 日影高低差 | はこれに連接する土地（建築物があるもの）で日影の生ずるも | |
| | 緩和 | のの地盤面より 1m 以上低い場合においては，その建築物の敷 | |
| | | 地の平均地盤面は，原則として，当該高低差から 1m を減じたも | |
| | | のの 1/2 だけ高い位置にあるものとみなす． | |

「法 56 条の 2 第 3 項」「令 135 条の 12 第 3 項第二号」に「日影制限における高低差
緩和」の解説が載っており，そこを訳すと「建築物の敷地の平均地盤面が隣地（建
築物があるもの）又はこれに連接する土地（建築物があるもの）で日影の生ずるも
のの地盤面より 1m 以上低い場合においては，その建築物の敷地の平均地盤面は，
当該高低差から 1m を減じたものの 1/2 だけ高い位置にあるものとみなす．」とわか
る．

原文：法 56 条の 2 第 3 項
（日影による中高層の建築物の高さの制限）
3. 建築物の敷地が道路，川又は海その他これらに類するものに接する場合，建築
物の敷地とこれに接する隣地との高低差が著しい場合その他これらに類する特別
の事情がある場合における第一項本文の規定の適用の緩和に関する措置は，政令で
定める．

原文：令 135 条の 12 第 3 項第二号
（日影による中高層の建築物の高さの制限の緩和）
二．建築物の敷地の平均地盤面が 隣地又はこれに連接する土地で日影の生ずるも
のの地盤面（隣地又はこれに連接する土地に建築物がない場合においては，当該隣
地又はこれに連接する土地の平均地表面をいう．次項において同じ．）より 1m 以上
低い場合においては，その建築物の敷地の平均地盤面は，当該高低差から 1m を減
じたものの 2 分の 1 だけ高い位置にあるものとみなす．

| 04143 | 高さ制限 | 道路内にある建築物については，高架の道路の路面下に設ける | ○ |
|---|---|---|---|
| | 高さの制限 | ものを除き，道路高さ制限は適用されない． | |
| | の緩和 | | |

「法 57 条」に「高架の工作物内に設ける建築物等に対する高さの制限の緩和」につ
いて載っており，その「2 項」より，「道路内にある建築物（高架の道路の路面下に
設けるものを除く．）については，法 56 条 1 項第一号及び 2 項から 4 項までの規定
（道路の高さ制限）は，適用しない．」とわかる．

原文：法 57 条 2 項
（高架の工作物内に設ける建築物等に対する高さの制限の緩和）
2. 道路内にある建築物（高架の道路の路面下に設けるものを除く．）については，
第 56 条第 1 項第一号 及び 第 2 項から第 4 項までの規定は，適用しない．

| 19131 | 容積率・延 | 特例容積率適用地区内の 2 以上の敷地に係る土地の所有者等は， | ○ |
|---|---|---|---|
| | べ面積 | 特定行政庁に対し，当該 2 以上の敷地のそれぞれに適用される | |
| | 特例容積率 | 特別の容積率の限度の指定を申請することができる． | |
| | 適用地区 | | |

「法 57 条の 2」に「特例容積率適用地区内における建築物の容積率の特例」について載っており，その「1 項」を訳すと「特例容積率適用地区内の 2 以上の敷地に係る土地について，所有権者等は，特定行政庁に対し，当該特例敷地のそれぞれに適用される特例容積率の限度の指定を申請することができる。」とわかる．

原文：法 57 条の 2
(特例容積率適用地区内における建築物の容積率の特例)
特例容積率適用地区内の 2 以上の敷地 (……) に係る土地について所有権若しくは建築物の所有を目的とする地上権若しくは賃借権 (……) を有する者又はこれらの者の同意を得た者は，1 人で，又は数人が共同して，特定行政庁に対し，国土交通省令で定めるところにより，当該 2 以上の敷地 (以下この条及び次条において「特例敷地」という．) のそれぞれに適用される特別の容積率 (以下この条及び第 60 条の 2 第 4 項において「特例容積率」という．) の限度の指定を申請することができる．

| 17185 | 法もくじ<br><br>高度利用地区 | 高度利用地区内において，道路高さ制限に適合しない建築物であっても，敷地内に道路に接して有効な空地が確保されていること等により，特定行政庁が交通上，安全上，防火上及び衛生上支障がないと認めて建築審査会の同意を得て許可したものについては，新築することができる。 | ○ |
|---|---|---|---|

「法 59 条」に「高度利用地区」の解説が載っており，その「4 項」を訳すと「高度利用地区内において，敷地内に道路に接して有効な空地が確保されていること等により，行政庁が認めて許可した建築物については，建築物の各部分の高さの制限 (道路斜線制限) は，適用しない．」とあるため，行政庁による許可の規定が定められているとわかる．

原文：法 59 条 4 項
(高度利用地区)
4. 高度利用地区内においては，敷地内に道路に接して有効な空地が確保されていること等により，特定行政庁が，交通上，安全上，防火上及び衛生上支障がないと認めて許可した建築物については，第 56 条第 1 項第一号及び第 2 項から第 4 項までの規定は，適用しない．

| 25162 | 法もくじ<br><br>特定街区 | 特定街区内における建築物の容積率は，特定街区に関する都市計画において定められた限度以下で，かつ，前面道路の幅員が 12m 未満である場合は，当該前面道路の幅員のメートルの数値に，住居系の用途地域にあっては 4/10 を，その他の用途地域にあっては 6/10 を乗じたもの以下でなければならない。 | × |
|---|---|---|---|

「法 60 条」より，「特定街区内においては，建築物の容積率は，特定街区に関する都市計画において定められた限度以下でなければならない．」とわかる．また，その「3 項」より，「特定街区内の建築物については，法 52 条 (容積率) の規定は，適用しない．」とわかる．問題文には，「道路容積 (法 52 条第 2 項) の規定を適用しなければならない」とあるため誤り．

原文：法 60 条
(特定街区)
特定街区内においては，建築物の容積率及び高さは，特定街区に関する都市計画において定められた限度以下でなければならない．
……
3. 特定街区内の建築物については，第 52 条から前条まで及び第 60 条の 3 第 1 項の規定は，適用しない．

コード 24031

図のような建築物における延べ面積，建築物の高さ又は階数の算定に関する次の問に，建築基準法上，正しいか誤りかで答えよ．ただし，建築物には，住宅，自動車車庫等の用途に供する部分はないものとする．また，昇降機塔の屋上部分の水平投影面積は建築面積の1/20とし，最下階の防災センター（中央管理室）の水平投影面積は建築面積の1/8とする．

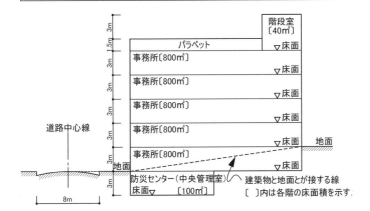

問1. 容積率の算定の基礎となる延べ面積は4,100㎡である．

問2. 避雷設備の設置の必要性を検討するに当たっての建築物の高さは18mである．

問3. 階数は6である．

問4. 地階を除く階数は4である．

解説：

問1. 「容積率の算定の基礎となる延べ面積」に関して，「建築物の屋上部分が階段室等の場合，その水平投影面積を算入しない．」といった緩和措置はない．建築物の建築面積の1/8以内の場合であっても，当該昇降機塔の床面積は，当該建築物の延べ面積に算入する．100 ＋ 800 × 5 ＋ 40 ＝ 4,140㎡
よって，誤り．

問2. 「令2条第六号」に，「建築物の高さの算定方法」の解説が載っており，その「ロ」に「屋上の階段室や昇降機塔等がある場合で，それらが建築面積の1/8以下の場合，それらの高さが12m以下であるならば，建築物の高さに含まなくてよい．」という緩和措置がある（通称：高さ1/8緩和）．ただし，この条文の最初に，「法33条（避雷設備）の場合を除く．」とある．問題文にある「避雷設備の設置」についての条文は「法33条」に該当するため昇降機塔の高さを算入し，18mとなる．
よって，正しい．

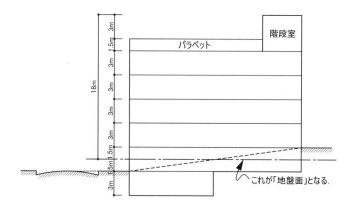

これが「地盤面」となる.

問3. 「令2条第八号」より,「屋上部分の塔屋や,地階部分の機械室などで,建築面積の1/8以下のものは,階数に算入しない.」とわかる.この問題では「屋上の階段室」は階数に算入しないが,「地階の中央管理室(居室)」については階数に算入することになり,階数は6となる.正しい.

問4. 「令2条2項」より,「高低差が3m以下の場合の地盤面とは,建物が周囲の地面と接する位置の平均の高さである.」とわかる.ゆえに,この問題では,「地盤面」は下図のようになる.
さらに,「令1条第二号」に,「天井高さの1/3以上,床面が地盤面下にある階を地階という.」とある.したがって,地階を除く階数は4となる.正しい.

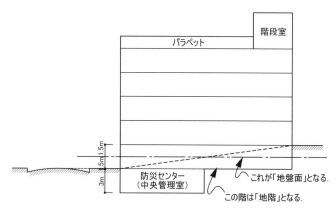

防災センター
(中央管理室)

これが「地盤面」となる.

この階は「地階」となる.

1. 誤り

2. 正しい

3. 正しい

4. 正しい

46

**令2条**

次の各号に掲げる面積，高さ及び階数の算定方法は，それぞれ当該各号に定めるところによる.

四　延べ面積　建築物の各階の床面積の合計による. ただし，法第52条第1項に規定する<u>延べ面積</u>（建築物の容積率の最低限度に関する規制に係る当該容積率の算定の基礎となる延べ面積を除く.）には，次に掲げる建築物の部分の床面積を算入しない.

イ　自動車車庫その他の専ら自動車又は自転車の停留又は駐車のための施設（……「<u>自動車車庫等部分</u>」という.）

ロ～ヘ　各部分

六　建築物の高さ　地盤面からの高さによる. ただし，次のイ，ロ又はハのいずれかに該当する場合においては，それぞれ…

イ　法第56条第1項第一号の規定並びに第130条の12及び第135条の19の規定による高さの算定については，前面道路の路面の中心からの高さによる.

ロ　法第33条及び法第56条第1項第三号……法第58条……に規定する高さ（……）を算定する場合を**除き**，階段室，昇降機塔，装飾塔，物見塔，屋窓その他これらに類する建築物の屋上部分の水平投影面積の合計が当該建築物の建築面積の**1/8**以内の場合においては，その部分の高さは，12m（法第55条第1項及び第2項，……別表第4（ろ）欄2の項，3の項及び4の項ロの場合には，<u>5m</u>）までは，当該建築物の高さに算入しない.

七　軒の高さ　地盤面（第130条の12第一号イの場合には，前面道路の路面の中心）から建築物の小屋組又はこれに代わる横架材を支持する壁，敷桁又は柱の上端までの高さによる.

八　階数　昇降機塔，装飾塔，物見塔その他これらに類する建築物の屋上部分　又は　地階の倉庫，機械室その他これらに類する建築物の部分で，水平投影面積の合計がそれぞれ当該建築物の建築面積の1/8以下のものは，当該建築物の階数に算入しない.……

建物の規模を示す「延べ面積」と「容積率算定の延べ面積」は，分けて考える.

→ 3項各号の連動をイメージ

法56条1項第一号（道路斜線）
道路関係 → 前面道路の路面の中心が起点

法33条（避雷設備），法56条1項第三号（北側斜線），法58条（高度地区）……
　　　を除き＝算入するグループ
水平投影面積の合計 ≦ 1/8　その部分の高さは，
　　かっこ内 5m［1種・2種低層の絶対高さ制限，日影規制］
　　それ以外 12m［道路斜線，隣地斜線など］
　　まで，建築物の高さに算入しない

原則，地盤面，
（前面道路の路面の中心の場合 → 後退距離算定の特例）

A．屋上グループ
　　昇降機塔，装飾塔，物見塔その他これらに類する建築物の屋上部分
又は
B．地階グループ
　　地階の倉庫，機械室<u>その他これらに類する</u>建築物の部分

**法 52 条**（容積率）

建築物の延べ面積の敷地面積に対する割合（以下「容積率」という.）は，次の各号に掲げる区分に従い，当該各号に定める数値以下でなければならない. ……

2 前項に定めるもののほか，前面道路（……その幅員が最大のもの……）の幅員が 12m 未満である建築物の容積率は，当該前面道路の幅員の m の数値に，次の各号に掲げる区分に従い，当該各号に定める数値を乗じたもの以下でなければならない. ……

3 第 1 項（……），前項……に規定する建築物の容積率（……）の算定の基礎となる延べ面積には，建築物の地階でその天井が地盤面からの高さ 1m 以下にあるものの住宅 又は 老人ホーム，福祉ホームその他これらに類するもの（以下この項及び第 6 項において「老人ホーム等」という.）の用途に供する部分（第 6 項の政令で定める昇降機の昇降路の部分又は共同住宅の共用の廊下若しくは階段の用に供する部分を除く. 以下この項において同じ.）の床面積（当該床面積が当該建築物の住宅及び老人ホーム等の用途に供する部分の床面積の合計の 1/3 を超える場合においては，当該建築物の住宅及び老人ホーム等の用途に供する部分の床面積の合計の 1/3）は，算入しないものとする.

4 前項の地盤面とは，建築物が周囲の地面と接する位置の平均の高さにおける水平面をいい，その接する位置の高低差が 3m を超える場合においては，その高低差 3m 以内ごとの平均の高さにおける水平面をいう.

5 地方公共団体は，土地の状況等により必要と認める場合においては，前項の規定にかかわらず，政令で定める基準に従い，条例で，区域を限り，第 3 項の地盤面を別に定めることができる.

6 第 1 項，第 2 項，……に規定する建築物の**容積率**の算定基礎となる延べ面積には，**政令で定める昇降機の昇降路の部分** 又は **共同住宅若しくは老人ホーム等の共用の廊下若しくは階段**の用に供する部分の床面積は，算入しないものとする.

① 〈条例制定前〉

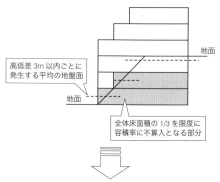

② 〈条例制定後〉

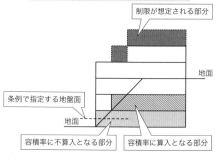

**地盤面の指定による規制のイメージ**

←①，②

**法 53 条**（建蔽率）

建築物の建築面積（……）の敷地面積に対する割合（以下「建蔽率」という.）は，次の各号に掲げる区分に従い……

　一　第一種低層……第二種低層住居専用地域……　3/10，4/10，5/10，6/10 のうち……定められたもの

　二　第一種住居地域，第二種住居地域，準住居地域又は準工業地域内……　5/10，6/10，8/10 のうち……定められたもの

　三　近隣商業地域内……　6/10，8/10 のうち……定められたもの

　四　商業地域内の建築物　8/10

　五　工業地域内……　5/10，6/10 のうち……定められたもの

　　……

3　前2項の規定の適用については，第一号又は第二号のいずれかに該当する建築物にあつては第1項各号に定める数値に 1/10 を加えたものを……数値とし，第一号及び第二号に該当する建築物にあつては同項各号に定める数値に 2/10 を加えたものをもって当該各号に定める数値とする.

　一　防火地域（……建蔽率の限度が 8/10 とされている地域を除く.）内にあるイ……又は準防火地域内にあるイ若しくはロのいずれかに該当する建築物

　イ　……「耐火建築物等」……

　ロ　……「準耐火建築物等」……

　二　街区の角にある敷地又はこれに準ずる敷地で特定行政庁が指定するものの内にある建築物

　　……

6　前各項の規定は，次の各号のいずれかに該当する建築物については，適用しない.

　一　防火地域（……建蔽率の限度が 8/10 とされている地域に限る.）内にある耐火建築物等

　　……

7　建築物の敷地が防火地域の内外にわたる場合において，その敷地内の建築物の全部が耐火建築物等であるときは，その敷地は，全て防火地域内にあるものとみなして，第3項第一号又は前項第一号の規定を適用する.

---

★問題文を読んだ時に「3項第一号」or「6項」をイメージする

〇防耐火緩和

「防火地域」にある耐火建築物等

→「二号の 8/10」「三号の 8/10」「四号」以外

「準防火地域」にある耐火建築物等・準耐火建築物等

→用途地域にかかわらず

〇角地緩和

行政庁の指定が無ければ「角地」でも緩和なし

用途地域にかかわらず対象

〇防耐火で「適用除外（＝建蔽率 100%）」

「防火地域」にある耐火建築物等

→「二号の 8/10」「三号の 8/10」「四号」

2 地域にわたる場合（法 91 条では除かれている）

「全て防火地域内にあるものとみなす」

→ 防耐火緩和（又は適用除外）

#### 令2条2項

前項第二号，第六号又は第七号の「<u>地盤面</u>」<u>と</u><u>は，建築物が周囲の地面と接する位置の平均の</u><u>高さにおける水平面</u>をいい，その接する位置の<u>高低差が3mを超える場合においては，その高</u><u>低差3m以内ごとの平均の高さにおける水平面</u><u>をいう</u>.

#### 法56条の2(日影による中高層の建築物の高さ
の制限)

別表第4(い)欄の各項に掲げる地域又は区域の全部又は一部で地方公共団体の条例で指定する区域(以下この条において「対象区域」という.)内にある同表(ろ)欄の当該各項（……）に掲げる建築物は，冬至日の真太陽時による午前8時から午後4時まで（……）の間において，それぞれ，同表(は)欄の各項（……）に掲げる<u>平均</u><u>地盤面からの高さ</u>（……）<u>の水平面</u>（……）<u>に</u>,<u>敷地境界線からの</u><u>水平距離が5mを超える範囲</u><u>において</u>，同表(に)欄の(一),(二)又は(三)の号（……）のうちから地方公共団体がその地方の気候及び風土，土地利用の状況等を勘案して条例で指定する号に掲げる時間以上日影となる<u>部分を生じさせることのないものとしなければ</u><u>ならない</u>. ただし，……

1つの敷地に複数の「地盤面」が存在する場合がある

「対象区域内にある(ろ)欄各項の建築物」
○日影制限が係る建築物かどうか
→「地盤面からの高さ」

「(は)欄各項に掲げる平均地盤面からの高さの水平面」
○日影線を描く測定面（平均地盤面からの高さ
1.5m・4m）
どれだけ高低差があっても「平均地盤面」は1敷地に1つ

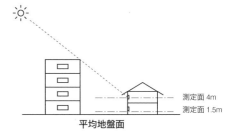

平均地盤面

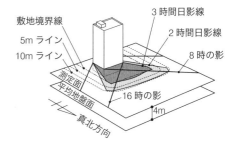

| コード | 項目 | 問題 | 解答 |
|---|---|---|---|
| 20074 * | 敷地・構造・設備<br><br>大規模建築物の主要構造部制限 | 地階を除く階数が4である建築物においては，主要構造部である柱及びはりに木材を用いることはできない．ただし，国土交通大臣の認定を受けたものを除く． | × |

「法21条」に「大規模建築物の主要構造部（通称：大規模建築物の主要構造部制限）」について載っており，そこを訳すと「大規模の建築物で，主要構造部を木造等にしたものは，原則として，耐火建築物で要求される主要構造部の基準に適合するものでなければならない．」とわかる．当該条件は①．「地階を除く階数が4以上」，②．「高さが16m超え」，③．「倉庫，自動車車庫で，高さが13m超え」となっており，問題文は，①．に該当するが，大臣が定めた構造方法（告示193号）に適合することで，主要構造部である柱及び梁に木材を用いることができる．

原文：法21条
（大規模の建築物の主要構造部等）
次の各号のいずれかに該当する建築物（その主要構造部……に木材，プラスチックその他の可燃材料を用いたものに限る．）は，その主要構造部を通常火災終了時間（……）が経過するまでの間当該火災による建築物の倒壊及び延焼を防止するために……政令で定める技術的基準に適合するもので，国土交通大臣が定めた構造方法を用いるもの又は国土交通大臣の認定を受けたものとしなければならない．ただし……
一．地階を除く階数が4以上である建築物
二．高さが16mを超える建築物
三．別表第1（い）欄(5)項又は　(6)項に掲げる用途に供する特殊建築物で，高さが13mを超えるもの

原文：令109条の5
（大規模の建築物の主要構造部の性能に関する技術的基準）
法第21条第1項本文の政令で定める技術的基準は，次の各号のいずれかに掲げるものとする．
一．次に掲げる基準
……
二．第107条各号　又は　第108条の3第1項第一号イ及びロに掲げる基準

| コード | 項目 | 問題 | 解答 |
|---|---|---|---|
| 24061 | 敷地・構造・設備<br><br>大規模建築物の主要構造部制限 | 防火地域及び準防火地域以外の区域内における木造の中学校において，延べ面積3,500m²，地上2階建ての主要構造部に木材を用いたものとしたので，主要構造部を耐火構造とし，その外壁の開口部で延焼のおそれのある部分に，所定の防火設備を設けた． | ○ |

「法21条」に「大規模建築物の主要構造部制限」について載っており，その「2項」に「延べ面積が3,000m²を超える建築物（その主要構造部を木造等にしたものに限る．）は，原則として耐火建築物で要求される主要構造部の基準（＝耐火構造）に適合するものとしなければならない．」とある．また，「別表1」より「中学校」は，(い)欄(三)項に該当する特殊建築物であり，(は)欄をチェックすると，「2,000m²以上」の条件（法27条1項第二号）に該当する．その主要構造部については，「令110条」，延焼するおそれがある外壁の開口部については，「令110条の2」に適合しなければならない．よって，当該部分に，所定の防火設備を設ける必要がある．

原文：法21条2項
2. 延べ面積が3,000m²を超える建築物(その主要構造部……に木材……を用いたものに限る.)は，次の各号のいずれかに適合するものとしなければならない.
一. 第2条第九号の二イに掲げる基準に適合するものであること.
二. 壁，柱，床その他の建築物の部分 又は防火戸その他の政令で定める防火設備(以下この号において「壁等」という.)のうち，通常の火災による延焼を防止するために当該壁等に必要とされる性能に関して政令で定める技術的基準に適合するもので，国土交通大臣が定めた構造方法を用いるもの又は国土交通大臣の認定を受けたものによつて有効に区画し，かつ，各区画の床面積の合計をそれぞれ3,000m²以内としたものであること.

| 21062 | 敷地・構造・設備<br><br>22条区域 | 他の建築物の火災による火の粉により延焼するという被害を抑止するために，建築基準法においては，外壁について，建築物の周囲において発生する通常の火災による火熱が加えられた場合に，加熱開始後一定の時間，当該加熱面以外の面の温度が可燃物燃焼温度以上に上昇しない性能を求めている. | × |
|---|---|---|---|

「法22条」に「22条区域における屋根の構造」の解説が載っており，そこを訳すと「通常の火災の火の粉による建築物の火災の発生を防止するために屋根に必要とされる性能に関して政令基準（令109条の8）に適合しなければならない.」とわかる. また「法62条」に「防火・準防火地域内における屋根の構造」の解説が載っており，そこを訳すと「市街地における火災を想定した火の粉による建築物の火災の発生を防止するために屋根に必要とされる性能に関して政令基準（令136条の2の2）に適合しなければならない.」とわかる. 問題文には「外壁について」とあるが，「火の粉による延焼」を抑止するのは「屋根」に関する規定である. よって問題文は誤り.

原文：法22条
(屋根)
特定行政庁が防火地域 及び 準防火地域以外の市街地について指定する区域内にある建築物の屋根の構造は，通常の火災を想定した火の粉による建築物の火災の発生を防止するために屋根に必要とされる性能に関して建築物の構造及び用途の区分に応じて政令で定める技術的基準に適合するもので，国土交通大臣が定めた構造方法を用いるもの 又は国土交通大臣の認定を受けたものとしなければならない. ただし……

原文：令109条の8
(法第22条第1項の市街地の区域内にある建築物の屋根の性能に関する技術的基準)
法第22条第1項の政令で定める技術的基準は，次に掲げるもの（……）とする.
一. 屋根が，通常の火災による火の粉により，防火上有害な発炎をしないものであること.
二. 屋根が，通常の火災による火の粉により，屋内に達する防火上有害な溶融，亀裂その他の損傷を生じないものであること.

| 29201 | 敷地・構造・設備<br><br>22条区域 | 建築基準法第22条第1項の市街地の区域の内外にわたる共同住宅の屋根の構造は，その全部について，同項の規定の適用を受け，通常の火災を想定した火の粉による火災の発生を防止するために屋根に必要とされる所定の性能を有するものとしなければならない. | ○ |
|---|---|---|---|

「法22条」に「22条区域における屋根の構造」について載っており，「通常の火災の火の粉による建築物の火災の発生を防止するために屋根に必要とされる性能に関して政令基準（令109条の8）に適合しなければならない．」とわかる．また，「法24条」より，「建築物が22条区域の内外にわたる場合においては，その全部について区域内の建築物に関する規定を適用する．」とわかる．よって問題文は正しい．

原文：法24条
（建築物が第22条第1項の市街地の区域の内外にわたる場合の措置）
建築物が第22条第1項の市街地の区域の内外にわたる場合においては，その全部について同項の市街地の区域内の建築物に関する規定を適用する．

| 22214 | 敷地・構造・設備<br>木造大規模 | 延べ面積1,200m²の木造の事務所は，その外壁及び軒裏で延焼のおそれのある部分を防火構造としなければならない． | ○ |

「法25条」に，「大規模の木造建築物の外壁等」の解説が載っており，そこを訳すと「木造の建物で1,000m²を超える場合は，その外壁及び軒裏で延焼のおそれのある部分を防火構造にしなければならない．」とわかる．問題文の建物は，1,000m²を超えるため，外壁及び軒裏で延焼のおそれのある部分を防火構造としなければならない．

原文：法25条
（大規模の木造建築物等の外壁等）
延べ面積（……）が1,000m²を超える木造建築物等は，その外壁及び軒裏で延焼のおそれのある部分を防火構造とし，その屋根の構造を第22条第1項に規定する構造としなければならない．

| 20044<br>* | 敷地・構造・設備<br>界壁 | 老人福祉施設における防火上主要な間仕切壁で，小屋裏又は天井裏に達し準耐火構造としたものは，原則として500Hzの振動数の音に対して，透過損失40dB以上の遮音性能が要求される． | × |

「法30条」に「界壁」の解説が載っており，そこを訳すと「共同住宅等の界壁は，小屋裏または天井裏まで立ち上げ，さらに遮音性能に関する政令基準に適合するもので，大臣構造のもの，または大臣認定を受けたものとしなければならない．」とわかる．ただし，問題文は，「老人福祉施設における間仕切壁」であるため，遮音性能に関する規定はない．よって誤り．

原文：法30条
（長屋又は共同住宅の各戸の界壁）
長屋又は共同住宅の各戸の界壁は，次に掲げる基準に適合するものとしなければならない．
一．その構造が，隣接する住戸からの日常生活に伴い生ずる音を衛生上支障がないように低減するために界壁に必要とされる性能に関して政令で定める技術的基準に適合するもので，国土交通大臣が定めた構造方法を用いるもの又は国土交通大臣の認定を受けたものであること．
二．小屋裏又は天井裏に達するものであること．

原文：令22条の3
（遮音性能に関する技術的基準）
法第30条第1項第一号（……）の政令で定める技術的基準は，次の表……に掲げる数値以上であることとする．

| 振動数（単位：ヘルツ） | 125 | 500 | 2,000 |
|---|---|---|---|
| 透過損失（単位：デシベル） | 25 | 40 | 50 |

| 03053 | 敷地・構造・設備 | 共同住宅の天井の全部が強化天井であり，かつ，天井の構造が，隣接する住戸からの日常生活に伴い生ずる音を衛生上支障がないように低減するために天井に必要とされる性能に関して政令で定める技術的基準に適合するもので，国土交通大臣が定めた構造方法を用いるものである場合には，当該共同住宅の各戸の界壁（準耐火構造であるもの）は，小屋裏又は天井裏に達しなくてもよい． | ○ |
| | 界壁 | | |

「法 30 条」に「界壁」について載っており，「共同住宅の各戸の界壁は，小屋裏または天井裏まで立ち上げ，さらに遮音性能に関する政令基準に適合するもので，大臣構造のもの又は大臣認定を受けたものとしなければならない．」とわかる．ただし，「法 30 条 2 項」「令 22 条の 3 第 2 項」「令 114 条」より，「隣接する住戸からの日常生活に伴い生ずる音を衛生上支障がないように低減するために天井に必要とされる性能を有する場合，当該界壁（準耐火構造であるもの）は，小屋裏又は天井裏に達しないものとする事ができる．」とわかる．よって正しい．

原文：法 30 条 2 項
2.　前項第二号の規定は，長屋又は共同住宅の天井の構造が，隣接する住戸からの日常生活に伴い生ずる音を衛生上支障がないように低減するために天井に必要とされる性能に関して政令で定める技術的基準に適合するもので，国土交通大臣が定めた構造方法を用いるもの又は国土交通大臣の認定を受けたものである場合においては，適用しない．

原文：令 22 条の 3 第 2 項
2.　法第 30 条第 2 項……の政令で定める技術的基準は，前項に規定する基準とする．

| 23092 | 敷地・構造・設備 | 特定行政庁が衛生上特に支障があると認めて規則で指定する区域における処理対象人員 500 人の合併処理浄化槽は，原則として，放流水に含まれる大腸菌群数が 3,000 個/cm³ 以下，かつ，通常の使用状態において，生物化学的酸素要求量の除去率が 70%以上，合併処理浄化槽からの放流水の生物化学的酸素要求量が 60mg/L 以下とする性能を有するものでなければならない． | ○ |
| | 屎尿浄化槽 | | |

「法 31 条 2 項」，「令 32 条」より，「特定行政庁が衛生上に支障があると認めて規則で指定する区域における処理対象人数 500 人の合併処理浄化槽」については，放流水に含まれる大腸菌群数 3,000 個/cm³ 以下（令 32 条第二号），かつ，通常の使用状態において，生物化学的酸素要求量の除去率 70%以上，合併処理浄化槽から放流水の生物化学的酸素要求量 60mg/L 以下のものでなければならない．（令 32 条第一号表）」とわかる．

原文：令 32 条
（法第 31 条第 2 項等の規定に基づく汚物処理性能に関する技術的基準）
屎尿浄化槽の法第 31 条第 2 項の政令で定める技術的基準 及び 合併処理浄化槽（屎尿と併せて雑排水を処理する浄化槽をいう．以下同じ．）について法第 36 条の規定により定めるべき構造に関する技術的基準のうち処理性能に関するもの（以下「汚物処理性能に関する技術的基準」と総称する．）は，次のとおりとする．
一．通常の使用状態において，次の表に掲げる区域及び処理対象人員の区分に応じ，それぞれ同表に定める性能を有するものであること．
二．放流水に含まれる大腸菌群数が，1 cm³につき 3,000 個以下とする性能を有するものであること．

| 28103 | 敷地・構造・設備 | 高さ 20m を超える建築物には，周囲の状況によって安全上支障がない場合を除き，有効に避雷設備を設けなければならない． | ○ |
| | 避雷設備 | | |

「法 33 条」に「高さ 20m を超える建築物には，避雷設備を設けなければならない．」とある．また，「令 129 条の 15」に「避雷設備の構造」について載っており，「避雷設備の構造は，雷撃によって生ずる電流を建築物に被害を及ぼすことなく安全に地中に流すことができるものでなければならない．」とわかる．

原文：法 33 条
(避雷設備)
高さ 20m をこえる建築物には，有効に避雷設備を設けなければならない．ただし，周囲の状況によつて安全上支障がない場合においては，この限りでない．

| 30014 | 敷地・構造・設備 | 建築材料の品質における「安全上，防火上又は衛生上重要である建築物の部分」には，主要構造部以外のバルコニーで防火上重要であるものとして国土交通大臣が定めるものも含まれる． | ○ |
| | 指定建築材料 | | |

「法 37 条（建築材料の品質）」，「令 144 条の 3 第五号」より，「安全上，防火上又は衛生上重要である建築物の部分には，主要構造部以外の一定のバルコニーも含まれる．」とわかる．

原文：法 37 条
(建築材料の品質)
建築物の基礎，主要構造部その他安全上，防火上 又は 衛生上重要である政令で定める部分に使用する木材，鋼材，コンクリートその他の建築材料……

原文：令 144 条の 3
(安全上，防火上 又は 衛生上重要である建築物の部分)
法第 37 条の規定により政令で定める安全上，防火上 又は 衛生上重要である建築物の部分は，次に掲げるものとする．
一．構造耐力上主要な部分で 基礎 及び 主要構造部以外のもの
……
五．主要構造部以外の間仕切壁，揚げ床，最下階の床，小ばり，ひさし，局部的な小階段，屋外階段，バルコニーその他これらに類する部分で防火上重要であるものとして国土交通大臣が定めるもの

| コード | 項目 | 問題 | 解答 |
|---|---|---|---|
| 27101 | 配管設備<br><br>風道 | 階数が3以上で延べ面積が3,000m²を超える建築物に設ける換気設備の風道で，屋外に面する部分については，不燃材料で造らなければならない． | × |
| | | 「令129条の2の4」に「配管設備の構造」について載っており，その「六号」より，「地階を除いた階数が3以上，地階に居室を有する，延べ面積が3,000m²を超えるのいずれかの条件に該当する建物に設ける風道等は，屋外に面する部分等を除き，不燃材料で造らなければならない．」とわかる．問題文は「屋外に面する部分」とあるため，不燃材料以外のもので造ることができる． | |
| | | 原文：令129条の2の4第六号<br>六．地階を除く階数が3以上である建築物，地階に居室を有する建築物 又は 延べ面積が3,000m²を超える建築物に設ける換気，暖房 又は 冷房の設備の風道……（屋外に面する部分……を除く．）は，不燃材料で造ること． | |
| 20114 | 配管設備<br><br>貫通 | 準防火地域内における地上2階建て延べ面積480m²の共同住宅の各戸の界壁を貫通する給水管は，通常の火災による火熱が加えられた場合に，加熱開始後45分間，当該界壁の加熱側の反対側に火炎を出す原因となるき裂その他の損傷を生じないものとして，国土交通大臣の認定を受けたものを使用することができる． | ○ |
| | | 「法36条」「令129条の2の4」に「配管設備の構造」の解説が載っており，その「七号」を訳すと「給水管，配電管その他の管が，所定の防火区画等を貫通する場合は，次のイ～ハのいずれかに適合する構造としなければならない．」とわかる．「ハ」には，「当該管が，通常の火災による火熱が加えられた場合に，界壁（令114条1項）ならば，加熱開始後45分間，当該界壁の加熱側の反対側に火炎を出す原因となるき裂その他の損傷を生じないものとして，大臣認定を受けたものを使用することができる．」とわかる．問題文は正しい． | |
| | | 原文：令129条の2の4第七号<br>七．給水管，配電管その他の管が，……界壁，……（ハにおいて「防火区画等」という．）を貫通する場合においては，これらの管の構造は，次のイからハまでのいずれかに適合するものとすること．……<br>イ．給水管，配電管その他の管の貫通する部分 及び 当該貫通する部分からそれぞれ両側に1m以内の距離にある部分を不燃材料で造ること．<br>ロ．給水管，配電管その他の管の外径が，当該管の用途，材質その他の事項に応じて国土交通大臣が定める数値未満であること．<br>ハ．防火区画等を貫通する管に 通常の火災による火熱が加えられた場合に（……，第114条第1項の界壁……にあつては45分間）防火区画等の加熱側の反対側に火炎を出す 原因となる亀裂その他の損傷を生じないものとして，国土交通大臣の認定を受けたものであること． | |
| 25121 | 配管設備<br><br>飲料水管 | 建築物に設ける飲料水の配管設備は，当該配管設備から，漏水しないものであり，かつ，溶出する物質によって汚染されないものであることとして，国土交通大臣が定めた構造方法を用いるもの又は国土交通大臣の認定を受けたものでなければならない． | ○ |

04

「令 129 条の 2 の 4 第 2 項」に「飲料水の配管設備の構造」について載っており，その「三号」より，「飲料水の配管設備の構造は，当該配管設備から，漏水しないものであり，かつ，溶出する物質によって汚染されないものであることとして，大臣が定めた構造方法を用いるもの又は大臣の認定を受けたものでなければならない．」とわかる．

原文：令 129 条の 2 の 4 第 2 項第三号
2．建築物に設ける飲料水の配管設備……の設置及び構造は，前項の規定によるほか，次に定める……
……
三．飲料水の配管設備の構造は，次に掲げる基準に適合するものとして，国土交通大臣が定めた構造方法を用いるもの又は国土交通大臣の認定を受けたものであること．
イ．当該配管設備から漏水しないものであること．
ロ．当該配管設備から溶出する物質によって汚染されないものであること．

| 25122 | 配管設備 排水管 | 建築物に設ける排水のための配管設備の末端は，公共下水道，都市下水路その他の排水施設に排水上有効に連結しなければならない． | ○ |
|---|---|---|---|

「令 129 条の 2 の 4 第 3 項」に「排水のための配管設備の構造」について載っており，その「三号」より，「配管設備の末端は，公共下水道，都市下水路その他の排水施設に排水上有効に連結しなければならない．」とわかる．

原文：令 129 条の 2 の 4 第 3 項第三号
3．建築物に設ける排水のための配管設備の設置及び構造は，第 1 項の規定によるほか，次に定める……
……
三．配管設備の末端は，公共下水道，都市下水路その他の排水施設に排水上有効に連結すること．

| 30104 | 換気設備 自然換気 | 建築物（換気設備を設けるべき調理室等を除く．）に設ける自然換気設備の給気口は，居室の天井の高さの 1/2 を超える高さの位置に設け，常時外気に開放された構造としなければならない． | × |
|---|---|---|---|

「令 129 条の 2 の 5」に「自然換気設備の構造」の解説が載っており，その「二号」に「給気口は，天井の高さの 1/2 以下の位置に設け，常時外気に開放された構造としなければならない．」とわかる．問題文は「1/2 を超える高さ」とあるため誤り．

原文：令 129 条 2 の 5 第二号
（換気設備）
建築物（換気設備を設けるべき調理室等を除く．以下この条において同じ．）に設ける自然換気設備は，次に定める構造としなければならない．
……
二　給気口は，居室の天井の高さの 1/2 以下の高さの位置に設け，常時外気に開放された構造とすること．

| 17093 | 換気設備 中央管理方式 | 建築物に設ける中央管理方式の空気調和設備の性能のうち，居室における浮遊粉じんの量については，おおむね空気 $1m^3$ につき 0.15mg 以下となるように空気を浄化することができるものとしなければならない． | ○ |
|---|---|---|---|

「令 129 条の 2 の 5 第 3 項」に「中央管理方式の換気設備」の解説が載っており，そこを訳すと「そこの表に掲げる基準に適合するようにしなければならない.」とわかる.「浮遊粉じんの量」については表中(一)にあり，「空気 1m³ につき 0.15mg 以下」となっている.

| | |
|---|---|
| 原文：令 129 条の 2 の 5 第 3 項<br>3. 建築物に設ける中央管理方式の空気調和設備は，前項に定める構造とするほか，国土交通大臣が居室における次の表の各項の左欄に掲げる事項がおおむね当該各項の右欄に掲げる基準に適合するように空気を浄化し，その温度，湿度又は流量を調節して供給することができる<u>性能を有し</u>，かつ，安全上，防火上及び衛生上支障がない構造として国土交通大臣が定めた<u>構造方法</u>を用いるものとしなければならない. | |

| 02104 | 換気設備<br><br>冷却塔設備 | 地階を除く階数が 11 以上である建築物の屋上に設ける冷房のための冷却塔設備であっても，防火上支障がないものとして国土交通大臣が定めた構造方法を用いる場合においては，主要な部分を不燃材料以外の材料で造ることができる. | ○ |
|---|---|---|---|

「令 129 条の 2 の 6」に「冷却塔設備設置及び構造」について載っており，その「一号」より「地階を除く階数が 11 以上である建築物の屋上に設ける冷房のための冷却塔設備の構造は，主要な部分を不燃材料で造るか，又は，防火上支障がないものとして国土交通大臣が定めた構造方法を用いるものとしなければならない.」とわかる. 問題文の場合，大臣が定めた構造方法を用いているため，主要な部分を不燃材料以外の材料で造ることができる.

| | |
|---|---|
| 原文：令 129 条の 2 の 6<br>(冷却塔設備)<br>地階を除く階数が 11 以上である建築物の屋上に設ける冷房のための冷却塔設備の<u>設置 及び 構造</u>は，次の各号のいずれかに掲げるものとしなければならない.<br>一. <u>主要な部分を不燃材料で造るか，又は 防火上支障がないものとして国土交通大臣が定めた構造方法を用いるものとすること.</u> | |

| 20234 | エレベータ<br>一等<br><br>エレベータ<br>一 | 「建築基準法」において，エレベーターとは，人又は人及び物を運搬する昇降機並びに物を運搬するための昇降機でかごの水平投影面積が 1m² を超え，又は天井の高さが 1.1m を超えるものをいう. | × |
|---|---|---|---|

「法 34 条」「令 129 条の 3」に「昇降機」について載っており，その「一号」より，「人又は人及び物を運搬する昇降機並びに物を運搬するための昇降機でかごの水平投影面積が 1m² を超え，又は天井の高さが 1.2m を超えるものをエレベーターという.」とわかる. 問題文は，「高さが 1.1m」とあるため誤り.

| | |
|---|---|
| 原文：令 129 条の 3 第一号，三号<br>(適用の範囲)<br>この節の規定は，建築物に設ける次に掲げる昇降機に適用する.<br>一. <u>人 又は 人及び物</u> を運搬する昇降機 (……) <u>並びに 物</u>を運搬するための昇降機で<u>かごの水平投影面積が 1m² を超え，又は 天井の高さが 1.2m を超えるもの</u> (以下<u>「エレベーター」</u> という.)<br>……<br>三. <u>物</u>を運搬するための昇降機で，<u>かごの水平投影面積が 1m² 以下で，かつ，天井の高さが 1.2m 以下のもの</u> (以下 <u>「小荷物専用昇降機」</u> という.) | |

04

| 20113 | エレベーター等 | エレベーター強度検証法による主要な支持部分等の断面に生ずる常時の応力度は，昇降する部分以外の部分の固定荷重，昇降する部分の固定荷重及びかごの積載荷重を合計した数値により計算する． | × |
| --- | --- | --- | --- |
| | エレベーター | | |

「令129条の4第2項」に「エレベーター強度検証法」について載っており，その「二号」より，「主要な支持部分等の断面に生ずる常時（及び安全装置作動時）の応力度を，表に掲げる式より求め，各応力度が，それぞれの材料の破壊強度を安全率で除して求めた許容応力度を超えないことを確かめる．」とわかる．表の計算式は，「昇降する部分以外の部分の固定荷重＋加速度を考慮して大臣が定める数値×（昇降する部分の固定荷重＋かごの積載荷重）」とわかる．問題文は誤り．

原文：令129条の4第2項
2．前項の「エレベーター強度検証法」とは，次に定めるところにより，エレベーターの設置時 及び 使用時のかご 及び 主要な支持部分の強度を検証する方法をいう．
……．
二．前号の主要な支持部分等の断面に生ずる常時及び安全装置の作動時の各応力度を次の表に掲げる式によって計算すること．
表．常時　$G_1 + \alpha_1 (G_2 + P)$
　$G_1$ …… 固定荷重のうち昇降する部分以外の部分……
　$G_2$ …… 固定荷重のうち昇降する部分……
　$P$ …… 積載荷重……
　$\alpha_1$ …… 加速度を考慮して国土交通大臣が定める数値

| 16115 | エレベーター等 | 建築物に設ける乗用エレベーター（かごの床面積が$2m^2$）のかごの積載荷重は，原則として，7,200N としなければならない． | × |
| --- | --- | --- | --- |
| | 積載荷重 | | |

「令129条の5第2項」に「エレベーターの積載荷重」の解説が載っており，そこの「表」より乗用エレベーターでかごの床面積が $1.5m^2$ を超え$3m^2$以下のものは，「($1.5m^2$ を超える面積に対して $1m^2$ につき 4,900N として計算された数値）＋5,400N を下回ってはならない．」とわかる．よって問題文の場合では，$(0.5 \times 4,900) + 5,400 = 7,850N$ となり誤り．

原文：令129条の5第2項
2．エレベーターのかごの積載荷重は，当該エレベーターの実況に応じて定めなければならない．ただし，かごの種類に応じて，次の表に定める数値（用途が特殊なエレベーターで国土交通大臣が定めるものにあつては，当該用途に応じて国土交通大臣が定める数値）を下回つてはならない．

| 21101 | エレベーター等 | 乗用エレベーターのかごには，用途，積載量及び最大定員を明示した標識をかご内の見やすい場所に掲示しなければならない． | ○ |
| --- | --- | --- | --- |
| | かご | | |

「令129条の6」に「エレベーターのかごの構造」の解説が載っており，その「五号」より，「乗用エレベーターのかごには，用途，積載量及び最大定員を明示した標識をかご内の見やすい場所に掲示しなければならない．」とわかる．

原文：令129条の6第五号
五．用途 及び 積載量 （……）並びに乗用エレベーター及び寝台用エレベーターにあつては最大定員 （……）を明示した標識をかご内の見やすい場所に掲示すること．

| 22092 | エレベーター等 | エレベーター（所定の特殊な構造又は使用形態のものは除く.）の昇降路の出入口の戸には，かごがその戸の位置に停止していない場合において昇降路外の人又は物の昇降路内への落下を防止することができるものとして，所定の基準に適合する施錠装置を設けなければならない. | ○ |
|---|---|---|---|
| | 昇降路の構造 | | |

「令129条の7」に「昇降路の構造」について載っており，その「三号」より，「昇降路の出入口の戸には，かごがその戸の位置に停止していない場合において昇降路外の人又は物の昇降路内への落下を防止することができるものとして所定の基準に適合する施錠装置を設けること.」とわかる.

原文：令129条の7第三号
(エレベーターの昇降路の構造)
エレベーターの昇降路は，次に定める構造としなければならない.
三．昇降路の出入口の戸には，<u>籠がその戸の位置に停止していない場合において昇降路外の人又は物の昇降路内への落下を防止することができるものとして国土交通大臣が定める基準に適合する施錠装置を設ける</u>こと.

| 02103 | エレベーター等 | 建築物に設けるエレベーターで，乗用エレベーター及び寝台用エレベーター以外のものの昇降路について，安全上支障がない場合においては，出入口の床先とかごの床先との水平距離は，4cmをこえることができる. | ○ |
|---|---|---|---|
| | 昇降路の構造 | | |

「令129条の7」に「昇降路の構造」について載っており，その「四号」より「出入口の床先とかごの床先との水平距離は，4cm以下とし，乗用エレベーター及び寝台用エレベーターにあつては，かごの床先と昇降路壁との水平距離は，12.5cm以下としなければならない.」とわかる. ただし，「令129条の11」に「乗用エレベーター及び寝台用エレベーター以外のエレベーターについては，安全上支障がない場合においては，令129条の7第四号の規定を適用しない.」とあるため問題文は正しい.

原文：令129条の7第四号
四．出入口の床先と籠の床先との水平距離は，<u>4cm以下</u>とし，乗用エレベーター及び寝台用エレベーターにあつては，<u>かごの床先と昇降路壁との水平距離は，12.5cm以下</u>とすること.

原文：令129条の11
(適用の除外)
<u>第129条の7第四号，……の規定は，乗用エレベーター及び寝台用エレベーター以外のエレベーターのうち，それぞれ昇降路，制御器又は安全装置について安全上支障がないものとして国土交通大臣が定めた構造方法を用いるものについては，適用しない.</u>

04

| 24103 | エレベーター等<br><br>機械室 | エレベーター（所定の特殊な構造又は使用形態のものを除く.）の機械室における床面から天井又ははりの下端までの垂直距離は，エレベーターのかごの定格速度が毎分180mの場合，2.5m以上としなければならない. | ○ |

「令129条の9」に「エレベーターの機械室」の解説が載っており，その「二号」より「エレベーターの機械室は，床面から天井又ははりの下端までの垂直距離を，かごの定格速度が150mをこえ，210m以下の場合，2.5m以上としなければならない.」とわかる.

原文：令129条の9
（エレベーターの機械室）
エレベーターの機械室は，次に定める構造としなければならない.
一．床面積は，昇降路の水平投影面積の2倍以上とすること. ただし，機械の配置及び管理に支障がない場合においては，この限りでない.
二．床面から天井又は はりの下端までの垂直距離は，かごの定格速度（積載荷重を作用させて上昇する場合の毎分の最高速度をいう. 以下この節において同じ.）に応じて，次の表に定める数値以上とすること.

| 定格速度 | 垂直距離（単位：m） |
|---|---|
| 60m以下の場合 | 2.0 |
| 60mをこえ，150m以下の場合 | 2.2 |
| 150mをこえ，210m以下の場合 | 2.5 |
| 210mをこえる場合 | 2.8 |

| 17091 | エレベーター等<br><br>安全装置 | エレベーターの制動装置の構造は，かごが昇降路の頂部又は底部に衝突するおそれがある場合に，自動的かつ段階的に作動し，これにより，かごに生ずる垂直方向の加速度が9.8m/s²を，水平方向の加速度が5.0m/s²を超えることなく安全にかごを制止させることができるものでなければならない. | ○ |

「令129条の10」に「安全装置」について載っており，その「2項」より「エレベーターの制動装置の構造は，かごが昇降路の頂部又は底部に衝突するおそれがある場合に，自動的かつ段階的に作動し，これにより，かごに生ずる垂直方向の加速度が9.8m/s²を，水平方向の加速度が5.0m/s²を超えることなく安全にかごを制止させることができるものでなければならない.」とわかる.

原文：令129条の10
（エレベーターの安全装置）
エレベーターには，制動装置を設けなければならない.
2．前項のエレベーターの制動装置の構造は，次に掲げる基準に適合するものとして，国土交通大臣が定めた構造方法を用いるもの又は国土交通大臣の認定を受けたものとしなければならない.
一．かごが昇降路の頂部又は底部に衝突するおそれがある場合に，自動的かつ段階的に作動し，これにより，かごに生ずる垂直方向の加速度が9.8m毎秒毎秒を，水平方向の加速度が5.0m毎秒毎秒を超えることなく安全にかごを制止させることができるものであること.

| 25302 | エレベーター等 | 「建築基準法」上，乗用エレベーター（所定の特殊な構造又は使用形態のものを除く．）の設置に際しては，安全装置として，駆動装置又は制御器に故障が生じ，かご及び昇降路のすべての出入口の戸が閉じる前にかごが昇降した場合に自動的にかごを制止する装置を設けなければならない． | ○ |
|---|---|---|---|
| | 安全装置 | | |

「令129条の10」に「安全装置」について載っており，その「3項第一号ロ」より，「安全装置として，駆動装置又は制御器に故障が生じ，かご及び昇降路のすべての出入口の戸が閉じる前にかごが昇降した場合に自動的にかごを制止する装置を設けなければならない．」とわかる．

原文：令129条の10第3項
3．エレベーターには，前項に定める制動装置のほか，<u>次に掲げる安全装置</u>を設けなければならない．
一．次に掲げる場合に自動的にかごを制止する装置
イ．……
ロ．<u>駆動装置又は制御器に故障が生じ，かご及び昇降路のすべての出入口の戸が閉じる前にかごが昇降した場合</u>

| 22091 | エスカレーター | エスカレーター（所定の特殊な構造又は使用形態のものを除く．）は，その踏段の幅を1.1m以下とし，踏段の端から当該踏段の端の側にある手すりの上端部の中心までの水平距離を25cm以下としなければならない． | ○ |
|---|---|---|---|
| | 構造 | | |

「令129条の12」に「エスカレーターの構造」の解説が載っており，その「四号」より，「<u>踏段の幅は，1.1m以下</u>とし，踏段の端から当該踏段の端の側にある手すりの上端部の中心までの水平距離は，<u>25cm以下</u>とするようにしなければならない．」とわかる．

原文：令129条の12
（エスカレーターの構造）
エスカレーターは，次に定める構造としなければならない．
……
二．<u>勾配</u>は，<u>30度以下</u>とすること．
三．踏段（……）の両側に手すりを設け，<u>手すりの上端部が踏段と同一方向に同一速度で連動する</u>ようにすること．
四．<u>踏段の幅</u>は，<u>1.1m以下</u>とし，踏段の端から当該踏段の端の側にある手すりの上端部の中心までの水平距離は，<u>25cm以下</u>とすること．
五．踏段の定格速度は，<u>50m以下の範囲内</u>において，エスカレーターの勾配に応じ国土交通大臣が定める毎分の速度以下とすること．
六．……<u>国土交通大臣が定めた構造方法</u>を用いるもの又は<u>国土交通大臣の認定</u>を受けたものとすること．

| 20111 | エスカレーター<br><br>構造 | 踏段面の水平投影面積が 6m² であるエスカレーターの踏段の積載荷重は，16kN とすることができる． | ○ |
|---|---|---|---|

「令 129 条の 12」に「エスカレーターの構造」の解説が載っており，その「3 項」より「エスカレーターの構造計算に用いる積載荷重は，$P$（積載荷重：単位 N）＝ 2,600 × $A$（踏段面の水平投影面積）の計算式で計算し，それ以上としなければならない．」とわかる．問題文の場合，踏段面の水平投影面積が 6m² であるため，踏段の積載荷重は，2,600 × 6 ＝ 15,600N 以上必要であり，16kN（16,000N）とすることができる．

原文：令 129 条の 12 第 3 項
3．エスカレーターの踏段の積載荷重は，次の式によって計算した数値以上としなければならない．
$P = 2,600A$
〔この式において，$P$ 及び $A$ は，それぞれ次の数値を表すものとする．
$P$：エスカレーターの積載荷重（単位　N）
$A$：エスカレーターの踏段面の水平投影面積（単位　m²）〕

| 04101 | 非常用エレベーター<br><br>設置不要 | 高さ 31m を超える部分の階数が 4 以下の主要構造部を耐火構造とした建築物で，当該部分が床面積の合計 100m² 以内ごとに耐火構造の床若しくは壁又は所定の特定防火設備で区画されているものには，非常用エレベーターを設置しなくてもよい． | ○ |
|---|---|---|---|

「令 129 条の 13 の 2」に「非常用エレベーター設置の緩和措置」について載っており，その「三号」より「高さ 31m を超える部分の階数が 4 以下で主要構造部を耐火構造とし，当該部分（31m を超える部分）が 100m² 以内ごとに防火区画されている場合，非常用エレベーターの設置は不要．」とわかる．

原文：法 34 条 2 項
（昇降機）
2．高さ 31m をこえる建築物（政令で定めるものを除く．）には，非常用の昇降機を設けなければならない．

原文：令 129 条の 13 の 2 第二号，三号
（非常用の昇降機の設置を要しない建築物）
二．高さ 31m を超える部分の各階の床面積の合計が 500 m² 以下の建築物
三．高さ 31m を超える部分の階数が 4 以下の主要構造部を耐火構造とした建築物で，当該部分が床面積の合計 100 m² 以内ごとに耐火構造の床 若しくは 壁 又は 特定防火設備で……区画されているもの

| 18083 | 非常用エレ<br>ベーター<br>‥‥‥‥‥<br>構造 | 延べ面積10,000m²，高さ70m，地上20階建ての事務所において，非常用エレベーターの乗降ロビーの天井及び壁の室内に面する部分の仕上げを準不燃材料とし，かつ，その下地を準不燃材料で造った． | × |
|---|---|---|---|
| | | 「令129条の13の3第3項」に「非常用エレベーターの乗降ロビーの構造」の解説が載っており，その「五号」に「天井及び壁の室内に面する部分は，仕上げを不燃材料でし，かつ，その下地を不燃材料で造らなければならない．」とある．ゆえに，問題文は誤り． | |
| | | 原文：令129条の13の3第3項第五号<br>五．天井及び壁の室内に面する部分は，仕上げを不燃材料でし，かつ，その下地を不燃材料で造ること． | |
| 05102 | 非常用エレ<br>ベーター<br>‥‥‥‥‥<br>乗降ロビー | 非常用エレベーター（所定の特殊な構造又は使用形態のものを除く．）について，昇降路は，2基以内ごとに，乗降ロビーに通ずる出入口及び機械室に通ずる主索，電線その他のものの周囲を除き，耐火構造の床及び壁で囲み，乗降ロビーは，窓若しくは排煙設備又は出入口を除き，耐火構造の床及び壁で囲まなければならない． | ○ |
| | | 「令129条の13の3第4項」より，「非常用エレベーター（所定の特殊な構造又は使用形態のものを除く．）について，昇降路は，2基以内ごとに，乗降ロビーに通ずる出入口及び機械室に通ずる主索，電線その他のものの周囲を除き，耐火構造の床及び壁で囲まなければならない．」とわかる．また「3項第四号」より，「乗降ロビーは，窓若しくは排煙設備又は出入口を除き，耐火構造の床及び壁で囲まなければならない．」とわかる．よって正しい． | |
| | | 原文：令129条の13の3第3項<br>3．乗降ロビーは，次に定める構造としなければならない．<br>……<br>四．窓若しくは排煙設備又は出入口を除き，耐火構造の床及び壁で囲むこと．<br><br>原文：令129条の13の3第4項<br>4．非常用エレベーターの昇降路は，非常用エレベーター2基以内ごとに，乗降ロビーに通ずる出入口及び機械室に通ずる主索，電線その他のものの周囲を除き，耐火構造の床及び壁で囲まなければならない． | |

| 21204 | 非常用エレベーター | 避難階においては，非常用エレベーターの昇降路の出入口（所定の構造の乗降ロビーを設けた場合には，その出入口）から，所定の通路，空地等に接している屋外への出口の一に至る歩行距離は，40m 以下としなければならない． | × |
|---|---|---|---|
| | 歩行距離 | | |

「令 129 条の 13 の 3 第 5 項」に「非常用エレベーターの乗降ロビーの構造」の解説が載っており，「避難階においては，非常用エレベーターの昇降路の出入口（所定の構造の乗降ロビーを設けた場合には，その出入口）から，所定の通路，空地等に接している屋外への出口の一に至る歩行距離は，30m 以下としなければならない．」とある．問題文は誤り．

原文：令 129 条の 13 の 3 第 5 項
5．避難階においては，非常用エレベーターの昇降路の出入口（第 3 項に規定する構造の乗降ロビーを設けた場合には，その出入口）から屋外への出口（道又は道に通ずる幅員 4m 以上の通路，空地その他これらに類するものに接している部分に限る．）の一に至る歩行距離は，30m 以下としなければならない．

| 20021 | 煙突 | 建築物に設ける煙突で天井裏にある部分は，原則として，煙突の上又は周囲にたまるほこりを煙突内の廃ガスその他の生成物の熱により燃焼させないものであることが求められる． | ○ |
|---|---|---|---|
| | 構造 | | |

「令 115 条」に「建築物に設ける煙突」の解説が載っており，その「三号」のイより，「建築物に設ける煙突で天井裏にある部分は，原則として，煙突の上又は周囲にたまるほこりを煙突内の廃ガスその他の生成物の熱により燃焼させないものであることが求められる．」とわかる．

原文：令 115 条
三．煙突は，次のイ 又は ロのいずれかに適合するものとすること．
イ．次に掲げる基準に適合するものであること．
(1) 煙突の小屋裏，天井裏，床裏等にある部分は，煙突の上又は周囲にたまるほこりを煙突内の廃ガスその他の生成物の熱により燃焼させないものとして国土交通大臣が定めた構造方法を用いるものとすること．

| 19091 | 煙突 | 延べ面積 800m²，鉄筋コンクリート造，地上 4 階建ての建築物に設ける屋上から突出する水槽は，国土交通大臣が定める基準に従った構造計算により風圧並びに地震その他の震動及び衝撃に対して構造耐力上安全であることが確かめられたものでなければならない． | ○ |
|---|---|---|---|
| | 構造 | | |

「法 36 条」「令 129 条の 2 の 3」に「建築設備の構造強度」の解説が載っており，その「三号」より，「所定の建築物の屋上から突出する水槽，煙突その他これらに類するものは，大臣が定める基準に従つた構造計算により風圧並びに地震その他の震動及び衝撃に対して構造耐力上安全であることが確かめられたものでなければならない．」とわかる．

原文：令 129 条の 2 の 3 第三号
三．法第 20 条第 1 項第一号から第三号までに掲げる建築物に設ける屋上から突出する水槽，煙突その他これらに類するものにあつては，国土交通大臣が定める基準に従つた構造計算により風圧 並びに 地震その他の震動 及び 衝撃に対して構造耐力上安全であることを確かめること．

| コード | 項目 | 問題 | 解答 |
|---|---|---|---|
| 20041 | 採光・換気, 採光割合<br><br>採光 | 有料老人ホームにおける床面積 50m² の入所者用娯楽室には, 採光のための窓その他の開口部を設け, その採光に有効な部分の面積は, 原則として, 5m² 以上としなければならない. | ○ |

「法28条1項」より,「住宅や学校等の政令で定める建物の居室には, 有効な採光面積を確保しなければならない.」とわかる. また,「令19条」に「児童福祉施設や, 老人福祉施設等をまとめて児童福祉施設等という.」とあるため, 児童福祉施設等の中に問題文にある「有料老人ホーム」は含まれる.「令19条2項」に「採光確保を必要とするものとして政令で定められた居室」について規定されており, 問題文の「入所者用娯楽室」は, その「五号」に該当するため採光確保が必要とわかる. また,「令19条3項」にある「採光を確保する場合に必要とされる採光面積の表」の(八)より「採光面積は, 床面積の 1/10 以上必要.」とわかる. 問題文の場合, 床面積 50m² であるため, 50 × 1/10 = 5m² 以上必要となる. よって正しい.

原文：法28条
(居室の採光及び換気)
住宅, 学校……に類する建築物で 政令で定めるものの居室（……）には, 採光のための窓その他の開口部を設け, その採光に有効な部分の面積は, その居室の床面積に対して, 5分の1から10分の1までの間において居室の種類に応じて政令で定める割合以上としなければならない. ただし, ……は, この限りでない.

原文：令19条
(学校, 病院, 児童福祉施設等の居室の採光)
法第28条第1項……の政令で定める建築物は, ……助産所……老人福祉施設, 有料老人ホーム, ……地域活動支援センター, 福祉ホーム……以下「児童福祉施設等」という.）とする.
2. 法第28条第1項の政令で定める居室は, 次に掲げるものとする.
一. 保育所……の保育室
二. 診療所の病室
三. 児童福祉施設等の寝室（入所する者の使用するものに限る.）
四. 児童福祉施設等（保育所を除く.）の居室のうち……
五. 病院, 診療所及び児童福祉施設等の居室……入所する者の……娯楽……
3. 法第28条第1項の政令で定める割合は, 次の表の上欄に掲げる居室の種類の区分に応じ, それぞれ同表の下欄に掲げる割合……とする. ただし, ……

| | 居室の種類 | 割合 |
|---|---|---|
| (一) | 幼稚園……中等教育学校……の教室 | 5分の1 |
| (二) | 前項第一号に掲げる居室 | 5分の1 |
| (三) | 住宅の居住のための居室 | 7分の1 |
| (四) | 病院又は診療所の病室 | 7分の1 |
| (五) | 寄宿舎の寝室又は下宿の宿泊室 | 7分の1 |
| (六) | 前項第三号及び第四号に掲げる居室 | 7分の1 |
| (七) | (1) に掲げる学校以外の学校の教室 | 10分の1 |
| (八) | 前項第五号に掲げる居室 | 10分の1 |

| 22054 | 採光・換気,<br>採光割合<br><br>採光 | 商業地域内の建築物（天窓及び縁側を有しないもの）の開口部の採光補正係数は，開口部が道に面しない場合であって，水平距離が4m以上であり，かつ，採光関係比率に10を乗じた数値から1.0を減じて得た算定値が1.0未満となる場合においては，1.0とする． | ○ |
|---|---|---|---|

「法28条」「令20条2項第三号ロ」より，「商業系地域内の建築物においては，開口部が道に面しない場合であって，隣地境界線までの水平距離が4m以上であり，かつ，採光関係比率に10を乗じた数値から1.0を減じて得た算定値が1.0未満となる場合においては，1.0」とわかる．

原文：令20条
（有効面積の算定方法）
法第28条第1項に規定する居室の窓その他の開口部（以下この条において「開口部」という.）で採光に有効な部分の面積は，当該居室の開口部ごとの面積に，それぞれ採光補正係数を乗じて得た面積を合計して算定するものとする．ただし，国土交通大臣が別に算定方法を定めた建築物の開口部については，その算定方法によることができる．
2. 前項の採光補正係数は，次の各号に掲げる地域又は区域の区分に応じ，それぞれ当該各号に定めるところにより計算した数値（……）とする．ただし，採光補正係数が3.0を超えるときは，3.0を限度とする．
一．第一種低層住居専用地域，……準住居地域
……（以下この項において「水平距離」という.）を，その部分から開口部の中心までの垂直距離で除した数値のうちの最も小さい数値（以下「採光関係比率」という.）に6.0を乗じた数値から1.4を減じて得た算定値（次のイからハまでに掲げる場合にあつては，それぞれイからハまでに定める数値）
イ．開口部が道に面する場合であつて，当該算定値が1.0未満となる場合 1.0
ロ．開口部が道に面しない場合であつて，水平距離が7m以上であり，かつ，当該算定値が1.0未満となる場合 1.0
ハ．開口部が道に面しない場合であつて，水平距離が7m未満であり，かつ，当該算定値が負数となる場合 0
二．準工業地域，工業地域又は工業専用地域
採光関係比率に8.0を乗じた数値から1.0を減じて得た算定値（次のイからハまでに掲げる場合にあつては，それぞれイからハまでに定める数値）
イ．開口部が道に面する場合であつて，当該算定値が1.0未満となる場合 1.0
ロ．開口部が道に面しない場合であつて，水平距離が5m以上であり，かつ，当該算定値が1.0未満となる場合 1.0
ハ．開口部が道に面しない場合であつて，水平距離が5m未満であり，かつ，当該算定値が負数となる場合 0
三．近隣商業地域，商業地域又は用途地域の指定のない区域
採光関係比率に10を乗じた数値から1.0を減じて得た算定値（次のイからハまでに掲げる場合にあつては，それぞれイからハまでに定める数値）
イ．開口部が道に面する場合であつて，当該算定値が1.0未満となる場合 1.0
ロ．開口部が道に面しない場合であつて，水平距離が4m以上であり，かつ，当該算定値が1.0未満となる場合 1.0
ハ．開口部が道に面しない場合であつて，水平距離が4m未満であり，かつ，当該算定値が負数となる場合 0

| 27053 | 採光・換気,<br>採光割合<br><br>採光 | 準工業地域内の住宅（縁側を有しないもの）の開口部である天窓の採光補正係数は，開口部が道に面しない場合であって，水平距離が5m以上であり，かつ，採光関係比率に8.0を乗じた数値から1.0を減じて得た算定値が1.0未満となる場合においては，3.0とする． | ○ |
|---|---|---|---|

「法28条」「令20条2項第二号ロ」より，「準工業地域内の建築物においては，開口部が道に面しない場合であって，隣地境界線までの水平距離が5m以上であり，かつ，採光関係比率に8.0を乗じた数値から1.0を減じて得た算定値が1.0未満となる場合においては，1.0」とわかる．また，「令20条2項」のカッコ書きより，「天窓にあっては当該数値に3.0を乗じて得た数値とする．」とわかる．よって，採光補正係数は，3.0となる．

原文：令20条2項
2. ……計算した数値(天窓にあつては当該数値に3.0を乗じて得た数値，……)……

| 27054 | 採光・換気,<br>採光割合<br><br>採光 | 近隣商業地域内の有料老人ホーム（天窓を有しないもの）で外側に幅1mの縁側（ぬれ縁を除く．）を有する開口部の採光補正係数は，開口部が道に面しない場合であって，水平距離が4m以上であり，かつ，採光関係比率に10を乗じた数値から1.0を減じて得た算定値が1.0未満となる場合においては，1.0とする． | × |
|---|---|---|---|

「法28条」「令20条2項第三号ロ」より，「商業系地域内の建築物においては，開口部が道に面しない場合であって，隣地境界線までの水平距離が4m以上であり，かつ，採光関係比率に10を乗じた数値から1.0を減じて得た算定値が1.0未満となる場合においては，1.0」とわかる．また，「令20条2項」のカッコ書きより，「窓の外側に幅90cm以上の縁側等がある場合は，地域区分に応じて計算した数値に0.7を乗じて得た数値とする．」とわかる．よって，採光補正係数は，0.7となる．

原文：令20条2項
2. ……計算した数値（……その外側に幅90cm以上の縁側（ぬれ縁を除く．）……がある開口部にあつては当該数値に0.7を乗じて得た数値）……

| 22051 | 採光・換気<br><br>特建換気 | 集会場の用途に供する床面積300m²の居室には，換気に有効な部分の面積が15m²の窓を設けた場合においては，換気設備を設けなくてもよい． | × |
|---|---|---|---|

「法28条3項」より，「別表1(い)欄1項に掲げる特建（集会場は，(い)欄1項に該当）の居室等には，政令で定める換気設備を設けなければならない．」とわかる．その政令で定める換気設備については「令20条の2」に載っており，「第一号カッコ書き」より，「特建の居室に設ける換気設備はロ～ニに該当するものにしなければならない．」とわかる．それは「機械換気設備（ロ）」，「中央管理方式の空気調和設備（ハ）」，「大臣認定を受けたもの（ニ）」であり，問題文の自然換気（イ）は含まれない．よって，問題文は誤り．

原文：法28条3項
3. 別表第1(い)欄(一)項に掲げる用途に供する特殊建築物の居室 又は 建築物の調理室……（政令で定めるものを除く.）には，政令で定める技術的基準に従つて，換気設備を設けなければならない.

原文：令20条の2第一号
一. 換気設備の構造は，次のイからニまで（特殊建築物の居室に設ける換気設備にあつては，ロからニまで）のいずれかに適合するものであること.

| 21051 | 換気設備 ------- 中央管理室 | 非常用の昇降機を設けなければならない建築物に設ける中央管理方式の空気調和設備の制御及び作動状態の監視は，中央管理室において行うことができるものとしなければならない. | ○ |
|---|---|---|---|

「令20条の2」に「換気設備の技術基準」の解説が載っており，その「二号」より，「非常用昇降機を設けなければならない建物（法34条第2項）や各構えの床面積の合計が1,000m²を超える地下街等に設ける機械換気設備・中央管理方式の空気調和設備の制御や監視は，中央管理室において行うことができるようにしなければならない.」とわかる.

原文：令20条の2第二号
二. 法第34条第2項に規定する建築物……に設ける機械換気設備（……）及び中央管理方式の空気調和設備の 制御 及び 作動状態の監視は，当該建築物，同一敷地内の他の建築物又は一団地内の他の建築物の内にある管理事務所，守衛所その他常時当該建築物を管理する者が勤務する場所で避難階又はその直上階若しくは直下階に設けたもの（以下「中央管理室」という.）において行うことができるものであること.

| 18094 | 採光・換気, 換気設備 ------- 火器調理室 | 床面積の合計が100m²の住戸において，発熱量の合計(密閉式燃焼器具等又は煙突を設けた設備若しくは器具に係るものを除く.)が12kWの火を使用する器具を設けた床面積15m²の調理室には，0.8m²の有効開口面積を有する窓を換気上有効に設けた場合であっても，所定の技術的基準に従って，換気設備を設けなければならない. | ○ |
|---|---|---|---|

「法28条第3項」に「建築物の調理室で火を使用する器具を設けたものには，原則として，政令で定める技術的基準に従って，換気設備を設けなければならない.」とあり，その中のカッコ書きに「政令で定めるものを除く.」とある. その政令については，「令20条の3第1項」に載っており，各号に該当するものは適用除外となる. その「第二号」より，「床面積の合計が100m²以内の住戸において，発熱量の合計（密閉式燃焼器具等又は煙突を設けた設備若しくは器具に係るものを除く.）が12kWの火を使用する器具を設けた床面積15m²の調理室には，1.5m²（＝1/10）以上の有効開口面積を有する窓その他の開口部を換気上有効に設けた場合でなければ，所定の技術的基準に従って，換気設備を設けなければならない.」とわかる. 問題文の場合，0.8m²の有効開口面積を有する窓を設けたとあるため換気設備の設置義務が生じる. 問題文は正しい.

| | | | |
|---|---|---|---|
| | | 原文：令20条の3 第二号<br>（火を使用する室に設けなければならない換気設備等）<br>法第28条第3項の規定により政令で定める室は，次に掲げるものとする．<br>二．床面積の合計が 100m² 以内の住宅 又は 住戸 に設けられた調理室（発熱量の合計（密閉式燃焼器具等又は煙突を設けた設備若しくは器具に係るものを除く．次号において同じ．）が 12kW 以下の火を使用する設備又は器具を設けたものに限る．）で，当該調理室の床面積の 10 分の 1（0.8m² 未満のときは，0.8m² とする．）以上の有効開口面積を有する窓その他の開口部を換気上有効に設けたもの | |
| 02102 | 採光・換気，<br>換気設備<br><br>火器調理室 | 事務所の用途に供する建築物において，発熱量の合計が 6kW のこんろ（密閉式燃焼器具等でないもの）を設けた調理室で，換気上有効な開口部を設けたものには，換気設備を設けなくてもよい． | × |
| | | 「法 28 条 3 項」に「建築物の調理室で火を使用する器具を設けたものには，原則として，政令で定める技術的基準に従って，換気設備を設けなければならない．」とあるが，その中のカッコ書きに「政令で定めるものを除く．」とある．その除かれるものについては，「令 20 条の 3 第 1 項」に載っており，その「三号」より，「発熱量の合計が 6kW 以下の火を使用する設備又は器具を設けた室（調理室を除く．）で換気上有効な開口部を設けたものには，換気設備不要．」とわかる．ゆえに，問題文の調理室は除かれているため，換気設備は必要となる．よって誤り． | |
| | | 原文：令20条の3 第三号<br>（火を使用する室に設けなければならない換気設備等）<br>法第28条第3項の規定により政令で定める室は，次に掲げるものとする．<br>三．発熱量の合計が 6kW 以下の火を使用する設備 又は 器具を設けた室（調理室を除く．）で換気上有効な開口部を設けたもの | |
| 16041 | 採光・換気，<br>換気設備<br><br>シックハウス対策 | 建築物の石綿その他の物質の飛散又は発散に対する衛生上の措置について，石綿等以外の物質でその居室内において衛生上の支障を生ずるおそれがある物質として定められているものは，クロルピリホス及びホルムアルデヒドである． | ○ |
| | | 「法 28 条の 2」に「石綿その他の物質の飛散又は発散に対する衛生上の措置」について載っており，その「三号」を訳すと「居室内において政令で定める物質の飛散又は発散による衛生上の支障がないようにしなければならない．」とある．その政令で定める物質については「令 20 条の 5」に載っており，「クロルピリホス及びホルムアルデヒド」とわかる． | |
| | | 原文：法28条の2<br>（石綿その他の物質の飛散又は発散に対する衛生上の措置）<br>建築物は，石綿その他の物質の建築材料からの飛散又は発散による衛生上の支障がないよう，次に掲げる基準に適合するものとしなければならない．<br>三．居室を有する建築物にあつては，前2号に定めるもののほか，石綿等以外の物質でその居室内において衛生上の支障を生ずるおそれがあるものとして政令で定める物質の区分に応じ，建築材料 及び 換気設備 について政令で定める技術的基準に適合すること．<br><br>原文：令20条の5<br>（居室内において衛生上の支障を生ずるおそれがある物質）<br>法 28 条の 2 第三号の政令で定める物質は，クロルピリホス 及び ホルムアルデヒド とする． | |

| 16042 | 採光・換気,換気設備 | 建築物の石綿その他の物質の飛散又は発散に対する衛生上の措置において，建築材料にクロルピリホスを添加してはならない． | ○ |
|---|---|---|---|
| | シックハウス対策 | | |

「法28条の2」に「石綿その他の物質の飛散又は発散に対する衛生上の措置」について載っており，その「三号」に「居室内において衛生上の支障を生ずるおそれがあるものとして政令で定める物質（クロルピリホス及びホルムアルデヒド）の区分に応じ，建築材料及び換気設備について政令で定める基準に適合すること．」とある．その政令で定める基準については「令20条の6」に載っており，その「一号」を訳すと「建築材料にクロルピリホスを添加しないこと．」とわかる．

原文：令20条の6
(居室を有する建築物の建築材料についての<u>クロルピリホス</u>に関する技術的<u>基準</u>)
建築材料についてのクロルピリホスに関する法28条の2第三号の<u>政令で定める技</u><u>術的基準</u>は，<u>次のとおりとする</u>．
<u>一．建築材料にクロルピリホスを添加しないこと</u>．

| 16043 | 採光・換気,換気設備 | 建築物の石綿その他の物質の飛散又は発散に対する衛生上の措置において，居室の内装の仕上げには，所定の基準に適合する中央管理方式の空気調和設備を設ける建築物の居室であっても，第一種ホルムアルデヒド発散建築材料を用いてはならない． | × |
|---|---|---|---|
| | シックハウス対策 | | |

「令20条の7」に「居室を有する建築物の建築材料についてのホルムアルデヒドに関する技術的基準」について載っており，その「一号」を訳すと「居室の内装の仕上げには，第一種ホルムアルデヒド発散建築材料を使用しないこと．」とわかる．ただし，「令20条の7第5項」に「所定の基準に適合する中央管理方式の空気調和設備を設ける建築物の居室については，第1項の規定は，適用しない．」とある．ゆえに，所定の基準に適合する中央管理方式の空気調和設備を設けた場合，第一種ホルムアルデヒド発散建築材料を用いることができるため，問題文は誤り．

原文：令20条の7
(居室を有する建築物の<u>建築材料</u>についての<u>ホルムアルデヒドに関する技術的基</u><u>準</u>)
建築材料についてのホルムアルデヒドに関する法28条の2第三号の<u>政令で定める</u><u>技術的基準</u>は，<u>次のとおりとする</u>．
一．居室（常時開放された開口部を通じてこれと相互に通気が確保される廊下その他の建築物の部分を含む．以下この節において同じ．）の壁，<u>床及び天井</u>（天井のない場合においては，屋根）<u>並びに</u>これらの開口部に設ける戸その他の建具の室内に面する部分（回り縁，窓台その他これらに類する部分を除く．<u>以下この条及び第</u>108<u>条の3第1項第一号において</u>「内装」<u>という</u>．）の仕上げには，夏季においてその表面積1m²につき毎時0.12mgを超える量のホルムアルデヒドを発散させるものとして国土交通大臣が定める建築材料（以下この条において<u>「第一種ホルムアルデ</u><u>ヒド発散建築材料」という．）を使用しないこと</u>．

原文：令20条の7第5項
5．次条第1項第一号ハに掲げる<u>基準</u>に適合する中央管理方式の空気調和設備を設ける建築物の居室については，第1項の規定は，適用しない．

| 16044 | 採光・換気, 換気設備 ------ シックハウス対策 | 建築物の石綿その他の物質の飛散又は発散に対する衛生上の措置において，居室の内装の仕上げに第二種ホルムアルデヒド発散建築材料を用いるときは，原則として，当該材料を用いる内装の仕上げの部分の面積に所定の数値を乗じて得た面積が，当該居室の床面積を超えないようにしなければならない． | ○ |
|---|---|---|---|

「令20条の7」に「居室を有する建築物の建築材料についてのホルムアルデヒドに関する技術的基準」について載っており，その「二号」を訳すと「居室の内装の仕上げに第二種ホルムアルデヒド発散建築材料を用いるときは，原則として，当該材料を用いる内装の仕上げの部分の面積に所定の数値を乗じて得た面積が，当該居室の床面積を超えないようにしなければならない．」とわかる．

原文：令20条の7第二号
二．居室の内装の仕上げに，夏季においてその表面積1m²につき毎時0.02mgを超え0.12mg以下の量のホルムアルデヒドを発散させるものとして国土交通大臣が定める建築材料（以下この条において「第二種ホルムアルデヒド発散建築材料」という．）又は 夏季においてその表面積1m²につき毎時0.005mgを超え0.02mg以下の量のホルムアルデヒドを発散させるものとして国土交通大臣が定める建築材料（以下この条において「第三種ホルムアルデヒド発散建築材料」という．）を使用するときは，それぞれ，第二種ホルムアルデヒド発散建築材料を使用する内装の仕上げの部分の面積に次の表(一)の項に定める数値を乗じて得た面積 又は 第三種ホルムアルデヒド発散建築材料を使用する内装の仕上げの部分の面積に同表(二)の項に定める数値を乗じて得た面積（居室の内装の仕上げに第二種ホルムアルデヒド発散建築材料及び第三種ホルムアルデヒド発散建築材料を使用するときは，これらの面積の合計）が，当該居室の床面積を超えないこと．

| 16045 | 採光・換気, 換気設備 ------ シックハウス対策 | 建築物の石綿その他の物質の飛散又は発散に対する衛生上の措置において，居室には，原則として，所定の基準に適合する，機械換気設備又は中央管理方式の空気調和設備を設けなければならない． | ○ |
|---|---|---|---|

「法28条の2」に「石綿その他の物質の飛散又は発散に対する衛生上の措置」について載っており，その「三号」に「居室内において衛生上の支障を生ずるおそれがあるものとして政令で定める物質（クロルピリホス及びホルムアルデヒド）の区分に応じ，建築材料及び換気設備について政令で定める技術的基準に適合すること．」とある．その政令で定める技術的基準については「令20条の8」に載っており，その「一号」を訳すと「居室には，原則として，所定の基準に適合する，機械換気設備又は中央管理方式の空気調和設備を設けなければならない．」とわかる．

原文：令20条の8
(居室を有する建築物の換気設備についてのホルムアルデヒドに関する技術的基準)
換気設備についてのホルムアルデヒドに関する法28条の2第三号の政令で定める技術的基準は，次のとおりとする．
一．居室には，次のいずれかに適合する構造の換気設備を設けること．
イ．機械換気設備……
ロ．居室内の空気を浄化して供給する方式を用いる機械換気設備……
ハ．中央管理方式の空気調和設備……

| 19093 | 採光・換気，換気設備 -------------------- シックハウス対策 | 居室を有する建築物の換気設備についてのホルムアルデヒドに関する技術的基準において，住宅の居室に設ける機械換気設備の「必要有効換気量（単位：m³/ 時）」は，原則として，「居室の床面積（単位：m²）」と「居室の天井の高さ（単位：m）」の積に 0.3 を乗じて計算する． | × |
|---|---|---|---|

「令 20 条の 8」に「居室を有する建築物の換気設備についてのホルムアルデヒドに関する技術的基準」が載っており，その「一号イ(1)」より，「住宅の居室に設ける機械換気設備の必要有効換気量（単位：m³/ 時）」は，原則として，「居室の床面積（単位：m²）」と「居室の天井の高さ（単位：m）」の積に 0.5（住宅等の居室以外の場合は 0.3）を乗じて計算する，とわかる．問題文は 0.3 とあるため誤り．

原文：令 20 条の 8 第一号イ（1）
(1) 有効換気量（……）が，次の式によつて計算した必要有効換気量以上であること．

$$Vr = nAh$$

〔この式において，$Vr$，$n$，$A$ 及び $h$ は，それぞれ次の数値を表すものとする．

$Vr$：必要有効換気量（単位　m³/ 時間）

$n$：前条第一項第二号の表備考一の号に規定する住宅等の居室（次項において単に「住宅等の居室」という．）にあつては 0.5，その他の居室にあつては 0.3

$A$：居室の床面積（単位　m²）

$h$：居室の天井の高さ（単位　m）〕

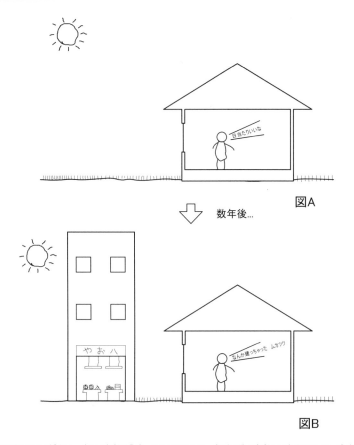

図A

数年後...

図B

上の図を見てください．ある建物が建っていて(図A)，数年後,建物の南側にビルが建ってしまった
としましょう(図B).

その場合，窓の大きさ，位置は変わりませんが日当たりは明らかに図Bの方が悪くなりますね．

これを基準法的に「有効採光面積」が小さくなったと考えます．

また，もともとの窓の大きさのことを「開口面積」といいます．

では，「有効採光面積」と「開口面積」の関係はどのようになっているのかについて，説明していき
ます．

### ■有効採光面積と開口面積の関係

> 有効採光面積 ＝ 開口面積 × 採光補正係数

つまり，同じ開口面積の窓であっても，「採光補正係数」の値により，「有効採光面積」の値は
違ってきます(「採光補正係数」の値が大きいほど，「有効採光面積」の値は大きくなる).

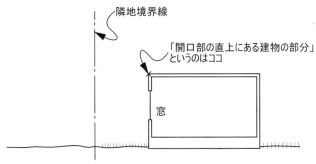

「開口部の直上にある建物の部分」
というのはココ

窓

では，「採光補正係数」の求め方を説明していきます．

まず，「採光補正係数」を求めるには「採光関係比率」を求めます．

どのように求めるかは上の図を使って説明します．平屋建てで，窓と隣地境界線との関係が上図のような関係であるとします．令20条2項に「採光計算」の解説が載っており，その中に「開口部の直上にある建物の部分（通称：開口直上部分）」という言葉がでてきます．それは，上図の×印がついてる部分のことです．

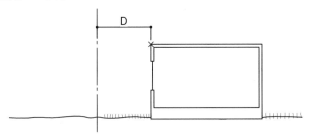

「採光関係比率」を求めるために「開口直上部分等から隣地境界線等までの距離：D（水平距離）」（上図参照）が必要となります．このDの値が大きければ大きいほど採光には有利になるというのは感覚的にイメージできますね？

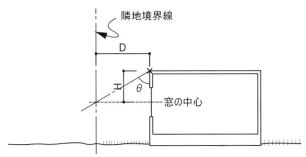

次に「開口直上部分等から開口部の中心線までの距離：H（垂直距離）」（上図参照）を求めます．

このDをHで割った値＝$\dfrac{D}{H}$＝$\theta$　　◁ $\theta$の値が大きいほど採光に有利．

上式が「採光関係比率」となります．採光関係比率というのは，「水平距離：D」が大きくなるほど大きくなり，「垂直距離：H」が大きくなるほど小さくなることがわかりますね．

## ■採光関係比率

$$採光関係比率 = \frac{D}{H}$$

次に「採光関係比率」を使って、「採光補正係数」を求めていきます。
また、採光補正係数の求め方は用途地域によって変わってきます。

## ■住居系(1・2種低層, 1・2種中高層, 1・2住居, 準住居, 田園住居)の場合

$$「採光補正係数」=「\ 採光関係比率 ( = \frac{D}{H} ) \times 6 」-1.4$$

注意事項(令20条2項一号イ〜ハ)

イ. 開口部が「隣地境界線」ではなく「道路境界線」に面する場合　　◁━前面が道路の場合.
　　→「採光補正係数」の値が1.0未満となった場合でも「1.0」とできる. (通称:道路1.0緩和)

ロ. 開口部が道に面しない場合で、「水平距離:D」が<u>7m以上</u>となる場合
　　→「採光補正係数」の値が1.0未満となった場合でも「1.0」とできる.
　　(通称:住居系7m緩和)

ハ. 開口部が道に面しない場合で、水平距離が7m未満の場合
　　→「採光補正係数」の値が負数(マイナス値)となった場合は「0」とする.

## ■工業系(準工業地域, 工業地域, 工業専用地域)の場合

$$「採光補正係数」=「\ 採光関係比率 ( = \frac{D}{H} ) \times 8 」-1$$

注意事項(令20条2項二号イ〜ハ)

イ. 開口部が「隣地境界線」ではなく「道路境界線」に面する場合
　　→「採光補正係数」の値が1.0未満となった場合でも「1.0」とできる. (通称:道路1.0緩和)

ロ. 開口部が道に面しない場合で、「水平距離:D」が<u>5m以上</u>となる場合
　　→「採光補正係数」の値が1.0未満となった場合でも「1.0」とできる. (通称:工業系5m緩和)

ハ. 開口部が道に面しない場合で、水平距離が5m未満の場合
　　→「採光補正係数」の値が負数(マイナス値)となった場合は「0」とする.

# ■商業系（近隣商業地域，商業地域，用途地域指定のない区域）の場合

$$\text{「採光補正係数」}=\text{「採光関係比率}(=\frac{D}{H})\times 10\text{」}-1$$

注意事項（令20条2項三号イ〜ハ）

イ．開口部が「隣地境界線」ではなく「道路境界線」に面する場合
　　→「採光補正係数」の値が1.0未満となった場合でも「1.0」とできる.（通称：道路1.0緩和）

ロ．開口部が道に面しない場合で，「水平距離：D」が4m以上となる場合
　　→「採光補正係数」の値が1.0未満となった場合でも「1.0」とできる.（通称：商業系4m緩和）

ハ．開口部が道に面しない場合で，水平距離が4m未満の場合
　　→「採光補正係数」の値が負数（マイナス値）となった場合は「0」とする.

以上が「採光補正係数の求め方」の基本です. それから「用途地域の別に関わらず適用される3つの注意事項」を覚えておいてください.

①．<u>用途地域にかかわらず</u>「開口部が天窓の場合：採光補正係数を3倍にできる. 」
　　（令20条2項本文カッコ書き）通称：天窓3倍緩和

②．<u>用途地域にかかわらず</u> 開口部の外側に90cm以上の縁側がある場合
　　「縁側の室内側にある開口部の採光補正係数」＝「縁側の外側にある開口部の採光補正係数」×「0.7」
　　（令20条2項本文）
　　（この通称：縁側緩和については次頁のイラストを参照してください. ）
　　また「有効採光面積」＝「開口部の面積」×「採光補正係数」なので
　　縁側緩和分の「採光補正係数×0.7」を代入すると
　　「有効採光面積」＝「開口部の面積」×「採光補正係数×0.7」
　　「有効採光面積」＝<u>「開口部の面積」×「採光補正係数」×「0.7」</u>となり
　　「有効採光面積」も結果的に0.7掛けとなります. 問題文で「有効採光面積が0.7掛けとなるか？」と聞かれた場合，「採光補正係数」が0.7掛けになるので誤りだと考えてはいけません.

③．<u>用途地域にかかわらず</u>「採光補正係数の最大値は3.0とする. 」
　　（令20条2項本文ただし書き）
　　つまり，「天窓3倍緩和」などを適用した場合でも，「採光補正係数の値」は3.0より大きくできません.

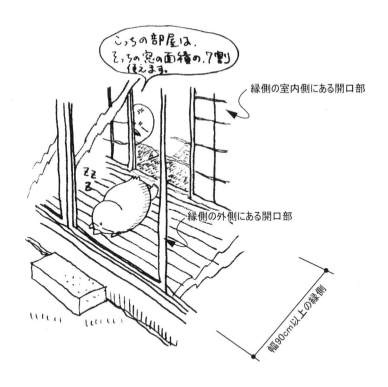

縁側の室内側にある開口部

縁側の外側にある開口部

幅90cm以上の縁側

最後に2つの「緩和措置」があるのでおさえておきましょう.

■開口部が道路に面する場合の緩和措置（令20条2項）

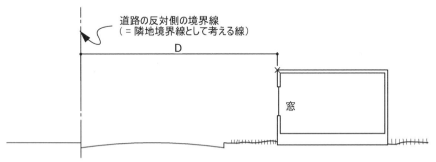

道路の反対側の境界線
（＝隣地境界線として考える線）

D

窓

上の図のように，開口部が「道路」に面する場合は「道路の反対側の境界線」を「隣地境界線」とみなし，「採光関係比率」を計算します.（通称：道路緩和）
この場合，先に説明した「道路1.0緩和」（用途地域にかかわらず適用）があるので，「採光補正係数」が1.0未満となった場合でも，「採光補正係数」は「1.0」となります（つまり，開口部が道路に面していれば，最低でも「採光補正係数＝1.0」になるということになります）.

## ■開口部が公園等に面する場合の緩和措置（令20条2項第一号）

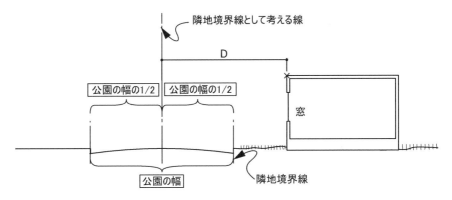

上の図のように，開口部が「公園・広場・川等」に面する場合は「公園等の幅の1/2のライン」を「隣地境界線」とみなし，「採光関係比率」を計算します．（通称：公園緩和）

以上の「道路緩和」，「公園緩和」はきちんと理解しておいてください．また，令20条2項には載っていませんが，通達に載ってる緩和措置があります．それは「道路緩和」と「公園緩和」が融合される場合で，下記に説明しておきますので，理解しておいてください．また，通達は各地方の状況に応じた主事判断により法的根拠を持つことになります．よく見かける住指発はこの通達に含まれており，一般的に根拠として使われることが多いようです．

---

**開口部が道路に面し，さらにその向こう側に公園等がある場合の緩和措置**
**（平成12年6月1日建設省住指発第682号）**

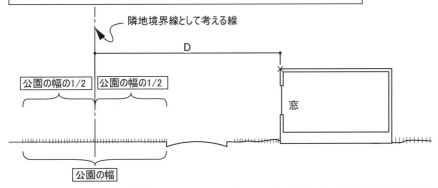

上の図のように，開口部が「道路」に面していて，さらにその向こう側に「公園・広場・川等」がある場合は「道路」を挟んで向こう側にある「公園等の幅の1/2のライン」を「隣地境界線」とみなし，「採光関係比率」を計算します．（通称：道路公園緩和）

この場合，先に説明した「道路1.0緩和」（用途地域にかかわらず適用）があるので，「採光補正係数」が1.0未満となった場合は，「採光補正係数」は「1.0」となります（開口部が道路に面していれば最低でも「採光補正係数＝1.0」が適用できます）．

開口部が公園等に面し，さらにその向こう側に道路がある場合の緩和措置
（平成12年6月1日建設省住指発第682号）

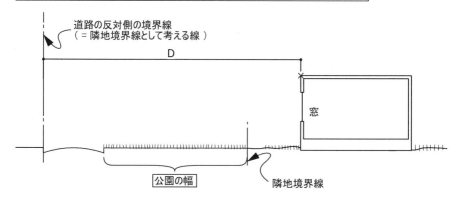

上の図のように，開口部が「公園・広場・川等」に面していて，さらにその向こう側に「道路」がある
場合は「公園等」を挟んで向こう側にある「道路の反対側の境界線」を「隣地境界線」とみなし，
「採光関係比率」を計算します．（通称：公園道路緩和）


以上で「有効採光面積」の求め方はマスターできたはず．解き方をまとめると次のようになります．

①．用途地域別の緩和措置を考慮して「採光関係比率( = D/H)」を求める．

②．①で求めた「採光関係比率」をもとに，用途地域別の計算式に代入して「採光補正係数」
　　を求める．
　　その際に注意事項を確認する．（たとえば，採光補正係数の最大値は3.0まで等）

③．②より算出された「採光補正係数」を該当「開口部の面積」に掛ければ，その居室の有効
　　採光面積が求まります．
　　（「有効採光面積を判定する居室」に開口部（窓）が2つ以上ある場合は，その居室におけ
　　る開口部ごとの「有効採光面積」の合計が，その居室の「有効採光面積」となります．）

## ■「採光関係比率の求め方 A」

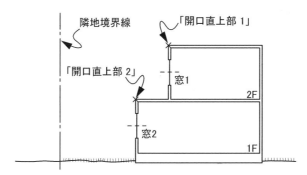

「採光関係比率」を求める場合,「開口直上部」の設定がポイントになると思います.
上の図を見てください. 2Fの「窓1」についての「開口直上部」は「開口直上部 1」のみですが,
1Fの「窓2」についての「開口直上部」は「開口直上部 1」と「開口直上部 2」の2つになります.

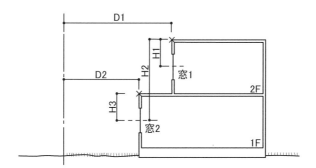

開口直上部からの水平距離:Dと垂直距離:は上図のように測ります.
「採光関係比率」を求めると, 窓1についての「採光関係比率」は「D1/H1」とします.
窓2については「開口直上部 1」による「D1/H2」と,「開口直上部 2」による「D2/H3」の値のうち
小さい方が「窓2の採光関係比率」となります.

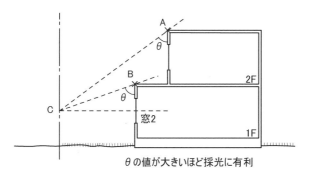

θの値が大きいほど採光に有利

建物の位置が, 敷地境界から離れれば離れるほど採光上は有利になるように, 上図の建物の
部分A, Bと窓2に面した敷地境界上の点Cに対する角度 θ が, 大きくなるほど採光上は有利と
なります. つまり, 窓2については, 採光上BよりもAの方が, より影響を与えることになります.

## ■「採光関係比率の求め方 B」

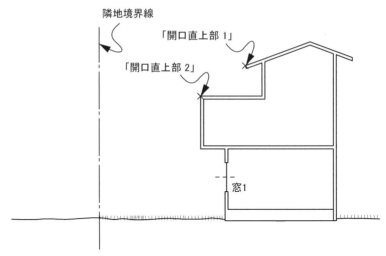

上の図を見てください. 「窓1」についての「開口直上部」は「開口直上部 1」と
「開口直上部 2」の2つになります.

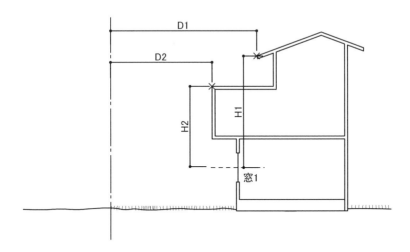

次に, 開口直上部からの水平距離:Dと垂直距離:Hは上図のように測ります.
「採光関係比率」を求めると窓1については「開口直上部1」による「D1/H1」と, 「開口直上部2」
による「D2/H2」の値のうち小さい方が「窓1の採光関係比率」となるのです.

以上が「採光計算」についての解説です. 内容を理解した上で, 法令集令20条および令20条2項を読んでみてください.

また,「住居系」,「工業系」,「商業系」の算定式の数値は, 暗記しておいてください. イメージが湧きやすいようにイラストを載せておきます. (ペンギンの体の形に注目)

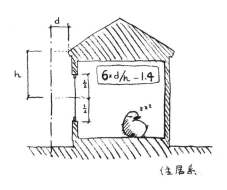

住居系

工業系

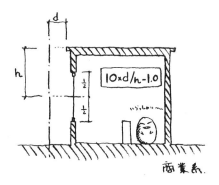

商業系

コード　05101

第一種住居地域において，図のような断面を有する住宅の1階の居室に設ける開口部（A）の採光に有効な部分の面積はいくつか．ただし，開口部（A）の幅は2.0mとし，図に記載されていないことについては考慮しないものとする．

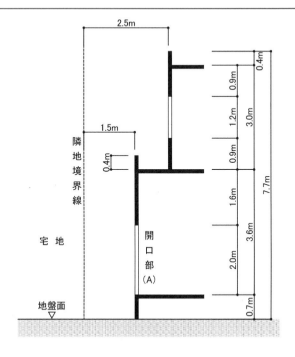

「令20条1項」より，「採光に有効な部分の面積」は，「開口部の面積」に「採光補正係数」を乗じて計算する．

① 用途地域別の緩和措置を考慮して「採光関係比率（＝D/H）」を求める．

② ①で求めた「採光関係比率」をもとに，用途地域別の計算式に代入して「採光補正係数」を求める．その際に注意事項を確認する．（たとえば，採光補正係数の最大値は3.0まで等）

③ ②より算出された「採光補正係数」を該当の「開口部の面積」に掛ければ，その居室の有効採光面積が求まります．

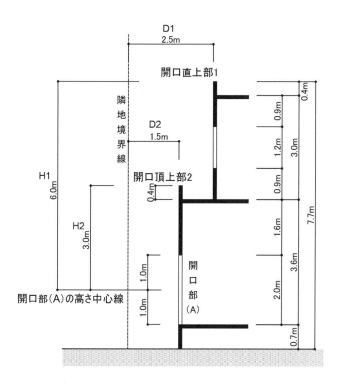

問題文より, 開口部(A)の面積は, 2.0m × 2.0m＝4.0㎡

「令20条2項第一号」より, 第一種住居地域内における採光補正係数は, 採光関係比率に6.0を乗じた値から1.4を減じて求める. また, 採光関係比率は, 開口部の直上にある建築物の部分から隣地境界線等までの水平距離Dを, その部分から開口部の中心までの垂直距離Hで除した数値(D／H)となる.

また, 開口部(A)については「開口直上部1」と,「開口直上部2」の採光関係比例を比較し, より小さい方(急勾配で, 開口部(A)の採光に影響を与える方)で採光補正係数が求められる.

 D1 ＝ 2.5m
 H1 ＝ 1.0m ＋ 1.6m ＋ 3.0m ＋ 0.4m ＝ 6.0m
 開口直上部1 の関係比例 2.5／6.0 ≒ 0.4

 D2 ＝ 1.5m
 H2 ＝ 1.0m ＋ 1.6m ＋ 0.4m ＝ 3.0m
 開口直上部2 の関係比例 1.5／3.0 ＝ 0.5

よって, 開口直上部1 の関係比例で採光補正係数が求められる.
 採光補正係数 ＝ D1／H1 × 6.0 － 1.4 ＝ 2.5／6.0 × 6.0 － 1.4 ＝ 1.1

採光に有効な部分の面積(開口部の面積 × 採光補正係数)は,
 A ＝ 4.0㎡ × 1.1＝4.4㎡

事務所(避難階は1階)の5階にある居室(床面積50㎡で、「避難上支障がない
ものとして国土交通大臣が定める基準」に適合しない居室)の設計に際して，以下
の条件に該当する開口部を設置することとした場合，窓その他の開口部を有しない
居室の規定に関する次の記述のうち，建築基準法上，誤っているものはどれか．

【条件】
・採光に有効な部分の面積の合計：2.0 ㎡
・換気に有効な部分の面積の合計：3.0 ㎡
・天井又は天井から下方80cm 以内で開放できる部分の面積の合計：0.5 ㎡
・避難上有効な構造の開口部ではない．

1. 当該居室を区画する主要構造部を，耐火構造又は不燃材料で造らなければならない．

2. 当該居室においては，自然換気設備，機械換気設備等に関する所定の技術的基準に適合
   する換気設備を設置しなければならない．

3. 当該居室及び地上に通ずる主たる通路の内装を難燃材料で仕上げた場合，居室の各部分
   から直通階段までの距離を30m以下としなければならない．

4. 当該居室については，排煙設備を設置しない場合，避難上支障のある高さまで煙又はガスの
   降下が生じない建築物の部分として国土交通大臣が定めたものに適合させなければならない．

解説：

1. 「法35条の3」に「無窓居室の防火区画(通称：防区無窓)」について載っており，「所定の開口
   部を有しない居室は，その居室を区画する主要構造部を耐火構造又は不燃材料で造らなけ
   ればならない．」とわかる．また「所定の開口部」については，「令111条」より，「①.採光に有効な
   部分の面積の合計が，居室の床面積の20分の1以上のもの」，「②.直接外気に接する避難上
   有効な構造のもので，かつ，その大きさが直径1m以上の円が内接することができるもの」，「③.
   直接外気に接する避難上有効な構造のもので，その幅が75cm以上，高さが1.2m以上のもの
   のうちのいずれか．」とわかる．問題文は，「採光に有効な部分の面積の合計(2.0㎡)が，居室の
   床面積(50㎡)の20分の1未満」であるため，当該居室を区画する主要構造部は，耐火構造
   又は不燃材料で造らなければならない．よって正しい．

2. 「法28条2項」に「居室の換気」について載っており，「居室には換気のための窓その他の開口部
   を設け，その換気に有効な部分の面積は，その居室の床面積に対して，20分の1以上とする．
   ただし，政令で定める換気設備を設けた場合は，この限りでない．」とわかる．その政令で定める
   換気設備については「令20条の2」に載っており，「①.自然換気設備(イ)」，「②.機械換気設備
   (ロ)」，「③.中央管理方式の空気調和設備(ハ)」，「④.所定の基準に適合するものとして
   大臣認定を受けたもの(ニ)」のうちのいずれかの設備の設置が必要とわかる．
   問題文は，「換気に有効な部分の面積の合計(3.0㎡)が，居室の床面積(50㎡)の20分の1
   以上」であるため，当該居室において，自然換気設備，機械換気設備等に関するる所定の
   技術的基準に適合する換気設備の設置は不要である．よって誤り．

3. 「令117条」より，「所定の開口部を有しない居室は，避難に関する規定の対象となる．」と
   わかる．この「所定の開口部」については，「令116条の2第一号」より，「①.採光に有効な部分
   の面積の合計が，居室の床面積の20分の1以上のもの」とわかる．問題文は，「採光に有効な
   部分の面積の合計(2.0㎡)が，居室の床面積(50㎡)の20分の1未満」であるため，避難に
   関する規定の対象となる．
   次に「令120条」に「直通階段の設置(歩行距離)」について載っており，その表(1)より，問題文の
   「5階建ての事務所の居室」の歩行距離は「30m以下としなければならない．」とわかる．
   尚，問題文に「居室及び地上に通ずる主たる通路の内装を難燃材料で仕上げた」とあるため，
   同条2項の「+10m緩和」は適用されない．よって正しい．

4. 「令126条の2」より，「所定の開口部(令116条の2第1項第二号)を有しない居室は，原則として，
   排煙設備を設けなければならない．」とわかる．問題文は，「開放できる部分の面積の合計
   (0.5㎡)が，居室の床面積(50㎡)の50分の1未満」であるため，当該居室に排煙設備を設置
   しない場合は，「避難上支障のある高さまで煙又はガスの降下が生じない建築物の部分として
   国土交通大臣が定めたもの(令126条の2第五号)」に適合させなければならない．よって正しい．

| コード | 項目 | 問題 | 解答 |
|---|---|---|---|
| 30054 | 一般構造<br>――――<br>天井高 | 居室の天井の高さは，室の床面から測り，1室で天井の高さの異なる部分がある場合においては，その平均の高さを2.1m以上としなければならない． | ○ |
| | | 「令21条」に「天井の高さ」について載っており，その「2項」より「居室の天井の高さは，室の床面から測り，一室で天井の高さの異なる部分がある場合においては，その平均の高さによる．」とわかる． | |
| | | 原文：令21条<br>（居室の天井の高さ）<br>居室の天井の高さは，2.1m以上でなければならない．<br>2. 前項の天井の高さは，室の床面から測り，一室で天井の高さの異なる部分がある場合においては，その平均の高さによるものとする． | |
| 21113 | 天井<br>――――<br>換気孔 | 木造の一戸建ての住宅において，最下階の居室の床が木造で，床下をコンクリート等で覆わない場合，原則として，その外壁の床下部分には，壁の長さ5m以下ごとに，面積300cm²以上の換気孔を設けなければならない． | ○ |
| | | 「令22条」に「木造建物の床の高さと防湿方法」の解説が載っており，その「二号」を訳すと，「外壁の床下部分には，原則として，壁の長さ5m以下ごとに，面積300cm²以上の換気孔を設け，これにねずみの浸入を防ぐための設備をしなければならない．」とわかる． | |
| | | 原文：令22条<br>（居室の床の高さ 及び 防湿方法）<br>最下階の居室の床が木造である場合における床の高さ 及び 防湿方法は，次の各号に定めるところによらなければならない．ただし，床下をコンクリート，たたきその他これらに類する材料で覆う場合……においては，この限りでない．<br>一．床の高さは，直下の地面からその床の上面まで45cm以上とすること．<br>二．外壁の床下部分には，壁の長さ5m以下ごとに，面積300cm²以上の換気孔を設け，これにねずみの侵入を防ぐための設備をすること． | |
| 21054 | 階段<br>――――<br>寸法 | 各階の床面積が150m²の地上3階建ての共同住宅において，幅90cmの回り階段である共用の屋外階段の踏面の寸法は，踏面の狭い方の端から30cmの位置において21cm以上としなければならない． | ○ |
| | | 「令23条」に「階段のけあげと踏面」について載っており，「共同住宅の共用の階段」は，ただし書きには該当せず，1項表「（四）」に該当し，「踏面21cm以上としなければならない．」とわかる．尚，「令23条2項」に「回り階段の部分における踏面の寸法は，踏面の狭い方の端から30cmの位置において測るものとする．」とわかる．よって正しい． | |
| | | 原文：令23条<br>（階段 及び その踊場の幅 並びに 階段の蹴上げ 及び 踏面の寸法）<br>……次の表によらなければならない．ただし，屋外階段の幅は，……直通階段にあつては90cm以上，その他のものにあつては60cm以上，住宅の階段（共同住宅の共用の階段を除く．）の蹴上げは23cm以下，踏面は15cm以上とすることができる．<br>2. 回り階段の部分における踏面の寸法は，踏面の狭い方の端から30cmの位置において測るものとする． | |

| 01052 | 階段<br>------<br>寸法 | 集会場における客用の階段及びその踊場に，高さ85cmの手すりが設けられた場合における階段及びその踊場の幅は，手すりの幅が10cmを限度として，ないものとみなして算定する． | ○ |
|---|---|---|---|
| | | 「令23条3項」より，「階段及びその踊場に手すり等が設けられた場合における階段及びその踊場の幅は，手すり等の幅が10cmを限度として，ないものとみなす．」とわかる（通称：手すり等緩和）． | |
| | | 原文：令23条3項<br>3. 階段及びその踊場に……（以下この項において「手すり等」という．）が設けられた場合における第1項の階段及びその踊場の幅は，手すり等の幅が10cmを限度として，ないものとみなして算定する． | |
| 23051 | 一般構造<br>------<br>踊場 | 小学校における児童用の高さ3.4mの直階段に設ける踊場の踏幅は，1.2m以上としなければならない． | ○ |
| | | 「令23条」，「令24条」より，「小学校における児童用の階段（令23条表（一）に該当）で高さが3mを超えるものには，3m以内ごとに踊場が必要であり，その踏幅は1.2m以上としなければならない．」とわかる． | |
| | | 原文：令24条2項<br>（踊場の位置及び踏幅）<br>2. 前項の規定によつて設ける直階段の踊場の踏幅は，1.2m以上としなければならない． | |
| 03051 | 階段<br>------<br>傾斜路 | 集会場における客用の階段に代わる高さ1.5m，勾配1/15の傾斜路で，その幅が4mのものには，中間に手すりを設けなくてもよい． | × |
| | | 「令25条3項」，「令26条2項」より，「傾斜路の幅が3mを超える場合には，原則として，中間に手すりを設けなければならない．」とわかる．また，「令25条4項」に「高さ1m以下の階段の部分には適用しない．」とあるが，問題文は「高さが1.5m」とあるため，その中間に手すりを設けなければならない． | |
| | | 原文：令25条<br>（階段等の手すり等）<br>階段には，手すりを設けなければならない．<br>……<br>3. 階段の幅が3mをこえる場合においては，中間に手すりを設けなければならない．ただし，けあげが15cm以下で，かつ，踏面が30cm以上のものにあつては，この限りでない．<br>4. 前3項の規定は，高さ1m以下の階段の部分には，適用しない．<br><br>令26条<br>（階段に代わる傾斜路）<br>……<br>一．勾配は，1/8をこえないこと．<br>二．表面は，粗面とし，又はすべりにくい材料で仕上げること．<br>2. 前3条の規定（けあげ及び踏面に関する部分を除く．）は，前項の傾斜路に準用する． | |

| 22052 | 一般構造<br>------<br>手すり | 物品販売業を営む店舗における高さ3mの階段で，幅が4m，けあげが15cm，踏面が30cmの場合においては，中間に手すりを設けなくてもよい． | ○ |
|---|---|---|---|

「令25条3項」に「階段の幅が3mを超える場合，中間に手すりを設けなければならない．」とあるが，ただし書きより，「けあげが15cm以下で，かつ，その踏面が30cm以上の場合には，その中間に手すりを設けなくてもよい．」とわかる．

原文：令25条
3．……ただし，けあげが15cm以下で，かつ，踏面が30cm以上のものにあつては，この限りでない．

**06**

| 01051 | 階段<br>------<br>機械室 | 劇場における昇降機機械室用階段の蹴上げの寸法は，23cmとすることができる． | ○ |
|---|---|---|---|

「令27条」に「特殊の用途に専用する階段」について載っており，「昇降機機械室用の階段には，令23条〜令25条までの規定は適用しない．」とあり，「令129条の9」に「エレベーターの機械室」について載っており，その「五号」より「機械室に通ずる階段のけあげ及び踏面は，それぞれ，23cm以下及び15cm以上……」とわかる．

原文：令27条
（特殊の用途に専用する階段）
第23条から第25条までの規定は，昇降機機械室用階段，物見塔用階段その他特殊の用途に専用する階段には，適用しない．

原文：令129条の9第五号
（エレベーターの機械室）
エレベーターの機械室は，次に定める構造としなければならない．
五．機械室に通ずる階段のけあげ及び踏面は，それぞれ，23cm以下及び15cm以上とし，かつ，当該階段の両側に側壁又はこれに代わるものがない場合においては，手すりを設けること．

これから、「階段の設計方法」の解説をします．これは「製図試験」にも絡んでくる話なので，ここで必ずマスターしておいてください．まず，「各部の名称」を説明します．

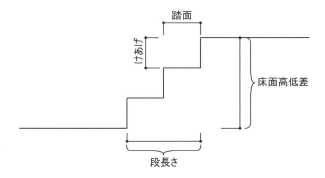

では，例を挙げて「階段の設計手順」を解説していきます．

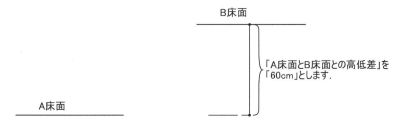

「けあげ」の制限値が22cm以下だった場合について考えてみましょう．

手順 ①．「床面高低差」を「けあげの制限値」で割って「段数」を決めます．
　　　　その際に「端数」が出た場合は，「端数を切り上げた数値」が「段数」となります．

---

「段数」を求める公式

「段数」=「床面高低差」÷「けあげの制限値」

---

今回の場合，「床面高低差」= 60cm，「けあげの制限値」= 22cmなので，
「段数」= 60 / 22 = 2.727.. ←「端数」を切り上げて，「段数」= 3 となります．

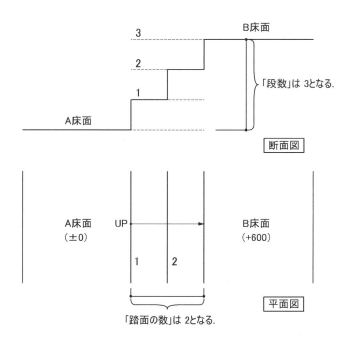

手順②.上図のように「踏面の数」は「段数」から1を引いたものとなります.

> 「踏面の数」を求める公式
>
> 「踏面の数」=「段数」−1

今回の場合,「段数」= 3であるため,「踏面の数」= 3 − 1 = 2 となります.

手順③.次に「段長さの最小値」を求めます.
「段長さの最小値」は「踏面の数」に「踏面の制限値」を掛けることで求まります.

> 「段長さの最小値」を求める公式
>
> 「段長さの最小値」=「踏面の数」×「踏面の制限値」

今回の場合,「踏面の制限値」を「21cm以上」とすると,
「踏面の数」= 2 なので,「段長さの最小値」= 2 × 21 = 42cm となります.

⬇ よって,今回の場合の「階段」は次の図のようになります.

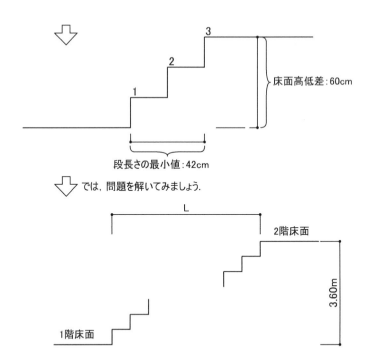

床面高低差：60cm

段長さの最小値：42cm

では，問題を解いてみましょう．

L

2階床面

3.60m

1階床面

コード　02051

地上2階建ての事務所（2階の居室の床面積の合計が300㎡）に屋内階段（直階段）を設ける場合，図の Lの値として，建築基準法に適合する最小値はいくらか．

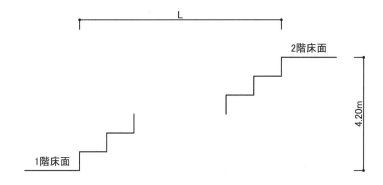

解説：

「令23条」の表（三）より，直上階の居室の床面積の合計が200㎡をこえる地上階の階段は，「けあげの制限値」=20cm以下，「踏面の制限値」=24cm以上とわかる．次の手順に沿って解いていきましょう．

手順①．「床面高低差」=4.20m，「けあげの制限値」=20cm以下なので，
　　　　「段数」= 420 ／ 20 = 21 となる． ← 単位をcmに合わせることに
　　　　注意すること．

手順②．「段数」=21 であるため，「踏面の数」= 21 − 1 = 20 となる．

手順③．「踏面の数」=21，「踏面の制限値」=24cm以上なので，「段長
　　　　さ」= 20 × 24 と考えてしまいそうですが，「令24条」より「一般の
　　　　用途の階段で，床面高低差が4mを超える場合は，4m 以内ごと
　　　　に踊場を設けなければならない．」とわかる．また，「令24条2項」に
　　　　「踊場の踏幅（踏面のこと）は，1.2m以上としなければならない．」
　　　　とある．

　ゆえに，「踏面の数」=20のうちの「1つ」は，踏面 =1.2mとしなければならない．

　∴「段長さの最小値」= (19 × 24) + (1 × 120) = 576cm = 5.76m となる．

解答：Lの最小値 = 5.76m

| コード | 項目 | 問題 | 解答 |
|---|---|---|---|
| 19095 | 既存不適格<br><br>非常用エレベーター | 高さが31mを超える建築物で，非常用の昇降機を設けていないことにより，建築基準法第3条第2項の規定の適用を受けているものについて増築する場合において，増築に係る部分の床面積の合計が基準時における延べ面積の1/2を超える場合には，非常用の昇降機を設けなければならない． | ○ |

「法86条の7」に「既存の建築物に対する制限の緩和」について載っており，その「1項」，及び，「令137条の6第一号」を訳すと，「非常用の昇降機に関する技術的基準（＝法34条2項）に適合せず，法3条2項の適用を受けている建築物（＝既存不適格建築物）で，当該基準（＝非常用の昇降機に関する技術的基準）の適用上，増築に係る部分の高さが31mを超えず，かつ，床面積の合計が基準時における延べ面積の1/2を超えない場合，当該基準は適用されない．」とわかる．問題文は，「延べ面積の1/2を超える場合」とあるため，非常用の昇降機を設けなければならないため，正しい．

原文：法86条の7
(既存の建築物に対する制限の緩和)
第3条第2項（……）の規定により……第34条第2項，……の規定の適用を受けない建築物について政令で定める範囲内において 増築，改築，大規模の修繕 又は 大規模の模様替(以下この条及び次条において「増築等」という.)をする場合（……）においては，第3条第3項（第三号及び第四号に係る部分に限る……）の規定にかかわらず，これらの規定は，適用しない.

原文：法3条2項，3項第三号
2. この法律……の規定の施行 又は 適用の際現に存する建築物 若しくは その敷地 又は……工事中の建築物……がこれらの規定に適合せず，又は これらの規定に適合しない部分を有する場合においては，当該建築物，建築物の敷地……に対しては，当該規定は，適用しない.
3. 前項の規定は，次の各号のいずれかに該当する建築物，建築物の敷地……に対しては，適用しない.
三. 工事の着手がこの法律……の施行 又は 適用の後である増築，改築，移転，大規模の修繕 又は 大規模の模様替に係る建築物 又は その敷地

原文：令137条の6
(非常用の昇降機関係)
……法第86条の7第1項の規定により政令で定める範囲は，増築及び改築については，次に定めるところによる.
一. 増築に係る部分の建築物の高さが31mを超えず，かつ，増築に係る部分の床面積の合計が基準時における延べ面積の2分の1を超えないこと.

| 20043 | 既存不適格 | 石綿が添加された建築材料が使用されていることにより建築基準法第3条第2項の規定の適用を受けている倉庫について，基準時における延べ面積が1,200m²のものを増築して延べ面積1,500m²とする場合，増築に係る部分以外の部分においては，当該添加された建築材料を被覆する等の措置が必要となる． | ○ |
| | 石綿 | | |

「法86条の7」に「既存の建築物に対する制限の緩和」について載っており，その「1項」，及び，「令137条の4の3」より，「石綿等に関する技術的基準（＝法28条の2第一号，二号）に適合せず，法3条2項の適用を受けている建築物（＝既存不適格建築物）で，当該基準（＝石綿等に関する技術的基準）の適用上，増築部分の床面積の合計が基準時における延べ面積の1/2を超えない場合，増築部以外の部分について，当該添加された建築材料を被覆する等の措置を行うことで，当該基準は適用されない．」とわかる．問題文は正しい．

原文：法86条の7
……第28条の2（同条各号に掲げる基準のうち政令で定めるものに係る部分に限る．）……の適用を……

原文：令137条の4の2
法第86条の7第1項……の政令で定める基準は，法第28条の2第一号及び第二号に掲げる基準とする．

原文：令137条の4の3
（石綿関係）
法第3条第2項の規定により法第28条の2（前条に規定する基準に係る部分に限る．……）の規定の適用を受けない建築物について法第86条の7第1項の規定により政令で定める範囲は，増築及び改築については，次に定めるところによる．
一．増築又は改築に係る部分の床面積の合計が基準時における延べ面積の2分の1を超えないこと．
二．増築又は改築に係る部分が前条に規定する基準に適合すること．
三．増築又は改築に係る部分以外の部分が，建築材料から石綿を飛散させるおそれがないものとして石綿が添加された建築材料を被覆し又は添加された石綿を建築材料に固着する措置について国土交通大臣が定める基準に適合すること．

| 19225 | 既存不適格 | 「建築基準法」に基づき，現行の構造耐力に関する規定に適合しない部分を有し，建築基準法第3条第2項の規定の適用を受けている「延べ面積1,000m²，鉄筋コンクリート造，地上3階建ての事務所」に，エキスパンションジョイントのみで接する「床面積の合計600m²の鉄骨造の事務所」を増築する場合，増築後の建築物の構造方法が所定の規定に適合するものであれば，既存部分は，現行の構造耐力に関する規定の適用を受けずに当該増築をすることができる． | ○ |
| | 構造計算 | | |

「法86条の7」に「既存の建築物に対する制限の緩和」について載っており，その「1項」，及び，「令137条の2」を訳すと，「構造耐力に関する規定（＝法20条）に適合せず，法3条2項の適用を受けている建築物（＝既存不適格建築物）について増築等を行う場合，条件に応じて所定の構造方法に適合すれば，既存部分は，現行の構造耐力に関する規定の適用を受けない．」とわかる．その条件は「令137条の2各号」の3つに区分される．①．「増築等の部分の床面積の合計が基準時における延べ面積の2分の1を超える場合」，②．「増築等の部分の床面積の合計が基準時における延べ面積の20分の1を超え，2分の1を超えない場合」，③．「増築等の部分の床面積の合計が基準時における延べ面積の20分の1（50m²を超える場合は50m²）を超えない場合」．問題文は「増築部分の面積が既存部分の1/2を超える」ため，①．の条件で，所定の規定（「第一号イ又はロ」）に適合すれば，既存部分は現行の構造耐力に関する規定の適用を受けない（問題文の場合，増築等の部分がそれ以外の部分とエキスパンションジョイントのみで接しているため，ロを選択するが，イを選択することもできる．ただし，その構造方法については，ロよりもイのほうが厳しい）．よって正しい．

原文：法86条の7
第3条第2項（……）の規定により　第20条……の規定の適用を……

原文：令137条の2
(構造耐力関係)
法第3条第2項の規定により法第20条の規定の適用を受けない建築物（……）について法第86条の7第1項の規定により政令で定める範囲は，増築及び改築については，次の各号に掲げる範囲とし，同項の政令で定める基準は，それぞれ当該各号に定める基準とする．
一．増築　又は　改築の全て（次号及び第三号に掲げる範囲を除く．）　増築又は改築後の建築物の構造方法が次のいずれかに適合するものであること．
……
二．増築　又は　改築に係る部分の床面積の合計が基準時における延べ面積の20分の1（50m²を超える場合にあつては，50m²）を超え，2分の1を超えないこと　増築又は改築後の建築物の構造方法が次のいずれかに適合するものであること．
……
三．増築　又は　改築に係る部分の床面積の合計が基準時における延べ面積の20分の1（50m²を超える場合にあつては，50m²）を超えないこと　増築又は改築後の建築物の構造方法が次のいずれかに適合するものであること．
……

| 22112 | 既存不適格 | 構造耐力の規定に関して建築基準法第3条第2項の規定の適用を受けている既存建築物について，基準時の延べ面積が1,400m²の事務所に，床面積60m²の昇降機棟の増築を行う場合は，増築に係る部分が現行の構造耐力の規定に適合し，かつ，既存の事務所の部分の構造耐力上の危険性が増大しない構造方法とすれば，既存の事務所の部分に現行の構造耐力の規定は適用されない． | × |
| | 構造計算 | | |

「法 86 条の 7」に「既存の建築物に対する制限の緩和」について載っており，その「1 項」，及び，「令 137 条の 2」を訳すと，「構造耐力に関する規定（＝法 20 条）に適合せず，法 3 条 2 項の適用を受けている建築物（＝既存不適格建築物）について増築等を行う場合，条件に応じて所定の構造方法に適合すれば，既存部分は，現行の構造耐力に関する規定の適用を受けない.」とわかる. その条件は「令 137 条の 2 各号」の 3 つに区分される. ①.「増築等の部分の床面積の合計が基準時における延べ面積の 2 分の 1 を超える場合」. ②.「増築等の部分の床面積の合計が基準時における延べ面積の 20 分の 1（50m² を超える場合は 50m²）を超え，2 分の 1 を超えない場合」，③.「増築等の部分の床面積の合計が基準時における延べ面積の 20 分の 1（50m² を超える場合は 50m²）を超えない場合」. 問題文は，増築部分の面積が延べ面積の 1/20 以下であるが，50m² を超えているため，③. には該当しない. よって，既存部分の構造耐力上の危険性が増大しない構造方法（エキスパンション・ジョイント等）としただけでは，「既存の事務所の部分に現行の構造耐力の規定は適用されない」とは，限らない（①. 又は②. の規定を適用する必要がある）. 問題文は誤り.

原文：令 137 条の 2 第三号イ (2)

三.　……

イ.　……

(2) 増築 又は 改築に係る部分以外の部分の構造耐力上の危険性が増大しないこと.

| 24134 | 既存不適格 | 構造耐力の規定に適合していない部分を有し，建築基準法第 3 条第 2 項の規定の適用を受けている既存建築物に関して，基準時における延べ面積が 2,000m² の既存建築物に床面積 1,000m² の増築をする場合においては，増築後の建築物の構造方法が，耐久性等関係規定に適合し，かつ，「建築物の倒壊及び崩落並びに屋根ふき材，特定天井，外装材及び屋外に面する帳壁の脱落のおそれがない建築物の構造方法に関する基準」に適合するものとすれば，既存建築物の部分には現行の構造耐力の規定は適用されない. | ○ |
| :-- | :-- | :-- | :-- |
| | 構造計算 | | |

「法 86 条の 7」に「既存の建築物に対する制限の緩和」について載っており，その「1 項」，及び，「令 137 条の 2」を訳すと，「構造耐力に関する規定（＝法 20 条）に適合せず，法 3 条 2 項の適用を受けている建築物（＝既存不適格建築物）について増築等を行う場合，条件に応じて所定の構造方法に適合すれば，既存部分は，現行の構造耐力に関する規定の適用を受けない.」とわかる. その条件は「令 137 条の 2 各号」の 3 つに区分される. ①.「増築等の部分の床面積の合計が基準時における延べ面積の 2 分の 1 を超える場合」. ②.「増築等の部分の床面積の合計が基準時における延べ面積の 20 分の 1（50m² を超える場合は 50m²）を超え，2 分の 1 を超えない場合」，③.「増築等の部分の床面積の合計が基準時における延べ面積の 20 分の 1（50m² を超える場合は 50m²）を超えない場合」. 問題文のように，増築部分の面積が延べ面積の 1/2 を超えない場合，②. の条件を選択することができる. 同条「二号イ」より，「増築後の建築物の構造方法が，耐久性等関係規定に適合し，かつ，「建築物の倒壊及び崩落並びに屋根ふき材，特定天井，外装材及び屋外に面する帳壁の脱落のおそれがない建築物の構造方法に関する基準」に適合するものとすれば，既存建築物の部分には現行の構造耐力の規定は適用されない.」とわかる. よって正しい.

|  | | 原文：令137条の2第二号イ<br>イ．耐久性等関係規定に適合し，かつ，……当該建築物の倒壊 及び 崩落，屋根ふき材，特定天井，外装材 及び 屋外に面する帳壁の脱落 並びに エレベーターの籠の落下 及び エスカレーターの脱落のおそれがないものとして国土交通大臣が定める基準に適合するものであること | |
|---|---|---|---|
| 22113 | 既存不適格<br><br>大規模の修繕・模様替 | 構造耐力の規定に関して建築基準法第3条第2項の規定の適用を受けている既存建築物について，基準時の延べ面積が1,500m²の共同住宅において，構造耐力上の危険性が増大しない大規模の模様替を行う場合は，当該共同住宅には現行の構造耐力の規定は適用されない． | ○ |
|  | | 「法86条の7」に「既存の建築物に対する制限の緩和」について載っており，その「1項」及び「令137条の12」を訳すと，「構造耐力に関する規定（＝法20条）に適合せず，法3条2項の適用を受けている建築物（＝既存不適格建築物）について大規模の修繕又は大規模の模様替を行う場合，規定の適用を受けない範囲は，構造耐力上の危険性が増大しないこれらの修繕又は模様替のすべてとする．」とわかる．よって，当該建築物は，現行の構造耐力の規定は適用されない． | |
|  | | 原文：令137条の12<br>（大規模の修繕 又は 大規模の模様替）<br>法第3条第2項の規定により法第20条の規定の適用を受けない建築物について法第86条の7第1項の規定により政令で定める範囲は，大規模の修繕又は大規模の模様替については，当該建築物の構造耐力上の危険性が増大しないこれらの修繕又は模様替のすべてとする． | |
| 22114 | 既存不適格<br><br>独立部分 | 構造耐力の規定に関して建築基準法第3条第2項の規定の適用を受けている既存建築物について，事務所と物品販売業を営む店舗とが構造耐力の規定の適用上一の建築物であっても，各用途の建築物の部分がエキスパンションジョイントのみで接している場合，物品販売業を営む店舗の建築物の部分において増築を行うときには，事務所の建築物の部分には現行の構造耐力の規定は適用されない． | ○ |
|  | | 「法86条の7」に「既存の建築物に対する制限の緩和」について載っており，その「2項」，及び，「令137条の14第一号」を訳すと，「構造耐力に関する技術的基準（＝法20条）に適合せず，法3条2項の適用を受けている建築物（＝既存不適格建築物）で，当該基準（＝構造耐力に関する技術的基準）の適用上一の建築物であっても，建築物の2以上の部分がエキスパンションジョイント等で構造方法のみで接している場合は，別の建築物としてみなせる部分（独立部分）となる．問題文の場合，各用途の建築物の部分がエキスパンションジョイントのみで接しているため，物販店舗部分（独立部分）に増築を行うときには，事務所部分（別の独立部分）には現行の構造耐力の規定は適用されない．よって問題文は正しい． | |

原文：法 86 条の 7 第 2 項
（既存の建築物に対する制限の緩和）
2. 第 3 条第 2 項の規定により第 20 条 又は 第 35 条（……）の規定の適用を受けない建築物であって，第 20 条又は第 35 条に規定する基準の適用上一の建築物であっても別の建築物とみなすことができる部分として政令で定める部分（以下この項において「独立部分」という。）が 2 以上あるものについて増築等をする場合においては，第 3 条第 3 項第三号及び第四号の規定にかかわらず，当該増築等をする独立部分以外の独立部分に対しては，これらの規定は，適用しない.

原文：令 137 条の 14
（独立部分）
法第 86 条の 7 第 2 項（……）の政令で定める部分は，次の各号に掲げる建築物の部区分に応じ，当該各号に定める部分とする.
一．法第 20 条第 1 項に規定する基準の適用上一の建築物であっても別の建築物とみなすことができる部分　第 36 条の 4 に規定する建築物の部分

原文：令 36 条の 4
（別の建築物とみなすことができる部分）
法第 20 条第 2 項（……）の政令で定める部分は，建築物の 2 以上の部分がエキスパンションジョイントその他の相互に応力を伝えない構造方法のみで接している場合における当該建築物の部分とする.

| 20112 | 既存不適格 ──── 独立部分 | 非常用の照明装置を設けていないことについて，建築基準法第 3 条第 2 項の規定の適用を受けている建築物であって，独立部分（開口部のない耐火構造の床又は壁で区画された部分）が 2 以上あるものについて増築をする場合においては，当該増築をする独立部分以外の独立部分には非常用の照明装置を設けなくてもよい. | ○ |
|---|---|---|---|

「法 86 条の 7」に「既存の建築物に対する制限の緩和」について載っており，その「2 項」，及び，「令 137 条の 14 第二号」を訳すと，「非常照明に関する技術的基準（＝法 35 条のうち第 5 章第四節の規定）に適合せず，法 3 条 2 項の適用を受けている建築物（＝既存不適格建築物）で，当該基準（＝非常用照明に関する技術的基準）の適用上，一の建築物であっても別の建築物としてみなせる部分（独立部分）がある場合において，増築する独立部分と開口部のない耐火構造の床又は壁で区画された既存部分（令 117 条 2 項第一号）には，当該基準（＝非常用照明に関する技術的基準）は適用されない.」とわかる. 問題文は正しい.

原文：令137条の14第二号
二．法第35条（第5章第二節（第117条第2項を除く．）及び 第四節……）に規定する基準の適用上一の建築物であつても別の建築物とみなすことができる部分　第117条第2項各号に掲げる建築物の部分

原文：令117条2項第一号，二号
一．建築物が開口部のない耐火構造の床 又は 壁で区画されている場合における当該区画された部分
二．建築物の2以上の部分の構造が通常の火災時において相互に火熱 又は 煙 若しくは ガスによる防火上有害な影響を及ぼさないものとして国土交通大臣が定めた構造方法を用いるものである場合における当該部分

| 18074 | 既存不適格 | 主要構造部を耐火構造とした延べ面積1,500m²，地上3階建てのホテル（排煙設備に関する技術的基準に適合せず，建築基準法第3条第2項の適用を受けているもの）で，当該基準の適用上一の建築物として増築をする場合において，その増築部分と所定の防火設備により区画された既存部分には，当該基準は適用されない． | ○ |
|  | 独立部分 | | |

「法86条の7」に「既存の建築物に対する制限の緩和」について載っており，その「2項」，及び，「令137条の14第三号」を訳すと，「排煙設備に関する技術的基準（＝法35条のうち第5章第三節の規定（一部の規定を除く））に適合せず，法3条2項の適用を受けている建築物（＝既存不適格建築物）で，当該基準（＝排煙設備に関する技術的基準）の適用上，一の建築物であっても別の建築物としてみなせる部分（独立部分）がある場合において，その増築部分と所定の防火設備により区画された既存部分には，当該基準（＝排煙設備に関する技術的基準）は適用されない．」とわかる．問題文は正しい．

原文：令137条の14第三号
三．法第35条（第5章第三節（第126条の2第2項を除く．）に規定する技術的基準に係る部分に限る．）に規定する基準の適用上一の建築物であっても別の建築物とみなすことができる部分　第126条の2第2項各号に掲げる建築物の部分

原文：令126条の2第2項
2．次に掲げる建築部の部分は，この節の規定の適用については，それぞれ別の建築物とみなす．
一．建築物が開口部のない準耐火構造の床 若しくは 壁 又は 法第2条第九号の二ロに規定する防火設備でその構造が第112条第19項第一号イ及びロ並びに第二号ロに掲げる要件を満たすものとして，国土交通大臣が定めた構造方法を用いるもの 若しくは 国土交通大臣の認定を受けたもので区画されている場合における当該区画された部分

「令137条の2」の構成
　第一号から三号の順に，多くの検討・計算が要求される．
　第三号から一号の順に，成立条件が厳しい（規模が小さい）．
　従って，一般に，第三号から一号の順に適合をチェックする．

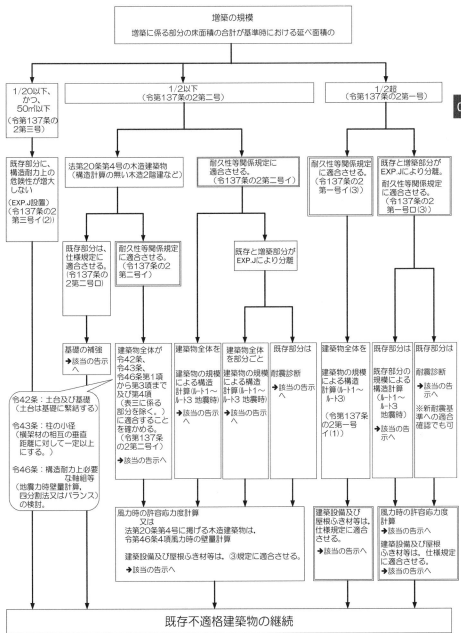

既存不適格建築物の継続

（増築部分は，現行法に適合すること）

**法86条の7**（既存の建築物に対する制限の緩和）
第3条第2項（……）の規定により第20条，第26条，第27条，第28条の2（同条各号に掲げる基準のうち政令で定めるものに係る部分に限る.），第30条，第34条第2項，……第67条第1項若しくは第5項から第7項まで又は第68条第1項若しくは第2項の規定の適用を受けない建築物について**政令で定める範囲内**において増築，改築，**大規模の修繕又は大規模の模様替**(以下この条及び次条において「**増築等**」という.)**をする場合**（……）においては，第3条第3項第三号及び第四号の規定にかかわらず，これらの規定は，適用しない.

2 第3条第2項の規定により第20条又は第35条（同条の技術的基準のうち政令で定めるものに係る部分に限る.以下この項及び第87条第4項において同じ.）の規定の適用を受けない建築物であって，第20条又は第35条に規定する基準の適用上1の建築物であっても別の建築物とみなすことができる部分として政令で定める部分（以下この項において「**独立部分**」という.）**が2以上あるものについて増築等をする場合**においては，第3条第3項第三号及び第四号の規定にかかわらず，当該増築等をする独立部分以外の独立部分に対しては，これらの規定は，適用しない.

3 第3条第2項の規定により
第28条，
第28条の2（同条各号に掲げる基準のうち政令で定めるものに係る部分に限る.），
第29条から第32条まで，
第34条第1項，
第35条の3又は
第36条（防火壁，防火床，防火区画，消火設備及び避雷設備の設置及び構造に係る部分を除く.）
の規定の適用を受けない建築物について**増築等をする場合**においては，第3条第3項第三号及び第四号の規定にかかわらず，当該増築等をする部分以外の部分に対しては，これらの規定は，適用しない.

**法3条**（適用の除外）
……

2 この法律又はこれに基づく命令若しくは条例の規定の施行又は適用の際現に存する建築物若しくはその敷地又は現に建築，修繕若しくは模様替の工事中の建築物若しくはその敷地がこれらの規定に適合せず，又はこれらの規定に適合しない部分を有する場合においては，当該建築物，建築物の敷地又は建築物若しくはその敷地の部分に対しては，当該規定は，適用しない.

3 前項の規定は，次の各号のいずれかに該当する建築物，建築物の敷地又は建築物若しくはその敷地の部分に対しては，適用しない.
……

　　三　工事の着手がこの法律又はこれに基づく命令若しくは条例の規定の施行又は適用の後である増築，改築，移転，大規模の修繕又は大規模の模様替に係る建築物又はその敷地

　　四　前号に該当する建築物又はその敷地の部分

**第8章　既存の建築物に対する制限の緩和等**
（第137条－第137条の19）

　令137条（基準時）

　令137条の2～12　法86条の7第1項の政令
　→条件付で緩和

　令137条の13，14　法86条の7第2項の政令
　→1の建築物で「別の建築物」とみなす緩和

　令137条の15　法86条の7第3項の政令
　→1の建築物をそれぞれの「部分」でみる緩和

　令137条の16（移転）

　令137条の17（公共事業等による敷地面積の減少）

　令137条の18，19（用途変更）

令137条の4の2（増築等をする場合に適用されない物質の飛散又は発散に対する衛生上の措置に関する基準）
法第86条の7第1項及び法第88条第1項の政令で定める基準は，法第28条の2第一号及び第二号に掲げる基準とする．

令137条の4の3（石綿関係）
法第3条第2項の規定により法第28条の2（前条に規定する基準に係る部分に限る．第137条の12第3項において同じ．）の規定の適用を受けない建築物について法第86条の7第1項の規定により政令で定める範囲は，増築及び改築については，次に定めるところによる．
　一　増築又は改築に係る部分の床面積の合計が基準時における延べ面積の1/2を超えないこと．
　二　増築又は改築に係る部分が前条に規定する基準に適合すること．
　三　増築又は改築に係る部分以外の部分が，建築材料から石綿を飛散させるおそれがないものとして石綿が添加された建築材料を被覆し又は添加された石綿を建築材料に固着する措置について国土交通大臣が定める基準に適合すること．

→第一号及び第二号 = 石綿
　（三号 = クロルピリホス，ホルムアルデヒド）

••••••••••••••••••••••••••••••••••••••••••••••••••

　建築時，基準法や条例の規定に適合した建築物や敷地が，法改正によりその全体又は一部が改正後の規定に適合しなくなる場合がある．建築時のままで継続して使用する場合は，現行法に不適合であっても違法建築ではないもの（遡及適用しない＝既存不適格）とすることができる（**法3条2項**）．

　一方，その後に増築，改築，大規模の修繕など（増築等）を行う場合は，原則として，既存の部分を含めて建築物全体を現行法に適合する必要がある（**法3条3項第三号，四号**）．

　しかし，全てを適法状態にするには，多大な費用が掛かるケースもあり，無届の建築工事や本来必要の無い建て替えなど，良好な社会ストックに逆行することとなる．そこで構造関係，避難関係，防火関係，用途地域関係，容積関係等の制限規定に適合しない既存不適格建築物について，一定の条件でこれらの規定を適用しない緩和規定が設けられている（**法86条の7**）．

07

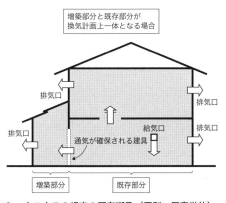
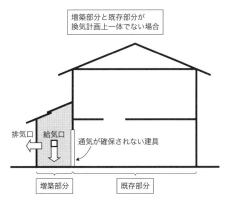

シックハウスの規定の既存遡及（原則，居室単位）

**令137条の15**（増築等をする部分以外の居室に対して適用されない基準）

法第86条の7第3項の政令で定める基準は，法第28条の2第三号に掲げる基準（第20条の7から第20条の9までに規定する技術的基準に係る部分に限る.）とする.

→令20条の7〜9 ＝ ホルムアルデヒド
　令20条の6 ＝ クロルピリホス

**法28条の2**

建築物は，石綿その他の物質の建築材料からの飛散又は発散による衛生上の支障がないよう，次に掲げる基準に適合するものとしなければならない.

　一　建築材料に石綿その他の著しく衛生上有害なものとして政令で定める物質（次号及び第三号において「石綿等」という.）を添加しないこと.
　二　石綿等をあらかじめ添加した建築材料（……）を使用しないこと.
　三　居室を有する建築物にあっては，前2号に定めるもののほか，石綿等以外の物質でその居室内において衛生上の支障を生ずるおそれがあるものとして政令で定める物質の区分に応じ，建築材料及び換気設備について政令で定める技術的基準に適合すること.

　　　　　　　　　（換気設備＝24時間換気）

**令20条の5**

法第28条の2第三号の政令で定める物質は，クロルピリホス及びホルムアルデヒドとする.

**令137条の13**（増築等をする独立部分以外の独立部分に対して適用されない技術的基準）

法第86条の7第2項（法第87条第4項において準用する場合を含む.次条において同じ.）の政令で定める技術的基準は，第5章第2節（第117条第2項を除く.），第3節（第126条の2第2項を除く.）及び第4節に規定する技術的基準とする.

**令 137 条の 14**（独立部分）

法第 86 条の 7 第 2 項（法第 88 条第 1 項におい
て準用する場合を含む.）の政令で定める部分は，
次の各号に掲げる建築物の部区分に応じ，当該
各号に定める部分とする.

　一　法第 20 条第 1 項に規定する基準の適用
　　　上 1 の建築物であっても別の建築物とみな
　　　すことができる部分　第 36 条の 4 に規定
　　　する建築物の部分
　　　→建築物の 2 以上の部分がエキスパンショ
　　　　ンジョイントその他の相互に応力を伝え
　　　　ない構造方法のみで接している……
　二　法第 35 条（**第 5 章第 2 節**（第 117 条第
　　　2 項を除く.）及び**第 4 節**に規定する技術的
　　　基準に係る部分に限る.）に規定する基準の
　　　適用上 1 の建築物であっても別の建築物と
　　　みなすことができる部分　第 117 条第 2 項
　　　各号に掲げる建築物の部分
　　　→開口部のない耐火構造の床又は壁で区画
　三　法第 35 条（**第 5 章第 3 節**（第 126 条の
　　　2 第 2 項を除く.）に規定する技術的基準に
　　　係る部分に限る.）に規定する基準の適用上
　　　一の建築物であっても別の建築物とみなす
　　　ことができる部分　第 126 条の 2 第 2 項各
　　　号に掲げる建築物の部分
　　　→開口部のない準耐火構造の床又は壁又は
　　　　法第 2 条第九号の二ロに規定する防火設
　　　　備でその構造が第 112 条第 19 項第一号
　　　　イ及びロ並びに第二号ロに掲げる要件を
　　　　満たすものとして，国土交通大臣が定め
　　　　た構造方法を用いるもの又は国土交通大
　　　　臣の認定を受けたもの……

**法 86 条の 7 第 2 項**

……第 20 条又は第 35 条（同条の技術的基準の
うち政令で定めるものに係る部分に限る.）……

※ 避難関係規定である施行令
　第 5 章第 2 節　廊下，避難階段及び出入口
　第 3 節　　排煙設備
　第 4 節　　非常用の照明装置

【構造】に関する規定の適用上 1 の建築物であっ
ても別の建築物とみなすことができる部分 A

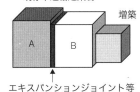

【避難・非常用照明】に関する規定の適用上 1
の建築物であっても別の建築物とみなすことが
できる部分 A

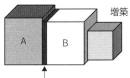

【排煙】に関する規定の適用上 1 の建築物であっ
ても別の建築物とみなすことができる部分 A

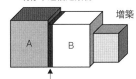

| コード | 項目 | 問題 | 解答 |
|---|---|---|---|
| 16021 | 確認申請, 用語の定義<br>大規模の修繕 | 都市計画区域内において, 延べ面積300m², 木造, 地上2階建の助産所の屋根の過半を修繕する場合, 確認済証の交付を受ける必要はない. | × |

「法6条」に「申請が必要な建物条件」について載っており, そこを訳すと「法6条第一号～三号条件に該当する建物における大規模の修繕の場合には申請義務が生じる.」とわかる. 問題文にある「助産所」は, 「別表1(い)欄用途」に該当しないため, 「類似特建(令115条の3)」をチェックする. その一号の「(二)項用途に類するもの」の中に「児童福祉施設等」とあり, 児童福祉施設等については, 「令19条1項」に規定されている.「助産所」はその中に含まれているため特建であり, 延べ面積300m²であるため, 「法6条」の「一号」条件に該当する. また, 屋根は主要構造部(法2条第五号)であり, その過半の修繕は大規模の修繕(法2条第十四号)である. ゆえに, 問題文の場合には, 申請義務が生じるため, 誤り.

原文:法6条
(建築物の建築等に関する申請 及び 確認)
建築主は, 第一号から第三号までに掲げる建築物を建築しようとする場合(……), これらの建築物の大規模の修繕 若しくは 大規模の模様替をしようとする場合 又は 第四号に掲げる建築物を建築しようとする場合においては, ……確認の申請書を提出して建築主事の確認を受け, 確認済証の交付を受けなければならない. ……

| コード | 項目 | 問題 | 解答 |
|---|---|---|---|
| 16024 | 用語の定義<br>確認済証 | 鉄道事業者は, 鉄道の路線敷地内において, 延べ面積50m², 鉄筋コンクリート造, 地上2階建の運転保安に関する施設を新設する場合, 建築主事又は指定確認検査機関の確認を受ける必要はない. | ○ |

「法2条第一号」より, 問題文にある「鉄道の線路敷地内の運転保安に関する施設」は「建築基準法上の建築物に該当しない.」とわかる. ゆえに, 申請義務は生じない.

原文:法2条第一号
一. 建築物 ……その他これらに類する施設(鉄道及び軌道の線路敷地内の運転保安に関する施設並びに跨線橋, プラットホームの上家, 貯蔵槽その他これらに類する施設を除く.)

| コード | 項目 | 問題 | 解答 |
|---|---|---|---|
| 18031 | 確認申請<br>増改築10m²<br>緩和 | 準防火地域内においては, 建築物の増築で, その増築に係る床面積が10m²以内のものを行う場合であっても, 確認済証の交付を受けなければならない. | ○ |

「法6条」に「申請が必要な建物条件」について載っており, 「法6条第一号～四号条件に該当する建物における建築(増築を含む)」には, 申請義務が生じる.」とわかる. 問題文は, 準防火地域内(都市計画区域に定められる)のため, 各号のいずれかに該当する. 尚, その「2項」より, 「防火地域及び準防火地域以外において, 建物を増改築・移転する場合で, その床面積が10m²以内であるときについては申請義務は生じない.」(通称:増改築・移転10m²緩和)とわかるが, 問題文の「準防火地域内」の場合, 適用されない. よって, 申請義務が生じる.

原文:法6条2項
2. 前項の規定は, 防火地域 及び 準防火地域外において建築物を増築し, 改築し, 又は移転しようとする場合で, その増築, 改築又は移転に係る部分の床面積の合計が10m²以内であるときについては, 適用しない.

| 23041 | 確認申請 | 建築主事は，建築確認の申請書を受理した場合において，申請に係る建築物の計画が，建築基準関係規定に適合することを確認したときは，確認済証を交付し，建築基準関係規定に適合しないことを認めたとき，又は申請書の記載によっては建築基準関係規定に適合するかどうかを決定することができない正当な理由があるときは，その旨及びその理由を記載した通知書を交付しなければならない． | ○ |
| | 申請手続 | | |

「法6条4項」より，「建築主事は，確認の申請書を受理した場合においては，申請に係る建築物の計画が建築基準関係規定に適合することを確認したときは，当該申請者に確認済証を交付しなければならない．」とわかる．また同条「6項」より，「建築主事は，確認済証を交付することができない合理的な理由（建築基準関係規定に適合しないことを認めたとき，又は申請書の記載によっては建築基準関係規定に適合するかどうかを決定することができない等の正当な理由）があるときは，その旨及びその理由を記載した通知書を申請者に交付しなければならない．」とわかる．

原文：法6条4項
4．建築主事は，第1項の申請書を受理した場合においては，……，申請に係る建築物の計画が……建築基準関係規定に適合することを確認したときは，当該申請者に確認済証を交付しなければならない．

原文：法6条6項
6．建築主事は，第4項の場合（……）において，……確認済証を交付することができない合理的な理由があるときは，……，その旨及びその延長する期間並びにその期間を延長する理由を記載した通知書を同項の期間内に当該申請者に交付しなければならない．

| 18012 | 確認申請 | 高圧ガス保安法第24条及び宅地造成等規制法第8条第1項並びにこれらの規定に基づく命令及び条例の規定で建築物の敷地，構造又は建築設備に係るものは，「建築基準関係規定」に該当する． | ○ |
| | 建築基準関係規定 | | |

「建築確認」とは建築工事に着工する前に，その建築計画が「建築基準関係規定」に適合しているかどうかの確認を受ける制度であり，「建築基準関係規定」には，建築基準法の他，都市計画法，消防法，駐車場法等の一部の規定が含まれる．「令9条」に「建築基準関係規定」の解説が載っており，その「四号」，及び，「九号」より，「高圧ガス保安法第24条及び宅地造成等規制法第8条第1項並びにこれらの規定に基づく命令及び条例の規定で建築物の敷地，構造又は建築設備に係るものは，「建築基準関係規定」に該当する．」とわかる．

原文：令9条
（建築基準関係規定）
法第6条第1項（……）の政令で定める規定は，次に掲げる法律の規定並びにこれらの規定に基づく命令及び条例の規定で建築物の敷地，構造又は建築設備に係るものとする．
……
三．港湾法（……）第40条第1項
四．高圧ガス保安法（……）第24条
……
九．宅地造成等規制法（……）第8条第1項……
十六．特定都市河川浸水被害対策法（……）第8条

| 02043 | 確認申請 | 建築主は，確認済証の交付を受けた建築物について，当該建築物の高さが減少する場合における建築物の高さの変更（建築物の高さの最低限度が定められている区域内の建築物に係るものを除く．）をして，当該建築物を建築しようとする場合において，変更後も建築物の計画が建築基準関係規定に適合することが明らかなものは，あらためて，確認済証の交付を受ける必要はない． | ○ |
| --- | --- | --- | --- |
| | 計画の変更 | | |

「法6条1項」のカッコ書きに「計画の変更」について載っており，「確認済証の交付を受けた建築物の計画の変更（省令で定める軽微な変更を除く．）を行う場合，あらためて，主事の確認を受けて，確認済証の交付を受けなければならない．」とわかる．「軽微な変更」については，「規則3条の2」に載っており，その「三号」より「建築物の高さが減少する場合における建築物の高さの変更は，軽微な変更に該当する．」とわかる．よって，問題文の場合，あらためて，確認済証の交付を受ける必要はない．

原文：法6条
……計画の変更（国土交通省令で定める軽微な変更を除く．）……も，同様とする．

原文：建築基準法施行規則3条の2
(計画の変更に係る確認を要しない軽微な変更)
法第6条第1項（……）の国土交通省令で定める軽微な変更は，次に掲げるものであって，変更後も建築物の計画が建築基準関係規定に適合することが明らかなものとする．
……
二．敷地面積が増加する場合の敷地面積 及び 敷地境界線の変更（……）
三．建築物の高さが減少する場合における建築物の高さの変更（……）
四．建築物の階数が減少する場合における建築物の階数の変更
……
十一．……天井の材料若しくは構造の変更（……）又は位置の変更（……）

| 25043 | 確認申請 | 建築主は，確認済証の交付を受けた建築物について，当該建築物の建築設備の材料，位置又は能力の変更(性能が低下する材料の変更及び能力が減少する変更を除く．)をして，当該建築物を建築しようとする場合において，変更後も建築物の計画が建築基準関係規定に適合することが明らかなものは，あらためて，確認済証の交付を受ける必要はない． | ○ |
| --- | --- | --- | --- |
| | 計画の変更 | | |

「法6条1項」に「計画の変更」について載っており，「確認済証の交付を受けた建築物の計画の変更（省令で定める軽微な変更を除く．）を行う場合，あらためて，主事の確認を受けて，確認済証の交付を受けなければならない．」とわかる．「軽微な変更」については，「規則3条の2」に載っており，その「十五号」より「建築設備の材料，位置又は能力の変更（性能が低下する材料の変更及び能力が減少する変更を除く．）は，軽微な変更に該当する．」とわかる．よって問題文の場合，あらためて，確認済証の交付を受ける必要はない．

原文：建築基準法施行規則3条の2第十五号
十五．建築設備の材料，位置 又は 能力の変更(性能が低下する材料の変更及び能力が減少する変更を除く．)

| 23251 | 確認申請 | 準防火地域内における建築物の外壁の延焼のおそれのある部分に国土交通大臣による構造方法等の認定を受けた防火設備を用いようとして，製造業者に発注したところ，用いられている部材の形状が認定された仕様と異なっていたが，認定を受けた構造方法等の軽微な変更であったので，当該変更に係る認定を受けずにそのまま施工した． | × |
| --- | --- | --- | --- |
| | 計画の変更 | | |

「法61条」より，「防火・準防火地域内における建築物の外壁の延焼のおそれのある部分に設ける防火設備は，所定の技術的基準に適合するもので，大臣が定めた構造方法を用いるか，大臣の認定を受けなければならない．」とわかる．この「大臣の認定」については，「法68条の25」より，「構造方法等の認定（建築物の構造上の基準その他の技術的基準に基づき大臣がする構造方法等に係る認定）の申請をしようとする者は，大臣に提出する．」とあり，その変更については，「規則11条の2の3第2項第三号」より，「構造方法等の認定を受けた構造方法等の軽微な変更は，大臣が認定する．」とわかる．問題文に「認定を受けた構造方法等の軽微な変更」とあるが，主事等はその認定を受けた部分が確認申請に合致しているかどうかを確認するだけで，軽微な変更であるかどうかを判断することができないため，当該変更については，大臣による軽微な変更の認定を受けなければならない．よって，問題文は誤り．

原文：法68条の25
（構造方法等の認定）
<u>構造方法等の認定</u>（……建築物の構造上の基準その他の技術的基準に関するものに基づき国土交通大臣がする構造方法，建築材料又はプログラムに係る認定をいう．以下同じ．）<u>の申請をしようとする者は，</u>……<u>国土交通大臣に提出して，</u>これをしなければならない．

原文：建築基準法施行規則11条の2の3第2項第三号
三．<u>既に構造方法等の認定を受けた構造方法等の軽微な変更であって，国土交通大臣が安全上，防火上及び衛生上支障がないと認めるものの認定を受けようとする場合</u>……

| 24131 | 確認申請 | 構造耐力の規定に適合していない部分を有し，建築基準法第3条第2項の規定の適用を受けている既存建築物に関して，増築をするに当たって，既存の建築物に対する制限の緩和を受ける場合においては，建築確認の申請書に，既存建築物の基準時及びその状況に関する事項を明示した既存不適格調書を添えなければならない． | ○ |
| --- | --- | --- | --- |
| | 既存不適格調書 | | |

「基準法規則1条の3」に「確認申請書の様式」が記載されており，その「第一号ロ(1)」より，「表2の各項（い）欄に掲げる建築物」については，「各項（ろ）欄に掲げる図書」が必要とわかる．問題文の「既存不適格の建築物に増築をするに当たって，既存の建築物に対する制限の緩和（＝法86条の7の規定）を受ける場合」については，「表2（六十一）」より，「建築確認の申請書に，既存建築物の基準時及びその状況に関する事項を明示した既存不適格調書を添えなければならない．」とわかる．

| | | | |
|---|---|---|---|
| | 原文：建築基準法施行規則1条の3<br>(確認申請書の様式)<br>法第6条第1項 (……) の規定による確認の申請書は，次の各号に掲げる図書 及び 書類とする. ……<br>一. 別記第2号様式による 正本1通 及び 副本1通に，それぞれ，次に掲げる図書 及び 書類を添えたもの……<br>イ. 次の表1の各項に掲げる図書……<br>ロ. 申請に係る建築物が次の(1)から(3)までに掲げる建築物である場合にあっては，それぞれ当該(1)から(3)までに定める図書 及び 書類<br>(1) 次の表2の各項の(い)欄……に掲げる建築物 当該各項の(ろ)欄に掲げる図書 (……)<br><br>表2 (六十一)<br>法第86条の7の規定が適用される建築物　既存不適格調書 | | |
| 16025 | 確認申請<br>----<br>指定確認検査機関 | 特定行政庁は，建築物の計画について，指定確認検査機関から確認審査報告書の提出を受けた場合において，当該建築物の計画が建築基準関係規定に適合しないと認めるときは，当該建築物の建築主及び当該確認済証を交付した指定確認検査機関にその旨を通知しなければならない. | ○ |
| | 「法6条の2」に「大臣等の指定を受けた者による確認 (指定確認検査機関による確認)」について載っており，その「6項」を訳すと「行政庁は指定確認検査機関から確認審査報告書の提出を受けた場合において，当該建築物の計画が建築基準関係規定に適合しないと認めるときは，当該建築物の建築主及び当該確認済証を交付した指定確認検査機関にその旨を通知しなければならない.」とわかる.<br><br>原文：法6条の2<br>(国土交通大臣等の指定を受けた者による確認)<br>前条第1項各号に掲げる建築物の計画 (……) が……規定に適合するものであることについて，……国土交通大臣 又は 都道府県知事が指定した者の確認を受け，……確認済証の交付を受けたときは，当該確認は前条第1項の規定による確認と，当該確認済証は同項の確認済証とみなす.<br><br>原文：法6条の2第5項<br>5. 第1項の規定による指定を受けた者は，同項の確認済証又は前項の通知書の交付をしたときは，……当該通知書の交付に係る建築物の計画に関する国土交通省令で定める書類を添えて，これを特定行政庁に提出しなければならない.<br><br>原文：法6条の2第6項<br>6. 特定行政庁は，前項の規定による確認審査報告書の提出を受けた場合において，第1項の確認済証の交付を受けた建築物の計画が建築基準関係規定に適合しないと認めるときは，当該建築物の建築主 及び 当該確認済証を交付した同項の規定による指定を受けた者にその旨を通知しなければならない. この場合において，当該確認済証は，その効力を失う. | | |
| 20053 | 確認申請<br>----<br>適合性判定 | 建築主は，高さが60mを超える建築物について，構造耐力の基準に適合するかどうかの確認審査を要するものであるときは，原則として，都道府県知事の構造計算適合性判定を受けなければならない. | × |

「法6条の3」より，「建築主は，申請に係る建築物の計画が特定構造計算基準（法20条二号イ又は三号イの政令で定める基準に従った構造計算で，「二号イに規定する方法（＝「保有水平耐力計算」，「限界耐力計算」，「許容応力度等計算」）」，「二号イのプログラム」，「三号イのプログラム」のいずれか）に適合するかどうかの確認審査を要するものであるときは，原則として，知事の構造計算適合性判定を受けなければならない.」とわかる. 問題文の「高さが60mを超える建築物」は，「法20条第一号」に該当するため，大臣の認定が必要だが，構造計算適合性判定は不要である. ゆえに問題文は誤り.

原文：法6条の3
（構造計算適合性判定）
建築主は，……，申請に係る建築物の計画が第20条第1項第二号 若しくは 第三号 に定める基準（同項第二号イ又は第三号イの政令で定める基準に従つた構造計算で，同項第二号イに規定する方法 若しくは プログラムによるもの 又は同項第三号イに規定するプログラムによるものによつて確かめられる安全性を有することに係る部分に限る. 以下「特定構造計算基準」という.）又は……「特定増改築構造計算基準」……）に適合するかどうかの確認審査（……）を要するものであるときは，……都道府県知事の構造計算適合性判定を受けなければならない. ただし，当該建築物の計画が特定構造計算基準（第20条第1項第二号イの政令で定める基準に従つた構造計算で同号イに規定する方法によるものによつて確かめられる安全性を有することに係る部分のうち確認審査が比較的容易にできるものとして政令で定めるものに限る.）……に適合するかどうかを，構造計算に関する高度の専門的知識及び技術を有する者として国土交通省令で定める要件を備える者である建築主事が第6条第4項に規定する審査をする場合 又は 前条第1項の規定による指定を受けた者が当該国土交通省令で定める要件を備える者である第77条の24第1項の確認検査員に前条第1項の規定による確認のための審査をさせる場合は，この限りでない.

| 24124 | 確認申請 | 建築物を新築する場合，高さが31m以下の建築物で，許容応力度等計算を行ったものは，構造計算適合性判定の対象とならない場合がある. | ○ |
| | 適合性判定 | | |

「法6条の3」より，「建築主は，申請に係る建築物の計画が特定構造計算基準に適合するかどうか確認審査を要するものであるときは，原則として，知事の構造計算適合性判定を受けなければならない.」とわかる. 問題文の「31m以下の建築物で，許容応力度等計算を行ったもの」は，「法20条第二号イに規定する方法」に該当するため構造計算適合性判定の対象となるが，「法6条の3」ただし書きより，当該計画が特定構造計算基準（確認審査が比較的容易にできるものとして政令（令9条の3）で定めるもの（許容応力度等計算）に限る.）に適合するかどうかを，所定の要件を備える建築主事又は指定確認検査機関の確認検査員が審査する場合は，この限りでない.

原文：令9条の3
（確認審査が比較的容易にできる特定構造計算基準……）
法第6条の3第1項ただし書の政令で定める特定構造計算基準……は，第81条第2項第二号に掲げる構造計算で，法第20条第1項第二号イに規定する方法によるものによつて確かめられる安全性を有することとする.

| 21301 | 確認申請 | 木造の一戸建ての住宅に関して，建築士の設計に係る延べ面積120m²，地上2階建ての住宅で，建築確認の特例により，建築基準法令の規定の一部が審査から除外される場合であっても，当該規定は遵守されなければならない. | ○ |
| | 確認の特例 | | |

「法6条の4」に「申請義務が生じる建物の特例措置」について載っており，その「三号」より「法6条1項四号（通称：四号物件）の建築について建築士が設計を行った場合，申請の一部が免除される．」とわかる．ここで注意すべきことは，あくまで規定の一部が審査から除外されるだけであり，審査の有無に係わらず法令（当該規定）は遵守されなければならない．

原文：法6条の4
（建築物の建築に関する確認の特例）
第一号 若しくは 第二号に掲げる建築物の建築，大規模の修繕 若しくは 大規模の模様替 又は 第三号に掲げる建築物の建築に対する第6条及び第6条の2の規定の適用については，……，「政令で定めるものをいい，建築基準法令の規定のうち政令で定める規定を除く．……」とする．
一．……
二．認定型式に適合する建築物の部分を有する建築物
三．第6条第1項第四号に掲げる建築物で建築士の設計に係るもの

| 21041 | 確認申請 --------- 確認の特例 | 確認済証の交付を受けなければならない建築物である認証型式部材等の新築の工事にあっては，工事が完了したときに，建築主事等又は指定確認検査機関の完了検査を受ける必要はない． | × |

「法7条」，「法7条の2」に「完了検査」について載っており，そこを訳すと「建築主は，確認申請書を提出した建物における工事を完了した場合には，建築主事又は指定確認検査機関（＝国土交通大臣等の指定を受けた者）の完了検査を申請しなければならない．」とわかる．また，「申請義務が生じる建物の特例措置」については，「法7条の5」に規定されており，「認定型式に適合する部分がある場合においては，申請の一部が免除される（法6条の4第1項により読み替えて適用）．」とわかる．ここで注意すべきことは，あくまで申請手続の一部が免除されるだけであり，申請義務そのものが免除されるわけではない．ゆえに，申請手続が必要なものについて，工事を完了したときは，建築主事等又は国土交通大臣等の指定を受けた者の完了検査を受けなければならない．

原文：法7条
（建築物に関する完了検査）
建築主は，第6条第1項の規定による工事を完了したときは，国土交通省令で定めるところにより，建築主事の検査を申請しなければならない．

原文：法7条の2
（国土交通大臣等の指定を受けた者による完了検査）
……国土交通大臣 又は都道府県知事が指定した者が，……検査を引き受けた場合において，当該検査の引受けに係る工事が完了したときについては，前条第1項から第3項までの規定は，適用しない．

原文：法7条の5
（建築物に関する検査の特例）
第6条の4第1項第一号 若しくは 第二号に掲げる建築物の建築，大規模の修繕若しくは大規模の模様替又は 同項第三号に掲げる建築物の建築の工事（……）に対する第7条から前条までの規定の適用については，……「第6条の4第1項の規定により読み替えて適用される第6条第1項に規定する建築基準関係規定」とする．

| 26041 | 確認申請 | 建築物である認証型式部材等で，その新築の工事が建築士である工事監理者によって設計図書のとおり実施されたことが確認されたものは，完了検査において，その認証に係る型式に適合するものとみなす． | ○ |
|---|---|---|---|
| | 確認の特例 | | |

「法68条20」に「認証型式部材等に関する確認及び検査の特例」について載っており，その「1項」を訳すと「認証型式部材等は，確認済証の交付に関する審査のうち一部の審査については，当該型式が審査において適合するものとみなす．」とわかる．また同条「2項」より，「建築物である認証型式部材等でその新築の工事が建築士である工事監理者によって設計図書のとおり実施されたことが確認されたものは，完了検査，中間検査の一部の検査については，当該型式が検査において適合するものとみなす．」とわかる．よって正しい．

原文：法68条の20
(認証型式部材等に関する確認及び検査の特例)
認証型式部材等製造者が製造をするその認証に係る型式部材等（以下この章において「認証型式部材等」という．）は，第6条第4項に規定する審査，第6条の2第1項……に規定する審査において，その認証に係る型式に適合するものとみなす．
2．建築物以外の認証型式部材等で前条第1項の表示を付したもの及び建築物である認証型式部材等でその新築の工事が国土交通省令で定めるところにより建築士である工事監理者によって設計図書のとおり実施されたことが確認されたものは，第7条第4項，第7条の2第1項，第7条の3第4項，第7条の4第1項……の規定による検査において，その認証に係る型式に適合するものとみなす．

| 17053 | 確認申請 | 建築主は，特定行政庁が指定する特定工程に係る工事を終えたときは，指定確認検査機関が中間検査を引き受けた場合を除き，原則として，その日から4日以内に建築主事に到達するように，建築主事の検査を申請しなければならない． | ○ |
|---|---|---|---|
| | 中間検査 | | |

「法7条の3」に「中間検査」について載っており，その「2項」より，「建築主は，工事が特定工程を含む場合において，工事を終えたときは，その日から4日以内に建築主事に到達するように，検査を申請しなければならない．」とわかる．また，「法7条の4」に「大臣等の指定を受けたもの（指定確認検査機関）による中間検査」が規定されており，そこに「指定確認検査機関が検査を引き受けたときは，主事の検査は免除される．」とわかる．よって正しい．

原文：法7条の3
(建築物に関する中間検査)
建築主は，第6条第1項の規定による工事が次の各号のいずれかに該当する工程(以下「特定工程」という．）を含む場合において，当該特定工程に係る工事を終えたときは，その都度，国土交通省令で定めるところにより，建築主事の検査を申請しなければならない．
一．……
二．前号に掲げるもののほか，特定行政庁が，その地方の建築物の建築の動向又は工事に関する状況その他の事情を勘案して，区域，期間又は建築物の構造，用途若しくは規模を限って指定する工程
2．前項の規定による申請は，特定工程に係る工事を終えた日から4日以内に建築主事に到達するように，しなければならない．ただし……

| | | | |
|---|---|---|---|
| | 原文：法7条の4<br>(国土交通大臣等の指定を受けた者による中間検査)<br>第6条第1項の規定による工事が特定工程を含む場合において，第7条の2第1項の規定による指定を受けた者が当該特定工程に係る工事を終えた後の工事中の建築物等について，検査前に施工された工事に係る建築物の部分及びその敷地が建築基準関係規定に適合するかどうかの検査を当該工事を終えた日から4日が経過する日までに引き受けたときについては，前条第1項から第3項までの規定は，適用しない．<br>2．第7条の2第1項の規定による指定を受けた者は，前項の規定による検査の引受けを行つたときは，国土交通省令で定めるところにより，その旨を証する書面を建築主に交付するとともに，その旨を建築主事に通知しなければならない． | | |
| 20054 | 確認申請<br>‥‥‥‥‥<br>中間検査 | 建築主は，階数が3以上である鉄筋コンクリート造の共同住宅の2階の床及びこれを支持するはりに鉄筋を配置する工事の工程を終えたときは，指定確認検査機関が中間検査を引き受けた場合を除き，建築主事の中間検査を申請しなければならない． | ○ |
| | 「法7条の3」より，「建築主は，階数が3以上である共同住宅の床及びはりに鉄筋を配置する工事の政令で定める工程を終えたときは，建築主事の検査を申請する．」とわかる．また「政令で定める工程」については，「令11条」に載っており，「2階の床及びこれを支持するはりに鉄筋を配置する工事の工程」とわかる．尚，「法7条の4」により「大臣等の指定を受けたもの（指定確認検査機関）による中間検査」がある場合は，主事の中間検査は行われない．問題文は正しい． | | |
| | 原文：法7条の3第1項一号<br>一．階数が3以上である共同住宅の床 及び はりに鉄筋を配置する工事の工程のうち政令で定める工程<br><br>原文：令11条<br>法第7条の3第1項第一号の政令で定める工程は，2階の床 及び これを支持するはりに鉄筋を配置する工事の工程とする． | | |
| 23044 | 確認申請<br>‥‥‥‥‥<br>中間検査 | 特定工程を含む建築工事の場合，建築主は，当該特定工程に係る工事を終えたときは，建築主事又は指定確認検査機関による中間検査合格証の交付を受けた後でなければ，当該特定工程後の工程に係る工事を施工してはならない． | ○ |
| | 「法7条の3」に「中間検査」の解説が載っており，その「6項」を訳すと「特定行政庁が指定した特定工程後の工程に係る工事は，中間検査合格証の交付を受けた後でなければ，これを施工してはならない．」とわかる． | | |
| | 原文：法7条の3第6項<br>6．第1項第一号の政令で定める特定工程ごとに政令で定める当該特定工程後の工程 及び 特定行政庁が同項第二号の指定と併せて指定する特定工程後の工程（……「特定工程後の工程」と総称する．）に係る工事は，前項の規定による当該特定工程に係る中間検査合格証の交付を受けた後でなければとじ，これを施工してはならない． | | |
| 20051 | 確認申請<br>‥‥‥‥‥<br>仮使用 | 鉄骨造，地上5階建ての共同住宅の増築の工事で，避難施設等に関する工事を含むものをする場合においては，建築主は，原則として，検査済証の交付を受けた後でなければ，当該避難施設等に関する工事に係る建築物又は建築物の部分を使用することができない． | ○ |

「法7条の6」より,「第6条第1項第一号から第三号までの建築物を新築, 増築, 改築, 移転, 大規模の修繕 若しくは 大規模の模様替の工事で, 避難施設等に関する工事を含むものをする場合, 建築主は, 原則として, 検査済証の交付を受けた後でなければ, 当該避難施設等に関する工事に係る建築物又は建築物の部分を使用することができない.」とわかる.

原文:法7条の6
(検査済証の交付を受けるまでの建築物の使用制限)
第6条第1項第一号から第三号までの建築物を新築する場合 又は これらの建築物(……) の増築, 改築, 移転, 大規模の修繕 若しくは 大規模の模様替の工事で, ……政令で定めるものに関する工事……をする場合……建築主は, ……検査済証の交付を受けた後でなければ……建築物の部分を使用し, 又は 使用させてはならない.
ただし, 次の各号のいずれかに該当する場合には, 検査済証の交付を受ける前においても, 仮に, 当該建築物 又は 建築物の部分を使用し, 又は 使用させることができる.
一. 特定行政庁が, 安全上, 防火上 及び 避難上支障がないと認めたとき.
二. 建築主事 又は 第7条の2第1項の規定による指定を受けた者が, 安全上, 防火上 及び 避難上支障がないものとして国土交通大臣が定める基準に適合していることを認めたとき.

| 23042 | 確認申請 ---- 仮使用 | 鉄骨造, 地上2階建ての建築物を新築する場合において, 建築主は, 完了検査の申請が建築主事により受理された日から7日を経過したときは, 検査済証の交付を受ける前においても, 仮に, 当該建築物又は建築物の部分を使用することができる. | ○ |
|---|---|---|---|

「法7条の6第1項ただし書き及び同項第三号」より,「建築主は, 完了検査の申請が建築主事により受理された日から7日を経過したときは, 検査済証の交付を受ける前においても, 仮に, 当該建築物又は建築物の部分を使用することができる.」とわかる.

原文:法7条の6第三号
三. 第7条第1項の規定による申請が受理された日(……) から7日を経過したとき.

| 25041 | 確認申請 ---- 維持保全 | 建築物の所有者, 管理者又は占有者は, その建築物の敷地, 構造及び建築設備を常時適法な状態に維持するように努めなければならない. | ○ |
|---|---|---|---|

「法8条」より,「建築物の所有者, 管理者又は占有者は, その建築物の敷地, 構造及び建築設備を常時適法な状態に維持するように努めなければならない.」とわかる.

原文:法8条
(維持保全)
建築物の所有者, 管理者 又は 占有者は, その建築物の敷地, 構造 及び 建築設備を常時適法な状態に維持するように努めなければならない.

| 20052 | 確認申請 ---- 是正措置 | 建築監視員は, 建築基準法令の規定に違反することが明らかな増築の工事中の建築物については, 緊急の必要があって所定の手続きによることができない場合に限り, これらの手続によらないで, 当該工事の請負人等に対して, 当該工事の施工の停止を命ずることができる. | ○ |
|---|---|---|---|

「法9条10項」より，「行政庁は，建築基準法令の規定に違反することが明らかな工事中の建築物については，緊急の必要があって所定の手続によることができない場合に限り，これらの手続によらないで，当該建築物の建築主又は請負人等に対して，当該工事の施工の停止を命ずることができる．」とわかる．また，「法9条の2」より，「行政庁は，建築監視員を命じ，前条10項に規定する行政庁の権限を行なわせることができる．」とある．

原文：法9条10項
10. 特定行政庁は，建築基準法令の規定……に違反することが明らかな建築，修繕又は模様替の工事中の建築物については，緊急の必要があって第2項から第6項までに定める手続によることができない場合に限り，これらの手続によらないで，当該建築物の建築主 又は当該工事の請負人（請負工事の下請人を含む．）若しくは現場管理者に対して，当該工事の施工の停止を命ずることができる．……

原文：法9条の2
(建築監視員)
特定行政庁は，政令で定めるところにより，当該市町村又は都道府県の職員のうちから建築監視員を命じ，前条第7項及び第10項に規定する特定行政庁の権限を行なわせることができる．

| 21042* | 確認申請 | 特定行政庁は，階数が3以上で，延べ面積が200m²を超える事務所の構造について，損傷，腐食その他の劣化が進み，そのまま放置すれば著しく保安上危険となるおそれがあると認める場合においては，当該建築物の所有者に対して，相当の猶予期限を付けて，必要な措置をとることを勧告することができる． | ○ |
| | 是正措置 | | |

「法10条」に「保安上危険な建築物等に対する措置」の解説が載っており，そこを訳すと「行政庁は，法6条1項一号（特特）その他政令で定める建築物の敷地，構造又は建築設備について，損傷，腐食その他の劣化が進み，そのまま放置すれば著しく保安上危険となるおそれがあると認める場合においては，当該建築物の所有者に対して，相当の猶予期限を付けて，必要な措置をとることを勧告することができる．」とわかる．「政令で定める建築物」は，「令14条の2」より，「①.階数が3以上，かつ，②.延べ面積が200m²を超える事務所」であり，問題文はこれに該当するため，正しい．

原文：法10条
(著しく保安上危険な建築物等の所有者等に対する勧告及び命令)
特定行政庁は，第6条第1項第一号に掲げる建築物その他政令で定める建築物の敷地，構造又は建築設備（……）について，損傷，腐食その他の劣化が進み，そのまま放置すれば著しく保安上危険となり，又は著しく衛生上有害となるおそれがあると認める場合においては，当該建築物又はその敷地の所有者，管理者又は占有者に対して，相当の猶予期限を付けて，……必要な措置をとることを勧告することができる．

原文：令14条の2
法第10条第1項の政令で定める建築物は，次に掲げるものとする．
一．法別表第1(い)欄に掲げる用途に供する特殊建築物のうち階数が3以上でその用途に供する部分の床面積の合計が100 m²を超え200 m²以下のもの
二．事務所その他これに類する用途に供する建築物（法第6条第1項第一号に掲げる建築物を除く．）のうち階数が3以上で延べ面積が200 m²を超えるもの

| 29303 | 確認申請 --- 定期報告 | 患者の収容施設がある地上3階，床面積300m²の診療所（国，都道府県及び建築主事を置く市町村の建築物を除く.）の所有者等は，当該建築物の敷地，構造及び建築設備について，定期に，一定の資格を有する者にその状況の調査をさせて，その結果を特定行政庁に報告しなければならない. | ○ |
|---|---|---|---|

「法12条」より，「①.「令16条1項」で定める特殊建築物，及び，②.「令16条1項」で定めるもの以外の特定建築物（「法6条1項第一号」の特殊建築物と「令16条2項（階数が3以上でその床面積の合計が100m²を超え，200m²以下の法別表1（い）欄の特殊建築物，又は階数5以上で延べ面積1,000m²を超える事務所等）」で定める建築物）で行政庁が指定するものの所有者等は，定期に，所定の建築士等に状況の調査をさせて，その結果を行政庁に報告しなければならない.」とわかる. 問題文の建築物は「令16条第三号」に該当するため，定期報告義務が生じる. 問題文は正しい.

原文：法12条
（報告，検査等）
<u>第6条第1項第一号に掲げる建築物</u>で<u>安全上</u>，<u>防火上又は衛生上特に重要であるものとして政令で定めるもの</u>（……）<u>及び当該政令で定めるもの以外の特定建築物</u>（同号に掲げる建築物その他政令で定める建築物をいう. 以下この条において同じ.）<u>で特定行政庁が指定するもの</u>（……）<u>の所有者</u>（……）は，これらの<u>建築物の敷地，構造及び建築設備について</u>，国土交通省令で定めるところにより，<u>定期に，一級建築士若しくは二級建築士又は建築物調査員資格者証の交付を受けている者</u>（次項及び次条第三項において「建築物調査員」という.）<u>にその状況の調査</u>（……）<u>をさせて，その結果を特定行政庁に報告しなければならない</u>.

原文：令16条
（定期報告を要する建築物）
法第12条第1項の安全上，防火上又は衛生上特に重要であるものとして政令で定める建築物は，次に掲げるもの（……）とする.
……
<u>三．法別表第1（い）欄（二）項又は（四）項に掲げる用途に供する建築物</u>

| 01042 | 確認申請 --- 定期報告 | 延べ面積3,000m²，地上5階建ての事務所の用途に供する建築物（国等の建築物を除く.）で特定行政庁が指定するものの所有者等は，当該建築物の敷地，構造及び建築設備について，定期に，一級建築士若しくは二級建築士又は国土交通大臣から所定の資格者証の交付を受けた者にその状況の調査をさせて，その結果を特定行政庁に報告しなければならない. | ○ |
|---|---|---|---|

「法12条」より，「「令16条1項」で定める特殊建築物，及び，「令16条1項」で定めるもの以外の特定建築物（「法6条1項第一号」の特殊建築物と「令16条2項（階数3以上で延べ面積200m²を超える事務所等）」で定める建築物）で行政庁が指定するものの所有者等は，定期に，所定の建築士等に状況の調査をさせて，その結果を行政庁に報告しなければならない.」とわかる. 問題文の「事務所」は，「法6条1項第一号」の特殊建築物に該当しないが，階数が3以上で，延べ面積が200m²を超えているため「令16条2項」の建築物に該当する. よって，定期に，行政庁に報告しなければならない.

原文：令16条2項
2. <u>法第12条第1項の政令で定める建築物は，第14条の2に規定する建築物とする.</u>

| 20185 | 定期報告 | 国，都道府県又は建築主事を置く市町村が管理する一定規模を超える特殊建築物等について，当該機関の長等は，原則として，当該建築物の敷地及び構造について，定期に，一級建築士等に，損傷，腐食その他の劣化の状況の点検をさせなければならない. | ○ |
|---|---|---|---|
| | 定期報告 | | |

「法12条」に「定期報告」について載っており，その「2項」より「国，都道府県又は建築主事を置く市町村が管理する通称：一号物件又は一定規模を超える特殊建築物等について，当該機関の長等は，原則として，当該建築物の敷地及び構造について，定期に，一級建築士等に，損傷，腐食その他の劣化の状況の点検をさせなければならない.」とわかる.

原文：法12条2項
2. 国，都道府県 又は建築主事を置く市町村が所有し，又は管理する特定建築物の管理者である国，都道府県若しくは市町村の機関の長 又は その委任を受けた者（以下この章において「国の機関の長等」という.）は，当該建築物の敷地 及び 構造について，国土交通省令で定めるところにより，定期に，一級建築士 若しくは 二級建築士 又は 建築物調査員に，損傷，腐食その他の劣化の状況の点検（……）をさせなければならない. ただし……

| 02042 | 定期報告 | 延べ面積150m²，地上3階建ての事務所に設けるエレベーター（国等の建築物に設けるものを除く.）の所有者（所有者と管理者が異なる場合においては，管理者.）は，当該エレベーターについて，定期に，一級建築士等に検査をさせて，その結果を特定行政庁に報告しなければならない. | ○ |
|---|---|---|---|
| | 定期報告 | | |

「法12条」に「定期報告」の解説が載っており，その「3項」より，「昇降機及び建築設備で，政令で定めるもの及び行政庁が指定するものの所有者は，定期に，一級建築士等の検査を受け，その結果を行政庁に報告しなければならない（＝定期報告義務が生じる）.」とわかる. 政令で定める昇降機は，「令16条3項第一号」に載っており，「令129条の3第1項各号に掲げる昇降機（＝エレベーター，エスカレーター，小荷物専用昇降機）」とわかる（エレベーターは，建築物の用途・規模に関わらず，定期報告の対象となる）. よって正しい.

原文：法12条3項
3. 特定建築設備等（昇降機 及び 特定建築物の昇降機以外の建築設備等をいう.……）で……政令で定めるもの……及び……行政庁が指定するもの……の所有者は，……，国土交通省令で定めるところにより，定期に，一級建築士 若しくは 二級建築士 又は……「建築設備等検査員」……に検査……をさせて，その結果を特定行政庁に報告しなければならない.

原文：令16条3項
3. 法第12条第3項の政令で定める特定建築設備等は，次に掲げるものとする.
一. 第129条の3第1項各号に掲げる昇降機……
二. 防火設備のうち，法第6条第1項第一号に掲げる建築物で第1項各号に掲げるものに設けるもの（常時閉鎖をした状態にあることその他……を除く.）

| 19094 | 定期報告<br>------<br>定期報告 | 建築設備等の定期検査の結果の報告の時期は，建築設備等の種類，用途，構造等に応じて，原則として，おおむね6月から1年までの間隔をおいて特定行政庁が定める時期とする． | ○ |
|---|---|---|---|

「法12条」に「定期報告」の解説が載っており，その「3項」より，「建築設備で政令で定めるもの及び，行政庁が指定するものの所有者は，定期に，一級建築士等の検査を受け，その結果を行政庁に報告しなければならない（＝定期報告義務が生じる）．」とわかる．また，その時期については，「建築基準法施行規則6条」に載っており，その「1項」より，「建築設備等の種類，用途，構造等に応じて，原則として，おおむね6月から1年までの間隔をおいて行政庁が定める時期」とわかる．問題文は正しい．

原文：建築基準法施行規則第6条
（建築設備等の定期報告）
法第12条第3項の規定による報告の時期は，……（以下「建築設備等」という.）の種類，用途，構造等に応じて，おおむね6月から1年まで（……）の間隔をおいて特定行政庁が定める時期（……）とする.

| 16023 | 確認申請<br>------<br>報告 | 特定行政庁，建築主事又は建築監視員は，指定確認検査機関に対して，建築物の敷地，構造，建築設備若しくは用途又は建築物に関する工事の計画若しくは施工の状況などに関する報告を求めることができる． | ○ |
|---|---|---|---|

「法12条」に「報告，検査等」について載っており，その「5項」及び「同項二号」を訳すと「特定行政庁，建築主事又は建築監視員は，指定確認検査機関に対して，建築物の敷地，構造，建築設備若しくは用途又は建築物に関する工事の計画若しくは施工の状況に関する報告を求めることができる．」とわかる．

原文：法12条5項
（報告，検査等）
5. 特定行政庁，建築主事 又は 建築監視員は，次に掲げる者に対して，建築物の敷地，構造，建築設備 若しくは 用途……，「建築材料等」，……建築物に関する工事の計画 若しくは 施工の状況……に関する報告を求めることができる．
一．……，設計者，……
二．第77条の21第1項の指定確認検査機関

| 27042 | 除却届<br>------<br>除却届 | 木造，一戸建て住宅の一部である床面積10m²の部分を除却しようとする場合，当該除却の工事を施工する者は，その旨を都道府県知事に届け出る必要はない． | ○ |
|---|---|---|---|

「法15条」に「除却届」について載っており，そこを訳すと「建築物の除却の工事を施工する者（＝工事施工者）が建築物の床面積10m²を越える部分を除却しようとする場合には，工事施工者は建築主事を経由して，その旨を都道府県知事に届け出なければならない．」とわかる．問題文には「10m²」とあるため，届け出る必要はない．

原文：法15条
（届出及び統計）
建築主が建築物を建築しようとする場合 又は 建築物の除却の工事を施工する者が建築物を除却しようとする場合においては，これらの者は，建築主事を経由して，その旨を都道府県知事に届け出なければならない．ただし，当該建築物 又は 当該工事に係る部分の床面積の合計が 10 m²以内である場合においては，この限りでない.

| 17051 | 除却届 | 建築物の建築（床面積30m²の増築である耐震改修）について，「建築物の耐震改修促進に関する法律」の規定による耐震改修の計画の認定を所管行政庁である市町村の長に申請する場合にあっては，建築主は，当該建築物の建築をしようとする旨を，当該市町村の長を経由して，都道府県知事に届け出なければならない． | ○ |
|---|---|---|---|
| | 届出 | | |

「法15条2項」に「建築物の建築又は除却が耐震改修又は建替えに該当する場合の届出」について載っており，その「一号」を訳すと「建築物の耐震改修促進に関する法律の規定による耐震改修（増築，改築に限る）の計画の認定を所管行政庁である市町村の長に申請する場合は，建築主は市町村の長を経由して，知事に届け出なければならない．」とわかる．

原文：法15条2項
(届出及び統計)
2. 前項の規定にかかわらず，同項の建築物の建築又は除却が第一号の耐震改修又は第二号の建替えに該当する場合における同項の届出は，それぞれ，当該各号に規定する所管行政庁が都道府県知事であるときは直接当該都道府県知事に対し，市町村の長であるときは当該市町村の長を経由して行わなければならない．
一．建築物の耐震改修の促進に関する法律（……）第17条第1項の規定により建築物の耐震改修（増築 又は 改築に限る．）の計画の認定を同法第2条第3項の所管行政庁に申請する場合の当該耐震改修

| 20095 | 確認申請 | 指定構造計算適合性判定機関は，構造計算適合性判定を行うときは，建築に関する専門的知識及び技術を有する者として所定の要件を備える者のうちから選任した構造計算適合性判定員に構造計算適合性判定を実施させなければならない． | ○ |
|---|---|---|---|
| | 適合性判定 | | |

「法18条の2」に「構造計算適合性判定の実施」について載っており，「知事は，指定する者に，構造計算適合性判定を行わせることができる．」とわかる．また「法77条の35の2」に「指定」について，「法77条の35の9」に「構造計算適合性判定員」について載っており，その「1項，2項」より，「指定構造計算適合性判定機関は，構造計算適合性判定を行うときは，建築に関する専門的知識及び技術を有する者として所定の要件を備える者のうちから選任した構造計算適合性判定員に構造計算適合性判定を実施させなければならない．」とわかる．問題文は正しい．

原文：法18条の2
(……構造計算適合性判定の実施)
都道府県知事は，……指定する者に，第6条の3第1項 及び 前条第4項の構造計算適合性判定の全部又は一部を行わせることができる．

原文：法77条の35の2
(指定)
第18条の2第1項の規定による指定（以下この節において単に「指定」という.）は，構造計算適合性判定の業務を行おうとする者の申請により行う．

原文：法77条の35の9
(構造計算適合性判定員)
指定構造計算適合性判定機関は，構造計算適合性判定を行うときは，構造計算適合性判定員に構造計算適合性判定を実施させなければならない．
2. 構造計算適合性判定員は，第77条の66第1項の登録を受けた者のうちから選任しなければならない．

| 24023 | 法もくじ | 防火地域内において，「れんが造，延べ面積 600m²，地上 2 階建ての美術館で，文化財保護法の規定によって重要文化財として指定されたものの移転」は，確認済証の交付を受ける必要がある． | × |
|---|---|---|---|
| | 適用の除外 | | |

「基準法 3 条第一号」より，「文化財保護法の規定によつて重要文化財として指定された建築物で，基準法の規定に適合しないものについて，基準法並びにこれに基づく命令及び条例の規定は，適用しない．」とわかる．よって，問題文の「重要文化財として指定された美術館の移転」は，確認済証の交付を受ける必要がない．

原文：基準法 3 条
（適用の除外）
この法律並びにこれに基づく命令 及び 条例の規定は，次の各号のいずれかに該当する建築物については，適用しない．
一．文化財保護法（昭和 25 年法律第 214 号）の規定によつて 国宝，重要文化財，重要有形民俗文化財，特別史跡名勝天然記念物又は史跡名勝天然記念物として指定され，又は 仮指定された建築物
……
四．第一号 若しくは 第二号に掲げる建築物 又は 保存建築物であつたものの原形を再現する建築物で，特定行政庁が建築審査会の同意を得てその原形の再現がやむを得ないと認めたもの

| 24281 | 仮設建築物 | 非常災害があった場合において，その発生した区域等で特定行政庁が指定するものの内においては，災害により破損した建築物の応急の修繕又は国等が災害救助のために建築するもので，その災害が発生した日から 1 月以内にその工事に着手するものについては，建築基準法及び建築士法の規定は，適用しない． | × |
|---|---|---|---|
| | 仮設建築物 | | |

「法 85 条」に「仮設建築物等の制限緩和」について載っており，その「1 項一号」より，「非常災害があった場合において，その発生した区域等で特定行政庁が指定するものの内においては，災害により破損した建築物の応急の修繕又は国等が災害救助のために建築するもので，その災害が発生した日から 1 月以内にその工事に着手するものについては，建築基準法令の規定は，適用しない．ただし，防火地域内に建築する場合については，この限りでない．」とわかる．問題文には「建築基準法及び建築士法の規定は，適用しない．」とあるが，防火地域については建築基準法が適用され，建築士法は，原則として，適用されるため，問題文は誤り．

原文：法 85 条
非常災害があった場合において，非常災害区域等（非常災害が発生した区域又は……）内においては，災害により破損した建築物の応急の修繕 又は 次の各号のいずれかに該当する応急仮設建築物の建築でその災害が発生した日から 1 月以内にその工事に着手するものについては，建築基準法令の規定は，適用しない．ただし，防火地域内に建築する場合については，この限りでない．
一．国，地方公共団体 又は 日本赤十字社が災害救助のために建築するもの

| 04033 | 仮設建築物，確認申請 | 防火地域内において，「共同住宅の新築工事を施工するために現場に設ける延べ面積 50m²，平家建ての工事管理事務所の新築」は，確認済証の交付を受ける必要がある． | × |
|---|---|---|---|
| | 現場事務所 | | |

「法 85 条 2 項」より，「工事を施工するために現場に設ける事務所等の仮設建築物については，法 6 条による申請義務は生じない．」とわかる．問題文の建物はこれに該当するため，申請義務が生じない．よって誤り．

| | | 原文：法85条2項<br>(仮設建築物に対する制限の緩和)<br>2. 災害があつた場合において建築する停車場……その他これらに類する公益上必要な用途に供する応急仮設建築物 又は 工事を施工するために現場に設ける事務所……については，第6条……の規定は，適用しない．ただし…… | |
|---|---|---|---|
| 04082 | 仮設建築物<br>--------<br>仮設建築物 | 災害があった場合において，準防火地域内に国が建築する，延べ面積500m²，地上2階建ての応急仮設建築物である官公署については，市街地における火災を想定した火の粉による建築物の火災の発生を防止するために屋根に必要とされる性能に関する規定は適用されない． | × |
| | | 「法85条」に「仮設建築物等の制限緩和」について載っており，その「2項」より，「応急仮設建築物である官公署については，第3章規定（＝集団規定）を適用しない．ただし，防火地域又は準防火地域内にある延べ面積が50m²を超えるものについては，法62条（防火地域・準防火地域内の屋根）の規定を適用する．」とわかる．問題文の建物は，このただし書きに該当する．よって，当該規定は適用となるため誤り． | |
| | | 原文：法85条2項<br>2. ……第三章の規定は，適用しない．ただし，防火地域 又は 準防火地域内にある延べ面積が50m²を超えるものについては，第62条の規定の適用があるものとする． | |
| 05081 | 仮設建築物<br>--------<br>応急仮設建築物 | 災害があった場合において建築する公益上必要な用途に供する応急仮設建築物については，避難施設に関する規定が適用されず，当該建築物を建築した者は，その建築工事を完了した後3月を超えて当該建築物を存続させようとする場合，原則として，その超えることとなる日前に，特定行政庁の許可を受けなければならない． | ○ |
| | | 「法85条2項」より，「災害があった場合において建築する公益上必要な用途に供する応急仮設建築物については，避難施設に関する規定（法35条）は適用しない．」とわかる．また「3項」より，「当該建築物を建築した者は，その建築工事を完了した後3月を超えて当該建築物を存続させようとする場合，原則として，その超えることとなる日前に，行政庁の許可を受けなければならない．」とわかる． | |
| | | 原文：法85条3項<br>3. 前2項の応急仮設建築物を建築した者は，その建築工事を完了した後三月を超えて当該建築物を存続させようとする場合においては，その超えることとなる日前に，特定行政庁の許可を受けなければならない．ただし…… | |
| 18033 | 仮設建築物<br>--------<br>仮設建築物 | 特定行政庁が安全上，防火上及び衛生上支障がないと認め，その建築を許可した仮設興行場の新築については，確認済証の交付を受ける必要はない． | × |
| | | 「法85条」に「仮設建築物等の制限緩和」について載っており，その「6項」を訳すと「仮設興行場等について，安全上，防火上及び衛生上支障がないと認める場合においては，原則として，1年以内の期間を定めてその建築を許可することができる．この場合，所定の規定については適用されない．」とわかる．ただし，適用されない規定の中に「確認済証の交付（法6条）」は含まれていないため問題文は誤り． | |

| | | | |
|---|---|---|---|
| | 原文：法85条6項<br>6．特定行政庁は，仮設興行場，博覧会建築物，仮設店舗その他これらに類する仮設建築物（次項及び第101条第1項第十号において「仮設興行場等」という．）について安全上，<u>防火上</u> <u>及び</u> <u>衛生上支障がない</u>と認める場合においては，<u>1年以内の期間</u>（……）<u>を定めてその建築を許可することができる．</u> この場合においては，……第3章の規定は，適用しない．<br>7．特定行政庁は，<u>国際的な規模の会議又は競技会の用に供すること</u>その他の理由により一年を超えて使用する特別の必要がある仮設興行場等について，安全上，防火上及び衛生上支障がなく，かつ，公益上やむを得ないと認める場合においては，<u>前項の規定にかかわらず</u>，当該仮設興行場等の<u>使用上必要と認める期間を定めてその建築を許可することができる．</u> この場合においては，同項後段の規定を準用する．<br>8．特定行政庁は，……前項の規定による許可をする場合においては，<u>あらかじめ</u>，建築審査会の同意を得なければならない．| | |

| 02032 | 用途変更，<br>類似用途<br>・・・・・・・・・<br>用途変更 | 「第一種低層住居専用地域内における鉄筋コンクリート造，延べ面積2,000m²，地上2階建ての博物館の図書館への用途変更」は，確認済証の交付を受ける必要がある． | ○ |
|---|---|---|---|
| | 「法87条」より，「建物の用途を変更し，法6条第一号条件に該当する特建とする場合（その用途変更が類似の用途相互間である場合を除く．）には申請義務が生じる．」とある．この「類似用途」については「令137条の18」より，「ある特建に対して，条文中同じ号に記載されている他の特建を類似用途とみなす．」とわかる．問題文の「博物館から図書館への用途変更」は，「第六号」に該当するが，問題文は「第一種低層住居専用地域内」とあるため，「同条前段」より，類似用途の適用を受けない．よって，確認済証の交付を受ける必要がある． | | | |
| | 原文：法87条<br>（用途の変更に対するこの法律の準用）<br>建築物の用途を変更して第6条第1項第一号の特殊建築物のいずれかとする場合（当該用途の変更が……類似の用途相互間におけるものである場合を除く．）においては，同条……の規定を準用する．……<br><br>原文：令137条の18<br>（建築物の用途を変更して特殊建築物とする場合に建築主事の確認等を要しない類似の用途）<br>法第87条第1項の……類似の用途は，当該建築物が次の各号のいずれかに掲げる用途である場合において，それぞれ当該各号に掲げる他の用途とする．ただし，第三号若しくは第六号に掲げる用途に供する建築物が第一種低層住居専用地域……にある場合については，この限りでない．<br>一．劇場，映画館，演芸場<br>二．公会堂，集会場<br>三．診療所（患者の収容施設があるものに限る．），児童福祉施設等<br>四．ホテル，旅館<br>五．下宿，寄宿舎<br>六．博物館，美術館，図書館<br>七．体育館，ボーリング場，スケート場，水泳場……<br>八．百貨店，マーケット，その他の物品販売業を営む店舗 | | | |

| 17055 | 用途変更，類似用途 | 建築主は，指定確認検査機関から建築物の用途の変更に係る確認済証の交付を受けた場合にあっては，工事完了届についても，指定確認検査機関に届け出なければならない． | × |
| | 用途変更 | | |

「法87条」に「建物の用途を変更し，法6条第一号条件に該当する特建となる場合の確認申請を行うときは，法6条又は法6条の2の規定（建築主事又は指定確認検査機関による確認）を準用し，また，その工事が完了したときは，法7条1項の規定（建築主事による完了検査）を準用する」とあり，法7条の2（指定確認検査機関による完了検査）については言及されていない．更に，「法87条」において，「第7条1項中「建築主事の検査を申請し」とあるのは「建築主事に届け出なければならない」と読み替える」と規定されている．つまり，建築主は，指定確認検査機関から建築物の用途の変更に係る確認済証の交付を受けた場合であっても，工事完了届については，建築主事に届け出なければならないとわかる．尚，これは，完了届けの届け出であって，完了検査の申請ではない（完了検査不要）．問題文は誤り．

原文：法87条
……第7条第1項……の規定を準用する．この場合において，第7条第1項中「建築主事の検査を申請しなければならない」とあるのは，「建築主事に届け出なければならない」と読み替えるものとする．

| 23032 | 用途変更，類似用途 | 特殊建築物等の内装の規定に適合しない部分を有し，建築基準法第3条第2項の規定の適用を受けている延べ面積5,000m²の病院の用途を変更して，有料老人ホームとする場合においては，現行の特殊建築物等の内装の規定の適用を受けない．ただし，大規模の修繕又は大規模の模様替を伴わないものとする． | ○ |
| | 用途変更 | | |

「法87条」に「用途の変更」について載っており，その「3項」より，「既存不適格（法3条第2項）の規定により内装の規定（法35条の2）の適用を受けない建築物の用途を変更する場合においては，所定の条件の場合を除き，これらの規定を準用する．」とわかる．その「二号」条件より，「当該用途の変更が政令で指定する類似の用途相互間におけるものであって，かつ，大規模の修繕又は大規模の模様替を伴わない場合は，規定の適用を受けない．」とわかる．その政令である「令137条の19第1項第二号」より，問題文の「病院」から「有料老人ホーム（＝児童福祉施設等）」への用途変更は，「類似の用途相互間の用途変更」とわかる．よって，現行の特殊建築物等の内装の規定の適用を受けない．

原文：法87条3項第二号
3. 第3条第2項の規定により……第35条から第35条の3……の適用を受けない建築物の用途を変更する場合においては，次の各号のいずれかに該当する場合を除き，これらの規定を準用する．
……
二．当該用途の変更が政令で指定する類似の用途相互間におけるものであつて，かつ，建築物の修繕 若しくは 模様替をしない場合 又は その修繕 若しくは 模様替 が大規模でない場合

原文：令137条の19第1項第二号
（建築物の用途を変更する場合に法第27条等の規定を準用しない類似の用途等）
法第87条第3項第二号の規定により政令で指定する類似の用途は，当該建築物が前条第八号から第十一号まで 及び 次の各号のいずれかに掲げる用途である場合において，それぞれ当該各号に掲げる他の用途とする．……
……
二．病院，……，児童福祉施設等

| 26033 | 用途変更,<br>類似用途 | 原動機の出力の合計が3.0kWの空気圧縮機を使用する自動車修理工場において，その建築後に用途地域が変更されたため，原動機の出力の合計が現行の用途地域の規定に適合せず，建築基準法第3条第2項の規定の適用を受けているものについては，原動機の出力の合計を3.5kWに変更することはできない． | × |
|---|---|---|---|
| | 用途変更 | | |

「法87条」に「用途の変更」について載っており，その「3項」より，「既存不適格（法3条第2項）の規定により用途地域の規定（法48条）の適用を受けない建築物の用途を変更する場合においては，所定の条件の場合を除き，これらの規定を準用する．」とわかる．その「三号」条件より，「用途地域の規定に関しては，用途の変更が政令で定める範囲内である場合は，規定の適用を受けない．」とわかる．その「政令で定める範囲」は，「令137条の19第2項」に載っており，その「二号」条件より，「用途変更後の用途地域の規定に適合しない事由が原動機の出力等による場合，用途変更後の合計は，基準時の1.2倍を超えないこと．」とわかる．問題文の「原動機の出力の合計が3.0kW」の場合，3.6kW以下（1.2倍を超えない）の変更であれば，既存不適格の適用を継続することができる．

原文：法87条3項第三号
三．第48条……の規定に関しては，用途の変更が政令で定める範囲内である場合

原文：令137条の19第2項第二号
2．法第87条第3項第三号の規定により政令で定める範囲は，次に定めるものとする．
……
二．法第48条……の規定に適合しない事由が原動機の出力，機械の台数又は容器等の容量による場合においては，用途変更後のそれらの出力，台数又は容量の合計は，基準時におけるそれらの出力，台数又は容量の合計の1.2倍を超えないこと．

| 23033 | 用途変更,<br>類似用途 | 床面積の合計が5,000m²のホテル部分と床面積の合計が1,000m²の事務所部分からなる一棟の建築物で，その建築後に用途地域が変更されたため，ホテル部分が現行の用途地域の規定に適合せず，建築基準法第3条第2項の規定の適用を受けているものについて，事務所部分の用途を変更して，延べ面積6,000m²のホテルとする場合においては，現行の用途地域の規定の適用を受けない．ただし，大規模の修繕又は大規模の模様替を伴わないものとする． | ○ |
|---|---|---|---|
| | 用途変更 | | |

「法87条」に「用途の変更」について載っており，その「3項」より，「既存不適格（法3条第2項）の規定により用途地域の規定（法48条）の適用を受けない建築物の用途を変更する場合においては，所定の条件の場合を除き，これらの規定を準用する．」とわかる．その「三号」条件より，「用途地域の規定に関しては，用途の変更が政令で定める範囲内である場合は，規定の適用を受けない．」とわかる．その「政令で定める範囲」は，「令137条の19第2項第三号」より，「用途変更後の用途地域の規定に適合しない用途に供する建築物の部分の床面積の合計は，基準時におけるその部分の床面積の合計の1.2倍を超えないこと．」とわかる．よって，問題文の「事務所部分の用途を変更して，延べ面積6,000m²のホテル（1.2倍を超えない）とする場合」においては，現行の用途地域の規定の適用を受けない．

原文：令137条の19第2項第三号
三．用途変更後の法第48条……の規定に適合しない用途に供する建築物の部分の床面積の合計は，基準時におけるその部分の床面積の合計の1.2倍を超えないこと．

| 02273 | 用途変更, 類似用途 | 建築基準法第3条第2項の規定により排煙設備の規定の適用を受けない「事務所」について，2以上の工事に分けて「飲食店」とするための用途変更に伴う工事を行う場合，特定行政庁による工事に係る全体計画の認定を受けていれば，いずれの工事の完了後であっても，現行基準に適合するように排煙設備を設置するための改修を行う必要はない． | × |
|---|---|---|---|
| | 用途変更 | | |

「法87条3項」より，「既存不適格（法3条第2項）により排煙設備の規定（法35条）の適用を受けない事務所を飲食店に用途変更する場合においては，原則として，排煙設備の規定を準用する．」とわかる．ただし，「法87条の2」より，「既存不適格により排煙設備の規定の適用を受けない一の建築物について2以上の工事に分けて用途の変更に伴う工事を行う場合，行政庁による工事に係る全体計画の認定を受けていれば，全体計画に係る2以上の工事のうち最後の工事に着手するまでは既存不適格を継続できる」とわかる．しかし，その「認定」の条件（第二号）として，「全体計画に係る全ての工事の完了後において，建築基準法令の規定に適合すること．」とあるため，全体計画に係る最後の工事では，現行基準に適合するように排煙設備を設置するための改修を行う必要がある．よって誤り．

原文：法87条の2
(既存の一の建築物について2以上の工事に分けて用途の変更に伴う工事を行う場合の制限の緩和)
第3条第2項の規定により第27条等の規定の適用を受けない一の建築物について2以上の工事に分けて用途の変更に伴う工事を行う場合……において，特定行政庁が当該2以上の工事の全体計画が次に掲げる基準に適合すると認めたときにおける第3条第2項 及び 前条第3項の規定の適用については，第3条第2項中「建築，修繕若しくは模様替の工事中」とあるのは「第87条の2第1項の認定を受けた全体計画に係る2以上の工事の工事中 若しくは これらの工事の間の」と，前条第3項中「準用する」とあるのは「準用する．ただし，次条第1項の認定を受けた全体計画に係る2以上の工事のうち最後の工事に着手するまでは，この限りでない」とする．
……
二．全体計画に係る全ての工事の完了後において，当該全体計画に係る建築物及び建築物の敷地が建築基準法令の規定に適合することとなること．

| 02274 | 用途変更, 類似用途 | 既存建築物の用途を変更して，国際的な規模の競技会を行うための「特別興行場等」として利用する場合，特定行政庁の許可を受けることにより，建築基準法第21条及び第27条の規定に基づく主要構造部に対する規制等を受けることなく，一年を超えて使用することができる． | ○ |
|---|---|---|---|
| | 用途変更 | | |

「法87条の3」に「建築物の用途を変更して一時的に他の用途の建築物として使用する場合の制限緩和」について載っており，その「6項」より「建築物の用途を変更して興行場等とする場合，行政庁が，安全上，防火上及び衛生上支障がないと認める場合においては，原則として，1年以内の期間を定めてその使用を許可することができる．この場合，「法21条」「法27条」等の所定の規定は適用しない．」とわかる．また「7項」より「建築物の用途を変更して特別興行場等（1年を超えて使用する特別の必要がある興行場等）とする場合，行政庁が，安全上，防火上及び衛生上支障がないと認め，かつ，公益上やむを得ないと認めるときは，前項の規定にかかわらず，使用上必要と認める期間を定めて，使用することを許可することができる（6項同様，所定の規定は適用しない）．」とわかる．尚，その「8項」より，「行政庁が，特別興行場等（7項）を許可するには，審査会の同意を得なければならない（興行場等（6項）の許可には，審査会の同意は不要）．」とわかる．

原文：法87条の3
(建築物の用途を変更して一時的に他の用途の建築物として使用する場合の制限の緩和)
6. 特定行政庁は，建築物の用途を変更して興行場等（興行場，博覧会建築物，店舗その他これらに類する建築物をいう．以下同じ．）とする場合における当該興行場等について安全上，防火上及び衛生上支障がないと認めるときは，1年以内の期間……を定めて，当該建築物を興行場等として使用することを許可することができる．この場合においては，……第21条……第27条……の規定は，適用しない．
7. 特定行政庁は，建築物の用途を変更して特別興行場等（国際的な規模の会議又は競技会の用に供することその他の理由により1年を超えて使用する特別の必要がある興行場等をいう．以下この項において同じ．）とする場合における当該特別興行場等について，安全上，防火上及び衛生上支障がなく，かつ，公益上やむを得ないと認めるときは，前項の規定にかかわらず，当該特別興行場等の使用上必要と認める期間を定めて，当該建築物を特別興行場等として使用することを許可することができる．この場合においては，同項後段の規定を準用する．
8. 特定行政庁は，……許可をする場合においては，あらかじめ，建築審査会の同意を得なければならない．……

| 21104<br>＊ | 設備準用<br><br>設備 | 延べ面積300m²の飲食店に設ける小荷物専用昇降機は，原則として，確認済証の交付を受けた後でなければ，設置の工事をすることができない． | ○ |
|---|---|---|---|

「設備を建物に設ける場合において申請義務が生じる条件」については「法87条の4」に載っており，そこを訳すと「政令指定されている建築設備を法6条第一～三号条件に該当する建物に設ける場合には申請義務が生じる．」とわかる．その「政令指定」については「令146条」に規定されており，その「二号」に該当するため，小荷物専用昇降機は，原則として，確認済証の交付を受けた後でなければ，設置の工事をすることができない．

原文：法87条の4
(建築設備への準用)
政令で指定する昇降機その他の建築設備を第6条第1項第一号から第三号までに掲げる建築物に設ける場合においては，……第6条……の規定を準用する．……

原文：令146条二号
二．小荷物専用昇降機（……）

| 21032 | 工作物準用 | レストランの敷地内における高さ 8m の広告塔の築造は，確認済証の交付を受ける必要がある． | ○ |
|---|---|---|---|
| | 工作物 | | |

「法88条」に「申請義務が生じる工作物条件」について載っており，そこを訳すと「工作物で政令指定するものについては，申請義務が生じる．」とわかる．その「政令指定」については「令138条」に規定されており，問題文にある「広告塔」は高さ4mを超えるためその「三号」条件に該当する．ゆえに，申請義務が生じる．

原文：法88条
（工作物への準用）
煙突，広告塔……その他これらに類する工作物で政令で指定するもの 及び 昇降機……その他これらに類する工作物で政令で指定するもの（以下この項において「昇降機等」という．）については，……第6条……の規定を準用する．……

原文：令138条
（工作物の指定）
三．高さが4mを超える広告塔，広告板，装飾塔，記念塔その他これらに類するもの

| 22032 | 工作物準用 | 都市計画区域内における「高さ 16m の鉄製の旗ざおの築造」は，確認済証の交付を受ける必要がない． | ○ |
|---|---|---|---|
| | 工作物 | | |

「法88条」に「申請義務が生じる工作物条件」について載っており，そこを訳すと「工作物で政令指定するものについては，申請義務が生じる．」とわかる．その「政令指定」については「令138条」に規定されており，その「二号」より，「高さが15mを超える鉄柱等は，一般に，工作物に該当する．」とわかるが，カッコ書きに「旗ざおは除く．」とあるため，該当しない．よって，申請義務は生じない．

原文：令138条二号
二．高さが15mを超える鉄筋コンクリート造の柱，鉄柱，木柱その他これらに類するもの（旗ざおを除く．）

| 20055 | 工作物準用 | 原動機を使用するメリーゴーラウンドの築造については，確認済証の交付を受けなければならない． | ○ |
|---|---|---|---|
| | 工作物 | | |

「申請義務が生じる工作物としての設備」については「法88条」に載っており，そこを訳すと「昇降機等で，政令指定されているものは申請義務が生じる．」とわかる．その「政令指定」については「令138条2項」に規定されており，その「三号」より，「メリーゴーラウンドは昇降機等に該当する．」とわかる．ゆえに，申請義務が生じる．

原文：令138条2項第三号
2．昇降機，……に類する工作物で法第88条第1項の規定により政令で指定するものは，次の各号に掲げるものとする．
三．メリーゴーラウンド……

| 29044 | 確認申請 | 確認済証の交付を受けた建築物の新築の工事の施工者は，当該工事現場の見易い場所に，建築主，設計者，工事施工者及び工事の現場管理者の氏名又は名称並びに当該工事に係る建築主事又は指定確認検査機関の確認があった旨の表示をしなければならない． | ○ |
|---|---|---|---|
| | 確認の表示 | | |

「法89条」に「工事現場における確認の表示等」について載っており，「確認済証の交付を受けた建築物（法6条第1項）の建築の工事の施工者は，当該工事現場の見易い場所に，建築主，設計者，工事施工者及び工事の現場管理者の氏名又は名称並びに当該工事に係る建築主事又は指定確認検査機関の確認があった旨の表示をしなければならない．」とわかる．

原文：法89条
（工事現場における確認の表示等）
第6条第1項の建築……の工事の施工者は，当該工事現場の見易い場所に，……建築主，設計者，工事施工者 及び 工事の現場管理者の氏名 又は 名称 並びに 当該工事に係る同項の確認があつた旨の表示をしなければならない．

| 24043 | 確認申請<br><br>安全上の措置 | 延べ面積4,500m²の病院（5階以上の階における病院の用途に供する部分の床面積の合計が1,200m²のもの）の大規模の修繕の工事で，避難施設等に関する工事の施工中において当該建築物を使用する場合においては，当該建築主は，建築確認及び仮使用の認定に加え，あらかじめ，当該工事の施工中における当該建築物の安全上，防火上又は避難上の措置に関する計画を作成して特定行政庁に届け出なければならない． | × |

「法90条の3」に「安全上の措置等に関する計画の届出」の解説が載っており，「所定の特殊建築物で，政令で定めるものの新築工事又は避難施設等に関する工事の施工中に，その建物を使用する場合には，安全上等の措置に関する計画を作成し，行政庁に届け出なければならない．」とわかる．その「政令で定めるもの」については「令147条の2」の「二号」より，「病院の用途で5階以上の階における床面積の合計が1,500m²を超えるもの」とわかる．問題文の場合，この部分の面積が「1,200m²」とあるため，「建築確認及び仮使用の認定」は必要となるが，「安全上の措置等に関する計画の届出」については必要ない．

原文：法90条の3
（工事中における安全上の措置等に関する計画の届出）
別表第1(い)欄の(1)項，(2)項 及び (4)項に掲げる用途に供する建築物並びに地下の工作物内に設ける建築物で政令で定めるものの新築の工事 又は これらの建築物に係る避難施設等に関する工事の施工中において当該建築物を使用し，又は使用させる場合においては，当該建築主は，国土交通省令で定めるところにより，あらかじめ，当該工事の施工中における当該建築物の安全上，防火上又は避難上の措置に関する計画を作成して特定行政庁に届け出なければならない．

原文：法7条の6
……政令で定めるものに関する工事（……第90条の3において「避難施設等に関する工事」という．）……

原文：令13条
（避難施設等の範囲）
法第7条の6第1項の政令で定める避難施設，消火設備，排煙設備，非常用の照明装置，非常用の昇降機 又は 防火区画（以下この条及び次条において「避難施設等」という．）は，次に掲げるもの（……）とする．

原文：令147条の2第二号
二．病院……の用途に供する建築物で5階以上の階におけるその用途に供する部分の床面積の合計が1,500m²を超えるもの

| 30041 | 確認申請<br><br>------------------<br>安全上の措置 | 既存の地上5階建ての病院（5階における当該用途に供する部分の床面積の合計が2,000m²のもの）に設けた非常用の照明装置に用いる照明カバーの取替えの工事の施工中に，当該建築物を使用する場合においては，当該建築主は，あらかじめ，工事の施工中における建築物の安全上，防火上又は避難上の措置に関する計画を作成して特定行政庁に届け出なければならない． | × |
|---|---|---|---|

「法90条の3」，「令147条の2第二号」より，「病院の用途で5階以上の階における床面積の合計が1,500m²を超えるもので，新築工事又は避難施設等に関する工事の施工中に，その建物を使用する場合には，安全上等の措置に関する計画を作成し，行政庁に届け出なければならない．」とわかる．ただし「法7条の6」，「令13条の2」より，「非常用の照明装置に用いる照明カバーの取替えの工事は，避難施設等に関する工事に含まれない軽易な工事に該当する．」とわかる．よって，「安全上の措置等に関する計画の届出」については必要ない．

原文：令13条の2
（避難施設等に関する工事に含まれない軽易な工事）
法第7条の6第1項の政令で定める軽易な工事は，……，非常用の照明装置に用いる照明カバーの取替えの工事……とする．

**法2条**

十三 　建築　建築物を新築し，増築し，改築
し，又は移転……

十四 　大規模の修繕　建築物の主要構造部
の1種以上について行う過半の修繕をいう．

**法6条**

建築主は，第一号から第三号までに掲げる建築
物を建築しようとする場合（……），これらの建
築物の大規模の修繕若しくは大規模の模様替を
しようとする場合 又は 第四号に掲げる建築物
を建築しようとする場合においては，当該工事
に着手する前に，その計画が建築基準関係規定
（……）に適合するものであることについて，確
認の申請書を提出して建築主事の確認を受け，
確認済証の交付を受けなければならない．当該
確認を受けた建築物の計画の変更（国土交通省
令で定める軽微な変更を除く．）……も，同様と
する．

一 　別表第1(い)欄に掲げる用途に供する特
殊建築物で，その用途に供する部分の床面
積の合計が200 m² を超えるもの

二 　木造の建築物で
①3以上の階数を有し，
又は
②延べ面積が500 m²，③高さが13m 若しく
は ④軒の高さが9m を超える もの

三 　木造以外の建築物で2以上の階数を有し，
又は延べ面積が200 m²を超えるもの

四 　前3号に掲げる建築物を除くほか，都市
計画区域若しくは準都市計画区域……内に
おける建築物

2 前項の規定は，防火地域及び準防火地域外に
おいて建築物を増築し，改築し，又は移転し
ようとする場合で，その増築，改築又は移転
に係る部分の床面積の合計が10 m²以内であ
るときについては，適用しない．

3 （→設計制限へ）

4 建築主事は，第1項の申請書を受理した場合に
おいては，同項第一号から第三号までに……35
日以内に，同項第四号……7日以内に，……適
合するかどうかを審査し，……当該申請者に
確認済証を交付しなければならない．

---

法2条十三号より「建築」に「大規模の修繕
（模様替）」は，含まれないことがわかる．

確認申請を要するケース

○一号から三号の「建築」「大規模の修繕，模
様替」

○四号の「建築」

※四号の大規模の修繕，模様替は確認不要

令9条 →建築基準関係規定

法第6条第1項（……）の政令で定める規定は，
次に掲げる法律の規定並びにこれらの規定に基
づく命令及び条例の規定で建築物の敷地，構造
又は建築設備に係るものとする．……

○ 木造の建築物（4つのケース：法20条から
も参照）

A を有し，又は B を超えるもの〈原型〉

A①を有し，又は B②， B③ 若しくは B④を
超える もの

A「有する」グループと，B「超える」グループ

○防火・準防火地域の増改築は，面積に係わら
ず確認申請が必要

○新築の緩和はなし

○確認済証の交付（審査期間）

| 一号～三号 | 35 日以内 |
| --- | --- |
| 四号 | 7 日以内 |

**法7条**（建築物に関する完了検査）
建築主は、第6条第1項の規定による工事を完了したときは、国土交通省令で定めるところにより、建築主事の検査を申請しなければならない。

2　前項の規定による申請は、第6条第1項の規定による工事が**完了した日から4日以内に建築主事に到達するように**、しなければならない。ただし、……やむを得ない理由があるときは、この限りでない。

3　前項ただし書の場合における検査の申請は、その理由がやんだ日から4日以内に建築主事に到達するように、しなければならない。

4　建築主事が第1項の規定による申請を受理した場合においては、建築主事又はその委任を受けた当該市町村若しくは都道府県の職員（以下この章において「建築主事等」という。）は、その申請を受理した日から7日以内に、当該工事に係る建築物及びその敷地が建築基準関係規定に適合しているかどうかを検査しなければならない。

5　建築主事等は、前項の規定による検査をした場合において、当該建築物及びその敷地が建築基準関係規定に適合していることを認めたときは、……当該建築物の建築主に対して検査済証を交付しなければならない。

**法7条の3**（建築物に関する中間検査）
建築主は、第6条第1項の規定による工事が次の各号のいずれかに該当する工程（以下**「特定工程」**という。）を含む場合において、当該特定工程に係る工事を終えたときは、その都度、……建築主事の検査を申請しなければならない。

一　階数が3以上である共同住宅の床及びはりに鉄筋を配置する工事の工程のうち政令で定める工程

二　前号に掲げるもののほか、特定行政庁が、その地方……の事情を勘案して、……指定する工程

2　前項の規定による申請は、**特定工程に係る工事を終えた日から4日以内に建築主事に到達する**ように、し……。ただし……やむを得ない理由があるときは、この限りでない。

3　前項ただし書の場合における検査の申請は、

その理由がやんだ日から4日以内に建築主事に到達するように、し……。

4　建築主事が第1項の規定による申請を受理した場合においては、建築主事等は、その申請を受理した日から4日以内に、当該申請に係る工事中の建築物等（……）について、検査前に施工された工事に係る建築物の部分及びその敷地が建築基準関係規定に適合するかどうかを検査しなければならない。

5　建築主事等は、前項の規定による検査をした場合において、工事中の建築物等が建築基準関係規定に適合することを認めたときは、……当該建築主に対して当該特定工程に係る中間検査合格証を交付しなければならない。

6　第1項第一号の政令で定める特定工程ごとに政令で定める当該特定工程**後**の工程及び特定行政庁が同項第二号の指定と併せて指定する特定工程後の工程（……）に係る工事は、前項の規定による当該特定工程に係る中間検査合格証の交付を受けた後でなければ、これを施工してはならない。

7　建築主事等又は前条第1項の規定による指定を受けた者は、第4項の規定による検査において建築基準関係規定に適合することを認められた工事中の建築物等について、第7条第4項、前条第1項、第4項又は次条第1項の規定による検査をするときは、第4項の規定による検査において建築基準関係規定に適合することを認められた建築物の部分及びその敷地については、これらの規定による検査をすることを要しない。

**法7条の6**（検査済証の交付を受けるまでの建築物の使用制限）
**第6条第1項第一号から第三号までの建築物を**新築する場合又はこれらの建築物（共同住宅以外の住宅及び居室を有しない建築物を除く。）の増築、改築、移転、大規模の修繕若しくは大規模の模様替の工事で、廊下、階段、出入口その他の避難施設、消火栓、スプリンクラーその他の消火設備、排煙設備、非常用の照明装置、非常用の昇降機若しくは防火区画で政令で定めるものに関する工事（政令で定める軽易な工事を除く。以下この

項，第十八条第二十四項及び第九十条の三にお
いて「避難施設等に関する工事」という.）を含むも
のをする場合においては，当該建築物の建築主は，
第7条第5項の検査済証の交付を受けた後でなけ
れば，当該新築に係る建築物又は当該避難施設
等に関する工事に係る建築物若しくは建築物の部
分を使用し，又は使用させてはならない．ただし，
次の各号のいずれかに該当する場合には，検査
済証の交付を受ける前においても，仮に，当該建
築物又は建築物の部分を使用し，又は使用させる
ことができる．

  一　**特定行政庁が**，安全上，防火上及び避難
    上支障がないと認めたとき．

  二　**建築主事**又は第七条の二第一項の規定に
    よる**指定を受けた者**が，安全上，防火上及
    び避難上支障がないものとして国土交通大臣
    が定める基準に適合していることを認めたとき．

  三　第7条第1項の規定による申請が受理さ
    れた日（……）から7日を経過したとき．

**法90条の3**（工事中における安全上の措置等に
関する計画の届出）
別表第1（い）欄の(1)項，(2)項及び(4)項に掲げ
る用途に供する建築物並びに地下の工作物内に
設ける建築物で政令で定めるものの新築の工事
又はこれらの建築物に係る避難施設等に関する工
事の施工中において当該建築物を使用し，又は使
用させる場合においては，当該建築主は，国土交
通省令で定めるところにより，あらかじめ，当該工
事の施工中における当該建築物の安全上，防火
上又は避難上の措置に関する計画を作成して特
定行政庁に届け出なければならない．

**令13条**（避難施設等の範囲）
法第7条の6第1項の政令で定める避難施設，
消火設備，排煙設備，非常用の照明装置，非常
用の昇降機又は防火区画（以下この条及び次条
において「避難施設等」という.）は，次に掲
げるもの（……）とする．

  一　避難階（……）以外の階にあっては居室か
    ら第120条又は第121条の直通階段に，避難
    階にあっては階段又は居室から屋外への出
    口に通ずる出入口及び廊下その他の通路．

  二　第118条の客席からの出口の戸，第120条
    又は第121条の直通階段，同条第3項ただし
    書の避難上有効なバルコニー，屋外通路そ
    の他これらに類するもの，第125条の屋外へ
    の出口及び第126条第2項の屋上広場

  三　第128条の3第1項の地下街の各構えが
    接する地下道及び同条第4項の地下道への
    出入口

  四　スプリンクラー設備，水噴霧消火設備又
    は泡消火設備……

  五　第126条の2第1項の排煙設備

  六　第126条の4の非常用の照明装置

  七　第129条の13の3の非常用の昇降機

  八　第112条（……）又は第128条の3……
    の防火区面

**令147条の2**（工事中における安全上の措置等
に関する計画の届出を要する建築物）
法第90条の3（……）の政令で定める建築物は，
次に掲げるものとする．

  一　百貨店，マーケットその他の物品販売業を
    営む店舗（床面積が10 m²以内のものを除く.）
    又は展示場の用途に供する建築物で3階以
    上の階又は地階におけるその用途に供する部
    分の床面積の合計が1,500 m²を超えるもの

  二　病院，診療所（……）又は児童福祉施設
    等の用途に供する建築物で5階以上の階に
    おけるその用途に供する部分の床面積の合
    計が1,500 m²を超えるもの

  三　劇場，映画館，演芸場，観覧場，公会堂，
    集会場，ホテル，……飲食店の用途又は前
    2号に掲げる用途に供する建築物で5階以
    上の階又は地階におけるその用途に供する
    部分の床面積の合計が2,000 m²を超えるもの

  四　地下の工作物内に設ける建築物で居室の
    床面積の合計が1,500 m²を超えるもの

08

133

## 法 12 条（報告，検査等）

**第 6 条第 1 項第一号に掲げる建築物で**安全上，防火上又は衛生上**特に重要であるものとして政令で定めるもの**（国，都道府県及び建築主事を置く市町村……建築物(以下この項及び第 3 項において「国等の建築物」という.)を除く.）及び**当該政令で定めるもの以外の特定建築物**（同号に掲げる建築物その他政令で定める建築物をいう．以下この条において同じ.）で**特定行政庁が指定するもの**（国等の建築物を除く.）の所有者(所有者と管理者が異なる場合においては，管理者．第 3 項において同じ.）は，これらの建築物の敷地，構造及び建築設備について，国土交通省令で定めるところにより，定期に，一級建築士若しくは二級建築士又は建築物調査員資格者証の交付を受けている者(次項及び次条第 3 項において「建築物調査員」という.）にその状況の調査（**これらの建築物の敷地及び構造**についての損傷，腐食その他の劣化の状況の点検を含み，**これらの建築物の建築設備及び防火戸その他の政令で定める防火設備**（以下「**建築設備等**」という.）についての**第 3 項の検査を除く.**）をさせて，その結果を特定行政庁に報告しなければならない.

3 **特定建築設備等**（**昇降機及び特定建築物の昇降機以外の建築設備等**をいう．以下この項及び次項において同じ.）で安全上，防火上又は衛生上**特に重要であるものとして政令で定めるもの**（国等の建築物に設けるものを除く.）及び**当該政令で定めるもの以外の特定建築設備等で特定行政庁が指定するもの**(国等の建築物に設けるものを除く.)の所有者は，これらの特定建築設備等について，国土交通省令で定めるところにより，定期に，一級建築士若しくは二級建築士又は建築設備等検査員資格者証の交付を受けている者(次項及び第十二条の三第二項において「建築設備等検査員」という.)に検査（これらの特定建築設備等についての損傷，腐食その他の劣化の状況の点検を含む.）をさせて，その結果を特定行政庁に報告しなければならない.

① 法 6 条 1 項第一号の建築物で，特に重要であるものとして政令で定めるもの
　→ **令 16 条 1 項**
　・法別表 1 の用途のうち所定の規模

② ①以外の特定建築物で，行政庁が指定するもの（法 6 条 1 項第一号の建築物，政令で定める建築物）
　→ **令 16 条 2 項** → **令 14 条の 2**
　・法別表 1（い）欄特殊建築物で $F ≧ 3$ かつ $200\,\text{m}^2 ≧ A > 100\,\text{m}^2$
　・$F ≧ 5$ かつ $A > 1{,}000\,\text{m}^2$

特定建築物等定期調査

建物の維持管理状況などを調べる

建築設備定期検査

建築設備がきちんと機能するかを調べる

③ 特定建築設備等で，特に重要であるものとして政令で定めるもの
　→ **令 16 条 3 項**
　・昇降機
　・令 16 条 1 項の建築物に設ける防火設備（随時閉鎖など）

昇降機等定期検査

エレベーターやエスカレーターが安全かを調べる

防火設備定期検査

防火扉や防火シャッターがきちんと機能するかを調べる

**法85条**（仮設建築物に対する制限の緩和）
非常災害があった場合において，非常災害区域等（……）内においては，災害により破損した建築物の応急の修繕又は次の**各号のいずれかに該当する応急仮設建築物**の建築でその災害が発生した日から**1月以内にその工事に着手するもの**については，建築基準法令の規定は，適用しない．ただし，防火地域内に建築する場合については，この限りでない．
　一　国，……が災害救助のために建築……
　二　被災者が自ら使用……30㎡以内のもの
2　災害があった場合……**公益上必要な用途に供する応急仮設建築物**又は**工事を施工するために現場に設ける事務所**，下小屋，材料置場その他これらに**類する仮設建築物**については，第6条から第7条の6まで，……の規定並びに第3章の規定は，適用しない．……．
3　前2項の応急仮設建築物を建築した者は，その建築工事を完了した後3月を超えて当該建築物を存続させようとする場合においては，その……前に，特定行政庁の許可を受けなければならない．……
4　特定行政庁は，前項の許可の申請があった場合において，安全上，防火上及び衛生上支障がないと認めるときは，**2年以内**の期間を限って，その許可をすることができる．
5　特定行政庁は，……仮設建築物（……「**仮設興行場等**」という.）について……支障がないと認める場合においては，**1年以内**の期間（……）を定めてその建築を許可することができる．この場合においては，第12条第1項から第4項まで，……第3章の規定は，適用しない．
6　特定行政庁は，国際的な規模の会議又は競技会……その他の理由により1年を超えて使用する特別の必要がある仮設興行場等について，……支障がなく，かつ，公益上やむを得ないと認める場合……期間を定めてその建築を許可することができる．この場合においては，同項後段の規定を準用する．
7　特定行政庁は，前項の規定による許可をする場合においては，あらかじめ，建築審査会の同意を得なければならない．

**令1条一号**（用語の定義）
敷地　1の建築物又は用途上不可分の関係にある2以上の建築物のある1団の土地をいう．

**法86条**（1の敷地とみなすこと等による制限の緩和）
　1項　一団地認定（新築）→ **認定**
　2項　連担建築物設計（既存）→ **認定**
　3項　一団地(＋総合設計制度)の特例 → **許可**
　4項　連担建築物（＋総合設計制度）の特例
　　→ **許可**
　5項　3，4項の許可の審査会同意
　……

←法6条（確認申請）
※1，2項は確認申請が不要

←1年以内の許可には「審査会の同意」不要

←法6条（確認申請）を含まない

←1年を超える許可には「審査会の同意」必要

**法87条**（用途の変更に対するこの法律の準用）
建築物の用途を変更して第6条第1項第一号の特殊建築物のいずれかとする場合（**当該用途の変更が政令で指定する類似の用途相互間におけるものである場合を除く。**）においては，同条（第3項，第5項及び第6項を除く。），第6条の2（第3項を除く。），第6条の4（第1項第一号及び第二号の建築物に係る部分に限る。），第7条第1項並びに……の規定を準用する．この場合において，第7条第1項中「建築主事の**検査を申請**しなければならない」とあるのは，「建築主事に**届け出**なければならない」と読み替え……．

2　建築物（**次項の建築物を除く。**）の用途を変更する場合においては，第48条……の規定に基づく条例の規定を準用する．

3　第3条第2項の規定により第27条，第28条第1項若しくは第3項，第29条，第30条，第35条から第35条の3まで，……の規定に基づく条例の規定の適用を受けない建築物の用途を変更する場合においては，**次の各号のいずれかに該当する場合を除き**，これらの規定を準用する．

　　一　増築，改築，大規模の修繕又は大規模の模様替……

　　二　当該用途の変更が**政令で指定する類似の用途相互間**……，かつ，建築物の修繕若しくは模様替をしない場合又は その修繕若しくは模様替が大規模でない場合

　　三　第48条第1項から第13項までの規定に関しては，用途の変更が**政令で定める範囲内**である場合

4　第86条の7第**2項**（……）及び第86条の7第**3項**（……）の規定は，第3条第2項の規定により第28条第1項若しくは第3項，第29条，第30条，第35条，第35条の3又は第36条の規定の適用を受けない建築物の用途を変更する場合について準用する．この場合において，第86条の7第2項及び第3項中「増築等」とあるのは「用途の変更」と，「第3条第3項第三号及び第四号」とあるのは「第87条第3項」と読み替えるものとする．

※建築物が適法にある用途の状態で，他の用途に変更
　　→工事中に用途を変更する場合は「計画変更」
令137条の18
　　→用途変更で特建とする場合**確認不要の類似用途**
※法6条3項は除外 → 設計に建築士の資格は不要
「法6条」，「法6条の2（指定確認検査機関の確認）」はあるが「法7条の2」の準用は無い．しかも法7条1項を「届け出」に読み替え
　　→確認申請は必要だが，完了検査の代わりに届け出．
○用途変更は「建築」ではないため，建築してはならない用途に変更されることを規制するため，用途変更においても準用
○既存不適格建築物の用途変更を行う場合の準用
各号に該当する場合，既存不適格を継続できる
令137条の19　第1項
　　→用途変更で法**27条等の規定を準用しない類似用途**
令137条の19　第2項
　　→既存不適格で構わない用途変更の**範囲**
　　　二　原動機の出力が1.2倍まで
　　　三　床面積の合計が1.2倍まで
○既存不適格建築物の用途変更を行う場合の緩和規定
法86条の7第**2項**の読み替え
既存不適格の規定により法35条の規定の適用を受けない建築物で，当該規定の適用上，一の建築物であっても別の建築物とみなすことができる「独立部分」が2以上あるものについて用途変更する場合，法87条3項の規定に係わらず，当該用途変更をする独立部分以外の独立部分には，これらの規定を適用しない．
法86条7第**3項**の読み替え
既存不適格の規定により法28条1，3項，29条，30条，35条の3，36条（居室採光）の規定の適用を受けない建築物に用途変更する場合，法87条3項の規定に係わらず，当該用途変更をする部分以外の部分には，これらの規定を適用しない．

**法 87 条の 4**（**建築設備**への準用）

政令で指定する昇降機その他の建築設備を第 6 条第 1 項第一号から第三号までに掲げる建築物に設ける場合……法 6 条……の規定を準用する. この場合において, ……法 6 条第 4 項中……「その受理した日から 7 日以内に」と読み替えるものとする.

**法 88 条**（**工作物**への準用）

煙突, 広告塔, 高架水槽, 擁壁その他これらに類する工作物で政令（①）で指定するもの
及び
昇降機, ウォーターシュート, 飛行塔その他これらに類する工作物で政令（②）で指定するもの（以下この項において「**昇降機等**」という.）については, 第 3 条,
第 6 条（第 3 項, 第 5 項及び第 6 項を除くものとし, 第 1 項及び第 4 項は, **昇降機等**については第一項第一号から第三号までの建築物に係る部分, **その他のもの**については同項第四号の建築物に係る部分に限る.）,
第 6 条 の 2（……）, 第 6 条 の 3（……）, 第 7 条から第 7 条の 4 まで, ……, 第 3 章の 2（第 68 条の 20 第 2 項については, 同項に規定する建築物以外の認証型式部材等に係る部分に限る.）, ……前条, 次条並びに第 90 条の規定を,
**昇降機等**については, 第 7 条の 6, 第 12 条第 1 項から第 4 項まで及び第 18 条第 22 項の規定を準用する. この場合において, …….

2 製造施設, 貯蔵施設, 遊戯施設等の工作物で政令で指定するものについては, 第 3 条, 第 6 条（……, 第 1 項及び第 4 項は, 第 1 項第一号から第三号までの建築物に係る部分に限る.）, 第 6 条の 2, ……の規定を準用する.

4 第 1 項中第 6 条から第 7 条の 5 まで, 第 18 条（第 1 項及び第 23 項を除く.）及び次条に係る部分は, 宅地造成等規制法（……）第 8 条第 1 項本文若しくは第 12 条第 1 項又は都市計画法第 29 条第 1 項若しくは第 2 項若しくは第 35 条の 2 第 1 項本文又は津波防災地域づくりに関する法律……第 1 項の規定による許可を受けなければならない場合の擁壁については, 適用しない.

**令 146 条**（確認等を要する建築設備）
　一　エレベーター及びエスカレーター

①で指定するもの　令 138 条 1 項
　及び

②で指定するもの →「**昇降機等**」令 138 条 2 項
（一般交通用を除く観光用のエレベーター等）

昇降機等
その他のもの → ①で指定するもの（令 138 条 1 項）

さらに, **昇降機等**については仮使用, 定期報告の規定を準用する

法 6 条 4 項の規定の準用 → 審査期間
　　法 6 条 1 項第一号～三号までの建築物に係る部分 → 35 日
　　法 6 条 1 項第四号の建築物に係る部分 → 7 日
つまり
エスカレーター, エレベーター等の設置
　　　　　　　　　　　　　　　　　　審査 7 日
所定の規模の煙突, 広告塔, 高架水槽等の築造
　　　　　　　　　　　　　　　　　　　　7 日
一般交通用を除く観光用のエレベーター等の築造
　　　　　　　　　　　　　　　　　　　　35 日
製造施設, 貯蔵施設, 遊戯施設等の築造　35 日

| コード | 項目 | 問題 | 解答 |
|---|---|---|---|
| 24112 | 構造方法<br><br>構造仕様規定と構造計算の組合せ | 高さが60mを超える建築物で,所定の構造計算によって安全性が確かめられたものとして国土交通大臣の認定を受けたものは,耐久性等関係規定に適合しない構造方法を用いることができる. | × |

「法20条第一号」より,「高さが60mを超える建築物(通称:超高層建築物)の構造方法は,所定の基準に従った構造計算によって安全性が確かめられたものとして大臣の認定を受けたものであること.」とわかる.この場合,構造仕様規定(第二節から第七節の二までの規定)のうち,耐久性等関係規定(令36条1項)の規定に適合する構造方法を用いることとする.問題文には「耐久性等関係規定に適合しない構造方法を用いることができる.」とあるため誤り.

原文:法20条
(構造耐力)
建築物は,……次の各号に掲げる建築物の区分に応じ,それぞれ当該各号に定める基準に適合するものでなければならない.
一.高さが60mを超える建築物 当該建築物の安全上必要な構造方法に関して政令で定める技術的基準に適合するものであること.この場合において,……政令で定める基準に従つた構造計算によつて安全性が確かめられたものとして国土交通大臣の認定を受けたものであること.

原文:令36条
(構造方法に関する技術的基準)
法第20条第1項第一号の政令で定める技術的基準(……)は,耐久性等関係規定(……)に適合する構造方法を用いることとする.
原文:令81条
法第20条第1項第一号の政令で定める基準は,次のとおりとする.

| 25103 | 構造方法<br><br>構造仕様規定と構造計算の組合せ | 鉄骨造,延べ面積200m²,高さ4m,平屋建ての建築物は,構造計算をしなければならない. | × |

「法20条」に「構造耐力」の解説が載っており,その「一〜三号」より「法6条二号(申請義務が生じる木造建築物),三号(申請義務が生じる木造以外の建築物)のうちのどちらかに該当する場合においては,構造計算義務が生じる.」とわかる.問題文の建物は,「法6条二号」,「三号」条件のうちのいずれにも該当しないため,構造計算義務は生じない.

原文:法20条第二号
二.高さが60m以下の建築物のうち,第6条第1項第二号に掲げる建築物(高さが13m又は軒の高さが9mを超えるものに限る.)又は同項第三号に掲げる建築物(地階を除く階数が4以上である鉄骨造の建築物,高さが20mを超える鉄筋コンクリート造又は鉄骨鉄筋コンクリート造の建築物その他これらの建築物に準ずるものとして政令で定める建築物に限る.) 次に掲げる基準のいずれかに適合するものであること.
イ.……政令で定める技術的基準に適合すること.この場合において,その構造方法は,……政令で定める基準に従つた構造計算で,……

……

三．高さが 60m 以下の建築物のうち，第 6 条第 1 項第二号 又は 第三号に掲げる建築物……（前号に掲げる建築物を除く．） 次に掲げる基準のいずれかに適合するものであること．

……

四．前三号に掲げる建築物以外の建築物 次に掲げる基準のいずれかに適合するものであること．

イ．当該建築物の安全上必要な構造方法に関して政令で定める技術的基準に適合すること．

ロ．前三号に定める基準のいずれかに適合すること．

原文：令 36 条 3 項
3．法第 20 条第 1 項第三号イ 及び 第四号イの政令で定める技術的基準（……）は，この節から第七節の二までの規定に適合する構造方法を用いることとする．

| 23141 | 構造方法 | 鉄筋コンクリート造の建築物において，保有水平耐力計算によって安全性が確かめられた場合，構造耐力上主要な部分である柱の主筋の断面積の和は，コンクリートの断面積の 0.8% 以上としなくてもよい． | ○ |
|---|---|---|---|
| | 構造仕様規定と構造計算の組合せ | | |

「令 77 条第六号」より，「構造耐力上主要な部分である柱の主筋の断面積の和は，コンクリートの断面積の 0.8% 以上としなくてはならない．」とわかる．一方，「令 36 条 2 項第一号」より，保有水平耐力計算（令 81 条 2 項第一号イに掲げる構造計算）によって安全性が確かめられた場合，鉄筋コンクリート造に関する規定（第六節）のうち，「令 77 条第六号」は，適用除外となる．よって問題文は正しい．

原文：令 77 条第六号
六．主筋の断面積の和は，コンクリートの断面積の 0.8% 以上とすること．

| 21134 | 構造方法 | 鉄骨造の建築物において，限界耐力計算によって安全性を確かめる場合，柱以外の構造耐力上主要な部分である鋼材の圧縮材の有効細長比は，250 以下としなければならない． | × |
|---|---|---|---|
| | 構造仕様規定と構造計算の組合せ | | |

「令 65 条」に「有効細長比」の解説が載っており，そこを訳すと「構造耐力上主要な部分である鋼材の圧縮材の有効細長比は，柱にあっては 200 以下，柱以外のものにあっては 250 以下としなければならない．」とわかる．ただし，問題文中に「限界耐力計算によって安全性を確かめられた」とあるため，「令 36 条 2 項第二号」より，「第 81 条 2 項第一号ロに掲げる構造計算（＝限界耐力計算）によって安全性を確かめる場合」は，「令 36 条第 1 項」の「耐久性等関係規定」のみに適合すればよい．「令 65 条」の規定は，「耐久性等関係規定」の中に含まれていないため適用除外となる．よって問題文は誤り．

原文：令 36 条 2 項第二号
二．第 81 条第 2 項第一号ロに掲げる構造計算によって安全性を確かめる場合
耐久性等関係規定に適合する構造方法

原文：令 81 条 2 項第一号ロ
ロ．限界耐力計算又は……

| 20092 | 構造方法 ──────── 構造仕様規定と構造計算の組合せ | 地階を除く階数が3以下である鉄骨造の建築物（高さが31m以下のもの）で，高さが13m又は軒の高さが9mを超えるものは，許容応力度等計算，保有水平力計算，限界耐力計算又はこれらと同等以上に安全性を確かめることができるものとして国土交通大臣が定める基準に従った構造計算により安全性を確かめることができる. | ○ |
|---|---|---|---|
| | | 問題文の建物は「法6条第三号」に該当するため，「法20条第二号又は第三号」のいずれかに該当する. ここで，「法20条第二号」の「その他これらの建築物に準ずるものとして政令で定める建築物」として「令36条の2第二号」より「地階を除く階数が3以下である鉄骨造の建築物であって，高さが13m又は軒の高さが9mを超えるもの」に該当するため，問題文の建物は「法20条第二号」に該当するとわかる. 次に「法20条第二号イ」に，「構造方法は，政令で定める基準に従った構造計算」を行うとあり，その政令である「令81条2項」より，「高さが31m以下の建築物については，二号イ.「許容応力度等計算又は同等として大臣が定める基準に従った構造計算」，二号ロ.「前号（＝一号）に定める構造計算（＝保有水平力計算，限界耐力計算，これらと同等として大臣が定める基準に従った構造計算）」により，安全性を確かめることができる.」とわかる. | |
| | | 原文：法20条第二号 二. ……同項第三号に掲げる建築物（……又は鉄骨鉄筋コンクリート造の建築物その他これらの建築物に準ずるものとして政令で定める建築物に限る.）…… | |
| | | 原文：令36条の2第二号 （地階を除く階数が4以上である鉄骨造の建築物等に準ずる建築物） 法第20条第1項第二号の政令で定める建築物は，次に掲げる建築物とする. …… 二. 地階を除く階数が3以下である鉄骨造の建築物であつて，高さが13m又は軒の高さが9mを超えるもの | |
| | | 原文：令81条2項第二号 二. 高さが31m以下の建築物　次のイ又はロのいずれかに該当する構造計算 イ. 許容応力度等計算　又は　これと同等以上に安全性を確かめることができるものとして国土交通大臣が定める基準に従つた構造計算 ロ. 前号に定める構造計算 | |
| 23144 | 構造計算 ──────── 保有水平耐力計算 | 高さ25mの鉄筋コンクリート造の建築物の地上部分について，保有水平耐力が必要保有水平耐力以上であることを確かめた場合には，層間変形角が所定の数値以内であることを確かめなくてもよい. | × |
| | | 「令82条（前段）」より，「保有水平耐力計算は，①.「許容応力度計算（令82条各号）」，②.「層間変形角」，③.「保有水平耐力」，④.「屋根ふき材計算」の構造計算による.」とわかる. 問題文では「③. を確かめた場合，②は確かめなくてよい.」とあるが，この①. から④. の一連の構造計算で「保有水平耐力計算」となるため，省略することはできない. よって，問題文は誤り. | |

原文：令82条

（保有水平耐力計算）

前条第2項第一号イに規定する保有水平耐力計算とは，次の各号 及び 次条から第82条の4までに定めるところによりする構造計算をいう．

一．第二款に規定する荷重 及び 外力によつて建築物の構造耐力上主要な部分に生ずる力を国土交通大臣が定める方法により計算すること．

二．前号の構造耐力上主要な部分の断面に生ずる長期 及び 短期の各応力度を次の表に掲げる式によつて計算すること．

三．第一号の構造耐力上主要な部分ごとに，前号の規定によつて計算した長期 及び 短期の各応力度が，それぞれ第三款の規定による長期に生ずる力又は短期に生ずる力に対する各許容応力度を超えないことを確かめること．

原文：令82条の2

（層間変形角）

原文：令82条の3

（保有水平耐力）

建築物の地上部分については，第一号の規定によつて計算した各階の水平力に対する耐力（以下この条及び第82条の5において「保有水平耐力」という．）が，第二号の規定によつて計算した必要保有水平耐力以上であることを確かめなければならない．

一．第四款に規定する材料強度によつて国土交通大臣が定める方法により保有水平耐力を計算すること．

二．地震力に対する各階の必要保有水平耐力を次の式によつて計算すること．

原文：令82条の4

（屋根ふき材等の構造計算）

| 02112 | 構造計算 | 鉄骨造の建築物において，許容応力度等計算によって安全性を確かめる場合，国土交通大臣が定める場合においては，構造耐力上主要な部分である構造部材の変形又は振動によって建築物の使用上の支障が起こらないことを所定の方法によって確かめなければならない． | ○ |
|---|---|---|---|
| | 許容応力度等計算 | | |

許容応力度等計算については，「令82条の6」に規定されており，「許容応力度計算（令82条各号）」，「屋根ふき材計算（令82条の4）」，「層間変形角（令82条の2）」，「剛性率，偏心率（令82条の6二号イ，ロ）」の一連の構造計算によって安全性を確かめる．このうち「許容応力度計算（令82条各号）」において，国土交通大臣が定める場合は，その「第四号」より，「構造耐力上主要な部分である構造部材の変形又は振動によって建築物の使用上の支障が起こらないことを所定の方法によって確かめる．」とわかる．よって正しい．

原文：令82条の6
(許容応力度等計算)
……
一．第82条各号，第82条の2及び第82条の4に定める…….
二．建築物の地上部分について，次に適合することを確かめること.
イ．……各階の剛性率が，それぞれ6/10以上であること.
ロ．……各階の偏心率が，それぞれ15/100を超えないこと.

原文：令82条各号
一．第二款に規定する荷重及び外力によつて建築物の構造耐力上主要な部分に生ずる力を……計算すること.
二．前号の構造耐力上主要な部分の断面に生ずる長期 及び 短期の各応力度を次の表に掲げる式によつて計算すること.
……
三．第一号の構造耐力上主要な部分ごとに，前号の規定によつて計算した長期 及び 短期の各応力度が，それぞれ第三款の規定による長期に生ずる力 又は 短期に生ずる力に対する各許容応力度を超えないことを確かめること.
四．国土交通大臣が定める場合においては，構造耐力上主要な部分である構造部材の変形 又は 振動によつて建築物の使用上の支障が起こらないことを国土交通大臣が定める方法によつて確かめること.

| 29111 | 構造計算　剛性率 | 許容応力度等計算においては，建築物の地上部分について各階の剛性率を確かめる場合，当該剛性率は，「各階の層間変形角の逆数」を「当該建築物についての各階の層間変形角の逆数の相加平均」で除して計算し，その値がそれぞれ6/10以上であることを確かめる. | ○ |
|---|---|---|---|

「令82条の6第二号」に「剛性率，偏心率」の解説が載っており，「各階の剛性率($Rs$)は，各階の層間変形角の逆数($rs$)を各階の層間変形角の逆数の相加平均($\bar{rs}$)で除して計算し，剛性率がそれぞれ6/10以上であることを確かめる.」とわかる.

原文：令82条の6
第一款の四 許容応力度等計算
第81条第2項第二号イに規定する許容応力度等計算とは，次に定めるところによりする構造計算をいう.
一．第82条各号，第82条の2及び 第82条の4に定めるところによること.
二．建築物の地上部分について，次に適合することを確かめること.
イ．次の式によつて計算した各階の剛性率が，それぞれ10分の6以上であること.
$$Rs = rs / \bar{rs}$$
〔この式において，$Rs$，$rs$ 及び $\bar{rs}$ は，それぞれ次の数値を表すものとする.
　$Rs$：各階の剛性率
　$rs$：各階の層間変形角の逆数
　$\bar{rs}$：当該建築物についての $rs$ の相加平均〕

| 26123 | 構造計算　限界耐力計算 | 限界耐力計算を行う場合，構造耐力上主要な部分の断面に生ずる長期（常時及び積雪時）及び短期（積雪時，暴風時及び地震時）の各応力度が，それぞれ長期に生ずる力又は短期に生ずる力に対する各許容応力度を超えないことを確かめなければならない. | × |
|---|---|---|---|

「令82条の5第一号」，「令82条第一号から第三号」より，「限界耐力計算を行う場合，地震時を除き，構造耐力上主要な部分の断面に生ずる長期（常時及び積雪時）及び短期（積雪時及び暴風時）の各応力度が，それぞれ長期に生ずる力又は，短期に生ずる力に対する各許容応力度を超えないことを確かめなければならない．」とわかる．問題文には，短期応力度に「地震時」が含まれているため誤り．

原文：令82条の5第一号
一．地震時を除き，第82条第一号から第三号まで（地震に係る部分を除く．）に定めるところによること．

原文：令82条第一号から第三号
一．……
二．前号の構造耐力上主要な部分の断面に生ずる長期 及び 短期の各応力度を次の表に掲げる式によつて計算すること．
三．第一号の構造耐力上主要な部分ごとに，前号の規定によつて計算した長期 及び 短期の各応力度が，それぞれ第三款の規定による長期に生ずる力 又は 短期に生ずる力に対する各許容応力度を超えないことを確かめること．

| 20094 | 構造計算<br>------------<br>限界耐力計算 | 限界耐力計算において，暴風時に，建築物の構造耐力上主要な部分に生ずる力が，当該構造耐力上主要な部分の耐力を超えないことを確かめる場合，許容応力度等計算における風圧力によって生ずる力に1.4を乗じて計算しなければならない． | × |
|---|---|---|---|

「令82条の5」に「限界耐力計算」について載っており，その「二号（表）」より，「限界耐力計算において，暴風時に，建築物の構造耐力上主要な部分に生ずる力が，当該構造耐力上主要な部分の耐力を超えないことを確かめる場合，許容応力度等計算における風圧力によって生ずる力に1.6を乗じて計算しなければならない．（表中「1.6W」）」とわかる．よって誤り．

原文：令82条の5第二号
第一款の三 限界耐力計算
第81条第2項第一号ロに規定する限界耐力計算とは，次に定めるところによりする構造計算をいう．
一．……
二．積雪時 又は 暴風時に，建築物の構造耐力上主要な部分に生ずる力を次の表に掲げる式によつて計算し，当該構造耐力上主要な部分に生ずる力が，それぞれ第四款の規定による材料強度によって計算した当該構造耐力上主要な部分の耐力を超えないことを確かめること．

| 03134 | 構造計算<br>------------<br>限界耐力計算 | 限界耐力計算を行う場合，所定の地震力により建築物の地下部分の構造耐力上主要な部分の断面に生ずる応力度が，短期に生ずる力に対する許容応力度を越えないことを計算により確かめなければならない． | ○ |
|---|---|---|---|

「令82条の5第四号」より，「限界耐力計算を行う場合，所定の地震力により建築物の地下部分の構造耐力上主要な部分の断面に生ずる応力度が，短期に生ずる力に対する許容応力度を越えないことを計算により確かめなければならない．」とわかる．

原文：令82条の5第四号
四．第88条第4項に規定する地震力により建築物の地下部分の構造耐力上主要な部分の断面に生ずる応力度を第82条第一号及び第二号の規定によつて計算し，それぞれ第三款の規定による短期に生ずる力に対する許容応力度を超えないことを確かめること．

| 29113 | 構造計算 限界耐力計算 | 限界耐力計算を行う場合，地震時については，建築物の地下部分を除き，地震力により構造耐力上主要な部分の断面に生ずる応力度が，短期に生ずる力に対する許容応力度を超えないことを計算により確かめなくてもよい． | ○ |
|---|---|---|---|

「令82条の5第一号」，「令82条第一号から第三号」より，「限界耐力計算を行う場合，地震時を除き，構造耐力上主要な部分の断面に生ずる長期（常時及び積雪時）及び短期（積雪時及び暴風時）の各応力度が，それぞれ長期に生ずる力又は，短期に生ずる力に対する各許容応力度を超えないことを確かめなければならない．」とあり，「地震時」については含まれていないため確かめなくてもよい．よって，問題文は正しい．尚，限界耐力計算を行う場合，地震時については，建築物の耐用年限中に数度遭遇する（稀に発生する）程度の中地震動に対して，建築物の地上部分の各階が損傷しないこと（第三号：地上部分の損傷限界の検証），耐用年限中に一度遭遇するかもしれない（極めて稀に発生する）程度の大地震動に対して，建築物の地上部分の各階が倒壊・崩壊等しないこと（第五号：地上部分の安全限界の検証）等の検討を行う．

原文：令82条の5第三号，第五号
三．　地震による加速度によつて建築物の地上部分の各階に作用する地震力及び各階に生ずる層間変位を次に定めるところによつて計算し，当該地震力が，損傷限界耐力（……）を超えないことを確かめるとともに，……
……
五．地震による加速度によつて建築物の各階に作用する地震力を次に定めるところによつて計算し，当該地震力が保有水平耐力を超えないことを確かめること．

| 30122 | 構造 構造部材の耐久 | 構造耐力上主要な部分で特に摩損のおそれのあるものには，摩損しにくい材料又は摩損防止のための措置をした材料を使用しなければならない． | ○ |
|---|---|---|---|

「令37条」より「構造耐力上主要な部分で特に摩損のおそれのあるものには，摩損しにくい材料又は摩損防止のための措置をした材料を使用しなければならない．」とわかる．

原文：令37条
(構造部材の耐久)
構造耐力上主要な部分で特に腐食，腐朽又は摩損のおそれのあるものには，腐食，腐朽若しくは摩損しにくい材料　又は有効なさび止め，防腐若しくは摩損防止のための措置をした材料を使用しなければならない．

| 27131 | キソ 基礎 | 建築物の基礎は，建築物に作用する荷重及び外力を安全に地盤に伝え，かつ，地盤の沈下又は変形に対して構造耐力上安全なものとしなければならない． | ○ |
|---|---|---|---|

「令38条」に「基礎」の解説が載っており，その「1項」より「建物の基礎は，建築物に作用する荷重及び外力を安全に地盤に伝え，かつ，地盤の沈下等に対して構造耐力上安全なものとしなければならない．」とわかる．

| | | | |
|---|---|---|---|
| | 原文：令38条<br>（基礎）<br>建築物の基礎は，建築物に作用する荷重 及び 外力を安全に地盤に伝え，かつ，地盤の沈下 又は 変形に対して構造耐力上安全なものとしなければならない． | | |
| 25104 | キソ<br><br>異種基礎 | 建築物には，原則として，異なる構造方法による基礎を併用してはならない． | ○ |
| | 「令38条」に「基礎」の解説が載っており，その「2項」を訳すと「建物には異なる構造方法による基礎を併用してはならない．」（通称：異種基礎禁止）とわかる． | | |
| | 原文：令38条2項<br>2. 建築物には，異なる構造方法による基礎を併用してはならない． | | |
| 21133 | キソ<br><br><br>基礎 | 高さ13m 又は延べ面積3,000m² を超える建築物で，当該建築物に作用する荷重が最下階の床面積1m² につき100kNを超えるものにおいて，基礎ぐいを使用する場合には，原則として，当該基礎ぐいの先端を良好な地盤に達することとしなければならない． | ○ |
| | 「令38条」に「基礎」の解説が載っており，その「3項」より「高さ13m 又は延べ面積3,000m² を超える建築物で，当該建築物に作用する荷重が最下階の床面積1m² につき100kNを超えるものにあっては，基礎の底部（基礎ぐいを使用する場合，当該基礎ぐいの先端）を良好な地盤に達することとしなければならない．」とわかる． | | |
| | 原文：令38条3項<br>3. ……．この場合において，高さ13m 又は 延べ面積3,000m² を超える建築物で，当該建築物に作用する荷重が最下階の床面積1m² につき100kNを超えるものにあっては，基礎の底部（基礎ぐいを使用する場合にあっては，当該基礎ぐいの先端）を良好な地盤に達することとしなければならない． | | |
| 19112 | 構造方法<br>屋根ふき材<br>等 | 屋根ふき材，内装材，外装材，帳壁その他これらに類する建築物の部分を，風圧並びに地震その他の震動及び衝撃によって脱落しないようにした． | ○ |
| | 「令39条」に「屋根ふき材等」の解説が載っており，その「1項」より「屋根ふき材，内装材，外装材，帳壁その他これらに類する建築物の部分を，風圧並びに地震その他の震動及び衝撃によって脱落しないようにしなければならない．」とわかる．問題文は正しい． | | |
| | 原文：令39条<br>（屋根ふき材等）<br>屋根ふき材，内装材，外装材，帳壁その他これらに類する建築物の部分及び広告塔，装飾塔その他建築物の屋外に取り付けるものは，風圧 並びに 地震その他の震動 及び 衝撃によつて脱落しないようにしなければならない． | | |
| 22211 | 木造<br><br>木材 | 木造の建築物（あずまや等を除く．）の構造耐力上主要な部分に使用する木材の品質は，節，腐れ，繊維の傾斜，丸身等による耐力上の欠点がないものでなければならない． | ○ |
| | 「令41条」に木造の「木材」について載っており，「構造耐力上主要な部分に使用する木材の品質は，節，腐れ，繊維の傾斜，丸身等による耐力上の欠点がないものでなければならない．」とわかる． | | |

原文：令41条
（木材）
構造耐力上主要な部分に使用する木材の品質は，<u>節</u>，<u>腐れ</u>，<u>繊維の傾斜</u>，<u>丸身</u>等による耐力上の欠点がないものでなければならない．

| 18102 | 木造<br>──────<br>土台 | 木造平家建ての茶室については，延べ面積にかかわらず，構造耐力上主要な部分である柱であっても，その下部に土台を設けないことができる． | ○ |
|---|---|---|---|

「令42条」より，「構造耐力上主要な部分である柱で最下階の部分に使用するものの下部には，土台を設けなければならない．」とわかる．ただし，「令40条」に「この節の規定は，木造建築物等に適用する」という「適用の範囲」について規定されており，そのただし書きに「茶室等については適用しない．」とあるため，木造平家建ての茶室については，延べ面積にかかわらず，土台を設けないことができる．問題文は正しい．

原文：令42条
（<u>土台及び基礎</u>）
構造耐力上主要な部分である柱で <u>最下階の部分</u>に使用するものの下部には，<u>土台</u>を設けなければならない．ただし，次の各号のいずれかに該当する場合においては，この限りでない．
一．当該柱を基礎に緊結した場合
二．平家建ての建築物（地盤が軟弱な区域として特定行政庁が国土交通大臣の定める基準に基づいて規則で指定する区域内にあるものを除く．次項において同じ．）で足固めを使用した場合

原文：令40条
（適用の範囲）
この節の規定は，<u>木造の建築物</u>……に適用する．ただし，<u>茶室</u>，あずまやその他これらに類する建築物 <u>又は</u> 延べ面積が10m² 以内の物置，<u>納屋</u>その他これらに類する建築物については，<u>適用しない</u>．

| 21111 | 木造<br>──────<br>柱の小径 | 木造の一戸建ての住宅において，構造耐力上主要な部分である柱の必要小径は，屋根をふく材料によって異なる場合がある． | ○ |
|---|---|---|---|

「令43条」に「柱の小径」の解説が載っており，その「1項」を訳すと，「構造耐力上主要な部分である柱の張り間及びけた行方向の小径は，それぞれの方向で柱に接着する横架材の相互間の垂直距離に対して，表に掲げる割合以上としなければならない．」とわかる．この表の「（二）」より，柱の必要小径は，屋根をふく材料によって異なる場合があることがわかる．

原文：令43条
（柱の小径）
構造耐力上主要な部分である<u>柱</u>……の小径は，……<u>横架材の相互間の垂直距離</u>に対して，次の表に掲げる割合以上のものでなければならない．……

| 22123 | 木造<br>──────<br>柱の小径 | 木造，地上2階建ての住宅において，すみ柱又はこれに準ずる柱は，接合部を通し柱と同等以上の耐力を有するように補強した場合には，通し柱としなくてもよい． | ○ |
|---|---|---|---|

「令43条」に「木造の柱」の解説が載っており，その「5項」より，「木造で，階数が2以上の建物におけるすみ柱又はこれに準ずる柱は，原則として，通し柱としなければならないが，接合部を通し柱と同等以上の耐力を有するように補強した場合には，通し柱としなくてもよい．」とわかる．

原文：令43条5項
5. 階数が2以上の建築物におけるすみ柱 又は これに準ずる柱は，通し柱としなければならない．ただし，接合部を通し柱と同等以上の耐力を有するように補強した場合においては，この限りでない．

| 21112 | 木造 | 木造の一戸建ての住宅において，構造耐力上主要な部分である柱の有効細長比は，200以下としなければならない． | × |
| | 細長比 | | |

「令43条」に「柱の小径」の解説が載っており，その「6項」を訳すと，「構造耐力上主要な部分である柱の有効細長比は，150以下としなければならない．」とわかる．

原文：令43条6項
6. 構造耐力上主要な部分である柱の有効細長比（断面の最小二次率半径に対する座屈長さの比をいう．以下同じ．）は，150以下としなければならない．

| 21302 | 木造 | 木造の一戸建ての住宅に関して，方づえ，控柱及び控壁がない地上2階建ての住宅で，構造耐力上主要な部分である壁，柱及び横架材を木造としたものにあっては，すべての方向の水平力に対して安全であるように，各階の張り間方向及びけた行方向に，それぞれ壁を設け又は筋かいを入れた軸組を釣合い良く配置しなければならない．ただし，構造計算は行っていないものとする． | ○ |
| | 軸組 | | |

「令46条」より，「構造耐力上主要な部分である壁，柱及び横架材を木造とした建築物にあっては，すべての方向の水平力に対して安全であるように，各階の張り間方向及びけた行方向に，それぞれ壁を設け又は筋かいを入れた軸組を釣合い良く配置しなければならない．」とわかる．

原文：令46条
（構造耐力上必要な軸組等）
構造耐力上主要な部分である壁，柱 及び 横架材を木造とした建築物にあっては，すべての方向の水平力に対して安全であるように，各階の張り間方向及びけた行方向に，それぞれ壁を設け又は筋かいを入れた軸組を釣合い良く配置しなければならない．

| 21303 | 木造 | 木造の一戸建ての住宅に関して，構造耐力上主要な部分である継手又は仕口は，ボルト締，かすがい打，込み栓打その他の所定の方法により，その部分の存在応力を伝えるように緊結しなければならない．ただし，構造計算は行っていないものとする． | ○ |
| | 継手，仕口 | | |

「令47条」より，「構造耐力上主要な部分である継手又は仕口は，ボルト締，かすがい打，込み栓打その他の所定の方法により，その部分の存在応力を伝えるように緊結しなければならない．」とわかる．

原文：令47条
（構造耐力上主要な部分である継手 又は 仕口）
構造耐力上主要な部分である継手又は仕口は，ボルト締，かすがい打，込み栓打その他の国土交通大臣が定める構造方法によりその部分の存在応力を伝えるように緊結しなければならない．……

| 17101 | 組積造<br><br>壁の厚さ | 延べ面積 30m²，組積造，平家建の建築物において，壁の高さが 3.5m，長さが 5m の場合には，原則として，当該壁の厚さ（仕上材料の厚さを含まないものとする．）を 20cm 以上としなければならない． | × |
|---|---|---|---|
| | | 「令 55 条」に「組積造の壁の厚さ」の解説が載っており，その「1 項表」，「2 項」より「階数が 1 の建築物で，壁の長さが 5m 以下の場合の壁の厚さは 20cm 以上で，かつ，壁の高さの 1/15 以上としなければならない．」とわかる．問題文の建築物の壁の高さは 350cm であるため，「350cm/15 ＝ 23.333cm 以上」必要となるため，問題文は誤り． | |
| | | 原文：令 55 条 1 項，2 項<br>（壁の厚さ）<br><u>組積造の壁の厚さ</u>（仕上材料の厚さを含まないものとする．以下この節において同じ．）は，その建築物の<u>階数</u>及び その<u>壁の長さ</u>（前条第 2 項の壁の長さをいう．以下この節において同じ．）に応じて，<u>それぞれ次の表の数値以上とし</u>なければならない．<br>2.　<u>組積造の各階の壁の厚さは，その階の壁の高さの 15 分の 1 以上とし</u>なければならない． | |
| 03131 | 組積造<br><br>塀 | 高さ 1.2m の組積造の塀（補強コンクリートブロック造を除く．）は，原則として，長さ 4m 以下ごとに，壁面からその部分における壁の厚さの 1.5 倍以上突出した控壁（木造のものを除く．）を設けなければならない． | ○ |
| | | 「令 61 条」に「組積造の塀」について載っており，その「一号」より，「高さは 1.2m 以下とすること」，また，その「三号」より，「長さ 4m 以下ごとに，壁面からその部分における壁の厚さの 1.5 倍以上突出した控壁（木造のものを除く．）を設けること．」とわかる． | |
| | | 原文：令 61 条<br>（組積造のへい）<br>組積造のへいは，次の各号に定めるところによらなければならない．<br>一．<u>高さは，1.2m 以下とすること．</u><br>二．　……<br>三．<u>長さ 4m 以下ごとに，壁面からその部分における壁の厚さの 1.5 倍以上突出した控壁（木造のものを除く．）を設けること．</u>…… | |
| 19103 | 鉄骨造<br><br>材料 | 鉄骨造の建築物において，構造耐力上主要な部分には，炭素鋼を使用した． | ○ |
| | | 「令 64 条」に「材料」の解説が載っており，そこを訳すと「構造耐力上主要な部分の材料は，炭素鋼若しくはステンレス鋼，又は鋳鉄とする．」とわかる．問題文は正しい． | |
| | | 原文：令 64 条<br>（材料）<br>鉄骨造の建築物の構造耐力上主要な部分の材料は，<u>炭素鋼</u> 若しくは <u>ステンレス鋼</u>（この節において「鋼材」という．）<u>又は 鋳鉄</u>としなければならない． | |
| 18105 | 鉄骨造<br><br>柱の脚部 | 鉄骨造の建築物の構造耐力上主要な部分である柱の脚部は，滑節構造である場合，基礎に緊結しなくてもよい． | ○ |

「令66条」に「柱の脚部」の解説が載っており，そこを訳すと「構造耐力上主要な部分である柱の脚部は，大臣基準に従ったアンカーボルトによる緊結等の構造方法により，基礎に緊結しなければならない．ただし，滑節構造である場合においては，この限りでない．」とわかる．問題文は正しい．

原文：令66条
（柱の脚部）
構造耐力上主要な部分である柱の脚部は，国土交通大臣が定める基準に従つたアンカーボルトによる緊結その他の構造方法により基礎に緊結しなければならない．ただし，滑節構造である場合においては，この限りでない．

| 03113 | 構造方法 | 保有水平耐力計算によって安全性が確かめられた鉄筋コンクリート造の建築物（高さが4mを超える）において，主筋の継手の重ね長さは，径の同じ主筋の継手を構造部材における引張力の最も小さい部分に設ける場合にあっては，原則として，主筋の径の25倍以上としなければならない． | × |
| | 構造仕様規定と構造計算の組合せ | | |

「令73条」に「鉄筋の継手及び定着」について載っており，その「2項」より，「主筋の継手の重ね長さは，原則として，継手を構造部材における引張り力の最も小さい部分に設ける場合は，主筋の径の「25倍」以上としなければならない．」とわかる．一方，「令36条2項第一号」より，保有水平耐力計算（令81条2項第一号イに掲げる構造計算）によって安全性が確かめられた場合，鉄筋コンクリート造に関する規定（第六節）のうち，「令73条」は，適用除外となる．よって，主筋の径の25倍とする必要がないため誤り．

原文：令73条2項
2. 主筋……の継手の重ね長さは，継手を構造部材における引張力の最も小さい部分に設ける場合にあつては，主筋等の径（径の異なる主筋等をつなぐ場合にあつては，細い主筋等の径．以下この条において同じ．）の25倍以上とし，継手を引張り力の最も小さい部分以外の部分に設ける場合にあつては，主筋等の径の40倍以上としなければならない．……

| 21132 | 鉄筋コンクリート造 | 延べ面積が30m²を超える建築物において，軽量骨材を使用する鉄筋コンクリート造の柱に取り付けるはりの引張り鉄筋は，柱の主筋に溶接する場合を除き，原則として，柱に定着される部分の長さをその径の50倍以上としなければならない． | ○ |
| | 定着長さ（軽コン） | | |

「令73条」に「鉄筋の継手と定着」の解説が載っており，その「3項」を訳すと「柱に取り付けるはりの引張り鉄筋は，柱の主筋に溶接する場合を除き，柱に定着される部分の長さをその径の40倍以上としなければならない．」とわかる．また，その「4項」に「軽量骨材を使用する場合には，40倍という数値を50倍に読み替える．」とあるため，問題文は正しい．

原文：令73条3, 4項
3. 柱に取り付けるはりの引張り鉄筋は，柱の主筋に溶接する場合を除き，柱に定着される部分の長さをその径の40倍以上としなければならない．……
4. 軽量骨材を使用する鉄筋コンクリート造について前2項の規定を適用する場合には，これらの項中「25倍」とあるのは「30倍」と，「40倍」とあるのは「50倍」とする．

| 23113 | 鉄筋コンク<br>リート造<br><br>適用範囲 | 高さ 3m の鉄筋コンクリート造のへいに使用するコンクリート<br>(軽量骨材は使用しないものとする.) の四週圧縮強度は,<br>12N/mm² 以上としなくてもよい. | ○ |
|---|---|---|---|

「令 74 条」に「コンクリート強度」について載っており, その「一号」より「四週圧縮強度については, 軽量骨材を使用する場合を除き, 12N/mm² 以上でなければならない.」とわかる. ただし,「令 71 条」に「鉄筋コンクリート造に関する構造制限の適用範囲」が規定されており, その「2 項」を訳すと「高さが 3m 以下のへいについては, 令 72 条 (コンクリート材料), 令 75 条 (コンクリート養生), 令 79 条 (かぶり厚さ) の制限についてのみ適用される.」とわかる. 問題文のへいは「高さ 3m」であるため,「令 74 条」(コンクリート強度) の規定は適用除外となるため正しい.

原文:令 74 条
(コンクリートの強度)
鉄筋コンクリート造に使用するコンクリートの強度は, 次に定めるものでなければならない.
一. 四週圧縮強度は, 1 mm²につき 12N (軽量骨材を使用する場合においては, 9N) 以上であること.

原文:令 71 条 2 項
(適用の範囲)
この節の規定は, 鉄筋コンクリート造の建築物又は鉄筋コンクリート造と鉄骨造その他の構造とを併用する建築物の鉄筋コンクリート造の構造部分に適用する.
2. 高さが 4m 以下で, かつ, 延べ面積が 30 m²以内の建築物 又は 高さが 3m 以下のへいについては, この節の規定中第 72 条, 第 75 条及び第 79 条の規定に限り適用する.

| 26113 | 鉄筋コンク<br>リート造<br><br>強度 | 鉄筋コンクリート造に使用するコンクリートの四週圧縮強度を<br>求める場合においては, 国土交通大臣が指定する強度試験によ<br>らなければならない. | ○ |
|---|---|---|---|

「令 74 条」に「コンクリート強度」の解説が載っており, その「2 項」より「前項に規定するコンクリートの強度 (四週圧縮強度) を求める場合においては, 国土交通大臣が指定する強度試験によらなければならない.」とわかる.

原文:令 74 条 2 項
2. 前項に規定するコンクリートの強度を求める場合においては, 国土交通大臣が指定する強度試験によらなければならない.

| 18104 | 鉄筋コンク<br>リート造<br><br>養生 | コンクリートの凝結及び硬化を促進するための特別の措置を講<br>ずる場合であっても, コンクリート打込み後 5 日間は, コンクリ<br>ートの温度が 2 度を下らないように養生しなければならない. | × |
|---|---|---|---|

「令 75 条」に「コンクリートの養生」について載っており,「打ち込み後 5 日間は, コンクリートの温度が 2 度を下らないようにしなければならない. ただし, コンクリートの凝結及び硬化を促進するための特別の措置を講じた場合は, この限りでない.」とわかる. よって誤り.

| | | | |
|---|---|---|---|
| | 原文：令75条<br>（コンクリートの養生）<br>コンクリート打込み中及び打込み後5日間は，コンクリートの温度が2度を下らないようにし，かつ，乾燥，震動等によってコンクリートの凝結及び硬化が妨げられないように養生しなければならない．ただし，コンクリートの凝結及び硬化を促進するための特別の措置を講ずる場合においては，この限りでない． | | |
| 19114 | 鉄筋コンクリート造<br>‐‐‐‐‐‐‐‐<br>床版 | 延べ面積500m²の鉄筋コンクリート造の建築物において，構造耐力上主要な部分である床版の最大曲げモーメントを受ける部分における引張鉄筋の間隔を，短辺方向において20cm以下，長辺方向において30cm以下で，かつ，床版の厚さの3倍以下とした． | ○ |

「令77条の2」に「床版の構造」について載っており，その「二号」より「構造耐力上主要な部分である床版の最大曲げモーメントを受ける部分における引張鉄筋の間隔は，短辺方向において20cm以下，長辺方向において30cm以下で，かつ，床版の厚さの3倍以下しなければならない．」とわかる．

原文：令77条の2
（床版の構造）
構造耐力上主要な部分である床版は，次に定める構造としなければならない．ただし，第82条第四号に掲げる構造計算によって振動又は変形による使用上の支障が起こらないことが確かめられた場合においては，この限りでない．
一．厚さは，8cm以上とし，かつ，短辺方向における有効張り間長さの40分の1以上とすること．
二．最大曲げモーメントを受ける部分における引張鉄筋の間隔は，短辺方向において20cm以下，長辺方向において30cm以下で，かつ，床版の厚さの3倍以下とすること．

| | | | |
|---|---|---|---|
| 05132 | 鉄筋コンクリート造<br>‐‐‐‐‐‐‐‐<br>はり | 限界耐力計算によって安全性が確かめられた場合，鉄筋コンクリート造の建築物において，構造耐力上主要な部分である「はり」は，「複筋ばりとし，これにあばら筋を「はり」の丈の3/4（臥梁（がりょう）にあっては，30cm）以下の間隔で配置」する必要はない． | ○ |

「令78条」に「有効細長比」について載っており，「構造耐力上主要な部分であるはりは，複筋ばりとし，これにあばら筋をはりの丈の3/4（臥梁にあっては，30cm）以下の間隔で配置しなければならない．」とわかる．ただし，問題文中に「限界耐力計算によって安全性を確かめられた」とあるため，「令36条2項第二号」より，「第81条2項第一号ロに掲げる構造計算（＝限界耐力計算）によって安全性を確かめる場合」は，「耐久性等関係規定」のみに適合すればよい．「令78条」の規定は，「耐久性等関係規定」の中に含まれていないため適用除外となる．よって正しい．

原文：令78条
（はりの構造）
構造耐力上主要な部分であるはりは，複筋ばりとし，これにあばら筋をはりの丈の3/4（臥梁にあっては，30cm）以下の間隔で配置しなければならない．

| 19105 | 鉄筋コンク リート造 かぶり厚さ | 延べ面積 200m²，木造，地上 2 階建ての建築物の布基礎において，立上り部分以外の部分の鉄筋に対するコンクリートのかぶり厚さを，捨コンクリートの部分を除いて 6cm 以上とした． | ○ |
|---|---|---|---|

「令 79 条」に「鉄筋のかぶり厚さ」について載っており，「布基礎の鉄筋に対するコンクリートのかぶり厚さは，立上り部分あっては 4cm 以上，立上り部分以外の部分にあっては捨コンクリートの部分を除いて 6cm 以上としなければならない．」とわかる．よって正しい．

原文：令 79 条
(鉄筋のかぶり厚さ)
鉄筋に対するコンクリートのかぶり厚さは，耐力壁以外の壁又は床にあつては 2cm 以上，耐力壁，柱又ははりにあつては 3cm 以上，直接土に接する壁，柱，床若しくははり又は布基礎の立上り部分にあつては 4cm 以上，基礎（布基礎の立上り部分を除く．）にあつては捨コンクリートの部分を除いて 6cm 以上としなければならない．

| 30123 | 鉄骨鉄筋コ ンクリート造 かぶり厚さ (SRC) | 鉄骨鉄筋コンクリート造の建築物において，鉄骨に対するコンクリートのかぶり厚さは，原則として，5cm 以上としなければならない． | ○ |
|---|---|---|---|

「令 79 条の 3」に「鉄骨のかぶり厚さ」の解説が載っており，その「1 項」，「2 項」を訳すと「鉄骨に対するコンクリートのかぶり厚さについては，所定の耐久性及び強度を有するものとして，大臣構造を用いる部材及び大臣認定を受けた部材を除き，5cm 以上としなければならない．」とわかる．

原文：令 79 条の 3
(鉄骨のかぶり厚さ)
鉄骨に対するコンクリートのかぶり厚さは，5cm 以上としなければならない．
2. 前項の規定は，水，空気，酸又は塩による鉄骨の腐食を防止し，かつ，鉄骨とコンクリートとを有効に付着させることにより，同項に規定するかぶり厚さとした場合と同等以上の耐久性及び強度を有するものとして，国土交通大臣が定めた構造方法を用いる部材 及び国土交通大臣の認定を受けた部材 については，適用しない．

| 30121 | 構造 構造方法に 関する補則 165.5 | 土砂災害特別警戒区域内における建築物の外壁の構造は，原則として，居室を有しない建築物であっても，自然現象の種類，最大の力の大きさ等及び土石等の高さ等に応じて，当該自然現象により想定される衝撃が作用した場合においても破壊を生じないものとして国土交通大臣が定めた構造方法を用いるものとしなければならない． | × |
|---|---|---|---|

「令 80 条の 3」より「土砂災害特別警戒区域内における居室を有する建築物の外壁の構造は，原則として，自然現象の種類，最大の力の大きさ等及び土石等の高さ等に応じて，当該自然現象により想定される衝撃が作用した場合においても破壊を生じないものとして大臣が定めた構造方法を用いるものとしなければならない．」とわかる．問題文は「居室を有しない建築物」とあるためため誤り．

原文：令80条の3
（土砂災害特別警戒区域内における居室を有する建築物の構造方法）
……土砂災害特別警戒区域……内における居室を有する建築物の外壁……の構造は，自然現象の種類……最大の力の大きさ……及び土石等の高さ等……に応じて，当該自然現象により想定される衝撃が作用した場合においても破壊を生じないものとして……大臣が定めた構造方法を用いるものとしなければならない．

| 01112 | 積載荷重 | 許容応力度等計算において，地震力を計算する場合，学校のバルコニーの床の積載荷重については，1,300N/mm² に床面積を乗じて計算することができる． | ○ |
| | 積載荷重 | | |

「令85条1項(8)」より，屋上広場やバルコニーの積載荷重は，原則として，住宅の居室の積載荷重の値とするが，学校または百貨店の屋上広場やバルコニーの積載荷重は，住宅の居室よりも数値の大きい「百貨店又は店舗の売場」の積載荷重とする．よって「地震力を計算する場合」は，1,300N/mm² に床面積を乗じて計算する．

原文：令82条第一号
一．第二款に規定する荷重及び外力によつて建築物の構造耐力上主要な部分に生ずる力を国土交通大臣が定める方法により計算すること．

| 22124 | 積載荷重 | 建築物の実況によらないで，柱の垂直荷重による圧縮力を計算する場合，百貨店の売場に連絡する廊下で，柱のささえる床の数が5のときは，当該廊下の床の積載荷重として採用する数値を 2,500N/m² とすることができる． | × |
| | 積載荷重 | | |

「令85条1項」の表中，「百貨店の売場に連絡する廊下」は(七)項用途に該当し，(五)項「その他の場合」の数値によるものとなる．柱の構造計算をする場合(ろ)欄より，床の積載荷重は 3,200N/m² とわかる．また，「令85条2項」に「柱又は基礎の垂直荷重による圧縮力を計算する場合においては，(ろ)欄の数値はそのささえる床の数に応じて，そこにある表の数値を乗じた数値まで減らすことができる．」とあり，（通称：積載カンワ）問題文では，ささえる床の数は「5」であるため，緩和の割合は「0.8」となる．ゆえに，「室の床の積載荷重として採用する数値」＝「3,200」×「0.8」＝ 2,560 となり，採用数値は 2,560N/m² 以上としなければならない．問題文は，「2,500（＜ 2,560）」とあるため誤り．

原文：令85条2項
2. 柱又は基礎の垂直荷重による圧縮力を計算する場合においては，前項の表の(ろ)欄の数値は，そのささえる床の数に応じて，これに次の表の数値を乗じた数値まで減らすことができる．ただし，同項の表の（五）に掲げる室の床の積載荷重については，この限りでない．

| 26133 | 積載荷重 | 倉庫業を営む倉庫において，床の積載荷重として採用する数値を建築物の実況に応じて計算して，3,800N/m² とした． | × |
| | 積載荷重 | | |

「令85条」に「積載荷重」の解説が載っており，その「3項」より「倉庫業を営む倉庫における床の積載荷重は，実況に応じて計算した数値が 1m² につき 3,900N 未満の場合においても，3,900N としなければならない．」とわかる．

原文：令85条3項
3. 倉庫業を営む倉庫における床の積載荷重は，第1項の規定によつて実況に応じて計算した数値が 1m² につき 3,900N 未満の場合においても，3,900N としなければならない．

| 25132 | 積雪荷重 | 積雪荷重を計算する場合の積雪の単位荷重は，原則として，積雪量1cmごとに20N/m²以上としなければならない． | ○ |
| | 積雪荷重 | | |

「令86条」に「積雪荷重」についての解説が載っており，その「2項」より「積雪の単位荷重は，積雪量1cmごとに20N/m²以上としなければならない．」とわかる．

原文：令86条
(積雪荷重)
積雪荷重は，積雪の単位荷重に 屋根の水平投影面積 及び その地方における垂直積雪量を乗じて計算しなければならない．
2. 前項に規定する積雪の単位荷重は，積雪量1cmごとに1m²につき20N以上としなければならない．ただし，特定行政庁は，規則で，国土交通大臣が定める基準に基づいて多雪区域を指定し，その区域につきこれと異なる定めをすることができる．

| 17115 | 積雪荷重 | 雪下ろしを行う慣習のある地方においては，その地方における垂直積雪量が1mを超える場合においても，積雪荷重は，雪下ろしの実況に応じて垂直積雪量を1mまで減らして計算することができる． | ○ |
| | 積雪荷重 | | |

「令86条」に「積雪荷重」の解説が載っており，その「6項」より「雪下ろしを行う慣習のある地方においては，その地方における垂直積雪量が1mを超える場合においても，積雪荷重は，雪下ろしの実況に応じて垂直積雪量を1mまで減らして計算することができる．」とわかる．問題文は正しい．

原文：令86条6項
6. 雪下ろしを行う慣習のある地方においては，その地方における垂直積雪量が1mを超える場合においても，積雪荷重は，雪下ろしの実況に応じて垂直積雪量を1mまで減らして計算することができる．

| 25134 | 地震力 | 建築物の地上部分の地震力は，当該建築物の各部分の高さに応じ，当該高さの部分が支える部分に作用する全体の地震力として計算しなければならない． | ○ |
| | 地震力 | | |

「令88条」より，「地上部分の地震力については，当該建築物の各部分の高さに応じ，当該高さの部分が支える部分に作用する全体の地震力として計算するもの」とわかる．

原文：令88条
建築物の地上部分の地震力については，当該建築物の各部分の高さに応じ，当該高さの部分が支える部分に作用する全体の地震力として計算するものとし……

| 29132 | 地震力 | 建築物の地上部分に作用する地震力について，許容応力度等計算を行う場合における標準せん断力係数は 0.2 以上又は 0.3 以上とするが，必要保有水平耐力を計算する場合における標準せん断力係数は，1.0 以上としなければならない． | ○ |
|---|---|---|---|
| | 地震力 | | |

「令 88 条 1，2 項」より，「建築物の地上部分に作用する地震力について，許容応力度等計算を行う場合（令 82 条第二号表の（$K$）），標準せん断力係数 $C_0$ は，0.2 以上又は 0.3 以上としなければならない．」とわかる．また，「令 88 条 3 項」より，「必要保有水平耐力を計算する場合（令 82 条の 3 第二号），標準せん断力係数 $C_0$ は，1.0 以上としなければならない．」とわかる．よって正しい．尚，保有水平耐力計算を行う場合，建築物の耐用年限中に数度遭遇する（稀に発生する）程度の中地震動（標準せん断力係数 $C_0$ を 0.2 以上）に対して一次設計，耐用年限中に一度遭遇するかもしれない（極めて稀に発生する）程度の大地震動（標準せん断力係数 $C_0$ を 1.0 以上）に対して二次設計を行う．

原文：令 88 条 2 項，3 項
2. 標準せん断力係数は，0.2 以上としなければならない．ただし，地盤が著しく軟弱な区域として特定行政庁が国土交通大臣の定める基準に基づいて規則で指定する区域内における木造の建築物……にあつては，0.3 以上としなければならない．
3. 第 82 条の 3 第二号の規定により必要保有水平耐力を計算する場合においては，前項の規定にかかわらず，標準せん断力係数は，1.0 以上としなければならない．

| 27124 | 地震力 | 建築物の地下部分の各部分に作用する地震力は，当該部分の固定荷重と積載荷重との和に，原則として，所定の式に適合する地震層せん断力係数を乗じて計算しなければならない． | × |
|---|---|---|---|
| | 地震力 | | |

「令 88 条 4 項」より，「建築物の地下部分の各部分に作用する地震力は，当該部分の固定荷重と積載荷重との和に，原則として，所定の式に適合する水平震度を乗じて計算しなければならない．」とわかる．問題文は「地震層せん断力係数」とあるため誤り．

原文：令 88 条 4 項
4. 建築物の地下部分の各部分に作用する地震力は，当該部分の固定荷重と積載荷重との和に次の式に適合する水平震度を乗じて計算しなければならない．……

| 01113 | 地震力 | 許容応力度等計算において，地下部分に作用する地震力の計算に際して，地震時における建築物の振動の性状を適切に評価して計算することができる場合には，当該計算によることができる． | ○ |
|---|---|---|---|
| | 地震力 | | |

「令 88 条 4 項」より，「建築物の地下部分に作用する地震力は，所定の式で計算しなければならない．ただし，地震時における建築物の振動の性状を適切に評価して計算をすることができる場合においては，当該計算によることができる．」とわかる．

原文：令 88 条 4 項
4. ……ただし，地震時における建築物の振動の性状を適切に評価して計算をすることができる場合においては，当該計算によることができる．

| 28133 | 許容応力度 | 木材の繊維方向における，短期（積雪時を除く．）に生ずる力に対する圧縮の許容応力度は，原則として，木材の種類及び品質に応じて国土交通大臣が定める圧縮に対する基準強度の数値に2/3を乗じて得た数値としなければならない． | ○ |
|---|---|---|---|
| | 木材 | | |

「令89条」に「木材の許容応力度」について載っており，その1項「表」より，「国土交通大臣が定める圧縮に対する基準強度を Fc とした場合，木材の繊維方向の短期に生ずる力に対する圧縮の許容応力度は，2Fc/3 倍」とわかる．

原文：令89条
（木材）
木材の繊維方向の許容応力度は，次の表の数値によらなければならない．ただし，第82条第一号から第三号までの規定によつて 積雪時の構造計算をするに当たつては，長期に生ずる力に対する許容応力度は同表の数値に1.3を乗じて得た数値と，短期に生ずる力に対する許容応力度は同表の数値に0.8を乗じて得た数値としなければならない．

| 21114 | 許容応力度 | 木造の一戸建ての住宅において，木材を基礎ぐい，水槽，浴室その他これらに類する常時湿潤状態にある部分に使用する場合においては，その繊維方向の許容応力度は，常時湿潤状態でない場合の数値の70％に相当する数値としなければならない． | ○ |
|---|---|---|---|
| | 木材 | | |

「令89条」に「木材の許容応力度」の解説が載っており，その「3項」より，「基礎ぐい，水槽，浴室その他これらに類する常時湿潤状態にある部分に使用する場合においては，その繊維方向の許容応力度は，数値の70％に相当する数値としなければならない．」とわかる．

原文：令89条3項
3. 基礎ぐい，水槽，浴室その他これらに類する常時湿潤状態にある部分に使用する場合においては，その許容応力度は，それぞれ前2項の規定による数値の70％に相当する数値としなければならない．

| 27134 | 許容応力度 | 径28mm 以下の異形鉄筋をせん断補強に用いる場合，短期に生ずる力に対する引張りの許容応力度の数値の上限は，390N/mm$^2$ である． | ○ |
|---|---|---|---|
| | 鋼材等 | | |

「令90条」に「鋼材等の許容応力度」について載っており，その「表2」より，「径28mm 以下の異形鉄筋をせん断補強に用いる場合，短期に生ずる力に対する引張りの許容応力度の数値の上限は，390N/mm$^2$」とわかる．

原文：令90条
（鋼材等）
鋼材等の許容応力度は，次の表1又は表2の数値によらなければならない．

| 26112 | 材料強度 | コンクリートの材料強度の算定における設計基準強度の上限の数値は，特定行政庁が規則で定めることができる． | ○ |
|---|---|---|---|
| | 材料強度 | | |

「令91条」に「コンクリートの許容応力度」の解説が載っており，その「2項」より「行政庁が規則で設計基準強度の上限の数値を定めた場合，コンクリートの許容応力度の算定について，その数値を設計基準強度とする．」とわかる．また「令97条」に「コンクリートの材料強度」の解説が載っており，その「2項」より「令91条2項の規定（行政庁が規則で設計基準強度の上限を定めた場合，その数値を設計基準強度とする規定）は，材料強度の算定について準用する．」とわかる．

| | | | |
|---|---|---|---|
| | 原文：令91条2項<br>2．特定行政庁がその地方の気候，骨材の性状等に応じて規則で設計基準強度の上限の数値を定めた場合において，設計基準強度が，その数値を超えるときは，前項の表の適用に関しては，その数値を設計基準強度とする．<br><br>原文：令97条2項<br>2．第91条第2項の規定は，前項の設計基準強度について準用する． | | |

**21124** 許容応力度／溶接

突合せ溶接ののど断面に対する許容応力度について，短期に生ずる力に対するせん断の許容応力度は，長期に生ずる力に対するせん断の許容応力度の1.5倍である．　○

「令92条」に「溶接の許容応力度」の解説が載っており，その「表」より，「突合せ溶接ののど断面に対する許容応力度について，短期に生ずる力に対するせん断の許容応力度は，長期に生ずる場合の1.5倍」とわかる．

原文：令92条
（溶接）
溶接継目ののど断面に対する許容応力度は，次の表の数値によらなければならない．

**22121** 地盤／地盤

地盤が密実な砂質地盤の場合，その地盤の長期に生ずる力に対する許容応力度は，200kN/m²とすることができる．　○

「令93条」に「地盤」の解説が載っており，そこにある「表」より，「地盤が密実な砂質地盤の場合，その地盤の長期に生ずる力に対する許容応力度は，200kN/m²とすることができる．」とわかる．

原文：令93条
（地盤及び基礎ぐい）
……．ただし，次の表に掲げる地盤の許容応力度については，地盤の種類に応じて，それぞれ次の表の数値によることができる．

**29133** 許容応力度／補足

高力ボルトの短期に生ずる力に対する引張りの許容応力度は，引張りの材料強度の2/3の値である．　×

「令92条の2」に「高力ボルト摩擦接合部の許容せん断応力度」について載っているが，問題文の「引張りの許容応力度」については，規定されていない．「令94条」より，「これらの規定の他に，構造耐力上主要な部分の材料の長期及び短期に生ずる力に対する許容応力度は，材料の種類及び品質に応じ，大臣が定める数値によらなければならない．」とわかる．「告示第2466号」の「第2第一号表」より，「高力ボルトの品質に応じ，高力ボルトの長期に生ずる力に対する引張りの許容応力度が定められており，いずれも短期は長期の1.5倍の値」とわかる．また「第3第一号表」より，高力ボルトの品質に応じ，基準強度が定められている．よって，高力ボルトの短期に生ずる力に対する引張りの許容応力度は，引張りの材料強度の2/3の値にならない．

原文：令94条
（補則）
第89条から前条までに定めるもののほか，構造耐力上主要な部分の材料の長期に生ずる力に対する許容応力度及び短期に生ずる力に対する許容応力度は，材料の種類及び品質に応じ，国土交通大臣が建築物の安全を確保するために必要なものとして定める数値によらなければならない．

| 04124 | 材料強度 | 異形鉄筋をせん断補強以外に用いる場合の引張りに対する材料強度は，異形鉄筋の圧縮に対する材料強度と同じ値である． | ○ |
|---|---|---|---|
| | 鋼材等 | | |
| | | 「令96条」に「鋼材等の材料強度」について載っており，その「表2」より，「異形鉄筋の圧縮に対する材料強度と，引張り（せん断補強以外に用いる場合）に対する材料強度は，同じ値（F）」とわかる． | |
| | | 原文：令96条 <br> (鋼材等) <br> 鋼材等の材料強度は，次の表1又は表2の数値によらなければならない． | |
| 16105 | 材料強度 | コンクリートのせん断の材料強度は，原則として，設計基準強度の1/10である． | ○ |
| | 材料強度 | | |
| | | 「令97条」に「コンクリートの材料強度」の解説が載っており，そこにある「表」より「設計基準強度をFとすると，せん断に対する材料強度はF/10」とわかる． | |
| | | 原文：令97条 <br> (コンクリート) <br> コンクリートの材料強度は，次の表の数値によらなければならない．ただし，…… | |

コード　29121

図のような木造, 地上2階建ての住宅(屋根を金属板で葺いたもの)の1階部分について, 建築基準法上, 桁行方向と張間方向に設けなければならない構造耐力上必要な軸組の最小限の長さは, それぞれいくつか. ただし, 小屋裏等に物置等は設けず, 区域の地盤及び地方の風の状況に応じた「地震力」及び「風圧力」に対する軸組の割増はないものとし, 国土交通大臣が定める基準に従った構造計算は行わないものとする. なお, 1階部分の軸組の構造の判定に用いる1階の床面積については, 80㎡とする. また図は略図とする.

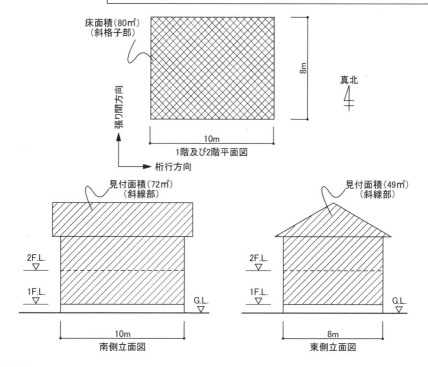

床面積(80㎡)
(斜格子部)

8m

真北

張り間方向

10m

1階及び2階平面図

桁行方向

見付面積(72㎡)
(斜線部)

見付面積(49㎡)
(斜線部)

2F.L.

1F.L.

G.L.

10m

南側立面図

2F.L.

1F.L.

G.L.

8m

東側立面図

09

解説

「令46条4項」より, 「階数が2以上又は延べ面積が50㎡を超える木造の建築物においては, 各階の張り間方向及び桁行方向に配置する軸組を, それぞれの方向に,
①.「表1」の軸組の区分に応じ, 軸組の長さに同表の倍率を乗じて得た長さの合計が,
②.その階の床面積に「表2」の値を乗じた数値以上, かつ, その階(その階より上の階がある場合は上階を含む)の見付面積から, その階の床面から高さ1.35mを減じたものに「表3」の値を乗じた数値以上となるように設置する」とわかる.

①.を「存在壁量」, ②.を「必要壁量」といい, ①.を②.で除した値を「壁量充足率」という.
この問題文では, ②.「必要壁量」を求める.

②.「必要壁量」を求める場合,
「地震力(その階の床面積に「表2」の値を乗じた数値)」と「風圧力(見付面積から,その階の
床面から高さ1.35mを減じたものに「表3」の値を乗じた数値)」をそれぞれ求め,大きい方の値を採用する.
問題文に,「屋根を金属板で葺いた建築物」とあるため,令46条4項「表2」より,
建築物の種別は,「令43条1項の表の(2)に掲げる建築物」に該当し,「階数が2の建築物の1階」の
検討となるため,「階の床面積に乗ずる数値」は,「29 cm/㎡」とわかる.
また令46条4項の「表3」より,「見付面積に乗ずる数値」は,「50 cm/㎡」とわかる.

○「地震力」の検討
問題文の図より,床面積は80㎡であり,地震力に対して必要な軸組の長さは,
桁行方向,張り間方向とも,80㎡×29cm/㎡=2,320cm

○風圧力の検討
・桁行方向の風圧力に対して必要な軸組の長さを算定する場合,張り間方向の面に受ける風圧力に
抵抗することとなるため,見付面積には,張り間方向の面(東側立面図)の面積を用いる.
49㎡−(8m×1.35m)=38.2㎡　　38.2㎡×50cm/㎡=1,910cm

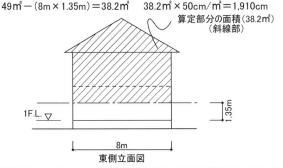

算定部分の面積(38.2㎡)
(斜線部)

1F.L.

1.35m

8m

東側立面図

・張り間方向の風圧力に対して必要な軸組の長さを算定する場合,桁行方向の面に受ける風圧力に
抵抗することとなるため,見附面積には,桁行方向の面(南側立面図)の面積を用いる.
72㎡−(10m×1.35m)=58.5㎡　　58.5㎡×50cm/㎡=2,925cm

算定部分の面積(58.5㎡)
(斜線部)

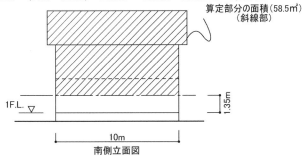

1F.L.

1.35m

10m

南側立面図

○地震力と風圧力の大小を各方向で比較する.
桁行方向:　2,320cm ＞ 1,910cm ,　張り間方向:　2,320cm ＜ 2,925cm
桁行方向に設けなければならない構造耐力上必要な軸組の最小限の長さは,2,320cm
張り間方向に設けなければならない構造耐力上必要な軸組の最小限の長さは,2,925cm

解答:　桁行方向　2,320cm
　　　　張り間方向　2,925cm

# 構造計算等関係規定・早見表

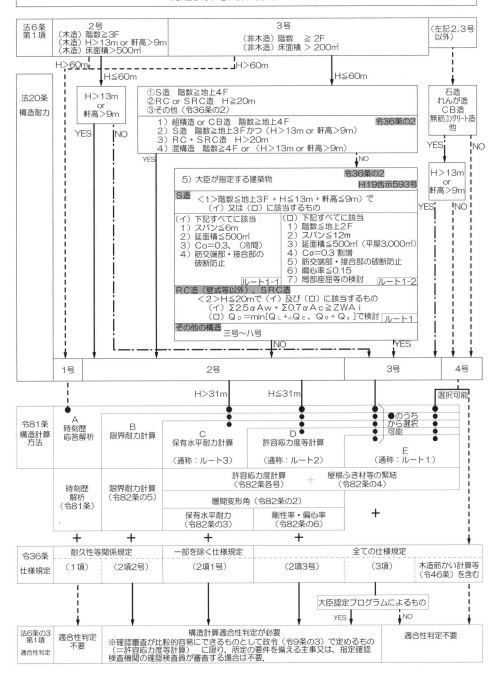

**法6条の3**（構造計算適合性判定）

**建築主**は，第6条第1項の場合において，申請に係る建築物の計画が第20条第1項第二号若しくは第三号に定める基準（同項第二号イ又は第三号イの政令で定める基準に従つた構造計算で，同項第二号イに規定する方法若しくはプログラムによるもの又は同項第三号イに規定するプログラムによるものによつて確かめられる安全性を有することに係る部分に限る．以下「**特定構造計算基準**」という．）又は第3条第2項（……）の規定により第20条の規定の適用を受けない建築物について第86条の7第1項の政令で定める範囲内において増築若しくは改築をする場合における同項の政令で定める基準（特定構造計算基準に相当する基準として政令で定めるものに限る．以下「**特定増改築構造計算基準**」という．）に適合するかどうかの確認審査（第6条第4項に規定する審査又は前条第一項の規定による確認のための審査をいう．以下この項において同じ．）を要するものであるときは，**構造計算適合性判定**（当該建築物の計画が特定構造計算基準又は特定増改築構造計算基準に適合するかどうかの判定をいう．以下同じ．）の申請書を提出して都道府県知事の構造計算適合性判定を受けなければならない．ただし，当該建築物の計画が特定構造計算基準（**第20条第1項第二号**の政令で定める基準に従つた構造計算で**同号イに規定する方法**によるものによつて確かめられる安全性を有することに係る部分のうち確認審査が**比較的容易にできるものとして政令で定めるものに限る．**）又は特定増改築構造計算基準（確認審査が比較的容易にできるものとして政令で定めるものに限る．）に適合するかどうかを，**構造計算に関する高度の専門的知識及び技術を有する者**として国土交通省令で定める要件を備える者である**建築主事**が第6条第4項に規定する審査をする場合又は前条第1項の規定による指定を受けた者が当該国土交通省令で定める要件を備える者である第77条の24第1項の確認検査員に前条第1項の規定による確認のための審査をさせる場合は，この限りでない．

○ 構造適判の対象となるケース

法20条1項第二号イの政令の構造計算で，同項**第二号イに規定する方法**と**プログラム**

法20条1項第三号イの政令の構造計算で，同項**第三号イに規定するプログラム**

つまり，**特定構造計算基準**は，保有水平耐力計算，限界耐力計算，許容応力度等計算，プログラム

○従来の規定では，「既存不適格」への増改築に対して，構造適判の規定が無かったため，保有水平耐力計算を要する増築部でも，構造適判の対象にならなかった．

○確認審査が比較的容易なもの（**許容応力度等計算**）については，所定の要件を備える建築主事又は確認検査機関の確認検査員が審査を行う場合は，構造適判の対象から除外する．

**法 20 条**（構造耐力）

建築物は，自重，積載荷重，積雪荷重，風圧，土圧及び水圧並びに地震その他の震動及び衝撃に対して安全な構造のものとして，次の各号に掲げる建築物の区分に応じ，それぞれ当該各号に定める基準に適合するものでなければならない．

一 <u>高さが 60m を超える建築物</u> 当該建築物の安全上必要な構造方法に関して**政令で定める技術的基準**に適合するものであること．この場合において，その構造方法は，<u>荷重及び外力によって建築物の各部分に連続的に生ずる力及び変形を把握すること</u>その他の**政令で定める基準に従った構造計算**によって安全性が確かめられたものとして国土交通大臣の認定を受けたものであること．

二 <u>高さが 60m 以下の建築物のうち，第 6 条第 1 項第二号に掲げる建築物（高さが 13m又は軒の高さが 9m を超えるものに限る.）又は同項第三号に掲げる建築物（地階を除く階数が 4 以上である鉄骨造の建築物，高さが 20m を超える鉄筋コンクリート造又は鉄骨鉄筋コンクリート造の建築物その他これらの建築物に準ずるものとして政令で定める建築物に限る.）</u> 次に掲げる基準のいずれかに適合するものであること．

　　　↑（準ずる政令建築物　令 36 条の 2）

イ　当該建築物の安全上必要な構造方法に関して**政令で定める技術的基準**に適合すること．この場合において，その構造方法は，<u>地震力によって建築物の地上部分の各階に生ずる水平方向の変形を把握すること</u>その他の**政令で定める基準に従った構造計算**で，国土交通大臣が定めた方法によるもの又は国土交通大臣の認定を受けたプログラムによるものによって確かめられる安全性を有すること．

ロ　前号に定める基準に適合すること．

三 <u>高さが 60m 以下の建築物のうち，第 6 条第 1 項第二号又は第三号に掲げる建築物その他その主要構造部（……）を石造，れんが造……その他これらに類する構造とした建築物で高さが 13m 又は軒の高さが 9mを超えるもの（前号に掲げる建築物を除く.）</u> 次に掲げる基準のいずれかに適合するも

のであること．

イ　当該建築物の安全上必要な構造方法に関して**政令で定める技術的基準**に適合すること．この場合において，その構造方法は，<u>構造耐力上主要な部分ごとに応力度が許容応力度を超えないことを確かめること</u>その他の**政令で定める基準に従った構造計算**で，国土交通大臣が定めた方法によるもの又は国土交通大臣の認定を受けたプログラムによるものによって確かめられる安全性を有すること．

ロ　前二号に定める基準のいずれかに適合すること．

四 <u>前 3 号に掲げる建築物以外の建築物</u>次に掲げる基準のいずれかに適合するものであること．

イ　当該建築物の安全上必要な構造方法に関して**政令で定める技術的基準**に適合すること．

ロ　前三号に定める基準のいずれかに適合すること．

2 前項に規定する基準の適用上一の建築物であっても別の建築物とみなすことができる部分として政令で定める部分が二以上ある建築物の当該建築物の部分は，同項の規定の適用については，それぞれ別の建築物とみなす．

　　　　　　↑（令 36 条の 4　EXP. J）

━━━━━━━━━━━━━━━━━━━━━━━━

**★これらの条文を「横並びに」まとめてイメージする**

| 下線 | 分類 | 法 20 条 | 令 36 条 | 令 81 条 |
|---|---|---|---|---|
| ═══ | 超高層 | 一号 | 1 項 | 1 項 |
| 〰〰 | 大規模の建物 | 二号 | 2 項 | 2 項 |
| …… | 中規模の建物 | 三号 | 3 項 | 3 項 |
| ----- | 小規模の建物 | 四号 | 3 項 | ― |

**令36条**（構造方法に関する技術的基準）

法第20条第1項第一号の政令で定める技術的基準（建築設備に係る技術的基準を除く.）は, **耐久性等関係規定**（この条から第37条まで, 第38条第1項, 第5項及び第6項, 第39条第1項, 第41条, 第49条, 第70条, 第72条（第79条の4及び第80条において準用する場合を含む.）, 第74条から第76条まで（これらの規定を第79条の4及び第80条において準用する場合を含む.）, 第79条（第79条の4において準用する場合を含む.）, 第79条の3並びに第80条の2（国土交通大臣が定めた安全上必要な技術的基準のうちその指定する基準に係る部分に限る.）の規定をいう. 以下同じ.）に適合する構造方法を用いることとする.

2 法第20条第1項第二号イの政令で定める技術的基準（建築設備に係る技術的基準を除く.）は, 次の各号に掲げる場合の区分に応じ, それぞれ当該各号に定める構造方法を用いることとする.

一　**第81条第2項第一号イに掲げる構造計算**によって安全性を確かめる場合
この節から**第4節の2**まで, **第5節**（第67条第1項（同項各号に掲げる措置に係る部分を除く.）及び第68条第4項（これらの規定を第79条の4において準用する場合を含む.）を除く), **第6節**（第73条, 第77条第二号から第六号まで, 第77条の2第2項, 第78条（プレキャスト鉄筋コンクリートで造られたはりで2以上の部材を組み合わせるものの接合部に適用される場合に限る.）及び第78条の2第1項第三号（これらの規定を第79条の4において準用する場合を含む.）を除く), **第6節の2**, **第80条及び第7節の2**（第80条の2（国土交通大臣が定めた安全上必要な技術的基準のうちその指定する基準に係る部分に限る.）を除く.）の規定に適合する構造方法

二　**第81条第2項第一号ロに掲げる構造計算**によって安全性を確かめる場合
**耐久性等関係規定**に適合する構造方法

三　**第81条第2項第二号イに掲げる構造計算**によって安全性を確かめる場合
この節から**第7節の2**までの規定に適合

する構造方法

　　　　　　　　　　　↑（構造仕様規定）

3 法第20条第1項第三号イ及び第四号イの政令で定める技術的基準（建築設備に係る技術的基準を除く.）は, **この節から第7節の2までの規定**に適合する構造方法を用いることとする.　　　↑（構造仕様規定）

**令36条の2**（地階を除く階数が4以上である鉄骨造の建築物等に準ずる建築物）

法20条第1項第二号の政令で定める建築物

一　地階を除く階数4以上の組積造又は補強CB造

二　地階を除く階数3以下のS造で高さ13m軒高9mを超え

三　RC造とSRC造を併用する建築物で, 高さが20mを超え

四　木造, 組積造, 補強CB造, S造のうち2以上の構造を併用又は, これらとRC造, SRC造を併用し, 階数4 高さ13m 軒高9m 超え

五　**前各号のほか大臣が指定する建物**

**令81条**（第8節 構造計算 第1款　総則）

<u>法第20条第1項第一号の政令で定める基準</u>は、次のとおりとする。

　一　荷重及び外力によって建築物の各部分に連続的に生ずる力及び変形を把握すること.

　二　前号の規定により把握した力及び変形が当該建築物の各部分の耐力及び変形限度を超えないことを確かめること.

　三　屋根ふき材，外装材及び屋外に面する帳壁が，風圧並びに地震その他の震動及び衝撃に対して構造耐力上安全であることを確かめること.

　四　前三号に掲げるもののほか，建築物が構造耐力上安全であることを確かめるために必要なものとして国土交通大臣が定める基準に適合すること.

　　↑（告示H12年1461号＝**超高層の構造計算**）

2　<u>法第20条第1項第二号イの政令で定める基準</u>は，次の各号に掲げる建築物の区分に応じ，それぞれ当該各号に定める構造計算によるものであることとする.

　一　**高さが31mを超える建築物**　次のイ又はロのいずれかに該当する構造計算

　イ　**保有水平耐力計算**又はこれと同等以上に安全性を確かめることができるものとして国土交通大臣が定める基準に従った構造計算

　ロ　**限界耐力計算**又はこれと同等以上に安全性を確かめることができるものとして国土交通大臣が定める基準に従った構造計算

　二　**高さが31m以下の建築物**　次のイ又はロのいずれかに該当する構造計算

　イ　**許容応力度 等 計算**又はこれと同等以上に安全性を確かめることができるものとして国土交通大臣が定める基準に従った構造計算

　ロ　前号に定める構造計算

3　<u>法第20条第1項第三号イの政令で定める基準</u>は，次条各号 及び 第82条の4 に定めるところによる**構造計算**又はこれと同等以上に安全性を確かめることができるものとして国土交通大臣が定める基準に従った構造計算によるものであることとする.

　　　　↑（**許容応力度計算＋屋根ふき材等**）

---

| **第1款の2　保有水平耐力計算** |
| :--- |
| 令82条【保有水平耐力計算】（82条各号・82条の2・**82条の3**・82条の4） |
| 一号 第2款（荷重及び外力）に応じ構造上主要な部分に生ずる力を計算 |
| 二号 前号の部分の断面に生ずる長期・短期の各応力度を計算 |
| 三号 前号の各応力度が第3款の規定（許容応力度）を超えない確認 |
| 四号 大臣が定める場合の確認 |
| ※ **令82条各号＝「許容応力度計算」** |
| 令82条の2【層間変形角】 |
| **令82条の3【保有水平耐力】** |
| 令82条の4【屋根ふき材等の構造計算】 |
| **第1款の3　限界耐力計算** |
| 令82条の5 |
| **第1款の4　許容応力度 等 計算** |
| 令82条の6 ←（82条各号・82条の2・82条の4＋**剛性率＋偏心率**） |

09

**令82条**（保有水平耐力計算）

前条第2項第一号イに規定する**保有水平耐力計算**とは，`次の各号`及び`次条から第82条の4まで`に定めるところによりする**構造計算**をいう．

　一　**第2款に規定する荷重及び外力**によって建築物の構造耐力上主要な部分に生ずる力を国土交通大臣が定める方法により計算すること．

　二　前号の構造耐力上主要な部分の断面に生ずる長期及び短期の各応力度を次の表に掲げる式によって計算すること．（図略）

　三　第一号の構造耐力上主要な部分ごとに，前号の規定によって計算した長期及び短期の各応力度が，それぞれ**第3款の規定による**長期に生ずる力又は短期に生ずる力に対する**各許容応力度**を超えないことを確めること．

　四　……

**令82条の2**（`層間変形角`）

**令82条の3**（**保有水平耐力**）

建築物の地上部分については，第一号の規定によって計算した各階の水平力に対する耐力（以下この条及び第82条の5において「保有水平耐力」という．）が，第二号の規定によって計算した必要保有水平耐力以上であることを確めなければならない．

　一　**第4款に規定する材料強度**によって国土交通大臣が定める方法により保有水平耐力を計算すること．　　　告示 H19 年 594 号

　二　地震力に対する各階の必要保有水平耐力を次の式によって計算すること．

$$Q_{un} = D_s F_{es} Q_{ud}$$
　　　告示 S55 年 1792 号 $[D_s, F_{es}$ 算出方法$]$
$$Q_{ud} = C_i W_i \,[令88条 C_i = Z R_t A_i C_0 \,(C_0 \geqq 1.0)]$$

**令82条の4**（`屋根ふき材等の構造計算`）

**令82条の5**（限界耐力計算）

第81条第2項第一号ロに規定する**限界耐力計算**とは……

　一　**地震時を除き**，第82条第一号から第三号まで……

　二　積雪時又は暴風時に，建築物の構造耐力上主要な部分に生ずる力を次の表に掲げる式によって計算し，当該構造耐力上主要な部分に生ずる力が，それぞれ**第4款の規定による材料強度**によって計算した当該構造耐力上主要な部分の耐力を超えないことを確かめること．（図略）

　三　**地震による加速度によって**……**損傷限界耐力**を超えないことを確かめること．

　四　第88条第4項に規定する地震力により建築物の地下……

　五　**地震による加速度によって**……保有水平耐力を超えないことを確かめること．　　→**安全限界**
　　　$F_h$：安全限界固有周期における振動の減衰による加速度の低減率

　七　屋根ふき材，特定天井，外装材及び屋外に面する帳壁が……

**令82条の6**（許容応力度等計算）

第81条第2項第二号イに規定する**許容応力度等計算**とは……

　一　`第82条各号`，`第82条の2`及び`第82条の4`に定め……

　二　建築物の地上部分について，次に適合することを確かめ…

　イ　次の式によって計算した各階の剛性率が，それぞれ 6/10 以上であること．

　ロ　次の式によって計算した各階の偏心率が，それぞれ 15/100 を超えないこと．

　三　前2号に定めるところによるほか，建築物の地上部分について……大臣が定める基準

## 法 20 条 1 項第二号

高さが 60m 以下の建築物のうち，第 6 条第 1 項第二号に掲げる建築物 (高さが 13m 又は軒の高さが 9m を超えるものに限る.) 又は同項第三号に掲げる建築物 (地階を除く階数が 4 以上である鉄骨造の建築物，高さが 20m を超える鉄筋コンクリート造又は鉄骨鉄筋コンクリート造の建築物その他これらの建築物に準ずるものとして政令で定める建築物に限る.)

次に掲げる基準のいずれかに適合するものであること.

## 令 36 条 2 項第一号

第 81 条第 2 項第一号イに掲げる構造計算によって安全性を確かめる場合

<u>この節から第 4 節の 2 まで</u>，<u>第 5 節</u> (……)，
<u>第 6 節</u> (
　第 73 条，
　第 77 条第二号から第六号まで，
　第 77 条の 2 第 2 項，
　第 78 条
　(プレキャスト鉄筋コンクリートで造られたはりで 2 以上の部材を組み合わせるものの接合部に適用される場合に限る.)
　及び
　第 78 条の 2 第 1 項第三号
　(これらの規定を第 79 条の 4 において準用する場合を含む.)
を除く.)，
<u>第 6 節の 2</u>，<u>第 80 条</u> <u>及び</u> <u>第 7 節の 2</u> (……)
の規定に適合する構造方法.

○ 法 20 条第 1 項第二号の対象となる「非木造」建築物 (読み方)

同項第三号に掲げる建築物 (<u>地階を除く階数が 4 以上である鉄骨造の建築物，高さが 20m を超える鉄筋コンクリート造</u> **又は** <u>鉄骨鉄筋コンクリート造の建築物</u>

**その他**これらの建築物に準ずるものとして政令で定める建築物に限る.)

★文章全体を「又は」で繋いでいるのではない!
★「その他」には前後を並列で繋ぐ役割がある
　(法 2 条第二号 参照)

同項第三号に掲げる建築物 (
　①地階を除く階数が 4 以上である鉄骨造の建築物
　②高さが 20m を超える鉄筋コンクリート造 (の建築物)
　③(高さが 20m を超える) 鉄骨鉄筋コンクリート造の建築物
　④これらの建築物に準ずるものとして政令で定める建築物
　に限る.)

○**保有水平耐力計算**によって安全性を確かめる場合

第 5 節 →「鉄骨造」，第 6 節 →「RC 造」

RC 造 (令 71 条～ 79 条) なら，次の規定に適合する構造方法

　令 71 条　コンクリートの材料
　令 72 条　鉄筋の継手及び定着
　令 74 条　コンクリートの強度
　令 75 条　コンクリートの養生
　令 76 条　型わく及び支柱の除去
　令 77 条一号　柱の構造 (主筋の数)
　令 77 条の 2 第 1 項　床版の構造
　令 78 条　はりの構造 (プレキャストのみ)
　令 78 条の 2 第 1 項一号，二号，四号，2 項　耐力壁
　令 79 条　鉄筋のかぶり厚さ

建築基準法施行**令** 第 3 章 構造強度 第 8 節 構造計算

## 第 2 款　荷重及び外力

**令 83 条**（荷重及び外力の種類）
一　固定荷重 → **令**第 84 条
二　積載荷重 → **令**第 85 条
三　積雪荷重 → **令**第 86 条
四　風圧力 → **令**第 87 条
五　地震力 → **令**第 88 条

**令 85 条**（積載荷重）

| 室の種類 | 構造計算の対象 | | 床<br>小梁 | 架構 | 地震 |
|---|---|---|---|---|---|
| (1) | 住宅の居室, 住宅以外の建築物における寝室又は病室 | | 1,800 | 1,300 | 600 |
| (2) | 事務室 | | 2,900 | 1,800 | 800 |
| (3) | 教室 | | 2,300 | 2,100 | 1,100 |
| (4) | 百貨店又は店舗の売り場 | | 2,900 | 2,400 | 1,300 |
| (5) | 劇場, 映画館, 演劇場, 観覧場, 公会堂, 集会場その他これらに類する用途に供する建築物の客席又は集会室 | 固定席 | 2,900 | 2,600 | 1,600 |
| | | その他 | 3,500 | 3,200 | 2,100 |
| (6) | 自動車車庫又は自動車通路 | | 5,400 | 3,900 | 2,000 |
| (7) | 廊下, 玄関又は階段 | | (3)〜(5)までに掲げる室に連絡するものにあっては, (5)の「その他の場合」の数値による. | | |
| (8) | 屋上広場又はバルコニー | | (1)の数値による. ただし, 学校又は百貨店の用途に供する建物にあっては, (4)の数値による. | | |

2 **柱**又は**基礎**の垂直荷重による圧縮力を計算する場合においては, 前項の表の（ろ）欄の数値は, その**ささえる床の数**に応じて, これに次の表の数値を乗じた数値まで減らすことができる. ただし, 同項の表の (5) に掲げる室の床の積載荷重については, この限りでない.

3 倉庫業を営む倉庫における床の積載荷重は, 第 1 項の規定によって実況に応じて計算した数値が 3,900N/ m² 未満の場合においても, 3,900N としなければならない.

**令 86 条**（積雪荷重）
積雪荷重は, 積雪の単位荷重に屋根の水平投影面積及びその地方における垂直積雪量を乗じて計算しなければならない.

4 屋根の積雪荷重は, 屋根に雪止めがある場合を除き, その勾配が 60° 以下の場合
　→ 屋根形状係数（……）を乗じた数値とし, その勾配が 60° を超える場合においては, 0 とすることができる.
$$\mu_b = \sqrt{\cos(1.5\beta)}$$

○「**第 2 款**」「**第 3 款**」は何のための規定？
令 82 条各号（**許容応力度計算**）の内容を確認
一　**第 2 款**に規定する荷重及び外力によって建築物の構造耐力上主要な部分に生ずる力を……大臣が定める方法により**計算**
二　前号の構造耐力上主要な部分の断面に生ずる長期及び短期の各応力度を次の表に掲げる式によって計算
三　第一号の構造耐力上主要な部分ごとに, 前号の規定によって計算した長期及び短期の各応力度が, それぞれ**第 3 款**の規定による長期に生ずる力又は短期に生ずる力に対する**各許容応力度**を超えないことを確かめること

○積載荷重
床の構造計算をする場合 → 1 箇所に集中して積載することを想定
架構を計算する場合 → 物を置く場所と置かない場所が混在
　→ 床よりも荷重条件がばらつく（床より小さくなる）
地震力を計算する場合 → フロア全体の荷重が対象
　→ 床全体の荷重を床全体の面積で割る（架構より小さくなる）
**★「3500N」は, 人が押し詰めになった状態をイメージ**
「ささえる床の数」
多くの階を支える柱は, 荷重が軽い階や重い階が混在するので全部重い階として計算しなくて構わない（低減）
「ささえる床の数が 2」とは, 柱の上に床が二つということ
　→ 2 階建ての場合は 1 階の柱, 6 階建ての場合は 5 階の柱
　　（柱にかかる圧縮荷重 ×0.95 → 5% 軽いものとして計算して OK）
・廊下, 玄関又は階段← →固定席の無い集会場（集中度合い）
**★特徴的なケースをまとめておく**
○積雪荷重
$S = d \times A \times \rho$（令 86 条 2, 3 項を参照して）

**令 87 条**（風圧力）

風圧力は，速度圧に風力係数を乗じて計算しなければならない．

2 前項の速度圧は，次の式によって計算しなければならない．

$$q = 0.6\, E\, V_0{}^2$$

**令 88 条**（地震力）

建築物の地上部分の地震力については，当該建築物の各部分の高さに応じ，当該高さの部分が支える部分に作用する全体の地震力として計算するものとし，その数値は，当該部分の固定荷重と積載荷重との和（……行政庁が指定する多雪区域においては，更に積雪荷重を加えるものとする．）に当該高さにおける地震層せん断力係数を乗じて計算しなければならない．この場合において，地震層せん断力係数は，次の式によって計算するものとする．

$$C_i = Z\, R_t\, A_i\, C_0$$

$C_i$：**地上部分**の一定の高さにおける**地震層せん断力係数**

$Z$：その地方における過去の地震の記録に基づく震害の程度及び地震活動の状況その他地震の性状に応じて 1.0 から 0.7 まで

$R_t$：建築物の振動特性を表すものとして，建築物の弾性域における固有周期及び地盤の種類に応じて……算出した数値

$A_i$：建築物の振動特性に応じて地震層せん断力係数の建築物の高さ方向の分布を表すものとして……算出した数値

$C_0$：標準せん断力係数

4 建築物の地下部分の各部分に作用する地震力は，当該部分の固定荷重と積載荷重との和に次の式に適合する水平震度を乗じて計算しなければならない．ただし，……

$$k \geqq 0.1\,(1 - H/40)\, Z$$

$k$：水平震度

$H$：建築物の地下部分の各部分の地盤面からの深さ

○風圧力

$$W = q \times C_f$$

$W$：風圧力 → 単位面積あたりの壁面に作用する風による圧力

$q$：速度圧 → 風の力の強さ

$C_f$：風力係数（建物の形状によって決まる）
閉鎖型の建物の風力係数 → 外圧係数と内圧係数との差

○地震力

$$Q_i = C_i \times W_i$$

$Q_i$：$i$ 階に作用する地震層せん断力

$C_i$：$i$ 階の地震層せん断力係数

$W_i$：$i$ 階より上の建築物の重量(固定荷重＋積載荷重)

$Z$：地震地域係数

$R_t$：振動特性係数

$A_i$：地震層せん断力係数の分布係数

$C_0$：標準せん断力係数
**中地震**に対し建物に損傷を起こさせない
$C_0 \geqq 0.2$
（2 割の重力加速度が建物に作用するものとして設計）
木造において著しく軟弱な地盤上での中地震を想定　$C_0 \geqq 0.3$
**大地震**に対し建物が危険な崩壊をしない
$C_0 \geqq 1.0$

09

**令82条の6**（許容応力度等計算）

第81条第2項第二号イに規定する許容応力度等計算とは，次に定めるところによりする構造計算をいう．

- 一　第82条各号，第82条の2及び第82条の4に定める……
- 二　建築物の地上部分について，次に適合することを確かめる…
  - イ　次の式によって計算した各階の剛性率［$R_s$］が，それぞれ6/10以上であること．……
  - ロ　次の式によって計算した各階の偏心率［$R_e$］が，それぞれ15/100を超えないこと．……

**令82条の3**　（保有水平耐力）

建築物の地上部分については，第一号の規定によって計算した各階の水平力に対する耐力（以下この条及び第82条の5において「**保有水平耐力**」という．）が，第二号の規定によって計算した**必要保有水平耐力以上であること**を確かめなければならない．

- 一　第4款に規定する材料強度によって国土交通大臣が定める方法により保有水平耐力を計算すること．
- 二　地震力に対する各階の**必要保有水平耐力**を次の式によって計算すること．

$$Q_{un} = D_s F_{es} Q_{ud}$$

**保有水平耐力**（$Q_u$）≧ **必要保有水平耐力**（$Q_{un}$）

※地震力と建築物の各部の応力との釣合い条件を満たす

建築物の各部の応力は，各部材の終局耐力を超えない

建築物の一部又は全体が崩壊メカニズムの形成条件を満たす

$Q_{un}$：各階の必要保有水平耐力（単位 kN）

$D_s$　：靭性型とすることで低減される構造特性係数

$F_{es}$　：剛性率が小さいほど，偏心率が大きいほど，大きくなる．

　　　安全のための建物形状による割増係数

$Q_{ud}$：地震力によって各階に生ずる水平力（単位 kN）

---

「許容応力度等計算」は，

許容応力度計算＋層間変形角＋屋根ふき材＋剛性率［$R_s$］と偏心率［$R_e$］の確認

高さ31mの鉄筋コンクリート造の建築物において，偏心率が規定値を超えたので，保有水平耐力の確認を行った．

→ ○（計算ルートの変更）

構造特性係数 $D_s$ の算定（昭55告示1792第1～6）

部材種別は，部材の靭性能に関する指標により，柱及び梁は FA ～ FD に，耐力壁は WA ～ WD に分類される．

架構が靭性に富み，減衰が大きいほど，塑性変形能力が大きいため，構造特性係数を小さく設定することができる．

　S造・SRC造（0.25～0.5）　RC造（0.3～0.55）

$F_{es} = F_s \times F_e$（昭55告示1792第7）

(1)剛性率（$R_s$）≧ 0.6 の場合 → $F_s = 1.0$

(2)剛性率（$R_s$）< 0.6 の場合 → $F_s = 2.0 - R_s/0.6$

(1)偏心率（$R_e$）≦ 0.15 の場合 → $F_e = 1.0$

(2)0.15 < 偏心率（$R_e$）< 0.3 の場合

　　→（1）と（3）の間の数値

(3)偏心率（$R_e$）≧ 0.3 の場合 → $F_e = 1.5$

$Q_{ud} = Z \times R_t \times A_i \times C_0 \times \sum w$

（許容応力度計算で行う「地震層せん断力係数」の式と同じ）

保有水平耐力計算では，「大地震」を想定する．「中地震動」よりも外力を大きく想定する．

標準せん断力係数 $C_0$ ≧ 1.0 に設定

························································

★「法規」でも「構造文章題」でもインプットする時に「どの辺りの話をしているのか」をイメージできると，知識が繋がりやすく，入りやすくなる．そうしてインプットできた知識は，アウトプットする時も，その関連知識を伴って，対応することが出来るようになってくる．

| コード | 項目 | 問題 | 解答 |
|---|---|---|---|
| 17011 | 用語の定義 | 「耐火性能」とは，通常の火災が終了するまでの間当該火災による建築物の倒壊及び延焼を防止するために壁，柱，床その他の建築物の部分に必要とされる性能をいう． | ○ |
| | 耐火性能 | | |
| | | 「法2条第七号」に「耐火構造」の解説が載っており，その条文中「カッコ書」より「耐火性能とは，通常の火災が終了するまでの間当該火災による建築物の倒壊及び延焼を防止するために当該建築物の部分に必要とされる性能をいう．」とわかる． | |
| | | 原文：法2条第七号<br>七．耐火構造　壁，柱，床その他の建築物の部分の構造のうち，耐火性能（通常の火災が終了するまでの間当該火災による建築物の倒壊 及び 延焼を防止するために当該建築物の部分に必要とされる性能をいう．）に関して政令で定める技術的基準に適合する鉄筋コンクリート造，れんが造その他の構造で，国土交通大臣が定めた構造方法を用いるもの又は国土交通大臣の認定を受けたものをいう． | |
| 17012 | 用語の定義 | 「準耐火性能」とは，通常の火災による延焼を抑制するために壁，柱，床その他の建築物の部分に必要とされる性能をいう． | ○ |
| | 準耐火性能 | | |
| | | 「法2条第七号の二」に「準耐火構造」の解説が載っており，その条文中「カッコ書」より「準耐火性能とは，通常の火災による延焼を抑制するために当該建築物の部分に必要とされる性能をいう．」とわかる． | |
| | | 原文：法2条第七号の二<br>七の二．準耐火構造　壁，柱，床その他の建築物の部分の構造のうち，準耐火性能（通常の火災による延焼を抑制するために当該建築物の部分に必要とされる性能をいう． | |
| 17013 | 用語の定義 | 「防火性能」とは，建築物の周囲において発生する通常の火災による延焼を抑制するために建築物の外壁又は軒裏に必要とされる性能をいう． | ○ |
| | 防火性能 | | |
| | | 「法2条第八号」に「防火構造」の解説が載っており，その条文中「カッコ書」より「防火性能とは，建築物の周囲において発生する通常の火災による延焼を抑制するために当該外壁又は軒裏に必要とされる性能をいう．」とわかる． | |
| | | 原文：法2条第八号<br>八．防火構造　建築物の外壁又は軒裏の構造のうち，防火性能（建築物の周囲において発生する通常の火災による延焼を抑制するために当該外壁 又は 軒裏に必要とされる性能をいう．）に関して政令で定める技術的基準に適合する鉄網モルタル塗，しっくい塗その他の構造で，国土交通大臣が定めた構造方法を用いるもの又は国土交通大臣の認定を受けたものをいう． | |
| 17015 | 用語の定義 | 「遮炎性能」とは，通常の火災時における火炎を有効に遮るために防火設備に必要とされる性能をいう． | ○ |
| | 遮炎性能 | | |
| | | 「法2条第九号の二」に「耐火建築物」の解説が載っており，その条文中「ロ．カッコ書」より「遮炎性能とは，通常の火災時における火炎を有効に遮るために防火設備に必要とされる性能をいう．」とわかる．問題文は正しい． | |
| | | 原文：法2条第九号の二ロ<br>ロ．……政令で定める防火設備（その構造が遮炎性能（通常の火災時における火炎を有効に遮るために防火設備に必要とされる性能をいう． | |

**10**

| 17014 | 用語の定義 | 「準防火性能」とは，建築物の内部において発生する通常の火災による延焼の抑制に一定の効果を発揮するために建築物の壁又は天井に必要とされる性能をいう． | × |
|---|---|---|---|
| | 準防火性能 | | |

「法23条」に「外壁」の解説が載っており，その条文中「カッコ書」より「準防火性能とは，建築物の周囲において発生する通常の火災による延焼の抑制に一定の効果を発揮するために外壁に必要とされる性能をいう．」とわかる．問題文は誤り．

原文：法23条
……，準防火性能（建築物の周囲において発生する通常の火災による延焼の抑制に一定の効果を発揮するために外壁に必要とされる性能をいう．）……

| 21063 | 用語の定義 | 火災により建築物が倒壊するという被害を抑止するために，建築基準法において，建築物の階数等に応じ，壁，柱，床などについて，一定の時間，火災による火熱により構造耐力上支障のある変形，溶融，破壊その他の損傷を生じない性能を求めている． | ○ |
|---|---|---|---|
| | 耐火性能 | | |

「令107条」に「耐火構造に要求される耐火性能」の解説が載っており，そこに「①.非損傷性」（一号），「②.遮熱性」（二号），「③.遮炎性」（三号）の3つの性質別に必要な性能が順に規定されている．問題文は「①.非損傷性」についての記述であるため，「令107条第一号」をチェックすると，「建築物の階数等に応じ，壁，柱，床などについて，一定の時間，火災による火熱により構造耐力上支障のある変形，溶融，破壊その他の損傷を生じない性能」であることがわかる．

原文：令107条第一号
(耐火性能に関する技術的基準)
法第2条第七号の政令で定める技術的基準は，次に掲げるものとする．
一．次の表の上欄に掲げる建築物の部分にあつては，当該各部分に通常の火災による火熱が……掲げる時間加えられた場合に，構造耐力上支障のある変形，溶融，破壊その他の損傷を生じないものであること．

| 23061 | 用語の定義 | 地上2階建ての建築物に用いる耐火構造の耐力壁に必要とされる耐火性能は，通常の火災による火熱が1時間加えられた場合に，構造耐力上支障のある変形，溶融，破壊その他の損傷を生じないものであり，かつ，当該加熱面以外の面（屋内に面するものに限る．）の温度が可燃物燃焼温度以上に上昇しないものでなければならない．ただし，耐火性能検証法による確認は行われていないものとする． | ○ |
|---|---|---|---|
| | 耐火性能 | | |

「令107条」に「耐火構造に要求される耐火性能」の解説が載っており，そこに「①.非損傷性」（一号），「②.遮熱性」（二号），「③.遮炎性」（三号）の3つの性質別に必要な性能が順に規定されている．問題文は「非損傷性」と「遮熱性」についての記述であるため，「一号」の「非損傷性」をチェックすると，そこにある表より「地上2階建ての建築物に用いる耐火構造の耐力壁は，通常の火災による火熱が1時間加えられた場合に，構造耐力上支障のある変形，溶融，破壊その他の損傷を生じないこと」とわかる．また「二号」の「遮熱性」をチェックすると，「耐火構造の耐力壁には，通常の火災による火熱が1時間加えられた場合に，当該加熱面以外の面（屋内に面するものに限る．）の温度が可燃物燃焼温度以上に上昇しないこと」とわかる．よって問題文は正しい．

原文：令107条第二号
二．壁及び床にあっては，これらに通常の火災による火熱が1時間（非耐力壁である外壁の延焼のおそれのある部分以外の部分にあっては，30分間）加えられた場合に，当該加熱面以外の面（屋内に面するものに限る．）の温度が……（以下「可燃物燃焼温度」という．）以上に上昇しないものであること．

| 20025 | 用語の定義<br>――――――――<br>準耐火性能 | 屋内において発生する通常の火災による火熱が加えられた場合に，耐火構造及び準耐火構造の耐力壁である外壁は，いずれも同じ時間，屋外に火炎を出す原因となるき裂その他の損傷を生じないものであることが求められる． | × |
|---|---|---|---|

「令107条」に「耐火構造に要求される耐火性能」，「令107条の2」に「準耐火構造に要求される準耐火性能」の解説が載っており，そこに「①.非損傷性」（一号），「②.遮熱性」（二号），「③.遮炎性」（三号）の3つの性質別に必要な性能が順に規定されている．問題文は「③.遮炎性」についての記述であるため，「令107条三号」「令107条の2三号」をそれぞれチェックすると，耐力壁である外壁において，「耐火性能では1時間」「準耐火性能では45分」の「遮炎性」が要求されるとわかる．問題文には「いずれも同じ時間」とあるため，誤り．

原文：令107条第三号
三．外壁及び屋根にあっては，これらに屋内において発生する通常の火災による火熱が1時間（……）加えられた場合に，屋外に火炎を出す原因となるき裂その他の損傷を生じないものであること．

原文：令107条の2第三号
(準耐火性能に関する技術的基準)
三．外壁及び屋根にあつては，これらに屋内において発生する通常の火災による火熱が加えられた場合に，加熱開始後45分間（……）屋外に火炎を出す原因となる亀裂その他の損傷を生じないものであること．

| 19024 | 用語の定義<br>――――――――<br>準耐火性能 | 「建築物の周囲において発生する通常の火災による火熱が加えられた場合に，加熱開始後45分間当該加熱面以外の面に火炎を出す原因となるき裂その他の損傷を生じないものであること」は，屋根の「準耐火性能」に関する技術的基準の一つである． | × |
|---|---|---|---|

「令107条の2」に「準耐火構造に要求される準耐火性能」の解説が載っており，そこに「①.非損傷性」（一号），「②.遮熱性」（二号），「③.遮炎性」（三号）の3つの性質別に必要な性能が順に規定されている．ここをわかりやすく解説すると，「①.非損傷性」とは「火災が起きた際，一定時間壊れないこと．」，「②.遮熱性」とは「火災が起きた際，一定時間熱が他の部分へ伝わらないこと．」，「③.遮炎性」とは「建物内部で火災が起きた際，建物の外に火炎をださないこと．」をいう．問題文は「遮炎性」についての記述であるため，「三号」をチェックすると，そのカッコ書きより，「屋根の準耐火性能としては，屋内において発生する通常の火災による火熱が加えられた場合に，加熱開始後30分間屋外に火炎を出す原因となるき裂その他の損傷を生じないものであることが必要．」とわかる．問題文は誤り．

原文：令107条の2第三号
三．外壁及び屋根にあつては，これらに屋内において発生する通常の火災による火熱が加えられた場合に，加熱開始後45分間（非耐力壁である外壁の延焼のおそれのある部分以外の部分及び屋根にあっては，30分間）屋外に火炎を出す原因となる亀裂その他の損傷を生じないものであること．

| 24092 | 用語の定義 | 地上2階建ての病院（当該用途に供する2階の部分の床面積の合計が400m²で，その部分に患者の収容施設があるもの）に用いられる準耐火構造の柱にあっては，通常の火災による火熱が加えられた場合に，加熱開始後45分間構造耐力上支障のある変形，溶融，破壊その他の損傷を生じないものでなければならない。 | ○ |
|---|---|---|---|
| | 準耐火性能 | | |

「令107条の2」に「準耐火構造に要求される準耐火性能」の解説が載っており，そこに「①.非損傷性」（一号），「②.遮熱性」（二号），「③.遮炎性」（三号）の3つの性質別に必要な性能が順に規定されている．ここをわかりやすく解説すると，「①.非損傷性」とは「火災が起きた際，一定時間壊れないこと.」，「②.遮熱性」とは「火災が起きた際，一定時間熱が他の部分へ伝わらないこと.」，「③.遮炎性」とは「建物内部で火災が起きた際，建物の外に火炎をださないこと.」をいう．問題文は「非損傷性」についての記述であるため，「一号」をチェックすると，「柱にあっては，通常の火災による火熱が加えられた場合に，加熱開始後45分間構造耐力上支障のある変形，溶融，破壊その他の損傷を生じないものであることが必要.」とわかる．

原文：令107条の2第一号
一．次の表に掲げる建築物の部分にあっては，当該部分に通常の火災による火熱が加えられた場合に，加熱開始後それぞれ同表に掲げる時間構造耐力上支障のある変形，溶融，破壊その他の損傷を生じないものであること．

| 25063 | 用語の定義 | 防火性能を有する耐力壁である外壁と準防火性能を有する耐力壁である外壁は，いずれも，建築物の周囲において発生する通常の火災による火熱が加えられた場合に，加熱開始後，それぞれについて定められた時間，構造耐力上支障のある変形，溶融，破壊その他の損傷を生じないものであることが求められている。 | ○ |
|---|---|---|---|
| | 防火性能 | | |

「令108条第一号」より，「耐力壁である外壁（防火性能）には，建築物の周囲において発生する通常の火災による加熱が加えられた場合に加熱開始後30分間構造耐力上支障のある変形，溶融，破壊その他の損傷を生じないものであることが求められている.」とわかる．また，「法23条」，「令109条の9」より，耐力壁である外壁（準防火性能）にも同様に，加熱開始後20分間，所定の性能が要求される．よって問題文は正しい．

原文：令108条
（防火性能に関する技術的基準）
法第2条第八号の政令で定める技術的基準は，次に掲げるものとする．
一．耐力壁である外壁にあつては，これに建築物の周囲において発生する通常の火災による火熱が加えられた場合に，加熱開始後30分間構造耐力上支障のある変形，溶融，破壊その他の損傷を生じないものであること．

原文：令109条の9
（準防火性能に関する技術的基準）
法第23条の政令で定める技術的基準は，次に掲げるものとする．
一．耐力壁である外壁にあつては，これに建築物の周囲において発生する通常の火災による火熱が加えられた場合に，加熱開始後20分間構造耐力上支障のある変形，溶融，破壊その他の損傷を生じないものであること．

| 19022 | 用語の定義 ---- 防火性能 | 「建築物の周囲において発生する通常の火災による火熱が加えられた場合に，加熱開始後30分間当該加熱面以外の面（屋内に面するものに限る．）の温度が可燃物燃焼温度以上に上昇しないものであること」は，外壁の「防火性能」に関する技術的基準の一つである． | ○ |
|---|---|---|---|

「令108条」に「防火構造の防火性能」の解説が載っており，そこに「①.非損傷性」（一号），「②.遮熱性」（二号）の2つの性質別に必要な性能が順に規定されている．ここをわかりやすく解説すると，「①.非損傷性」とは「火災が起きた際，一定時間壊れないこと．」，「②.遮熱性」とは「火災が起きた際，一定時間熱が他の部分へ伝わらないこと．」をいう．問題文は「遮熱性」についての記述であるため，「二号」をチェックすると，外壁の防火性能として，「建築物の周囲において発生する通常の火災による加熱が加えられた場合に加熱開始後30分間当該加熱面以外の面（屋内に面するものに限る．）の温度が可燃物燃焼温度以上に上昇しない必要がある．」とわかる．

原文：令108条第二号
二．外壁 及び 軒裏にあつては，これらに建築物の周囲において発生する通常の火災による火熱が加えられた場合に，加熱開始後30分間当該加熱面以外の面（屋内に面するものに限る．）の温度が可燃物燃焼温度以上に上昇しないものであること．

| 16014 | 用語の定義 ---- 防火設備 | ドレンチャーは，「防火設備」である． | ○ |
|---|---|---|---|

「令109条」に「防火設備」について載っており，そこを訳すと「防火設備は，防火戸，ドレンチャーその他火炎を遮る設備をいう．」とわかる．

原文：令109条
（防火戸その他の防火設備）
法第2条第九号の二ロ……及び法第61条の政令で定める防火設備は，防火戸，ドレンチャーその他火炎を遮る設備とする．

| 23063 | 用語の定義 ---- 防火設備 | 耐火建築物の外壁の開口部で延焼のおそれのある部分に設ける防火設備に必要とされる遮炎性能は，通常の火災による火熱が加えられた場合に，加熱開始後20分間当該加熱面以外の面に火炎を出さないものでなければならない． | ○ |
|---|---|---|---|

「耐火・準耐火建築物において，外壁の開口部で延焼のおそれのある部分に設ける防火設備」に関しては「法2条第九号の二ロ」に規定されており，その「遮炎性能」については，「令109条の2」に載っている．それらを訳すと「耐火・準耐火建築物として，外壁の開口部で延焼のおそれのある部分に設ける防火設備には，通常の火災による火熱が加えられた場合に，加熱開始後20分間当該加熱面以外の面に火炎を出さない遮炎性能が要求される．」とわかる．

原文：令109条の2
（遮炎性能に関する技術的基準）
法第2条第九号の二ロの政令で定める技術的基準は，防火設備に通常の火災による火熱が加えられた場合に，加熱開始後20分間当該加熱面以外の面に火炎を出さないものであることとする．

| 20024 | 用語の定義<br>準耐火構造 | 主要構造部を準耐火構造とした建築物の地上部分の層間変形角は，原則として，1/150 以内でなければならない． | ○ |
|---|---|---|---|

「令109条の2の2」に「主要構造部を準耐火構造等とした建築物の層間変形角」の解説が載っており，そこを訳すと「法第2条第九号の三 イに該当する建築物（通称：イ準耐）の地上部分の層間変形角は，1/150 以内でなければならない．」とわかる．

原文：令109条の2の2
(主要構造部を準耐火構造等とした建築物の層間変形角)
法第2条第九号の三 イに該当する建築物……の地上部分の層間変形角は，150 分の1以内でなければならない．ただし，……

| 24093 | 用語の定義<br>準不燃材料 | 建築物の外部の仕上げに用いる準不燃材料は，通常の火災による火熱が加えられた場合に，加熱開始後10分間，燃焼せず，防火上有害な変形，溶融，き裂その他の損傷を生じないものであって，避難上有害な煙又はガスを発生しないものでなければならない． | × |
|---|---|---|---|

「令1条第五号」，「令108条の2」より，「準不燃材料として，建築物の外部の仕上げに用いる建築材料には，火災による火熱が加えられた場合に加熱開始後10分間，燃焼しないものであり，かつ，防火上有害な変形等の損傷を生じない性能が要求される．」とわかる．問題文には「避難上有害な煙又はガスを発生しないもの」とあるが，この性能は，外部の仕上げに用いる場合は要求されないため誤り．

原文：令1条第五号
五．準不燃材料　建築材料のうち，通常の火災による加熱が加えられた場合に，加熱開始後10分間第108条の2各号(建築物の外部の仕上げに用いるものにあっては，同条第一号 及び 第二号) に掲げる要件を満たしているものとして，……．

| 20072 | 用語の定義<br>耐火建築物 | 耐火建築物の要件としては，「主要構造部に関する基準」及び「外壁の開口部で延焼のおそれのある部分に関する基準」に適合することが求められている． | ○ |
|---|---|---|---|

「法2条第九号の二」に「耐火建築物」の解説が載っており，そこを訳すと「耐火建築物」＝「主要構造部を耐火構造（または，政令基準に適合する主要構造部）」＋「外壁の開口部で延焼のおそれのある部分に防火設備」とわかる．

原文：法2条第九号の二
九の二．耐火建築物　次に掲げる基準に適合する建築物をいう．
イ．その主要構造部が(1)又は(2)のいずれかに該当すること．
(1) 耐火構造であること．
(2) ……
ロ．その外壁の開口部で延焼のおそれのある部分に，防火戸その他の政令で定める防火設備（……）を有すること．

| 18015 | 用語の定義 | 耐火建築物における外壁以外の主要構造部にあっては，「耐火構造」又は「当該建築物の周囲において発生する通常の火災による火熱に当該火災が終了するまで耐えるものとして，所定の技術的基準に適合する構造」のいずれかに該当するものでなければならない． | × |
|---|---|---|---|
| | 耐火建築物 | | |

「法2条第九号の二」に「耐火建築物」の解説が載っており，そこを訳すと「耐火建築物における外壁以外の主要構造部にあっては，「耐火構造」又は「屋内において発生が予測される火災による火熱に当該火災が終了するまで耐えるものとして所定の技術的基準に適合する構造」のいずれかに該当するものでなければならない．」とわかる．問題文は誤り．

原文：法2条第九号の二
九の二．耐火建築物　次に掲げる基準に適合する建築物をいう．
イ．その主要構造部が(1)又は(2)のいずれかに該当すること．
(1) 耐火構造であること．
(2) 次に掲げる性能(外壁以外の主要構造部にあつては，(i)に掲げる性能に限る．)に関して政令で定める技術的基準に適合するものであること．
(i) 当該建築物の構造，建築設備及び用途に応じて屋内において発生が予測される火災による火熱に当該火災が終了するまで耐えること．
(ii) 当該建築物の周囲において発生する通常の火災による火熱に当該火災が終了するまで耐えること．

| 20023 | 用語の定義 | 準耐火建築物は，耐火建築物以外の建築物で，「主要構造部を準耐火構造としたもの」又は「主要構造部を準耐火構造としたものと同等の準耐火性能を有するものとして所定の技術的基準に適合するもの」に該当し，外壁の開口部で延焼のおそれのある部分に耐火建築物に求められるものと同じ防火設備を有する建築物をいう． | ○ |
|---|---|---|---|
| | 準耐火建築物 | | |

「法2条第九号の三」に「準耐火建築物」の解説が載っており，そこを訳すと「準耐火建築物」＝「主要構造部を準耐火構造（または，政令基準に適合する主要構造部）」＋「外壁の開口部で延焼のおそれのある部分に防火設備」とわかる．

原文：法2条第九号の三
九の三．準耐火建築物　耐火建築物以外の建築物で，イ又はロのいずれかに該当し，外壁の開口部で延焼のおそれのある部分に前号ロに規定する防火設備を有するものをいう．
イ．主要構造部を準耐火構造としたもの
ロ．イに掲げる建築物以外の建築物であって，イに掲げるものと同等の準耐火性能を有するものとして主要構造部の防火の措置その他の事項について政令で定める技術的基準に適合するもの

10

| 05062 | 耐火性能検証法・防火区画検証法 —— 耐火性能検証法 | 耐火性能検証法における建築物の各室内の可燃物の発熱量は，当該室の用途及び床面積並びに当該室の壁，床及び天井(天井のない場合においては，屋根)の室内に面する部分の表面積及び当該部分に使用する建築材料の種類に応じて国土交通大臣が定める方法により算出する． | ○ |
|---|---|---|---|

「令108条の3第2項」より，「耐火性能検証法とは，建築物の主要構造部の耐火に関する性能（火災保有耐火時間が，火災の継続時間以上であること）を検証する方法」とわかる．その「第一号」に「火災の継続時間」の式が載っており，「火災の継続時間 ($t_f$) は，発熱量 ($Q_r$) を発熱速度 ($q_b$) で除したもの」であり，「各室内の可燃物の発熱量 ($Q_r$) は，当該室の用途及び床面積並びに当該室の壁，床及び天井（天井のない場合においては，屋根）の室内に面する部分の表面積及び当該部分に使用する建築材料の種類に応じて国土交通大臣が定める方法により算出する．」とわかる．よって正しい．

原文：令108条の3第2項
2. 前項の「耐火性能検証法」とは，次に定めるところにより，当該建築物の主要構造部の耐火に関する性能を検証する方法をいう．
一　当該建築物の屋内において発生が予測される火災の継続時間を当該建築物の室ごとに次の式により計算すること．

$$t_f = Q_r/60q_b$$

(この式において，$t_f$，$Q_r$ 及び $q_b$ は，それぞれ次の数値を表すものとする．
$t_f$　当該室における火災の継続時間（単位　分）
$Q_r$　当該室の用途 及び 床面積 並びに 当該室の壁，床 及び 天井（天井のない場合においては，屋根）の室内に面する部分の表面積 及び 当該部分に使用する建築材料の種類に応じて国土交通大臣が定める方法により算出した当該室内の可燃物の発熱量（単位　メガジュール）
$q_b$　当該室の用途及び床面積の合計並びに当該室の開口部の面積及び高さに応じて国土交通大臣が定める方法により算出した当該室内の可燃物の一秒間当たりの発熱量（単位　メガワット））
二　……「屋内火災保有耐火時間」……
三　……
四　主要構造部ごとに，次のイ及びロ（外壁以外の主要構造部にあつては，イ）に該当するものであることを確かめること．
イ　各主要構造部の屋内火災保有耐火時間が，当該主要構造部が面する室について第一号に掲げる式によつて計算した火災の継続時間以上であること．

| 16055 | 耐火性能検証法・防火区画検証法 | 主要構造部が，耐火性能検証法により耐火建築物の主要構造部の耐火に関する性能を有することが確かめられたものであり，かつ，当該建築物の主要構造部である床又は壁（外壁を除く.）の開口部に設けられた防火設備が，防火区画検証法により開口部設備の火災時における遮炎に関する性能を有することが確かめられたものである建築物に対する防火区画等関係規定の適用については，これらの防火設備の構造は特定防火設備とみなす. | ○ |
|---|---|---|---|
| | 耐火性能検証法 | | |

「令108条の3第4項」より，そこを訳すと「主要構造部が，①.「令108条の3第1項第一号（耐火性能検証法）」により確かめられた建築物（当該建築物の主要構造部である床又は壁（外壁を除く.）の開口部に設けられた防火設備が，防火区画検証法により（開口部設備の火災時における遮炎に関する性能を有することが）確かめられたものであるものに限る.），②.「令108条の3第1項第二号（大臣の認定）」を受けた建築物（当該建築物の主要構造部である床又は壁（外壁を除く.）の開口部に設けられた防火設備が，大臣認定を受けたものであるものに限る.）」は，「防火区画等関係規定」の適用については，当該建築物の部分で主要構造部であるものの構造を耐火構造と，これらの防火設備の構造は特定防火設備とみなすことができる.」とわかる. ゆえに，問題文の場合は，①.に該当するため，正しい.

原文：令108条の3第4項
（耐火建築物の主要構造部に関する技術的基準）
4. 主要構造部が 第1項第一号に該当する建築物（当該建築物の主要構造部である床 又は 壁（外壁を除く.）の開口部に設けられた防火設備が，当該防火設備に当該建築物の屋内において発生が予測される火災による火熱が加えられた場合に，当該加熱面以外の面に火炎を出さないものであることについて防火区画検証法により確かめられたものであるものに限る.）及び 主要構造部が同項第二号に該当する建築物（当該建築物の主要構造部である床 又は 壁（外壁を除く.）の開口部に設けられた防火設備が，当該防火設備に当該建築物の屋内において発生が予測される火災による火熱が加えられた場合に，当該加熱面以外の面に火炎を出さないものとして国土交通大臣の認定を受けたものであるものに限る.）に対する……の規定（以下この項において「防火区画等関係規定」という.）の適用については，これらの建築物の部分で主要構造部であるものの構造は耐火構造と，これらの防火設備の構造は特定防火設備とみなし，これらの建築物に対する防火区画等関係規定以外の耐火性能関係規定の適用については，これらの建築物の部分で主要構造部であるものの構造は耐火構造とみなす.

10

| 22074 | 耐火性能検証法・防火区画検証法 | 防火区画検証法とは，開口部に設けられる防火設備の火災時における遮炎に関する性能を検証する方法をいう． | ○ |
|---|---|---|---|
| | 防火区画検証法 | | |

「令108条の3第5項」より，「防火区画検証法とは，開口部に設けられる防火設備（開口部設備という．）の火災時における遮炎に関する性能を検証する方法をいう．」とわかる．

原文：令108条の3第5項
5．前項の「防火区画検証法」とは，次に定めるところにより，開口部に設けられる防火設備（以下この項において「開口部設備」という．）の火災時における遮炎に関する性能を検証する方法をいう．
一．開口部設備が設けられる開口部が面する室において発生が予測される火災の継続時間を……計算すること．
二．開口部設備ごとに，……，当該加熱面以外の面に火炎を出すことなく耐えることができる加熱時間（以下この項において「保有遮炎時間」という．）を，……開口部設備の表面の温度の推移に応じて国土交通大臣が定める方法により求めること．
三．開口部設備ごとに，保有遮炎時間が第一号の規定によって計算した火災の継続時間以上であることを確かめること．

**令 107 条の 2 第二号**（遮熱性）
<u>壁，床及び軒裏</u>（……）にあっては，これらに通常の火災による火熱が加えられた場合に，<u>加熱開始後 45 分間</u>（非耐力壁である外壁及び軒裏（いずれも延焼のおそれのある部分以外の部分に限る。）にあっては，30 分間）<u>当該加熱面以外の面</u>（屋内に面するものに限る。）<u>の温度が可燃物燃焼温度以上に上昇しないものである</u>こと．

この壁に（準）耐火構造が要求されている場合

外壁
・非耐力壁である外壁
　→ 延焼のおそれのある部分以外の部分 30 分
　→ 延焼のおそれのある部分　　　　　　45 分
・外壁（耐力壁）　　45 分
屋根　　　　　　　　30 分

**令 107 条の 2 第三号**（遮炎性）
外壁及び屋根にあっては，
これらに屋内において発生する通常の火災による火熱が加えられた場合に，加熱開始後
45 分間
（非耐力壁である外壁の延焼のおそれのある部分以外の部分 及び 屋根にあっては，
30 分間）
屋外に火災を出す原因となるき裂その他の損傷を生じないもの
であること．

外壁耐火の口準耐（ロ-1）

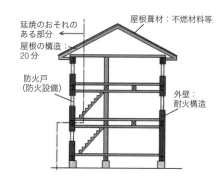

**令 109 条の 3**（主要構造部を準耐火構造とした建築物と同等の耐火性能を有する建築物の技術的基準）
法第 2 条第九号の三ロの政令で定める技術的基準は，次の各号のいずれかに掲げるものとする．
　一　外壁が耐火構造であり，かつ，屋根の構造が法第 22 条第 1 項に規定する構造であるほか，法第 86 条の 4 の場合を除き，屋根の延焼のおそれのある部分の構造が，当該部分に屋内において発生する通常の火災による火熱が加えられた場合に，加熱開始後 20 分間屋外に火炎を出す原因となるき裂その他の損傷を生じないもの…
　二　主要構造部である柱及びはりが不燃材料で，その他の主要構造部が準不燃材料で造られ，外壁の延焼のおそれのある部分，屋根及び床が次に掲げる構造であること．
　イ　外壁の延焼のおそれのある部分にあっては，防火構造…
　ロ　屋根にあっては，法第 22 条第 1 項に規定する構造…
　ハ　床にあっては，準不燃材料で造るほか，…

不燃の口準耐（ロ-2）

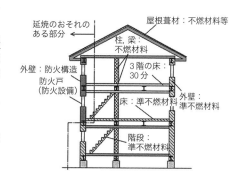

**法2条**

七号　**耐火構造**→建築の部分の構造で耐火性能
基準もの（令107条）

七の二　**準耐火構造**→建築の部分の構造で準
　　　耐火性能基準を満たすもの（令107条の2）

八号　**防火構造**→外壁・軒裏の構造で防火性能
基準を満たすもの　　　　　　　（令108条）

九号　**不燃材料**→建築材料で不燃性能基準を
満たすもの　　　　　　　　　（令108条の2）

　　令1条五号　準不燃材料→10分間 令108条
　　の2の要件を満たすもの

　　令1条六号　難燃材料→5分間 令108条の
　　2の要件を満たすもの

九の二　**耐火建築物**→

　イ　主要構造部を耐火構造とする　又は
　　「耐火建築物の主要構造部に関する基準」
　　　　　　　　　　　　　　　（令108条の3）

　ロ　外壁の開口部（延焼ライン）に防火設備
　　を有する　　　　　　　　　（令109条）
　　**防火設備**→遮炎性能基準を満たすもの
　　　　　　　　　　　　　　　（令109条の2）

九の三　**準耐火建築物**→耐火建築物以外で次
　のいずれかに該当し，
　外壁の開口部（延焼ライン）に防火設備を有
　するもの
　**防火設備**→遮炎性能基準（前号ロに同じ）
　イ　主要構造部を準耐火構造（＝イ準耐）
　ロ　イと同等の準耐火性能を有する→ロ準耐
　　　　　　　　　　　　　　　（令109条の3）

法21条　大規模の建築物の主要構造部
　→原則耐火構造　　　　　　（令109条の5）
　2項第二号　大規模木造の「壁等」
　　　　　　　　　　　　　　（令109条の7）

法22条　通称：22条区域の屋根の構造
　→22条区域の屋根の性能基準（令109条の8）
　法23条　22条区域 木造建築物等の外壁の構
　造→準防火性能基準　　　　（令109条の9）
★**22条区域の話は22条から24条まで**

令107条→**耐火性能**の基準
　①非損傷性 ②遮熱性 ③屋外への遮炎性

令107条の2→**準耐火性能**の基準
　①非損傷性 ②遮熱性 ③屋外への遮炎性

令108条→**防火性能**の基準
　①非損傷性 ②遮熱性

令108条の2→**不燃性能**の基準 20分間 1）燃
焼しない，2）防火上有害な損傷を生じない，3）
避難上有害な煙を発生しない　※内部の仕上げ

令108条の3 →耐火建築物の主要構造部に関す
る技術的基準

令109条→防火設備（防火戸，ドレンチャー）

　令109条の2→**遮炎性能**の基準 耐火建築物・
準耐火建築物に要求される防火設備

　○20分間加熱面以外の面（屋内外）へ火炎
を出さない

　※**耐火構造と準耐火構造 不燃材料と準不燃
材料 耐火建築物と準耐火建築物の関係性**

　※**建築物のどの部分に，どこの火災に対する，
どんな性能が要求されているのか**

令109条の3→主要構造部を準耐火構造とし
た建築物と同等の建築物の性能基準

　ロ-1（外壁耐火の口準耐）→外壁は耐火構造
　　屋根は**22条区域の屋根の性能**基準＋屋外
　　への遮炎性

　ロ-2（不燃の口準耐）→主要構造部が不燃材
　　料 外壁（延焼ライン）は防火構造
　　屋根は**22条区域の屋根の性能**基準 他

令109条の5 →①通常火災終了時間，②耐火構
造，耐火性能検証法

令109条の7→大規模木造の「壁等」の性能基
準　①②③＋④倒壊防止，⑤延焼防止

令109条の8 →**22条区域の屋根の性能**基準
屋外からの火の粉で発炎，損傷しない

令109条の9→**準防火性能**の基準　①非損傷性，
②屋内への遮熱性

| コード | 項目 | 問題 | 解答 |
|---|---|---|---|
| 02271 | 別表1 ........ 特殊建築物 | 延べ面積150m², 高さ15m, 地上3階建ての「一戸建ての住宅(耐火建築物及び準耐火建築物以外の建築物)」を「旅館」に用途変更しようとする場合, 有効かつ速やかに火災の発生を感知して報知できるものとする技術的基準に従って警報設備を設置すれば, 主要構造部を耐火構造とする必要はない. | ○ |

「別表1」より「旅館」は,(い)欄(二)項用途とわかる.「法27条」に「耐火建築物等としなければならない特殊建築物」について載っており, その「第一号」より,(い)欄(二)項用途の建物の場合, 階数が3で延べ面積が200m²未満のもののうち, 政令(令110条の4)で定める用途で, 政令(令110条の5)で定める技術的基準に従って警報設備を設けたものは適用除外となる.」とわかる. 問題文の建物は,「令110条の4」「令110条の5」いずれにも該当するため, 主要構造部を耐火構造とする必要はない.

原文:法27条1項第一号
(耐火建築物等としなければならない特殊建築物)
次の各号のいずれかに該当する特殊建築物は, その主要構造部……に必要とされる性能に関して政令で定める技術的基準に適合するもので, 国土交通大臣が定めた構造方法を用いるもの又は国土交通大臣の認定を受けたものとし, かつ, その外壁の開口部であつて建築物の他の部分から当該開口部へ延焼するおそれがあるものとして政令で定めるものに, 防火戸その他の政令で定める防火設備(……)を設けなければならない.
一.別表第1(ろ)欄に掲げる階を同表(い)欄(一)項から(四)項までに掲げる用途に供するもの(階数が3で延べ面積が200m²未満のもの(同表(ろ)欄に掲げる階を同表(い)欄(二)項に掲げる用途で政令で定めるものに供するものにあつては, 政令で定める技術的基準に従つて警報設備を設けたものに限る.)を除く.)

原文:令110条の4
(警報設備を設けた場合に耐火建築物等とすることを要しないこととなる用途)
法第27条第1項第一号の政令で定める用途は, 病院, 診療所(患者の収容施設があるものに限る.), ホテル, 旅館, 下宿, 共同住宅, 寄宿舎 及び 児童福祉施設等(入所する者の寝室があるものに限る.)とする.

原文:令110条の5
(警報設備の技術的基準)
法第27条第1項第一号の政令で定める技術的基準は, ……有効かつ速やかに, 当該火災の発生を感知し, 当該建築物の各階に報知することができるよう, ……

11

| 22103 | 別表1 | 特殊建築物の用途等に応じ，耐火建築物等としなければならないとする規定に関して，延べ面積1,000m²，地上3階建ての共同住宅で，防火地域以外の区域内にあるものにあっては，所定の準耐火建築物とすることができる． | ○ |
|---|---|---|---|
| | 木三共・木三学 | | |

「法27条1項」「別表1」より「共同住宅」は，(い)欄(二)項に該当する特殊建築物であり，(ろ)欄をチェックすると「3階以上の階」という条件（法27条1項第一号）に該当する．その主要構造部については，「令110条」より「第一号又は第二号」としなければならないが，その「第一号」「告示255号第1第三号」より，防火地域以外の地上3階建ての共同住宅の主要構造部は，耐火構造等でなくとも，1時間準耐火基準に適合する準耐火構造とすることができる（これを通称「木三共（木造三階建て共同住宅の略）」と呼ぶ）．また「外壁の開口部」については，「法27条1項本文」「令110条の2第一号」より，延焼の恐れのある部分を，所定の遮炎性能を有する防火設備（令110条の3）とすることで，準耐火建築物とすることができる．

原文：令110条
(法第27条第1項に規定する特殊建築物の主要構造部の性能に関する技術的基準)
主要構造部の性能に関する法第27条第1項の政令で定める技術的基準は，次の各号のいずれかに掲げるものとする．
一．次に掲げる基準
二．第107条各号 又は 第108条の3第1項第一号イ及びロに掲げる基準

| 05064 | 別表1 | 延べ面積600m²，地上3階建ての物品販売業を営む店舗（耐火建築物以外のもの)は，その主要構造部に通常の火災による火熱が所定の特定避難時間（屋根及び階段は30分間）加えられた場合に，当該部分が構造耐力上支障のある変形，溶融，破壊その他の損傷を生じないものでなければならない． | ○ |
|---|---|---|---|
| | 特定避難時間 | | |

「法27条1項」「令110条」より，所定の特殊建築物の主要構造部は，①.所定の特定避難時間の性能を満たすもの（令110条第一号），又は，②.耐火建築物の主要構造部の性能を満たすもの（令110条第二号）としなければならない．問題文の「地上3階建ての物品販売業を営む店舗で，耐火建築物以外のもの（＝①.）」の主要構造部は，その「第一号イ」より，「通常の火災による火熱が所定の特定避難時間（屋根及び階段は30分間）加えられた場合に，当該部分が構造耐力上支障のある変形，溶融，破壊その他の損傷を生じないものでなければならない．」とわかる．よって正しい．

原文：令110条第一号イ
一．次に掲げる基準
イ．次の表に掲げる建築物の部分にあつては，当該部分に通常の火災による火熱が加えられた場合に，加熱開始後それぞれ同表に掲げる時間構造耐力上支障のある変形，溶融，破壊その他の損傷を生じないものであること．
……特定避難時間……

| 24063 | 別表1<br><br>木三共・木三学 | 防火地域及び準防火地域以外の区域内における木造の中学校において，地上3階建てとしたので，主要構造部を1時間準耐火基準に適合する準耐火構造とし，外壁の開口部で延焼の恐れのある部分に，所定の遮炎性能を有する防火設備を設けなければならないが，延焼の恐れのある部分以外の部分には，所定の遮炎性能を有する防火設備は設けなくてもよい． | × |
|---|---|---|---|

「法27条1項」「別表1」より「中学校」は，(い)欄(三)項に該当する特殊建築物であり，(ろ)欄をチェックすると「3階以上の階」という条件（法27条1項第一号）に該当する．その主要構造部については，「令110条」より「第一号又は第二号」としなければならないが，その「第一号」「告示255号第1第四号」より，地上3階建ての中学校の主要構造部は，耐火構造等でなくとも，1時間準耐火基準に適合する準耐火構造とすることができる（通称：木三学）．また「外壁の開口部」については，「法27条1項本文」「令110条の2第一号」より，延焼の恐れのある部分の開口部と，「第二号（告示255号第3＝木三学の場合）」より，他の外壁の開口部で大臣が定める開口部に該当すれば，所定の遮炎性能を有する防火設備（令110条の3）とする必要がある．よって，問題文は誤り．

原文：令110条の2第二号
二．他の外壁の開口部から通常の火災時における火炎が到達するおそれがあるものとして国土交通大臣が定めるもの（前号に掲げるものを除く．）

| 22102 | 別表1<br><br>特殊建築物 | 特殊建築物の用途等に応じ，耐火建築物等としなければならないとする規定に関して，不特定多数の者が利用する博物館と飲食店は，同一の要件が適用される． | × |
|---|---|---|---|

「別表1」「令115条の3」より「博物館」は，(い)欄(三)項用途，「飲食店」は(い)欄(四)項用途とわかる．「法27条1項二号」より，(は)欄の要件が異なり，「博物館」は，「2,000m²以上」，「飲食店」は，「2階の部分に限り，500m²以上」の場合，規定に該当する．また，「法27条1項三号」より，「飲食店」は，「3,000m²以上」である場合，規定に該当する．よって，問題文の「博物館」と「飲食店」は，それぞれ別の要件が適用されるため誤り．

原文：法27条1項第三号
三．別表第1(い)欄(四)項に掲げる用途に供するもので，その用途に供する部分の床面積の合計が3,000m²以上のもの

| 18125 | 別表1<br><br>倉庫 | 防火地域及び準防火地域以外の区域内における延べ面積900m²（各階の床面積が300m²），地上3階建ての倉庫（各階とも倉庫に使用）は，建築基準法上，耐火建築物にしなければならない． | ○ |
|---|---|---|---|

「別表1」より「倉庫」は(い)欄(五)項特建であり，「法27条2項」より，「3階以上の部分の床面積の合計が(は)欄条件（200m²以上）に該当する場合，耐火建築物としなければならない．」とわかる．ゆえに，問題文は正しい．

原文：法27条2項
2．次の各号のいずれかに該当する特殊建築物は，耐火建築物としなければならない．
一．別表第1(い)欄(五)項に掲げる用途に供するもので，その用途に供する3階以上の部分の床面積の合計が同表(は)欄(五)項に該当するもの
二．別表第1(ろ)欄(六)項に掲げる階を同表(い)欄(六)項に掲げる用途に供するもの

| 17044 | 別表1<br>危険物の貯蔵場 | 可燃性ガス 800m³ (温度が 0 度で圧力が 1 気圧の状態に換算した数値) を常時貯蔵する建築物は, 耐火建築物又は準耐火建築物としなければならない. | ○ |
|---|---|---|---|

「法27条3項」の「二号」より,「危険物の貯蔵場の用途に供し, 危険物の数量が政令で定める限度を超えるものは, 耐火建築物又は準耐火建築物にしなければならない.」とわかる. また, その具体的な数量は「令116条」の表により「可燃性ガスを常時貯蔵する場合は, 700m³」と規定されている. 問題文の建築物はこの数量を超えているため, 耐火建築物又は準耐火建築物にしなければならない.

原文：法27条3項第二号
二. 別表第2(と)項第四号に規定する危険物 (安全上及び防火上支障がないものとして政令で定めるものを除く. 以下この号において同じ.) の貯蔵場又は処理場の用途に供するもの (貯蔵又は処理に係る危険物の数量が政令で定める限度を超えないものを除く.)

原文：令116条
法第27条第3項第二号の規定により政令で定める危険物の数量の限度は, 次の表に定めるところによるものとする.

**法27条**(耐火建築物等としなければならない特殊建築物)

次の各号のいずれかに該当する特殊建築物は，その 主要構造部 を当該特殊建築物に存する者の全てが 当該特殊建築物から地上までの避難を終了するまでの間 **通常の火災** による建築物の倒壊及び延焼を防止するために 主要構造部に必要とされる性能に関して **政令で定める技術的基準** に適合するもので，国土交通**大臣が定めた構造方法** を用いるもの又は国土交通大臣の認定を受けたものとし，**かつ**，その 外壁の開口部であつて建築物の他の部分から 当該開口部へ延焼するおそれがあるものとして **政令** で定めるものに，防火戸その他の政令で定める防火設備 (その構造が 遮炎性能 に関して **政令** で定める技術的基準に適合するもので，国土交通**大臣が定めた構造方法** を用いるもの **又は国土交通大臣の認定を受けたものに限る**.)を設けなければならない.

　一　別表第一(ろ)欄に掲げる階を同表(い)欄(一)項から(四)項までに掲げる用途に供するもの(階数が3で延べ面積が 200 m² 未満のもの(……(い)欄(二)項……警報設備を設けたものに限る.)を除く.)

　二　別表第一(い)欄(一)項から(四)項までに掲げる用途に供するもので，その用途に供する部分(同表(一)項の場合にあつては客席，同表(二)項及び(四)項の場合にあつては2階の部分に限り，かつ，病院及び診療所についてはその部分に患者の収容施設がある場合に限る.)の床面積の合計が同表(は)欄の当該各項に該当するもの.

　三　別表第一(い)欄(四)項に掲げる用途に供するもので，その用途に供する部分の床面積の合計が 3,000 m² 以上のもの.

　四　劇場，映画館又は演芸場の用途に供するもので，主階が1階にないもの……

2　次の各号のいずれかに該当する特殊建築物は，耐火建築物としなければならない.
　……

3　次の各号のいずれかに該当する特殊建築物は，耐火建築物 又は 準耐火建築物……としなければならない.
　……

○法27条1項の特殊建築物　第一号～四号

主要構造部　存館者が避難を終了するまでの間，通常の火災による倒壊・延焼を防止するために **政令基準** (令110条)に適合する**大臣が定めた構造方法** (告示255号**第1**第1項)**又は大臣認定**
※**大臣認定が無い→告示(仕様規定)で決まる**

令110条第一号(非損傷性，遮熱性，遮炎性)
　**特定避難時間**
　⇒告示 255 号**第1**第1項
　一号　避難時倒壊防止構造→条件により，75分準耐火構造など
　二号　**法27条1項第二号** (小規模の特建)
　　　　→準耐火構造 (イ準耐 又は ロ準耐)
　三号　**木三共**→1時間準耐火基準
　四号　**木三学**→1時間準耐火基準
令110条第二号　第107条各号 又は第108条の3第1項→**耐火構造 or みなし耐火**

**○令110条第一号(準耐火系)に該当しない場合，第二号(耐火系)を選択せざるを得ない**

外壁の開口部　建築物の他の部分から当該開口部へ延焼するおそれがあるもので**政令で定めるもの** (令110条の2)，かつ，防火設備 (遮炎性能に関し**政令基準** (令110条の3)に適合する**大臣が定めた構造方法** (告示255号**第2**)**又は大臣認定**)を設ける.
※**大臣認定が無い→告示(仕様規定)で決まる**

令110条の2第一号(延焼のおそれのある部分)
第二号(他の開口部から火炎到達のおそれの部分)
　⇒告示 255 号**第3**→木三学の場合など
令110条の3　通常の火災で加熱開始後20分外部から内部に火炎を出さない
　→**片面20分**の屋内への遮炎性能
　※「通常の火災」であるため，建築物の周囲の火災に限らない.当該建築物の**下階からの延焼を想定** (準遮炎性能とは異なる)
　⇒告示 255 号**第2**
　**法2条第九号の2ロ**に規定する防火設備 (**両面**)

11

**令110条**（……主要構造部の性能……）

主要構造部の性能に関する法第27条第1項の政令で定める技術的基準は，**次の各号のいずれかに掲げるもの**とする．

　一　次に掲げる基準

　イ　次の表に掲げる建築物の部分にあつては，当該部分に**通常の火災**による火熱が加えられた場合に，加熱開始後それぞれ同表に掲げる時間構造耐力上支障のある変形,溶融,破壊その他の損傷を生じないものであること．
　　→ 非損傷性

　　（表略：**特定避難時間**）

　ロ　壁，床及び屋根の軒裏……にあつては，これらに**通常の火災**による火熱が加えられた場合に，加熱開始後**特定避難時間**……当該加熱面以外の面(屋内に面するものに限る.)の温度が可燃物燃焼温度以上に上昇しないものであること．　→ 遮熱性

　ハ　外壁及び屋根にあつては，これらに**屋内において発生する通常の火災**による火熱が加えられた場合に，加熱開始後**特定避難時間**……屋外に火炎を出す原因となる亀裂その他の損傷を生じないものであること．
　　→ 遮炎性

　二　**第107条各号又は第108条の3第1項**第一号イ及びロに掲げる基準

**令110条の2**（延焼するおそれがある外壁の開口部）

法第27条第1項の政令で定める**外壁の開口部**は，**次に掲げるもの**とする．

　一　**延焼のおそれのある部分**……

　二　**他の外壁の開口部から通常の火災時における火炎が到達するおそれがあるもの**として国土交通**大臣が定めるもの**(前号に掲げるものを除く.)　　[告示255号**第3**]

**令110条の3**（防火設備の遮炎性能）

防火設備の**遮炎性能**に関する法第27条第1項の政令で定める技術的基準は，**防火設備に通常の火災**による火熱が加えられた場合に，加熱開始後**20分間**当該加熱面以外の面（**屋内に面するものに限る.**)に火炎を出さないものであることとする．

○国土交通省告示255号

**第1**

建築基準法施行令（以下「令」という.）**第110条**第一号に掲げる基準に適合する建築基準法（……）第27条第1項に規定する特殊建築物の**主要構造部の構造方法**は，次の各号に掲げる建築物の区分に応じ，それぞれ当該各号に定めるものとする．

　一　……主要構造部……避難時倒壊防止構造
　　→2項

　二　**法第27条第1項第二号**に該当する建築物……
　　　**準耐火構造又は令第109条の3各号**に掲げる基準に適合する**構造**とすること．

　三　地階を除く階数が3で，3階を下宿，共同住宅又は寄宿舎の用途……【木三共】
　　　**1時間準耐火基準**に適合する**準耐火構造**

　四　地階を除く**階数が3で，3階を法別表第一(い)欄(三)項**に掲げる用途【木三学】
　　　**1時間準耐火基準**に適合する**準耐火構造**とすること．

2　前項……の「避難時倒壊防止構造」は，……条件により，75分準耐火構造など

8　**令第110条第二号**に掲げる基準に適合する法第27条第1項に規定する特殊建築物の**主要構造部の構造方法**は，**耐火構造又は令第108条の3第1項**第一号若しくは第二号に該当する**構造**とすることとする．

**第2**

令第110条の3に規定する技術的基準に適合する法第27条第1項の特殊建築物の**延焼するおそれがある外壁の開口部**に設ける**防火設備の構造方法**は，……20分間防火設備とすることとする．

**第3**

令第110条の2第二号に規定する**他の外壁の開口部から通常の火災時における火炎が到達するおそれがあるもの**は，第1第1項第四号に掲げる建築物→【木三学】……令第110条第一号に掲げる基準に適合するものとして同項の規定による 認定を受けたもの に限る.)の外壁の開口部……

| コード | 項目 | 問題 | 解答 |
|---|---|---|---|
| 20134 | 防火地域<br>‐‐‐‐‐‐‐‐‐‐‐‐‐‐‐‐‐<br>準防火地域<br>（耐火建築物） | 準防火地域内において，延べ面積2,000m²，地上2階建ての地域活動支援センター（各階を当該用途に供するもの）の主要構造部は，原則として，耐火建築物又は準耐火建築物の主要構造部の基準に適合しなければならない．ただし，これらと同等以上の延焼防止性能を有する所定の建築物は考慮しないものとする． | × |

「法61条」より，「防火・準防火地域内にある建物の『壁，柱，床その他の建築物の部分』を通常の火災による周囲への延焼を防止するためにこれらに必要とされる性能に関して，政令で定める技術的基準に適合するものとしなければならない．」とわかる．その政令基準については，「令136条の2」に載っており，その各号より，①．「防火地域・準防火地域内の耐火建築物」，②．「防火地域・準防火地域内の準耐火建築物」，③．「準防火地域内の外壁防火の建築物（木造等）」，④．「準防火地域内のその他の建築物」に分けられる．準防火地域において延べ面積が1,500m²を超えるものは，①．に該当するため，当該建築物の主要構造部は，原則として，耐火建築物の主要構造部の基準に適合しなければならない．問題文には「準耐火建築物」が含まれているため誤り．

原文：法61条
（防火地域及び準防火地域内の建築物）
防火地域又は準防火地域内にある建築物は，……かつ，壁，柱，床その他の建築物の部分及び……これらに必要とされる性能に関して防火地域 及び 準防火地域の別並びに 建築物の規模に応じて政令で定める技術的基準に適合するもので，国土交通大臣が定めた構造方法を用いるもの 又は国土交通大臣の認定を受けたものとしなければならない．ただし……

原文：令136条の2
（防火地域又は準防火地域内の建築物の壁，柱，床その他の部分及び防火設備の性能に関する技術的基準）
法第61条の政令で定める技術的基準は，次の各号に掲げる建築物の区分に応じ，それぞれ当該各号に定めるものとする．
一．防火地域内にある建築物で階数が3以上のもの 若しくは 延べ面積が100m²を超えるもの 又は 準防火地域内にある建築物で地階を除く階数が4以上のもの 若しくは 延べ面積が1,500m²を超えるもの
次のイ又はロのいずれかに掲げる基準
イ．次に掲げる基準に適合するものであること．
（1）．主要構造部が第107条各号 又は 第108条の3第1項第一号イ及びロに掲げる基準に適合すること．
……

12

| 02182 | 防火地域<br><br>防火地域 (準耐火建築物) | 防火地域内においては，延べ面積 80m²，地上2階建ての一戸建て住宅は，耐火建築物若しくは準耐火建築物又はこれらと同等以上の延焼防止時間となる建築物としなければならない． | ○ |
|---|---|---|---|

「法61条」より，「防火・準防火地域内にある建物の壁，柱，床その他の建築物の部分を通常の火災による周囲への延焼を防止するためにこれらに必要とされる性能に関して，政令で定める技術的基準に適合するものとしなければならない．」とわかる．その政令基準については，「令136条の2」に載っており，その各号より，①.「防火地域・準防火地域内の耐火建築物」，②.「防火地域・準防火地域内の準耐火建築物」，③.「準防火地域内の外壁防火の建築物（木造等）」，④.「準防火地域内のその他の建築物」に分けられる．防火地域においては，①.②.のいずれかにする必要があるため，耐火建築物若しくは準耐火建築物又はこれらと同等以上の延焼防止時間となる建築物としなければならない．

原文：令136条の2第二号
二．防火地域内にある建築物のうち階数が2以下で延べ面積が 100 m² 以下のもの 又は 準防火地域内にある建築物のうち地階を除く階数が3で延べ面積が 1,500 m² 以下のもの 若しくは 地階を除く階数が2以下で延べ面積が 500 m² を超え 1,500 m² 以下のもの
次のイ又はロのいずれかに掲げる基準
イ．主要構造部が第107条の2各号 又は 第109条の3第一号 若しくは 第二号に掲げる基準に適合し，かつ，外壁開口部設備が前号イに掲げる基準……に適合するものであること．
ロ．……主要構造部等の構造に応じて算出した延焼防止時間以上であること．

| 02181 | 防火地域<br><br>準防火地域<br>(外壁防火) | 準防火地域内においては，延べ面積400m²，平家建ての事務所のみの用途に供する建築物は，耐火建築物若しくは準耐火建築物又はこれらと同等以上の延焼防止時間となる建築物としなければならない． | × |
|---|---|---|---|

「法61条」より，「防火・準防火地域内にある建物の「壁，柱，床その他の建築物の部分を通常の火災による周囲への延焼を防止するためにこれらに必要とされる性能に関して，政令で定める技術的基準に適合するものとしなければならない．」とわかる．その政令基準については，「令136条の2」に載っており，その各号より，①.「防火地域・準防火地域内の耐火建築物」，②.「防火地域・準防火地域内の準耐火建築物」，③.「準防火地域内の外壁防火の建築物（木造等）」，④.「準防火地域内のその他の建築物」に分けられる．準防火地域内において，階数が2以下で延べ面積が 500m² 以下のものは，③.又は④.に該当するため，「耐火建築物若しくは準耐火建築物又はこれらと同等以上の延焼防止時間となる建築物」以外の建築物とすることができる．よって誤り．

原文：令 136 条の 2 第三号，四号

三．準防火地域内にある建築物のうち地階を除く階数が 2 以下で延べ面積が 500m²
以下のもの（木造建築物等に限る.）

次のイ又はロのいずれかに掲げる基準

イ．外壁 及び 軒裏で延焼のおそれのある部分が第 108 条各号に掲げる基準に適合
し，かつ，外壁開口部設備に建築物の周囲において発生する通常の火災による火熱
が加えられた場合に，当該外壁開口部設備が加熱開始後 20 分間当該加熱面以外の
面（屋内に面するものに限る.）に火炎を出さないものであること．……

ロ．……特定外壁部分等の構造に応じて算出した延焼防止時間以上であること.

四．準防火地域内にある建築物のうち地階を除く階数が 2 以下で延べ面積が 500 m²
以下のもの（木造建築物等を除く.）

次のイ又はロのいずれかに掲げる基準

イ．外壁開口部設備が前号イに掲げる基準……に適合するものであること.

ロ．……外壁開口部設備の構造に応じて算出した延焼防止時間以上であること.

| 20131 | 防火地域 <hr> 附属する塀 | 高さ 2m を超える門又は塀で，防火地域内にある建築物に附属するもの又は準防火地域内にある木造建築物等に附属するものは，延焼防止上支障のない構造としなければならない. | ○ |

「法 61 条ただし書き」，「令 136 条の 2 第五号」より，「高さ 2m を超える門又は塀
で，防火地域内にある建築物に附属するもの又は準防火地域内にある木造建築物等
に附属するものは，延焼防止上支障のない構造としなければならない.」とわかる.

原文：法 61 条

……ただし，門又は塀で，高さ 2m 以下のもの 又は 準防火地域内にある建築物（木
造建築物等を除く.）に附属するものについては，この限りでない.

原文：令 136 条の 2 第五号

五．高さ 2m を超える門又は塀で，防火地域内にある建築物に附属するもの又は準
防火地域内にある木造建築物等に附属するもの

延焼防止上支障のない構造であること.

| 23174 | 防火地域 <hr> 屋根 | 防火地域又は準防火地域内の共同住宅の屋根の構造は，市街地における通常の火災による火の粉により，防火上有害な発炎をしないものであり，かつ，屋内に達する防火上有害な溶融，き裂その他の損傷を生じないもので，国土交通大臣が定めた構造方法を用いるもの又は国土交通大臣の認定を受けたものとしなければならない. | ○ |

「法 62 条」に「防火・準防火地域内における屋根の構造」の解説が載っており，そ
こを訳すと「防火・準防火地域内にある建物の屋根の構造は政令基準に適合する①.
大臣構造のもの又は②.大臣認定を受けたもののうちのいずれかとしなければならな
い.」とわかる. その「政令基準」については「令 136 条の 2 の 2」にあり，「屋
根が，市街地における通常の火災による火の粉により，防火上有害な発炎をしないも
ので（一号），屋内に達する防火上有害な溶融，き裂その他の損傷を生じないも
の（二号）であること.」とわかる.

原文：法62条
(屋根)

防火地域又は準防火地域内の建築物の屋根の構造は，<u>市街地における火災を想定した火の粉による建築物の火災の発生を防止する</u>ために屋根に必要とされる性能に関して……政令で定める技術的基準に適合するもので，<u>国土交通大臣が定めた構造方法を用いるもの 又は 国土交通大臣の認定を受けたものとしなければならない</u>．

原文：令136条の2の2
(防火地域 又は 準防火地域内の建築物の屋根の性能に関する技術的基準)

法第62条の政令で定める技術的基準は，次に掲げるもの (不燃性の物品を保管する倉庫その他これに類するものとして国土交通大臣が定める用途に供する建築物又は 建築物の部分で，市街地における通常の火災による火の粉が屋内に到達した場合に建築物の火災が発生するおそれのないものとして国土交通大臣が定めた構造方法を用いるものの屋根にあつては，第一号に掲げるもの) とする．

| 28184 | 防火地域 <br><br> ------------ <br><br> 開口部 | 準防火地域においては，耐火建築物及び準耐火建築物以外の建築物の外壁の開口部で延焼のおそれのある部分に設ける防火戸は，建築物の周囲において発生する通常の火災による火熱が加えられた場合に，加熱開始後30分間当該加熱面以外の面 (屋内に面するものに限る.) に火炎を出さないものとしなければならない. | × |
|---|---|---|---|

「法61条」より，「防火・準防火地域内にある建物の外壁の開口部で，延焼のおそれのある部分にあるものには防火戸その他政令で定める防火設備を設けなければならない.」とわかる．その政令基準については，「令136条の2」に載っており，①.「防火地域・準防火地域内の耐火建築物」，②.「防火地域・準防火地域内の準耐火建築物」，③.「準防火地域内の外壁防火の建築物(木造等)」，④.「準防火地域内のその他の建築物」に分けられる．この区分に応じた外壁開口部設備の性能は，①.②.には「遮炎性能」が，③.④.には「通称：準遮炎性能」が要求される．この「準遮炎性能」の基準については，令136条の2第三号イに載っており，「建築物の周囲において発生する通常の火災による火熱が加えられた場合に，加熱開始後20分間当該加熱面以外の面 (屋内に面するものに限る.) に火炎を出さないものであること.」とわかる．問題文の建物は，③.④.に該当するため，外壁開口部設備の性能は「準遮炎性能」が要求されるが「加熱開始後30分」とあるため誤り．

原文：法61条
(防火地域及び準防火地域内の建築物)

防火地域又は準防火地域内にある建築物は，<u>その外壁の開口部で延焼のおそれのある部分に防火戸その他の政令で定める防火設備を設け</u>，……

原文：令136条の2

法第61条の政令で定める技術的基準は，<u>次の各号に掲げる建築物の区分に応じ，それぞれ当該各号に定めるものとする</u>．

……

三．……

イ．<u>外壁 及び 軒裏で延焼のおそれのある部分が第108条各号に掲げる基準に適合し，かつ，外壁開口部設備に建築物の周囲において発生する通常の火災による火熱が加えられた場合に，当該外壁開口部設備が加熱開始後20分間当該加熱面以外の面 (屋内に面するものに限る.) に火炎を出さないものであること．</u>……

| 24182 | 防火地域 | 防火地域内にある準耐火建築物で，外壁が耐火構造のものについては，その外壁を隣地境界線に接して設けることができる． | ○ |
|---|---|---|---|
| | 隣地境界線 | | |

「法63条」に「隣地境界線に接する外壁」について載っており，「防火地域又は準防火地域内にある建築物で，外壁が耐火構造のものについては，その外壁を隣地境界線に接して設けることができる．」とわかる．

原文：法63条
(隣地境界線に接する外壁)
防火地域又は準防火地域内にある建築物で，外壁が耐火構造のものについては，その外壁を隣地境界線に接して設けることができる．

| 01094 | 防火地域 | 防火地域内における建築物の屋上に設ける高さ2mの看板は，その主要な部分を不燃材料で造り，又はおおわなければならない． | ○ |
|---|---|---|---|
| | 看板等 | | |

「法64条」に「看板等の防火措置」について載っており，「防火地域内にある広告塔等の工作物で，①.建物の屋上に設けるもの又は②.高さ3mを超えるもののうちのどちらかに該当する場合には，その主要な部分を不燃材料で造り，又は，おおわなければならない．」とわかる．

原文：法64条
(看板等の防火措置)
防火地域内にある看板，広告塔，装飾塔その他これらに類する工作物で，建築物の屋上に設けるもの 又は 高さ3mを超えるものは，その主要な部分を不燃材料で造り，又は おおわなければならない．

| 21184 | 防火地域 | 建築物が防火地域及び準防火地域にわたる場合で，建築物が防火地域外において防火壁で区画されている場合においては，その防火壁外の部分については，準防火地域内の建築物に関する規定を適用する． | ○ |
|---|---|---|---|
| | 2地域 | | |

「法65条」に「建物が防火地域・準防火地域・それ以外の地域（無指定区域）のいずれか2つの地域にまたがる場合」の解説が載っており，その「2項」に「建物が防火地域及び準防火地域にわたる場合は，その全てについて防火地域の規制を適用する．」とわかる．また，「ただし書」により「建築物が防火地域外において防火壁で区画されている場合には，その防火壁外の部分については，準防火地域内の建築物に関する規定を適用する．」とあるため，問題文は正しい．

原文：法65条2項
(建築物が防火地域 又は 準防火地域の内外にわたる場合の措置)
……
2. 建築物が防火地域 及び 準防火地域にわたる場合においては，その全部について防火地域内の建築物に関する規定を適用する．ただし，建築物が防火地域外において防火壁で区画されている場合においては，その防火壁外の部分については，準防火地域内の建築物に関する規定を適用する．

12

| 05184 | 防火地域<br><br>開放的簡易<br>建築物 | 防火地域内の自動車車庫の用途に供する開放的簡易建築物の主要構造部である柱及びはりは，準耐火構造であるか，又は不燃材料で造らなければならない． | ○ |
|---|---|---|---|

「令136条の9第一号イ」「令136条の10」より，「自動車車庫の用途に供する開放的簡易建築物の主要構造部である柱及びはりは，防火地域にあっては，準耐火構造であるか，又は不燃材料で造らなければならない（防火地域以外で小規模の場合は緩和がある）．」とわかる．

原文：令136条の9第1項第一号
一．……次のイからニまでのいずれかに該当し……（次条において「開放的簡易建築物」という．）
イ．自動車車庫の用途に供するもの

原文：令136条の10第三号
（簡易な構造の建築物の基準）
法第84条の2の規定により政令で定める基準は，次に掲げるものとする．
……
三．前条第一号イに該当する開放的簡易建築物にあっては，前二号の規定にかかわらず，次に掲げる基準に適合していること．ただし，……
イ．主要構造部である柱及びはり……が準耐火構造であるか，又は不燃材料で造られており，かつ……

コード 03191

図のような敷地において，用途上不可分の関係にあるA～Dの建築物を新築する場合，建築基準法上，正しいか誤りかで答えよ．ただし，いずれの建築物も防火壁を設けていないものとし，建築物に附属する門又は塀はないものとする．また，図に記載されているものを除き，地域，地区等の制限については考慮しないものとし，危険物の貯蔵等は行わないものとする．

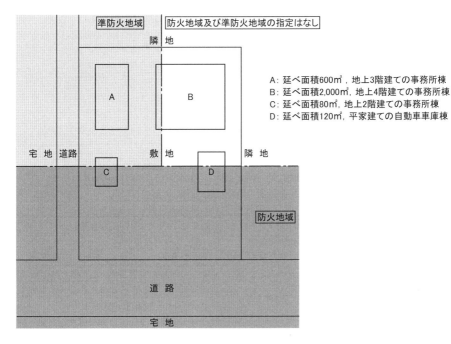

A: 延べ面積600㎡，地上3階建ての事務所棟
B: 延べ面積2,000㎡，地上4階建ての事務所棟
C: 延べ面積80㎡，地上2階建ての事務所棟
D: 延べ面積120㎡，平家建ての自動車車庫棟

問1. Aは，耐火建築物又はこれと同等以上の延焼防止時間となる建築物としなければならない．

問2. Bは，耐火建築物又はこれと同等以上の延焼防止時間となる建築物としなければならない．

問3. Cは，耐火建築物若しくは準耐火建築物又はこれらと同等以上の延焼防止時間となる建築物としなければならない．

問4. Dは，耐火建築物又はこれと同等以上の延焼防止時間となる建築物としなければならない．

解説：「法61条」より，防火・準防火地域内にある建物の「壁，柱，床その他の建築物の部分を
通常の火災による周囲への延焼を防止するためにこれらに必要とされる性能に関して，政令で
定める技術的基準に適合するものとしなければならない．」とわかる．その政令基準については，
「令136条の2」に載っており，その各号より，①．「防火地域・準防火地域内の耐火建築物」，
②．「防火地域・準防火地域内の準耐火建築物」，③．「準防火地域内の外壁防火の
建築物（木造等）」，④．「準防火地域内のその他の建築物」に分けられる．
また，「法65条」に「建物が防火地域・準防火地域の内外に渡る場合」について載っており，
その「1項」より「建築物が防火地域又は準防火地域とこれらの地域として指定されていない
区域にわたる場合においては，その全部についてそれぞれ防火地域又は準防火地域内の
建築物に関する規定を適用する．」とわかる．また，「2項」より「建築物が防火地域及び
準防火地域にわたる場合においては，その全部について防火地域内の建築物に関する規定を
適用する．」とわかる．

問1．Aは，準防火地域内で3階建て，延べ面積が500㎡を超え1,500㎡以下であり，②．に該当するため，
耐火建築物若しくは準耐火建築物又はこれらと同等以上の延焼防止時間となる建築物
としなければならない（＝準耐火建築物でも構わない）．よって誤り．

問2．Bは「準防火地域」と「無指定地域」にまたがっているため，「準防火地域に関する規定」を受ける．
準防火地域内で，延べ面積が1,500㎡を超えるものは，①．に該当するため，
耐火建築物又はこれと同等以上の延焼防止時間となる建築物としなければならない．よって正しい．

問3．Cは「防火地域」と「準防火地域」にまたがっているため，「防火地域に関する規定」を受ける．
防火地域内で延べ面積が100㎡を超えないため，②．に該当するため，
耐火建築物若しくは準耐火建築物又はこれらと同等以上の延焼防止時間となる建築物
としなければならない．よって正しい．

問4．Dは「防火地域」と「無指定地域」にまたがっているため，「防火地域に関する規定」を受ける．
防火地域内で延べ面積が100㎡を超えるものは，①．に該当するため，耐火建築物又はこれと
同等以上の延焼防止時間となる建築物としなければならない．よって正しい．

解答：1．誤り
　　　2．正しい
　　　3．正しい
　　　4．正しい

**令136条の2**（防火地域又は準防火地域内の建築物の壁，柱，床その他の部分及び防火設備の性能に関する技術的基準）
次の各号に掲げる建築物の区分に応じ，それぞれ当該各号に定めるものとする．

　一　防火地域内……階数が3以上のもの……延べ面積が100 m²を超えるもの 又は 準防火地域内……地階を除く階数が4以上のもの……延べ面積が1,500 m²を超えるもの
　　次のイ又はロのいずれかに掲げる基準
　　イ　主要構造部が第107条各号又は第108条の3第1項第一号イ及びロ……外壁開口部設備（……）が第109条の2に規定する基準に適合するものであること．ただし……
　　ロ　当該建築物の……延焼防止時間……が……イに掲げる基準……以上であること．

　二　防火地域内……階数が2以下で延べ面積が100 m²以下のもの又は準防火地域内……地階を除く階数が3で延べ面積が1,500 m²以下のもの……地階を除く階数が2以下で延べ面積が500 m²を超え1,500 m²以下のもの
　　次のイ又はロのいずれかに掲げる基準
　　イ　主要構造部が第107条の2各号又は第109条の3第一号若しくは第二号……外壁開口部設備が前号イ……
　　ロ　……延焼防止時間……イに掲げる基準……以上

　三　準防火地域内……地階を除く階数が2以下で延べ面積が500 m²以下のもの（木造建築物等に限る．）
　　次のイ又はロのいずれかに掲げる基準
　　イ　外壁及び軒裏で延焼のおそれのある部分が第108条各号……外壁開口部設備に建築物の周囲において発生する通常の火災による火熱が……加熱開始後20分間当該加熱面以外の面（屋内に面するものに限る．）に火炎を出さないもの……
　　ロ　……延焼防止時間……イに掲げる基準……以上

　四　準防火地域内……地階を除く階数が2以下で延べ面積が500 m²以下のもの（木造建築物等を除く．）……
　　次のイ又はロのいずれかに掲げる基準
　　イ　外壁開口部設備が前号イ……
　　ロ　……延焼防止時間……イに掲げる基準……以上

法61条（防火地域及び準防火地域内の建築物）
→令136条の2

①防火地域 3階以上，延べ面積100m²超え
　準防火地域 地階除く4階以上，延べ面積1,500m²超え

主要構造部：耐火構造・耐火性能検証法
外壁開口部：**両面**20分の防火設備（遮炎性能）
→原則，**耐火建築物**

「延焼防止時間」以上（例外的な扱い）

②防火地域 2階以下，延べ面積100m²以下
　準防火地域 地階除く3階で，延べ面積1,500m²以下
　地階除く2階以下で，延べ面積500m²を超え1,500m²以下
主要構造部：準耐火構造（イ準耐），ロ準耐の基準
外壁開口部：**両面**20分の防火設備（遮炎性能）
→原則，**準耐火建築物**

③準防火地域 2階以下，延べ面積500m²以下
（木造に**限る**）

外壁・軒裏：防火構造
外壁開口部：**片面**20分の防火設備（通称：準遮炎性能）

④準防火地域 2階以下，延べ面積500m²以下
（木造を**除く**＝非木造）
主要構造部：非木造の場合は，問わない
外壁開口部：**片面**20分の防火設備（通称：準遮炎性能）

12

| コード | 項目 | 問題 | 解答 |
|---|---|---|---|
| 27092 | 防火区画 -------- 防区無窓 | 事務所の事務室で，所定の規定により計算した採光に有効な窓その他の開口部の面積の合計が，当該事務室の床面積の1/30であるものを区画する主要構造部を耐火構造とした． | ○ |
| | | 「法35条の3」に「無窓居室の防火区画（通称：防区無窓）」について載っており，そこに「所定の開口部を有しない居室は，その居室を区画する主要構造部を耐火構造，または，不燃材料で造らなければならない．」とあり，その「所定の開口部」とは，「令111条」より，「①.採光に有効な部分の面積の合計が，居室の床面積の20分の1以上のもの，②.直接外気に接する避難上有効な構造のもので，かつ，その大きさが直径1m以上の円が内接することができるもの，③.直接外気に接する避難上有効な構造のもので，その幅が75cm以上，高さが1.2m以上のもののうちのいずれかをいう．」とわかる．問題文は正しい． | |
| | | 原文：法35条の3 <br>（無窓の居室等の主要構造部）<br>政令で定める窓その他の開口部を有しない居室は，その居室を区画する主要構造部を耐火構造とし，又は不燃材料で造らなければならない．ただし，別表第1(い)欄(一)項に掲げる用途に供するものについては，この限りでない．<br><br>原文：令111条<br>（窓その他の開口部を有しない居室等）<br>法第35条の3（法第87条第3項において準用する場合を含む．）の規定により政令で定める窓その他の開口部を有しない居室は，次の各号のいずれかに該当する窓その他の開口部を有しない居室（……）とする．<br>一．面積（第20条の規定により計算した採光に有効な部分の面積に限る．）の合計が，当該居室の床面積の20分の1以上のもの<br>二．直接外気に接する避難上有効な構造のもので，かつ，その大きさが直径1m以上の円が内接することができるもの又はその幅及び高さが，それぞれ，75cm以上及び1.2m以上のもの | |
| 20061 | 防火区画 -------- 面積区画 (耐火建築物) | 防火区画は，火災の拡大を抑止する等のため，「建築物の用途，構造，階数等に応じた床面積による区画」，「階段室等の竪穴部分の区画」，「建築物の部分で用途が異なる場合の当該境界での区画」等について規定されている． | ○ |
| | | 「令112条」の「防火区画」には，①.面積区画（1項，4項，5項），②.高層区画（7～10項），③.竪穴区画（11～15項），④.異種用途区画（18項）の4種類がある． | |

原文：令112条

（防火区画）

主要構造部を耐火構造とした建築物，法第2条第九号の三イ若しくはロのいずれかに該当する建築物……で，延べ面積（……）が1,500 m²を超えるものは，床面積の合計（……）1,500 m²以内ごとに1時間準耐火基準に適合する準耐火構造の床 若しくは壁 又は 特定防火設備（……）で区画しなければならない．……

原文：令112条2項

2. 前項の「1時間準耐火基準」とは，主要構造部である壁，柱，床，はり 及び 屋根の軒裏の構造が，次に掲げる基準に適合するものとして，国土交通大臣が定めた構造方法を用いるもの 又は国土交通大臣の認定を受けたものであることとする．

原文：令112条4項

4. ……の規定により準耐火建築物（第109条の3第二号に掲げる基準 又は1時間準耐火基準……に適合するものを除く．）とした建築物……で，延べ面積が500 m²を超えるものについては，第1項の規定にかかわらず，床面積の合計500m m²以内ごとに1時間準耐火基準に適合する準耐火構造の床 若しくは壁 又は 特定防火設備で区画し，……

原文：令112条5項

5. ……の規定により準耐火建築物（第109条の3第二号に掲げる基準 又は1時間準耐火基準に適合するものに限る．）とした建築物……で，延べ面積が1,000 m²を超えるものについては，第1項の規定にかかわらず，床面積の合計1,000 m²以内ごとに1時間準耐火基準に適合する準耐火構造の床 若しくは壁 又は 特定防火設備で区画しなければならない．

| 02012 | 防火区画 特定防火設備 | 火災により煙が発生した場合に自動的に閉鎖又は作動をする防火設備を，「特定防火設備」という． | × |
|---|---|---|---|

「令112条1項」のカッコ書きより「特定防火設備とは，令109条に規定する防火設備のうち，加熱開始後1時間当該加熱面以外の面に火炎を出さないものとして，①.大臣構造のもの，②.大臣認定を受けたもののうちのどちらかに該当するものをいう．」とわかる．よって誤り．

原文：令112条

……特定防火設備（第109条に規定する防火設備であつて，これに通常の火災が加えられた場合に，加熱開始後1時間当該加熱面以外の面に火炎を出さないものとして，国土交通大臣が定めた構造方法を用いるもの 又は 国土交通大臣の認定を受けたものをいう．以下同じ．）……

| 22082 | 防火区画 | 主要構造部を耐火構造とした建築物で，自動式のスプリンクラー設備を設けたものについては，床面積の合計に応じて区画すべき防火区画の規定が緩和される． | ○ |
|---|---|---|---|
| | 面積区画緩和(スプリンクラー緩和) | | |

「令112条」に「防火区画における面積区画」についての解説が載っており，その「1項」にカッコ書きで「スプリンクラー設備等で自動式のものを設けた場合，床面積の1/2を除く．（区画面積を2倍にしてよい）」とわかる．例えば自動式のスプリンクラー設備を設けた「500m²区画」の場合には，「500m²×2＝1,000m²」ごとに区画すればすむ．（通称：スプリンクラー緩和）．また，「以下この条について同じ」とあるため，「令112条全体」（防火区画制限すべて）において，この「スプリンクラー緩和」は適用される．

原文：令112条1項
……延べ面積（スプリンクラー設備，水噴霧消火設備，泡消火設備その他これらに類するもので自動式のものを設けた部分の床面積の2分の1に相当する床面積を<u>除く．以下この条において同じ．</u>）が1,500m²を超えるものは……

| 17062 | 防火区画 | 防火地域においては，地上12階の事務所の11階部分で，床面積の合計が300m²のものは，原則として，床面積の合計100m²以内ごとに防火区画しなければならない． | ○ |
|---|---|---|---|
| | 高層区画(100m²区画) | | |

「令112条」の「防火区画」には，①.面積区画（1項，4項，5項），②.高層区画（7～10項），③.竪穴区画（11～15項），④.異種用途区画（18項）の4種類がある．「高層区画」については「令112条7項」に載っており，そこを訳すと「11階以上の部分でその階の床面積の合計が100m²を超える場合，床面積100m²以内ごとに耐火構造の床・壁・所定の防火設備で区画しなければならない．」とわかる．問題文は正しい．

原文：令112条7項
7. 建築物の11階以上の部分で，各階の床面積の合計が100m²を超えるものは，第1項の規定にかかわらず，<u>床面積の合計100m²以内ごとに耐火構造の床</u>若しくは<u>壁</u>又は<u>法第2条第九号の二ロに規定する防火設備</u>で区画しなければならない．

| 26083 | 防火区画 | 地上12階建ての病院において，最上階については，壁及び天井の室内に面する部分の仕上げを準不燃材料とし，かつ，その下地を準不燃材料として床面積の合計200m²以内ごとに耐火構造の床若しくは壁又は特定防火設備で区画した． | ○ |
|---|---|---|---|
| | 高層区画(準不燃緩和) | | |

「令112条7項」に「高層区画」の解説が載っており，その次にある「8項」，「9項」に「内装による緩和措置」の規定がある．問題文には，「仕上げ・下地共に準不燃材料」とあるため，「令112条8項」より，「床面積の合計200m²以内ごとに耐火構造の床若しくは壁又は特定防火設備で区画すれば足りる．」とわかる（通称：準不燃200m²緩和）．

原文：令112条8項

8．前項の建築物の部分で，当該部分の壁（……）及び天井の室内に面する部分（……）の仕上げを準不燃材料でし，かつ，その下地を準不燃材料で造つたものは，特定防火設備以外の法第2条第九号の二ロに規定する防火設備で区画する場合を除き，前項の規定にかかわらず，床面積の合計 200 m²以内ごとに区画すれば足りる．

原文：令112条9項

9．第7項の建築物の部分で，当該部分の壁 及び 天井の室内に面する部分の仕上げを不燃材料でし，かつ，その下地を不燃材料で造つたものは，特定防火設備以外の法第2条第九号の二ロに規定する防火設備で区画する場合を除き，同項の規定にかかわらず，床面積の合計 500 m²以内ごとに区画すれば足りる．

| 30061 | 防火区画 | 主要構造部を準耐火構造とした延べ面積800m²，地上4階建ての事務所であって，3階以上の階に居室を有するものの昇降機の昇降路の部分については，原則として，当該部分とその他の部分とを防火区画しなければならない． | ○ |
| | 竪穴区画 | | |

「令112条11項」より，「主要構造部が準耐火構造以上で，かつ，地階または3階以上の階に居室を有する建物における階段等の部分については，その竪穴部分とその他の部分とを準耐火構造以上の壁・床・所定の防火設備で区画しなければならない．」とわかる．

原文：令112条11項

11．主要構造部を準耐火構造とした建築物……であつて，地階 又は 3階以上の階に居室を有するものの竪穴部分（長屋又は共同住宅の住戸でその階数が2以上であるもの，吹抜きとなつている部分，階段の部分（……），昇降機の昇降路の部分，ダクトスペースの部分その他これらに類する部分をいう．以下この条において同じ．）については，当該竪穴部分以外の部分（……）と準耐火構造の床 若しくは 壁 又は ……防火設備で区画しなければならない．ただし，……

| 03074 | 防火区画 | 延べ面積 1,500m²，地上3階建ての物品販売業を営む店舗（主要構造部を耐火構造とした耐火建築物）において，避難階である1階からその直上階のみに通ずる吹抜きについて，壁及び天井の室内に面する部分の仕上げを不燃材料でし，かつ，その下地を不燃材料で造ったので，吹抜きとなっている部分以外の部分との防火区画を行わなかった． | ○ |
| | 竪穴区画 | | |

「令112条11項」に「竪穴区画」について載っており，その「ただし書き」より，「避難階からその直上階又は直下階のみに通ずる吹抜きについて，壁及び天井の室内に面する部分の仕上げを不燃材料でし，かつ，その下地を不燃材料で造った場合は，竪穴区画の適用除外となる．」とわかる．また，問題文は「延べ面積 1,500m² の耐火建築物」であるため，面積区画の必要はない．よって，防火区画を行う必要はない．

原文：令112条11項

11．……．ただし，次の各号のいずれかに該当する竪穴部分については，この限りでない．

一．避難階からその直上階 又は 直下階のみに通ずる吹抜きとなつている部分，階段の部分その他これらに類する部分でその壁 及び 天井の室内に面する部分の仕上げを不燃材料でし，かつ，その下地を不燃材料で造つたもの

| 21084 | 防火区画<br><br>竪穴区画<br>（適用除外） | 主要構造部を耐火構造とした共同住宅の住戸のうちその階数が2で，かつ，床面積の合計が150m²であるものにおける吹抜きとなっている部分とその他の部分とは防火区画しなくてもよい． | ○ |
|---|---|---|---|

「令112条11項」に「竪穴区画」について載っており，そのただし書き及び「二号」より，「共同住宅の住戸のうちその階数が3以下で，かつ，床面積の合計が200m²以内であるものにおける吹抜きとなっている部分については，竪穴区画の適用除外となる．」とわかる．よって，防火区画する必要はない．

原文：令112条11項第二号

二．階数が3以下で延べ面積が200m²以内の一戸建ての <u>住宅</u> <u>又は</u> <u>長屋</u> <u>若しくは</u> <u>共同住宅の</u> <u>住戸のうちその階数が3以下で</u>，かつ，<u>床面積の合計が200m²以内である</u>ものにおける吹抜きとなつている部分，<u>階段の部分</u>，<u>昇降機の昇降路の部分</u>その他これらに類する部分

| 20065 | 防火区画<br><br>接壁 | 防火区画に接する外壁については，外壁面から50cm以上突出した準耐火構造のひさし等で防火上有効に遮られている場合においては，当該外壁の所定の部分を準耐火構造とする要件が緩和される． | ○ |
|---|---|---|---|

「令112条16項」に「防火区画に接する外壁（通称：接壁）」の解説が載っており，そこを訳すと「防火区画としての壁・床・防火設備等に接する外壁は，接している部分を含み幅90cm以上の部分を準耐火構造としなければならない．ただし，外壁面から50cm以上突出した準耐火構造のひさし等で防火上有効に遮られている場合においては，この限りでない．」とわかる．問題文は正しい．

原文：令112条16項

16．第1項若しくは第4から第6項までの規定による <u>1時間準耐火基準に適合する準耐火構造の床</u> 若しくは <u>壁</u>（……）若しくは <u>特定防火設備</u>，第7項の規定による <u>耐火構造の床</u> 若しくは <u>壁</u> 若しくは……<u>防火設備</u> 又は <u>第11項の規定による準耐火構造の床</u> 若しくは <u>壁</u> 若しくは……<u>防火設備</u> に接する外壁については，当該外壁のうちこれらに接する部分を含み幅90cm以上の部分を準耐火構造としなければならない．ただし，外壁面から50cm以上突出した準耐火構造のひさし，床，袖壁その他これらに類するもので<u>防火上有効に遮られている場合においては，この限りでない</u>．

原文：令112条17項

17．<u>前項の規定によつて準耐火構造としなければならない部分に開口部がある場合においては，その開口部に法第2条第九号の二ロに規定する防火設備を設けなければならない</u>．

| 28062 | 防火区画 ------- 異種用途区画 | 1階を自動車車庫（当該用途に供する部分の床面積の合計が200m²）とし，2階以上の部分を事務所とする地上5階建ての建築物においては，当該自動車車庫部分と事務所部分とを防火区画しなければならない． | ○ |
|---|---|---|---|

「令112条18項」に「異種用途区画」について載っており，そこを訳すと「法27条に該当する特殊建築物の場合，その部分とその他の部分とを1時間準耐基準の壁・床，特定防火設備で区画しなければならない．」とわかる．問題文の建物は「自動車車庫」であり，「別表1」より（い）欄（六）項特建に該当し，（に）欄より「自動車車庫の部分の床面積の合計が150m²以上」であるため法27条3項第一号に該当する特殊建築物とわかる．ゆえに，「事務所の部分」と「自動車車庫の部分」とを防火区画しなければならない．

原文：令112条18項
18. 建築物の一部が法第27条第1項各号，第2項各号 又は 第3項各号のいずれかに該当する場合においては，その部分とその他の部分とを1時間準耐火基準に適合する準耐火構造とした床若しくは壁 又は 特定防火設備で区画しなければならない．

| 20063 | 防火区画 ------- 防火設備 | 防火区画に用いる防火設備は，閉鎖又は作動をするに際して，当該防火設備の周囲の人の安全を確保することができるものでなければならない． | ○ |
|---|---|---|---|

「令112条19項」より，「防火区画に用いる防火設備は，閉鎖又は作動をするに際して，当該防火設備の周囲の人の安全を確保することができるものであること．」とわかる．問題文は正しい．

原文：令112条19項第一号
ロ．閉鎖 又は 作動をするに際して，当該特定防火設備 又は 防火設備の周囲の人の安全を確保することができるものであること．

| 16063 | 防火区画 ------- 防火設備 | 防火区画に用いる特定防火設備は，常時閉鎖又は作動をした状態にあるもの以外のものにあっては，火災により煙が発生した場合及び火災により温度が急激に上昇した場合のいずれの場合にも，自動的に閉鎖又は作動する構造としなければならない． | × |
|---|---|---|---|

「令112条19項」に「防火区画で用いる特定防火設備・防火設備の構造」について載っており，その「一号」に「面積区画・高層区画」の場合，「二号」に「竪穴区画，異種用途区画」の場合の防火設備の構造を規定している．その「一号ニ」を訳すと，「面積区画・高層区画で用いる特定防火設備は，火災により煙が発生した場合に自動閉鎖又は作動する構造（通称：煙感）又は火災により温度が急激に上昇した場合に自動閉鎖又は作動する構造（通称：熱感）のうちのどちらかでよい．」とわかる（特定防火設備に要求されている構造ではない）．よって誤り．

13

原文：令112条19項
19.　……区画に用いる特定防火設備……防火設備……は，次の各号に掲げる区分に応じ，それぞれ当該各号に定める構造のものとしなければならない.
一.　第1項本文，第4項若しくは第5項の規定による区画に用いる特定防火設備又は第7項の規定による区画に用いる法第2条第九号の二ロに規定する防火設備　次に掲げる要件を満たすものとして，国土交通大臣が定めた構造方法を用いるもの又は国土交通大臣の認定を受けたもの
イ.　常時閉鎖 若しくは 作動をした状態にあるか，又は 随時閉鎖 若しくは 作動をできるものであること.
……
ニ.　常時閉鎖 又は 作動をした状態にあるもの以外のものにあつては，火災により煙が発生した場合 又は 火災により温度が急激に上昇した場合のいずれかの場合に，自動的に閉鎖又は作動をするものであること.
二.　第1項第二号，第10項若しくは前項の規定による区画に用いる特定防火設備，第10項，第11項若しくは第12項本文の規定による区画に用いる法第2条第九号の二ロに規定する防火設備……　次に掲げる要件を満たすものとして，国土交通大臣が定めた構造方法を用いるもの又は国土交通大臣の認定を受けたもの
イ.　前号イから ハまでに掲げる要件を満たしているものであること.
ロ.　避難上 及び 防火上支障のない遮煙性能を有し，かつ，常時閉鎖 又は 作動をした状態にあるもの以外のものにあつては，火災により煙が発生した場合に自動的に閉鎖又は作動をするものであること.

| 23082 | 防火区画<br><br>防火壁 | 延べ面積1,200m²，木造，地上2階建ての小学校において，必要とされる防火壁に設ける開口部の幅及び高さは，それぞれ2.5m以下とし，かつ，これに特定防火設備で所定の構造であるものを設けなければならない. | ○ |

「法26条」「令113条第四号」より，「木造等の建築物の防火壁は，防火壁に設ける開口部の幅及び高さは，それぞれ2.5m以下とし，かつ，これに特定防火設備で所定の構造（令112条19項第一号に規定する構造）であるものを設けること.」とわかる.

原文：法26条
（防火壁等）
延べ面積が1,000 m²を超える建築物は，防火上有効な構造の防火壁及び防火床によって有効に区画し，かつ，各区画の床面積の合計をそれぞれ1,000 m²以内としなければならない.ただし，次の各号のいずれかに該当する建築物については，この限りでない.
一.　耐火建築物 又は 準耐火建築物
二.　卸売市場の上家，機械製作工場その他これらと同等以上に火災の発生のおそれが少ない用途に供する建築物で，次のイ 又は ロのいずれかに該当するもの
イ.　主要構造部が不燃材料で造られたものその他これに類する構造のもの

原文：令113条
（木造等の建築物の防火壁及び防火床）
防火壁及び防火床は，次に定める構造としなければならない.
……
四.　防火壁に設ける開口部の幅及び高さ……は，それぞれ2.5m以下とし，かつ，これに特定防火設備で前条第19項第一号に規定する構造であるものを設けること.

| 28064 | 防火区画<br>------------<br>界壁 | 準防火地域内において，延べ面積 1,000m²，地上 3 階建ての共同住宅の各戸の界壁を，耐火構造とし，小屋裏又は天井裏に達せしめなければならない． | × |
|---|---|---|---|

「令 114 条」より「共同住宅の各戸の界壁は，原則として，準耐火構造とし，小屋裏又は天井裏に達せしめなければならない．」とわかる．問題文は「耐火構造」とあるため誤り．

原文：令 114 条
（建築物の界壁，間仕切壁 及び 隔壁）
長屋 又は 共同住宅の各戸の界壁（……）は，準耐火構造とし，第 112 条第 4 項各号のいずれかに該当する部分を除き，小屋裏 又は 天井裏に達せしめなければならない．」とわかる．

| 30064 | 防火区画<br>------------<br>防火間仕切 | 有料老人ホームの用途に供する建築物の当該用途に供する部分（天井は強化天井でないもの）については，原則として，その防火上主要な間仕切壁を準耐火構造とし，小屋裏又は天井裏に達せしめなければならない． | ○ |
|---|---|---|---|

「令 114 条 2 項」より「児童福祉施設等（令 19 条より有料老人ホームを含む）の用途に供する建物の当該用途に供する部分については，原則として，その防火上主要な間仕切壁を準耐火構造とし，小屋裏又は天井裏に達せしめなければならない．」とわかる．

原文：令 114 条 2 項
2. 学校，病院，診療所（患者の収容施設を有しないものを除く．），児童福祉施設等，ホテル，旅館，下宿，寄宿舎又はマーケットの用途に供する建築物の当該用途に供する部分については，その防火上主要な間仕切壁（……）を準耐火構造とし，第 112 条第 4 項各号のいずれかに該当する部分を除き，小屋裏 又は 天井裏に達せしめなければならない．

原文：令 112 条 4 項各号
一．天井の全部が強化天井（……）である階
二．準耐火構造の壁 又は 法第 2 条第九号の二の口に規定する防火設備で区画されている部分で，当該部分の天井が強化天井であるもの

| 17065 | 防火区画<br>------------<br>小屋裏隔壁 | 延べ面積がそれぞれ 200m² を超える建築物で耐火建築物以外のもの相互を連絡する渡り廊下で，その小屋組が木造であり，かつ，けた行が 4m を超えるものは，小屋裏に準耐火構造の隔壁を設けなければならない． | ○ |
|---|---|---|---|

「令 114 条 4 項」より，「延べ面積がそれぞれ 200m² を超える建築物で耐火建築物以外のもの相互を連絡する渡り廊下で，その小屋組が木造であり，かつ，けた行が 4m を超えるものは，小屋裏に準耐火構造の隔壁を設けなければならない．」とわかる．

原文：令 114 条 4 項
4. 延べ面積がそれぞれ 200m² を超える建築物で耐火建築物以外のもの相互を連絡する渡り廊下で，その小屋組が木造であり，かつ，けた行が 4m を超えるものは，小屋裏に準耐火構造の隔壁を設けなければならない．

| 22084 | 防火区画 | 換気設備の風道が準耐火構造の防火区画を貫通する場合におい | × |
|---|---|---|---|
| | 風道貫通 | て，当該風道に設置すべき特定防火設備については，火災によ<br>り煙が発生した場合に手動により閉鎖することができるものと<br>しなければならない． | |

「令112条21項」に「換気，暖房，冷房の設備の風道」が「準耐火構造の防火区画（令112条20項条文中に規定）」を貫通する場合，貫通する部分又はこれに近接する部分に，所定の性能を有する特定防火設備（法2条第九号の二ロに規定する防火設備によつて区画すべき準耐火構造の防火区画を貫通する場合には，防火設備）であって，火災により煙が発生した場合に自動的に閉鎖することができるもの（一号），かつ，閉鎖した場合遮煙性能を有するもの（二号）としなければならない．」とわかる．問題文は「手動により閉鎖する」とあるため誤り．

原文：令114条5項
5. 第112条第20項の規定は給水管，配電管その他の管が 第1項の界壁，第2項の間仕切壁 又は 前2項の隔壁を貫通する場合に，同条第21項の規定は換気，暖房 又は 冷房の設備の風道がこれらの界壁，間仕切壁 又は 隔壁を貫通する場合について準用する．この場合において，同項中「特定防火設備」とあるのは，「第109条に規定する防火設備であつて，これに通常の火災による火熱が加えられた場合に，加熱開始後45分間当該加熱面以外の面に火炎を出さないものとして，国土交通大臣が定めた構造方法を用いるもの 又は 国土交通大臣の認定を受けたもの」と読み替えるものとする．

原文：令112条20項
20. 給水管，配電管その他の管が……規定による1時間準耐火基準に適合する準耐火構造の床若しくは壁，……耐火構造の床若しくは壁，……準耐火構造の床 若しくは 壁……（以下この条において「準耐火構造の防火区画」という．）を貫通する場合においては，当該管と準耐火構造の防火区画との隙間をモルタルその他の不燃材料で埋めなければならない．

原文：令112条21項
21. 換気，暖房 又は 冷房の設備の風道が 準耐火構造の防火区画を貫通する場合（国土交通大臣が防火上支障がないと認めて指定する場合を除く．）においては，当該風道の準耐火構造の防火区画を貫通する部分 又は これに近接する部分に，特定防火設備（法第2条第九号の二ロに規定する防火設備によつて区画すべき準耐火構造の防火区画を貫通する場合にあつては，同号ロに規定する防火設備）であつて，次に掲げる要件を満たすものとして，国土交通大臣が定めた構造方法を用いるもの 又は 国土交通大臣の認定を受けたものを国土交通大臣が定める方法により設けなければならない．
一．火災により煙が発生した場合 又は 火災により温度が急激に上昇した場合に自動的に閉鎖するものであること．
二．閉鎖した場合に防火上支障のない遮煙性能を有するものであること．

| 17072 | 耐火性能検証法・防火区画検証法 | 延べ面積30,000m²，地上20階建の事務所の用途に供する耐火建築物（各階の床面積が1,500m²であり，各階に事務室が設けられているもので，イ〜ホの建築物の条件を満たしているものとする．）に関し，配管が，主要構造部である壁及び床並びに防火設備で建築物の他の部分と区画されたパイプシャフトの当該壁を貫通する場合においては，当該貫通する部分からパイプシャフトの内側方向に1m以内の距離にある部分を不燃材料以外の材料で造った． | ○ |
|---|---|---|---|
| | 設備 | 【建築物の条件】<br>イ．主要構造部が所定の性能を有していることについて，耐火性能検証法により確かめられたものである．<br>ロ．主要構造部である床又は壁（外壁を除く．）の開口部に設けられた防火設備が所定の性能を有していることについて，防火区画検証法により確かめられたものである．<br>ハ．当該建築物が全館避難安全性能を有するものであることについて，全館避難安全検証法により確かめられたものである．<br>ニ．自動式のスプリンクラー設備が全館に設けられているものとする．<br>ホ．避難上有効なバルコニー，屋外通路等は設けられていないものとする． | |

「令129条の2の4」に「配管設備の構造」について載っており，その「七号」より，「配管が防火区画等を貫通する場合，これらの管の構造は，所定の規定に適合するものとする．ただし，1時間の準耐火構造の床若しくは壁又は特定防火設備で他の部分と区画されたパイプシャフトの中にある部分は，この限りでない．」とわかる．ここからは，このただし書きによる適用除外を採用できるかどうかチェックしていく．「令108条の3第4項」より，「主要構造部が令108条の3第1項第一号（耐火性能検証法）」により確かめられた建築物で，その開口部（外壁を除く）に設けられた防火設備が，防火区画検証法により確かめられたものについて，「防火区画等関係規定」の適用について，当該建築物の部分のうち主要構造部は耐火構造と，これらの防火設備の構造は特定防火設備とみなすことができる．」とわかる．「令129条の2の4第1項」は，「防火区画等関係規定」に含まれることから，問題文の主要構造部は「耐火構造」と，防火設備は「特定防火設備」とみなすことができ，「令129条の2の4第七号」のただし書きより，配管設備の構造の規定は適用除外となり，パイプシャフト内にある配管の構造については問われない．問題文は正しい．

原文：令129条の2の4第七号<br>七．給水管，配電管……これらの管の構造は，次のイからハまでのいずれかに適合するものとすること．ただし，1時間準耐火基準に適合する準耐火構造の床若しくは壁又は特定防火設備で建築物の他の部分と区画されたパイプシャフト，パイプダクトその他これらに類するものの中にある部分については，この限りでない．

**令112条**（防火区画）

**主要構造部を耐火構造とした建築物**，法第2条第九号の三若しくはロのいずれかに該当する建築物……で，延べ面積（スプリンクラー設備……その他これらに類するもので自動式のものを設けた部分の床面積の1/2に相当する床面積を除く．以下この条において同じ．）が1,500 m²を超えるものは，床面積の合計（……）1,500 m²以内ごとに**1時間準耐火基準に適合する準耐火構造の床若しくは壁又は特定防火設備**（……）で区画しなければならない．ただし，次の各号のいずれかに該当する建築物の部分でその用途上やむを得ない場合においては，この限りでない．

　　一　劇場……その他これらに類する用途に供する建築物の部分

　　二　階段室の部分又は昇降機の昇降路の部分（……）で1時間準耐火基準に適合する準耐火構造の床若しくは壁又は特定防火設備で区画されたもの

2　「1時間準耐火基準」

3　「空間部分に接する場合」

4　……の**規定により準耐火建築物**（第109条の3第二号に掲げる基準又は1時間準耐火基準に適合するものを除く．）**とした建築物**で，延べ面積が500 m²を超えるものについては，第1項の規定にかかわらず，床面積の合計500 m²以内ごとに1時間準耐火基準に適合する準耐火構造の床若しくは壁又は特定防火設備で区画し，かつ，防火上主要な間仕切壁（……）を準耐火構造とし，次の各号のいずれかに該当する部分を除き，小屋裏又は天井裏に達せしめなければならない．

5　……の**規定により準耐火建築物等**（第109条の3第二号に掲げる基準若しくは1時間準耐火基準に適合するものに限る）**とした建築物**で，延べ面積が1,000 m²を超えるものについては，第1項の規定にかかわらず，床面積の合計1,000 m²以内ごとに1時間準耐火基準に適合する準耐火構造の床若しくは壁又は特定防火設備で区画しなければならない．

面積区画（1500 m²区画）

一般的に，耐火建築物と準耐火建築物（45分，60分のイ準耐，ロ-1，ロ-2）を想定している．しかし，準耐火建築物は，4項，5項でこれより小さな区画の面積で区画する．1項の準耐火建築物は，規定によらず任意で準耐火建築物としたものが該当．1時間準耐火構造の床若しくは壁 又は 特定防火設備 で区画

・スプリンクラー緩和（設置した部分の面積倍読み）
　例）延べ面積 2,500 m²（自動消火設備 2,000 m²，非設置 500 m²）

　2,000 ／ 2 ＋ 500 ＝ 1,500m²　∴区画免除
　※スプリンクラー緩和は他の防火区画にも適用される

【面積区画の適用除外】

・用途の目的を達成させるための緩和であり，建物全体を一律に緩和するものではない

・超高層の階段室で面積が大きくなっても面積区画は適用除外

面積区画（500 m²区画）

所定の規定により準耐火建築物とした建築物のうち，

ロ-2：不燃ロ準，イ-1：1時間準耐火基準を除く

ロ-1：外壁耐火のロ準，

イ-2：イ準耐火（45分）

が対象

「防火上主要な間仕切り」にも性能が要求される

→ 強化天井による間仕切り壁の緩和

面積区画（1000 m²区画）

ロ-2：不燃ロ準

イ-1：イ準耐（1時間）

が対象

7　建築物の 11 階以上の部分で，各階の床面積
　の合計が 100 m² を超えるものは，第 1 項の規
　定にかかわらず，床面積の合計 100 m² 以内ご
　とに**耐火構造の床若しくは壁**又は法第 2 条第
　九号の二ロに規定する**防火設備**で区画しなけ
　ればならない．

高層区画
耐火構造の床若しくは壁 又は 防火設備 で区画

8　前項の建築物の部分で，当該部分の壁（……）
　及び天井の内に面する部分（……）の仕上げ
　を準不燃材料でし，かつ，その下地を準不燃
　材料で造ったものは，特定防火設備以外の法
　第 2 条第九号の二ロに規定する防火設備で区
　画する場合を除き，前項の規定にかかわらず，
　床面積の合計 200 m² 以内ごとに区画すれば足
　りる．

高層区画の緩和
仕上げ・下地とも準不燃
以外の……を除き → 特定防火設備とすれば 9
項（500 m² 緩和）も同じ

11　主要構造部を準耐火構造とした建築物又は
　……であつて，地階又は 3 階以上の階に居室
　を有するものの竪穴部分(
　　長屋又は共同住宅の住戸でその階数が 2 以上
　　……,
　　吹抜きとなっている部分，
　　階段の部分（……），
　　昇降機の昇降路の部分，
　　ダクトスペースの部分
　　その他これらに類する部分……)については，
　当該竪穴部分以外の部分（……）と**準耐火構造
　の床若しくは壁**又は法第 2 条第九号の二ロに
　規定する**防火設備で区画**しなければならない．
　ただし，次の各号のいずれかに該当……，こ
　の限りでない．
　二　階数が 3 以下で延べ面積が 200 m² 以内の
　　　一戸建ての住宅……

竪穴区画
準耐火構造の床若しくは壁 又は 防火設備 で区画
○ 文節に注意
「その他これらに類する部分」はそれまで羅列し
てきたもの全部に掛かる．
○ 読み取りポイント
「主要構造部を準耐火構造」は，耐火構造の場合
も対象になる．
耐火性能＞準耐火性能
しかし，「耐火建築物又は準耐火建築物」ではな
いので，3 階建ての 3 階に居室を有する場合で
も，準耐火建築物で口準耐の場合，竪穴区画が
要求されない．

18　建築物の一部が法第 27 条第 1 項各号，第 2
　項各号又は第 3 項各号のいずれかに該当する
　場合においては，その部分とその他の部分と
　を 1 時間準耐火基準に適合する**準耐火構造と
　した床若しくは壁**又は**特定防火設備で区画**し
　なければならない．

異種用途区画（一定規模の特殊建築物）
1 時間の準耐火構造の床若しくは壁 又は 特定
防火設備 で区画防火管理者が同一，利用時間が
ほぼ同じなどの条件では適用されない．（物販
の一角にある喫茶店や，ホテルのレストラン
等）

13

19 ……次の各号に掲げる区分に応じ，それぞれ当該各号に定める構造のものとしなければならない．

　一　第1項本文，第4項若しくは第5項の規定による区画に用いる特定防火設備又は第7項の規定による区画に用いる法第2条第九号の二ロに規定する防火設備　　次に掲げる要件を満たすものとして，国土交通大臣が定めた構造方法を用いるもの又は国土交通大臣の認定を受けたもの

　　イ　……

　　ロ　……

　　ハ　……

　　ニ　常時閉鎖又は作動をした状態にあるもの以外のものにあっては，<u>火災により煙が発生した場合又は火災により温度が急激に上昇した場合</u>のいずれかの場合に，自動的に閉鎖又は作動をするものであること．

　二　第1項第二号，第10項若しくは前項の規定による区画に用いる特定防火設備，第10項，第11項若しくは第12項本文の規定による区画に用いる法第2条第九号の二ロに規定する防火設備……　次に掲げる要件を満たすものとして，国土交通大臣が定めた構造方法を用いるもの又は国土交通大臣の認定を受けたもの

　　イ　<u>前号イからハまでに掲げる要件を満たし</u>ているものであること．

　　ロ　避難上及び防火上支障のない<u>遮煙性能を有し，かつ</u>，常時閉鎖又は作動した状態にあるもの以外のものにあっては，<u>火災により煙が発生した場合</u>に自動的に閉鎖又は作動するものであること．

防火区画に使用される（特定）防火設備の構造

面積区画の特定防火設備，
高層区画の防火設備

煙感知 又は 温度感知

階段等の免除規定，異種用途区画の特定防火設備，竪穴区画の防火設備

煙感知のみ（遮煙性能）

★この一号，二号は，以前は1つの規定だったので，今でも古い建物の階段室（竪穴区画）の防火戸に煙感知器ではなく温度ヒューズが付いていることがある（既存不適格）．

20　給水管，配電管その他の管が第1項，第4項から第6項まで若しくは第18項の規定による1時間準耐火基準に適合する準耐火構造の床若しくは壁，第7項若しくは第10項の規定による耐火構造の床若しくは壁，第11項本文若しくは第16項本文の規定による準耐火構造の床若しくは壁又は同項ただし書の場合における同項ただし書のひさし，床，そで壁その他これらに類するもの（以下この条において「準耐火構造の防火区画」という．）を貫通する場合においては，当該管と準耐火構造の防火区画とのすき間をモルタルその他の不燃材料で埋めなければならない．

21　換気，暖房又は冷房の設備の風道が準耐火構造の防火区画を貫通する場合（……）においては，

当該風道の準耐火構造の防火区画を貫通する部分又はこれに近接する部分に，

特定防火設備

（法第2条第九号の二ロに規定する防火設備によって区画すべき準耐火構造の防火区画を貫通する場合にあっては，同号ロに規定する防火設備）

……設けなければならない．


**令114条5項**（建築物の界壁，間仕切壁及び隔壁）

5　第112条第20項の規定は給水管，配電管その他の管が第1項の界壁，第2項の間仕切壁又は前2項の隔壁を貫通する場合に，

同条第21項の規定は換気，暖房又は冷房の設備の風道がこれらの界壁，間仕切壁又は隔壁を貫通する場合に

準用する．

この場合において，同項中「特定防火設備」とあるのは，「第109条に規定する防火設備であって，これに通常の火災による加熱が加えられた場合に，加熱開始後45分間加熱面以外の面に火炎を出さないものとして，国土交通大臣が定めた構造方法を用いるもの又は国土交通大臣の認定を受けたもの」と読み替えるものとする．

令112条21項で「風道が防火区画を貫通する部分」に遮煙機能の付いたファイヤーダンパー（＝SFD）を付けるという規定．
A.「特定防火設備」を設けるケース
B.「防火設備」を設けるケース
の2パターンがある．
「防火設備」を設けるのは，「防火設備によって区画すべき準耐火構造の防火区画（20項）を貫通する場合」．
つまり，
○面積区画……　準耐火構造の床若しくは壁 又は「特定防火設備」で区画
○異種用途区画……　準耐火構造とした床若しくは壁 又は「特定防火設備」で区画なので，面積区画，異種用途区画の壁，床を貫通する風道には A. の「特定防火設備」を設ける
○高層区画……　耐火構造の床若しくは壁 又は「法第二条第九号の二ロに規定する防火設備」で区画
○竪穴区画……　準耐火構造の床若しくは壁 又は「法第二条第九号の二ロに規定する防火設備」で区画なので，高層区画，竪穴区画の壁，床を貫通する風道には B. の「防火設備」を設ける．

防火区画に類するものとして，ある程度の性能が要求．

界壁，間仕切壁及び隔壁 → 準耐火構造とする5項は，これらを貫通する場合の規定．
給水管などが貫通する場合，令112条20項の規定，風道（ダクト）が貫通する場合，令112条21項の規定を適用する．この時，「特定防火設備」ほどの性能は要求されないが，「45分遮炎性能の防火設備」（通常は20分）が要求される．

13

| コード | 項目 | 問題 | 解答 |
|---|---|---|---|
| 17083 | 内装制限<br><br>特建条件 | 耐火建築物の3階建の映画館で，客席の床面積の合計が400m²<br>の場合，原則として，内装制限を受ける． | ○ |
| | | 「法35条の2」にある「内装制限が適用される建物条件」より，「別表1(い)欄に該当する特殊建築物は政令で定めるものを除き，内装制限が適用される．」とわかる．また，「令128条の4」に「内装制限の適用を除かれる特建は次に該当するもの以外のものとする．」とありややこしいが，ここをわかり易く解説すると「令128条の4」の「一号」，「二号」，「三号」のうちのいずれかに該当する「特建」についてのみ内装制限が適用されるということになる．問題文の建物は「映画館」であり，(い)欄(一)項特建に該当し，また，耐火建築物であるため，「令128条の4第一号表中の(一)」より「客席の床面積が400m²以上」の場合，内装制限を受ける． | |
| | | 原文：法35条の2<br>(特殊建築物等の内装)<br>別表第1(い)欄に掲げる用途に供する特殊建築物……は，政令で定めるものを除き，政令で定める技術的基準に従つて，その壁及び天井（……）の室内に面する部分の仕上げを防火上支障がないようにしなければならない．<br><br>原文：令128条の4第一号<br>(制限を受けない特殊建築物等)<br>法第35条の2の規定により政令で定める特殊建築物は，次に掲げるもの以外のものとする．<br>一．次の表に掲げる特殊建築物 | |
| 18081 | 内装制限<br><br>特建内装 | 内装の制限を受ける地上2階建ての有料老人ホームにおいて，当該用途に供する居室の壁及び天井の室内に面する部分の仕上げを，難燃材料とした． | ○ |
| | | 「令19条」より，「有料老人ホームは，児童福祉施設等に含まれる．」とわかる．また，「児童福祉施設等」は，「令115条の3（類似特建)」，「別表1」より(い)欄(二)項特建に該当し，「内装制限」を受ける場合，その制限内容は「令128条の5第1項」より，「居室の壁及び天井の室内に面する部分の仕上げを難燃材料もしくは難燃材料同等品で大臣が定める材料の組合せとしなければならない．」とわかる． | |

| | | | | |
|---|---|---|---|---|
| | 原文：令128条の5<br>（特殊建築物等の内装）<br>前条第1項第一号に掲げる特殊建築物は，当該各用途に供する居室（……）の壁（……）及び天井（……）の室内に面する部分（……）の仕上げを第一号に掲げる仕上げと，当該各用途に供する居室から地上に通ずる主たる廊下，階段その他の通路の 壁 及び 天井の室内に面する部分の仕上げを第二号に掲げる仕上げとしなければならない.<br>一．次のイ 又は ロに掲げる仕上げ<br>イ．難燃材料（3階以上の階に居室を有する建築物の当該各用途に供する居室の天井の室内に面する部分にあつては，準不燃材料）でしたもの<br>ロ．イに掲げる仕上げに準ずるものとして国土交通大臣が定める方法により国土交通大臣が定める材料の組合せによつてしたもの<br>二．次のイ 又は ロに掲げる仕上げ<br>イ．準不燃材料でしたもの<br>ロ．イに掲げる仕上げに準ずるものとして国土交通大臣が定める方法により国土交通大臣が定める材料の組合せによつてしたもの | | | |

**29073**　内装制限／特建内装

主要構造部を耐火構造とした耐火建築物，延べ面積1,200m²，高さ12m，地上3階建ての有料老人ホーム（当該用途に供する3階の床面積が400m²）において，100m²ごとに耐火構造とした床，壁及び所定の防火設備で区画された3階の居室の天井の室内に面する部分の仕上げを，不燃材料，準不燃材料及び難燃材料以外の材料とした.　〇

「令128条の4第一号」より，「表に掲げる特殊建築物は，内装制限が適用される.」とわかる. 問題文の建物は耐火建築物であり，その用途・規模より，「表(2)項」に該当する. また，「令128条の5第1項かっこ書き」より，「床面積の合計100m²以内ごとに準耐火構造の床，壁及び所定の防火設備で区画されている部分の居室を除く.」とわかる. 問題文の建物の居室は，これに該当するため，内装の制限を受けない.

原文：令128条の5<br>……居室（法別表第1(い)欄(2)項に掲げる用途に供する特殊建築物が主要構造部を耐火構造とした建築物……である場合にあつては，当該用途に供する特殊建築物の部分で床面積の合計100m²（共同住宅の住戸にあつては，200m²）以内ごとに準耐火構造の床 若しくは 壁 又は法第2条第九号の二ロに規定する防火設備で区画されている部分の居室を除く.）……

**24072**　内装制限／車庫内装

自動車修理工場の壁及び天井の室内に面する部分の仕上げを，準不燃材料とした.　〇

「令128条の4第二号」より，「自動車車庫，自動車修理工場である特建はその床面積にかかわらず内装制限が適用される.」とわかる. また，その制限内容は「令128条の5第2項」に載っており，そこを訳すと「自動車車庫等の用途に供する部分と地上に通ずる主たる通路部分の壁及び天井の室内に面する部分の仕上げを準不燃材料もしくは準不燃材料同等品で大臣が定める材料の組合せとしなければならない.」と規定されている.

| | | 原文：令128条の4第二号<br>二．自動車車庫 又は 自動車修理工場の用途に供する特殊建築物<br><br>原文：令128条の5第2項<br>2．前条第1項第二号に掲げる特殊建築物は，当該各用途に供する部分 及び これから地上に通ずる主たる通路の壁 及び 天井の室内に面する部分の仕上げを前項第二号に掲げる仕上げとしなければならない． | |
|---|---|---|---|
| 29072 | 内装制限<br>━━━━━<br>車庫内装 | 延べ面積300m²，平家建ての自動車修理工場において，当該用途に供する部分の壁及び天井の室内に面する部分の仕上げを，難燃材料とした． | × |
| | | 「令128条の4第二号」より，「自動車車庫，自動車修理工場である特建はその床面積にかかわらず内装制限が適用される．」とわかる．また，「令128条の5第2項」より，「自動車車庫等の用途に供する部分と地上に通ずる主たる通路部分の壁及び天井の室内に面する部分の仕上げを準不燃材料もしくは準不燃材料同等品で大臣が定める材料の組合せとしなければならない．」とわかる．問題文には「難燃材料」とあるため誤り． | |
| | | 原文：令128条の5第2項<br>2．前条第1項第二号に掲げる特殊建築物は，当該各用途に供する部分 及び これから地上に通ずる主たる通路の 壁 及び 天井の室内に面する部分の仕上げを前項第二号に掲げる仕上げとしなければならない． | |
| 30071 | 内装制限<br>━━━━━<br>地階内装 | 地階に設ける飲食店において，床面積の合計が80m²の客席の壁及び天井の室内に面する部分の仕上げを，難燃材料とした． | × |
| | | 問題文の「飲食店」は「別表1(い)欄(四)項特建」に該当する．「令128条の4第三号」より，「当該特建の用途として使用する場合にはその床面積にかかわらず内装制限を受ける．」とわかる．また「令128条の5第3項」より，「居室と地上に通ずる主たる通路部分の壁及び天井の室内に面する部分の仕上げを準不燃材料もしくは準不燃材料同等品で大臣が定める材料の組合せとしなければならない．」とわかる．問題文には「難燃材料とした」とあるため誤り． | |
| | | 原文：令128条の4第三号<br>三．地階又は地下工作物内に設ける居室その他これらに類する居室で法別表第1(い)欄(一)項，(二)項又は(四)項に掲げる用途に供するものを有する特殊建築物<br><br>原文：令128条の5第3項<br>3．前条第1項第三号に掲げる特殊建築物は，同号に規定する居室 及び これから地上に通ずる主たる廊下，階段その他の通路の壁 及び 天井の室内に面する部分の仕上げを第1項第二号に掲げる仕上げとしなければならない． | |

| 30071 | 内装制限 | 地階に設ける飲食店において，床面積の合計が80m²の客席の壁及び天井の室内に面する部分の仕上げを，難燃材料とした． | × |
|---|---|---|---|
| | 地階内装 | | |

問題文の「飲食店」は「別表1(い)欄(四)項特建」に該当する．「令128条の4第三号」より，「地階の一部を(い)欄(一)項，(二)項，(四)項特建の用途として使用する場合にはその床面積にかかわらず内装制限を受ける．」とわかる．また「令128条の5第3項」より，「居室と地上に通ずる主たる通路部分の壁及び天井の室内に面する部分の仕上げを準不燃材料もしくは準不燃材料同等品で大臣が定める材料の組合せとしなければならない．」とわかる．問題文には「難燃材料とした」とあるため誤り．

原文：令128条の5第3項
3.　前条第1項第三号に掲げる特殊建築物は，同号に規定する<u>居室</u>及び<u>これから地上に通ずる主たる廊下，階段その他の通路</u>の<u>壁</u>及び<u>天井</u>の室内に面する部分の仕上げを第1項第二号に掲げる仕上げと<u>しなければならない</u>．

| 24062 | 内装制限 | 防火地域及び準防火地域以外の区域内における木造の中学校において，地上3階建ての耐火建築物とし，火を使用しない室の壁及び天井の室内に面する部分の仕上げを木材で仕上げた． | ○ |
|---|---|---|---|
| | 適用除外 | | |

「法35条の2」，「令128条の4第2項」より，「階数が3以上で延べ面積が500m²を超える建物の場合には内装制限を受ける．」とあるが，かっこ書きより，「学校等の用途に供するものを除く．」とわかる．「学校等」については，「令126条の2第1項第二号」に載っており，問題文の中学校はこれに該当するため，火を使用しない室は内装の制限を受けない．

原文：令128の4第2項
2.　……<u>（学校等の用途に供するものを除く．）</u>……

原文：令126条の2第二号
二.　<u>学校（幼保連携型認定こども園を除く．）……（以下「学校等」という．）</u>

| 03073 | 内装制限 | 延べ面積600m²，地上3階建ての図書館（主要構造部を耐火構造とした耐火建築物）において，3階部分にある図書室の壁及び天井の室内に面する部分の仕上げを，難燃材料でした． | ○ |
|---|---|---|---|
| | 規模内装 | | |

「法35条の2」，「令128条の4第2項」より「階数が3以上で延べ面積が500m²を超える建物の場合には内装制限を受ける．」とわかる．問題文の建物は延べ面積が500m²を超えており内装制限を受ける．また，「令128条の5第4項」より，「階数が3で延べ面積が500m²をこえる建物の場合，その居室の壁および天井の室内に面する仕上げを難燃材料もしくは難燃材料同等品で大臣が定めた組合わせとしなければならない．」とわかる．

14

原文：法35条の2
……階数が3以上である建築物, ……延べ面積が1,000m²をこえる建築物……は, 政令で定めるものを除き, 政令で定める技術的基準に従つて, その壁 及び 天井 (……) の室内に面する部分の仕上げを防火上支障がないようにしなければならない.

原文：令128の4第2項
2. 法第35条の2の規定により政令で定める 階数が3以上である建築物は, 延べ面積が500m²を超えるもの (……) 以外のものとする.

原文：令128条の4第3項
3. 法第35条の2の規定により政令で定める 延べ面積が1,000m²を超える建築物は, 階数が2で延べ面積が1,000m²を超えるもの 又は 階数が1で延べ面積が3,000m²を超えるもの (……) 以外のものとする.

原文：令128条の5第4項
4. 階数が3以上で延べ面積が500m²を超える建築物, 階数が2で延べ面積が1,000m²を超える建築物 又は 階数が1で延べ面積が3,000m²を超える建築物 (……) は, 居室 (……) の壁 及び 天井の室内に面する部分の仕上げを次の各号のいずれかに掲げる仕上げと, 居室から地上に通ずる主たる廊下, 階段その他の通路の壁 及び 天井の室内に面する部分の仕上げを第1項第二号に掲げる仕上げとしなければならない. ただし……は, この限りでない.
一. 難燃材料でしたもの
二. 前号に掲げる仕上げに準ずるものとして国土交通大臣が定める方法により国土交通大臣が定める材料の組合せでしたもの

| 21092 | 内装制限<br><br>火器内装 | 物品販売業を営む店舗の用途に供する建築物の用途を変更し, 新たに火を使用する調理室を設けた飲食店とする際, 当該調理室の壁及び天井の室内に面する部分の仕上げを, 準不燃材料とした. | ○ |
|---|---|---|---|

「法35条の2」, 「令128条の4第4項」より, 「①. 階数が2以上の住宅の最上階以外の階又は, ②. 住宅以外の建物のうちのどちらかに該当する場合で, 調理室等の火を使用する設備を設けたもの (＝内装制限を受ける調理室等) には内装制限が適用される. (通称：火器内装) とわかる. その制限内容は「令128条の5第6項」に載っており, そこを訳すと「内装制限を受ける調理室等においては, 原則として, その壁および天井の室内に面する仕上げを準不燃材料もしくは準不燃材料同等品で大臣が定めた組合わせとしなければならない.」と規定されている. よって, 問題文は正しい.

| | | | | |
|---|---|---|---|---|
| | 原文：法35条の2<br>……建築物の調理室……その他火を使用する設備……を設けたものは，政令で定めるものを除き，政令で定める技術的基準に従つて，その壁 及び 天井（……）の室内に面する部分の仕上げを防火上支障がないようにし なければならない．<br><br>原文：令128条の4第4項<br>4. 法第35条の2の規定により政令で定める建築物の調理室……その他火を使用する設備……を設けたものは，階数が2以上の住宅（……）の用途に供する建築物（……）の最上階以外の階 又は 住宅の用途に供する建築物以外の建築物（……）に存する調理室……その他火を使用する設備 又は 器具を設けたもの（次条第6項において，「内装の制限を受ける調理室等」という．）以外のものとする．<br><br>原文：令128条の5第6項<br>6. 内装の制限を受ける調理室等は，その壁 及び 天井の室内に面する部分の仕上げを第1項第二号に掲げる仕上げとしなければならない． | | | |
| 17085 | 内装制限<br>------------<br>火器内装 | 主要構造部を耐火構造とした延べ面積200m²の2階建の住宅の1階にある台所（火を使用する器具を設けたもの）は，内装制限を受けない． | | ○ |
| | 「法35条の2」，「令128条の4第4項」より，「①. 階数が2以上の住宅の最上階以外の階又は，②. 住宅以外の建物のうちのどちらかに該当する場合で，調理室等の火を使用する設備を設けたものには内装制限が適用される．（通称：火器内装）」とわかる．ただし，そこにカッコ書きで「主要構造部を耐火構造とした建物の場合は適用除外となる．」とあるため，問題文は正しい．<br><br>原文：令128条の4第4項<br>4. ……階数が2以上の住宅（……）の用途に供する建築物（主要構造部を耐火構造としたものを除く．）の最上階以外の階又は住宅の用途に供する建築物以外の建築物（主要構造部を耐火構造としたものを除く．）…… | | | |

14

【内装制限の対象】下の①〜⑤の内容に対応する番号を付けてみよう

法 35 条の 2

①特殊建築物 ②規模（階数が 3 以上）③内装無窓 ④規模（1,000 m² を超える）⑤火器使用

【内装制限の条件】上記①〜⑤は次の①〜⑤に対応する事を確認

令 128 条の 3 の 2　　③内装無窓　◇条件を理解. 天井高 6m 以下, 50 m² を超える等.

令 128 条の 4

　　1 項一号　　①特殊建築物　◇表を丸暗記する必要はないが, 別表 1 を見ないで答えられると早い

　　（ヒント……準耐火の欄に注目！）

　　　　　　　客席 → 劇場, 映画館, 集会場の類

　　　　　　　患者＝ベッド → 病院, ホテル, 共同住宅の類

　　　　　　　2 階に 500 m² → …… 大きな百貨店, 展示場, 遊技場の類

　　　　二号　　特建車庫　◇床面積に関係なし.

　　　　三号　　特建地下　◇対象用途は一号の用途と関連. 床面積に関係なし.

　　2 項　　②規模（階数が 3 以上）　◇②④は同類. ①クリアしてもチェック

　　3 項　　④規模（1,000 m² を超える）　「学校等」は令 126 条の 2 第二号

　　4 項　　⑤火器使用　◇主要構造部に注意. 住宅の場合は「階」にも注意

【内装制限の仕様】上記①〜⑤は次の①〜⑤に対応する事を確認

令 128 条の 5

　　1 項　　①特殊建築物　◇かっこ書き注意. 居室の腰壁部分の除外は 4 項にも適用.

　　　　　　○居室の壁, 天井：一号イ・ロ　○廊下, 階段：二号イ・ロ

　　2 項　　特建車庫

　　3 項　　特建地下

　　4 項　　②④規模　◇要は 1 項と同じ構成.

　　　　　　○居室の壁, 天井：4 項一号・二号　○廊下, 階段：1 項二号（↑）

　　5 項　　③内装無窓

　　6 項　　⑤火器使用

　　7 項　　内装緩和　◇消火設備と排煙設備のセットと考える.

　　　　　　※基本は準不燃材料. ①②④の居室は難燃材料. 大臣認定を忘れないように.

128 条の 4 各項の文末に「以外のものとする」とあるのは, この条が「制限を受けないもの」なので,
ここに記載された防火上重要なものは除かれず内装制限を受けるという意味である.

内装制限で下地も制限されるのは「避難階段」「高層区画の緩和」等の場合.

令 128 条の 5 第 1, 3, 4, 5 項は「階・全館避難安全検証法」で階段に係る部分以外は, 適用除外
となる.

また 2, 6,. 7 項, 階段等は火災になると特に危険なので除外されない（→検証不能）.

| コード | 項目 | 問題 | 解答 |
|---|---|---|---|
| 20102 | ローカ幅 | 病院における患者用の廊下の幅は，両側に居室がある場合，1.6m以上としなければならない． | ○ |
|  | 廊下幅 |  |  |
|  |  | 「令119条」に「廊下幅」について載っており，そこにある表より「病院における患者用の廊下幅は，両側居室の場合，1.6m以上必要．」とわかる．問題文は正しい． | |
|  |  | 原文：令119条<br>（廊下の幅）<br>廊下の幅は，それぞれ次の表に掲げる数値以上としなければならない． | |
| 20105 | 歩行距離 | 主要構造部が耐火構造で，避難階が1階である地上10階建てのホテルの10階の客室で，当該客室及びこれから地上に通ずる主たる廊下，階段その他の通路の壁及び天井の室内に面する部分の仕上げを難燃材料でしたものについては，当該客室の各部分から避難階又は地上に通ずる直通階段の一に至る歩行距離を60m以下としなければならない． | × |
|  | 歩行距離 |  |  |
|  |  | 「令120条」に「直通階段の設置」について載っており，「ホテル」は「（二）項特建」であり，問題文中，耐火構造とあるため，その表より，歩行距離は「50m」とわかる．また，問題文には「居室及び通路部分の壁・天井の仕上げを難燃材料とした」とあるが，2項の「＋10m緩和」を適用するには，「準不燃材料」とする必要があるため，歩行距離は50m以下としなければならない．問題文は誤り． | |
|  |  | 原文：令120条<br>（直通階段の設置）<br>建築物の避難階以外の階（……）においては，<u>避難階</u>又は<u>地上に通ずる直通階段</u>（……）を……当該各居室からその一に至る歩行距離が……掲げる数値以下となるように設けなければならない．<br>2.　<u>主要構造部が準耐火構造であるか又は</u><u>不燃材料で造られている建築物の居室</u>で，<u>当該居室</u>及びこれから地上に通ずる主たる廊下，階段その他の通路の壁（……）及び天井（……）の室内に面する部分（……）の仕上げを準不燃材料でしたものについては，前項の表の数値に10を加えた数値を同項の表の数値とする．ただし，<u>15階以上の階の居室については，この限りでない．</u> | |
| 18071 | 歩行距離 | 主要構造部を耐火構造とした延べ面積6,000m²，地上15階建ての事務所（各階とも事務所の用途に供するもので，居室及びこれから地上に通ずる主たる廊下，階段その他の通路の壁及び天井の室内に面する部分の仕上げを準不燃材料でしたもの）において，15階にある事務室の各部分から各特別避難階段に至る通常の歩行経路のすべてに共通の重複区間があるときにおける当該重複区間の長さは，原則として，25m以下にしなければならない． | ○ |
|  | 歩行距離 |  |  |

15

219

「令120条」に「直通階段の設置」について載っており，「事務所」は特殊建築物ではなく，問題文中，耐火構造とあるため，表中(三)より，歩行距離は「50m」とわかる．また，問題文には「居室及び通路部分の壁・天井の仕上げを準不燃」とあり，通常，2項の「＋10m緩和」を適用できるが，問題文の場合「15階建て」であるため「＋10m緩和」を適用することはできない．したがって，歩行距離は50m以下となる．また「令121条3項」に「重複区間」について載っており，「歩行経路のすべてに共通の重複区間があるときには，その重複区間の長さは歩行距離の1/2以下としなければならない．」と規定されているため，重複区間の長さは25m以下としなければならない．問題文は正しい．

原文：令120条3項
3．15階以上の階の居室については，<u>前項本文の規定に該当するものを除き</u>，<u>第1項の表の数値から10を減じた数値を同項の表の数値とする</u>．

原文：令121条3項
3．第1項の規定により避難階又は地上に通ずる2以上の直通階段を設ける場合において，居室の各部分から各直通階段に至る通常の歩行経路のすべてに共通の<u>重複区間があるときにおける当該重複区間の長さは</u>，<u>前条に規定する歩行距離の数値の2分の1をこえてはならない</u>．ただし，居室の各部分から，当該重複区間を経由しないで，避難上有効なバルコニー，屋外通路その他これらに類するものに避難することができる場合は，この限りでない．

| 21201 | 歩行距離 | 主要構造部を準耐火構造とした地上の5階建ての共同住宅におけるメゾネット形式の住戸（その階数が2又は3であり，かつ，出入口が一の階のみにあるもの）の出入口のある階以外の階については，その居室の各部分から避難階又は地上に通ずる直通階段の一に至る歩行距離を40m以下とすることができる． | ○ |
| | 歩行距離<br>（メゾネット） | | |

「令120条」に「直通階段の設置」について載っており，そこで「歩行距離」について解説している．その「4項」より，「1住戸に2～3の階数を有するメゾネット型共同住宅（主要構造部を準耐火構造以上としたものに限る）の場合，出入口（玄関等のこと）のない階の居室の各部分から直通階段までの歩行距離が40m以下であるならば，同条1項の規定は適用除外となる．」とわかる．ここを説明すると「本来は各居室の同一階に直通階段への入口が必要となりますが，メゾネット型共同住宅においては住戸の各部分から直通階段に至る歩行距離が40m以下であれば，居室と直通階段の出入口が同一階になくてもよい．」ということである．

原文：令120条4項
4．第1項の規定は，主要構造部を準耐火構造とした共同住宅の住戸でその階数が2又は3であり，かつ，<u>出入口が一の階のみにあるものの当該出入口のある階以外の階について</u>は，その居室の各部分から避難階又は地上に通ずる<u>直通階段の一に至る歩行距離が40m以下である場合において</u>は，適用しない．

| 19084 | 2直階段 | 主要構造部が準耐火構造である物品販売業を営む店舗（2階建延べ面積1,000m²）における2階（居室の床面積の合計が400m²）の部分には，避難階又は地上に通ずる2以上の直通階段を設けなければならない． | × |
| | 2直階段 | | |

「令121条」に「2直階段の設置条件」について載っており，そこを訳すと「令121条各号のうち，いずれかに該当する場合は2直階段の設置が必要.」とわかる．問題文の建物は「物販店舗」であり，「二号」条件をチェックすると，「店舗（床面積の合計が1,500m²を超える場合に限る）の用途で使用する階で，その階に売場がある場合」とある．問題文にある建物の床面積は1,500m²を超えていないため「二号条件」には該当しない．また，「一号」，「三号」，「四号」，「五号」条件のいずれにも該当しない．次に「六号ロ条件」をチェックすると，「5階以下の階でその階における居室の床面積の合計が避難階の直上階にあつては200m²を超えるもの」とある．ただし，「令121条2項」に「主要構造部が準耐火構造以上で造られている建築物について前項の規定を適用する際には，同項中50m²とあるのは100m²と，100m²とあるのは200m²と，200m²とあるのは400m²とできる.」（要するに数値を2倍にできる．通称：倍緩和）という緩和措置があり，問題文の建物の場合，この「倍緩和」が適用され，「六号ロ」条件は「5階以下の階でその階における居室の床面積の合計が避難階の直上階にあつては400m²（＝200m²×2倍）を超えるもの」と緩和される．これにも該当しないため，2直階段の設置義務は生じない．

原文：令121条
(2以上の直通階段を設ける場合)
建築物の避難階以外の階が次の各号のいずれかに該当する場合においては，その階から避難階 又は 地上に通ずる2以上の直通階段を設けなければならない．
……
二．物品販売業を営む店舗（床面積の合計が1,500m²を超えるものに限る．……）の用途に供する階で その階に売場を有するもの
……
六．前各号に掲げる階以外の階で次のイ又はロに該当するもの
イ．6階以上の階で その階に居室を有するもの（……）
ロ．5階以下の階で その階における居室の床面積の合計が 避難階の直上階にあつては200m²を，その他の階にあつては100m²を超えるもの

原文：令121条2項
2．主要構造部が準耐火構造……で造られている建築物について前項の規定を適用する場合には，同項中「50m²」とあるのは「100m²」と，「100m²」とあるのは「200m²」と，「200m²」とあるのは「400m²」とする．

| 19085 | 2直階段 | 主要構造部を耐火構造とした地上5階建てのナイトクラブ及びバーの用途に供する建築物で，各階における居室の床面積の合計が100m²以下で，かつ，各階に避難上有効なバルコニーを設け，各階から1階に通ずる直通階段を屋外に設ける避難階段の構造の規定に適合するものとしたものは，2以上の直通階段を設けなければならない．ただし，各階を当該用途に供するものとし，避難階は1階とする． | × |
| | 2直階段 | | |

「令121条」に「2直階段の設置条件」について載っており、その「三号」をチェックすると、「イ〜ホに該当する用途に使用する階で、その階に客席、客室等を有するもの」とあり、「ナイトクラブ及びバーの用途」は「イ」に該当するとわかる。ただし、三号カッコ書きに「5階以下の階で、その居室の床面積の合計が100m²を超えず、かつ、各階に避難上有効なバルコニーを設け、屋外避難階段又は特別避難階段を設けたものを除く。」とあり、問題文の条件は、このカッコ書きに該当する（主要構造部が耐火構造であるため倍緩和が適用され200m²を超えない）ため、2直階段の設置義務は生じない。次に「六号ロ」条件をチェックすると、「5階以下の階でその階における居室の床面積の合計が避難階以外の階にあっては100m²を超えるもの」とある。問題文にある建物の居室の床面積の合計は100m²以下であるため、2直階段の設置義務は生じない。問題文は誤り。

原文：令121条第三号
三．次に掲げる用途に供する階で その階に客席、客室 その他これらに類するものを有するもの（5階以下の階で、その階の居室の床面積の合計が100m² を超えず、かつ、その階に避難上有効なバルコニー、屋外通路その他これらに類するもの 及び その階から避難階 又は 地上に通ずる直通階段で第123条第2項 又は 第3項の規定に適合するもの が設けられているもの 並びに 避難階の直上階又は直下階である 5階以下の階でその階の居室の床面積の合計が100m² を超えないものを除く。）
イ．キャバレー、カフェー、ナイトクラブ 又は バー

| 16171 | 2直階段 | 延べ面積400m²、地上3階建の主要構造部が耐火構造である診療所の避難階以外の階で、その階における病室の床面積の合計が100m²である場合においては、その階から避難階又は地上に通ずる2以上の直通階段を設けなければならない。 | × |
| | 2直階段 | | |

「令121条」に「2直階段の設置条件」について載っており、その「四号」条件をチェックすると「診療所の用途に使用する階で、その階において病室の用途で使用する居室の床面積の合計が50m²を超える場合」とある。ただし、問題文の建物は耐火建築物（＝耐火構造）であるため、「令121条2項」の「倍緩和」が適用され、「四号」条件は「診療所の用途に使用する階で、病室の床面積の合計が100m²（＝50m²×2倍）を超える場合」に緩和される。問題文にある建物の対象階の病室の床面積の合計が100m²であるため、これに該当しない。また「六号ロ」条件にも該当しない。よって、2直階段の設置義務は生じない。よって誤り。

原文：令121条第四号
四．病院 若しくは 診療所の用途に供する階で その階における病室の床面積の合計 又は 児童福祉施設等の用途に供する階で その階における児童福祉施設等の主たる用途に供する居室の床面積の合計が、それぞれ 50 m²を超えるもの

| 19083 | 2直階段 | 主要構造部を準耐火構造とした地上2階建ての寄宿舎で、2階における寝室の床面積の合計が150m²、2階における寝室以外の居室の床面積の合計が150m²のものは、2以上の直通階段を設けなければならない。ただし、各階を当該用途に供するものとし、避難階は1階とする。 | × |
| | 2直階段 | | |

「令121条」に「2直階段の設置条件」について載っており，その「五号」をチェックすると，「寄宿舎の用途に使用する階で，その階において寝室の床面積の合計が100m²を超える場合」とある．また，問題文の建物は準耐火建築物であるため「2項の倍緩和」をうけて，「五号」条件は「寄宿舎の用途に使用する階で，その階において寝室の床面積の合計が200m²を超える場合」となる．問題文の場合，寝室の床面積の合計は200m²を超えない．また「六号ロ」条件は，「5階以下の階でその階における居室の床面積の合計が避難階の直上階にあつては400m²を超えるもの」となるため，こちらにも該当しない．よって，2直階段の設置義務は生じない．問題文は誤り．

原文：令121条第五号

五．ホテル，旅館 若しくは 下宿の用途に供する階で その階における宿泊室の床面積の合計，共同住宅の用途に供する階で その階における居室の床面積の合計 又は 寄宿舎の用途に供する階で その階における寝室の床面積の合計が，それぞれ100m²を超えるもの

| 23202 | 2直階段 | 主要構造部が耐火構造である地上6階建ての病院（避難階は1階）で，6階における病室の床面積の合計が90m²である場合において，その階から避難階又は地上に通ずる2以上の直通階段を設けなければならない． | ○ |
| | 2直階段 | | |

「令121条」に「2直階段の設置条件」について載っており，その「四号」条件をチェックすると「病院の用途に使用する階で，その階において病院の用途で使用する居室の床面積の合計が50m²を超える場合」とある．ただし，問題文に，「主要構造部が耐火構造」とあるため，「令121条2項」の「倍緩和」が適用され，「四号」条件は「病院の用途に使用する階で，その用途で使用する居室の床面積の合計が100m²（＝50m²×2倍）を超える場合」となるため該当せず，問題文の階は，「六号」の「前各号に掲げる階以外の階」となり，「イ」の「6階以上の階でその階に居室を有するもの（第一号から第四号までに掲げる用途に供する階以外の階で，その階の居室の床面積の合計が100m²を超えず所定の規定に適合するものが設けられているものは除く．）」に該当する．問題文の「病院」は「四号」に掲げる用途であるため，カッコ書きの適用除外は受けない．つまり「6階以上の階でその階に居室を有するもの」に該当するため，2直階段の設置義務が生じる．

原文：令121条第六号イ

イ．6階以上の階でその階に居室を有するもの（第一号から第四号までに掲げる用途に供する階以外の階で，その階の居室の床面積の合計が100m²を超えず，かつ，その階に避難上有効なバルコニー，屋外通路その他これらに類するもの及び その階から避難階 又は 地上に通ずる直通階段で第123条第2項 又は 第3項の規定に適合するものが設けられているものを除く．）

| 05073 | 2直階段 | 診療所（特定階を有し，病室の床面積の合計が110m²で，主要構造部を準耐火構造としたもの）について，各階から避難階に通ずる直通階段（間仕切壁及び所定の防火設備により当該階段の部分以外の部分と区画されているもの）を1か所設けた． | ○ |
| | 2直階段 | | |

15

223

| | | | |
|---|---|---|---|
| | 「令121条」に「2 直階段の設置条件」について載っており，その「四号」条件に「診療所の用途に使用する階で，その階における居室の床面積の合計が50m²（2項：倍読み緩和で100m²）を超える場合」とある．ただし，「4項」より，「特定階を有する階数が3以下で病室の床面積が200m²未満の診療所の場合，各階から避難階に通ずる直通階段（間仕切壁及び所定の防火設備により当該階段の部分以外の部分と区画されているもの）が，2以上要求される規定（1項の規定）は，適用されない．」とわかる．よって正しい． | | |

原文：令121条第4項
4. 第1項（<u>第四号及び第五号</u>……に係る部分に限る．）の規定は，<u>階数が3以下</u>で<u>延べ面積が200㎡未満の建築物</u>の避難階以外の階（以下この項において「<u>特定階</u>」という．）（<u>階段の部分</u>（……）と当該階段の部分以外の部分（……）とが<u>間仕切壁</u>若しくは次の各号に掲げる場合の区分に応じ当該各号に定める防火設備で……<u>区画されている建築物</u>……の特定階に限る．）については，<u>適用しない</u>．

| 19071 | ヒナン階段・特別ヒナン階段 ……… 避難階段設置 | 地上10階建ての建築物の5階以上の階（その主要構造部が準耐火構造であるか，又は不燃材料で造られている建築物で5階以上の階の床面積の合計が100m²以下である場合を除く．）で，床面積の合計100m²（共同住宅の住戸にあっては，200m²）以内ごとに耐火構造の床若しくは壁又は特定防火設備で区画されていない階に通ずる直通階段は，避難階段又は特別避難階段としなければならない． | ○ |

「令122条」に「避難階段の設置」について載っており，その「1項」を訳すと「建物の5階以上の階，または，地下2階以下の階に通じる直通階段は，避難階段又は特別避難階段としなければならない．」とわかる．問題文の建物は，地上10階建ての建築物の5階以上の階とあるため直通階段を避難階段又は特別避難階段とする必要がある．問題文は正しい．

原文：令122条
(避難階段の設置)
建築物の<u>5階以上の階</u>（……）又は<u>地下2階以下の階</u>（……）に通ずる直通階段は……<u>避難階段</u>又は<u>特別避難階段</u>……としなければならない．……

| 27074 | ヒナン階段・特別ヒナン階段 ……… 避難階段設置 | 地上11階建ての事務所ビルにおいて，床面積の合計100m²以内ごとに防火区画されていない最上階に通ずる直通階段は，特別避難階段としなければならない． | × |

「令122条」に「避難階段の設置」について載っており，その「1項」を訳すと「建物の5階以上の階又は地下2階以下の階に通じる直通階段は，避難階段又は特別避難階段と，建築物の15階以上の階又は地下3階以下の階に通じる直通階段は，特別避難階段としなければならない．」とわかる．問題文の建物は，地上11階建ての建築物とあるため直通階段を避難階段又は特別避難階段とする必要がある．

原文：令122条
建築物の……<u>15階以上の階</u>又は<u>地下3階以下の階</u>に通ずる直通階段は……<u>特別避難階段</u>としなければならない．……

| 27071 | ヒナン階段・特別ヒナン階段<br>店舗直通 | 床面積の合計が 1,500m² を超える地上 3 階建ての物品販売業を営む店舗で，各階を当該用途に供するものにあっては，各階の売場及び屋上広場に通ずる 2 以上の直通階段を設け，これを避難階段又は特別避難階段としなければならない． | ○ |
|---|---|---|---|

「令 122 条」に「避難階段の設置」について載っており，その「2 項」より「3 階以上の階を物販店舗として使用する建物の場合，各階の売場及び屋上広場に通じる 2 以上の直通階段を設け，それを避難階段又は特別避難階段としなければならない．」とわかる．

原文：令 122 条 2 項，3 項
2.　3 階以上の階を物品販売業を営む店舗の用途に供する建築物にあっては，各階の売場 及び 屋上広場に通ずる 2 以上の直通階段を設け，これを……避難階段 又は 特別避難階段 としなければならない．
3.　前項の直通階段で，5 階以上の売場に通ずるものはその一以上を，15 階以上の売場に通ずるものはそのすべてを次条第 3 項の規定による特別避難階段 としなければならない．

| 21064 | ヒナン階段・特別ヒナン階段<br>屋内避難階段の構造 | 火災による火熱により仕上げ材から有毒ガスが発生するという被害を抑止するために，建築基準法においては，避難階段の階段室の天井及び壁の室内に面する部分などの仕上げを不燃材料とすることを求めている． | ○ |
|---|---|---|---|

「令 123 条」に「屋内に設ける避難階段の構造」について載っており，その「二号」より「階段室の天井及び壁の室内に面する部分は，仕上げ・下地ともに不燃材料としなければならない．」とわかる．また，「法 2 条九号」，「令 108 条の 2 第三号」より，不燃性能の一つに，「避難上有害な煙又はガスが発生しないもの」とわかる．

原文：令 123 条第二号
(避難階段及び特別避難階段の構造)
屋内に設ける避難階段は，次に定める構造としなければならない．
一．階段室は，第四号の開口部，第五号の窓 又は 第六号の出入口の部分を除き，耐火構造の壁で囲むこと．
二．階段室の天井（天井のない場合にあっては，屋根．第 3 項第四号において同じ．）及び壁の室内に面する部分は，仕上げを不燃材料でし，かつ，その下地を不燃材料で造ること．

| 19074 | ヒナン階段・特別ヒナン階段<br>屋外避難階段の構造 | 屋外に設ける避難階段は，その階段に通ずる出入口以外の開口部（開口面積が各々 1m² 以内で，法第 2 条第九号の二ロに規定する防火設備ではめごろし戸であるものを除く）から，2m 以上の距離に設けなければならない． | ○ |
|---|---|---|---|

「令 123 条 2 項」に「屋外に設ける避難階段の構造」について載っており，その「一号」を訳すと「屋外に設ける避難階段は，その階段に通じる出入口以外の開口部（開口面積が各々 1m² 以内で，所定の防火設備ではめごろし戸であるものを除く）から 2m 以上の距離をとらなければならない．」とわかる．

原文：令123条2項第一号

2. 屋外に設ける避難階段は，次に定める構造としなければならない．

一．階段は，その階段に通ずる出入口以外の開口部（開口面積が各々1m² 以内で，法第2条第九号の二のロに規定する防火設備ではめごろし戸であるものが設けられたものを除く．）から 2m 以上の距離に設けること．

二．屋内から階段に通ずる出入口には，前項第六号の防火設備を設けること．

三．階段は，耐火構造とし，地上まで直通すること．

| 19072 | テンポ出入口・屋上広場 ------ 物販店舗の出入口 | 床面積の合計が 1,500m² を超える物品販売業を営む店舗の用途に供する建築物の各階における避難階段及び特別避難階段の幅の合計は，原則として，その直上階以上の階（地階にあっては，当該階以下の階）のうち床面積が最大の階における床面積100m²につき 60cm の割合で計算した数値以上としなければならない． | ○ |
|---|---|---|---|

「令124条」に「物販店舗の階段・出入口の幅」について載っており，その「一号」より「各階における避難階段及び特別避難階段の幅の合計は，その直上階以上の階のうち床面積が最大の階における床面積 100m² につき，60cm の割合で計算した数値以上にしなければならない．」とわかる．問題文は正しい．

原文：令124条

（物品販売業を営む店舗における避難階段等の幅）

物品販売業を営む店舗の用途に供する建築物における 避難階段，特別避難階段 及び これらに通ずる出入口の幅は，次の各号に定めるところによらなければならない．

一．各階における避難階段 及び 特別避難階段の幅の合計は，その直上階以上の階（……）のうち床面積が最大の階における床面積 100m² につき 60cm の割合で計算した数値以上とすること．

二．各階における避難階段 及び 特別避難階段に通ずる出入口の幅の合計は，各階ごとにその階の床面積 100 m² につき，地上階にあっては 27cm，地階にあっては 36cm の割合で計算した数値以上とすること．

| 27072 | テンポ出入口・屋上広場 ------ 出口の戸 | 平家建ての劇場における客席からの出口の戸及び客用に供する屋外への出口の戸は，客席部分の床面積の合計が 150m² であっても，内開きとしてはならない． | ○ |
|---|---|---|---|

「令118条」より，「劇場の客席からの出口の戸は，劇場の規模にかかわらず，内開きとしてはならない．」とある．また，「令125条2項」より，「劇場の客用に供する屋外への出口の戸は，劇場の規模にかかわらず，内開きとしてはならない．」とわかる．

原文：令125条2項

（屋外への出口）

2. 劇場，映画館，演芸場，観覧場，公会堂又は集会場の客用に供する屋外への出口の戸は，内開きとしてはならない．

原文：令118条

（客席からの出口の戸）

劇場，映画館，演芸場，観覧場，公会堂又は集会場における客席からの出口の戸は，内開きとしてはならない．

| 01082 | テンポ出入口・屋上広場<br><br>物販店舗の出入口 | 地上5階建ての物品販売業を営む店舗（各階の床面積700m²）の避難階においては，屋外への出口の幅の合計を4mとすることができる．ただし，避難階は地上1階とする． | × |
|---|---|---|---|

「令125条」に「屋外への出口」について載っており，その「3項」より「物販店舗の避難階に設ける屋外への出口の幅の合計は，床面積が最大の階における床面積100m²につき60cmの割合で計算した数値以上としなければならない．」とわかる．問題文の場合「7 × 60cm ＝ 4.2m」以上必要となるため誤り．

原文：令125条3項
3. 物品販売業を営む店舗の避難階に設ける屋外への出口の幅の合計は，床面積が最大の階における床面積100 m²につき60cmの割合で計算した数値以上としなければならない．

| 21094 | テンポ出入口・屋上広場<br><br>施錠装置 | 地上5階建てのホテルにおいて，屋外に設ける避難階段に屋内から通ずる出口に設ける戸の施錠装置について，セキュリティのため，屋内からもかぎを用いなければ解錠できないものに交換した． | × |
|---|---|---|---|

「令125条の2」に「屋外への出口等の施錠装置の構造等」について載っており，その「一号」より，「屋外に設ける避難階段に屋内から通ずる出口に設ける戸の施錠装置は，屋内からかぎを用いることなく解錠できるものとしなければならない．」とわかる．

原文：令125条の2
（屋外への出口等の施錠装置の構造等）
次の各号に掲げる出口に設ける戸の施錠装置は，……屋内からかぎを用いることなく解錠できるものとし，かつ，当該戸の近くの見やすい場所にその解錠方法を表示しなければならない．
一．屋外に設ける避難階段に屋内から通ずる出口

| 20104 | テンポ出入口・屋上広場<br><br>屋上広場 | 地上3階建ての建築物において，2階以上の階にあるバルコニーの周囲には，安全上必要な高さが1.1m以上の手すり壁，さく又は金網を設けなければならない． | ○ |
|---|---|---|---|

「令126条」に「屋上広場等」について載っており，そこを訳すと，「2階以上の階にあるバルコニー等には，安全上必要な高さが1.1m以上の手すり壁，さく又は金網を設けなければならない．」とわかる．問題文は正しい．尚，問題文の建物が地上2階建てである場合，「令117条」にある「避難規定の適用範囲」より，「適用除外」となる可能性があるので注意が必要．

原文：令126条
（屋上広場等）
屋上広場又は2階以上の階にあるバルコニーその他これに類するものの周囲には，安全上必要な高さが1.1m以上の手すり壁，さく又は金網を設けなければならない．

原文：令117条
（適用の範囲）
この節の規定は，法別表第1(い)欄(一)項から(四)項までに掲げる用途に供する特殊建築物，階数が3以上である建築物，前条第1項第一号に該当する窓その他の開口部を有しない居室を有する階又は延べ面積が1,000m²をこえる建築物に限り適用する．

15

| 26201 | テンポ出入口・屋上広場 | 建築物の5階以上の階を百貨店の売場の用途に供する場合においては，避難の用に供することができる屋上広場を設けなければならない． | ○ |
|---|---|---|---|
| | 屋上広場 | | |

「令126条」に「屋上広場等」について載っており，その「2項」より，「5階以上の階を百貨店の売場として使用する場合は，避難に利用できる屋上広場を設けなければならない．」とわかる．

原文：令126条2項
2．建築物の5階以上の階を百貨店の売場の用途に供する場合においては，避難の用に供することができる屋上広場を設けなければならない．

| 16174 | 排煙設備 | 延べ面積600m²の診療所（患者の収容施設があるもの）には，原則として，排煙設備を設けなければならない． | ○ |
|---|---|---|---|
| | 設置基準（特建） | | |

「令126条の2」に「排煙設備の設置が必要な建物条件」について載っており，そこを訳すと「別表1(い)欄(一)項〜(四)項特建に該当する建物で，延べ面積が500m²を超える場合は排煙設備を設けなければならない．」とわかる．問題文の建物は「診療所（患者の収容施設があるもの）」であり，「(二)項特建」に該当し，延べ面積が500m²を超えているため排煙設備の設置義務が生じる．

原文：令126条の2
(設置)
法別表第1(い)欄(一)項から(四)項までに掲げる用途に供する特殊建築物で延べ面積が500m²を超えるもの，階数が3以上で延べ面積が500m²を超える建築物（……），第116条の2第1項第二号に該当する窓その他の開口部を有しない居室 又は延べ面積が1,000m²を超える建築物の居室で，その床面積が200m²を超えるもの（……）には，排煙設備を設けなければならない．……

| 20115 | 排煙設備 | 延べ面積450m²の事務所において，開放できる部分の面積の合計が2m²の窓（天井から下方80cm以内の距離にあるもの）のある床面積100m²の事務室には，排煙設備を設置しなくてもよい． | ○ |
|---|---|---|---|
| | 設置基準（無窓居室） | | |

「令126条の2」に「排煙設備の設置が必要な建物条件」について載っており，「①.別表1(い)欄(一)項〜(四)項特建に該当する建築物で，延べ面積が500m²を超える場合，②.階数が3以上で延べ面積が500m²を超える建築物（高さが31m以下の部分にある居室で100m²以内ごとに防煙壁で区画されたものを除く），③.無窓居室，④.延べ面積が1,000m²を超える建築物の居室で，その床面積が200m²を超えるもの（高さが31m以下の部分にある居室で100m²以内ごとに防煙壁で区画されたものを除く）には，原則として排煙設備を設けなければならない．」とわかる．このうち，③.の無窓居室については，「令116条の2第二号」より，「開放できる部分（天井から下方80cm以内の距離にあるもの）の面積の合計が，居室の床面積の1/50以上あれば，無窓居室にならない．」とわかる．よって，問題文の居室は，③.には該当しない．また，①.②.④.のいずれの条件にも該当しないため，排煙設備を設置しなくてもよい．問題文は正しい．

原文：令 116 条の 2
法第 35 条（……）の規定により政令で定める窓その他の開口部を有しない居室は，次の各号に該当する窓その他の開口部を有しない居室とする．
一．……
二．開放できる部分（天井 又は 天井から下方 80cm 以内の距離にある部分に限る．）の面積の合計が，当該居室の床面積の 50 分の 1 以上のもの

| 26103 | 排煙設備 ･･･････ 100m² 区画緩和 | 耐火構造の床若しくは壁又は防火戸その他の政令で定める防火設備で床面積 200m² 以内に区画された共同住宅の住戸の居室には，窓その他の開口部で開放できる部分（天井又は天井から下方 80cm 以内の距離にある部分に限る．）の面積の合計が，当該居室の床面積の 1/50 未満であっても，排煙設備を設置しなくてよい． | ○ |
|---|---|---|---|

「令 126 条の 2」に「排煙設備の設置が必要な建物条件」について載っており，そこを訳すと「別表 1（い）欄（一）項〜（四）項特建に該当する建物で，延べ面積が 500m² を超える場合は排煙設備を設置しなければならない．」とわかる．ただし，「令 126 条の 2 第一号」より，「（二）項特建で，準耐火構造以上の壁・床，防火設備で 100m²（共同住宅の住戸にあっては 200m²）区画されているもの」については，適用除外となる（通称：100m² 区画緩和）．問題文の建物は「共同住宅」であり，「（二）項特建」に該当し，200m² 区画されているため排煙設備の設置義務は生じない．

原文：令 126 条の 2 第一号
…．ただし，次の各号のいずれかに該当する建築物 又は建築物の部分については，この限りでない．
一．法別表第 1（い）欄（二）項に掲げる用途に供する特殊建築物のうち，準耐火構造の床 若しくは 壁 又は法第 2 条第九号のニロに規定する防火設備で区画された部分で，その床面積が 100m²（共同住宅の住戸にあつては，200m²）以内のもの

| 03082 | 排煙設備 ･･･････ 竪穴緩和 | 各階を物品販売業を営む店舗の用途に供する地上 4 階建ての建築物（各階の床面積が 500m²）の屋内に設ける避難階段の部分には，排煙設備を設けなかった． | ○ |
|---|---|---|---|

「令 126 条の 2」に「排煙設備の設置が必要な建物条件」について載っており，「（一）項〜（四）項特建に該当する建物で，延べ面積が 500m² を超える場合は排煙設備を設置しなければならない．」とわかる．ただし，「令 126 条の 2 第三号」より「階段や昇降機の乗降ロビーの部分」は適用除外となる（通称：竪穴緩和）．問題文の建物は「物販店舗」であり，（四）項特建に該当し，延べ面積が 500m² を超えているため本来は，排煙設備の設置義務が生じるが，「三号」の「竪穴緩和」が適用されるため屋内に設ける避難階段の部分への設置は不要となる．

原文：令 126 条の 2 第三号
…．ただし，次の各号のいずれかに該当する建築物 又は建築物の部分については，この限りでない．
三．階段の部分，昇降機の昇降路の部分（当該昇降機の乗降のための乗降ロビーの部分を含む．）その他これらに類する建築物の部分

| 27104 | 排煙設備 | 排煙設備を設置しなければならない居室に設ける排煙設備の排煙口には，煙感知器と連動する自動開放装置を設けたものについても，手動開放装置を設けなければならない． | ○ |
|---|---|---|---|
| | 構造 | | |

「令126条の3」に「排煙設備の構造」について載っており，その「四号」より，「排煙口には，手動開放装置を設けなければならない．」とわかる．また，それについての「緩和措置」及び「適用除外」に関する規定は存在しないため，自動開放装置を設けた場合であっても「手動開放装置は常に必要」となる．

原文：令126条の3第四号，五号
(構造)
前条第1項の排煙設備は，次に定める構造としなければならない．
……
四．排煙口には，手動開放装置を設けること．
五．前号の手動開放装置のうち手で操作する部分は，壁に設ける場合においては床面から80cm以上1.5m以下の高さの位置に……に設け，かつ，見やすい方法でその使用方法を表示すること．

| 18091 | 排煙設備 | 排煙設備を設けなければならない建築物（避難上の安全の検証は行われていないもの）において，2以上の防煙区画部分に係る排煙機にあっては，原則として，一の排煙口の開放に伴い自動的に作動し，かつ，1分間に，120m³以上で，かつ，当該防煙区画部分のうち床面積の最大のものの床面積1m²につき2m³以上の空気を排出する能力を有するものとしなければならない． | ○ |
|---|---|---|---|
| | 構造 | | |

「令126条の3」に「排煙設備の構造」について載っており，その「九号」を訳すと「2以上の防煙区画部分に係る排煙機にあっては，原則として，一の排煙口の開放に伴い自動的に作動し，かつ，1分間に，120m³以上で，かつ，当該防煙区画部分のうち床面積の最大のものの床面積1m²につき2m³以上の空気を排出する能力を有するものとしなければならない．」とわかる．

原文：令126条の3第九号
九．前号の排煙機は，一の排煙口の開放に伴い自動的に作動し，かつ，1分間に，120m³以上で，かつ，防煙区画部分の床面積1m²につき1m³（2以上の防煙区画部分に係る排煙機にあっては，当該防煙区画部分のうち床面積の最大のものの床面積1m²につき2m³）以上の空気を排出する能力を有するものとすること．

| 20103 | 排煙設備 | 排煙設備を設けるべき建築物の排煙設備で，電源を必要とするものには，原則として，予備電源を設けなければならない． | ○ |
|---|---|---|---|
| | 構造 | | |

「令126条の3」に「排煙設備の構造」について載っており，その「十号」より，「電源を必要とする排煙設備には，原則として，予備電源を設けること．」とわかる．

原文：令126条の3第十号
十．電源を必要とする排煙設備には，予備電源を設けること．

| 28102 | 排煙設備 ---------- 中央管理室 | 各構えの床面積の合計が 1,000m² の地下街における排煙設備の制御及び作動状態の監視は，中央管理室において行うことができるものとしなければならない． | × |
|---|---|---|---|

「令126条の3」に「排煙設備の構造」について載っており，その「十一号」を訳すと「各構えの床面積の合計が 1,000m² を超える地下街における排煙設備の制御及び作動状態の監視は，中央管理室において行うことができるものとしなければならない．」とわかる．問題文は「1,000m²」のため誤り．

原文：令126条の3第十一号
十一．法第34条第2項に規定する建築物又は各構えの床面積の合計が 1,000m² を超える地下街における排煙設備の制御 及び 作動状態の監視は，中央管理室において行うことができるものとすること．

| 20101 | 非常用照明 ---------- 設置条件 | 避難階が1階である延べ面積 1,500m²，地上5階建ての事務所の5階の居室で照明装置の設置を通常要する部分には，非常用の照明装置を設けなければならない． | ○ |
|---|---|---|---|

「令126条の4」に「非常用照明の設置が必要な建物条件」について載っており，「階数が3以上で延べ面積が 500m² を超える建築物の居室及び当該居室から地上に通ずる階段で照明装置の設置を通常要する部分には，非常用照明の設置義務が生じる．」とわかる．問題文は正しい．

原文：令126条の4
(設置)
法別表第一(い)欄(一)項から(四)項までに掲げる用途に供する特殊建築物の居室，階数が3以上で延べ面積が 500m² を超える建築物の居室，第116条の2第1項第一号に該当する窓その他の開口部を有しない居室 又は 延べ面積が 1,000m² を超える建築物の居室 及び これらの居室から地上に通ずる廊下，……で照明装置の設置を通常要する部分には，非常用の照明装置を設けなければならない．ただし，……は，この限りでない．

| 02092 | 非常用照明 ---------- 設置基準 | 地上5階建ての共同住宅において，5階の住戸から地上に通ずる廊下及び階段が採光上有効に直接外気に開放されている場合，当該廊下及び階段に非常用の照明装置を設けなくてもよい． | ○ |
|---|---|---|---|

「令126条の4」に「非常用照明の設置が必要な建物条件」について載っており，「①．「所定の特殊建築物の居室」，②．「階数が3以上で延べ面積が 500m² を超える建築物の居室」，③．「無窓居室」，④．「延べ面積が 1,000m² を超える建築物の居室」と，「①～④の居室から地上に通ずる廊下，階段その他の通路 (採光上有効に直接外気に開放された通路を除く．)」には，原則として，非常用の照明装置を設けなければならない．」とわかる．問題文の廊下・階段は「採光上有効に直接外気に開放されている」とあるため，設けなくてもよい．よって正しい．

原文：令126条の4
……これらの居室から地上に通ずる廊下，階段その他の通路 (採光上有効に直接外気に開放された通路を除く．) ……

| 29094 | 非常用照明 | 主要構造部を耐火構造とした延べ面積が 1,000m²，地上 3 階建ての病院の病室には，非常用の照明装置を設けなくてもよい． | ○ |
|---|---|---|---|
| | 設置条件 | | |

「令 126 条の 4」に「非常用照明の設置が必要な建物条件」について載っており，「別表 1(い)欄(一)項～(四)項特建の居室及び居室から地上へと通じる通路部分には非常用照明を設置しなければならない．」とわかる．また，ただし書きで「次の各号のいずれかに該当する場合は適用除外となる．」とあり，その「二号」に「病院の病室」は該当するため非常用の照明装置を設けなくてもよい．

原文：令 126 条の 4 第二号
二．病院の病室，……

| 21202 | 非常用照明 | 階数が 3 以上で延べ面積が 500m² を超える建築物の居室で，避難階又は避難階の直上階若しくは直下階の居室で避難上支障がないものその他これらに類するものとして国土交通大臣が定めるものには，非常用の照明装置を設けなくともよい． | ○ |
|---|---|---|---|
| | 設置条件 | | |

「令 126 条の 4」に「非常用照明の設置が必要な建物条件」について載っており，そこを訳すと「階数が 3 以上で延べ面積が 500m² を超える建築物の居室及び居室から地上へと通じる通路部分には非常用照明の設置義務が生じる．」とわかる．また，ただし書きで「次の各号のいずれかに該当する場合は適用除外となる．」とあり，問題文は，その「四号」の「避難階又は避難階の直上階若しくは直下階の居室で避難上支障がないものその他これらに類するものとして国土交通大臣が定めるもの」に該当するため，非常用の照明装置を設けなくともよい．

原文：令 126 条の 4 第四号
四．避難階 又は 避難階の直上階 若しくは 直下階の居室で避難上支障がないものその他これらに類するものとして国土交通大臣が定めるもの

| 21203 | 非常用進入口 | 建築物の高さ 31m 以下の部分にある 3 階以上の各階において，道に面する外壁面に，直径 1m 以上の円が内接できる窓で，格子その他の屋外からの進入を妨げる構造を有しないものを当該壁面の長さ 10m 以内ごとに設けている場合においては，非常用の進入口を設けなくてもよい． | ○ |
|---|---|---|---|
| | 設置条件 | | |

「令 126 条の 6」に「非常用進入口の設置条件」について載っており，その「二号」より「道に面する外壁面に，直径 1m 以上の円が内接できる窓で，格子その他の屋外からの進入を妨げる構造を有しないものを当該壁面の長さ 10m 以内ごとに設けている場合においては，非常用の進入口の設置義務は生じない．」とわかる．

原文：令 126 条の 6
(設置)
建築物の高さ 31m 以下の部分にある 3 階以上の階 (……) には，非常用の進入口を設けなければならない．ただし，次の各号のいずれかに該当する場合においては，この限りでない．
……
二．道 又は 道に通ずる幅員 4m 以上の通路その他の空地に面する各階の外壁面に窓その他の開口部 (直径 1m 以上の円が内接することができるもの 又は その幅 及び 高さが，それぞれ，75cm 以上 及び 1.2m 以上のもので，格子その他の屋外からの進入を妨げる構造を有しないものに限る．) を当該壁面の長さ 10m 以内ごとに設けている場合

| 02203 | 非常用進入口 設置基準 | 非常用エレベーターを設置している共同住宅であっても，3階以上の階には，非常用の進入口を設けなければならない． | × |
|---|---|---|---|
| | | 「令126条の6」に「非常用進入口の設置条件」について載っており，その「一号」より「非常用エレベーター（令129条の13の3）を設置している場合においては，非常用の進入口の設置義務は生じない．」とわかる．問題文は正しい． | |
| | | 原文：令126条の6第一号 <br> 一．第129条の13の3の規定に適合するエレベーターを設置している場合 | |
| 18073 | 敷地内通路・地下街 敷地内通路 | 主要構造部を耐火構造とした延べ面積1,200m²，地上6階建ての共同住宅について，敷地内には，屋外に設ける避難階段及び所定の出口から道又は公園，広場その他の空地に通ずる幅員が1.5m以上の通路を設けなければならない． | ○ |
| | | 「令128条」に「敷地内通路」について載っており，「敷地内には，原則として，屋外に設ける避難階段から道又は公園，広場その他の空地に通じる幅員が1.5m以上の通路を設けなければならない．」とわかる． | |
| | | 原文：令128条 <br> （敷地内の通路） <br> 敷地内には……屋外に設ける避難階段及び第125条第1項の出口から道又は公園，広場その他の空地に通ずる幅員が1.5m（階数が3以下で延べ面積が200 m² 未満の建築物の敷地内にあつては，90cm）以上の通路を設けなければならない． | |
| 04093 | 敷地内通路・地下街 地下街 | 地下街の各構えが接する地下道の幅員は，5m以上でなければならない． | ○ |
| | | 「令128条の3」より，「地下街の各構え（店舗等）は，所定の地下道に2m以上接しなければならない．」とわかる．その「第二号」より，「地下道の幅員は5m以上でなければならない．」とわかる． | |
| | | 原文：令128条の3 <br> （地下街） <br> 地下街の各構えは，次の各号に該当する地下道に2m以上接しなければならない．ただし…… <br> …… <br> 二．幅員5m以上，天井までの高さ3m以上で，かつ，段及び1/8をこえる勾配の傾斜路を有しないこと． | |
| 18061 | 避難安全検証法 特別避難階段 | 主要構造部を耐火構造とした延べ面積40,000m²，高さ120m，地上40階建ての共同住宅において，その各階が，階避難安全性能を有するものであることについて，階避難安全検証法により確かめられた場合の計画に関して，各住戸及び住戸以外の部分もすべて200m²以内ごとに耐火構造の床若しくは壁又は所定の性能を有する特定防火設備で区画し，15階以上の階に通ずる直通階段は，特別避難階段とした． | ○ |

「令129条1項」より,「主要構造部が準耐火構造又は,不燃材料で造られた建築物で階避難安全性能を有するものであることについて①.階避難安全検証法により確かめられたもの又は②.大臣認定を受けたもののうちのいずれかである場合,一部の規定は適用除外となる.」とわかる.ただし,避難階段(特別避難階段)の設置に関する規定(令122条)は適用除外とはならないとわかる.尚,「令122条」より,「15階以上の階に通ずる直通階段は,特別避難階段としなければならない.」と規定されているが,ただし書きで,「床面積100m²(共同住宅の住戸にあっては,200m²)以内ごとに耐火構造の床若しくは壁又は所定の性能を有する特定防火設備で区画した場合は,この限りではない.」とある.ゆえに,問題文の場合,各住戸を200m²以内に区画し,住戸以外の部分を100m²以内に区画した場合には,15階以上の階に通ずる直通階段であっても特別避難階段とする必要はない.しかしながら,問題文中に住戸以外の部分についても200m²で区画したとあるため,15階以上の階に通じる直通階段にあっては,特別避難階段としなければならない.問題文は正しい.

原文:令129条
(避難上の安全の検証を行う建築物の階に対する基準の適用)
建築物の階(……)のうち,当該階が階避難安全性能を有するものであることについて,階避難安全検証法により確かめられたもの(主要構造部が準耐火構造であるか又は不燃材料で造られた建築物の階に限る.)又は国土交通大臣の認定を受けたものについては,第119条,第120条,第123条第3項第一号,第二号,第十号(屋内からバルコニー又は付室に通ずる出入口に係る部分に限る.)及び第十二号,第124条第1項第二号,第126条の2,第126条の3並びに第128条の5(第2項,第6項及び第7項並びに階段に係る部分を除く.)の規定は,適用しない.

原文:令122条
建築物の……15階以上の階又は地下3階以下の階に通ずる直通階段は……特別避難階段としなければならない.ただし,主要構造部が耐火構造である建築物(……)で床面積の合計100m²(共同住宅の住戸にあつては,200m²)以内ごとに耐火構造の床若しくは壁又は特定防火設備(……)で区画されている場合においては,この限りでない.

| 18064 | 避難安全検証法 | 主要構造部を耐火構造とした延べ面積40,000m²,高さ120m,地上40階建ての共同住宅において,その各階が,階避難安全性能を有するものであることについて,階避難安全検証法により確かめられた場合の計画に関して,15階以上の居室から地上に通ずる廊下及び階段に設ける非常用の照明装置は,所定の構造で,直接照明により床面において1ルクス以上の照度を確保することができるものとし,かつ,予備電源を設けたものとした. | ○ |
| | 非常用照明 | | |

「令129条第1項」より,「主要構造部が準耐火構造又は,不燃材料で造られた建築物で階避難安全性能を有するものであることについて①.階避難安全検証法により確かめられたもの又は②.大臣認定を受けたもののうちのいずれかである場合,一部の規定は適用除外となる.」とわかる.ただし,非常用の照明装置の設置及びその構造に関する規定(令126条の4,令126条の5第一号イ)は適用除外とはならないとわかるため問題文は正しい.

| | | | |
|---|---|---|---|
| | 原文：令126条の5<br>（構造）<br>前条の非常用の照明装置は，次の各号のいずれかに定める構造としなければならない．<br>一．次に定める構造とすること．<br>イ．照明は，直接照明とし，床面において1ルクス以上の照度を確保することができるものとすること．<br>……<br>ハ．予備電源を設けること．<br>ニ．火災時において，停電した場合に自動的に点灯し，……床面において1ルクス以上の照度を確保することができるものとして，国土交通大臣の認定を受けたものとすること． | | |
| 18065 | 避難安全検証法<br>--------<br>特別避難階段の構造 | 主要構造部を耐火構造とした延べ面積40,000m²，高さ120m，地上40階建ての共同住宅において，その各階が，階避難安全性能を有するものであることについて，階避難安全検証法により確かめられた場合の計画に関して，40階の住戸から地上に通ずる廊下及び特別避難階段の階段室の天井及び壁の室内に面する部分の仕上げを準不燃材料とし，かつ，その下地を準不燃材料で造った． | × |
| | 「令129条1項」より，「主要構造部が準耐火構造又は，不燃材料で造られた建築物で階避難安全性能を有するものであることについて①.階避難安全検証法により確かめられたもの又は②.大臣認定を受けたもののうちのいずれかである場合，一部の規定は適用除外となる．」とわかる．ただし，特別避難階段の構造に関する規定（令123条3項第四号）は適用除外とはならないため，問題文の建物における特別避難階段の階段室の天井及び壁の室内に面する部分の仕上げは不燃材料とし，かつ，その下地を不燃材料で造らなければならない．問題文は誤り． | | |
| | 原文：令123条3項第四号<br>四．階段室及び付室の天井及び壁の室内に面する部分は，仕上げを不燃材料でし，かつ，その下地を不燃材料で造ること． | | |
| 18063 | 避難安全検証法<br>--------<br>非常用エレベーター | 主要構造部を耐火構造とした延べ面積40,000m²，高さ120m，地上40階建ての共同住宅において，その各階が，階避難安全性能を有するものであることについて，階避難安全検証法により確かめられた場合の計画に関して，特別避難階段の付室を非常用エレベーターの乗降ロビーと兼用するものとし，この付室兼乗降ロビーには，所定の構造の排煙設備を設置した． | ○ |
| | 「令129条1項」より，「主要構造部が準耐火構造又は，不燃材料で造られた建築物で，階避難安全性能を有するものであることについて①.階避難安全検証法により確かめられたもの又は②.大臣認定を受けたもののうちのどちらかに該当する場合，一部の規定は適用除外となる．」とわかる．ただし，非常用エレベーターの乗降ロビーの構造（令129条の13の3第3項第二号）に関する規定は適用除外とはならないとわかるため問題文は正しい． | | |

| | | | |
|---|---|---|---|
| | | 原文：令129条の13の3第3項第二号<br>二．バルコニーを設けること．<br><br>原文：令129条の13の3第13項<br>13．第3項第二号の規定は，非常用エレベーターの昇降路又は乗降ロビーの構造が，通常の火災時に生ずる煙が乗降ロビーを通じて昇降路に流入することを有効に防止できるものとして，国土交通大臣が定めた構造方法を用いるもの又は国土交通大臣の認定を受けたものである場合においては，適用しない． | |
| 22063 | 避難安全検証法<br>--------<br>全館避難安全検証法 | 全館避難安全検証法とは，火災が発生してから，「在館者のすべてが当該建築物から地上までの避難を終了するまでに要する時間」と，「火災による煙又はガスが避難上支障のある高さまで降下する時間」及び「火災により建築物が倒壊するまでに要する時間」とを比較する検証法である． | × |
| | | 「令129条の2第3項」より，「全館避難安全検証法とは，火災時において当該建築物からの避難が安全に行われることを検証する方法をいう．」とわかる．また同条3項に規定があるが，問題文の「火災により建築物が倒壊するまでに要する時間」に関する規定はない．問題文は誤り． | |
| | | 原文：令129条の2第3項<br>3．第1項の「全館避難安全性能」とは，当該建築物のいずれの火災室で火災が発生した場合においても，当該建築物に存する者（……「在館者」という．）の全てが当該建築物から地上までの避難を終了するまでの間，当該建築物の各居室 及び各居室から地上に通ずる主たる廊下，階段その他の建築物の部分において，避難上支障がある高さまで煙 又はガスが降下しないものであることとする． | |
| 28081 | 避難安全検証法<br>--------<br>特別避難階段の構造 | 主要構造部を準耐火構造としたバルコニーのない建築物で，当該建築物が全館避難安全性能を有するものであることについて全館避難安全検証法により確かめられたものにあっては，特別避難階段の階段室には，その付室に面する部分以外に屋内に面して開口部を設けることができる． | × |
| | | 「令129条の2第1項」より，「主要構造部が準耐火構造又は，不燃材料で造られた建築物で全館避難安全性能を有するものであることについて①．全館避難安全検証法により確かめられたもの又は②．大臣認定を受けたもののうちのいずれかである場合，一部の規定は適用除外となる．」とわかる．ただし，特別避難階段の構造に関する規定（令123条3項第七号）は適用除外とはならないため，問題文の建物における特別避難階段の階段室には，その付室に面する部分以外に屋内に面して開口部を設けることができない．問題文は誤り． | |
| | | 原文：令123条3項第七号<br>七．階段室には，バルコニー及び付室に面する部分以外に屋内に面して開口部を設けないこと． | |

## ■「直通階段」と「避難階」

まず,「直通階段」,「避難階」について説明します.

図のように「任意の階から階段室のみを通って,避難階に到達できる階段」を「直通階段」という.

この図中の「3F」のように「直接地上へ通じる出入口のある階」を「避難階」という.

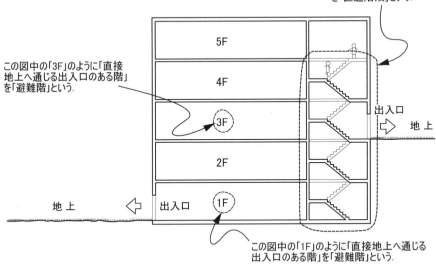

この図中の「1F」のように「直接地上へ通じる出入口のある階」を「避難階」という.

15

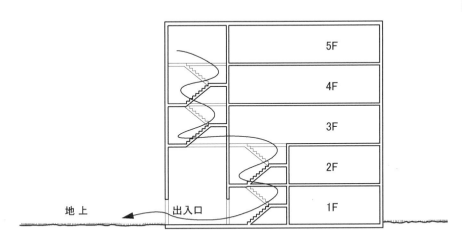

上の図の「階段」は,「任意の階から階段室のみを通って避難階に到達できない」ため,「直通階段」ではない.

## ■「歩行距離」と「重複距離」

次に,「歩行距離」,「重複距離」について説明します.

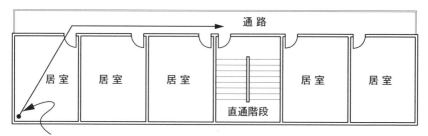

図のような「ある居室の一番奥から最も近い直通階段までの距離」をその居室の「歩行距離」といいます.
「令120条」より「直通階段の設置義務」の適用を受ける場合,「令120条の表」に該当する居室については,「歩行距離」を表の数値以下としなければなりません.

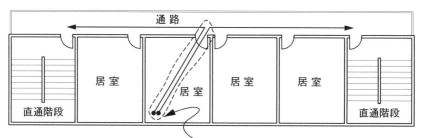

「令121条」の「2直階段の設置義務」の適用を受ける際,各直通階段への歩行経路において,図のような「重複区間」が生じる場合,その「長さ」は,歩行距離の数値の「1/2以下」としなければなりません.(通称:重複距離)

## ■「メゾネット型共同住宅」緩和

最後に,「メゾネット型共同住宅」の緩和措置について説明します.

図のように「2F, 3Fで1住戸となるメゾネット型共同住宅」である場合,本来は,「3F」にも「直通階段への入口」が必要となるが,「令120条4項」より「住戸の一番奥から直通階段までの歩行距離が40m以下であれば,直通階段の設置は不要」とわかる. そのため, 図の3F部分には,「避難階段への入口」は不要となる.

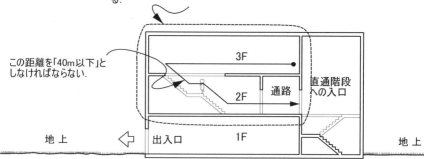

避難安全検証法による検証により適用されない規定一覧
（令129条第1項，令129条の2第1項）

| 関連規定 | 内容 | 条番号 | 階避難 | 全館避難 |
|---|---|---|---|---|
| 防火区画<br>関係規定 | 高層区画（100m²） | 令112条7項 | – | ○ |
| | 竪穴区画 | 令112条11～13項 | – | ○ |
| | 異種用途区画 | 令112条18項 | – | ○ |
| 避難<br>関係規定 | 廊下の幅員 | 令119条 | ○ | ○ |
| | 歩行距離 | 令120条 | ○ | ○ |
| | 避難階段の構造 | 令123条1項第一号，第六号，2項第二号 | – | ○ |
| | 特別避難階段のバルコニー・付室<br>の設置及びその構造 | 令123条3項第一号，二号 | ○ | ○ |
| | | 令123条3項第三号 | – | |
| | | 令123条3項第十号 | ○*1 | |
| | | 令123条3項第十二号 | ○ | |
| | 物品販売業を営む店舗の階段・<br>階段への出入口の幅の合計 | 令124条1項第一号（階段の幅） | – | ○ |
| | | 令124条1項第二号（出入口の幅） | ○ | ○ |
| | 避難階における歩行距離・物品販<br>売業を営む店舗の出入口の幅 | 令125条1項，3項 | – | ○ |
| | 排煙設備の設置 | 令126条の2，令126条の3 | ○ | ○ |
| 内装制限<br>関係規定 | 内装制限 | 令128条の5 | ○*2 | ○*2 |

○：適用除外となる規定
*1：屋内からバルコニーまたは付室に通ずる出入口に限る．
*2：車庫内装（令128条の5第2項），火器調理室（令128条の5第6項），
　　スプリンクラー設備＋排煙設備による内装緩和（令128条の5第7項），階段に係る部分 を除く（＝適用除外とならない）．

原文：令129条
（避難上の安全の検証を行う建築物の階に対する基準の適用）
建築物の階（物品販売業を営む店舗の用途に供する建築物にあつては，屋上広場を含む．以下この条
及び 次条第4項において同じ．）のうち，当該階が階避難安全性能を有するものであることについて，階避難
安全検証法により確かめられたもの（主要構造部が準耐火構造であるか又は 不燃材料で造られた建築物
の階 に限る．）又は 国土交通大臣の認定を受けたものについては，第119条，第120条，
第123条第3項第一号，第二号，第十号（屋内からバルコニー 又は 付室に通ずる出入口に係る部分
に限る．）及び 第十二号，第124条第1項第二号，第126条の2，第126条の3
並びに 第128条の5（第2項，第6項 及び 第7項 並びに 階段に係る部分を除く．）の規定は，適用しない．

原文：令129条の2
（避難上の安全の検証を行う建築物に対する基準の適用）
建築物のうち，当該建築物が全館避難安全性能を有するものであることについて，全館避難安全検証法
により確かめられたもの（主要構造部が準耐火構造であるか又は 不燃材料で造られたもの に限る．）又は
国土交通大臣の認定を受けたもの（次項において「全館避難安全性能確認建築物」という．）については，
第112条第7項，第11項から第13項まで 及び 第18項，第119条，第120条，第123条第1項第一号
及び 第六号，第2項第二号，並びに 第3項第一号から三号まで，第十号 及び 第十二号，
第124条第1項，第125条第1項 及び 第3項，第126条の2，第126条の3
並びに 第128条の5（第2項，第6項 及び 第7項 並びに 階段に係る部分を除く．）の規定は，適用しない．

| コード | 項目 | 問題 | 解答 |
|---|---|---|---|
| 21141 | 道路<br>法定道路 | 密集市街地整備法による新設の事業計画のある幅員 6m の道路で, 3 年後にその事業が執行される予定のものは, 建築基準法上の道路ではない. | ○ |
| | | 「法 42 条」に「道路の定義」の解説が載っており, そこを訳すと「基準法上の道路 (通称：法定道路) とは, 所定の条件を満たす幅員 4m 以上 (場合によっては 6m 以上) のもののことをいう.」とあり, その「所定の条件」に「法 42 条第四号」の「密集市街地整備法による新設又は変更の事業計画のある道路で, 2 年以内にその事業が執行される予定のものとして行政庁が指定したもの」は基準法上の道路である. 問題文は, 3 年後の予定のものであり, 行政庁の指定が不明であるため, 基準法上の道路ではない. | |
| | | 原文：法 42 条<br>(道路の定義)<br>この章の規定において「道路」とは, 次の各号のいずれかに該当する幅員 4m (特定行政庁がその地方の気候若しくは風土の特殊性又は土地の状況により必要と認めて都道府県都市計画審議会の議を経て指定する区域内においては, 6m. 次項及び第 3 項において同じ.) 以上のもの (地下におけるものを除く.) をいう.<br>……<br>四. 道路法, 都市計画法, 土地区画整理法, 都市再開発法……又は密集市街地整備法による新設又は変更の事業計画のある道路で, 2 年以内にその事業が執行される予定のものとして特定行政庁が指定したもの | |
| 19123 | 道路<br>法定道路 | 準都市計画区域に編入された際現に存在している幅員 4m の道 (地下におけるものを除く.) に 2m 以上接している敷地には, 建築物を建築することができる. ただし, 特定行政庁による道路幅員に関する区域の指定はないものとする. | ○ |
| | | 「法 42 条」に「道路の定義」の解説が載っており, そこを訳すと「基準法上の道路 (通称：法定道路) とは, 所定の条件を満たす幅員 4m 以上 (場合によっては 6m 以上) のもののことをいう.」とあり, その「所定の条件」に「法 42 条第三号」の「この章の規定が適用される以前から存在する道路」は該当する. また「法 43 条」に「接道義務」の解説が載っており,「建物の敷地は法定道路に 2m 以上接しなければならない.」とわかる. | |
| | | 原文：法 42 条第三号<br>三. 都市計画区域若しくは準都市計画区域の指定若しくは変更又は第 68 条の 9 第 1 項の規定に基づく条例の制定若しくは改正によりこの章の規定が適用されるに至つた際現に存在する道<br><br>原文：法 43 条<br>(敷地等と道路との関係)<br>建築物の敷地は, 道路 (次に掲げるものを除く. ……) に 2m 以上接しなければならない. | |
| 20141 | 道路<br>位置指定 | 土地を建築物の敷地として利用するため築造する延長が 35m を超える袋路状の道について, 特定行政庁からその位置の指定を受ける場合には, その幅員を 6m 以上とし, かつ, 終端に自動車の転回広場を設けなければならない. | × |

「法42条第五号」に「政令基準に適合するように築造した道で，行政庁より位置指定を受けた幅員4m以上の道路は法定道路に該当する。」とある（通称：位置指定道路）．また，その「政令基準」については「令144条の4」に載っており，そこを訳すと「一号にあるイ～ホのいずれかに該当し，かつ，二号～五号の基準を満たせば行政庁より位置指定を受けることができる。」とわかる．問題文にある「幅員を6m以上」，「延長を35m以下」という2つの条件は共に一号条件であるためどちらかを満たせばよい．問題文は誤り．

原文：法42条第五号
五．土地を建築物の敷地として利用するため，……築造する政令で定める基準に適合する道で，これを築造しようとする者が特定行政庁からその位置の指定を受けたもの

原文：令144条の4第一号，四号
（道に関する基準）
法第42条第1項第五号の規定により政令で定める基準は，次の各号に掲げるものとする．
一．両端が他の道路に接続したものであること．ただし，次のイからホまでのいずれかに該当する場合においては，袋路状道路（……）とすることができる．
イ．延長（……）が35m以下の場合
ロ．終端が公園，広場……に接続している場合
ハ．延長が35mを超える場合で，……自動車の転回広場が設けられている場合
ニ．幅員が6m以上の場合
ホ．イからニまでに準ずる場合で，特定行政庁が……認めた場合
……
四．縦断勾配が12%以下であり，かつ，階段状でないものであること．ただし……においては，この限りでない．

| 18135 | 道路 ------- 位置指定 | 土地を建築物の敷地として利用するために築造する道で，その位置の指定を行う場合，特定行政庁は，その地方の気候若しくは風土の特殊性又は土地の状況により必要と認める場合においては，建築審査会の同意を得て，規則で，区域を限り，所定の基準と異なる基準を定めることができる． | × |
| --- | --- | --- | --- |

「法42条第五号」より，「政令基準に適合するように築造した道で，行政庁より位置指定を受けた幅員4m以上の道路は法定道路に該当する。」とわかる．（通称：位置指定道路）また，その「政令基準」については「令144条の4」に載っており，その「2項」より，「地方公共団体は，その地方の気候若しくは風土の特殊性又は土地の状況により必要と認める場合においては，条例で，区域を限り，前項（1項）各号に掲げる基準と異なる基準を定めることができる」とあり，またその「3項」より「前項（2項）の規定により，1項各号に掲げる基準を緩和する場合は，あらかじめ，国土交通大臣の承認を得なければならない。」とわかる．ゆえに，問題文は誤り．

原文：令144条の4第2項，3項
2．地方公共団体は，その地方の気候若しくは風土の特殊性又は土地の状況により必要と認める場合においては，条例で，区域を限り，前項各号に掲げる基準と異なる基準を定めることができる．
3．地方公共団体は，前項の規定により第1項各号に掲げる基準を緩和する場合においては，あらかじめ，国土交通大臣の承認を得なければならない．

16

| 21143 | 道路 | 特定行政庁は，都市計画区域に編入された際現に建築物が立ち並んでいる幅員2mの道を指定して，建築基準法上の道路とみなす場合においては，あらかじめ，建築審査会の同意を得なければならない． | × |
|---|---|---|---|
| | 2項道路 | | |

「法42条2項」に「都市計画区域に編入された際，既に建築物が立ち並んでいる幅員4m未満の道で，行政庁指定を受けたものは法定道路とみなす．」とあり，また，「法42条6項」より「行政庁が幅員1.8m未満の道を2項道路として指定する場合は，建築審査会の同意（通称：審査会同意）が必要．」とわかる．問題文は「幅員2m」とあるため審査会の同意は必要ない．

原文：法42条2項
2．都市計画区域……若しくは改正によりこの章の規定が適用されるに至った際現に建築物が立ち並んでいる幅員4m未満の道で，特定行政庁の指定したものは，前項の規定にかかわらず，同項の道路とみなし，その中心線からの水平距離2m（……）の線をその道路の境界線とみなす．ただし，当該道がその中心線からの水平距離2m未満でがけ地，川，線路敷地その他これらに類するものに沿う場合においては，当該がけ地等の道の側の境界線及びその境界線から道の側に水平距離4mの線をその道路の境界線とみなす．

原文：法42条6項
6．特定行政庁は，第2項の規定により幅員1.8m未満の道を指定する場合又は第3項の規定により別に水平距離を指定する場合においては，あらかじめ，建築審査会の同意を得なければならない．

| 19125 | 道路 | 特定行政庁は，都市計画区域に編入された際現に建築物が立ち並んでいる幅員1.8mの道で建築基準法上の道路として指定するものについては，土地の状況に困りやむを得ない場合には，建築審査会の同意を得て，その中心線から水平距離1.2mの線をその道路の境界線とみなして指定することができる．ただし，特定行政庁による道路幅員に関する区域の指定はないものとする． | × |
|---|---|---|---|
| | 2項道路 | | |

「法42条2項」を訳すと「都市計画区域に編入された際，既に建築物が立ち並んでいる幅員4m未満の道で，行政庁指定を受けたものは法定道路とみなし，その中心線からの水平距離2mの線をその道路の境界線とみなす．」とわかる．また「3項」及び「6項」より，「行政庁は，土地の状況に困りやむを得ない場合には，2項の規定にかかわらず，建築審査会の同意を得て，その中心線からの水平距離を2m未満1.35m以上の範囲内において，別に指定することができる．」とわかる．問題文は水平距離1.2mとあるため誤り．

原文：法42条3項
3．特定行政庁は，土地の状況に因りやむを得ない場合においては，前項の規定にかかわらず，同項に規定する中心線からの水平距離については2m未満1.35m以上の範囲内において，同項に規定するがけ地等の境界線からの水平距離については4m未満2.7m以上の範囲内において，別にその水平距離を指定することができる．

| 01142 | 道路 | 建築基準法上の道路に該当しない幅員6mの農道のみに2m以上接する敷地における，延べ面積150m²の一戸建て住宅については，特定行政庁が交通上，安全上，防火上及び衛生上支障がないと認める場合には建築することができる． | ○ |
|---|---|---|---|
| | 接道義務 | | |

「法 43 条」に「接道義務」について載っており，「敷地は基準法上の道路（法 42 条各号）に 2m 以上接しなければならない．」とわかる．ただし，「2 項第一号」より，「省令に適合する建築物で行政庁が交通上，安全上，防火上及び衛生上支障がないと認めた場合，道路に接道していなくても建築することができる．」とわかる．その省令に関しては，「建築基準法施行規則 10 条の 3」に規定されており，その「1 項第一号」，「3 項」より，「幅員 4m 以上の農道に 2m 以上接する敷地で，延べ面積 200m² 以内の一戸建て住宅」はこれに該当する．よって正しい．

原文：法 43 条 2 項
2. 前項の規定は，次の各号のいずれかに該当する建築物については，適用しない．
一．その敷地が幅員 4m 以上の道（道路に該当するものを除き，避難及び通行の安全上必要な国土交通省令で定める基準に適合するものに限る．）に 2m 以上接する建築物のうち，利用者が少数であるものとしてその用途 及び 規模に関し国土交通省令で定める基準に適合するもので，特定行政庁が交通上，安全上，防火上 及び 衛生上支障がないと認めるもの

原文：建築基準法施行規則第 10 条の 3
法第 43 条第 2 項第一号の国土交通省令で定める基準は，次の各号のいずれかに掲げるものとする．
一．農道その他これに類する公共の用に供する道であること．
……
3. 法第 43 条第 2 項第一号の国土交通省令で定める建築物の用途 及び 規模に関する基準は，延べ面積（……）が 200 m² 以内の一戸建ての住宅であることとする．

| 24141 | 道路 | 幅員 4m の農道に 2m 以上接する敷地においては，特定行政庁が交通上，安全上，防火上及び衛生上支障がないと認めて建築審査会の同意を得て許可した建築物は，建築することができる． | ○ |
| --- | --- | --- | --- |
| | 接道義務 | | |

「法 43 条」に「接道義務」について載っており，「敷地は基準法上の道路（法 42 条各号）に 2m 以上接しなければならない．」とわかる．ただし，「2 項第二号」より，「省令に適合する建築物で特定行政庁が交通上，安全上，防火上及び衛生上支障がないと認めて建築審査会の同意を得て許可した場合，道路に接道しなくても建築することができる．」とわかる．その省令に関しては，「建築基準法施行規則 10 条の 3」に規定されており，その「4 項第二号」より，「敷地が幅員 4m の農道に 2m 以上接する建築物」はこれに該当する．よって正しい．

原文：法 43 条 2 項第二号
2. 前項の規定は，次の各号のいずれかに該当する建築物については，適用しない．
二．その敷地の周囲に広い空地を有する建築物その他の国土交通省令で定める基準に適合する建築物で，特定行政庁が交通上，安全上，防火上及び衛生上支障がないと認めて建築審査会の同意を得て許可したもの

原文：建築基準法施行規則第 10 条の 3 第 4 項第二号
4. 法第 43 条第 2 項第二号の国土交通省令で定める基準は，次の各号のいずれかに掲げるものとする．
二．その敷地が農道その他これに類する公共の用に供する道（幅員 4m 以上のものに限る．）に 2m 以上接する建築物であること．
……

16

| 22142 | 道路 | 敷地の周囲に広い空地を有する建築物で, 特定行政庁が交通上, 安全上, 防火上及び衛生上支障がないと認めて建築審査会の同意を得て許可したものの敷地は, 道路に 2m 以上接しなくてもよい. | ○ |
|---|---|---|---|
| | 接道義務 | | |

「法 43 条」に「接道義務」について載っており, 「敷地は基準法上の道路 (法 42 条各号) に 2m 以上接しなければならない.」とわかる. ただし, 「2 項第二号」より, 「その敷地の周囲に広い空地を有する建築物で, 行政庁が交通上, 安全上, 防火上及び衛生上支障がないと認めて建築審査会の同意を得て許可した場合, 道路に 2m 以上接しなくてもよい.」とわかる.

原文：法 43 条 2 項第二号
二. その敷地の周囲に広い空地を有する建築物……で, 特定行政庁が交通上, 安全上, 防火上及び衛生上支障がないと認めて建築審査会の同意を得て許可したもの

| 20145 | 道路 | 地方公共団体は, 特殊建築物, 階数が 3 以上である建築物等の敷地が接しなければならない道路の幅員等について, 条例で必要な制限を付加することができる. | ○ |
|---|---|---|---|
| | 制限付加 | | |

「法 43 条 3 項」を訳すと「地方公共団体は, 階数が 3 以上である建物等の敷地が接しなければならない道路幅員, その接する部分の長さ等について, 条例で必要な制限を付加することができる.」とわかる. 問題文は正しい.

原文：法 43 条 3 項
3. 地方公共団体は, 次の各号のいずれかに該当する建築物について, その用途, 規模又は位置の特殊性により, 第 1 項の規定によつては避難又は通行の安全の目的を十分に達成することが困難であると認めるときは, 条例で, その敷地が接しなければならない道路の幅員, その敷地が道路に接する部分の長さその他その敷地又は建築物と道路との関係に関して必要な制限を付加することができる.
一. 特殊建築物
二. 階数が 3 以上である建築物
三. 政令で定める窓その他の開口部を有しない居室を有する建築物
四. 延べ面積 (同一敷地内に 2 以上の建築物がある場合にあつては, その延べ面積の合計. 次号, 第四節, 第七節及び別表第 3 において同じ.) が 1,000 m² を超える建築物
五. その敷地が袋路状道路 (その一端のみが他の道路に接続したものをいう.) にのみ接する建築物で, 延べ面積が 150 m² を超えるもの (一戸建ての住宅を除く.)

| 02142 | 道路内建築・壁面線 | 道路の地盤面下に, 建築物に附属する地下通路を設ける場合, 特定行政庁の許可を受ける必要がある. | × |
|---|---|---|---|
| | 地盤面下 | | |

「法 44 条」に「道路内建築制限」について載っており, その「一号」より「道路内には建物を建築してはならない. (通称：道路内建築制限)  ただし, 地盤面下に設ける場合は道路内の建築制限は適用除外 (＝建物を設ける場合に許可不要) となる.」とわかる. よって誤り.

| | | | |
|---|---|---|---|
| | 原文：法44条第一号<br>（道路内の建築制限）<br>建築物……は，道路内に……建築……してはならない．ただし，次の各号のいずれかに該当する建築物については，この限りでない．<br>一．地盤面下に設ける建築物 | | |
| 19124 | 道路内建築<br>・壁面線<br><br>公衆便所 | 特定行政庁が通行上支障がないと認めて建築審査会の同意を得て許可した公衆便所は，道路内に建築することができる． | ○ |
| | 「法44条」に「道路内建築制限」について載っており，その「二号」より「道路内に公衆便所，派出所等を設ける場合，行政庁許可（審査会同意が必要）を受ければ道路内建築制限は適用除外となる．」とわかる．問題文は正しい． | | |
| | 原文：法44条第二号<br>二．公衆便所，巡査派出所……に類する公益上必要な建築物で特定行政庁が通行上支障がないと認めて建築審査会の同意を得て許可したもの | | |
| 18133 | 道路内建築<br>・壁面線<br><br>特定高架道路 | 地区計画の区域（地区整備計画が定められている区域のうち所定の区域）内の道路の上空に設ける建築物で，当該地区計画の内容に適合し，かつ，所定の基準に適合するものであって特定行政庁が安全上，防火上及び衛生上支障がないと認めるものは，道路内に建築することできる． | ○ |
| | 「法44条」に「道路内建築制限」について載っており，その「三号」より「地区計画の区域内の道路の上空又は，路面下に設ける建物で，当該地区計画の内容に適合し，かつ，政令基準に適合するもので行政庁が支障がないと認めたもの（認定）については道路内建築制限の適用除外となる．」とわかる． | | |
| | 原文：法44条第三号<br>三．第43条第1項第二号の道路の上空又は路面下に設ける建築物のうち，当該道路に係る地区計画の内容に適合し，かつ，政令で定める基準に適合するものであって特定行政庁が……認めるもの | | |
| 19121 | 道路内建築<br>・壁面線<br><br>所定の道路<br>の上空又は<br>路面下 | 地区計画のうち，地区整備計画で建築物等の敷地として併せて使用すべき区域として定められている区域内の道路の路面下に設ける建築物は，主要構造部を耐火構造としなければならない． | ○ |
| | 「法44条第三号」，「令145条第一号」より，「地区計画のうち，地区整備計画で建築物等の敷地として併せて使用すべき区域として定められている区域内の道路の路面下に設ける建築物は，主要構造部を耐火構造としなければならない．」とわかる． | | |
| | 原文：令145条第二号<br>法第44条第1項第三号の政令で定める基準は，次のとおりとする．<br>一．主要構造部が耐火構造であること． | | |

16

| 20142 | 道路内建築・壁面線 公共用歩廊 | 主要構造部が耐火構造の建築物の5階に，その建築物の避難施設として道路の上空に設ける渡り廊下が必要な場合には，特定行政庁の許可を受けて，当該渡り廊下を建築することができる． | ○ |
|---|---|---|---|

「法44条第四号」より「政令で定める建築物で，行政庁許可を受けたものは道路内建築制限の適用除外となる．」とわかる．また，「令145条2項第二号」より「道路の上空に設ける渡り廊下で，主要構造部が耐火構造である建物の5階以上の階に設け，その建物の避難施設として必要なもの」は「政令で定める建築物」に該当する．

原文：法44条第四号

四．公共用歩廊その他 政令で定める建築物で特定行政庁が……認めて許可したもの

原文：令145条2項
(道路内に建築することができる建築物に関する基準等)
2．法第44条第1項第四号の規定により政令で定める建築物は，道路（……）の上空に設けられる渡り廊下その他の通行又は運搬の用途に供する建築物で，次の各号のいずれかに該当するものであり，かつ，主要構造部が耐火構造であり，又は不燃材料で造られている建築物に設けられるもの……自動車のみの交通の用に供する道路に設けられる建築物である休憩所，給油所及び自動車修理所（……）とする．
一．学校，病院……に類する用途に供する建築物に設けられるもの……
二．建築物の5階以上の階に設けられるもので，その建築物の避難施設として必要なもの
三．多数人の通行 又は 多量の物品の運搬の用途に供するもので，道路の交通の緩和に寄与するもの．

| 02143 | 道路内建築・壁面線 公共用歩廊 | 高架の道路の路面下に，飲食店を建築しようとする場合，原則として，特定行政庁の許可を受ける必要がある． | ○ |
|---|---|---|---|

「法44条第四号」より「政令で定める建築物で，行政庁許可を受けたものは道路内建築制限の適用除外となる．」とわかる．また，「令145条2項」より「高架の道路の路面下に設けられる建築物」は「政令で定める建築物」に該当するため，建築しようとする場合，行政庁の許可を受ける必要がある．

原文：令145条2項
2．……高架の道路の路面下に設けられる建築物……

| 23153 | 道路内建築・壁面線 公共用歩廊 | 特定行政庁の許可を受けて道路の上空に渡り廊下を設ける場合においては，その側面には，床面からの高さが1.4m以上の壁を設け，その壁の床面から高さが1.4m以下の部分に設ける開口部は，はめごろし戸としなければならない． | × |
|---|---|---|---|

特定行政庁の許可（法44条第四号）を受けて道路の上空に渡り廊下を設ける場合，「令145条3項第三号」より「渡り廊下の側面には，床面からの高さが1.5m以上の壁を設け，その壁の床面から高さが1.5m以下の部分に設ける開口部は，はめごろし戸としなければならない．」とわかる．問題文はいずれも「1.4m」とあるため誤り．

| | | | |
|---|---|---|---|
| | 原文：令145条3項第三号<br>3. 前項の建築物のうち，道路の上空に設けられるものの構造は，次の各号に定めるところによらなければならない．<br>……<br>三. 道路の上空に設けられる建築物が渡り廊下……である場合においては，その側面には，床面からの高さが1.5m以上の壁を設け，その壁の床面からの高さが1.5m以下の部分に開口部を設けるときは，これにはめごろし戸を設けること． | | |
| 24142 | 道路内建築・壁面線<br>------<br>私道廃止 | 建築基準法上の道路である私道の廃止によって，その道路に接する敷地が敷地等と道路との関係の規定に抵触することとなる場合においては，特定行政庁は，その私道の廃止を禁止し，又は制限することができる． | ○ |
| | | 「法45条」に「私道の廃止制限」について載っており，「接道義務に抵触する恐れのある私道の変更や廃止について，行政庁は制限をかけることができる．」とわかる． | |
| | | 原文：法45条<br>（私道の変更又は廃止の制限）<br>私道の変更 又は 廃止によって，その道路に接する敷地が第43条第1項の規定又は同条第3項の規定に基づく条例の規定に抵触することとなる場合においては，特定行政庁は，その私道の変更 又は 廃止を禁止し，又は 制限することができる． | |
| 21144 | 壁面線<br>------<br>壁面線 | 特定行政庁は，街区内における建築物の位置を整えその環境の向上を図るために必要があると認め，建築審査会の同意を得て，壁面線を指定する場合においては，あらかじめ，その指定に利害関係を有する者の出頭を求めて公開による意見の聴取を行わなければならない． | ○ |
| | | 「法46条」に「壁面線の指定」の解説が載っており，そこを訳すと「街区内における建築物の位置を整えその環境の向上を図るために必要があると認め，行政庁が審査会同意を得て，壁面線の指定をする場合には，あらかじめ，その指定に利害関係を有する者の出頭を求めて公開による意見の聴取を行わなければならない．」とわかる． | |
| | | 原文：法46条<br>（壁面線の指定）<br>特定行政庁は，街区内における建築物の位置を整えその環境の向上を図るために必要があると認める場合においては，建築審査会の同意を得て，壁面線を指定することができる．この場合においては，あらかじめ，その指定に利害関係を有する者の出頭を求めて公開による意見の聴取を行わなければならない． | |
| 17182 | 壁面線<br>------<br>壁面線制限 | 建築物の壁で地盤面下の部分については，特定行政庁が建築審査会の同意を得て許可したものでなければ，壁面線を越えて建築することができない． | × |
| | | 「法47条」に「壁面線による建築制限」の解説が載っており，そこを訳すと「壁・柱・へい等は壁面線を越えて建築してはならない．ただし，地盤面下の部分又は行政庁許可（審査会同意が必要）を受けた歩廊の柱等については適用除外となる．」とわかる．ゆえに，問題文は誤り． | |

16

| | | | |
|---|---|---|---|
| | 原文：法47条<br>(壁面線による建築制限)<br>建築物の壁若しくはこれに代わる柱又は高さ2mをこえる門若しくはへいは，壁面線を越えて建築してはならない．ただし，地盤面下の部分又は特定行政庁が建築審査会の同意を得て許可した歩廊の柱その他これに類するものについては，この限りでない． | | |
| 21142 | 道路<br><br>前面道路 | 建築物の各部分の高さの制限において，建築物の敷地が都市計画において定められた計画道路（建築基準法第42条第1項第四号に該当するものを除く．）に接し，特定行政庁が交通上，安全上，防火上及び衛生上支障がないと認める建築物については，当該計画道路を前面道路とみなす． | ○ |
| | 「法56条6項」「令131条の2」に「前面道路とみなす道路等」について載っており，その「2項」より「建築物の各部分の高さの制限において，敷地が都市計画において定められた計画道路（法42条1項四号に該当するものを除く．）に接する場合，特定行政庁が認める建築物については，当該計画道路を前面道路とみなす．」とわかる． | | |
| | 原文：令131条の2<br>(前面道路とみなす道路等)<br>土地区画整理事業を施行した地区その他これに準ずる街区の整った地区内の街区で特定行政庁が指定するものについては，その街区の接する道路を前面道路とみなす．<br>2. 建築物の敷地が都市計画において定められた計画道路（法第42条第1項第四号に該当するものを除くものとし，以下この項において「計画道路」という．）若しくは法第68条の7第1項の規定により指定された予定道路（以下この項において「予定道路」という．）に接する場合又は当該敷地内に計画道路若しくは予定道路がある場合において，特定行政庁が交通上，安全上，防火上及び衛生上支障がないと認める建築物については，当該計画道路又は予定道路を前面道路とみなす． | | |
| 03152 | 道路<br><br>地区計画 | 地区整備計画で道の配置及び規模又はその区域が定められている地区計画の区域内において，土地を建築物の敷地として利用するため，道路法等によらないで，特定行政庁からその位置の指定を受けて築造する道は，原則として，当該地区計画に定められた道の配置等に即したものでなければならない． | ○ |
| | 「法68条の6」に「道路の位置の指定に関する特例」について載っており，その本文及び「一号」より，「地区整備計画で道の配置及び規模又はその区域が定められている地区計画の区域内」において，「法42条第五号の位置指定（土地を建築物の敷地として利用するため，道路法等によらないで，行政庁からその位置の指定を受けて築造する道）」を受けて築造する道は，原則として，当該地区計画に定められた道の配置等に即したものでなければならない．」とわかる． | | |
| | 原文：法68条の6<br>(道路の位置の指定に関する特例)<br>地区計画等に道の配置及び規模又はその区域が定められている場合には，当該地区計画等の区域（次の各号に掲げる地区計画等の区分に応じて，当該各号に定める事項が定められている区域に限る．……)における第42条第一項第五号の規定による位置の指定は，地区計画等に定められた道の配置又はその区域に即して行わなければならない．……<br>一．地区計画　……又は地区整備計画 | | |

| 20174 | 道路内建築・壁面線 ---- 予定道路 | 地区計画等の区域内において，特定行政庁は，予定道路の指定を行う場合においては，当該指定について，原則として，あらかじめ，その指定に利害関係を有する者の出頭を求めて公開による意見の聴取を行い，建築審査会の同意を得なければならない． | ○ |
|---|---|---|---|

「法68条の7」に「予定道路の指定」の解説が載っており，その「2項」に「行政庁が予定道路の指定を行う場合には，あらかじめ，審査会の同意が必要．」とある．また，「法68条の7第3項」，「法46条後段」より，「行政庁が審査会の同意を得て予定道路の指定を行う場合，その指示に利害関係を有する者の出頭を求めて公開による意見の聴取を行う必要がある．」とわかる．

原文：法68条の7
（予定道路の指定）
特定行政庁は，地区計画等に道の配置 及び 規模 又は その区域が定められている場合で，次の各号の一に該当するときは，当該地区計画等の区域において，地区計画等に定められた道の配置及び規模又はその区域に即して，政令で定める基準に従い，予定道路の指定を行うことができる．ただし，……
2. 特定行政庁は，前項の規定により予定道路の指定を行う場合（同項第一号に該当する場合を除く．）においては，あらかじめ，建築審査会の同意を得なければならない．
3. 第46条第1項後段，第2項及び第3項 の規定は，前項に規定する場合について準用する．

| 28191 | 道路内建築・壁面線 ---- 予定道路 | 地区計画等の区域内において，建築物の敷地内に予定道路が指定された場合においては，当該予定道路の地盤面下に設ける建築物は，特定行政庁の許可を受けることなく新築することができる． | ○ |
|---|---|---|---|

「法68条の7」に「予定道路の指定」について載っており，その「4項」より「予定道路が指定された場合，その予定道路は法定道路（＝法42条1項に規定する道路）とみなされ，道路内建築制限（＝法44条の規定）が適用される．」とわかる．

原文：法68条の7第4項
（予定道路の指定）
特定行政庁は，地区計画等に道の配置 及び 規模 又は その区域が定められている場合で，次の各号の一に該当するときは，当該地区計画等の区域において，地区計画等に定められた道の配置及び規模又はその区域に即して，政令で定める基準に従い，予定道路の指定を行うことができる．ただし，……
……
4. 第1項の規定により予定道路が指定された場合においては，当該予定道路を第42条第1項に規定する道路とみなして，第44条の規定を適用する．

16

| 03202 | 道路 | 地区計画等の区域内における建築物の敷地が特定行政庁の指定した予定道路に接する場合，特定行政庁の許可を受けることなく，当該予定道路を前面道路とみなして建築物の容積率の規定を適用することができる． | × |
|---|---|---|---|
| | 予定道路 | | |

「法 68 条の 7」に「予定道路の指定」について載っており，その「5 項」より「予定道路が指定された場合，安全上支障がないものとして行政庁許可（審査会同意が必要）を得た場合には，予定道路を前面道路とみなして建築物の容積率の規定（＝法 52 条第 2 項から同条第 7 項まで及び第 9 項の規定）が適用される．」とわかる．よって問題文は誤り．

原文：法 68 条の 7 第 5 項，6 項
5．第 1 項の規定により予定道路が指定された場合において，建築物の敷地が予定道路に接するとき 又は 当該敷地内に予定道路があるときは，特定行政庁が交通上，安全上，防火上 及び 衛生上支障がないと認めて許可した建築物については，当該予定道路を法 52 条第 2 項の前面道路とみなし，同項から同条第 7 項まで 及び 第 9 項の規定を適用するものとする．この場合においては，当該敷地のうち予定道路に係る部の面積は，敷地面積 又は 敷地の部分の面積に算入しないものとする．
6．第 44 条第 2 項の規定は，前項の規定による許可をする場合に準用する．

| 05144 | 道路 | 景観重要建造物として指定された建築物については，市町村の条例により，道路に軒を突き出したまま大規模の修繕ができる場合がある． | ○ |
|---|---|---|---|
| | 制限付加 | | |

「法 85 条の 2」より，「景観重要建造物として指定された建築物については，市町村は，条例で，道路に軒を突き出したまま（法 44 条）大規模の修繕ができる場合がある．」とわかる．よって正しい．

原文：法 85 条の 2
（景観重要建造物である建築物に対する制限の緩和）
景観法……により景観重要建造物として指定された建築物のうち，良好な景観の保全のためその位置又は構造をその状態において保存すべきものについては，市町村は，……，条例で，……第四十四条……の規定……を適用せず，又は これらの規定による制限を緩和することができる．

| コード | 項目 | 問題 | 解答 |
|---|---|---|---|
| 20121 | 別表2, 建築制限<br><br>一種低住専 | 第一種低層住居専用地域内の「延べ面積160m², 地上2階建ての理髪店兼用住宅（居住の用に供する部分の床面積が120m²のもの）」は、原則として新築してはならない。 | × |

「別表2（い）項」に「一種低住専に建築できる建物条件」が載っており、その「二号」条件に「兼用住宅で政令で定めるもの」とある。その「政令」については「令130条の3」に規定されており、そこを訳すと「兼用住宅の場合、①. 延べ面積の1/2以上を居住の用途で使用、②. 兼用用途（＝住宅以外の用途）が掲げられている用途に適合、③. 兼用部分（＝住宅以外の部分）が50m²以下、という3つの条件全てを満たす場合に建築することができる。」とわかる。問題文の「理髪店」は、「令130条の3第三号」に該当し、3つの条件を全て満たすため、建築することができる。

原文：別表2（い）項第二号
二. 住宅で事務所, 店舗その他これらに類する用途を兼ねるもののうち 政令で定めるもの

原文：令130条の3
(第一種低層住居専用地域内に建築することができる兼用住宅)
法別表第2（い）項第二号（……）の規定により政令で定める住宅は、延べ面積の2分の1以上を居住の用に供し、かつ、次の各号のいずれかに掲げる用途を兼ねるもの（これらの用途に供する部分の 床面積の合計が50m² を超えるものを除く。）とする。
一. 事務所……
二. 日用品の販売を主たる目的とする店舗又は食堂若しくは喫茶店
三. 理髪店, 美容院……

| 18161 | 別表2, 建築制限<br><br>一種低住専 | 第一種低層住居専用地域内の「延べ面積600m², 地上2階建ての郵便局」は、建築基準法上、新築してはならない。 | ○ |

「別表2（い）項」に「一種低住専に建築できる建物条件」が載っており、その「九号」条件より、「政令で定める公益上必要な建築物」は建築することができると規定されているが、「令130条の4第一号」より、問題文にある「延べ面積600m²（＝延べ面積が500m²を超える郵便局）」は政令で定める公益上必要な建築物に該当しないため建築することができない。

原文：別表2（い）項第九号
九. 巡査派出所, 公衆電話所その他これらに類する 政令で定める公益上必要な建築物

原文：令130条の4
(第一種低層住居専用地域内に建築することができる公益上必要な建築物)
法別表第2（い）項第九号（……）の規定により政令で定める公益上必要な建築物は、次に掲げるものとする。
一. 郵便法（……）の規定により行う郵便の業務 の用に供する施設で延べ面積が500m² 以内のもの
二. 地方公共団体の支庁 又は 支所の用に供する建築物, 老人福祉センター, 児童厚生施設その他これらに類するもので延べ面積が600m² 以内のもの

17

| 15121 | 別表2, 建築制限 | 第二種低層住居専用地域内の「延べ面積550m², 高さ5m, 平屋建の老人福祉センター」は, 建築基準法上, 原則として新築してはならない. | × |
|---|---|---|---|
| | 二種低住専 | | |

「別表2 (ろ) 項」に「二種低住専に建築できる建物条件」が載っており, その「一号」条件より,「(い) 項一号〜九号条件に該当する場合は建築することができる.」とわかる.「(い) 項九号」条件に「政令で定める公益上必要な建築物」とあり, その「政令」については「令130条の4」に規定されている. 問題文の「延べ面積550m²の老人福祉センター」は, その「二号」に該当するため建築することができる.

原文:別表2 (ろ) 項第一号
一. (い) 項第一号から第九号までに掲げるもの

| 22151 | 建築制限 | 第二種低層住居専用地域内の「延べ面積900m², 地上2階建ての建築物で, 2階を床面積400m²の図書館, 1階を図書館に附属する床面積500m²の自動車車庫とするもの」は, 原則として, 新築してはならない. | ○ |
|---|---|---|---|
| | 建築制限 (車庫) | | |

「別表2 (ろ) 項第三号」,「令130条の5第一号, 三号」より, 次の3つの条件を全て満たす「附属自動車車庫」は, 二種低住専において建築することができる. 工作物車庫床面積を$K$m², 建築物車庫床面積を$P$m², 建築物の延べ面積を$A$m²とすると,【①. $K$m² $+ P$m² $\leqq 600$m²】,【②. $K$m² $+ P$m² $\leqq A$m² $- P$m²】,【③.「$K$」及び「$P$」の部分の階が1階以下】. 問題文より, $K = 0$m², $P = 500$m², $A = 900$m²となるため, 3つの条件に代入すると以下のようになる.【①. $500$m² $(= K + P) \leqq 600$m² ←問題文の自動車車庫は「①. 条件」を満たす.】,【②. $500$m² $(= K + P) \geqq 400$m² $(= A - P)$ ←問題文の自動車車庫は「②. 条件」を満たさない.】,【③.「$K$」は1階部分 ←「③. 条件」を満たす.】. 問題文の自動車車庫の場合,「①. ③. 条件」は満たすが,「②. 条件」を満たさないため, 原則として, 新築してはならない.

原文:令130条の5
(第一種低層住居専用地域等内に建築してはならない附属建築物)
一. 自動車車庫で当該自動車車庫の床面積の合計に 同一敷地内にある建築物に附属する自動車車庫の用途に供する工作物の築造面積(当該築造面積が50m²以下である場合には, その値を減じた値) を加えた値が 600m² (同一敷地内にある建築物(自動車車庫の用途に供する部分を除く.) の延べ面積の合計が600m² 以下の場合においては, 当該延べ面積の合計) を超えるもの (……)
三. 自動車車庫で2階以上の部分にあるもの

| 19143 | 別表2, 建築制限 | 第一種中高層住居専用地域内の「延べ面積500m², 地上2階建ての宅地建物取引業を営む店舗」は, 建築基準法上, 新築してはならない. | × |
|---|---|---|---|
| | 一種中高層 | | |

「別表2 (は) 項」に「一種中高層に建築できる建物条件」が載っており, その「五号」条件に「政令で定める店舗等で, その用途に供する部分の床面積が500m²以内のもの」とある. その「政令」については「令130条の5の3」に規定されており, 問題文の「宅地建物取引業を営む店舗」は, その「三号」に該当するため建築することができる.

原文：別表 2(は)項第五号
五．店舗，飲食店その他これらに類する用途に供するもののうち 政令で定めるもので その用途に供する部分の床面積の合計が 500m² 以内のもの (3 階以上の部分をその用途に供するものを除く．)

原文：令 130 条の 5 の 3
(第一種中高層住居専用地域内に建築することができる店舗，飲食店等の建築物)
法別表第 2(は)項第五号 (……) の規定により政令で定める建築物は，次に掲げるものとする．
一．前条第二号から第五号までに掲げるもの
二．物品販売業を営む店舗 (……) 又は飲食店
三．銀行の支店，損害保険代理店，宅地建物取引業を営む店舗 その他これらに類するサービス業を営む店舗

| 17121 | 別表 2, 建築制限<br>一種中高層 | 第一種中高層住居専用地域内の「延べ面積 2,500m² の 5 階建の税務署」は，原則として，建築してはならない． | ○ |

「別表 2(は)項」に「一種中高層に建築できる建物条件」が載っており，その「七号」条件に「公益上必要な建築物で政令で定められているもの」とある．その「政令」については「令 130 条の 5 の 4」に規定されており，その「一号カッコ書き」より，「5 階以上の部分を税務署の用途として使用する場合は建築することができない．」とわかる．

原文：別表 2(は)項第七号
七．公益上必要な建築物で 政令で定めるもの

原文：令 130 条の 5 の 4
(第一種中高層住居専用地域内に建築することができる公益上必要な建築物)
法別表第 2(は)項第七号 (……) の規定により政令で定める建築物は，次に掲げるものとする．
一．税務署，警察署，保健所，消防署その他これらに類するもの (法別表第 2(い)項第九号に掲げるもの 及び 5 階以上の部分をこれらの用途に供するものを除く．)

| 28172 | 別表 2, 建築制限<br>二種中高層 | 第二種中高層住居専用地域内において，「延べ面積 2,000m²，地上 2 階建ての事務所」は，新築することができる． | × |

「別表 2(に)項」に「二種中高層に建築できない建物条件」が載っており，その「七号」条件を訳すと「3 階以上の部分を(は)項条件に該当する建築物以外の建築物の場合，建築することができない．」とあり，「八号」条件を訳すと「(は)項条件に該当する建築物以外の建築物の場合，その床面積が 1,500m² を超える建物は建築することができない．」とわかる．問題文の「事務所」は，「(は),(に)項」各条件に該当しないため，2 階以下で事務所部分の床面積の合計が 1,500m² を超えなければ新築することができるが「2,000m²」とあるため，新築することができない．

| | | | |
|---|---|---|---|
| | 原文：別表2(に)項第七号，八号<br>七．3階以上の部分を「は」項に掲げる建築物以外の建築物の用途に供するもの（政令で定めるものを除く.）<br>八．「は」項に掲げる建築物以外の建築物の用途に供するもの で その用途に供する部分の床面積の合計が1,500m² を超えるもの（政令で定めるものを除く.） | | |

| 30152 | 別表2，建築制限<br><br>一種住居 | 第一種住居地域内において，「延べ面積3,000m²，地上3階建てのホテル」は，新築することができない. | × |
|---|---|---|---|

「別表2(ほ)項」に「一種住居に建築できない建物条件」が載っており，その「四号」条件より，「(は)項条件に該当する建築物以外の建築物とする場合，その床面積が3,000m² を超える建物は建築することができない.」とわかる．問題文の「ホテル」は，「(は),(ほ)項」各条件に該当しないため，ホテル部分の床面積の合計が3,000m² を超えなければ新築することができる.

原文：別表2(ほ)項第四号
四．「は」項に掲げる建築物以外の建築物の用途に供するもの で その用途に供する部分の床面積の合計が3,000 m²を超えるもの（政令で定めるものを除く.）

| 25152 | 別表2，建築制限<br><br>一種住居 | 第一種住居地域内の「延べ面積5,000m²，地上6階建ての警察署」は，原則として，新築することができる. | ○ |
|---|---|---|---|

「別表2(ほ)項」に「一種住居に建築できない建物条件」が載っており，その「四号」条件より，「(は)項条件に該当する建築物以外の建築物の場合，その床面積が3,000m² を超える建物は建築することができない（政令で定めるものを除く.）」とわかる．これは，「令130条の7の2」に該当する建物であれば規模に関わらず建築できることを意味する（ただし，他の(ほ)項条件に該当する場合は建築することができない.）．問題文にある「警察署」は，「令130条の7の2第一号」に該当するため規模に関わらず新築することができる.

原文：別表2(ほ)項第四号
四．……3,000m² を超えるもの（政令で定めるものを除く.）

原文：令130条の7の2第一号
（第一種住居地域内に建築することができる大規模な建築物）
法別表第2(ほ)項第四号……の規定により政令で定める建築物は，次に掲げるものとする.
一．税務署，警察署，保健所，消防署その他これらに類するもの

| 23162 | 別表2<br><br>一種住居 | 第一種住居地域内の「延べ面積3,000m²，地上3階建ての自動車教習所」は，原則として，新築してはならない. | × |
|---|---|---|---|

「別表2(ほ)項」に「一種住居に建築できない建物条件」が載っており，その「四号」条件を訳すと「(は)項条件に該当する建築物以外の建築物の場合，その床面積が3,000m² を超える建物は新築することができない.」とわかる．問題文の「自動車教習所」は，「(は),(ほ)項」各条件に該当しないため，自動車教習所部分の床面積の合計が3,000m² を超えなければ新築することができる.

原文：別表2(に)項第五号
五．自動車教習所

| 20122 | 別表2 | 第二種住居地域内の「延べ面積400m²，地上2階建てのカラオケボックス（各階を当該用途に供するもの）」は，原則として新築してはならない． | × |
|---|---|---|---|
| | 二種住居 | | |

「別表2（ほ）項」の「一種住居に建築できない建物条件」とは，「二種住居に建築できない建物条件（（へ）項）＋α（（ほ）項二号，三号，四号条件）」であり，これは「（ほ）項二〜四号条件」は，（へ）項に含まれていないことを意味する．ゆえに，（ほ）項二〜四号条件に該当する建物は二種住居に建築することができる．問題文の「カラオケボックス」は，「（ほ）項三号」条件に該当するため，規模に関わらず二種住居に建築することができる．

原文：別表2（ほ）項第三号
三．カラオケボックスその他これに類するもの

| 02152 | 別表2 | 第二種住居地域内において，「延べ面積8,000m²，地上2階建ての勝馬投票券発売所（各階を当該用途に供するもの）」は，新築することができる． | ○ |
|---|---|---|---|
| | 二種住居 | | |

「別表2（へ）項」に「第二種住居に建築できない建物条件」が載っており，その「六号」条件より，「勝馬投票券発売所でその用途に供する部分の床面積の合計が10,000m²を超えるもの．」とわかる．よって新築することができる．

原文：別表2（へ）項第六号
六．……勝馬投票券発売所，……その用途に供する部分の床面積の合計が10,000m²を超えるもの

| 26153 | 別表2 | 建築物に附属する延べ面積300m²，地上3階建ての自動車車庫は，第一種住居地域内に新築することができる． | × |
|---|---|---|---|
| | 一種住居 | | |

「別表2（へ）項」に「二種住居に建築できない建物条件」が載っており，その「四号」条件より，「自動車車庫で床面積の合計が300m²を超えるもの又は3階以上の部分にあるもの（建築物に附属するもので政令で定めるもの又は都市計画として決定されたものを除く．）」とわかる．これは，「令130条の8」に該当する建物であれば建築できることを意味する．（ただし，他の（へ）項条件に該当する場合は建築することができない．）問題文にある「建築物に附属する3階建延べ面積300m²の自動車車庫」は，「令130条の8カッコ書き」の「3階以上の部分を自動車車庫の用途に供するものを除く．」に該当するため一種住居には新築することができない．

原文：別表2（へ）項第四号
四．自動車車庫で床面積の合計が300m²を超えるもの又は3階以上の部分にあるもの（建築物に附属するもので政令で定めるもの又は都市計画として決定されたものを除く．）

原文：令130条の8
（第二種住居地域内に建築することができる附属自動車車庫）
法別表第2（へ）項第四号（法第87条第2項又は第3項において法第48条第6項の規定を準用する場合を含む．）の規定により政令で定める建築物に附属する自動車車庫は，次に掲げるものとする．
一．床面積の合計に同一敷地内にある建築物に附属する自動車車庫の用途に供する工作物の築造面積を加えた値が当該敷地内にある建築物（自動車車庫の用途に供する部分を除く．）の延べ面積の合計を超えないもの（3階以上の部分を自動車車庫の用途に供するものを除く．）

| 24152 | 別表2 | 準住居地域内の「延べ面積500m²,平家建ての自動車修理工場(作業場の床面積の合計が50m²のもの)で,原動機の出力の合計が2.5kWの空気圧縮機(国土交通大臣が防音上有効な構造と認めて指定するものを除く.)を使用するもの」は,原則として新築してはならない. | ○ |
|---|---|---|---|
| | 準住居 | | |

「別表2(と)項」に「準住居に建築できない建物条件」が載っており,その「二号」条件より「原動機を使用する工場で,作業場の床面積の合計が150m²を超えない自動車修理工場」は建築することができるが,その「三号」条件の「(十一)」より,「原動機の出力の合計が1.5kWを超える空気圧縮機を使用する作業を営む工場は建築してはならない.」とわかる.

原文:別表2(と)項第三号
三.(十一)原動機の出力の合計が1.5kWを超える空気圧縮機を使用する作業

| 03162 | 別表2,建築制限 | 準住居地域内において,「延べ面積300m²,平家建ての水素ステーション(燃料電池自動車用の圧縮ガスを所定の設備により貯蔵・処理する建築物)」は,新築することができる. | ○ |
|---|---|---|---|
| | 準住居 | | |

「別表2(と)項」に「準住居に建築できない建物条件」が載っており,その「四号」条件より「危険物の貯蔵又は処理に供するもので政令で定めるもの」は,建築できないとわかる.ただし,「令130条の9」の前段かっこ書きより,「圧縮ガス・液化ガスを燃料電池として用いる自動車に,これらのガスを充填するための設備により貯蔵・処理するガスは,適用除外となる.」とわかる.問題文の「水素ステーション」は,これに該当するため,新築することができる.

原文:令130条の9
(危険物の貯蔵又は処理に供する建築物)
法別表第2(と)項第四号……の規定により政令で定める危険物の貯蔵 又は 処理に供する建築物は,次の表に定める数量を超える危険物(……圧縮ガス 又は 液化ガスを燃料電池……として用いる自動車にこれらのガスを充填するための設備(……)により貯蔵し,又は 処理される圧縮ガス 及び 液化ガス……を除く.)の貯蔵 又は処理に供する建築物とする.

| 05152 | 別表2,建築制限 | 「延べ面積500m²,客席の部分の床面積の合計180m²,平家建ての演芸場」は,準住居地域内において,新築することができる. | ○ |
|---|---|---|---|
| | 準住居 | | |

「別表2(と)項」に「準住居に建築できない建物条件」が載っており,その「五号」条件より「演芸場で客席の部分の床面積の合計が200m²以上のもの」とわかる.問題文の演芸場は「客席の部分の床面積の合計が180m²」のため,新築することができる.

原文:法別表2(と)項第五号
五.劇場,映画館,演芸場若しくは観覧場のうち客席の部分の床面積の合計が200m²以上のもの又は……

| 22153 | 別表2, 建築制限<br><br>準住居 | 準住居地域内の「延べ面積 10,000m², 地上３階建ての展示場（各階を当該用途に供するもの）」は，原則として，新築してはならない． | × |
|---|---|---|---|

「別表2(と)項」に「準住居に建築できない建物条件」が載っており，その「六号」条件より，「延べ面積 10,000m² 以下である展示場は，新築することができる.」とわかる．

原文：別表2(と)項第六号
六．前号に掲げるもののほか，劇場，……，展示場，……でその用途に供する部分（劇場，……の用途に供する部分にあっては，客席の部分に限る．）の床面積の合計が 10,000m² を超えるもの

| 01152 | 別表2, 建築制限<br><br>田園住居 | 田園住居地域内において，「延べ面積300m², 地上2階建ての, 地域で生産された農産物を材料とする料理を提供する飲食店」は，新築することができる． | ○ |
|---|---|---|---|

「別表2(ち)項」に「田園住居に建築できる建物条件」が載っており，その「四号」条件に「政令で定める店舗等で，これらに類する用途に供する部分の床面積が 500m² 以内のもの（3 階以上の部分をその用途に供するものに使用する場合を除く.）」とある．その「政令」については「令 130 条の 9 の 4」に規定されており，問題文の「地域で生産された農産物を材料とする料理を提供する飲食店」は，その「二号」に該当するため建築することができる．

原文：別表2(ち)項第四号
四．地域で生産された農産物の販売を主たる目的とする店舗その他の農業の利便を増進するために必要な店舗，飲食店その他これらに類する用途に供するもののうち政令で定めるものでその用途に供する部分の床面積の合計が 500 m² 以内のもの（3 階以上の部分をその用途に供するものを除く．）

原文：令 130 条の 9 の 4
（田園住居地域内に建築することができる農業の利便を増進するために必要な店舗，飲食店等の建築物）
法別表第二(ち)項第四号（……）の規定により政令で定める建築物は，次に掲げるものとする．
一．田園住居地域 及び その周辺の地域で生産された農産物の販売を主たる目的とする店舗
二．前号の農産物を材料とする料理の提供を主たる目的とする飲食店

| 20123 | 別表2, 建築制限<br><br>商業 | 商業地域内の「延べ面積 500m², 2 階建の日刊新聞の印刷所」は，建築基準法上，原則として新築してはならない． | × |
|---|---|---|---|

「別表2(ぬ)項」に「商業に建築できない建物条件」が載っており，その「二号」条件より，「日刊新聞の印刷所は，その規模によらず建築することができる.」とわかる．

原文：別表2(ぬ)項第二号
二．原動機を使用する工場で 作業場の床面積の合計が 150 m² を超えるもの（日刊新聞の印刷所及び作業場の床面積の合計が 300 m² を超えない自動車修理工場を除く．）

17

| 04153 | 別表2, 建築制限<br>商業 | 近隣商業地域内において，「延べ面積500m²（作業場の床面積の合計が400m²），平家建ての，原動機を使用する自動車修理工場」は，新築することができる． | × |
|---|---|---|---|
| | | 「別表2(ぬ)項」に「商業に建築できない建物条件」が載っており，その「二号」条件より，「原動機を使用する工場で 作業場の床面積の合計が150m²をこえるものは，新築することができないが，作業場の床面積の合計が300m²をこえない自動車修理工場は適用除外となる（建築することができる）．問題文の作業場の床面積の合計が300m²をこえており，適用除外とならない．よって新築することができない． | | |
| | | 原文：別表2(ぬ)項第二号<br>二．原動機を使用する工場で 作業場の床面積の合計が150m²をこえるもの（日刊新聞の印刷所及び作業場の床面積の合計が300m²をこえない自動車修理工場を除く．） | | |
| 16133 | 別表2<br>近商 | 近隣商業地域内の「平屋建の引火性溶剤を用いるドライクリーニング工場」は，原則として建築してはならない． | ○ |
| | | 「別表2(り)項」に「近商に建築できない建物条件」が載っており，その「一号」条件及び「(ぬ)項第三号(三)」条件より，「引火性溶剤を用いるドライクリーニング工場は建築してはならない．」とわかる． | | |
| | | 原文：別表2(ぬ)項第三号(三)<br>三．（三）．引火性溶剤を用いるドライクリーニング，ドライダイイング又は塗料の加熱乾燥若しくは焼付（赤外線を用いるものを除く．） | | |
| 21153 | 別表2, 建築制限<br>商業 | 商業地域内の「10,000個の電気雷管の貯蔵に供する平家建ての倉庫」は，原則として，新築してはならない． | × |
| | | 「別表2(ぬ)項」に「商業に建築できない建物条件」が載っており，その「四号」条件及び「令130条の9」にある表(一)より，10,000個以下の工業雷管の貯蔵に供する平屋建の倉庫は新築することができる．」とわかる． | | |
| | | 原文：別表2(ぬ)項第四号<br>四．危険物の貯蔵 又は 処理に供するもので政令で定めるもの<br><br>原文：令130条の9<br>（危険物の貯蔵又は処理に供する建築物）<br>法別表第2(と)項第四号，(ぬ)項第四号及び(る)項第二号（……）の規定により政令で定める危険物の貯蔵 又は 処理に供する建築物は，次の表に定める数量を超える危険物（……）の貯蔵 又は 処理に供する建築物とする． | | |
| 15124 | 別表2, 建築制限<br>準工業 | 準工業地域内の「平屋建の圧縮ガスの製造工場（内燃機関の燃料として自動車に充てんするための圧縮天然ガスに係るもの）」は，建築基準法上，原則として新築してはならない． | × |
| | | 「別表2(る)項」に「準工業に建築できない建物条件」が載っており，その「一号」条件に「環境の悪化をもたらすおそれのないものとして政令で定めるものを除いた工場」とある．その「政令」については「令130条の9の7」に規定されており，問題文の建物は，その「二号イ」に該当するため建築することができる． | | |

原文：別表2(る)項第一号
一．次に掲げる事業（特殊の機械の使用その他の特殊の方法による事業であつて環境の悪化をもたらすおそれのない工業の利便を害するおそれがないものとして<u>政令で定めるもの</u>を除く．）を営む工場

原文：令130条の9の7第二号イ
（準工業地域内で営むことができる特殊の方法による事業）
二．<u>法別表第2(る)項第一号(十二)に掲げる圧縮ガスの製造</u>のうち，<u>次のいずれかに該当するもの</u>
イ．<u>内燃機関の燃料として自動車に充てんするための圧縮天然ガスに係るもの</u>
ロ．……

| 23163 | 別表2<br>準工業 | 準工業地域内の「延べ面積1,000m²，平家建ての液化ガスを常時40t貯蔵する建築物」は，原則として，新築してはならない． | ○ |
|---|---|---|---|

「別表2(る)項」に「準工業に建築できない建物条件」が載っており，その「二号」条件に「危険物の貯蔵又は処理に供する政令で定める建築物」とある．問題文の「液化ガスを貯蔵する建築物」は，「令130条の9の表」の「二号」より，準工業では，液化ガスの数量が「A/2」に制限される．同表の備考より，この「A」は，「令116条1項」の表中「常時貯蔵する場合」の欄に掲げる数量（70t）であり，これより「A/2」は「35t」とわかる．よって，問題文の「液化ガスを常時40t貯蔵する建築物」は，新築することができない．

原文：令130条の9の表
この表において，Aは，(2)に掲げるものについては第116条第1項の表中「常時貯蔵する場合」の欄に掲げる数量……とする．

| 29154 | 別表2<br>工業 | 「延べ面積300m²，地上2階建ての幼保連携型認定こども園」は，工業地域内において，新築することができる． | ○ |
|---|---|---|---|

「別表2(を)項」に「工業に建築できない建物条件」が載っており，その「五号」条件より「学校（幼稚園）は規模に関わらず建築することができないが，幼保連携型認定こども園は除かれる．」とわかる．

原文：別表2(を)項第五号
五．<u>学校（幼保連携型認定こども園を除く．）</u>

| 16175 | 別表2<br>工業 | 工業地域内においては，延べ面積1,000m²の病院は，原則として建築してはならない． | ○ |
|---|---|---|---|

「別表2(を)項」に「工業に建築できない建物条件」が載っており，その「六号」条件より「病院は建築してはならない．」とわかる．

原文：別表2(を)項第六号
六．<u>病院</u>

**17**

| 01154 | 別表2, 建築制限 | 工業地域内において,「延べ面積10,000m²,地上3階建ての展示場」は,新築することができる. | ○ |
|---|---|---|---|
| | 工業 | | |
| | | 「別表2(を)項」に「工業に建築できない建物条件」が載っており,その「七号」条件及び「令130条の8の2」より,「10,000m²を超える展示場は建築することができない.」とわかる.問題文の場合,延べ面積が10,000m²とあるため工業に建築することができる. | |
| | | 原文:別表2(を)項第七号<br>七.店舗,飲食店,展示場,遊技場,勝馬投票券発売所,……でその用途に供する部分の床面積の合計が10,000m²を超えるもの | |
| 27144 | 別表2, 建築制限 | 延べ面積3,000m²,平家建てのゴルフ練習場は,工業地域内に新築することができる. | ○ |
| | 工業 | | |
| | | 「別表2(わ)項」の「工専に建築できない建物条件」とは,「工業に建築できない建物条件((を)項)＋α((わ)項二～八号条件)」であり,これは「(わ)項二～八号」条件が,(を)項に含まれていないことを意味する.ゆえに,(わ)項二～八号」条件に該当する建物は工業地域に建築することができる.問題文の「ゴルフ練習場」は,「(わ)項七号」条件に該当するため,規模に関わらず建築することができる. | |
| | | 原文:別表2(わ)項<br>三.共同住宅,寄宿舎又は下宿<br>四.老人ホーム,……<br>……<br>六.図書館,博物館その他これらに類するもの<br>七.ボーリング場……その他これらに類する政令で定める運動施設<br><br>原文:令130条の6の2<br>(第二種中高層住居専用地域及び工業専用地域内に建築してはならない運動施設)<br>法別表第2(に)項第三号及び(わ)項第七号(……)の規定により政令で定める運動施設は,スキー場,ゴルフ練習場及びバッティング練習場とする. | |
| 20125 | 別表2 | 用途地域の指定のない区域(市街化調整区域を除く.)内の「客席の部分の床面積の合計が12,000m²,地上5階建ての観覧場(各階を当該用途に供するもの)」は,原則として新築してはならない. | ○ |
| | 無指定区域 | | |
| | | 「別表2(か)項」の「用途地域の指定のない区域に建築できない建物条件」とは,「劇場,観覧場,店舗,飲食店等の用途で,その床面積の合計が10,000m²を超えるもの」とある.問題文は,「客席の部分の床面積の合計が12,000m²観覧場」であり,この条件に該当するため,建築することができない. | |
| | | 原文:別表2(か)項<br>劇場,……観覧場……でその用途に供する部分(……観覧場の用途に供する部分にあつては,客席の部分に限る.)の床面積の合計が10,000m²を超えるもの | |

| 22203 | 用途地域制限<br><br>2 地域 | 敷地が第二種中高層住居専用地域内に 600m²，近隣商業地域内に 700m² と二つの用途地域にわたる場合，当該敷地には，原則として，ホテルを新築することができる． | ○ |
|---|---|---|---|

「法 91 条」より，「建築物の敷地が用途に関する制限（法 48 条）を受ける区域の内外にわたる場合は，その敷地の全部について敷地の過半の属する区域内の建築物に関する規定を適用する．」とわかる．問題文の「ホテル」は，「二種中高層」では新築できないが，敷地の過半が「近商」であるため，新築することができる．

原文：法 91 条
(建築物の敷地が区域，地域 又は 地区の内外にわたる場合の措置)
建築物の敷地がこの法律の規定（第 52 条，第 53 条，……の規定を除く．……）による建築物の敷地，構造，建築設備 又は 用途に関する禁止 又は 制限を受ける区域（第 22 条第 1 項の市街地の区域を除く．……），地域（防火地域 及び 準防火地域を除く．……）又は 地区（高度地区を除く．……）の内外にわたる場合においては，……敷地の過半の属する区域，地域 又は 地区内の建築物に関する……規定を適用する．

| 17183 | 別表 2<br><br>位置指定 | 工業地域内における延べ面積の合計 500m² の卸売市場の用途に供する建築物については，都市計画においてその敷地の位置が決定していないものであっても，特定行政庁の許可を受けずに新築することができる． | ○ |
|---|---|---|---|

「法 51 条」に「卸売市場等の用途で用いる特建の位置指定」について載っており，そこを訳すと「用途地域に限らず，卸売市場等の建物は，都市計画において敷地の位置が決定しているものでなければ新築することができない．」とわかる．また，ただし書きで「①.行政庁が都市計画審議会の議を経て許可した場合，②.政令で定める規模の範囲内において新築することができる．」と規定されている．尚，その政令基準は「令 130 条の 2 の 3」に載っており，その「一号」を訳すと「準住居，近隣商業，商業，準工業，工業地域内（一種低住専，二種低住専，一種中高層，二種中高層，一種住居，二種住居，田園住居，工業専用以外の区域内）で，延べ面積の合計が 500m² 以下のものであれば新築できる．」とわかる．問題文は正しい．

原文：法 51 条
(卸売市場等の用途に供する特殊建築物の位置)
都市計画区域内においては，卸売市場，火葬場又はと畜場，汚物処理場，ごみ焼却場その他政令で定める処理施設の用途に供する建築物は，都市計画においてその敷地の位置が決定しているものでなければ，新築し，又は 増築してはならない．ただし，特定行政庁が都道府県都市計画審議会（……）の議を経て……許可した場合 又は 政令で定める規模の範囲内において新築し，若しくは 増築する場合においては，この限りでない．


原文：令 130 条の 2 の 3 第一号
……
一．第一種低層住居専用地域，第二種低層住居専用地域，第一種中高層住居専用地域，第二種中高層住居専用地域，第一種住居地域，第二種住居地域，田園住居地域 及び 工業専用地域 以外の区域内における 卸売市場の用途に供する建築物に係る新築，……
延べ面積の合計（……）が 500m² 以下のもの

| 19223 | 別表2<br><br>位置指定 | 「建築基準法」に基づき，工業地域内において，1日当たりの処理能力が100t以下のがれき類を破砕する産業廃棄物処理施設の用途に供する建築物は，特定行政庁の許可を受けずに新築することができる． | ○ |
|---|---|---|---|

「法51条」に「卸売市場等の用途で用いる特建の位置指定」について載っており，そこを訳すと「都市計画区域内においては，用途地域に限らず，卸売市場等の建物は，都市計画において敷地の位置が決定しているものでなければ新築することができない．」とわかる．また，ただし書きで「行政庁が都市計画審議会の議を経てその敷地の位置が都市計画上支障がないと認めて許可した場合 又は 政令で定める規模の範囲内においては，新築することができる．」と規定されている．尚，その政令基準は「令130条の2の3」に載っており，その「三号ヌ」を訳すと「工業又は工業専用地域内における，産業廃棄物の1日当たりの処理能力が，がれき類を破砕する産業廃棄物処理施設においては，100t以下であれば規模の範囲内であるため新築できる．」とわかる．

原文：令130条の2の3
(卸売市場等の用途に供する特殊建築物の位置に対する制限の緩和)
法第51条ただし書（……）の規定により政令で定める新築，増築又は用途変更の規模は，次に定めるものとする．
一．……
二．……
三．工業地域 又は 工業専用地域内における産業廃棄物処理施設の用途に供する建築物に係る新築，増築又は用途変更（第六号に該当するものを除く．）
1日当たりの処理能力（……）が当該処理施設の種類に応じてそれぞれ次に定める数値以下のもの
……
ヌ．廃棄物処理法施行令第2条第二号に掲げる廃棄物（事業活動に伴つて生じたものに限る．）又はがれき類の破砕施設　100t

■1種低住専・2種低住専の場合（田園住居を含む. 以下同じ）

解説をスムーズに進めるため, 以下のような「略称」を使い説明していきます.

略称：工作物車庫 ・・・ 建築物に付属する「車庫の用途で使用する工作物」
略称：建築物車庫 ・・・ 建築物内において「車庫の用途で使用する部分」
略称：付属自動車車庫 ・・・「工作物車庫」+「建築物車庫」
略称：車庫床面積 ・・・ 車庫の床面積

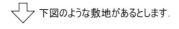 下図のような敷地があるとします.

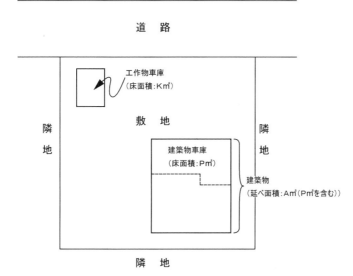

17

「別表2(い)項十号, 別表2(ろ)項三号, 令130条の5」より, 次の3つの条件を<u>全て</u>
満たす「付属自動車車庫」は, 1種低住専・2種低住専において建築することができる.

①.「工作物車庫床面積」+「建築物車庫床面積」≦ 600㎡ （令130条の5第一号）
②.「工作物車庫床面積」+「建築物車庫床面積」≦ 建築物車庫床面積を除いた「建
　　　　　　　　　　　　　　　 築物の延べ面積」
　　　　　　　　　　　　　　　 （令130条の5第一号）
③.「工作物車庫」及び「建築物車庫」の部分の階が1階以下 （令130条の5第三号）

前頁の図で説明すると,「3つの条件」は次のようになる.

①. K ㎡ + P ㎡ ≦ 600㎡
②. K ㎡ + P ㎡ ≦ A ㎡ – P ㎡
③.「工作物車庫」及び「建築物車庫」の部分の階が1階以下

ただし,「工作物車庫床面積」が50㎡以下である場合,その部分は除いて考えてよい.
（通称: 低層住専50㎡緩和）
「低層住専50㎡緩和」を適用した場合,①. ②. ③. の条件は次のようになる.

①. P ㎡ ≦ 600㎡
②. $P ㎡ ≦ \frac{1}{2} × A ㎡$　◁　$P㎡ ≦ A㎡ – P㎡$ より, $2P㎡ ≦ A㎡$

$$∴ P㎡ ≦ \frac{1}{2} × A㎡$$

③.「工作物車庫」及び「建築物車庫」の部分の階が1階以下

## ■1種中高層・2種中高層の場合

下図のような敷地があるとします.

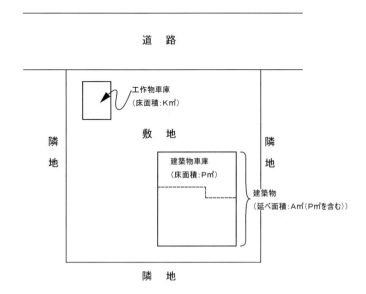

「別表2（は）項八号，令130条の5の5」より，次の3つの条件を全て満たす
「付属自動車車庫」は，1種中高層・2種中高層に建築することができる.

①.「工作物車庫床面積」+「建築物車庫床面積」≦ 3,000㎡ （令130条の5の5第一号）
②.「工作物車庫床面積」+「建築物車庫床面積」≦ 建築物車庫床面積を除いた「建築
物の延べ面積」

（令130条の5の5第一号）

③.「工作物車庫」及び「建築物車庫」の部分の階が2階以下

（令130条の5の5第三号）

 前頁の図で説明すると，「3つの条件」は次のようになる.

①. K ㎡ + P ㎡ ≦ 3,000㎡
②. K ㎡ + P ㎡ ≦ A ㎡ − P ㎡
③.「工作物車庫」及び「建築物車庫」の部分の階が2階以下


ただし，「工作物車庫床面積」が300㎡以下である場合，その部分は除いて考えてよい.
（通称：中高層 300㎡緩和 ）
「中高層300㎡緩和」を適用した場合，①. ②. ③. の条件は次のようになる.

①. P ㎡ ≦ 3,000㎡
②. P ㎡ ≦ $\frac{1}{2}$ × A ㎡　　◁ P㎡ ≦ A㎡ −P㎡ より, 2P㎡ ≦ A㎡

∴P㎡ ≦ $\frac{1}{2}$ × A㎡

③.「工作物車庫」及び「建築物車庫」の部分の階が2階以下

17

## ■1種住居・2種住居の場合

下図のような敷地があるとします.

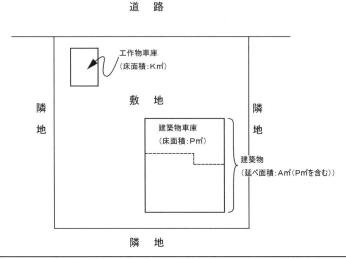

「別表2(ほ)項四号, 令130条の7の2第三号, 及び別表2(へ)項四号, 令130条の8」より, 次の2つの条件を<u>全て</u>満たす「付属自動車車庫」は, 1種住居・2種住居に建築することができる.

①.「工作物車庫床面積」+「建築物車庫床面積」≦ 建築物車庫床面積を除いた「建築物の延べ面積」

②.「工作物車庫」及び「建築物車庫」の部分の階が2階以下

上の図で説明すると,「2つの条件」は次のようになる.

①. K ㎡ + P ㎡ ≦ A ㎡ − P ㎡

②.「工作物車庫」及び「建築物車庫」の部分の階が2階以下

ただし,「令130条の5の5第一号」のかっこ書きより, 1種住居・2種住居においても,「工作物車庫床面積」が300㎡以下である場合, その部分は除いて考えてよい. (通称:住居 300㎡緩和 )

「住居300㎡緩和」を適用した場合, ①. ②. の条件は次のようになる.

①. P ㎡ ≦ $\frac{1}{2}$ × A ㎡ 　⇐ P㎡ ≦ A㎡ −P㎡ より, 2P㎡ ≦ A㎡

∴P㎡ ≦ $\frac{1}{2}$ × A㎡

②.「工作物車庫」及び「建築物車庫」の部分の階が2階以下

以上で「建築制限に関する車庫問題」については万全です. 内容を理解した上で, 復習を兼ねて, 各自法令集に線引きしておいてください.

# 「別表2」の解説

| 建築制限 | 第一種低層住居専用地域 | 第二種低層住居専用地域 | 第一種中高層住居専用地域 | 第二種中高層住居専用地域 | 第一種住居地域 | 第二種住居地域 | 準住居地域 | 田園住居地域 | 近隣商業地域 | 商業地域 | 準工業地域 | 工業地域 | 工業専用地域 | 備考 |
|---|---|---|---|---|---|---|---|---|---|---|---|---|---|---|
| 住宅, 共同住宅, 寄宿舎, 下宿 | ○ | ○ | ○ | ○ | ○ | ○ | ○ | ○ | ○ | ○ | ○ | ○ | | |
| 兼用住宅で, 非住宅部分の床面積が50㎡以下かつ建築物の延べ床面積の2分の1未満のもの | ○ | ○ | ○ | ○ | ○ | ○ | ○ | ○ | ○ | ○ | ○ | ○ | | 注1 |
| 店舗等の床面積が150㎡以下のもの | | ① | ② | ③ | ○ | ○ | ○ | ① | ○ | ○ | ○ | ④ | | 注2 |
| 店舗等の床面積が150㎡を超え, 500㎡以下のもの | | | ② | ③ | ○ | ○ | ○ | ■ | ○ | ○ | ○ | ④ | | |
| 店舗等の床面積が500㎡を超え, 1,500㎡以下のもの | | | | ③ | ○ | ○ | ○ | | ○ | ○ | ○ | ④ | | |
| 店舗等の床面積が1,500㎡を超え, 3,000㎡以下のもの | | | | | ○ | ○ | ○ | | ○ | ○ | ○ | ④ | | |
| 店舗等の床面積が3,000㎡を超えるもの | | | | | | | | | ○ | ○ | ○ | ④ | | |
| 店舗等の床面積が10,000㎡を超えるもの | | | | | | | | | ⑤ | ⑤ | ○ | ⑤ | ④ | |
| 事務所等の床面積が1,500㎡以下のもの | | | | ▲ | ○ | ○ | ○ | | ○ | ○ | ○ | ○ | ○ | 注3 |
| 事務所等の床面積が1,500㎡を超え, 3,000㎡以下のもの | | | | | ○ | ○ | ○ | | ○ | ○ | ○ | ○ | ○ | |
| 事務所等の床面積が3,000㎡を超えるもの | | | | | | ○ | ○ | | ○ | ○ | ○ | ○ | ○ | |
| 自動車教習所 | | | | ▲ | ○ | ○ | ○ | | ○ | ○ | ○ | ○ | ○ | 注4 |
| ボーリング場, スケート場, 水泳場, ゴルフ練習場, バッティング練習場等 | | | | ▲ | ○ | ○ | ○ | | ○ | ○ | ○ | ○ | | 注5 |
| カラオケボックス等 | | | | | | ○ | ○ | | ○ | ○ | ○ | ○ | ○ | |
| 麻雀屋, パチンコ屋, 射的場 | | | | | | ○ | ○ | | ○ | ○ | ○ | ○ | | |
| 勝馬投票券発売所, 場外車券売場等 | | | | | | | | | ⑤ | ⑤ | ○ | ○ | | 注2 |
| 劇場, 映画館, 演芸場, 観覧場 | | | | | | | ▲ | | ○ | ○ | ○ | | | 注6 |
| キャバレー, ダンスホール等, 個室付浴場等 | | | | | | | | | | ○ | ▲ | | | 注7 |
| 幼稚園, 小学校, 中学校, 高等学校 | ○ | ○ | ○ | ○ | ○ | ○ | ○ | ○ | ○ | ○ | ○ | | | |
| 大学, 高等専門学校, 専修学校等 | | | ○ | ○ | ○ | ○ | ○ | ○ | ○ | ○ | ○ | | | |
| 図書館等 | ○ | ○ | ○ | ○ | ○ | ○ | ○ | ○ | ○ | ○ | ○ | ○ | | |
| 巡査派出所, 一定規模以下の郵便局等 | ○ | ○ | ○ | ○ | ○ | ○ | ○ | ○ | ○ | ○ | ○ | ○ | ○ | |
| 神社, 寺院, 教会等 | ○ | ○ | ○ | ○ | ○ | ○ | ○ | ○ | ○ | ○ | ○ | ○ | ○ | |
| 病院 | | | ○ | ○ | ○ | ○ | ○ | | ○ | ○ | ○ | | | |
| 公衆浴場, 診療所, 保育所等 | ○ | ○ | ○ | ○ | ○ | ○ | ○ | ○ | ○ | ○ | ○ | ○ | ○ | |
| 老人ホーム, 身体障害者福祉ホーム等 | ○ | ○ | ○ | ○ | ○ | ○ | ○ | ○ | ○ | ○ | ○ | ○ | | |
| 老人福祉センター, 児童厚生施設等 | ▲ | ▲ | ○ | ○ | ○ | ○ | ○ | ▲ | ○ | ○ | ○ | ○ | | 注8 |
| 税務署, 警察署, 保健所, 消防署等 | | | ▲ | ▲ | ○ | ○ | ○ | | ○ | ○ | ○ | ○ | ○ | 注9 |
| 単独車庫(附属車庫を除く) | ▲ | ▲ | ▲ | ▲ | ○ | ○ | ○ | | ○ | ○ | ○ | ○ | ○ | 注10 |
| 建築物附属自動車車庫(①②③については, 建築物の延べ面積の1/2以下かつ備考欄に記載の制限) | ① | ① | ② | ② | ③ | ③ | ○ | ① | ○ | ○ | ○ | ○ | ○ | 注11 |
| 倉庫業倉庫 | | | | | | | ○ | | ○ | ○ | ○ | ○ | ○ | |
| 畜舎(15㎡を超えるもの) | | | | | | ▲ | ○ | ○ | ○ | ○ | ○ | ○ | ○ | 注12 |
| パン屋, 米屋, 豆腐屋, 菓子屋, 洋服屋, 畳屋, 建具屋, 自転車店等で作業場の床面積が50㎡以下 | | ▲ | ▲ | ▲ | ○ | ○ | ○ | ▲ | ○ | ○ | ○ | ○ | ○ | 注13 |
| 危険性や環境悪化のおそれが非常に少ない工場 | | | | | ① | ① | ① | ■ | ② | ② | ○ | ○ | ○ | |
| 危険性や環境悪化のおそれが少ない工場 | | | | | | | | | ② | ② | ○ | ○ | ○ | 注14 |
| 危険性や環境悪化のおそれがやや多い工場 | | | | | | | | | | | ○ | ○ | ○ | |
| 危険性が大きいか著しく環境悪化のおそれがある工場 | | | | | | | | | | | | ○ | ○ | |
| 自動車修理工場 | | | | | ① | ① | ② | | ③ | ③ | ○ | ○ | ○ | 注15 |
| 火薬, 石油類, ガスなどの危険物の貯蔵・処理の量 — 量が非常に少ない施設 | | | | | ① | ② | ○ | | ○ | ○ | ○ | ○ | ○ | 注16 |
| 量が少ない施設 | | | | | | | ○ | | ○ | ○ | ○ | ○ | ○ | |
| 量がやや多い施設 | | | | | | | | | | | ○ | ○ | ○ | |
| 量が多い施設 | | | | | | | | | | | | ○ | ○ | |
| 卸売市場, 火葬場, と畜場, 汚物処理場, ごみ焼却場等 | 都市計画区域内においては都市計画決定が必要 | | | | | | | | | | | | | |

※)この表は基準法別表2の補助資料であり, 全ての用途・制限について言及したものではありません

17

注 1　非住宅部分の用途制限あり　令 130 条の 3

注 2　①日用品販売店舗，食堂，喫茶店，理髪店及び建具屋等のサービス業用店舗．2 階以下令 130 条の 5 の 2

　　　②①に加えて，物品販売店舗，飲食店，損保代理店・銀行の支店・宅地建物 取引業等のサービス業店舗のみ．2 階以下　令 130 条の 5 の 3

　　　③2 階以下　（に）項七号

　　　④物品販売店舗，飲食店を除く．（わ）項五号

　　　⑤特定大規模建築物については，用途地域の変更又は用途を緩和する地区計画決定により立地可能　都計法 12 条の 5 第 4 項四号

　　　■農産物直売所，農家レストラン等のみ 2 階以下　令 130 条の 9 の 3

注 3　▲ 2 階以下　（に）項七号

注 4　▲ 3,000m² 以下　（ほ）項四号

注 5　▲ 3,000m² 以下　（ほ）項四号

注 6　▲ 客席 200m² 未満　特定大規模建築物については注 2 の⑤

注 7　▲ 個室付浴場等を除く

注 8　▲ 600m² 以下　（い）項九号・令 130 条の 4

注 9　▲ 5 階以上の部分を除く　（は）項七号・令 130 条の 5 の 4，（に）項七号　※（ほ）項四号・令 130 条の 7 の 2

注 10　▲ 300m² 以下 2 階以下

注 11　※一団地の敷地内について別に制限あり

　　　① 600m² 以下 1 階以下

　　　② 3,000m² 以下 2 階以下

　　　③ 2 階以下

注 12　▲ 3,000m² 以下

注 13　原動機の制限あり　（ろ）項二号・令 130 条の 5 の 2，（に）項二号・令 130 条の 6

　　　▲ 2 階以下

注 14　原動機・作業内容の制限あり

　　　作業場の床面積

　　　① 50m² 以下　（ほ）項一号，（へ）項二号，（と）項二号　　←危険非常に少

　　　② 150m² 以下　（り）項一号，（ぬ）項二号　※危険大 ＝（る）項一号，危険やや大 ＝（ぬ）項三号，危険少 ＝（と）項三号

　　　■農産物及び農業の生産，集荷，処理及び貯蔵するものに限る

注 15　作業場の床面積

　　　① 50m² 以下　（ほ）項一号，（へ）項二号

　　　② 150m² 以下　（と）項二号カッコ書き

　　　③ 300m² 以下　（り）項一号，（ぬ）項二号カッコ書き

　　　原動機の制限あり

注 16　① 1,500m² 以下　2 階以下

　　　② 3,000m² 以下

**令130条の5の2**（第2種低層……に建築することができる店舗，飲食店等の建築物）

法別表第2（ろ）項第二号（……）の規定により政令で定める建築物は，次に掲げるものとする．

　一　日用品の販売を主たる目的とする店舗又は食堂若しくは喫茶店
　　……
　（第1種中高層……に建築することができる店舗，飲食店等の建築物）

**令130条の5の3**

法別表第2（は）項第五号（……）の規定により政令で定める建築物は，次に掲げるものとする．

　一　前条第二号から第五号までに掲げるもの
　二　物品販売業を営む店舗（……）又は飲食店
　　……
　（第1種低層住居専用地域内に建築してはならない附属建築物）

**令130条の5**

法別表第2（い）項第十号及び（ろ）項第三号及び（ち）項第六号（……）の規定により政令で定める建築物は，次に掲げるものとする．

　一　自動車車庫で 当該自動車車庫の床面積の合計に同一敷地内にある建築物に附属する自動車車庫の用途に供する工作物の築造面積（当該築造面積が 50 m²以下である場合には，その値を減じた値）を加えた値が
　　① 600 m²
　　②同一敷地内にある建築物
　　（自動車車庫の用途に供する部分を除く．）の延べ面積の合計が 600 m²以下の場合においては，当該延べ面積の合計）を超えるもの（……）

………………………………………………

① 「車庫」が 600 m²（絶対値）を超えると NG
② 「車庫」が「本来の用途（600 m²以下）」を比率で超えると NG
※ 1種中高層（令 130 条の 5 の 5）は 3,000 m²基準．2 種中高層も同様，1 種住居（令 130条の 7 の 2 第三号），2 種住居（令 130条の8 第一号）は「比率」の制限．

別表2（ぬ）項二号　**商業**地域に建築してはならない建築物

そもそも「原動機を使用する工場」はどのように制限されているか見ていこう．

**第2種低層**（令 130 条の 5 の 2 第四号）で「自家販売のために食品製造業を営むパン屋……で作業場の床面積の合計が 50 m²以内のもの（原動機を使用する場合にあっては，その出力の合計が 0.75kW 以下のものに限る．）」と制限されている．

次に，**2 種中高層**（に）項二号で「工場は建築してはならない.

ただし政令（令 130 条の 6）は除く.」とある．ここでは「自家販売のため」以外は上記と同じ．小規模の食品製造業（原動機の出力 0.75kW 以下）はここで解除となる．

**1 種住居**では記述がないが，（ほ）項一号で「（へ）項一号から五号は建築できない」とある．（へ）項二号に「原動機を使用する工場で作業場が 50 m²を超えるもの」とある．つまり，**1 種住居**と**2 種住居**においては，作業場が 50 m²以下の「原動機を使用する工場」はその出力に関係なく建築可能である．段々と規模の大きなものが建築可能となってくる．

**準住居**では，（と）項二号に「原動機を使用する工場で 50 m²を超えるもの（作業場が 150 m²を超えない自動車修理工場を除く）」とある．自動車修理工場は少し大きくても可能である．

**近隣商業**では，（り）項一号に「（ぬ）項に掲げるもの」とある．つまり**商業**で NG となる工場や工業系の建物は近隣商業でも NG，商業で OK なら近隣商業でも OK．

ここで最初へ戻る．

「日刊新聞の印刷所」は，規模に係わらず近商，商業で建築可能．もちろん，準工業，工業，工業専用でも建築可能．

「作業場の床面積の合計が 300 m²を超えない自動車修理工場」も同様．その他の「原動機を使用する工場」は，150 m²未満のものが近隣商業，商業地域で建築可能．

「原動機を使用する工場」の制限がなくなるのは**準工業**，**工業**，**工業専用**となる．

## 「容積率」の解説（法52条）

・容積率とは、「延べ面積」の「敷地面積」に対する割合です.

$$容積率 = \frac{延べ面積}{敷地面積}$$

学科試験においては「延べ面積の最大限度」はいくらか？というカタチで毎年出題
されています. 上の公式を変形すると, 次のようになります.

延べ面積の最大限度 ＝「最大容積率」×「敷地面積」

上の計算式から分かるように「延べ面積の最大限度」を求めるためには, 「最大容積率」と「敷地
面積」が必要となる. 「敷地面積」は問題文に載っていますが, 「最大容積率」は自分で計算し
なければなりません.
次に「最大容積率の求め方」について説明します. 「容積率」には, 「法定容積率」と「道路
容積率」の2種類があり, その2つを計算し, より厳しい方（値が小さい方）がその敷地の「最大
容積率」となります.

法定容積率 ──▶ 用途地域ごとに都市計画で定められてる容積率.
（法52条1項）　（実務では役所で販売している「都市計画図」に載っており, 学科試験では
　　　　　　　　問題文 にあらかじめ記載されています.）

道路容積率 ──▶ 敷地が接する道路の最大幅員によって決まる容積率.
（法52条2項）　（ただし, 最大幅員が12m以上の場合には道路容積率は考えない.
　　　　　　　　そのため,「法定 容積率」がその敷地の「容積率」となります.）

道路容積率の求め方 ──▶ 「法定容積率」は問題文に最初から書いてありますが,
　　　　　　　　　　　　「道路容積率」は自分で計算しなければなりません.
　　　　　　　　　　　　また, 用途地域が「住居系の場合」と「その他の場合」とで
　　　　　　　　　　　　計算方法が異なるので注意して下さい.

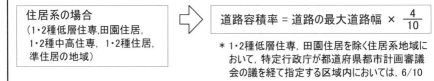

住居系の場合
（1・2種低層住専, 田園住居,
1・2種中高住専, 1・2種住居,
準住居の地域）

⇨ 道路容積率 ＝ 道路の最大道路幅 × $\frac{4}{10}$

＊ 1・2種低層住専, 田園住居を除く住居系地域に
おいて, 特定行政庁が都道府県都市計画審議
会の議を経て指定する区域内においては, 6/10

上記以外の用途地域の場合

⇨ 道路容積率 ＝ 道路の最大道路幅 × $\frac{6}{10}$

＊ 特定行政庁が都道府県都市計画審議会の議を
経て指定する区域内においては, 4/10, 8/10のう
ち定められたもの

以上が, 「延べ面積の限度」の求め方の基本形です. その他, 特殊なケースとして,
①. 敷地が2つの用途地域にまたがる場合（法定容積率が異なる地域にまたがる場合 ）
②.「 特定道路緩和 」を適用できる場合
の2つのパターンがあります. 次に, その2つについて説明します.

## ①.敷地が二つの用途地域にまたがる場合 （法52条7項）
（法定容積率が異なる地域にまたがる場合）

学科試験では，このパターンでの出題が最も多いです．この場合，用途地域の異なる部分ごと別々に「最大容積率」を求めます．その「最大容積率」にそれぞれの「敷地面積部分」を掛けることで，敷地の部分ごとの「最大延べ面積」を計算し，その「最大延べ面積」どうしを足して，敷地全体の「最大延べ面積」とします．次の問題を解きながら具体的に説明していきます．

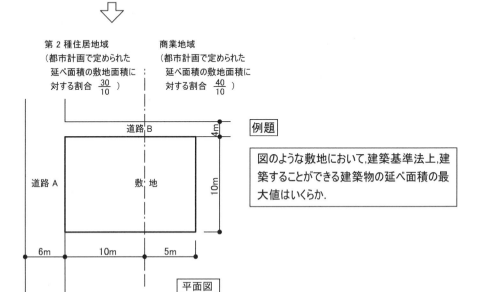

「最大延べ面積」を求めるためにまず，用途地域が異なる部分ごとの「最大容積率」を計算します．

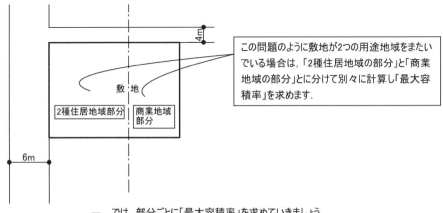

では，部分ごとに「最大容積率」を求めていきましょう．
「最大容積率」を求めるためには，「法定容積率」と「道路容積率」との比較が必要です．

18

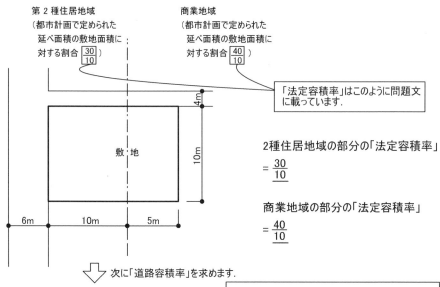

第2種住居地域
（都市計画で定められた延べ面積の敷地面積に対する割合 $\frac{30}{10}$ ）

商業地域
（都市計画で定められた延べ面積の敷地面積に対する割合 $\frac{40}{10}$ ）

「法定容積率」はこのように問題文に載っています.

2種住居地域の部分の「法定容積率」
$= \frac{30}{10}$

商業地域の部分の「法定容積率」
$= \frac{40}{10}$

次に「道路容積率」を求めます.

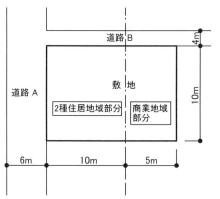

「道路容積率」を求めるために「最大道路幅員」を決定します.
「道路A = 6m」,「道路B = 4m」であるため, この敷地の「最大道路幅員」は道路Aの「6m」となる. また,「商業地域の部分」は「道路A」に接していませんが, 最大幅員については敷地全体で考えるため,「商業地域の部分」についても「最大道路幅員」は道路Aの「6m」となります. つまり,「最大道路幅員の決定は敷地全体に対し, 接している道路について考えてよい. 」ということになります.

「道路容積率」を部分ごとに求めてみましょう.

道路容積率の計算式
（敷地が特定行政庁が指定する区域内にない場合）

| 住居系の用途地域の場合 |
「道路容積率」=「最大道路幅員」× $\frac{4}{10}$

| 住居系以外の用途地域の場合 |
「道路容積率」=「最大道路幅員」× $\frac{6}{10}$

 敷地が特定行政庁が都道府県都市計画審議会の議を経て指定する区域内にある場合には, 定められている数値を最大道路幅員に掛けることで, 道路容積率を計算する.

2種住居地域の部分の道路容積率
=「最大道路幅員（道路Aの6m）」× $\frac{4}{10}$
$= \frac{24}{10}$

商業地域の部分の道路容積率
=「最大道路幅員（道路Aの6m）」× $\frac{6}{10}$
$= \frac{36}{10}$

ここまでで,「敷地の部分」ごとの「法定容積率」,「道路容積率」が求まりました.
次にこの2つの容積率を比較して,厳しい方(値の小さい方)が「敷地の部分」ごとの「最大容積率」となります.

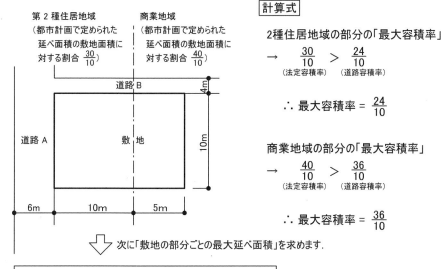

計算式

2種住居地域の部分の「最大容積率」

→ $\dfrac{30}{10}$ > $\dfrac{24}{10}$

（法定容積率）（道路容積率）

∴ 最大容積率 = $\dfrac{24}{10}$

商業地域の部分の「最大容積率」

→ $\dfrac{40}{10}$ > $\dfrac{36}{10}$

（法定容積率）（道路容積率）

∴ 最大容積率 = $\dfrac{36}{10}$

次に「敷地の部分ごとの最大延べ面積」を求めます.

延べ面積の最大限度 ＝「最大容積率」×「敷地面積」

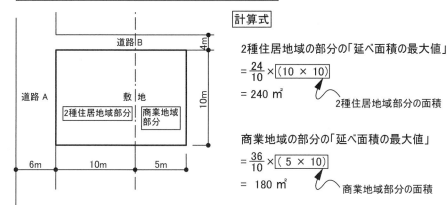

計算式

2種住居地域の部分の「延べ面積の最大値」

= $\dfrac{24}{10}$ × $(10 \times 10)$

= 240 ㎡
　　　　　　　2種住居地域部分の面積

商業地域の部分の「延べ面積の最大値」

= $\dfrac{36}{10}$ × $(5 \times 10)$

= 180 ㎡
　　　　　　　商業地域部分の面積

これで「用途地域の異なる部分ごとの 延べ面積の最大値」が求まりました.
それらの合計が「敷地全体の延べ面積の最大値」となります.

「敷地全体の延べ面積の最大限度」
＝ 敷地内の用途地域の異なる部分ごとに求めた「延べ面積の最大限度」の総和

計算式

敷地全体の延べ面積の最大限度

=「2種住居地域の延べ面積の最大限度」+「商業地域の延べ面積の最大限度」

= 240 + 180

= 420 ㎡

問題の答え: 420 ㎡

## ②.「特定道路緩和」の場合 （法52条9項,令135条の18）

次に,「特定道路緩和」について説明しましょう.「特定道路」とは, 幅員が15m以上の道路のことをいいます. 敷地に接する道路が「特定道路」に接続する場合, その道路幅員を大きくすることができます. これまで見てきたように敷地に接する道路の最大幅員が大きければ大きいほど, 容積率は有利になります. 次の図を使って具体的に説明しましょう.

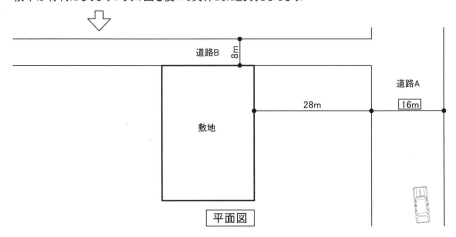

上図のような敷地があるとします. 敷地は「道路B」にのみ接しており, さらに道路Bは「道路A」に接続しています. また,「道路A」は, 幅員が16mであるため,「特定道路(幅員15m以上の道路のこと)」です. このような場合,「特定道路緩和」を適用でき, 容積率の算定のおいては, 道路Bの幅員を実際より大きく考えることができます.

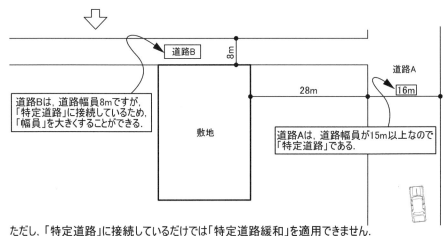

ただし,「特定道路」に接続しているだけでは「特定道路緩和」を適用できません.
「特定道路緩和」を適用できるための条件は2つあります.

　①.「特定道路」に接続する道路の幅員が「6m以上12m未満」であること.
　②.「特定道路から敷地までの距離」が「70m以内」であること.
　以上の2つの条件を全て満たさなければ適用できません.

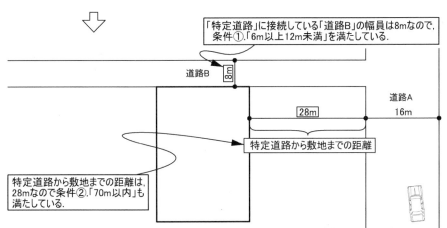

「特定道路」に接続している「道路B」の幅員は8mなので，条件①．「6m以上12m未満」を満たしている．

道路B

8m

道路A

16m

28m

特定道路から敷地までの距離

特定道路から敷地までの距離は，28mなので条件②．「70m以内」も満たしている．

2つの条件を全て満たしているため「特定道路緩和」が適用できることがわかる．「特定道路」に接続しているからといって，すぐに「特定道路緩和」を適用しないように注意してください．出題者はこのあたりを引っ掛けてきます．

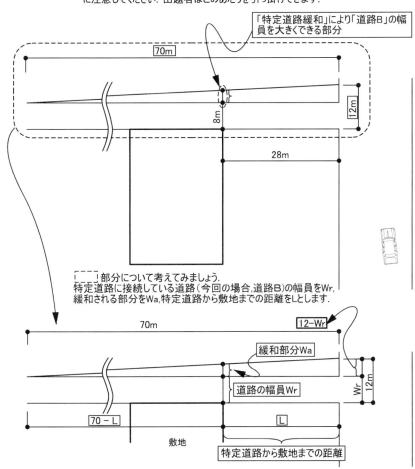

「特定道路緩和」により「道路B」の幅員を大きくできる部分

70m

8m

12m

28m

18

┌──┐部分について考えてみましょう．
特定道路に接続している道路（今回の場合，道路B）の幅員をWr，緩和される部分をWa，特定道路から敷地までの距離をLとします．

70m

12−Wr

緩和部分Wa

道路の幅員Wr

Wr

12m

70 − L

L

敷地

特定道路から敷地までの距離

275

⬇ 次の図を見てください. 図のWaの大きさを求めてみましょう.

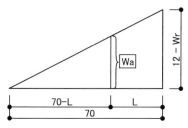

⬇ 「傾き」は, $\dfrac{高さ}{底辺}$ となります.

$$傾き = \dfrac{高さ}{底辺} = \dfrac{12 - Wr}{70}$$

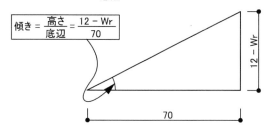

⬇ 「傾き×水平距離」により「底辺上のある部分における斜辺までの高さ」がわかります. ゆえに, Wa = 傾き×(70 - L)となります.

$$傾き = \dfrac{12 - Wr}{70}$$

$$Wa = \dfrac{(12 - Wr)}{70} \times (70 - L)$$

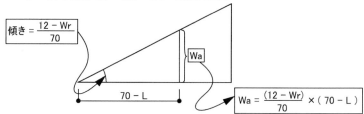

⬇ では, 問題文に戻りましょう.

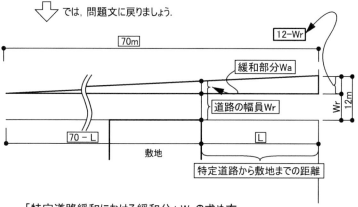

「特定道路緩和における緩和分」Waの求め方

$$Wa = \underset{(勾配)}{\dfrac{(12 - Wr)}{70}} \times \underset{(水平距離)}{(70 - L)} \ となる.$$

276

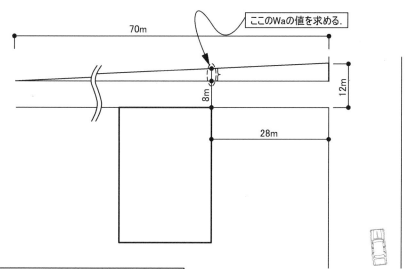

特定道路緩和における緩和分 Waの計算式

$$Wa = \frac{(12 - Wr)}{70} \times (70 - L)$$

Wr= 8m, L= 28mなので,

$$Wa = \frac{(12 - 8)}{70} \times (70 - 28)$$

$$= \frac{4}{70} \times 42$$

$$= 2.4m$$

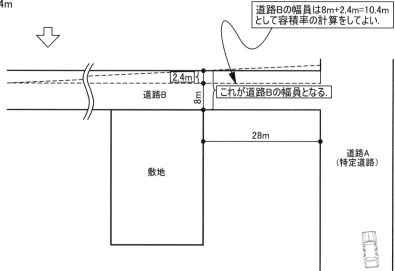

以上が「特定道路緩和」の考え方です. きちんと理解しておいてください.

最後に,「敷地面積」について説明しておきます.敷地が「42条2項道路」に接している場合,その「2項道路」の中心線から2mセットバックした位置が「道路境界線」となります.(その分,「敷地面積」は小さくなる.)次の図を使って具体的に説明します.(注意:本来,2項道路のセットバック距離は,2mまたは3mのいずれかのうち行政庁が指定する値になりますが,学科試験においては注意書きがない限り2mと考えてよい.)

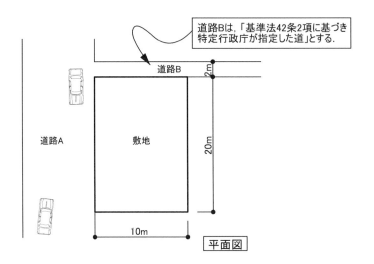

この場合,敷地面積は次のようになります.

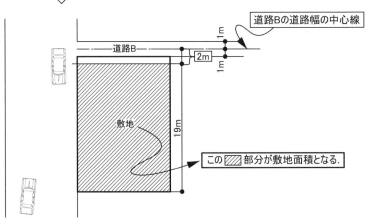

計算式:敷地面積 = 10m × (20 − 1) = 190m²
となります.
このように問題文の敷地が「2項道路」に接する場合は,敷地面積が小さくなるので注意してください.

特殊なケースとして「2項道路」の反対側に川等がある場合，道路の「中心線から2m」ではなく，2項道路と川等の「境界線から4m」セットバックします．（なぜかというと，「2項道路」とは最終的に「4m道路」にすることが目的であり，本来は道路中心線で2mずつ振り分けますが，反対側が川等になっている場合では振り分けることができません．そのため，川等と道路の境界線から4mのセットバックが必要となります．）次の図を使って具体的に説明します．

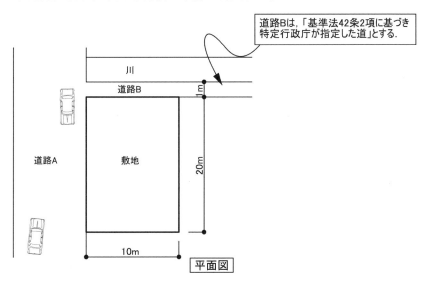

道路Bは，「基準法42条2項に基づき特定行政庁が指定した道」とする．

平面図

この場合，敷地面積は次のようになります．

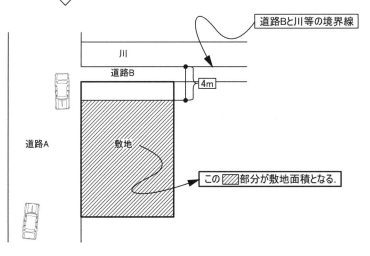

道路Bと川等の境界線

この〈斜線〉部分が敷地面積となる．

計算式：敷地面積 = 10m × (21 − 4) = 170㎡
となります．

・建蔽率とは,「建築面積」の「敷地面積」に対する割合です.

$$建蔽率 = \frac{建築面積}{敷地面積}$$

学科試験においては「建築面積の最大限度」はいくらか？というように出題されています.
上の公式を変形すると, 次のようになります.

建築面積の最大限度 =「最大建蔽率」×「敷地面積」

上の計算式より「建築面積の最大限度」を求めるには,
「最大建蔽率」と「敷地面積」が必要とわかる.
次に,「最大建蔽率」の求め方を説明します.
「基準法53条1項第一号～六号」に用途地域別に「法定建蔽率」が載っています.

求めた「法定建蔽率」に対して,「緩和措置を適用できるか？」を検討します.
次に,「建蔽率の緩和措置」について説明をします.

建蔽率の緩和措置

「建蔽率の緩和措置」には, 以下の2種類があります.

① . 防耐火緩和

② . 角地緩和

「① . 防耐火緩和」を説明します.

① . 防耐火緩和 （法53条3項第一号）

次の条件を満たしている場合,「防耐火緩和」を適用し,「法定建蔽率」に $\frac{1}{10}$ を加えることができます.

a. 法定建蔽率が8/10とされている「1・2種住居」,「準住居」,「準工業」,「近隣商業」,「商業」地域以外で,
b. 敷地が「防火地域内」にあり,
c. 建築物が「耐火建築物等」（以下耐火建築物」）である場合

又は

a'. 用途地域に係わらず,
b'. 敷地が「準防火地域内」にあり,
c'. 建築物が「耐火建築物又は準耐火建築物」である場合

また,「条件b.」の「防火地域内」にあるかどうか？の判定ついては, 敷地の一部が「防火地域内」にあれば, 建築物を全て「耐火建築物」にすれば, 敷地は全て「防火地域内」にあるものとして扱って, 構いません.（法53条7項, 8項）
つまり,「条件b.」に適合することになります. 次の図を使って具体的に説明していきます.

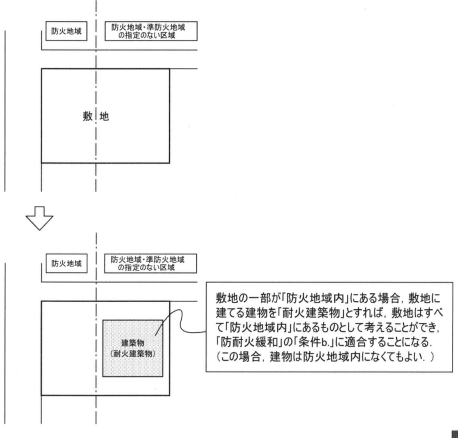

敷地の一部が「防火地域内」にある場合, 敷地に建てる建物を「耐火建築物」とすれば, 敷地はすべて「防火地域内」にあるものとして考えることができ,「防耐火緩和」の「条件b.」に適合することになる.(この場合, 建物は防火地域内になくてもよい.)

次に「②. 角地緩和」を説明します.

**②. 角地緩和** （法53条3項第二号）

角地にある敷地等で特定行政庁が指定したものは,「角地緩和」を適用でき,「法定建蔽率」に $\dfrac{1}{10}$ を加えることができる.

最後に①.「防耐火緩和」, ②.「角地緩和」が両方成立する場合を考えてみましょう.

**「①. 防耐火緩和」と「②. 角地緩和」が両方成立する場合**

「①. 防耐火緩和」と「②. 角地緩和」が両方成立する場合,「法定建蔽率」に, $\dfrac{1}{10} + \dfrac{1}{10} = \boxed{\dfrac{2}{10}}$ を加えてよい.

また,「建蔽率」については「適用除外」があります.この場合,「建蔽率の制限」は適用されません.

「建蔽率の適用除外」 （法53条6項）

以下の条件を全て満たしている場合「建蔽率の制限」は適用されません. つまり建蔽率を $\frac{10}{10}$ と考えることができます. （建築面積を敷地いっぱいにとることができる. ）

a. 法定建蔽率が8/10とされている「1・2種住居」,「準住居」,「準工業」,「近隣商業」,「商業」地域で,
b. 敷地が「防火地域内」にあり,　　　　※準防火地域は非対象
c. 建築物が「耐火建築物」である場合

このように, 法定建ぺい率が8/10とされている「1・2種住居」,「準住居」,「準工業」,「近隣商業」,「商業」地域の場合は「建蔽率制限の適用除外」があり, そのため, 3項第一号の「防耐火緩和」においては, これら建蔽率が8/10とされている地域は除かれています. つまり, これらの地域で,「防火地域内の耐火建築物」に適合する場合, 建蔽率は「適用除外」となります.

 次に「容積率」同様,「建蔽率の算定」の特殊なケースについて説明しましょう.

敷地が二つの用途地域にまたがる場合
（法定建蔽率が異なる地域をまたがる場合）　（法53条2項）

学科試験では, たいていこのパターンで出題されます. この場合, 用途地域が異なる部分ごとに別々に「最大建蔽率」を求め, その「最大建蔽率」にそれぞれの「敷地面積」の部分を掛けて敷地の部分ごとの「最大建築面積」を計算し, その「最大建築面積」の合計が敷地全体の「最大建築面積」となります.

図問題出題傾向一覧（容積・建蔽率編）

| コード | 容積 | 2用途 | 特定 | 特定外 | 2項道 | その他 | 建蔽 | 2用途 | 2項道 |
|--------|------|-------|------|--------|-------|--------|------|-------|-------|
| 28151 | ○ | ○ | ○ | | | | | | |
| 22161 | ○ | ○ | ○ | | ○ | | | | |
| 17151 | ○ | ○ | ○ | | ○ | | | | |
| 20151 | ○ | ○ | ○ | | ○ | ○ | | | |
| 21161 | ○ | ○ | | | | | ○ | ○ | |
| 26141 | | | | | | | ○ | ○ | ○ |
| 02161 | | | | | | | ○ | ○ | ○ |

解法のポイント

| 28151 | 延べ面積の最大：特定道路緩和の基本形 |
|-------|------|
| 22161 | 延べ面積の最大：特定道路緩和の基本形 ＋2項道路 |
| 17151 | 延べ面積の最大：特定道路緩和の基本形 ＋2項道路（片側が川） |
| 20151 | 延べ面積の最大：共同住宅の廊下・階段緩和，駐車場緩和 |
| 21161 | 建築面積の最大と延べ面積の最大：敷地の最大道路幅員 |
| 26141 | 建築面積の最大：2項道路，防火地域に耐火建築物 |
| 02161 | 建築面積の最大：2項道路，準防火地域に準耐火建築物 |

18

コード　28151

図のような敷地において，建築基準法上，新築することができる建築物の
容積率の最高限度は，いくらか．ただし，図に記載されているものを除き，
地域，地区等及び特定行政庁の指定等はないものとする．

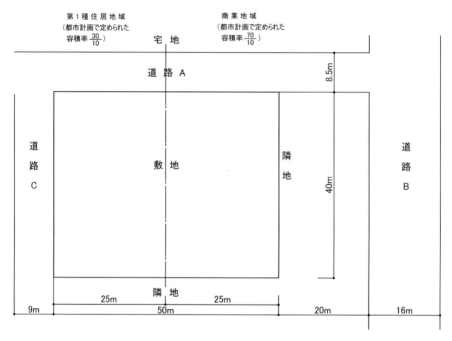

道路Aは　6m以上12m未満で，「特定道路（幅員15m以上）」である道路Bに接続しているため，
「特定道路緩和」を適用でき，道路Aの幅員を大きくすることができる．

特定道路緩和における緩和分 Waの計算式

$$Wa = \frac{(70 - L) \times (12 - Wr)}{70}$$

Wa ： 緩和による幅員の増加分
 L ： 特定道路から敷地までの距離
Wr ： 道路Aの本来の幅員

問題文より，L = 20m，Wr = 8.5m これを計算式に代入すると，

$$Wa = \frac{(70 - 20) \times (12 - 8.5)}{70}$$

$$= \frac{50 \times 3.5}{70}$$

$$= 2.5 \ m$$

∴ 道路Aの幅員 = Wr + Wa = 8.5 + 2.5 = 11 m となる．

　　「特定道路緩和」により「道路Aの幅員」は大きくなり，
　　問題は次の図のようになる．

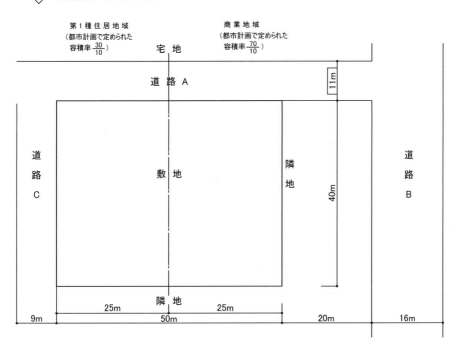

第1種住居地域部分について

問題文より, 1種住居地域部分の 法定容積率 は $\dfrac{30}{10}$

敷地全体における 最大道路幅員 は道路Aの「11m」であるため,

$\boxed{\text{道路容積率}} = \text{最大道路幅員} \times \dfrac{4}{10}$

$= 11 \times \dfrac{4}{10}$

$= \dfrac{44}{10}$

$\dfrac{30}{10} < \dfrac{44}{10}$ ∴1種住居地域部分の 最大容積率 $= \dfrac{30}{10}$

商業地域部分について

問題文より, 商業地域部分の 法定容積率 は $\dfrac{70}{10}$

敷地全体における 最大道路幅員 は道路Aの「11m」であるため,

$\boxed{\text{道路容積率}} = \text{最大道路幅員} \times \dfrac{6}{10}$

$= 11 \times \dfrac{6}{10}$

$= \dfrac{66}{10}$

$\dfrac{70}{10} > \dfrac{66}{10}$ ∴商業住居地域部分の 最大容積率 $= \dfrac{66}{10}$

容積率は, 各用途地域の最大容積率を按分する.
(面積比は「1:1」のため, 足して2で割る)

$\dfrac{30 + 66}{10} \times \dfrac{1}{2} = \dfrac{48}{10}$

解答: $\dfrac{48}{10}$

図のような敷地において，建築基準法上，新築することができる建築物の延べ面積の最大のものはいくらか．ただし，建築物には，住宅，自動車車庫等の用途に供する部分はないものとする．また，図に記載されているものを除き，地域，地区等及び特定行政庁の指定等はないものとする．

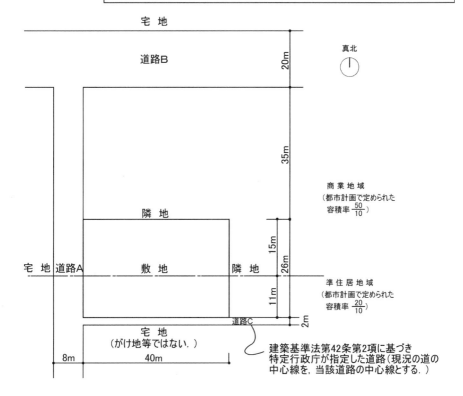

解説：

「特定道路」がからんだ問題の場合は，まず「特定道路緩和」を考慮して図を書きかえる．

道路Aは　6m以上12m未満で，「特定道路（幅員15m以上）」である道路Bに接続しているため，「特定道路緩和」を適用でき，道路Aの幅員を大きくすることができる．

特定道路緩和における緩和分 Wa の計算式

$$Wa = \frac{(70 - L) \times (12 - Wr)}{70}$$

Wa ： 緩和による幅員の増加分
L ： 特定道路から敷地までの距離
Wr ： 道路Aの本来の幅員

問題文より，L = 35m，Wr = 8m これを計算式に代入すると，

$$Wa = \frac{(70 - 35) \times (12 - 8)}{70}$$

$$= \frac{35 \times 4}{70}$$

$$= 2 \text{ m}$$

∴ 道路Aの幅員 = Wr + Wa = 8 + 2 = 10 m となる．

⟱ 「特定道路緩和」により「道路Aの幅員」は大きくなり，
問題は次の図のようになる．

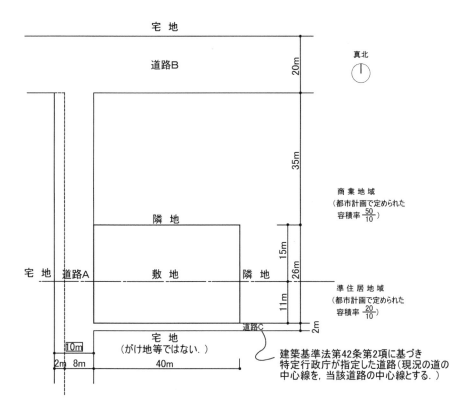

⟱ 後はいつもどおりに解いていけばよい．

288

商業地域部分
について

問題文より, 商業地域部分の 法定容積率 は $\dfrac{50}{10}$

敷地全体における 最大道路幅員 は道路Aの「10m」であるため,

道路容積率 = 最大道路幅員 × $\dfrac{6}{10}$

= $10 \times \dfrac{6}{10}$

= $\dfrac{60}{10}$

$\dfrac{60}{10} > \dfrac{50}{10}$ ∴ 商業地域部分の 最大容積率 = $\dfrac{50}{10}$

準住居地域
部分について

問題文より, 準住居地域部分の 法定容積率 は $\dfrac{20}{10}$

敷地全体における 最大道路幅員 は道路Aの「10m」であるため,

道路容積率 = 最大道路幅員 × $\dfrac{4}{10}$

= $10 \times \dfrac{4}{10}$

= $\dfrac{40}{10}$

$\dfrac{40}{10} > \dfrac{20}{10}$ ∴ 準住居地域部分の 最大容積率 = $\dfrac{20}{10}$

⬇ 最大容積率に敷地面積を掛けて最大延べ面積が求まる.

商業地域部分 の最大延べ面積 = 最大容積率 × 商業地域部分の敷地面積

= $\dfrac{50}{10}$ × $\boxed{40 \times 15}$

= 3,000m$^2$

準住居地域部分 の最大延べ面積 = 最大容積率 × 準住居地域部分の敷地面積

= $\dfrac{20}{10}$ × $\boxed{40 \times (11-1)}$

= 800m$^2$ 　道路Cは2項道路なので, 道路中心線より2m分
　　　　　　　　だけ敷地面積が小さくなる.

⬇ それぞれの地域ごとの「最大の延べ面積」の総和が「敷地全体の最大延べ面積」となる.

敷地全体の最大延べ面積 = 商業地域部分 + 準住居地域部分の最大延べ面積

= 3,000 + 800

= 3,800m$^2$

解答: 延べ面積の最大値 = 3,800 m$^2$

図のような敷地において，建築基準法上，新築することができる建築物の延べ面積の最大値はいくらか．ただし，建築物には，住宅，自動車車庫等の用途に供する部分はないものとする．また，図に記載されているものを除き，地域，地区等及び特定行政庁の指定等はないものとする．

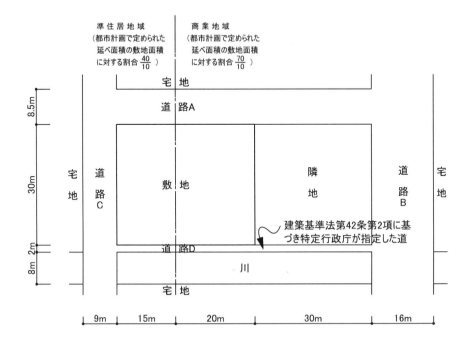

⬇ 「特定道路」がからんだ問題の場合は，まず
「特定道路緩和」を考慮して図を書きかえる．

道路Aは　6m以上12m未満で，「特定道路（幅員15m以上）」である道路Bに接続しているため，「特定道路緩和」を適用でき，道路Aの幅員を大きくすることができる．

**特定道路緩和における緩和分 Waの計算式**

$$Wa = \frac{(70 - L) \times (12 - Wr)}{70}$$

Wa ： 緩和による幅員の増加分
　L ： 特定道路から敷地までの距離
Wr ： 道路Aの本来の幅員

問題文より, L = 30m, Wr = 8.5m これを計算式に代入すると,

$$Wa = \frac{(70 - 30) \times (12 - 8.5)}{70}$$
$$= \frac{40 \times 3.5}{70}$$
$$= 2\ m$$

∴ 道路Aの幅員 = Wr + Wa = 8.5 + 2 = 10.5 m となる.

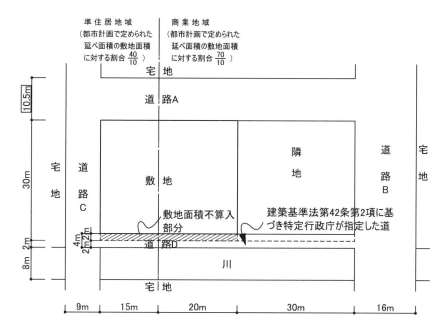

「特定道路緩和」により「道路Aの幅員」は大きくなり, 問題は次の図のようになる.

後はいつもどおりに解いていけばよい.

準住居地域 部分について

問題文より, 準住居地域部分の 法定容積率 は $\frac{40}{10}$

敷地全体における 最大道路幅員 は道路Aの「10.5m」であるため,

道路容積率 = 最大道路幅員 × $\frac{4}{10}$

$= 10.5 \times \frac{4}{10}$

$= \frac{42}{10}$

$\frac{40}{10} < \frac{42}{10}$ ∴ 準住居地域部分の 最大容積率 = $\frac{40}{10}$

18

$$\left. \begin{array}{l} \boxed{\substack{\text{商業地域}\\\text{部分について}}} \end{array} \right\{ \begin{array}{l} \text{問題文より, 商業地域部分の} \boxed{\text{法定容積率}} \text{は} \dfrac{70}{10} \\[8pt] \text{敷地全体における} \boxed{\text{最大道路幅員}} \text{は道路Aの「10.5m」であるため,} \\[8pt] \boxed{\text{道路容積率}} = \text{最大道路幅員} \times \dfrac{6}{10} \\[8pt] \qquad\qquad\quad = 10.5 \times \dfrac{6}{10} \\[8pt] \qquad\qquad\quad = \dfrac{63}{10} \\[8pt] \dfrac{70}{10} > \dfrac{63}{10} \quad \therefore \text{商業住居地域部分の} \boxed{\text{最大容積率}} = \dfrac{63}{10} \end{array} \right.$$

⇩ 最大容積率に敷地面積を掛けて最大延べ面積が求まる.

### $\boxed{\text{準住居地域部分}}$ の最大延べ面積

= 最大容積率 × 準住居地域部分の敷地面積

$= \dfrac{40}{10} \times \boxed{15 \times (30-2)}$ ← 道路Dは2項道路であり, 道路の反対側が川であるため, 道路反対側の境界線より4mの位置を道路境界線とみなし, この境界線とみなされる線と道との間の部分は敷地面積に算入しない.

$= 1{,}680\,\text{m}^2$

### $\boxed{\text{商業地域部分}}$ の最大延べ面積

= 最大容積率 × 商業地域部分の敷地面積

$= \dfrac{63}{10} \times \boxed{20 \times (30-2)}$ ← 道路Dは2項道路であり, 道路の反対側が川であるため, 道路反対側の境界線より4mの位置を道路境界線とみなし, この境界線とみなされる線と道との間の部分は敷地面積に算入しない.

$= 3{,}528\,\text{m}^2$

⇩ それぞれの地域ごとの「最大の延べ面積」の総和が「敷地全体の最大延べ面積」となる.

### $\boxed{\text{敷地全体の最大延べ面積}}$

= 準住居地域部分の最大延べ面積 + 商業地域部分の最大延べ面積

= 1,680 + 3,528

= 5,208 m²

問題の答え
延べ面積の最大値 = 5,208 m²

| コード 20151 |
|---|

図のような敷地において、建築基準法上、新築することができる建築物の延べ面積の最大値は、いくらか。ただし、建築物の用途は共同住宅とし、地階はないものとする。また、共用の廊下及び階段の部分の床面積は490㎡であり、建築物内に床面積300㎡の自動車車庫を設けるものとする。なお、特定道路の影響はないものとし、図に記載されているものを除き、地域、地区等及び特定行政庁の指定等はないものとする。

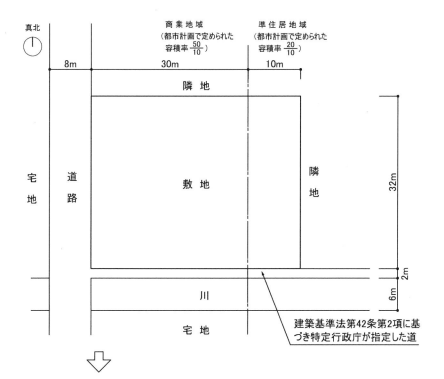

準住居地域部分について

問題文より、準住居地域部分の 法定容積率 は $\dfrac{20}{10}$

敷地全体における 最大道路幅員 は「8m」であるため、

$$\text{道路容積率} = \text{最大道路幅員} \times \frac{4}{10}$$
$$= 8 \times \frac{4}{10}$$
$$= \frac{32}{10}$$

$\dfrac{20}{10} < \dfrac{32}{10}$ ∴ 準住居地域部分の 最大容積率 $= \dfrac{20}{10}$

18

商業地域
部分について

問題文より, 商業地域部分の[法定容積率]は$\dfrac{50}{10}$

敷地全体における[最大道路幅員]は「8m」であるため,

[道路容積率] = 最大道路幅員 × $\dfrac{6}{10}$

= $8 × \dfrac{6}{10}$

= $\dfrac{48}{10}$

$\dfrac{50}{10} > \dfrac{48}{10}$　∴ 商業地域部分の[最大容積率] = $\dfrac{48}{10}$

最大容積率に敷地面積を掛けて最大延べ面積が求まる.

[準住居地域部分]の最大延べ面積

= 最大容積率 × 準住居地域部分の敷地面積

= $\dfrac{20}{10}$ ×

= 600 ㎡

南側道路は2項道路であり, 道路の反対側が川であるため, 道路反対側の境界線より4mの位置を道路境界線とみなし, この境界線とみなされる線と道路との間の部分は敷地面積に算入しない.

[商業地域部分]の最大延べ面積

= 最大容積率 × 商業地域部分の敷地面積

= $\dfrac{48}{10}$ ×

= 4,320 ㎡

南側道路は2項道路であり, 道路の反対側が川であるため, 道路反対側の境界線より4mの位置を道路境界線とみなし, この境界線とみなされる線と道路との間の部分は敷地面積に算入しない.

それぞれの地域ごとの「最大の延べ面積」の総和が「敷地全体の最大延べ面積」となる.

[敷地全体の最大延べ面積]

= 準住居地域部分の最大延べ面積 + 商業地域部分の最大延べ面積

= 600 + 4,320

= 4,920 ㎡

次に, 問題文の用途・規模による緩和を確認する.

[容積率の算定の緩和]

法52条6項より, 容積率の算定の基礎となる延べ面積に, 共同住宅の共用の廊下や階段の用に供する部分の床面積は, 算入しない. ゆえに, 問題文にある「共用の廊下及び階段の部分の床面積は490㎡」は, 最大延べ面積に加算することができる.

最大延べ面積 + 容積率算定では不算入となる共用部の面積

= 4,920 + 490

= 5,410 ㎡

令2条1項四号イ及び3項一号より, 容積率の算定において, 自動車車庫の床面積は, 建築物の各階の床面積（自動車車庫を含む）の合計の1/5を限度として, 算入しない.

(5,410 + 300) ／ 5 = 1,142 ＞ 300　ゆえに, 容積率の算定において, 問題文にある「床面積300㎡の自動車車庫」は, 最大延べ面積に加算することができる.

最大延べ面積 + 容積率算定では不算入となる自動車車庫面積

= 5,410 + 300

= 5,710 ㎡

問題の答え
延べ面積の最大値 = 5,710 ㎡

図のような敷地において，耐火建築物を新築する場合，建築基準法上，建築することができる「建築物の建築面積の最大値」と「建築物の延べ面積の最大値」はいくらか．ただし，特定道路の影響はないものとし，建築物には住宅，自動車車庫等の用途に供する部分はないものとする．また図に記載されているものを除き，地域，地区等及び特定行政庁の指定等はないものとする．

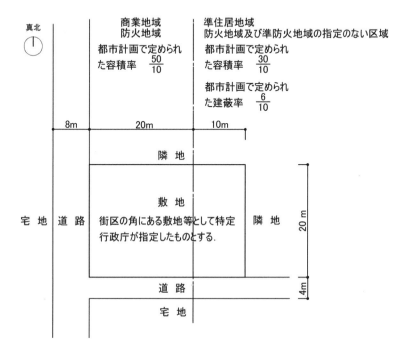

18

**商業地域部分について**

商業地域部分の 法定建蔽率 は, 基準法53条1項より $\dfrac{8}{10}$

問題文より, 「商業地域の防耐火緩和」を適用できるので, 「建蔽率制限は適用除外」となる.

最大建蔽率 ＝「建蔽率の制限を受けない」

$= \dfrac{10}{10}$

商業地域 (法定建蔽率が8/10しか無い) で「防耐火緩和」が適用できる場合, 「建蔽率の制限」は免除になります. その場合, 「最大建築面積」＝「敷地面積」となる.

**準住居地域部分について**

準住居地域部分の 法定建蔽率 は, 問題文より $\dfrac{6}{10}$

問題文より, 「防耐火緩和」, 「角地緩和」を適用できるので,

最大建蔽率 ＝ 法定建蔽率 ＋ 防耐火緩和分 ＋ 角地緩和分

$= \dfrac{6}{10} + \dfrac{1}{10} + \dfrac{1}{10}$

$= \dfrac{8}{10}$

準住居地域の部分は「防火地域及び準防火地域の指定の無い区域」ですが, 敷地全体において一部が「防火地域」にかかる場合, 敷地内の建築物が全て「耐火建築物」であれば, 敷地全体が「防火地域」にあるものとみなしてよい. (法53条7項)

⬇ 最大建蔽率に敷地面積を掛けて最大建築面積が求まる.

商業地域部分 の最大建築面積 ＝ 最大建蔽率 × 商業地域部分の敷地面積

$= \dfrac{10}{10} \times \boxed{20 \times 20}$

$= 400\text{m}^2$

準住居地域部分 の最大建築面積 ＝ 最大建蔽率 × 準住居地域部分の敷地面積

$= \dfrac{8}{10} \times \boxed{10 \times 20}$

$= 160\text{m}^2$

敷地全体 の最大建築面積 ＝ 商業地域部分の最大建築面積
＋ 準住居地域部分の最大建築面積

$= 400 + 160$

$= 560\text{m}^2$

②. 異なる用途地域ごとに最大容積率を求めます.

**商業地域部分について**

問題文より, 商業地域部分の 法定容積率 は $\frac{50}{10}$

敷地全体における 最大道路幅員 は「8m」であるため,

$\boxed{\text{道路容積率}}$ = 最大道路幅員 × $\frac{6}{10}$

$= 8 \times \frac{6}{10}$

$= \frac{48}{10}$

$\frac{50}{10} > \frac{48}{10}$   ∴ 商業地域部分の 最大容積率 $= \frac{48}{10}$

**準住居地域部分について**

問題文より, 準住居地域部分の 法定容積率 は $\frac{30}{10}$

最大道路幅員の値の採用する場合, 敷地全体で考える.

敷地全体における 最大道路幅員 は「8m」であるため,

$\boxed{\text{道路容積率}}$ = 最大道路幅員 × $\frac{4}{10}$

$= 8 \times \frac{4}{10}$

$= \frac{32}{10}$

$\frac{30}{10} < \frac{32}{10}$   ∴ 準住居地域部分の 最大容積率 $= \frac{30}{10}$

 最大容積率に敷地面積を掛けて最大延べ面積が求まる.

$\boxed{\text{商業地域部分}}$ の最大延べ面積　= 最大容積率 × 商業地域部分の敷地面積

$= \frac{48}{10} \times \boxed{20 \times 20}$

$= 1,920\text{m}^2$

$\boxed{\text{準住居地域部分}}$ の最大延べ面積　= 最大容積率 × 準住居地域部分の敷地面積

$= \frac{30}{10} \times \boxed{10 \times 20}$

$= 600\text{m}^2$

 それぞれの地域ごとの「最大の延べ面積」の総和が「敷地全体の最大延べ面積」となる.

$\boxed{\text{敷地全体 の最大延べ面積}}$

= 商業地域部分の最大延べ面積 + 準住居地域部分の最大延べ面積

= 1,920 + 600

= 2,520m$^2$

解答:　建築面積の最大値　= 560 m$^2$

延べ面積の最大値　= 2,520 m$^2$

図のような敷地において，耐火建築物を新築する場合，建築基準法上，建築することができる建築面積の最大値はいくらか．ただし，図に記載されているものを除き，地域，地区等及び特定行政庁の指定等はないものとする．

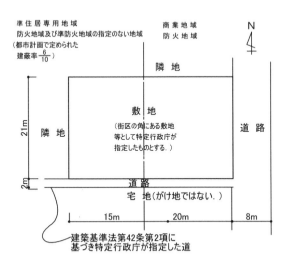

解説：

異なる用途地域ごとに最大建蔽率を求めます．

**商業地域部分について**

商業地域部分の|法定建蔽率|は，基準法53条1項より $\dfrac{8}{10}$

問題文より，「建蔽率の適用除外」となるため，

|最大建蔽率| $= \dfrac{10}{10}$

a. 法定建ぺい率が8/10とされている「商業地域」
b. 敷地が「防火地域」
c. 建築物が「耐火建築物」

以上の条件により建蔽率の制限を受けません．

**準住居地域部分について**

準住居地域部分の|法定建蔽率|は，問題文より $\dfrac{6}{10}$

問題文より，「防耐火緩和」と「角地緩和」を適用できるので，

|最大建蔽率| ＝ 法定建蔽率＋防耐火緩和＋角地緩和分

$= \dfrac{6}{10} + \dfrac{1}{10} + \dfrac{1}{10}$

$= \dfrac{8}{10}$

準住居地域の部分は「防火地域及び準防火地域の指定のない地域」ですが，敷地全体において一部が「防火地域」にかかる場合，敷地内の建築物が全て「耐火建築物」であれば，敷地全体が「防火地域」にあるものとみなしてよい．

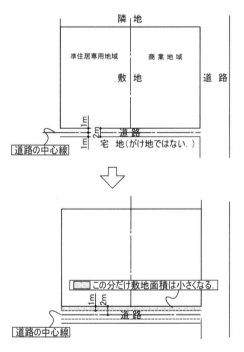

⬇ 最大容積率に敷地面積を掛けて最大建築面積が求まる.

商業地域部分 の最大建築面積 ＝ 最大建蔽率 × 商業地域部分の敷地面積

$$= \frac{10}{10} \times (21-1) \times 20$$

$$= 400m^2$$ 南側道路は2項道路なので, 道路の中心線から2mセットバックした位置が道路境界線となる. そのため, 敷地面積は問題文より小さくなる. 次の図参照.

準住居地域部分 の最大延べ面積 ＝ 最大建蔽率 × 準住居地域部分の敷地面積

$$= \frac{8}{10} \times (21-1) \times 15$$

$$= 240m^2$$ 南側道路は2項道路なので, 道路の中心線から2mセットバックした位置が道路境界線となる. そのため, 敷地面積は問題文より小さくなる. 次の図参照.

敷地全体 の最大建築面積          $400 + 240 = 640m^2$

解答: 建築面積の最大値＝ $640m^2$

図のような敷地において，準耐火建築物を新築する場合，建築基準法上，建築することができる建築面積の最大値はいくらか．ただし，図に記載されているものを除き，地域，地区等及び特定行政庁の指定等はないものとする．

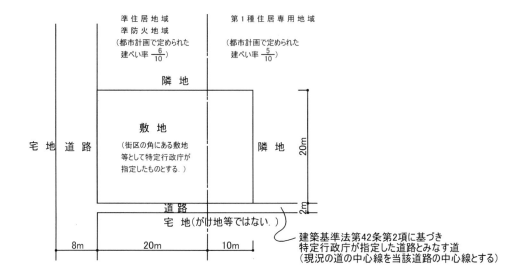

解説:

異なる用途地域ごとに最大建ぺい率を求めます.

**準住居地域部分について**

準住居地域部分の 法定建蔽率 は, 問題文より $\dfrac{6}{10}$

問題文より,「防耐火緩和」と「角地緩和」を適用できるので,

最大建蔽率 ＝ 法定建蔽率＋防耐火緩和＋角地緩和分

$= \dfrac{6}{10} + \dfrac{1}{10} + \dfrac{1}{10}$

$= \dfrac{8}{10}$

a. 法定建蔽率が8/10以外
b. 敷地が「準防火地域」
c. 建築物が「耐火建築物」
又は「準耐火建築物」

よって「防耐火緩和」が適用できる.

**1種住居地域部分について**

1種住居地域部分の 法定建蔽率 は, 問題文より $\dfrac{5}{10}$

問題文より,「防耐火緩和」と「角地緩和」を適用できるので,

最大建蔽率 ＝ 法定建蔽率＋防耐火緩和＋角地緩和分

$= \dfrac{5}{10} + \dfrac{1}{10} + \dfrac{1}{10}$

$= \dfrac{7}{10}$

地域の指定はないが, 敷地の一部が「準防火地域」であり, 敷地に建てる建築物が「準耐火建築物」であるため,「準防火地域内」にあるものとみなされる. よって「防耐火緩和」が適用できる.

18

⬇ 最大容積率に敷地面積を掛けて最大建築面積が求まる.

準住居地域部分 の最大建築面積 ＝ 最大建蔽率 × 準住居地域部分の敷地面積

$= \dfrac{8}{10} \times \boxed{(20-1) \times 20}$

$= 304 \text{m}^2$

南側道路は2項道路なので, 道路の中心線から2mセットバックした位置が道路境界線となる. そのため, 敷地面積は問題文より小さくなる. 次の図参照.

1種住居地域部分 の最大延べ面積 ＝ 最大建蔽率 × 1種住居地域部分の敷地面積

$= \dfrac{7}{10} \times \boxed{(20-1) \times 10}$

$= 133 \text{m}^2$

南側道路は2項道路なので, 道路の中心線から2mセットバックした位置が道路境界線となる. そのため, 敷地面積は問題文より小さくなる. 次の図参照.

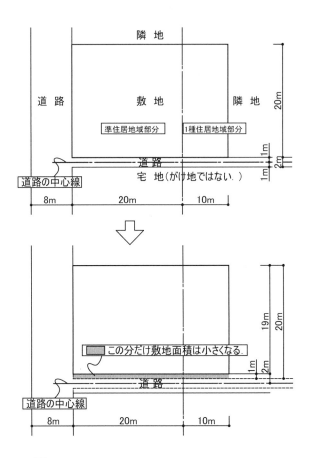

それぞれの地域ごとの「最大の建築面積」の総和が「敷地全体の最大建築面積」となる.

敷地全体 の最大建築面積 ＝ 準住居地域部分の最大建築面積

＋ 1種住居地域部分の最大建築面積

＝ 304 ＋ 133

＝ 437m$^2$

解答： 建築面積の最大値＝ 437m$^2$

高さ制限には,

①.絶対高さ

②.道路斜線

③.隣地斜線

④.北側斜線

⑤.日影

の5つの種類があります.

問題の出され方としては, ある敷地の適当な地点 (部分) について, どれくらいの高さまで建築可能か?というような感じで出題されます.

解き方は, この「5つの制限」それぞれについて計算してみて, もっとも厳しい制限をその部分の「高さの限度」として採用します.

ただし, 大抵の場合は, ①絶対高さ, ④北側斜線, ⑤日影は考慮しなくていいものとして出題されるため, 結果的に②道路斜線, ③隣地斜線により,「高さの限度」が決まる場合がほとんどです.

どのような問題が出題されるのかというと,「下図のような敷地の地点Aについての建築できる高さの最高限度はいくらか?」というような感じできいてきます.

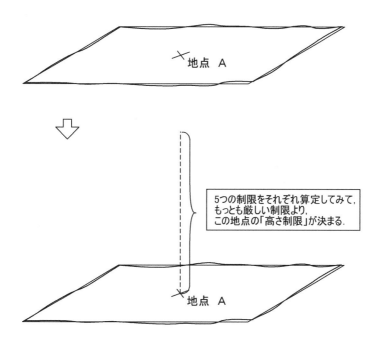

5つの制限をそれぞれ算定してみて, もっとも厳しい制限より, この地点の「高さ制限」が決まる.

・1低住専，2低住専（2種低住専の場合は田園住居を含む）の場合，「建物の高さの限度」は，10m以下もしくは，12m以下のいずれかになります．

これは，「高さ制限」の中では，一番厳しい制限であるため，まず，試験には計算問題として出ません．なぜかというとあまりにも厳しすぎて，他の「高さ制限」を検討しなくても，この「絶対高さ」により建築可能な高さの限度が決定してしまうからです．

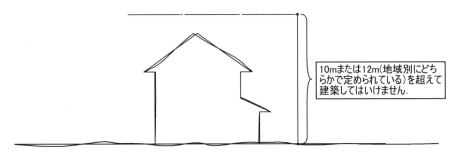

10mまたは12m（地域別にどちらかで定められている）を超えて建築してはいけません．

一級建築士試験では，「高さ制限の計算問題」は毎年1題出題されますが，敷地が1低住専または，2低住専としては出題されたことがないのではないでしょうか？少なくともここ10数年間では出題されていません．この「絶対高さ」で「建築可能な高さの限度」がほぼ決まってしまうからです．今後はひっかけで出題されるかもしれませんから，1低・2低住専ときたら，すぐ「絶対高さの制限」がある！と頭に浮かぶようにしておいてください．

・道路斜線によるある地点の高さの限度を計算する場合，次の手順通りに進めてください．
　1.「敷地容積率」を求める．
　2.「別表第三（に）欄」より，「勾配」と「適用距離」を求める．
　3.「道路の反対側の境界線」を決める．
　4.「道路の反対側の境界線」から，求める地点が適用距離の範囲内にあることを確認する．
　　（範囲外の場合は，道路斜線制限は適用されないので，その地点の「高さの制限」の算定において，「道路斜線による高さの制限」は関係しません．つまり，求める地点が適用距離を超えている場合は，「道路斜線」についての検討は必要なくなります．）
　5.「道路の反対側の境界線」から「求めたい地点」までの水平距離 に 「勾配」を掛け算して，高さの限度を求める．

　これで敷地内の求めたい地点についての道路斜線による建築可能な高さの限度が分かります．具体的には，次の図を使って説明していきます．

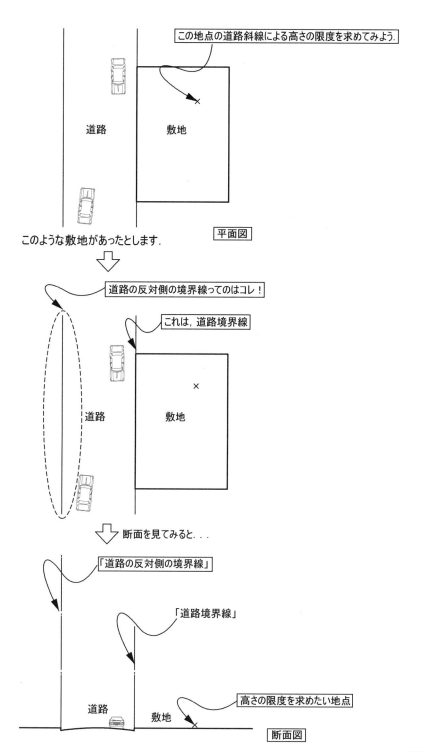

この地点の道路斜線による高さの限度を求めてみよう.

道路　　敷地

平面図

このような敷地があったとします.

道路の反対側の境界線ってのはコレ!

これは, 道路境界線

道路　　敷地

19

断面を見てみると...

「道路の反対側の境界線」

「道路境界線」

道路　　敷地

高さの限度を求めたい地点

断面図

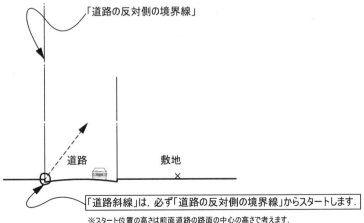

「道路の反対側の境界線」

道路　　　　敷地
×

| 「道路斜線」は，必ず「道路の反対側の境界線」からスタートします． |

※スタート位置の高さは前面道路の路面の中心の高さで考えます．

道路斜線には決められた勾配があって，勾配には，「1.25」か「1.5」の2種類しかありません．

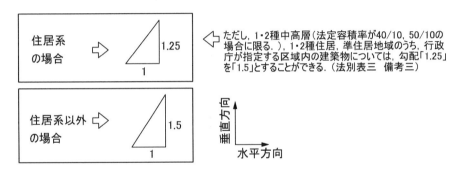

住居系
の場合　⇨　　　1.25
　　　　　　　1

⇦　ただし，1・2種中高層（法定容積率が40/10, 50/10の場合に限る．），1・2種住居，準住居地域のうち，行政庁が指定する区域内の建築物については，勾配「1.25」を「1.5」とすることができる．（法別表三　備考三）

住居系以外
の場合　⇨　　　1.5
　　　　　　　1

垂直方向

水平方向

この「勾配」というのは，水平方向の距離に対する垂直方向の高さの割合です．
たとえば住居系の場合で水平方向に 20m 移動した地点の場合，
垂直方向 =「20m×1.25（住居系の勾配）」= 25mとなります．

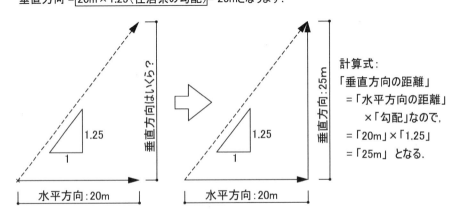

垂直方向はいくら？

1.25
1

水平方向：20m

⇨

垂直方向：25m

1.25
1

水平方向：20m

計算式：
「垂直方向の距離」
　=「水平方向の距離」
　　　×「勾配」なので，
　=「20m」×「1.25」
　=「25m」となる．

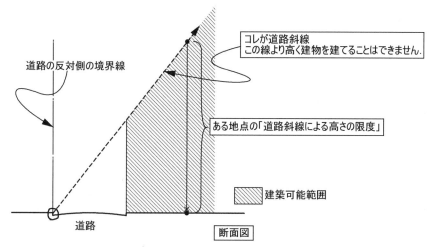

ある地点の「道路斜線による高さの限度」

コレが道路斜線
この線より高く建物を建てることはできません.

道路の反対側の境界線

建築可能範囲

道路

断面図

以上で道路斜線による「ある地点における建築可能な高さの限度」が分かります.
そして,敷地内において,この道路斜線より低い部分が建築可能範囲となり,この斜線制限を超えて,建物は建てることはできません.

ただし,道路斜線においては,「適用距離」というものがあります.これは,道路斜線制限が適用される範囲を表すもので,**「道路の反対側の境界線」**から,**「適用距離を超える部分」**には,**斜線制限が適用されず,道路斜線制限の規定による高さの制限を受けません**.「適用距離」も「勾配」といっしょに別表第3(は)欄に出ています.具体的には次の図を使って説明しましょう.

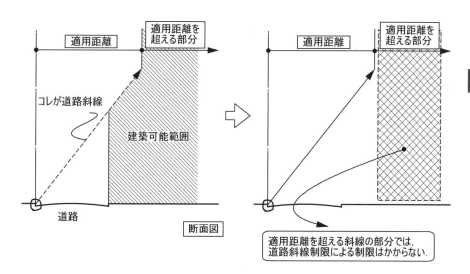

適用距離　　　適用距離を超える部分

コレが道路斜線

建築可能範囲

道路

断面図

適用距離を超える斜線の部分では,道路斜線制限による制限はかからない.

以上が,道路斜線の基本的な考え方です.
この考え方をもとにいくつかの緩和措置がありますので,次はそれらをマスターしていきましょう.

道路斜線における緩和措置には，

　①.セットバック緩和

　②.1.25緩和

　③.2道路緩和

　④.水面緩和

　⑤.高低差緩和

　の5つがあります．

①.セットバック緩和 （法56条2項，令130条の12）

これは建物を道路境界線より離れて建てる場合において，その離れている距離の分だけ「道路の反対側の境界線」を移動できるというものです．文字だとわかりにくいので図を使って説明しましょう．

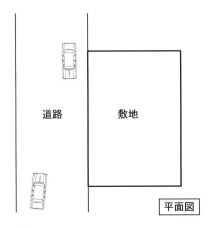

このような敷地があったとします．

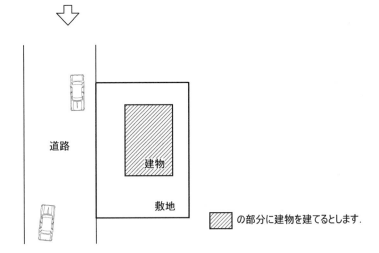

の部分に建物を建てるとします．

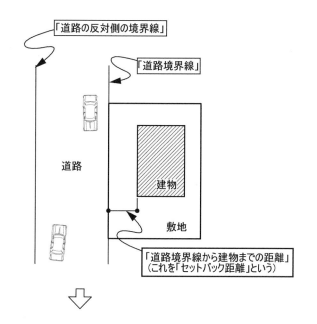

「道路の反対側の境界線」

「道路境界線」

道路

建物

敷地

「道路境界線から建物までの距離」
（これを「セットバック距離」という）

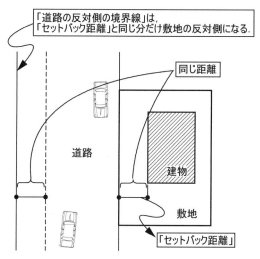

「道路の反対側の境界線」は，
「セットバック距離」と同じ分だけ敷地の反対側になる.

同じ距離

道路

建物

敷地

「セットバック距離」

このように，道路の反対側の境界線が敷地の反対側に移動するため，道路斜線や適用距離も外側になった道路の反対側の境界線を基準に考えます. そのため，敷地内には，より高い建物が建築可能となるのです. これを「セットバック緩和」（法56条2項，令130条の12）といいます.

断面で見ると...

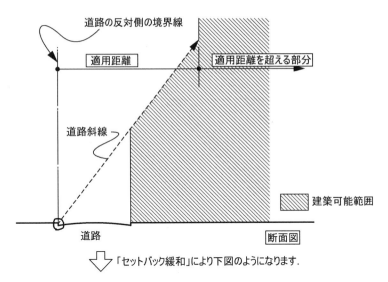

「道路の反対側の境界線」が「セットバック距離」の分だけ移動する.

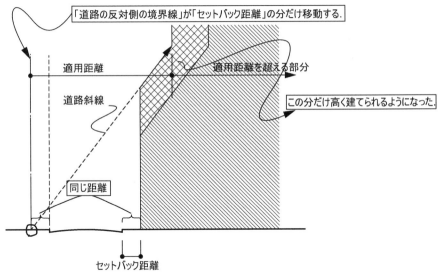

②.1.25緩和 （法56条3項, 4項, 令130条の12）

これは住居系地域内にのみ適用される緩和措置です.

どのような緩和措置かというと, 1低・2低住専を除いた住居系地域において, 前面道路が12m以上ある場合, 「前面道路の反対側の境界線」からの「水平距離」が「前面道路幅員の1.25倍以上の部分」では, 道路斜線の勾配を「1:1.5」としてよいというものです.

1低住専・2低住専については、「10m・12mの絶対高さ」の制限がこの話以前に適用されるため除かれています。

本来、住居系の勾配は「1：1.25」なので、「1：1.5」になることで、敷地内にはより高い建物が建築可能となるのです。では、図で説明します。

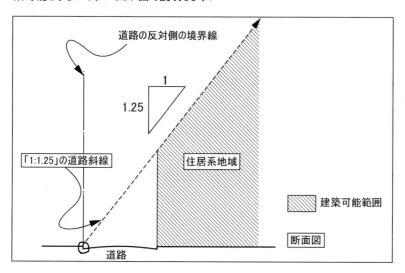

住居系地域の道路斜線を考える場合、基本的には、上の図のようになります。ここで前面道路の幅員が12m以上の場合は、下の図のようになるのです。

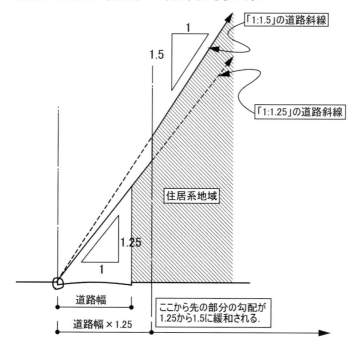

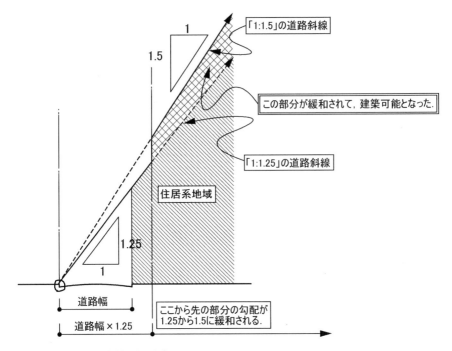

以上が，1.25緩和の基礎になります．

どう？わかった？問題で敷地が住居系地域に該当する場合は，道路幅員が12m以上じゃないかどうか必ずチェックしてね．この辺りの「注意力」が合否の分かれ目になります．

次に1.25緩和とセットバック緩和が複合される場合について解説します．下の図を見てください．
（お，教わる側もつらいと思うけど，教える側もつらいねん．がんばれ!）

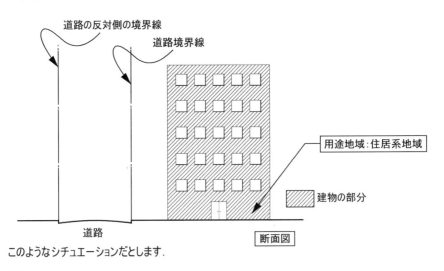

このようなシチュエーションだとします．

「セットバック緩和がある場合」

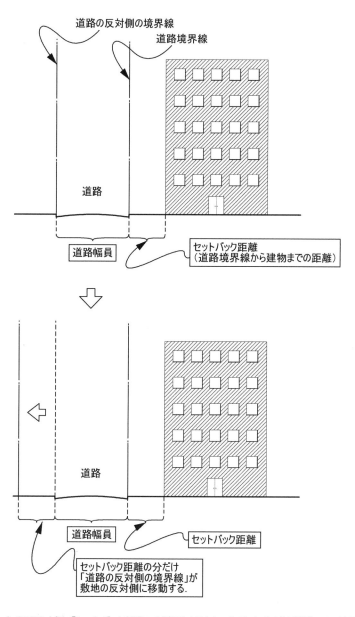

道路の反対側の境界線

道路境界線

道路

道路幅員

セットバック距離
（道路境界線から建物までの距離）

道路

道路幅員

セットバック距離

セットバック距離の分だけ
「道路の反対側の境界線」が
敷地の反対側に移動する.

上の図のように「セットバック緩和」を適用するとセットバック分だけ道路の反対側の境界線が移動するというのは，前の「セットバック緩和」の所で，説明しました.

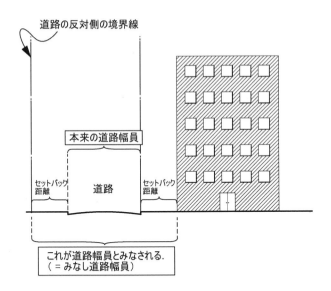

道路の反対側の境界線

本来の道路幅員

セットバック距離　道路　セットバック距離

これが道路幅員とみなされる.
（＝みなし道路幅員）

「セットバック緩和」を適用した場合の道路幅員は上の図のようになり,
「みなし道路幅員」＝「セットバック距離」＋「道路幅」＋「セットバック距離」
　　　　　　　　＝（「セットバック距離」×２）＋「道路幅」となります.


「1.25緩和」の場合,「道路の反対側の境界線」から「道路幅員×1.25」を超える範囲において
適用されると先ほど説明しました. セットバック緩和を適用した場合, 上の図のように「道路幅員」
とみなす範囲が大きくなってしまうため,「道路幅員×1.25」の範囲も大きくなり, 敷地において勾
配を1.5とできる範囲が少なくなってしまいます.

では,「セットバック緩和を適用する場合」と,「セットバック緩和を適用しない場合」とを図で比較
してみましょう.

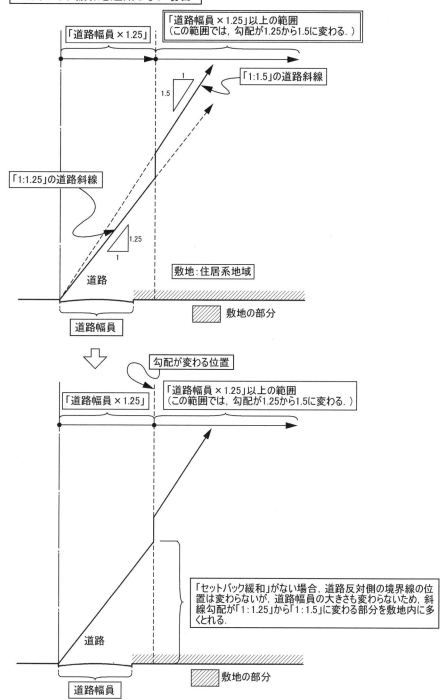

「道路幅員×1.25」

「道路幅員×1.25」以上の範囲
（この範囲では，勾配が1.25から1.5に変わる．）

「1:1.5」の道路斜線

1
1.5

「1:1.25」の道路斜線

1.25
1

道路

敷地：住居系地域

敷地の部分

道路幅員

勾配が変わる位置

「道路幅員×1.25」

「道路幅員×1.25」以上の範囲
（この範囲では，勾配が1.25から1.5に変わる．）

19

道路

「セットバック緩和」がない場合，道路反対側の境界線の位置は変わらないが，道路幅員の大きさも変わらないため，斜線勾配が「1：1.25」から「1：1.5」に変わる部分を敷地内に多くとれる．

敷地の部分

道路幅員

## セットバック緩和がある場合

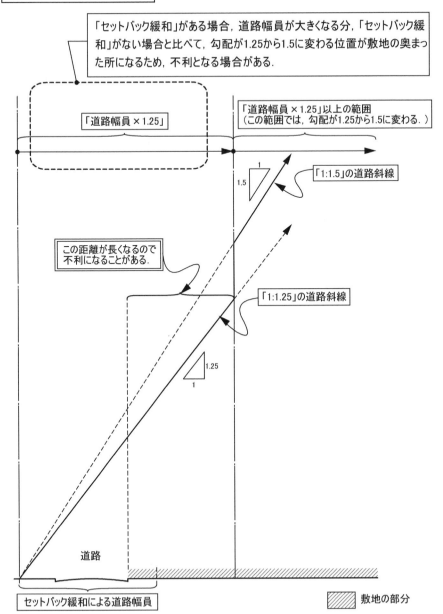

「セットバック緩和」がある場合，道路幅員が大きくなる分，「セットバック緩和」がない場合と比べて，勾配が1.25から1.5に変わる位置が敷地の奥まった所になるため，不利となる場合がある．

「道路幅員×1.25」

「道路幅員×1.25」以上の範囲
（この範囲では，勾配が1.25から1.5に変わる．）

「1:1.5」の道路斜線

この距離が長くなるので不利になることがある．

「1:1.25」の道路斜線

道路

セットバック緩和による道路幅員

敷地の部分

道路斜線による高さ制限については，セットバック緩和を適用したときの方が斜線の始まりの位置を敷地から離れた位置にとることができるため有利になるが，1.25緩和については，図のように場合によって逆に不利になることがある．そのため，1.25緩和の適用については，セットバック緩和も一緒に適用するか？もしくはセットバック緩和は適用せず「1.25緩和」だけ適用するかを自由に選べることになっています．試験においては，両方で計算し，有利な方を道路斜線による「高さの限度」として採用します．（法56条4項）

316

③.2道路緩和 （法56条6項，令132条）

2道路緩和とは，敷地が2面以上道路に接している場合の緩和措置です．
具体的には次の図を使って説明します．

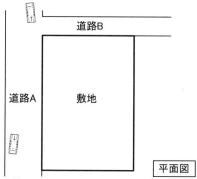

平面図

このような敷地があったとします．

敷地の2面が道路に面しています．
それで「道路Aの幅員」＞「道路Bの幅員」だとしましょう．
その場合，基準法上，「道路A」を「幅員の最大な前面道路」といいます．

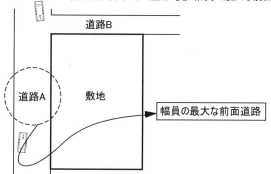

幅員の最大な前面道路

そして，次の図のように「最大幅員道路」から

「幅員の2倍」かつ「35m」の範囲の部分 と，

その他の道路（「この例では，道路Bが該当」）の中心線から10mを超える部分

については道路Bも道路Aと同じ幅員をもつものとして高さを算定することができます．具体的に図を使って説明していきます．

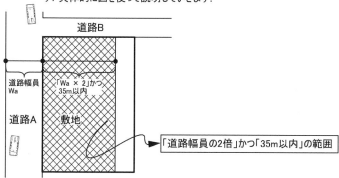

「道路幅員の2倍」かつ「35m以内」の範囲

19

次に「その他の道路の中心線から10mを超える部分」というのはどの範囲かというと
下の図のようになります.

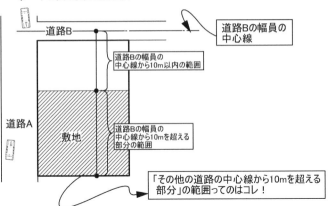

道路B

道路Bの幅員の
中心線

道路Bの幅員の
中心線から10m以内の範囲

道路A

敷地

道路Bの幅員の
中心線から10mを超える
部分の範囲

「その他の道路の中心線から10mを超える
部分」の範囲ってのはコレ!

では,「最大道路幅員の2倍かつ35m以内の区域」と「その他の道路の中心線から
10mを超える部分」とを重ね合わせてみよう.

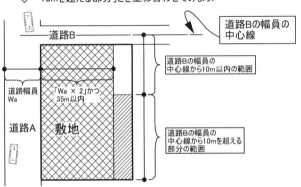

道路B

道路Bの幅員の
中心線

道路Bの幅員の
中心線から10m以内の範囲

道路幅員
Wa

「Wa × 2」かつ
35m以内

道路A

敷地

道路Bの幅員の
中心線から10mを超える
部分の範囲

上の図の ▧ の部分(「最大道路幅員の2倍かつ35m以内の区域」)と

▨ の部分(「その他の道路の中心線から10mを超える部分」)とに

含まれている範囲内のある地点において道路斜線の検討をする場合,道路幅員
はすべて「最大の道路幅員」があるものとして考えていいんだ.
これも図で説明していきます.

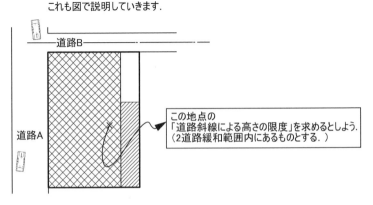

道路B

道路A

この地点の
「道路斜線による高さの限度」を求めるとしよう.
(2道路緩和範囲内にあるものとする.)

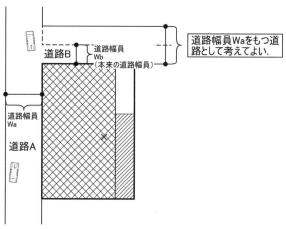

この場合，道路Bも道路Aの幅員（最大幅員）を持っているものとして考えてよくなり，下の図のようになる．

道路幅員Waをもつ道路として考えてよい．

道路B

道路幅員
Wb
（本来の道路幅員）

道路幅員
Wa

道路A

上の図のような状態で，計算をはじめることになります．

これが「2道路緩和」の基本です．どう？わかった？

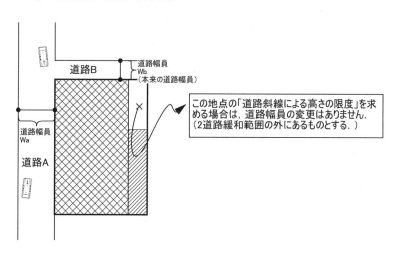

下の図のように，求める地点が「2道路緩和範囲」の外だった場合は，道路幅員の変更はありません．

道路B

道路幅員
Wb
（本来の道路幅員）

この地点の「道路斜線による高さの限度」を求める場合は，道路幅員の変更はありません．
（2道路緩和範囲の外にあるものとする．）

道路幅員
Wa

道路A

**19**

試験問題で，敷地が2以上の道路に面している場合には，この「2道路緩和」が適用できるかどうかを調べなければなりません．その場合，高さを求める地点が「2道路緩和範囲」の内にあるのか？外にあるのか？を判定します．

## ④.水面緩和 （令134条）

「水面緩和」というのは，前面道路の反対側に「公園，広場，水面等がある場合に，公園等の反対側の境界線を道路の反対側の境界線とみなしてよい.」というものです．具体的には次の図を使って説明します．

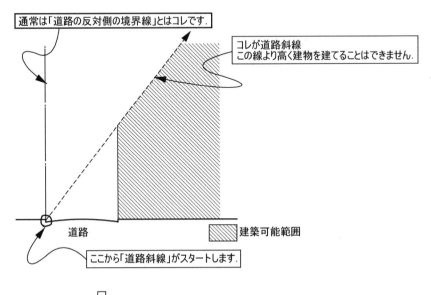

通常は「道路の反対側の境界線」とはコレです．

コレが道路斜線
この線より高く建物を建てることはできません.

道路

建築可能範囲

ここから「道路斜線」がスタートします.

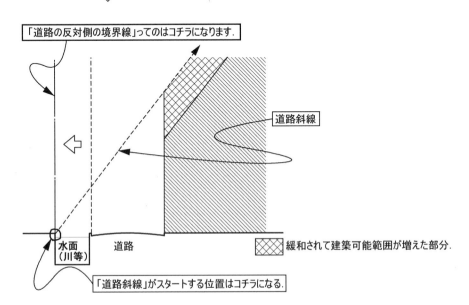

「道路の反対側の境界線」ってのはコチラになります.

道路斜線

水面
（川等）

道路

緩和されて建築可能範囲が増えた部分.

「道路斜線」がスタートする位置はコチラになる.

## ⑤.高低差緩和 （令135条の2）

「高低差緩和」とは，道路面と地盤面に高低差がある場合の緩和のことです．
これも図で説明します．

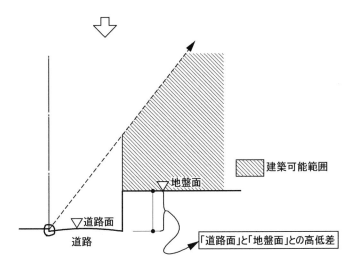

建築可能範囲

「道路面」と「地盤面」との高低差

上の図のように「道路面」より「地盤面」のレベルが高く，高低差がある場合，建築可能範囲が少なくなってしまいます．そのための緩和措置が「高低差緩和」です．
具体的には，「地盤面」が「道路面」より1m以上高い場合，その高低差から1mを引いた値の1/2だけ道路面が高い位置にあるものとして道路斜線の算定ができます．

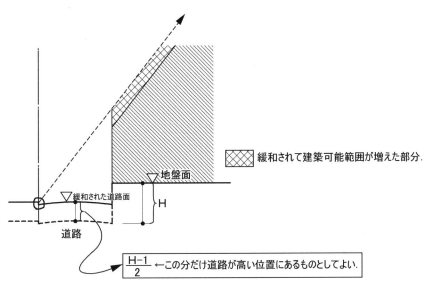

緩和されて建築可能範囲が増えた部分．

$\dfrac{H-1}{2}$ ←この分だけ道路が高い位置にあるものとしてよい．

19

### ③.隣地斜線（法56条第二号,令135条の3）

・道路からの斜線による制限を「道路斜線制限」といいましたが，隣地境界線からの斜線による制限を「隣地斜線制限」といいます.

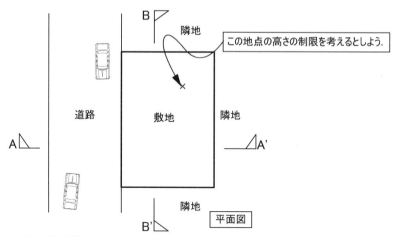

このような敷地があったとします.

⬇ 「道路斜線」は下の図のようになります.

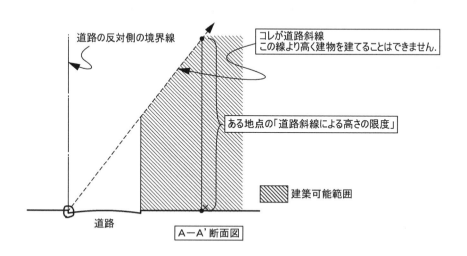

⬇ 隣地斜線は次の図のようになります.

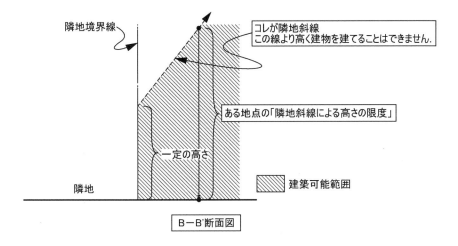

隣地境界線

コレが隣地斜線
この線より高く建物を建てることはできません.

ある地点の「隣地斜線による高さの限度」

一定の高さ

隣地

建築可能範囲

B－B'断面図

より具体的に,隣地斜線制限を詳しく解説していきます.

住居系の場合
（1・2種中高層, 1・2種住居, 準住居地域）

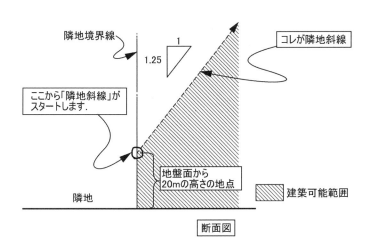

隣地境界線

1
1.25

コレが隣地斜線

ここから「隣地斜線」が
スタートします.

地盤面から
20mの高さの地点

隣地

建築可能範囲

断面図

ただし, 特定行政庁が指定する区域内においては, 勾配を2.5, 地盤面からの高さの地点は
31mとする.
（尚, 1・2種中高層住居地域においては, 法定容積率が40/10, 50/10の場合に限る. ）

19

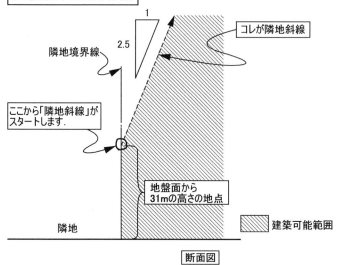

**住居系以外の場合**
**（上記以外の用途地域）**

1
2.5

隣地境界線

コレが隣地斜線

ここから「隣地斜線」が
スタートします.

地盤面から
31mの高さの地点

隣地

建築可能範囲

断面図

ただし，特定行政庁が指定する区域内においては，適用除外.
（隣地斜線よるに高さの制限を受けません.）

以上が隣地斜線の基本系です.「住居系地域の場合」と，「その他の地域の場合」とで，「斜線勾配」と「斜線が始まる位置（高さ）」が異なるので注意してください. 次に，道路斜線同様に「緩和措置」を見ていきましょう.

隣地斜線における緩和措置には，

　①.セットバック緩和
　②.水面緩和
　③.高低差緩和
　の3つがあります.

①.セットバック緩和（法56条第二号）

「道路斜線」同様に，「隣地斜線」にもセットバック緩和があります.
次の図を使って説明します.

「セットバック緩和」の考え方も「住居系の地域の場合」と，
「その他の地域の場合」とで多少異なります.

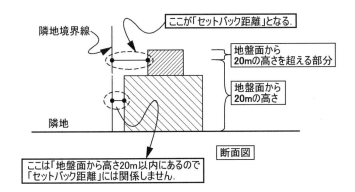

住居系の場合
(1・2種中高層，1・2種住居，準住居地域)

図のように，「隣地境界線におけるセットバック距離」は，「住居系の場合，地盤面から20mを超える部分における隣地境界線に最も近い距離」となります．ただし，建築士試験ではそこまではつっこまれないので，「道路斜線のセットバック距離」と同様に考えていいです．

⬇ 「セットバック緩和」が適用され，「セットバック距離」の分だけ，隣地境界線の位置が敷地の反対側になります．
(その分，建築可能範囲が増えることになる．)

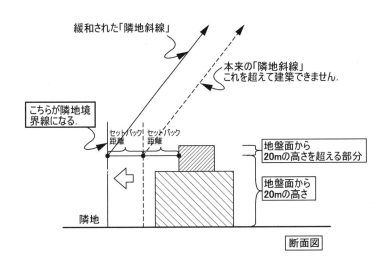

⬇ 「その他の地域（住居系以外の地域）」の場合も，考え方は同じです．
( 20mという値が31mに変わる．)

19

その他の地域の場合
（住居系以外の地域）

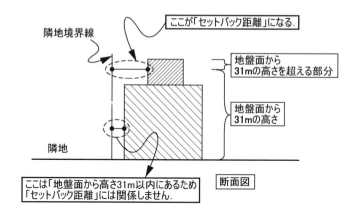

ここが「セットバック距離」になる.

隣地境界線

地盤面から
31mの高さを超える部分

地盤面から
31mの高さ

隣地

ここは「地盤面から高さ31m以内にあるため
「セットバック距離」には関係しません.

断面図

⬇ 「セットバック緩和」が適用され，「セットバック距離」の分だけ，隣地境界線の位置
が敷地の反対側になります．
（その分，建築可能範囲が増えることになる．）

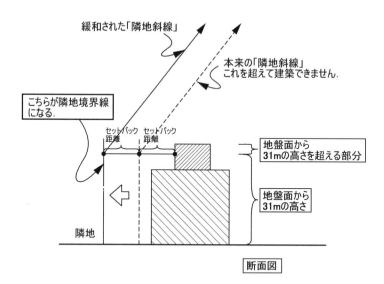

緩和された「隣地斜線」

本来の「隣地斜線」
これを超えて建築できません.

こちらが隣地境界線
になる.

セットバック
距離

セットバック
距離

地盤面から
31mの高さを超える部分

地盤面から
31mの高さ

隣地

断面図

②.水面緩和 （令135条の3）

「道路斜線」と同様,「隣地斜線」にも「水面緩和」があります.「隣地斜線」でいうところの「水面緩和」とは, 敷地が「公園, 広場, 水面等に接する場合に, これらに接する隣地境界線は, 水面等の幅の1/2だけ, 敷地の反対側にとみなしてよい」というものです. 次の図を使って具体的に説明します.

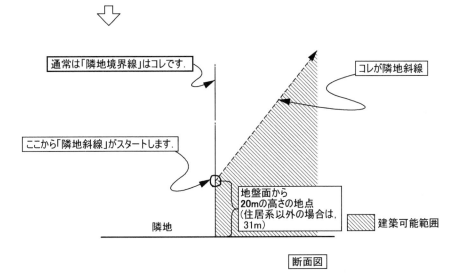

通常は「隣地境界線」はコレです.

コレが隣地斜線

ここから「隣地斜線」がスタートします.

地盤面から
**20mの高さの地点**
(住居系以外の場合は, 31m)

隣地

建築可能範囲

断面図

敷地が水面(川等)に接する場合を考えてみよう.

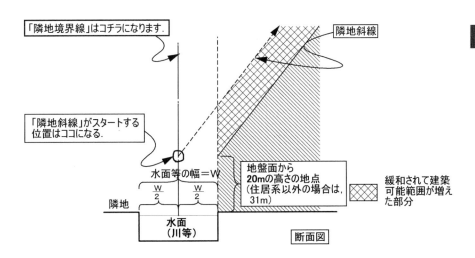

「隣地境界線」はコチラになります.

隣地斜線

「隣地斜線」がスタートする位置はココになる.

水面等の幅＝W

$\frac{W}{2}$　$\frac{W}{2}$

隣地

水面
(川等)

地盤面から
**20mの高さの地点**
(住居系以外の場合は, 31m)

緩和されて建築可能範囲が増えた部分

断面図

19

327

③.高低差緩和(令135条の3第二号)

「高低差緩和」とは,「敷地の地盤面」と「隣地の地盤面」に高低差がある場合の緩和です.
次の図で具体的に説明します.

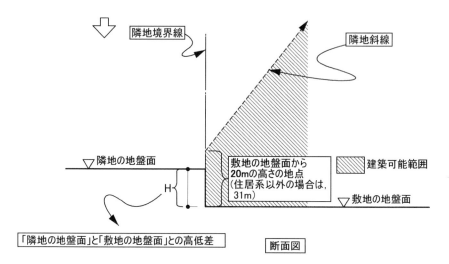

断面図

上の図のように「敷地の地盤面」より「隣地の地盤面」のレベルが高い場合,建築可能範囲が隣地に比べて不利になります.そのための緩和措置が「高低差緩和」です.

緩和内容は,「隣地の地盤面」が「敷地の地盤面」より1m以上高い場合,その高低差から1mを引いた値の1/2だけ敷地の地盤面が高い位置にあるものとみなすことができます.

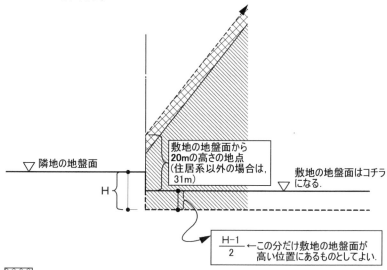

## ④.北側斜線（法56条第三号，令135条の4）

・用途地域が，1・2種低層住専，1・2種中高層の場合にのみ制限がかかります.
・「北側斜線」とは，「真北方向」にある「隣地境界線または，道路の反対側の境界線」からの斜線制限です. 隣地斜線に考え方が似ています. 次の図で具体的に説明します.

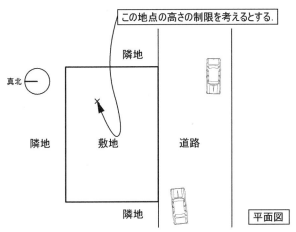

このような敷地があるとします.

北側斜線は「真北方向にある隣地境界線」，または，「真北方向にある道路の反対側の境界線」からの斜線であるため，敷地の真北方向の境界線が「隣地境界」なのか，「道路境界」なのかを最初にチェックします.

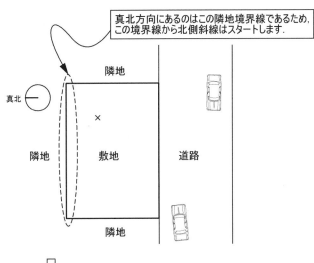

19

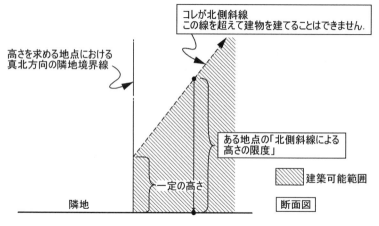

コレが北側斜線
この線を超えて建物を建てることはできません.

高さを求める地点における
真北方向の隣地境界線

ある地点の「北側斜線による
高さの限度」

一定の高さ

隣地

建築可能範囲

断面図

・次に高さを求める地点の真北方向が道路である場合について説明します.

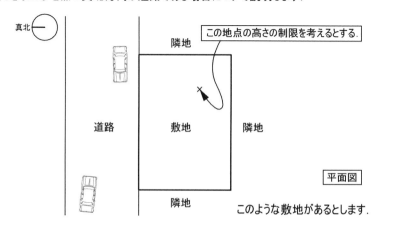

真北

この地点の高さの制限を考えるとする.

隣地

道路　　　敷地　　　隣地

平面図

隣地

このような敷地があるとします.

このように敷地の真北方向に「道路」がある場合, 北側斜線は「道路の反対側の
境界線」からスタートします. 「道路境界線」からではないので, 注意してください.

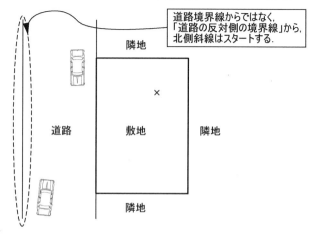

道路境界線からではなく,
「道路の反対側の境界線」から,
北側斜線はスタートする.

隣地

道路　　　敷地　　　隣地

隣地

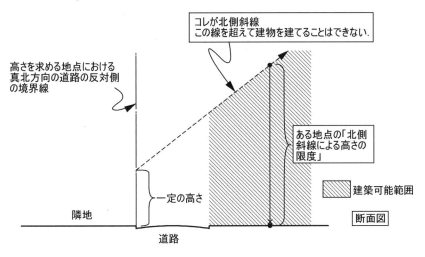

コレが北側斜線
この線を超えて建物を建てることはできない.

高さを求める地点における
真北方向の道路の反対側
の境界線

ある地点の「北側
斜線による高さの
限度」

建築可能範囲

一定の高さ

隣地

道路

断面図

次に,「北側斜線」の詳しい内容を説明します. また, 北側斜線は敷地が「1・2種
低層住専の場合」または,「1・2種中高住専の場合」のみ計算が必要となるため,
敷地がそれ以外の用途地域の場合は関係しません.

## 1・2種低層住専の場合

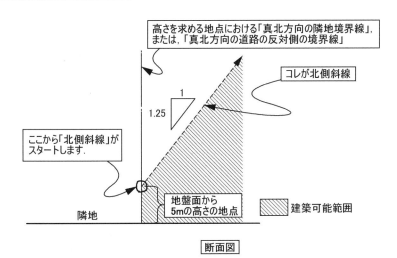

高さを求める地点における「真北方向の隣地境界線」,
または,「真北方向の道路の反対側の境界線」

コレが北側斜線

1

1.25

ここから「北側斜線」が
スタートします.

地盤面から
5mの高さの地点

建築可能範囲

隣地

断面図

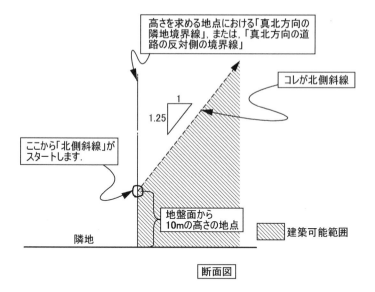

高さを求める地点における「真北方向の隣地境界線」,または,「真北方向の道路の反対側の境界線」

コレが北側斜線

ここから「北側斜線」がスタートします.

地盤面から10mの高さの地点

隣地

建築可能範囲

断面図

以上が北側斜線の基本系となります.「1・2種低層住専地域の場合」と,「1・2種中高住専地域の場合」とで,「斜線が始まる位置(高さ)」は異なりますが,「勾配」の値は「1.25」で同じです.次に「緩和措置」について説明します.

北側斜線における緩和措置には,

　①.水面緩和

　②.高低差緩和

　の2つがあります.

　(隣地斜線の場合と異なり「セットバック緩和」はありません.)

①.水面緩和 (令135条の4第一号)

「隣地斜線」同様,「北側斜線」にも水面緩和があります.「北側斜線」でいう所の「水面緩和」というのは,「**敷地の北側または,北側の前面道路の反対側に水面,線路敷等(北側斜線の水面等に公園,広場は含まれません)に接する場合に,これらに接する隣地境界線は,水面等の幅の1/2だけ敷地の反対側にあるものとみなしてよい.**」というものです.(隣地斜線の時と同じ.)

具体的には次の図を使って説明します.

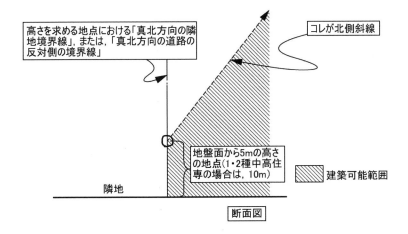

高さを求める地点における「真北方向の隣地境界線」、または、「真北方向の道路の反対側の境界線」

コレが北側斜線

地盤面から5mの高さの地点(1・2種中高住専の場合は、10m)

隣地

■///// 建築可能範囲

断面図

⬇ 「敷地の北側」または、「北側の前面道路」の反対側に水面(川等)がある場合を考えてみよう.

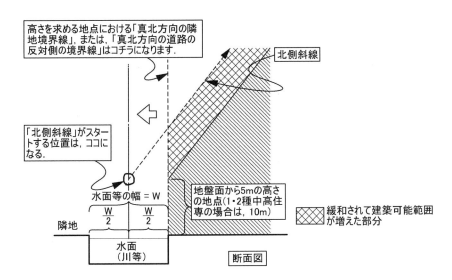

高さを求める地点における「真北方向の隣地境界線」、または、「真北方向の道路の反対側の境界線」はコチラになります.

北側斜線

「北側斜線」がスタートする位置は、ココになる.

水面等の幅 = W

$\dfrac{W}{2}$   $\dfrac{W}{2}$

隣地

水面（川等）

地盤面から5mの高さの地点(1・2種中高住専の場合は、10m)

▨▨▨ 緩和されて建築可能範囲が増えた部分

断面図

19

333

### ②.高低差緩和（令135条の4第二号）

「高低差緩和」とは「敷地の地盤面」と「隣地の地盤面」に高低差がある場合の緩和です.
次の図を使って具体的に説明します.

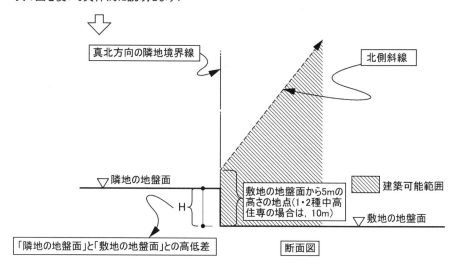

上の図のように「敷地の地盤面」より「隣地の地盤面」のレベルが高い場合, 建築可能範囲が隣地に比べて不利になります. そのための緩和措置が「高低差緩和」です.
緩和内容は「隣地の地盤面」が「敷地の地盤面」より1m以上高い場合, その高低差から1mを引いた値の1/2だけ敷地の地盤面が高い位置にあるものとみなすことができます.

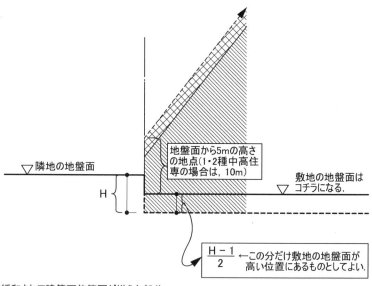

図問題出題傾向一覧（高さ制限編）

| コード | 地域 | 道路 | 二道路 | 高低差 | 水面 | 1.25 | 隣地 | 水面 | 高低差 | 北側 | 水面 | 高低差 |
|---|---|---|---|---|---|---|---|---|---|---|---|---|
| 29171 | 商業 | ○ | ○ | | | | △ | | | | | |
| 27171 | 商業 | ○ | ○ | | | | △ | | | | | |
| 16151 | 商業 | ○ | ○ | | ○ | | ○ | | | | | |
| 26171 | 商業 | ○ | ○ | | ○ | | ○ | | | | | |
| 24171 | 2中高 | ○ | | ○ | | | ○ | | | ○ | | |
| 17161 | 1種住 | ○ | | ○ | | | ○ | | | | | |
| 23181 | 1中高 | ○ | ○ | ○ | | | △ | | | ○ | | ○ |
| 20161 | 1中高 | ○ | ○ | ○ | | | △ | | | ○ | | |
| 18151 | 2中高 | ○ | ○ | | | | ○ | | | ○ | | ○ |
| 19161 | 1中高 | ○ | ○ | | | | △ | △ | | ○ | ○ | |
| 25171 | 準住居 | ○ | | ○ | | | ○ | | | | | |
| 22171 | 2中高 | ○ | ○ | | | | ○ | | | ○ | | |

※道路，隣地斜線のセットバック緩和の検討はあるものとして表記していない
※○は，要検討事項（制限や緩和が必ずあるという意味ではない）
※△は，道路斜線の方が明らかに厳しいと判る場合に省略可能

解法のポイント

| 29171 | A点が二道路緩和（2Aかつ35m以内，B中心から10m超）の範囲 |
|---|---|
| 27171 | A点が二道路緩和（2Aかつ35m以内，B中心から10m超）の範囲外 → 緩和なし |
| 16151 | 水面×二道路緩和で幅員が大，緩和を受けた道路から（スタンダード） |
| 26171 | 水面×二道路緩和で幅員が大，緩和を受けた道路から（セットバック距離がポイント） |
| 24171 | 道路斜線の高低差緩和（スタンダード） |
| 17161 | 道路斜線の高低差1mは緩和なし（1m分の処理忘れに注意） |
| 23181 | 道路斜線の高低差緩和と，隣地・北側斜線の高低差緩和の成立条件の違い |
| 20161 | 道路斜線は道路中心の高さからA点の高さを計測（北側斜線は地盤面から計測） |
| 18151 | 北側斜線の高低差緩和 |
| 19161 | 北側斜線の水面緩和で，公園は対象外 |
| 25171 | 道路斜線のセットバック緩和なし（特殊なケース） |
| 22171 | 建築物の高さの算定（令2条第六号），「北側」「避雷設備」は階段室の高さを算入 |

19

コード　29171

図のように，敷地に建築物を建築する場合，建築基準法上，A点における地盤面からの建築物の高さの最高限度はいくらか．ただし，敷地は平坦で，敷地，隣地及び道路の相互間に高低差はなく，門，塀等はないものとする．また，図に記載されているものを除き，地域，地区等及び特定行政庁による指定，許可等並びに日影による中高層の建築物の高さの制限及び天空率に関する規定は考慮しないものとする．なお，建築物は，全てにおいて，高さの最高限度まで建築されるものとする．

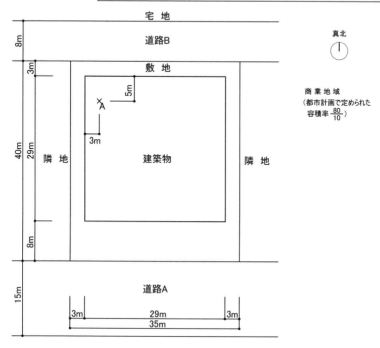

解説：

　敷地の用途地域は「商業地域」なので①．「絶対高さ」，④．「北側斜線」は考えなくてよいことになる.
　　※　①．「絶対高さ」は，「1・2種低層住専」の場合のみ，
　　　　④．「北側斜線」は，「1・2種低層住専」または「1・2種中高層住専」でのみ，検討が必要となる．それ以外の用途地域では考えなくてよい.

また，問題文中「地域地区等の指定はない」と書いてあるので，⑤．「日影制限」も考えなくてよいことになる.

　　※　「日影制限」は「地方公共団体が指定した区域」でのみ検討が必要となり，そのような指定がない場合考えなくてよい.

そのため，A点の高さの限度は，②．「道路斜線」，③．「隣地斜線」によって決まることになる．両方の斜線による制限を計算してみて，そのうち厳しい方（値の小さい方）がA点の高さの限度となります.

A点の「道路斜線」による高さの限度から計算していきます.

「法令集の別表3」で「勾配」と「適用距離」を調べるために敷地の「最大容積率」を求めます.

$$法定容積率 = \frac{80}{10}$$

道路容積率は最大幅員である道路Bの幅員が15mなので関係しません.
(最大道路幅員が12m以上の場合は, 道路容積率は考えなくてよいため,
「最大容積率 = 法定容積率」となる. )

$$\therefore 最大容積率 = \frac{80}{10}$$

別表3より, 勾配 = 1.5, 適用距離 = 30m とわかる.

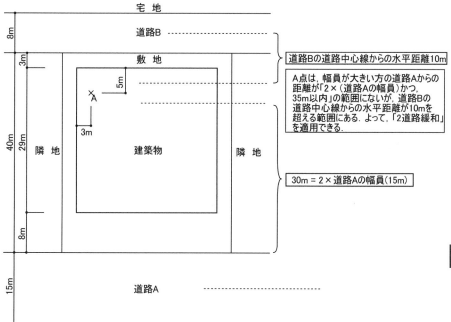 今回の問題のように, 敷地が道路に2面以上接する
場合, まず, 「2道路緩和」が適用できるか確認する.

道路Bの道路中心線からの水平距離10m

A点は, 幅員が大きい方の道路Aからの
距離が「2×(道路Aの幅員)」かつ,
35m以内」の範囲にないが, 道路Bの
道路中心線からの水平距離が10mを
超える範囲にある. よって, 「2道路緩和」
を適用できる.

30m = 2 × 道路Aの幅員(15m)

「2道路緩和」が適用できる.

「道路Bの道路の反対側の境界線」から「A点」までの水平距離
セットバック緩和を考慮すると,
水平距離 = 3 + 15 + 3 + 5 = 26m

「水平距離」が「適用距離」以下であることを確認する.

水平距離（26m）≦ 適用距離（30m）

ここで，「水平距離の最小値」＞「適用距離」の場合は，「道路斜線による制限」は「A点の高さの限度」に関係しないため，計算する必要はありません.
（また，水平距離が2つ以上ある場合は水平距離の最小値について計算をすすめていきます.）

 道路斜線の計算式に数値を入れてみる.

---

道路斜線の計算式
　ある地点での高さの限度 = 水平距離 × 勾配

---

水平距離＝「道路の反対側の境界線」からA点までの距離

A点での高さの限度 ＝ 水平距離 × 1.5
　　　　　　　　　　＝ 26 m × 1.5
　　　　　　　　　　＝ 39 m

∴ A点の「道路斜線制限による高さの限度」は，39 m とわかる.

 次に「隣地斜線制限」による高さの限度を求める.

敷地は「商業地域」なので，隣地斜線の計算式は次のようになる.

---

隣地斜線の計算式（住居系以外の場合）
　ある地点での高さの限度 =（水平距離 × 2.5）+ 31

---

水平距離＝「隣地境界線」からA点までの距離

「計算式」より，水平距離の値が小さいほど，高さの限度は厳しくなることが分かる.

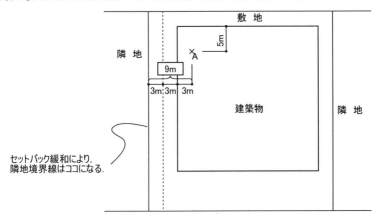

「西側境界線」から「A点」までの水平距離

　上図のようにセットバック緩和を考慮すると,
　水平距離 = 3 + 3 + 3 = 9m

A点での高さの限度　=（水平距離 × 2.5）+ 31
　　　　　　　　　　=（9m × 2.5）+ 31
　　　　　　　　　　= 53.5 m

∴　A点の「隣地斜線による高さの限度」は, 53.5 m とわかる.

A点における道路斜線による高さの限度 = 39 m

A点における隣地斜線による高さの限度 = 53.5 m

最も, 厳しい値（値の小さい方）が, A点の高さの限度となる.

∴　A点の高さの限度 = 39 m となる.

解答:　39 m

19

図のように, 敷地に建築物を建築する場合, 建築基準法上, A点における地盤面からの建築物の高さの最高限度はいくらか. ただし, 敷地は平坦で, 敷地, 隣地及び道路の相互間に高低差はなく, 門, 塀等はないものとする. また, 図に記載されているものを除き, 地域, 地区等及び特定行政庁による指定, 許可等並びに日影による中高層の建築物の高さの制限及び天空率に関する規定は考慮しないものとする. なお, 建築物は, 全てにおいて, 高さの最高限度まで建築されるものとする.

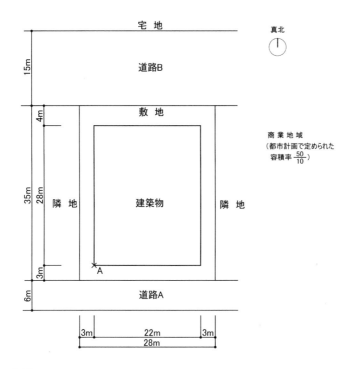

解説:

　敷地の用途地域は「商業地域」なので①.「絶対高さ」, ④.「北側斜線」は考えなくてよいことになる.

　　※　①.「絶対高さ」は,「1・2種低層住専」の場合のみ,

　　　　④.「北側斜線」は,「1・2種低層住専」または「1・2種中高層住専」でのみ, 検討が必要となる. それ以外の用途地域では考えなくてよい.

また, 問題文中「地域地区等の指定はない」と書いてあるので, ⑤.「日影制限」も考えなくてよいことになる.

　　※　「日影制限」は「地方公共団体が指定した区域」でのみ検討が必要となり, そのような指定がない場合考えなくてよい.

そのため，A点の高さの限度は，②.「道路斜線」，③.「隣地斜線」によって決まることになる．
両方の斜線による制限を計算してみて，そのうち厳しい方（値の小さい方）がA点の高さの限度
となります．

⬇ A点の「道路斜線」による高さの限度から計算していきます．

「法令集の別表3」で「勾配」と「適用距離」を調べるために敷地の「最大容積率」を求めます．

法定容積率 = $\dfrac{50}{10}$

道路容積率は最大幅員である道路Bの幅員が15mなので関係しません．
(最大道路幅員が12m以上の場合は，道路容積率は考えなくてよいため，
「最大容積率 = 法定容積率」となる．）

∴ 最大容積率 = $\dfrac{50}{10}$

別表3より，勾配 = 1.5，適用距離 = 25m とわかる．

⬇ 今回の問題のように，敷地が道路に2面以上接する
場合，まず，「2道路緩和」が適用できるか確認する．

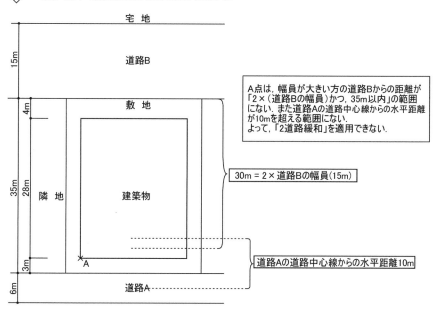

A点は，幅員が大きい方の道路Bからの距離が
「2×（道路Bの幅員）かつ，35m以内」の範囲
にない．また道路Aの道路中心線からの水平距離
が10mを超える範囲にない．
よって，「2道路緩和」を適用できない．

30m = 2 × 道路Bの幅員(15m)

道路Aの道路中心線からの水平距離10m

19

341

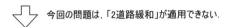 今回の問題は,「2道路緩和」が適用できない.

「道路Aの道路の反対側の境界線」から「A点」までの水平距離

セットバック緩和を考慮すると,
水平距離 = 3 + 6 + 3 = 12m

 「水平距離」が「適用距離」以下であることを確認する.

水平距離（12m）≦ 適用距離（25m）

ここで,「水平距離の最小値」＞「適用距離」の場合は,「道路斜線による制限」は
「A点の高さの限度」に関係しないため, 計算する必要はありません.
（また, 水平距離が2つ以上ある場合は<u>水平距離の最小値</u>について計算をすすめて
いきます.）

 道路斜線の計算式に数値を入れてみる.

> 道路斜線の計算式
> ある地点での高さの限度 = 水平距離 × 勾配

水平距離 =「道路の反対側の境界線」からA点までの距離

A点での高さの限度　= 水平距離 × 1.5
　　　　　　　　　　= 12 m × 1.5
　　　　　　　　　　= 18 m

∴　A点の「道路斜線制限による高さの限度」は, 18 m とわかる.

 次に「隣地斜線制限」による高さの限度を求める.

敷地は「商業地域」なので, 隣地斜線の計算式は次のようになる.

> 隣地斜線の計算式（住居系以外の場合）
> ある地点での高さの限度 = （水平距離 × 2.5）+ 31

水平距離 =「隣地境界線」からA点までの距離

本来は道路斜線の場合と同様に「それぞれの隣地境界線からA点までの水平距離の最小値」を
求め, その後で, 上の公式に代入し, 高さの限度を求めますが, 今回の隣地斜線の場合は, 例え
ば水平距離が0でも, 高さの限度は31m以上となる. つまり,「A点における隣地斜線」は最低でも
31m以上あり,「A点の高さの限度」は道路斜線によって決まることになる.

∴　A点の高さの限度 = 18 m となる.

解答： 18 m

| コード 16151 | 図のように，敷地に建築物を新築する場合，建築基準法上，A点における地盤面からの建築物の高さの最高限度は，いくらか．ただし，敷地は平坦で，敷地，隣地及び道路の相互間に高低差はなく，また，図に記載されているものを除き，地域，地区等及び特定行政庁の指定等はないものとし，日影による中高層の建築物の高さの制限及び天空率に関する規定は考慮しないものとする．なお，建築物は，すべての部分において，高さの最高限度まで建築されるものとする． |
|---|---|

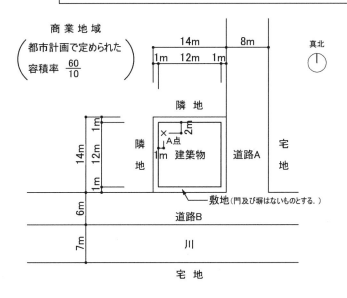

敷地の用途地域は「商業」なので，①.「絶対高さ」，④.「北側斜線」は考えなくてよいことになる．
（①.「絶対高さ」は，「1・2種低層住専」の場合のみ，④.「北側斜線」は，「1・2種低層住専」または「1・2種中高層住専」でのみ検討が必要となる．それ以外の用途地域では考えなくてよい．）

また，問題文中「地域地区等の指定はない」と書いてあるので，⑤.「日影制限」も考えなくてよいことになる．
（「日影制限」は「地方公共団体が指定した区域」でのみ検討が必要となり，そのような指定がない場合，考えなくてよい．）

そのため，A点の高さの限度は②.「道路斜線」，③.「隣地斜線」によって決まることになる．
両方の斜線による制限を計算してみて，そのうち厳しい方（値の小さい方）がA点の高さの限度となります．

⇩ A点の「道路斜線」による高さの限度から計算していきます．

19

「法令集の別表3」で「勾配」と「適用距離」を調べるために敷地の「最大容積率」を求めます.

法定容積率 $= \dfrac{60}{10}$

道路容積率 $= 8 \times \dfrac{6}{10}$
$= \dfrac{48}{10}$

$\Leftarrow$ 道路Bの幅員は,川があるからといって13mにはなりません.「道路斜線の水面緩和」と勘違いして,道路Bの幅員を13mと考えてしまうことがあるので注意してください.

$\dfrac{60}{10} > \dfrac{48}{10}$ ∴ 最大容積率 $= \dfrac{48}{10}$

別表3より,勾配 = 1.5, 適用距離 = 25 m と分かる.

⬇ 今回の問題のように,道路が川等に接する場合,水面緩和を適用できる(高さ制限の解説参照). 図を書きかえると次のようになります.

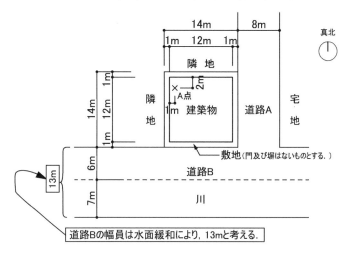

道路Bの幅員は水面緩和により, 13mと考える.

⬇ 敷地は道路と2面以上接するので,「2道路緩和」が適用できるかどうか?を検討する.

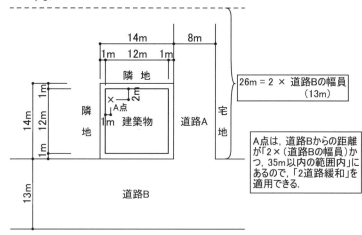

26m = 2 × 道路Bの幅員
（13m）

A点は, 道路Bからの距離が「2×(道路Bの幅員)かつ, 35m以内の範囲内」にあるので,「2道路緩和」を適用できる.

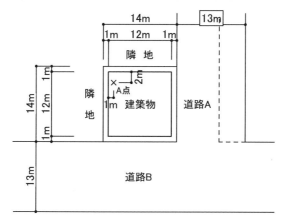

今回の問題は「2道路緩和」が適用できるので,
問題文の図を書きかえると次の図のようになります.

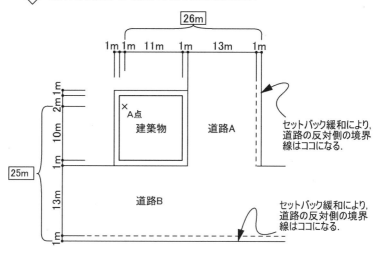

セットバック緩和 を考慮して,水平距離を求めます.

「道路Aの道路の反対側の境界線」から「A点」までの水平距離は,
上の図のようにセットバック緩和を考慮すると,
水平距離 = 1 + 13 + 1 + 11 = 26 m

「道路Bの道路の反対側の境界線」から「A点」までの水平距離は,
上の図のようにセットバック緩和を考慮すると,
水平距離 = 1 + 13 + 1 + 10 = 25 m

水平距離が2つ以上ある場合は 最も小さい値が水平距離となる.
今回の問題の場合は,「道路Bからの水平距離25 m」が水平距離となる.

道路斜線の計算式
　ある地点での高さの限度 = 水平距離 × 勾配

　　　　　水平距離 =「道路の反対側の境界線」からA点までの距離

また，計算で使う水平距離が適用距離以内であることをこの時点で確認してください．

水平距離の最小値（25 m）≦ 適用距離（25 m）

ここで「水平距離の最小値」>「適用距離」の場合は，
道路斜線による制限はかからないので計算は終了になる．

水平距離 = 適用距離
の場合も，道路斜線制限は適
用される．
水平距離が適用距離の値を超
えれば，適用されない．

A点での高さの限度 = 各道路からの水平距離の最小値 × 1.5
　　　　　　　　　 = 25 m × 1.5
　　　　　　　　　 = 37.5 m
　　　　　∴　A点の「道路斜線制限による高さの限度」は　37.5 m とわかる．

次に「隣地斜線制限」による高さの限度を求める．

敷地は「商業地域」なので，隣地斜線の計算式は次のようになる．

隣地斜線の計算式（商業系の場合）
　ある地点での高さの限度 =（ 水平距離 × 2.5 ）+ 31

　　　　　水平距離 =「隣地境界線」からA点までの距離

それぞれの「隣地境界線」からA点までの最小距離を求める．

「公式」より，水平距離の値が小さいほど，高さの限度は厳しくなることが分かる．
なので水平距離が2つ以上ある場合は，その最小値を水平距離として計算に使う．
「セットバック緩和」適用すると，水平距離は次の図のようになる．

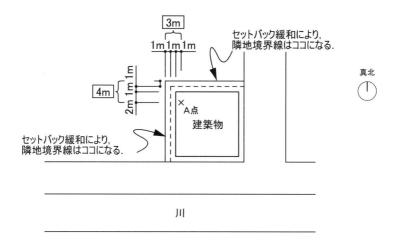

「西側境界線」から「A点」までの水平距離は
図のようにセットバック緩和を考慮すると,
水平距離 = 1 + 1 + 1 = 3 m

「北側境界線」から「A点」までの水平距離は
図のようにセットバック緩和を考慮すると,
水平距離 = 1 + 1 + 2 = 4 m

⬇ 水平距離が2つ以上ある場合は,
その最小値を「隣地斜線の計算式」に数値を代入する.

A点での高さの限度 = ( 水平距離 × 2.5 ) + 31
　　　　　　　　　 = ( 3 m × 2.5 ) + 31
　　　　　　　　　 = 38.5 m

∴ A点の「隣地斜線制限による高さの限度」は 38.5 m とわかる.

⬇ 「道路斜線による高さの限度」と「隣地斜線による高さの限度」を比較する.

A点における道路斜線による高さの限度 = 37.5 m

A点における隣地斜線による高さの限度 = 38.5 m

厳しい方（値が小さい方）がA点の高さの限度となる.

∴ A点の高さの限度 = 37.5 m となる.

問題の答え　37.5 m

| コード 26171 | 図のように，敷地に建築物を新築する場合，建築基準法上，A点における地盤面からの建築物の高さの最高限度はいくらか．ただし，敷地は平坦で，敷地，隣地及び道路の相互間に高低差はなく，また，図に記載されているものを除き，地域，地区等及び特定行政庁の指定等はないものとし，日影による中高層の建築物の高さの制限及び天空率に関する規定は考慮しないものとする．なお，建築物は，すべての部分において，高さの最高限度まで建築されるものとする． |
| --- | --- |

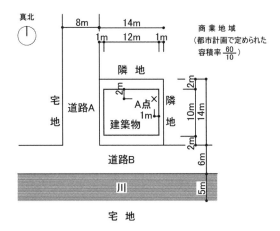

解説：

敷地の用途地域は「商業」なので①．「絶対高さ」，④．「北側斜線」は考えなくてよいことになる．

※ ①．「絶対高さ」は，「1・2種低層住専」の場合のみ，
④．「北側斜線」は，「1・2種低層住専」または「1・2種中高層住専」でのみ，検討が必要
となる．それ以外の用途地域では考えなくてよい．

また，問題文中「地域地区等の指定はない」と書いてあるので，⑤．「日影制限」も考えなくてよいことになる．

※ 「日影制限」は「地方公共団体が指定した区域」でのみ検討が必要となり，そのような指定がない場合考えなくてよい．

そのため，A点の高さの限度は，②．「道路斜線」，③．「隣地斜線」によって決まることになる．
両方の斜線による制限を計算してみて，そのうち厳しい方（値の小さい方）がA点の高さの限度となります．

 A点の「道路斜線」による高さの限度から計算していきます．

「法令集の別表3」で「勾配」と「適用距離」を調べるために敷地の「最大容積率」を求めます.

法定容積率 $= \dfrac{60}{10}$

道路容積率 $= 8 \times \dfrac{6}{10} = \dfrac{48}{10}$

$\dfrac{60}{10} > \dfrac{48}{10}$ ∴ 最大容積率 $= \dfrac{48}{10}$

道路Bの幅員は,川があるからといって11mにはなりません.
「道路斜線の水面緩和」と勘違いして,
道路Bの幅員を11mと考えてしまうことがあるので注意して下さい.

別表3より,勾配 = 1.5,適用距離 = 25m とわかる.

今回の問題のように,道路が川等に接する場合,水面緩和を適用できる
(19「高さ制限」の解説参照).
図をかきかえると下のようになります.

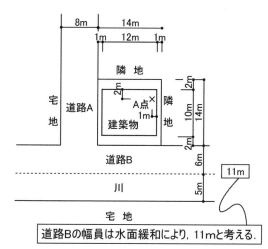

道路Bの幅員は水面緩和により,11mと考える.

今回の問題のように,敷地が道路に2面以上接する
場合,まず,「2道路緩和」が適用できるか確認する.

**19**

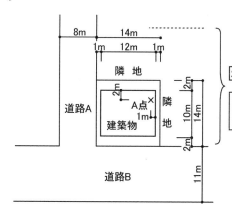

22m = 2 × 道路Bの幅員(11m)

A点は,幅員が大きい方の道路Bからの距離が
「2×(道路Bの幅員)かつ,35m以内」の範囲内
にあるので,「2道路緩和」を適用できる.

今回の問題は「2道路緩和」が適用できるので,
問題文の図を書き換えると下の図のようになります.

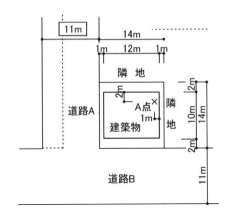

「セットバック緩和」を考慮して,水平距離を求めます.

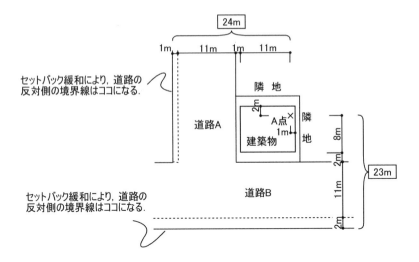

「道路Aの道路の反対側の境界線」から「A点」までの水平距離は,
上図のようにセットバック緩和を考慮すると,水平距離 = 1 + 11 + 1 + 11 = 24 m

「道路Bの道路の反対側の境界線」から「A点」までの水平距離は,
上図のようにセットバック緩和を考慮すると,水平距離 = 2 + 11 + 2 + 8 = 23 m

水平距離が2つ以上ある場合は最も小さい値が水平距離となる.
今回の問題の場合は,「道路Bからの水平距離 23m」が水平距離となる.

> 道路斜線の計算式
>   ある地点での高さの限度 ＝ 水平距離 × 勾配

水平距離 ＝「道路の反対側の境界線」からA点までの距離

また，計算で使う水平距離が適用距離以内であることをこの時点で確認してください．

水平距離の最小値（23m）≦ 適用距離（25m）

ここで「水平距離の最小値」＞「適用距離」の場合は，
道路斜線による制限はないので計算は終了になる．

A点での高さの限度　＝ 各道路からの水平距離の最小値 × 1.5
　　　　　　　　　　＝ 23 m × 1.5
　　　　　　　　　　＝ 34.5 m

∴　A点の「道路斜線制限による高さの限度」は，34.5 m とわかる．

⬇　次に「隣地斜線制限」による高さの限度を求める．

敷地は「商業地域」なので，隣地斜線の計算式は次のようになる．

> 隣地斜線の計算式（商業系の場合）
>   ある地点での高さの限度 ＝（水平距離 × 2.5）＋ 31

水平距離 ＝「隣地境界線」からA点までの距離

「公式」より，水平距離の値が小さいほど，高さの限度は厳しくなることが分かる．
なので水平距離が2つ以上ある場合は，その最小値を水平距離として計算に使う．
「セットバック緩和」適用すると，水平距離は次の図のようになる．

19

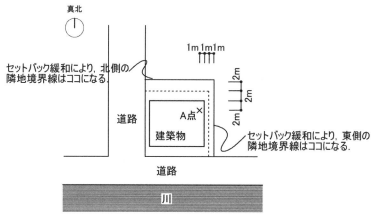

真北

1m 1m 1m

セットバック緩和により，北側の
隣地境界線はココになる．

道路

A点×

建築物

2m
2m
2m

セットバック緩和により，東側の
隣地境界線はココになる．

道路

川

宅　地

「東側境界線」から「A点」までの水平距離

　上図のようにセットバック緩和を考慮すると，
　水平距離 = 1 + 1 + 1 = 3m

「北側境界線」から「A点」までの水平距離

　上図のようにセットバック緩和を考慮すると，
　水平距離 = 2 + 2 + 2 = 6m

 水平距離が2つ以上ある場合は，その最小値
を「隣地斜線の計算式」に代入する．

A点での高さの限度　=（水平距離 × 2.5）＋ 31
　　　　　　　　　　=（3m × 2.5）＋ 31
　　　　　　　　　　= 38.5 m

∴　A点の「道路斜線制限による高さの限度」は，38.5 m とわかる．

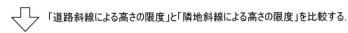 「道路斜線による高さの限度」と「隣地斜線による高さの限度」を比較する．

A点における道路斜線による高さの限度 = 34.5m
A点における隣地斜線による高さの限度 = 38.5m

厳しい方（値の小さい方）が，A点の高さの限度となる．

∴　A点の高さの限度　= 34.5 m となる．

解答：　34.5 m

| コード 24171 |
| --- |

図のように，敷地に建築物を新築する場合，建築基準法上，A点における地盤面からの建築物の高さの最高限度はいくらか．ただし，敷地は平坦で，隣地との高低差はなく，また，図に記載されているものを除き，地域，地区等及び特定行政庁の指定等並びに門，塀等はないものとし，日影による中高層の建築物の高さの制限及び天空率に関する規定は考慮しないものとする．なお，建築物は，すべての部分において，高さの最高限度まで建築するものとする．

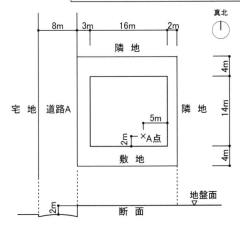

**解説：**

敷地の用途地域は「2種中高層」なので①．「絶対高さ」は考えなくてよいことになる．

　※ ①．「絶対高さ」は，「1・2種低層住専」の場合のみ，検討が必要となる．それ以外の用途地域では考えなくてよい．

また，問題文中「日影による中高層の建築物の高さの制限は考慮しない」と書いてあるので，⑤．「日影制限」も考えなくてよいことになる．

　※ 「日影制限」は「地方公共団体が指定した区域」でのみ検討が必要となり，そのような指定がない場合考えなくてよい．

そのため，A点の高さの限度は，②．「道路斜線」，③．「隣地斜線」，④．「北側斜線」によって決まることになる．3つの斜線による制限を計算してみて，そのうち厳しい方（値の小さい方）がA点の高さの限度となります．

　　　A点の「道路斜線」による高さの限度から計算していきます．

「法令集の別表3」で「勾配」と「適用距離」を調べるために敷地の「最大容積率」を求めます．

$$\text{法定容積率} = \frac{40}{10}$$

$$\text{道路容積率} = 8 \times \frac{4}{10} = \frac{32}{10}$$

$$\frac{32}{10} < \frac{40}{10} \quad \therefore \text{最大容積率} = \frac{32}{10}$$

別表3より，勾配 = 1.25，適用距離 = 30m とわかる．

| 道路斜線の計算式 |
| --- |
| ある地点での高さの限度 = 水平距離 × 勾配 |

水平距離 =「道路の反対側の境界線」からA点までの距離

「道路Aの道路の反対側の境界線」から「A点」までの水平距離

次の図のようにセットバック緩和を考慮すると，水平距離 = 3 + 8 + 3 + 11 = 25m

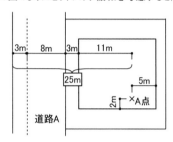

「水平距離」が「適用距離」以下であることを確認する．

水平距離（25m）≦ 適用距離（30m）

ここで，「水平距離の最小値」＞「適用距離」の場合は，「道路斜線による制限」は「A点の高さの限度」に関係しないため，計算する必要はありません．（また，水平距離が2つ以上ある場合は<u>水平距離の最小値</u>について計算を進めていきます．）

道路斜線の計算式に数値を入れてみる．

$$\text{A点での高さの限度} = \text{水平距離} \times 1.25$$
$$= 25\text{ m} \times 1.25$$
$$= 31.25\text{ m}$$

さらに，道路と敷地に高低差があるので，「高低差緩和」を適用する．

| 高低差緩和の計算式 |
| --- |
| 緩和される高さ $= \dfrac{H - 1}{2}$ |

H = 道路の敷地の高低差

$$\text{緩和される高さ} = \frac{H - 1}{2}$$

$$= \frac{2 - 1}{2} = 0.5\text{ m}$$

高低差緩和を考慮した高さの限度 = 31.25 − 2 + 0.5 = 29.75

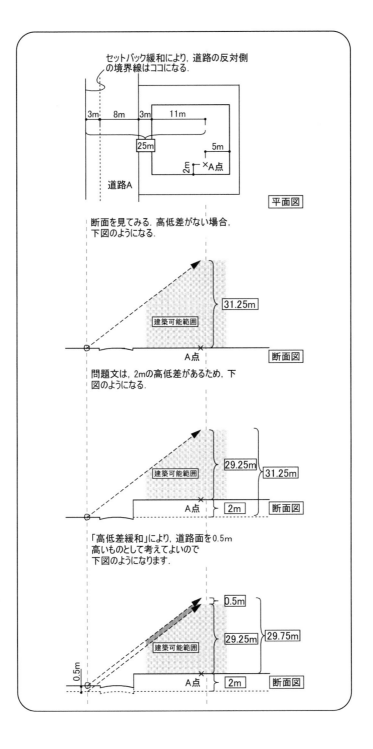

セットバック緩和により，道路の反対側
の境界線はココになる．

3m　8m　3m　11m

25m

5m

2m　×A点

道路A

平面図

断面を見てみる．高低差がない場合，
下図のようになる．

31.25m

建築可能範囲

A点

断面図

問題文は，2mの高低差があるため，下
図のようになる．

29.25m

31.25m

建築可能範囲

A点　2m

断面図

「高低差緩和」により，道路面を0.5m
高いものとして考えてよいので
下図のようになります．

0.5m

29.25m

29.75m

建築可能範囲

0.5m

A点　2m

断面図

19

 次に「隣地斜線制限」による高さの限度を求める.

敷地は「2種中高層地域」なので, 隣地斜線の計算式は次のようになる.

隣地斜線の計算式（住居系の場合）
　ある地点での高さの限度 ＝（水平距離×1.25）＋ 20

水平距離 ＝「隣地境界線」からA点までの距離

「計算式」より, 水平距離の値が小さいほど, 高さの限度は厳しくなることが分かる.
なので水平距離が2つ以上ある場合は, その最小値を水平距離として計算に使う.
「セットバック緩和」適用すると, 水平距離は次の図のようになる.

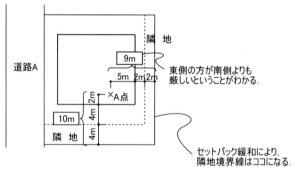

東側の方が南側よりも
厳しいということがわかる.

セットバック緩和により,
隣地境界線はココになる.

「東側境界線」から「A点」までの水平距離

　上図のようにセットバック緩和を考慮すると,
　水平距離 ＝ 5 ＋ 2 ＋ 2 ＝ 9m

A点での高さの限度　＝（水平距離×1.25）＋ 20
　　　　　　　　　＝（9m ×1.25）＋ 20
　　　　　　　　　＝ 31.25 m

∴ A点の「隣地斜線制限による高さの限度」は, 31.25 m とわかる.

次に「北側斜線制限」による高さの限度を求める.

敷地は「2種中高層地域」なので, 北側斜線の計算式は次のようになる.

> 北側斜線の計算式（1・2種中高層住専の場合）
> ある地点での高さの限度 ＝（水平距離×1.25）＋ 10

水平距離 ＝「北側隣地境界線」からA点までの距離

それぞれの「北側隣地境界線」からA点までの水平距離を求める.

北側斜線には<u>セットバック緩和はありません</u>. 注意してください.

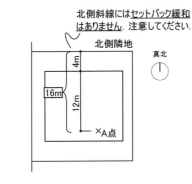

北側隣地

4m

16m

12m

真北

×A点

「北側隣地境界線」から「A点」までの水平距離

水平距離 ＝ 4 ＋ 12 ＝ 16m

水平距離を北側斜線の計算式に代入する.

A点での高さの限度 ＝（水平距離×1.25）＋ 10
＝（16 m ×1.25）＋ 10
＝ 30 m

∴ A点の「北側斜線制限による高さの限度」は, 30 m とわかる.

「道路斜線による高さの限度」と「隣地斜線による高さの限度」と「北側斜線」とを比較する.

A点における道路斜線による高さの限度 ＝ 29.75m
A点における隣地斜線による高さの限度 ＝ 31.25m
A点における北側斜線による高さの限度 ＝ 30.00m

最も, 厳しい値（値の小さい方）が, A点の高さの限度となる.

∴ A点の高さの限度 ＝ 29.75 m となる.

解答： 29.75 m

19

図のように、敷地に建築物を建築する場合、建築基準法上、A点における地盤面からの建築物の高さの最高限度はいくらか。ただし、敷地は平坦で、隣地との高低差はなく、また、図に記載されているものを除き、地域、地区等及び特定行政庁の指定等はないものとし、日影による中高層の建築物の高さの制限及び天空率に関する規定は考慮しないものとする。なお、建築物は、すべての部分において、高さの最高限度まで建築されるものとする。

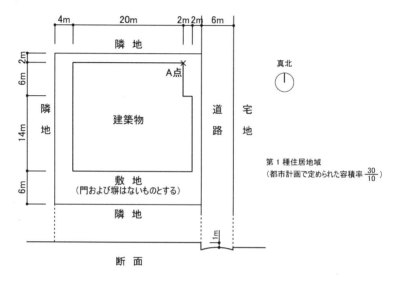

敷地の用途地域は「1種住居地域」なので①.「絶対高さ」、④.「北側斜線」は考えなくてよいことになる。

※ ①.「絶対高さ」は、「1・2種低層住専」の場合のみ、
④.「北側斜線」は、「1・2種低層住専」または「1・2種中高層住専」でのみ、検討が必要となる。それ以外の用途地域では考えなくてよい。

また、問題文中に「日影による中高層の建築物の高さの制限は考慮しない」と書いてあるので、⑤.「日影制限」も考えなくてよいことになる。

※ 「日影制限」は「地方公共団体が指定した区域」でのみ検討が必要となり、そのような指定がない場合考えなくてよい。

そのため、A点の高さの限度は、②.「道路斜線」、③.「隣地斜線」によって決まることになる。
2つの斜線による制限を計算してみて、そのうち厳しい方（値の小さい方）がA点の高さの限度となります。

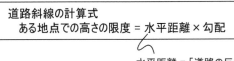

A点の「道路斜線」による高さの限度から計算していきます.

「法令集の別表3」で「勾配」と「適用距離」を調べるために敷地の「最大容積率」を求めます.

法定容積率 $= \dfrac{30}{10}$

道路容積率 $= 6 \times \dfrac{4}{10} = \dfrac{24}{10}$

$\dfrac{30}{10} > \dfrac{24}{10}$ ∴ 最大容積率 $= \dfrac{24}{10}$

別表3より, 勾配 = 1.25, 適用距離 = 25 m とわかる.

---

道路斜線の計算式
　ある地点での高さの限度 = 水平距離 × 勾配

水平距離 =「道路の反対側の境界線」からA点までの距離

↓

「道路Aの道路の反対側の境界線」から「A点」までの水平距離

下図のようにセットバック緩和を考慮すると,
水平距離 = 2 + 2 + 6 + 2 = 12 m

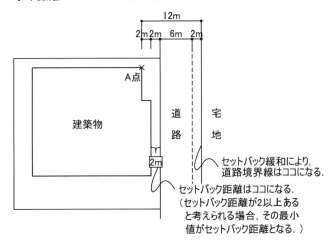

↓ 「水平距離」が「適用距離」未満であることを確認する.

水平距離 (12 m) ≦ 適用距離 (25 m)

ここで「水平距離の最小値」>「適用距離」の場合は, 道路斜線による制限は関係しないため計算は終了となる. (水平距離が2以上ある場合は, 水平距離の最小値について計算を進めていく. )

道路斜線の計算式に数値を
入れてみる.

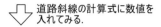

A点での高さの限度　= 水平距離 × 1.25
　　　　　　　　　　　= 12 m × 1.25
　　　　　　　　　　　= 15 m

さらに,道路と敷地に高低差があるので,
「高低差緩和」の適用を検討する.

> 高低差緩和の計算式
> 　緩和される高さ $= \dfrac{H-1}{2}$

　　　　　　　　　H = 道路の敷地の高低差

緩和される高さ $= \dfrac{H-1}{2}$

　　　　　　　　　$= \dfrac{1-1}{2} = 0$

高低差緩和を採用することはできないが,道路斜
線制限は道路中心高からの計算であり,高さ制
限では地盤面からの高さとなるため,道路との高低
差を考慮した高さの数値を算出する必要がある.
高さの限度 = 15 − 1 = 14 m

∴　A点の「道路斜線制限による高さの限度」は,
　14 m とわかる.

次に「隣地斜線制限」による高さ
の限度を求める.

敷地は「1種住居地域」なので,隣地斜線の計算
式は次のようになる.

> 隣地斜線の計算式（住居系の場合）
> 　ある地点での高さの限度 =（水平距離 × 1.25）+ 20

　　水平距離 =「隣地境界線」からA点までの距離

本来は道路斜線の場合と同様に「それぞれの隣地境界線からA点までの水平距離の最小値」
を求め,その後で,上の計算式に代入し高さの限度を求めますが,今回の隣地斜線の場合は,
例えば水平距離が0でも,高さの限度は20m以上となる.
つまり,「A点における隣地斜線による高さの限度」は最低でも20m以上あり,「A点における高さ
の限度」は「道路斜線による高さの限度」の方が厳しいとわかる.

∴　A点の高さの限度 = 14 m となる.

問題の答え　14 m

※ このように考えます.

断面を見てみる.高低差が
ない場合,下図のようになる.

問題文は,1mの高低差が
あるため,下図のようになる.

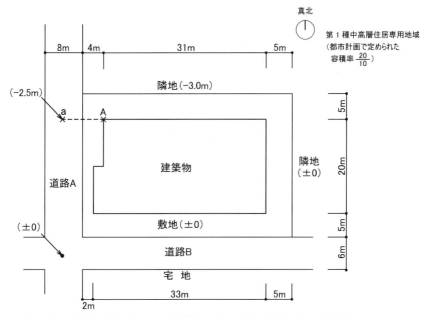

| コード 23181 | 図のように，敷地に建築物を新築する場合，建築基準法上，A点における地盤面からの建築物の高さの最高限度はいくらか．ただし，敷地は平坦であるが，北側隣地は敷地から3m低く，西側前面道路は真北に向かって下り坂になっており図中a点（路面の中心）は敷地から2.5m低い．また，図に記載されているものを除き，地域，地区等及び特定行政庁による指定等並びに門，塀等はないものとし，日影による中高層の建築物の高さの制限は考慮しないものとする．なお，建築物は，すべての部分において，高さの最高限度まで建築されるものとする． |
| --- | --- |

敷地の用途地域は「1種中高層」なので①．「絶対高さ」は考えなくてよいことになる．

※ ①．「絶対高さ」は，「1・2種低層住専」の場合のみ，検討が必要となる．それ以外の用途地域では考えなくてよい．

また，問題文中「日影による中高層の建築物の高さの制限は考慮しない」と書いてあるので，⑤．「日影制限」も考えなくてよいことになる．

※ 「日影制限」は「地方公共団体が指定した区域」でのみ検討が必要となり，そのような指定がない場合考えなくてよい．

そのため，A点の高さの限度は，②．「道路斜線」，③．「隣地斜線」，④．「北側斜線」によって決まることになる．3つの斜線による制限を計算してみて，そのうち厳しい方（値の小さい方）がA点の高さの限度となります．

 A点の「道路斜線」による高さの限度から計算していきます．

「法令集の別表3」で「勾配」と「適用距離」を調べるために敷地の「最大容積率」を求めます.

法定容積率 $= \dfrac{20}{10}$

道路容積率 $= 8 \times \dfrac{4}{10} = \dfrac{32}{10}$

$\dfrac{32}{10} > \dfrac{20}{10}$ ∴ 最大容積率 $= \dfrac{20}{10}$

別表3より, 勾配 = 1.25, 適用距離 = 20 m とわかる.

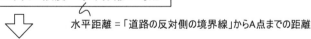

道路斜線の計算式
　ある地点での高さの限度 ＝ 水平距離 × 勾配

　　　　　　　　水平距離 ＝「道路の反対側の境界線」からA点までの距離

「道路Aの道路の反対側の境界線」から「A点」までの水平距離

　次の図のようにセットバック緩和を考慮すると,
　水平距離 = 2 + 8 + 2 + 2 = 14 m

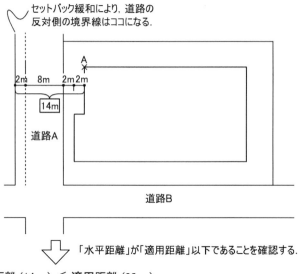

　　　　　　「水平距離」が「適用距離」以下であることを確認する.

水平距離 (14 m) ≦ 適用距離 (20 m)

ここで,「水平距離の最小値」＞「適用距離」の場合は,「道路斜線による制限」は「A点の高さの限度」に関係しないため, 計算する必要はありません.
また, 水平距離が2つ以上ある場合は水平距離の最小値について計算を進めていきますが,
道路Bは明らかに道路AよりA点までの距離が大きいとわかりますので検討を省略します.

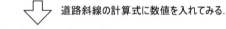　　道路斜線の計算式に数値を入れてみる.

A点での高さの限度 ＝ 水平距離 × 1.25
　　　　　　　　　　＝ 14 m × 1.25
　　　　　　　　　　＝ 17.5 m

さらに, 道路と敷地に高低差があるので,「高低差緩和」を適用する.
（A点と対面する道路Aの路面の中心点aは, 敷地より2.5m低い）

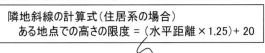

高低差緩和の計算式
　　緩和される高さ $= \dfrac{H-1}{2}$

$\quad\quad\quad\quad$ H = 道路の敷地の高低差

緩和される高さ $= \dfrac{H-1}{2}$

$\quad\quad\quad\quad = \dfrac{2.5-1}{2} = 0.75$ m

高低差緩和を考慮した高さの限度 = 17.5 − 2.5 + 0.75 = 15.75

∴ A点の「道路斜線制限による高さの限度」は，15.75 m とわかる.

⬇ 次に「隣地斜線制限」による高さの限度を求める.

敷地は「1種中高層地域」なので，隣地斜線の計算式は次のようになる.

隣地斜線の計算式（住居系の場合）
　　ある地点での高さの限度 =（水平距離 × 1.25）+ 20

$\quad\quad\quad\quad$ 水平距離 =「隣地境界線」からA点までの距離

本来は道路斜線の場合と同様に「それぞれの隣地境界線からA点までの水平距離の最小値」を求め，その後で，上の計算式に代入し高さの限度を求めますが，今回の隣地斜線の場合は，例えば水平距離が0でも，高さの限度は20m以上となる. つまり，「A点における隣地斜線による高さの限度」は最低でも20m以上あり，「A点における高さの限度」は「道路斜線による高さの限度」の方が厳しいとわかる.

⬇ 次に「北側斜線制限」による高さの限度を求める.

敷地は「1種中高層地域」なので，北側斜線の計算式は次のようになる.

北側斜線の計算式（1・2種中高層住専の場合）
　　ある地点での高さの限度 =（水平距離 × 1.25）+ 10

$\quad\quad\quad\quad$ 水平距離 =「北側隣地境界線」からA点までの距離

⬇ それぞれの「北側隣地境界線」からA点までの水平距離を求める.

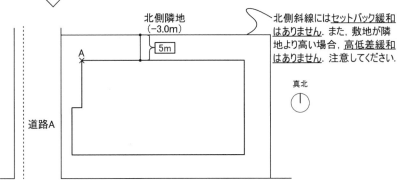

北側隣地
（−3.0m）

5m

A

道路A

真北

北側斜線には<u>セットバック緩和はありません</u>. また，敷地が隣地より高い場合，<u>高低差緩和はありません</u>. 注意してください.

「北側隣地境界線」から「A点」までの水平距離

水平距離 = 5 m

⬇ 水平距離を北側斜線の計算式に代入する.

A点での高さの限度 ＝（水平距離 × 1.25）＋ 10
＝（5 m × 1.25）＋ 10
＝ 16.25 m

∴ A点の「北側斜線制限による高さの限度」は，16.25 m とわかる.

⬇ 「道路斜線による高さの限度」と「隣地斜線による高さの限度」と「北側斜線」とを
比較する.

A点における道路斜線による高さの限度 = 15.75 m

A点における隣地斜線による高さの限度 = 20 m 以上

A点における北側斜線による高さの限度 = 16.25 m

最も，厳しい値（値の小さい方）が，A点の高さの限度となる.

∴ A点の高さの限度 = 15.75 m となる.

問題の答え　15.75 m

図のように、敷地に建築物を建築する場合、建築基準法上、地盤面からのA点における建築物の高さの最高限度は、いくらか。ただし、敷地には図に示すように東西方向に高低差があり、また、図に示されているものを除き、地域、地区等及び特定行政庁の指定等はないものとし、日影による中高層の建築物の高さの制限及び天空率に関する規定は考慮しないものとする。なお、建築物は、すべての部分において、高さの最高限度まで建築されるものとする。

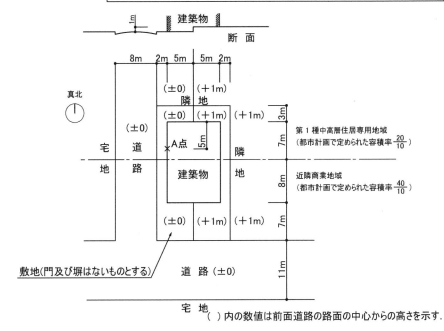

（　）内の数値は前面道路の路面の中心からの高さを示す。

敷地（A点）の用途地域は「1種中高層」なので①.「絶対高さ」は考えなくてよいことになる。

　※　①.「絶対高さ」は、「1・2種低層住専」の場合のみ、検討が必要となる。
　　　それ以外の用途地域では考えなくてよい。

また、問題文中「日影による中高層の建築物の高さの制限は考慮しない」と書いてあるので、⑤.「日影制限」も考えなくてよいことになる。

　※　「日影制限」は「地方公共団体が指定した区域」でのみ検討が必要となり、
　　　そのような指定がない場合考えなくてよい。

そのため、A点の高さの限度は、②.「道路斜線」、③.「隣地斜線」、④.「北側斜線」によって決まることになる。3つの斜線による制限を計算してみて、そのうち厳しい方（値の小さい方）がA点の高さの限度となります。

 A点の「道路斜線」による高さの限度から計算していきます。

19

365

「法令集の別表3」で「勾配」と「適用距離」を調べるために敷地の「最大容積率」を求めます.

$\boxed{\text{1種中高層住居地域部分について}}$

法定容積率 $= \dfrac{20}{10}$　　　道路容積率 $= 11 \times \dfrac{4}{10} = \dfrac{44}{10}$

$\dfrac{20}{10} < \dfrac{44}{10}$　　∴ 1種中高層住居地域部分の最大容積率 $= \dfrac{20}{10}$

$\boxed{\text{近隣商業地域部分について}}$

法定容積率 $= \dfrac{40}{10}$　　　道路容積率 $= 11 \times \dfrac{6}{10} = \dfrac{66}{10}$

$\dfrac{40}{10} < \dfrac{66}{10}$　　∴ 近隣商業地域部分の最大容積率 $= \dfrac{40}{10}$

1種中高層住居地域の　　　$=$ 最大容積率 $\times$ 1種中高層住居地域の敷地面積
　　　最大延べ面積　　　　$= \dfrac{20}{10} \times \boxed{14 \times 10} = 280$ ㎡

近隣商業地域の　　　　　$=$ 最大容積率 $\times$ 近隣商業地域の敷地面積
　　　最大延べ面積　　　　$= \dfrac{40}{10} \times \boxed{14 \times 15} = 840$ ㎡

敷地における最大延べ面積　$=$ 1種中高層住居地域の最大延べ面積＋近隣商業地の
　　　　　　　　　　　　　　　最大延べ面積
　　　　　　　　　　　　　$= 280 + 840 = 1,120$ ㎡

敷地全体の最大容積率　　　$=$ 敷地における最大延べ面積 / 敷地面積
　　　　　　　　　　　　　$= 1,120 / 14 \times (10 + 15)$
　　　　　　　　　　　　　$= 1,120 / 350 = 3.2 = \dfrac{32}{10}$

敷地（A点）は「1種中高層」なので，勾配は別表3備考欄1より1.25.

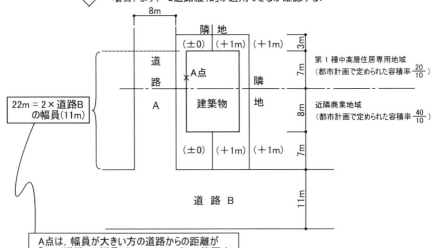

今回の問題のように，敷地が道路に2面以上接する
場合，まず，「2道路緩和」が適用できるか確認する.

22m = 2×道路B
の幅員(11m)

A点は，幅員が大きい方の道路からの距離が
「2×(道路Bの幅員)」かつ，35m以内」の範囲内
にあるので，「2道路緩和」を適用できる.

今回の問題は「2道路緩和」が適用できるので，
問題文の図を書きかえると次の図のようになります.

366

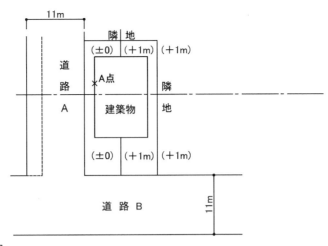

11m

隣 地

（±0）　（+1m）　（+1m）

道　路　A

×A点

建築物

隣 地

（±0）　（+1m）　（+1m）

道 路 B

11m

⬇ 「セットバック緩和」を考慮して，水平距離を求めます.

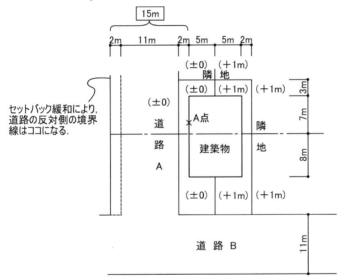

15m

2m　11m　2m　5m　5m　2m

（±0）　（+1m）

隣 地

（±0）　（+1m）　（+1m）　3m

セットバック緩和により，
道路の反対側の境界
線はココになる.

（±0）

道　路　A

×A点

建築物

隣 地

7m

8m

（±0）　（+1m）　（+1m）

道 路 B

11m

19

「道路Aの道路の反対側の境界線」から「A点」までの水平距離は，
上図のようにセットバック緩和を考慮すると，水平距離 = 2 + 11 + 2 = 15 m
「道路B」から「A点」までの水平距離は，あきらかに距離があるので計算する必要はない.

⬇ 水平距離が2以上ある場合は，その最小値を隣地境界線の計算式に代入する.

道路斜線の計算式
　ある地点での高さの限度 = 水平距離 × 勾配

水平距離 =「道路の反対側の境界線」からA点までの距離

また，計算で使う水平距離が適用距離以内であることをこの時点で確認してください．

水平距離の最小値（15 m）≦ 適用距離（30 m）

水平距離 ＝ 適用距離 の場合も，道路斜線制限は適用される．水平距離が<u>適用距離の値を超えれば，適用されない．</u>

ここで「水平距離の最小値」＞「適用距離」の場合は，道路斜線による制限はないので計算は終了になる．

A点での高さの限度 ＝ 各道路からの水平距離の最小値 × 1.25
　　　　　　　　　 ＝ 15 m × 1.25
　　　　　　　　　 ＝ 18.75 m

問題文の敷地には高低差があるため，地盤面の高さの補正が必要である．令2条六号及び2項より，地盤面とは，建築物が周囲の地面と接する位置の平均の高さにおける水平面をいい，当該建物では±0mと＋1mの高さの部分において，同じ長さで接しているため，その平均の高さは，道路の中心から＋0.5mの高さであるとわかる．

敷地の高低差を補正した高さ ＝ 18.75 m － 0.5 m
　　　　　　　　　　　　　 ＝ 18.25 m

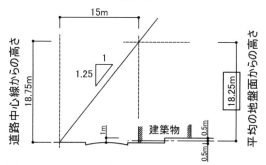

∴ A点の「道路斜線制限による高さの限度」は，18.25 m とわかる．

次に「隣地斜線制限」による高さの限度を求める．

敷地は「1種中高層」なので，隣地斜線の計算式は次のようになる．

> 隣地斜線の計算式（住居系の場合）
> ある地点での高さの限度 ＝（水平距離 × 1.25）＋ 20

水平距離 ＝「隣地境界線」からA点までの距離

「式」より，水平距離の値が小さいほど，高さの限度は厳しくなることがわかる．よって水平距離が2つ以上ある場合は，その最小値を水平距離として計算するが，問題文の敷地では，「北側」が最小となり，北側斜線の方が厳しいことが判断できるため，計算を省略する．

 「北側斜線制限」による高さの限度を求める．

敷地（A点）は「1種中高層」なので，北側斜線の計算式は次のようになる.

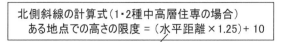

北側斜線の計算式（1・2種中高層住専の場合）
ある地点での高さの限度 ＝（水平距離×1.25）＋ 10

水平距離 ＝「北側隣地境界線」からA点までの距離

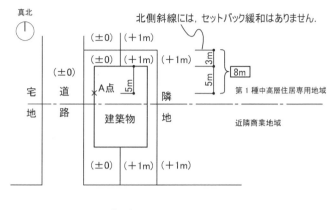

道 路（±0）

---

「北側隣地境界線」から「A点」までの水平距離

水平距離 ＝ 3 ＋ 5 ＝ 8 m

A点での高さの限度　＝（水平距離×1.25）＋ 10
　　　　　　　　　　＝（8 m ×1.25）＋ 10
　　　　　　　　　　＝ 20 m

北側斜線を検討する上で，その斜線の起点となるのは，敷地の地盤面の高さであるため，地盤面からのA点の高さに補正を行う必要はない.

∴　A点の「北側斜線制限による高さの限度」は，20.0 m とわかる.

「道路斜線による高さの限度」と「北側斜線による高さの限度」とを比較する.

A点における道路斜線による高さの限度 ＝ 18.25 m

A点における北側斜線による高さの限度 ＝ 20.0 m

最も，厳しい値（値の小さい方）が，A点の高さの限度となる.

∴　A点の高さの限度 ＝ 18.25 m となる.

問題の答え　18.25 m

19

図のように，敷地に建築物を新築する場合，建築基準法上，A点における建築物の高さの最高限度は，いくらか．ただし，敷地は平坦で，南側道路，西側道路及び東側隣地との高低差はなく，北側隣地より3m低いものとする．また，図に記載されているものを除き，地域，地区等及び特定行政庁の指定等はないものとし，日影による中高層の建築物の高さの制限及び天空率に関する規定は考慮しないものとする．

なお，建築物は，すべての部分において，高さの最高限度まで建築されるものとする．

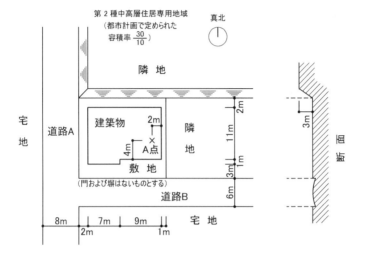

敷地の用途地域は「2種中高層」なので①.「絶対高さ」は考えなくてよいことになる．

※ ①.「絶対高さ」は，「1・2種低層住専」の場合のみ，検討が必要となる．
それ以外の用途地域では考えなくてよい．

また，問題文中「日影による中高層の建築物の高さの制限は考慮しない」と書いてあるので，⑤.「日影制限」も考えなくてよいことになる．

※ 「日影制限」は「地方公共団体が指定した区域」でのみ検討が必要となり，そのような指定がない場合考えなくてよい．

そのため，A点の高さの限度は，②.「道路斜線」，③.「隣地斜線」，④.「北側斜線」によって決まることになる．3つの斜線による制限を計算してみて，そのうち厳しい方（値の小さい方）がA点の高さの限度となります．

 A点の「道路斜線」による高さの限度から計算していきます．

「法令集の別表3」で「勾配」と「適用距離」を調べるために敷地の「最大容積率」を求めます.

法定容積率 $= \dfrac{30}{10}$

道路容積率 $= 8 \times \dfrac{4}{10} = \dfrac{32}{10}$

$\dfrac{32}{10} > \dfrac{30}{10}$ $\quad \therefore$ 最大容積率 $= \dfrac{30}{10}$

別表3より, 勾配 = 1.25, 適用距離 = 25 m とわかる.

⬇ 今回の問題のように, 敷地が道路に2面以上接する
場合, まず, 「2道路緩和」が適用できるか確認する.

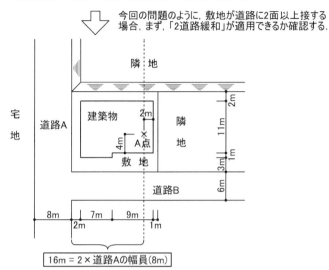

16m = 2 × 道路Aの幅員(8m)

A点は, 幅員が大きい方の道路Aからの距離が
「2 ×(道路Aの幅員)かつ, 35m以内」の範囲内
にあるので, 「2道路緩和」を適用できる.

⬇ 今回の問題は「2道路緩和」が適用できるので,
問題文の図を書きかえると次の図のようになります.

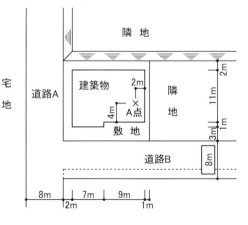

19

「セットバック緩和」を考慮して，水平距離を求めます．

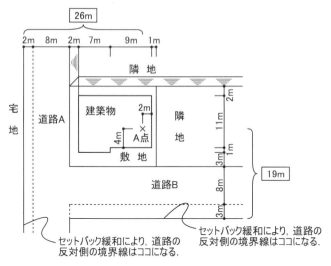

セットバック緩和により，道路の
反対側の境界線はココになる．

セットバック緩和により，道路の
反対側の境界線はココになる．

「道路Aの道路の反対側の境界線」から「A点」までの水平距離は，
上図のようにセットバック緩和を考慮すると，水平距離 = 2 + 8 + 2 + 14 = 26 m

「道路Bの道路の反対側の境界線」から「A点」までの水平距離は，
上図のようにセットバック緩和を考慮すると，水平距離 = 3 + 8 + 3 + 5 = 19 m

水平距離が2つ以上ある場合は最も小さい値が水平距離となる．
今回の問題の場合は，「道路Bからの水平距離 19m」が水平距離となる．

```
道路斜線の計算式
   ある地点での高さの限度 = 水平距離 × 勾配
```

水平距離 = 「道路の反対側の境界線」からA点までの距離

また，計算で使う水平距離が適用距離以内であることをこの時点で確認してください．

水平距離の最小値（19 m） ≦ 適用距離（25 m）

水平距離 = 適用距離の場合も，道路
斜線制限は適用される．水平距離が適
用距離の値を超えれば，適用されない．

ここで「水平距離の最小値」＞「適用距離」の場合は，
道路斜線による制限はないので計算は終了になる．

A点での高さの限度　= 各道路からの水平距離の最小値 × 1.25
　　　　　　　　　　= 19 m × 1.25
　　　　　　　　　　= 23.75 m

∴　A点の「道路斜線制限による高さの限度」は，23.75 m とわかる．

次に「隣地斜線制限」による高さの限度を求める.

敷地は「2種中高層地域」なので, 隣地斜線の計算式は次のようになる.

> 隣地斜線の計算式（住居系の場合）
> ある地点での高さの限度 =（水平距離 × 1.25）+ 20

水平距離 =「隣地境界線」からA点までの距離

「公式」より, 水平距離の値が小さいほど, 高さの限度は厳しくなることが分かる.
なので水平距離が2つ以上ある場合は, その最小値を水平距離として計算に使う.
「セットバック緩和」適用すると, 水平距離は次の図ようになる.

セットバック緩和により, 隣地境界線はココになる.

「東側隣地境界線」から「A点」までの水平距離

　　上図のようにセットバック緩和を考慮すると,
　　水平距離 = 1 + 1 + 2 = 4 m

「北側隣地境界線」から「A点」までの水平距離は, あきらかに距離があるので計算する必要はない.

水平距離が2以上ある場合は, その最小値を隣地境界線の計算式に代入する.

A点での高さの限度 　=（水平距離 × 1.25）+ 20
　　　　　　　　　　　=（4 m × 1.25）+ 20
　　　　　　　　　　　≒ 25 m

∴　A点の「隣地斜線制限による高さの限度」は, 25 m とわかる.

次に「北側斜線制限」による高さの限度を求める.

敷地は「2種中高層地域」なので, 北側斜線の計算式は次のようになる.

> 北側斜線の計算式（1・2種中高層住専の場合）
> ある地点での高さの限度 =（水平距離 × 1.25）+ 10

水平距離 =「北側隣地境界線」からA点までの距離

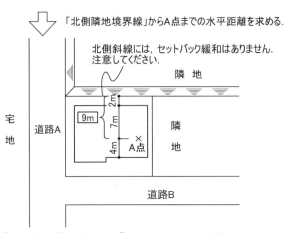

「北側隣地境界線」から「A点」までの水平距離

水平距離 = 2 + 7 = 9 m

水平距離を北側斜線の計算式に代入する.

A点での高さの限度 = (水平距離 × 1.25) + 10
= (9 m × 1.25) + 10
= 21.25 m

さらに，北側隣地と敷地に高低差があるので，
「高低差緩和」を適用する.

高低差緩和の計算式
緩和される高さ = $\dfrac{H - 1}{2}$

H = 北側隣地の敷地の高低差

緩和される高さ = $\dfrac{H - 1}{2}$

= $\dfrac{3 - 1}{2}$ = 1

高低差緩和を考慮した高さの限度 = 21.25 + 1 = 22.25

∴ A点の「北側斜線制限による高さの限度」は，22.25 m とわかる.

「道路斜線による高さの限度」と「隣地斜線による高さの限度」と「北側斜線による高さの限度」とを比較する.

A点における道路斜線による高さの限度 = 23.75 m

A点における隣地斜線による高さの限度 = 25 m

A点における北側斜線による高さの限度 = 22.25 m

最も，厳しい値（値の小さい方）が，A点の高さの限度となる.

∴ A点の高さの限度 = 22.25 m となる.

問題の答え　22.25 m

図のように，敷地に建築物を新築する場合，建築基準法上，A点における地盤面からの建築物の高さの最高限度は，いくらか．ただし，敷地は平坦で，隣地，公園及び道路との高低差はなく，図に記載されているものを除き，地域，地区等及び特定行政庁の指定等はないものとし，日影による中高層の建築物の高さの制限及び天空率に関する規定は考慮しないものとする．なお，建築物は，すべての部分において，高さの最高限度まで建築されるものとする．

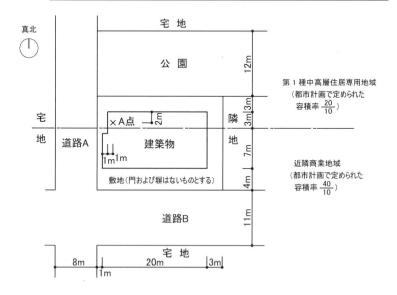

敷地（A点）の用途地域は「1種中高層」「近隣商業」なので①．「絶対高さ」は考えなくてよいことになる．

※　①．「絶対高さ」は，「1・2種低層住専」の場合のみ，検討が必要となる．
　　それ以外の用途地域では考えなくてよい．

また，問題文中「日影による中高層の建築物の高さの制限は考慮しない」と書いてあるので，⑤．「日影制限」も考えなくてよいことになる．

※　「日影制限」は「地方公共団体が指定した区域」でのみ検討が必要となり，
　　そのような指定がない場合考えなくてよい．

そのため，A点の高さの限度は，②．「道路斜線」，③．「隣地斜線」，④．「北側斜線」によって決まることになる．3つの斜線による制限を計算してみて，そのうち厳しい方（値の小さい方）がA点の高さの限度となります．

 A点の「道路斜線」による高さの限度から計算していきます．

「法令集の別表3」で「勾配」と「適用距離」を調べるために敷地の「最大容積率」を求めます.

「1種中高層住居地域部分について」

法定容積率 $= \dfrac{20}{10}$　　道路容積率 $= 11 \times \dfrac{4}{10} = \dfrac{44}{10}$

$\dfrac{20}{10} < \dfrac{44}{10}$　　∴ 1種中高層住居地域部分の最大容積率 $= \dfrac{20}{10}$

「近隣商業地域部分について」

法定容積率 $= \dfrac{40}{10}$　　道路容積率 $= 11 \times \dfrac{6}{10} = \dfrac{66}{10}$

$\dfrac{40}{10} < \dfrac{66}{10}$　　∴ 近隣商業地域部分の最大容積率 $= \dfrac{40}{10}$

1種中高層住居地域の　　　　　　$=$ 最大容積率 × 1種中高層住居地域の敷地面積
　　　　最大延べ面積　　　　　$= \dfrac{20}{10} \times \boxed{24 \times 6} = 288$ ㎡

近隣商業地域の　　　　　　　　$=$ 最大容積率 × 近隣商業地域の敷地面積
　　　　最大延べ面積　　　　　$= \dfrac{40}{10} \times \boxed{24 \times 11} = 1{,}056$ ㎡

敷地における最大延べ面積　$=$ 1種中高層住居地域の最大延べ面積＋近隣商業地域の
　　　　　　　　　　　　　　　最大延べ面積

　　　　　　　　　　　　　　$= 288 + 1{,}056 = 1{,}344$ ㎡

敷地全体の最大容積率　　　$=$ 敷地における最大延べ面積 ／ 敷地面積

　　　　　　　　　　　　　　$= 1{,}344 ／ 24 \times (6 + 11)$

　　　　　　　　　　　　　　$= 1{,}344 ／ 408 ≒ 3.29 ≒ \dfrac{32.9}{10}$

別表3より, 勾配 = 1.25, 適用距離 = 30 m とわかる.

今回の問題のように, 敷地が道路に2面以上接する
場合, まず, 「2道路緩和」が適用できるか確認する.

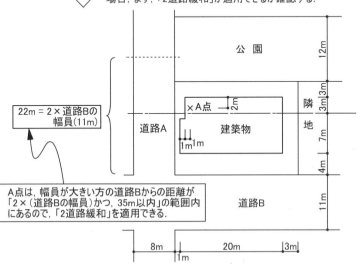

22m = 2 × 道路Bの幅員(11m)

A点は, 幅員が大きい方の道路Bからの距離が
「2 ×(道路Bの幅員)かつ, 35m以内」の範囲内
にあるので, 「2道路緩和」を適用できる.

今回の問題は「2道路緩和」が適用できるので,
問題文の図を書きかえると次の図のようになります.

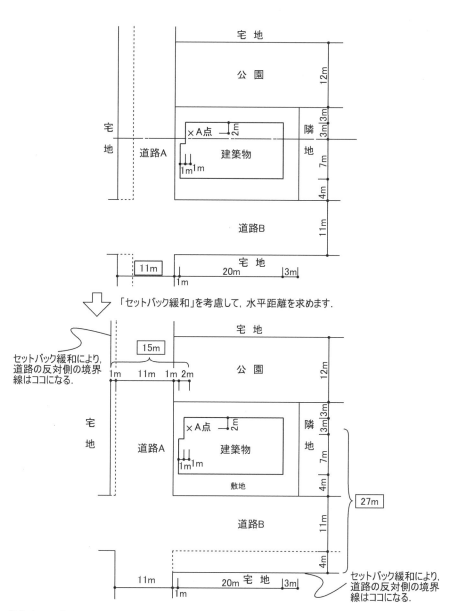

「セットバック緩和」を考慮して，水平距離を求めます．

「道路Aの道路の反対側の境界線」から「A点」までの水平距離は，
上図のようにセットバック緩和を考慮すると，水平距離 = 1 + 11 + 1 + 2 = 15 m

「道路Bの道路の反対側の境界線」から「A点」までの水平距離は，
上図のようにセットバック緩和を考慮すると，水平距離 = 4 + 11 + 4 + 8 = 27 m

水平距離が2つ以上ある場合は最も小さい値が水平距離となる．
今回の問題の場合は，「道路Aからの水平距離 15 m」が水平距離となる．

> 道路斜線の計算式
> ある地点での高さの限度 ＝ 水平距離 × 勾配

　　　　　水平距離 ＝「道路の反対側の境界線」からA点までの距離

また，計算で使う水平距離が適用距離以内であることをこの時点で確認してください．

　　　　　　　　　　　　　　　　　　水平距離 ＝ 適用距離 の場合も，道路
水平距離の最小値（15 m）≦ 適用距離（30 m）◁　斜線制限は適用される．水平距離が適
　　　　　　　　　　　　　　　　　　用距離の値を超えれば，適用されない．

ここで「水平距離の最小値」＞「適用距離」の場合は，
道路斜線による制限はないので計算は終了になる．

A点での高さの限度　＝ 各道路からの水平距離の最小値 × 1.25
　　　　　　　　　　＝ 15 m × 1.25
　　　　　　　　　　＝ 18.75 m

∴　A点の「道路斜線制限による高さの限度」は，18.75 m とわかる．

　　　　⬇　次に「隣地斜線制限」による高さの限度を求める．

敷地（A点）は「1種中高層地域」なので，隣地斜線の計算式は次のようになる．

> 隣地斜線の計算式（住居系の場合）
> ある地点での高さの限度 ＝（水平距離 × 1.25）＋ 20

　　　　　水平距離 ＝「隣地境界線」からA点までの距離

本来は道路斜線の場合と同様に「それぞれの隣地境界線からA点までの水平距離の最小値」
を求め，その後で，上の計算式に代入し高さの限度を求めますが，今回の隣地斜線の場合は，
例えば水平距離が0でも，高さの限度は20m以上となる．
つまり，「A点における隣地斜線による高さの限度」は最低でも20m以上あり，「A点における高さ
の限度」は「道路斜線による高さの限度」の方が厳しいとわかる．

　　　　⬇　次に「北側斜線制限」による高さの限度を求める．

敷地（A点）は「1種中高層地域」なので，北側斜線の計算式は次のようになる．

> 北側斜線の計算式（1・2種中高層住専の場合）
> ある地点での高さの限度 ＝（水平距離 × 1.25）＋ 10

　　　　　水平距離 ＝「北側隣地境界線」からA点までの距離

　　　　⬇　「北側隣地境界線」からA点までの水平距離を求める．

北側斜線には，セットバック緩和はありません．また，水面緩和はありますが，「水面，線路敷その他これらに類するもの」に限られており，公園は対象外となります．道路斜線や隣地斜線の水面緩和とは異なるので注意してください．

真北

公 園

12m

×A点

3m

5m

3m 3m

隣

2m

地

道路A

建築物

7m

1m 1m

敷地

4m

道路B

11m

「北側隣地境界線」から「A点」までの水平距離

水平距離 = 2 + 3 = 5 m

水平距離を北側斜線の計算式に代入する．

A点での高さの限度 ＝（水平距離 × 1.25）＋ 10
＝（5 m × 1.25）＋ 10
＝ 16.25 m

「道路斜線」と「隣地斜線」と「北側斜線」による高さの限度を比較する．

A点における道路斜線による高さの限度 = 18.75 m
A点における隣地斜線による高さの限度 = 20 m を超える
A点における北側斜線による高さの限度 = 16.25 m
最も，厳しい値（値の小さい方）が，A点の高さの限度となる．

∴ A点の高さの限度 = 16.25 m となる．

19

問題の答え　16.25 m

図のように, 敷地に建築物を新築する場合, 建築基準法上, A点における地盤面からの建築物の高さの最高限度はいくらか. ただし, 図に記載されているものを除き, 地域, 地区等及び特定行政庁の指定等はないものとし, 日影による中高層の建築物の高さの制限及び天空率に関する規定は考慮しないものとする. なお, 建築物は, 玄関ポーチ(高さ3m)の部分を除き, すべての部分において, 高さの最高限度まで建築されるものとする.

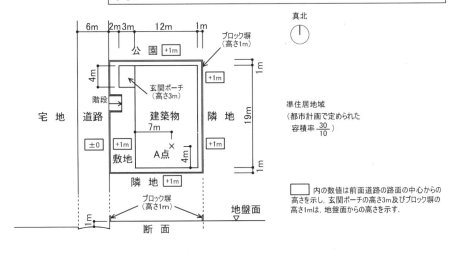

```
真北

準住居地域
(都市計画で定められた
  容積率 30/10 )

[    ]内の数値は前面道路の路面の中心からの
高さを示し, 玄関ポーチの高さ3m及びブロック塀
の高さ1mは, 地盤面からの高さを示す.
```

解説:

敷地の用途地域は「準住居」なので①.「絶対高さ」, ④.「北側斜線」は考えなくてよいことになる.

※ ①.「絶対高さ」は,「1・2種低層住専」の場合のみ, 検討が必要となる. それ以外の用途地域では考えなくてよい.

また, 問題文中「日影による中高層の建築物の高さの制限は考慮しない」と書いてあるので, ⑤.「日影制限」も考えなくてよいことになる.

※ 「日影制限」は「地方公共団体が指定した区域」でのみ検討が必要となり, そのような指定がない場合考えなくてよい.

そのため, A点の高さの限度は, ②.「道路斜線」, ③.「隣地斜線」で決まることになる.
2つの斜線による制限を計算してみて, そのうち厳しい方( 値の小さい方 )がA点の高さの限度となります.

⇩ A点の「道路斜線」による高さの限度から計算していきます.

「法令集の別表3」で「勾配」と「適用距離」を調べるために敷地の「最大容積率」を求めます.

法定容積率 $= \dfrac{30}{10}$

道路容積率 $= 6 \times \dfrac{4}{10} = \dfrac{24}{10}$

$$\dfrac{24}{10} < \dfrac{30}{10} \quad \therefore 最大容積率 = \dfrac{24}{10}$$

別表3より, 勾配 = 1.25, 適用距離 = 25m とわかる.

道路斜線の計算式
ある地点での高さの限度 ＝ 水平距離 × 勾配

水平距離 ＝「道路の反対側の境界線」からA点までの距離

「道路の反対側の境界線」から「A点」までの水平距離をもとめる.

「問題文に「玄関ポーチ」と「道路に沿った塀」が設定されているので,「令130条の12」の「セットバック距離の算定において,建築物から除かれる部分」について簡単に解説します.

「令130条の12第一号」
物置その他これらに類する用途に供する建築物の部分で次の要件に該当するもの
（イ）軒高の高さが 2.3m以下かつ床面積の合計 5㎡ 以下
（ロ）開口率 ≦ 1/5
（ハ）前面道路の境界線までの後退距離のうち最小のものが 1m以上

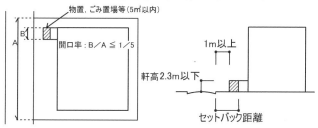

「令130条の12第二号」
ポーチその他これらに類する建築物の部分で, 次の要件に該当するもの
（イ）前面道路の路面の中心からの高さが 5m以下
（ロ）開口率 ≦ 1/5
（ハ）前面道路の境界線までの後退距離のうち最小のものが 1m以上

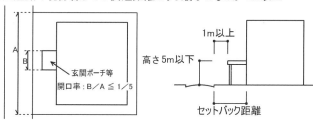

「令130条の12第三号」
道路に沿って設けられる前面道路の路面の中心からの高さ2m以下の門又は塀で,
前面道路の中心からの高さが 1.2mを超える部分が網状その他これらに類するもの

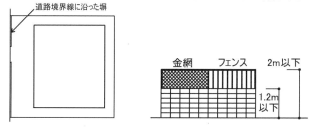

19

「法56条2項」、「令130条の12第一号，二号」より、玄関ポーチ（高さ3m）は，
セットバック距離の算定における建築物の部分から除かれることがわかる（セットバック距離は5m）.

一方、「令130条の12第三号」より、道路に沿って設けられたブロック塀（高さ1m）は，
前面道路の中心からの高さが「2m」となり、高さが1.2mを超える部分が網状ではないため，
セットバック緩和が適用されないことがわかる.

次の図のようにセットバック緩和が無いため，
水平距離 = 6 + 2 + 3 + 7 = 18m

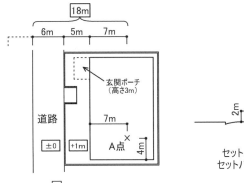

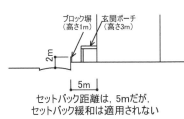

セットバック距離は、5mだが，
セットバック緩和は適用されない

⬇ 「水平距離」が「適用距離」以下であることを確認する.

水平距離（18m）≦ 適用距離（25m）

ここで、「水平距離の最小値」＞「適用距離」の場合は，「道路斜線による制限」は「A点の高
さの限度」に関係しないため，計算する必要はありません.
（また、水平距離が2つ以上ある場合は水平距離の最小値について計算を進めていきます.）

⬇ 道路斜線の計算式に数値を入れてみる.

A点での高さの限度 ＝ 水平距離 × 1.25
　　　　　　　　　 ＝ 18 m × 1.25
　　　　　　　　　 ＝ 22.5 m

さらに、道路と敷地に高低差があるので、「高低差緩和」を適用する.

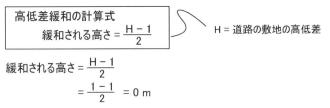

緩和される高さ = $\dfrac{H-1}{2}$
　　　　　　　 = $\dfrac{1-1}{2}$ = 0 m

高低差緩和を採用することはできないが、道路斜線制限は道路中心高からの計算であり，
高さ制限では地盤面からの高さとなるため、道路との高低差を考慮した高さの数値を算出する
必要がある.
高さの限度 = 22.5 − 1 = 21.5 m

∴ A点の「道路斜線制限による高さの限度」は、21.5 m
　とわかる.

次に「隣地斜線制限」による高さの限度を求める.

敷地は「準住居」なので, 隣地斜線の計算式は次のようになる.

隣地斜線の計算式（住居系の場合）
ある地点での高さの限度 ＝（水平距離×1.25）＋20

水平距離 ＝「隣地境界線」からA点までの距離

「計算式」より, 水平距離の値が小さいほど, 高さの限度は厳しくなることが分かる.
なので水平距離が2つ以上ある場合は, その最小値を水平距離として計算に使う.
「セットバック緩和」を適用すると, 水平距離は次の図のようになる.

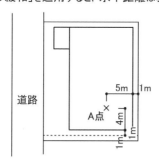

「南側境界線」から「A点」までの水平距離

　上図のようにセットバック緩和を考慮すると,
　水平距離 ＝ 4 ＋ 1 ＋ 1 ＝ 6m

A点での高さの限度　＝（水平距離×1.25）＋20
　　　　　　　　　　＝（6m　×1.25）＋20
　　　　　　　　　　＝ 27.5 m

∴　A点の「隣地斜線制限による高さの限度」は, 27.5 m とわかる.

「道路斜線による高さの限度」と「隣地斜線による高さの限度」とを比較する.

19

A点における道路斜線による高さの限度 ＝ 21.5m

A点における隣地斜線による高さの限度 ＝ 27.5m

最も, 厳しい値（値の小さい方）が, A点の高さの限度となる.

∴　A点の高さの限度 ＝ 21.5 m となる.

問題の答え　21.5 m

図のように，敷地に建築物を新築する場合における建築物の高さに関する次の記述のうち，建築基準法上，正しいか誤りかで答えよ．ただし，敷地は平坦で，隣地及び道路との高低差はなく，門及び塀はないものとする．また，図に記載されているものを除き，地域，地区等及び特定行政庁の指定等はないものとし，日影による中高層の建築物の高さの制限及び天空率に関する規定は考慮しないもとする．

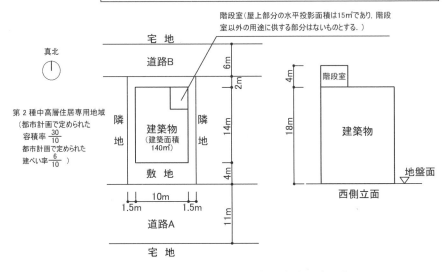

問 1. 建築基準法第56条第1項第一号（道路高さ制限）の規定に適合する．

問 2. 建築基準法第56条第1項第二号（隣地高さ制限）の規定に適合する．

問 3. 建築基準法第56条第1項第三号（北側高さ制限）の規定に適合する．

問 4. 原則として，避雷設備の設置が必要である．

解説

まず設定条件にある，「階段室の高さ」に関する規定を確認しておく．

「令2条第六号」に「建築物の高さの算定方法」の解説が載っており，その「ロ」に「屋上の階段室や昇降機塔などがある場合で，それらが建築面積の1/8以下の場合，それら（階段室等）の高さが12m以下であるならば，建築物の高さに含まなくてよい．」という緩和措置がある（通称：高さ1/8緩和）．ただし，この条文の最初に，「「法33条」（避雷設備），「法56条」（北側斜線），「法57条の4」（特例容積率適用地区内における建築物の高さの限度），「法58条」（高度地区の北側斜線）の場合を除く．」とある．

問題文より，建築物の建築面積は，$14 \times 10 = 140$ ㎡

階段室の水平投影面積は，15㎡ であるため，当該建築物の建築面積の1/8（ = 17.5 ㎡ ）以下とわかる．

つまり,

問 1. の「道路高さ制限」を算定する場合, 階段室の高さは, 建築物の高さに<u>算入しない</u>.

問 2. の「隣地高さ制限」を算定する場合, 階段室の高さは, 建築物の高さに<u>算入しない</u>.

問 3. の「北側高さ制限」を算定する場合, 階段室の高さは, 建築物の高さに<u>算入する</u>.

問 4. の「避雷設備」の設置に関する規定では, 階段室の高さは, 建築物の高さに<u>算入する</u>.

ということがわかる.


問 1.「道路斜線制限」による高さの限度を求める.

「法令集の別表3」で「勾配」と「適用距離」を調べるために敷地の「最大容積率」を求めます.

<u>2種中高層住居地域部分について</u>

問題文より, 2種中高層住居地域部分の 法定容積率 は $\dfrac{30}{10}$

敷地全体における 最大道路幅員 は道路Aの「11m」であるため,

$$\boxed{道路容積率} = 最大道路幅員 \times \frac{4}{10}$$
$$= 11 \times \frac{4}{10}$$
$$= \frac{44}{10}$$

$\dfrac{44}{10} > \dfrac{30}{10}$　∴ 2種中高層地域部分の 最大容積率 $= \dfrac{30}{10}$


別表3より, 勾配 = 1.25, 適用距離 = 25 m とわかる.

⬇ 今回の問題のように, 敷地が道路に2面以上接する場合,
まず,「2道路緩和」が適用できるか確認する.

この時, 道路Bにもっとも近い建築物の地点(道路高さ制限の厳しい地点)をA
点とする.

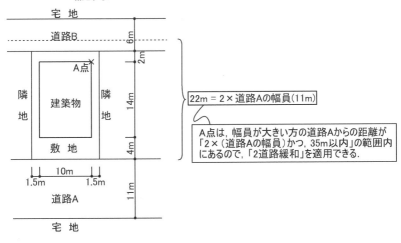

22m = 2 × 道路Aの幅員(11m)

A点は, 幅員が大きい方の道路Aからの距離が
「2 ×(道路Aの幅員)」かつ, 35m以内」の範囲内
にあるので,「2道路緩和」を適用できる.

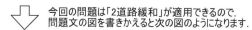
今回の問題は「2道路緩和」が適用できるので，
問題文の図を書きかえると次の図のようになります．

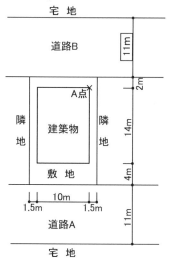

↓「セットバック緩和」を考慮して，水平距離を求めます．

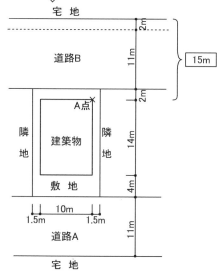

「道路Bの道路の反対側の境界線」から「A点」までの水平距離は，
上図のようにセットバック緩和を考慮すると，水平距離 = 2 + 11 + 2 = 15 m

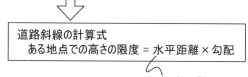

道路斜線の計算式
　ある地点での高さの限度 = 水平距離 × 勾配

水平距離 =「道路の反対側の境界線」からA点までの距離

また，計算で使う水平距離が適用距離以内であることをこの時点で確認してください．

水平距離の最小値（15 m）≦ 適用距離（25 m）

水平距離 = 適用距離 の場合も，道路斜線制限は適用される．水平距離が適用距離の値を超えれば，適用されない．

A点での高さの限度　= 各道路からの水平距離の最小値 × 1.25
　　　　　　　　　　= 15 m × 1.25
　　　　　　　　　　= 18.75 m

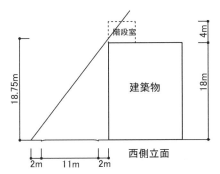

西側立面

「道路高さ制限」を算定する場合，階段室の高さは，建築物の高さに算入しないため，建築物の高さは，18 m となり，道路高さ制限の規定に適合している．問題文は正しい．

問 2.「隣地斜線制限」による高さの限度を求める．

敷地（A点）は「2種中高層地域」なので，隣地斜線の計算式は次のようになる．

> 隣地斜線の計算式（住居系の場合）
> 　ある地点での高さの限度 = （水平距離 × 1.25）+ 20

水平距離 =「隣地境界線」からA点までの距離

階段室を除く建築物の高さは 18 m であるが，隣地斜線制限の対象は，高さが 20 m を超える部分である．よって，隣地斜線制限の規定に適合している．問題文は正しい．

問 3.「北側斜線制限」による高さの限度を求める．

敷地（A点）は「2種中高層地域」なので，北側斜線の計算式は次のようになる．

> 北側斜線の計算式（1・2種中高層住専の場合）
> 　ある地点での高さの限度 = （水平距離 × 1.25）+ 10

水平距離 =「北側隣地境界線」からA点までの距離
北側斜線には，セットバック緩和はありません．

「北側隣地境界線」から「A点」までの水平距離
水平距離 = 6 + 2 = 8 m

　　　　　⬇　水平距離を北側斜線の計算式に代入する.

A点での高さの限度　＝（水平距離×1.25）＋ 10
　　　　　　　　　　　＝（8m ×1.25）＋ 10
　　　　　　　　　　　＝ 20 m

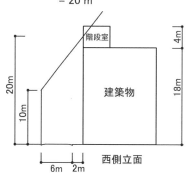

西側立面

階段室を含む建築物の高さは22mであり, 北側斜線制限による高さの限度は20mである. よっ
て, 北側斜線制限の規定に適合しない. 問題文は誤り.


問 4.「避雷設備の設置」に関する高さを求める.

階段室を含む建築物の高さは22mである（20mを超える）ため,「法33条」より, 原則として, 避
雷設備を設けなければならない. 問題文は正しい.

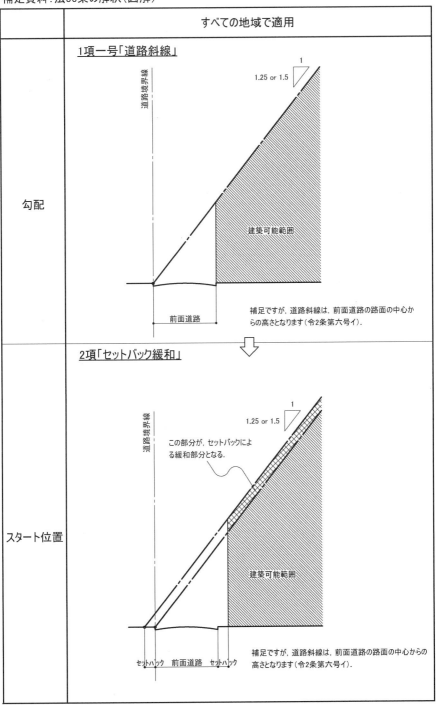

すべての地域で適用

**勾配**

1項一号「道路斜線」

道路境界線

1.25 or 1.5 ／ 1

建築可能範囲

前面道路

補足ですが，道路斜線は，前面道路の路面の中心からの高さとなります（令2条第六号イ）.

**スタート位置**

2項「セットバック緩和」

道路境界線

1.25 or 1.5 ／ 1

この部分が，セットバックによる緩和部分となる.

建築可能範囲

セットバック　前面道路　セットバック

補足ですが，道路斜線は，前面道路の路面の中心からの高さとなります（令2条第六号イ）.

19

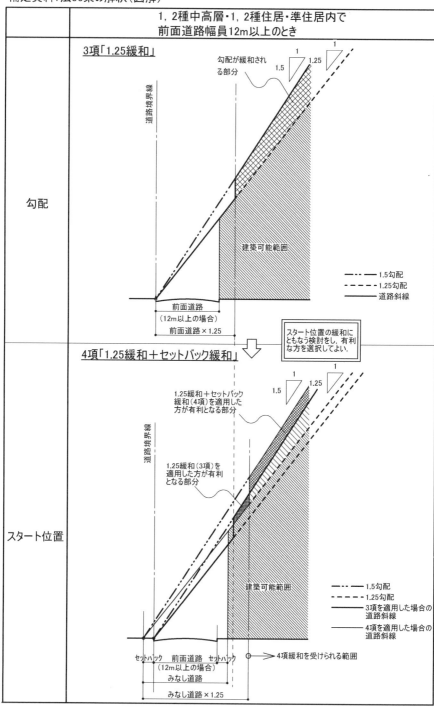

## 法 56 条

一号　道路高さ制限
二号　隣地高さ制限
三号　北側高さ制限
2 項　道路斜線の「セットバック緩和」
3 項　道路斜線の「1.25 緩和」
4 項　道路斜線の「1.25 緩和」+「セットバック緩和」
5 項　2 以上の地域にわたる場合の読み替え
6 項　2 道路，水面，高低差などの緩和（道路，隣地，北側）
　　　政令 → 令 131 条〜 135 条の 4
7 項 天空率

**令 131 条**（前面道路との関係についての建築物の各部分の高さの制限の緩和）
法第 56 条第 6 項の規定による同条第 1 項第一号 及び 第 2 項から第 4 項までの規定の適用の緩和に関する措置は，次条から第 135 条の 2 までに定めるところによる.

令 131 条の 2　前面道路とみなす（計画道路・予定道路）
令 132 条　2 以上の前面道路がある場合（「2 道路緩和」）
令 134 条　道路斜線の「水面緩和」
　　　　　2 項 水面緩和 と 2 道路緩和 の併用
令 135 条の 2　道路斜線の「高低差緩和」
令 135 条の 3　隣地斜線の「水面緩和」「高低差緩和」
令 135 条の 4　北側斜線の「水面緩和」「高低差緩和」
　　　　　　　→ 公園等の扱いに注意
令 135 条の 5　天空率（〜令 135 条の 11）
※隣地斜線のセットバックについては法 56 条 1 項二号本文に組み込まれているため，便宜上，セットバック緩和としている.

## ○高さ制限の問題を解くときは，いきなり計算を始めないこと！

道路の緩和　5 つ（セットバック，1.25, 2 道路，水面，高低差）
隣地の緩和　3 つ（セットバック，水面, 高低差）
北側の緩和　2 つ（水面（公園除く），高低差）
まず何の制限を検討し，上記 5, 3, 2 のどの緩和を適用できるか最初に判断する. 試験中に忘れたら条文を見ても構わない.
ただし，その場で条文の内容を理解することは，まず無理なので，事前に根拠条文を体系的に見られるようにしておこう.

## ○高さ制限の問題を解くときは，計算と併せて断面を描くこと！

緩和の増減を計算式だけでなく，視覚的にチェックしよう. ケアレスミスも減る.

Q. 緩和があるのは敷地が高いとき？　低いとき？
A. 道路斜線の高低差緩和と隣地・北側斜線の高低差緩和では「緩和の意味が違う」

令 135 条の 2（道路斜線の高低差緩和）
「敷地の地盤面」が「前面道路」より（1m 以上）高い場合
建てられる高さが減る（厳しくなる）→救済の緩和
令 135 条の 3 第二号　（隣地斜線の高低差緩和）
「敷地の地盤面」が「隣地の地盤面」より（1m 以上）低い場合
建てられる高さが減るわけではない. むしろ崖の下側で，少し高く建てても上側に影響なし
→ オマケの緩和

19

| コード | 項目 | 問題 | 解答 |
|---|---|---|---|
| 18202 | 地区計画・条例制限<br><br>地区計画 | 建築主事を置かない市町村であっても，地区計画等の区域(地区整備計画等が定められている区域に限る。)内において，建築物の敷地，構造，建築設備又は用途に関する事項で当該地区計画等の内容として定められたものを，市町村の条例で，これらに関する制限として定めることができる． | ○ |
| | | 「法68条の2」に「市町村条例に基づく制限」について載っており，そこを訳すと「市町村は，地区整備計画等が定められている地区計画等の区域内においては，建物の構造等の制限を条例として定めることができる．」とわかる． | |
| | | 原文：法68条の2<br>(市町村の条例に基づく制限)<br>市町村は，地区計画等の区域（地区整備計画……が定められている区域に限る。）内において，<u>建築物の</u> <u>敷地</u>，<u>構造</u>，<u>建築設備</u> <u>又は</u> <u>用途に関する事項で</u> <u>当該地区計画等の内容として</u> <u>定められたものを</u>，<u>条例で</u>，<u>これらに関する</u> <u>制限として定めることができる</u>．<br>2. <u>前項の規定による制限は</u>，……<u>政令で定める基準に従い</u>，<u>行うものとする</u>． | |
| 20175 | 地区計画・条例制限,<br>地区計画・条例基準<br><br>容積率 | 地区計画等の区域（地区整備計画等が定められている区域に限る。）内において，市町村の条例で定める建築物の容積率の最高限度は，5/10以上の数値でなければならない． | ○ |
| | | 「令136条の2の5」に「市町村条例として制限を定めることができる内容」について載っており，その「二号」より「容積率の制限を市町村条例として定める場合は，5/10以上の数値としなければならない．」とわかる．問題文は正しい． | |
| | | 原文：令136条の2の5第二号<br>二．建築物の容積率の最高限度 <u>10分の5以上の数値であること</u>． | |
| 18203 | 地区計画・条例制限,<br>地区計画・条例基準<br><br>建蔽率 | 地区計画等の区域（地区整備計画等が定められている区域に限る。）内において，市町村の条例で定める建築物の建蔽率の最高限度は，3/10以上の数値でなければならない． | ○ |
| | | 「令136条の2の5」に「市町村条例として制限を定めることができる内容」について載っており，その「三号」より「建蔽率の制限を市町村条例として定める場合は，3/10以上の数値としなければならない．」とわかる． | |
| | | 原文：令136条の2の5第三号<br>三．建築物の建蔽率の最高限度 <u>10分の3以上の数値であること</u>． | |
| 18204 | 地区計画・条例制限,<br>地区計画・条例基準<br><br>壁面の位置 | 地区計画等の区域（地区整備計画等が定められている区域に限る。）内において，市町村の条例で定める壁面の位置の制限は，建築物の壁若しくはこれに代わる柱の位置の制限又は当該制限と併せて定められた建築物に附属する門若しくは塀で高さ2mを超えるものの位置の制限でなければならない． | ○ |

「令136条の2の5」に「市町村条例として制限を定めることができる内容」について載っており，その「五号」より「壁面の位置の制限を市町村条例として定める場合，建物の壁若しくはこれに代わる柱の位置の制限又は当該制限と併せて定められた建築物に附属する門若しくは塀で高さ2mを超えるものの位置の制限でなければならない.」とわかる.

原文：令136条の2の5第五号
五．壁面の位置の制限 建築物の壁 若しくは これに代わる柱の位置の制限 又は 当該制限と併せて定められた建築物に附属する門 若しくは 塀で高さ2mを超えるものの位置の制限であること.

| 18205 | 地区計画・条例制限，地区計画・条例基準 ---- 高さ | 地区計画等の区域（地区整備計画等が定められている区域に限る.）内において，市町村の条例で定める建築物の高さの最高限度は，地階を除く階数が2である建築物の通常の高さを下回らない数値でなければならない. | ○ |
|---|---|---|---|

「令136条の2の5」に「市町村条例として制限を定めることができる内容」について載っており，その「六号」より「建物の高さの最高限度を市町村条例として定める場合，地上2階建の建物の通常の高さを下回らない数値としなければならない.」とわかる.

原文：令136条の2の5第六号
六．建築物の高さの最高限度 地階を除く階数が2である建築物の通常の高さを下回らない数値であること.

| 16183 | 地区計画・条例制限，地区計画・条例基準 ---- 意匠 | 地区整備計画の定められている区域内の建築物に関する制限として，建築物の意匠の制限は，市町村の条例で定めることができる. | ○ |
|---|---|---|---|

「令136条の2の5」に「市町村条例として制限を定めることができる内容」について載っており，その「九号」より「建物の意匠の制限は市町村条例として定めることができる.」とわかる.

原文：令136条の2の5第九号
九．建築物の形態又は意匠の制限 地区計画等の区域……内に存する建築物に関して，その屋根又は外壁の形態又は意匠をその形状又は材料によつて定めた制限であること.

| 16181 | 地区計画・条例制限，地区計画・条例基準 ---- 垣又は柵 | 「地区整備計画等」が定められている区域内において，垣又はさくの構造の制限は，市町村の条例で定めることができる. | ○ |
|---|---|---|---|

「令136条の2の5」に「市町村条例として制限を定めることができる内容」について載っており，その「十号」より「垣又は柵の構造の制限は市町村条例として定めることができる.」とわかる.

原文：令136条の2の5第十号
十．垣又は柵の構造の制限 建築物に附属する門又は塀の構造をその高さ，形状又は材料によつて定めた制限であること.

| 16184 | 地区計画・条例制限,地区計画・条例基準<br><br>防火上の制限 | 「地区整備計画等」が定められている区域内において，建築物の構造に関する防火上必要な制限は，市町村の条例で定めることができる． | ○ |
|---|---|---|---|

「令136条の2の5」に「市町村条例として制限を定めることができる内容」について載っており，その「十三号」より「建築物の構造に関する防火上必要な制限は市町村条例として定めることができる．」とわかる．

原文：令136条の2の5第十三号
十三．建築物の構造に関する防火上必要な制限　次に掲げるものであること．

| 23194 | 地区計画・条例制限<br><br>条例に基づく制限 | 市町村は，地区計画の区域内において，地区整備計画の内容として定められた建築物の敷地面積について，条例による制限として定める場合，当該条例の規定の施行又は適用の際，現に建築物の敷地として使用されている土地で当該規定に適合しないもの又は現に存する所有権その他の権利に基づいて建築物の敷地として使用するならば当該規定に適合しないこととなる土地について，その全部を一の敷地として使用する場合の適用の除外に関する規定を定めるものとする． | ○ |
|---|---|---|---|

「法68条の2」に「市町村条例に基づく制限」について載っており，そこを訳すと「市町村は，地区整備計画等が定められている地区計画等の区域内においては，建物の敷地等の制限を条例として定めることができる．（通称：市町村条例）」とあり，またその「3項」より「規定に基づく条例で建築物の敷地面積に関する制限を定める場合においては，当該条例の規定の施行又は適用の際，現に建築物の敷地として使用されている土地で当該規定に適合しないもの又は現に存する所有権その他の権利に基づいて建築物の敷地として使用するならば当該規定に適合しないこととなる土地について，その全部を一の敷地として使用する場合の適用の除外に関する規定を定めるものとする．」とわかる．

原文：法68条の2第3項
3．第1項の規定に基づく条例で建築物の敷地面積に関する制限を定める場合においては，当該条例に，当該条例の規定の施行 又は 適用の際，現に建築物の敷地として使用されている土地で当該規定に適合しないもの 又は 現に存する所有権その他の権利に基づいて建築物の敷地として使用するならば当該規定に適合しないこととなる土地について，その全部を一の敷地として使用する場合 の適用の除外に関する規定（第3条第3項第一号及び第五号の規定に相当する規定を含む．）を定めるものとする．

| 18201 | 地区計画・条例制限 | 地区計画の区域のうち再開発等促進区で地区整備計画が定められている区域のうち建築物の容積率の最高限度が定められている区域内においては，市町村が交通上，安全上，防火上及び衛生上支障がないと認める建築物については，建築基準法第52条の規定は，適用しない． | × |
| --- | --- | --- | --- |
| | 緩和措置 | | |

「法68条の3」に「再開発等促進区等内の制限の緩和等」について載っており，そこを訳すと「地区計画の区域のうち再開発等促進区で地区整備計画が定められている区域のうち建築物の容積率の最高限度が定められている区域内において，行政庁が認めるものについては，第52条（容積率）の規定は，適用しない．」とわかる．問題文には，「市町村」とあるため誤り．

原文：法68条の3
(再開発等促進区等内の制限の緩和等)
<u>地区計画</u>又は沿道地区計画の区域のうち<u>再開発等促進区</u>（都市計画法第12条の5第3項に規定する再開発等促進区をいう．以下同じ．）又は沿道再開発等促進区（沿道整備法第9条第3項に規定する沿道再開発等促進区をいう．以下同じ．）で<u>地区整備計画</u>又は沿道地区整備計画が定められている区域のうち建築物の容積率の<u>最高限度が定められている区域内において</u>は，当該地区計画又は沿道地区計画の内容に適合する建築物で，<u>特定行政庁が交通上，安全上，防火上及び衛生上支障がない</u>と認めるものについては，<u>第52条の規定は，適用しない</u>．

| 20183 | 地区計画・条例制限 | 再開発等促進区（地区整備計画が定められている区域とする．）内の建築物について，建築物の各部分の高さの規定に関し，特定行政庁が交通上，安全上，防火上及び衛生上支障がないと認めて許可をする場合においては，建築審査会の同意を得なければならない． | ○ |
| --- | --- | --- | --- |
| | 緩和措置 | | |

「法68条の3」に「再開発等促進区等内の制限の緩和等」について載っており，その「4項」を訳すと「地区計画の区域のうち再開発等促進区で地区整備計画が定められている区域内において，行政庁が認めて許可した建築物については，法56条（建築物の各部分の高さ）の規定は，適用しない．」とわかる．また「5項」より，行政庁は，あらかじめ建築審査会の同意を得なければならない．

原文：法68条の3第4項，5項
4．<u>地区計画</u>又は沿道地区計画の区域のうち<u>再開発等促進区</u>又は沿道再開発等促進区（地区整備計画又は沿道地区整備計画が定められている区域に限る．第6項において同じ．）<u>内においては</u>，敷地内に有効な空地が確保されていること等により，<u>特定行政庁が交通上，安全上，防火上及び衛生上支障がない</u>と認めて<u>許可した建築物については，第56条の規定は，適用しない</u>．
5．<u>第44条第2項の規定は，前項の規定による許可をする場合に準用する</u>．

| 19193 | 地区計画・<br>条例制限<br><br>条例制限 | 地方公共団体は，条例で，災害危険区域内における住居の用に供する建築物の建築を禁止することができる． | ○ |
|---|---|---|---|
| | | 「法39条」に「災害危険区域」の解説が載っており，そこに「地方公共団体は，危険の著しい区域を災害危険区域として条例により指定することができる．」とあり，また，その「2項」より「災害危険区域内においては，住居の用に供する建物における建築の禁止等の制限をその条例の中に定めることができる．」とわかる． | |
| | | 原文：法39条<br>(災害危険区域)<br>地方公共団体は，条例で，津波，高潮，出水等による危険の著しい区域を災害危険区域として指定することができる．<br>2．災害危険区域内における住居の用に供する建築物の建築の禁止その他建築物の建築に関する制限で災害防止上必要なものは，前項の条例で定める． | |
| 28204 | 地区計画・<br>条例制限，<br>地区計画・<br>条例基準<br><br>防火上の制限 | 特殊建築物については，その用途により，地方公共団体の条例で，建築物の敷地，構造又は建築設備に関して防火上の制限が附加されることがある． | ○ |
| | | 「法40条」に「地方公共団体の条例による制限の附加」について載っており，「地方公共団体は，特殊建築物について，条例で，建築物の敷地，構造又は建築設備に関して，防火上必要な制限を附加することができる．」とわかる． | |
| | | 原文：法40条<br>(地方公共団体の条例による制限の附加)<br>地方公共団体は，その地方の気候若しくは風土の特殊性又は特殊建築物の用途若しくは規模に因り……条例で，建築物の敷地，構造又は建築設備に関して安全上，防火上又は衛生上必要な制限を附加することができる． | |
| 19192 | 地区計画・<br>条例制限<br><br>条例制限 | 地方公共団体は，国土交通大臣の承認を得て，条例で，特別用途地区内における用途地域による建築物の用途制限を緩和することができる． | ○ |
| | | 「法49条2項」を訳すと「特別用途地区内においては，地方公共団体は大臣の承認を得て，条例として建物の用途制限（法48条）を緩和することができる．」とわかる． | |
| | | 原文：法49条2項<br>(特別用途地区)<br>2．特別用途地区内においては，地方公共団体は，その地区の指定の目的のために必要と認める場合においては，国土交通大臣の承認を得て，条例で，前条……の規定による制限を緩和することができる． | |

| 25164 | 地区計画<br>--------<br>高度利用地区 | 高度利用地区内においては，学校，駅舎，卸売市場等で，特定行政庁が用途上又は構造上やむを得ないと認めて許可したものについては，高度利用地区に関する都市計画において定められた容積率に適合しないものとすることができる． | ○ |
|---|---|---|---|

「法59条」に「高度利用地区」について載っており，そこを訳すと「容積率，建蔽率，建築面積が，高度利用地区に関する都市計画において定められた内容に適合するものでなければならない．ただし，次の各号の一に該当する建築物については，この限りでない．」とあり，その「三号」により「学校，駅舎，卸売市場等で，行政庁が用途上又は構造上やむを得ないと認めて許可したもの」とわかる．よって問題文は正しい．

原文：法59条1項，5項
(高度利用地区)
高度利用地区内においては，建築物の容積率及び建蔽率並びに建築物の建築面積 (……) は，高度利用地区に関する都市計画において定められた内容に適合するものでなければならない．ただし，次の各号の一に該当する建築物については，この限りでない．
……
三．学校，駅舎，卸売市場その他これらに類する公益上必要な建築物で，特定行政庁が用途上又は構造上やむを得ないと認めて許可したもの
……
5. 第44条第2項の規定は，第1項第三号又は前項の規定による許可をする場合に準用する．

20

**都計法 12 の 4**（地区計画等）

都市計画区域については，都市計画に，次に掲げる計画を定めることができる.

　一　地区計画

　二　密集市街地整備法…の規定による防災街区整備地区計画

　三　…法…の規定による歴史的風致維持向上地区計画

　四　…法…の規定による沿道地区計画

　五　…法…の規定による集落地区計画

2 地区計画等については，都市計画に，地区計画等の種類，名称，位置及び区域を定めるものとするとともに，区域の面積その他の政令で定める事項を定めるよう努めるものとする.

**都計法 12 条の 5**（地区計画）

2 地区計画については，前項第 2 項に定めるもののほか，都市計画に，第一号に掲げる事項を定めるものとするとともに，第二号及び第三号に掲げる事項を定めるよう努めるものとする.

　一　主として街区内の居住者等の利用に供される道路，公園……及び建築物等の整備並びに土地の利用に関する計画（以下「**地区整備計画**」という.）

　二　当該地区計画の目標

　三　当該区域の整備，開発及び保全に関する方針

7 **地区整備計画**においては，次に掲げる事項（……）を定めることができる.

　一　地区施設の配置及び規模

　二　建築物等の用途の制限，建築物の容積率の最高限度又は……

**建築基準法　第 7 節　地区計画等の区域**

**法 68 条の 2**（市町村の条例に基づく制限）

市町村は，地区計画等の区域（**地区整備計画**，特定建築物地区整備計画，……（以下「**地区整備計画等**」という.）が定められている**区域に限る.**）内において，建築物の敷地，構造，建築設備又は用途に関する事項で当該地区計画等の内容として定められたものを，条例で，これらに関する制限として定めることができる.

2 前項の規定による制限は，…それぞれ合理的に必要と認められる限度において，同項に規定する事項のうち特に重要な事項につき，**政令で定める基準に従い，行うものとする.**

→ **令 136 条の 2 の 5**

**法 68 条の 3**（再開発等促進区等内の制限の緩和等）

地区計画又は沿道地区計画の区域のうち**再開発等促進区**……で**地区整備計画**……が定められている区域のうち建築物の容積率の最高限度が定められている区域内においては，……行政庁が……認めるものについては，第 52 条の規定は，適用しない.

4 ……行政庁が……認めて**許可した**建築物については，第 56 条の規定は，適用しない.

5 第 44 条第 2 項の規定は，前項の規定による許可をする場合に準用する.

**第 68 条の 7**（**予定道路**の指定）

特定行政庁は，地区計画等に道の配置及び規模又はその区域が定められている場合で，次の各号の一に該当するときは，……政令で定める基準に従い，予定道路の指定を行うことができる. ただし……

4 第 1 項の規定により予定道路が指定された場合においては，当該予定道路を第 42 条第 1 項に規定する道路とみなして，第 44 条の規定を適用する.

5 第 1 項の規定により予定道路が指定された場合において，建築物の敷地が予定道路に接するとき又は当該敷地内に予定道路があるときは，特定行政庁が……認めて許可した建築物については，当該予定道路を第 52 条第 2 項の前面道路とみなして，同項から同条第 7 項まで及び第 9 項の規定を適用するものとする. この場合においては，当該敷地のうち予定道路に係る部分の面積は，敷地面積又は敷地の部分の面積に算入しないものとする.

★**これらの条文をまとめてイメージする**

| コード | 項目 | 問題 | 解答 |
|---|---|---|---|
| 20173 | 建築協定<br>建築協定 | 建築協定に関する市町村の条例が定められていない場合は，建築協定を締結することができない． | ○ |
| | | 「法69条」に「建築協定」の解説が載っており，そこを訳すと「市町村が建築協定を締結することができる旨の条例を定めている区域でなければ建築協定を締結することはできない．」とわかる． | |
| | | 原文：法69条<br>（建築協定の目的）<br>市町村は，その区域の一部について，住宅地としての環境 又は 商店街としての利便を高度に維持増進する等建築物の利用を増進し，かつ，土地の環境を改善するために必要と認める場合……（以下「建築協定」という．）を締結することができる旨を，条例で，定めることができる． | |
| 20171 | 建築協定<br>協定書 | 建築協定書には，建築協定区域，建築物に関する基準，協定の有効期間及び協定違反があった場合の措置を定めなければならない． | ○ |
| | | 「法70条」より，「建築協定書には，協定違反があつた場合の措置を定めなければならない．」とわかる． | |
| | | 原文：法70条<br>（建築協定の認可の申請）<br>前条の規定による建築協定を締結しようとする土地の所有者等は，協定の目的となつている土地の区域（以下「建築協定区域」という．），建築物に関する基準，協定の有効期間 及び 協定違反があつた場合の措置を定めた建築協定書を作成し，その代表者によつて，これを特定行政庁に提出し，その認可を受けなければならない． | |
| 27191 | 建築協定<br>締結合意 | 建築協定書の作成に当たって，建築協定区域内の土地に借地権の目的となっている土地がある場合においては，土地の所有者及び借地権を有する者の全員の合意がなければならない． | × |
| | | 「法70条3項」より，「建築協定書には，土地の所有者等の全員の合意がなければならない．」とわかる．また，ただし書きで「借地権の目的となっている土地がある場合においては，その土地本来の所有者の合意は不要であるが，借地権を有する者の全員の合意については必要．」とわかる．問題文は誤り． | |
| | | 原文：法70条3項<br>3．第1項の建築協定書については，土地の所有者等の全員の合意がなければならない．ただし，当該建築協定区域内の土地（土地区画整理法第98条第1項の規定により仮換地として指定された土地にあつては，当該土地に対応する従前の土地）に借地権の目的となつている土地がある場合においては，当該借地権の目的となつている土地の所有者以外の 土地の所有者等の全員の合意があれば足りる．<br><br>原文：法69条<br>……土地の所有者 及び 借地権を有する者（……以下「土地の所有者等」と総称する．）…… | |
| 21193 | 建築協定<br>公告 | 市町村の長は，建築協定書の提出があった場合においては，遅滞なく，その旨を公告し，20日以上の相当の期間を定めて，これを関係人の縦覧に供さなければならない． | ○ |
| | | 「法71条」より，「市町村の長は，建築協定書の提出があつた場合においては，遅滞なく，その旨を公告し，20日以上の相当の期間を定めて，これを関係人の縦覧に供さなければならない．」とわかる． | |

21

|  | 原文：法71条<br>(申請に係る建築協定の公告)<br>市町村の長は，前条第1項又は第4項の規定による建築協定書の提出があつた場合においては，遅滞なく，その旨を公告し，20日以上の相当の期間を定めて，これを関係人の縦覧に供さなければならない． |  |
|---|---|---|
| 21194 | 建築協定<br>------<br>隣接地 | 建築協定において建築協定区域隣接地を定める場合には，その区域は，建築協定区域との一体性を有する土地の区域でなければならない． |
| | 「法73条1項第三号」より，「建築協定において建築協定区域隣接地を定める場合には，建築協定区域隣接地について省令で定める基準に適合するものであること．」とわかる．その省令は，「基準法施行規則10条の6第二号」に載っており，「建築協定区域隣接地の区域は，建築協定区域との一体性を有する土地の区域でなければならない．」とわかる． |  |
| | 原文：法73条1項第三号<br>(建築協定の認可)<br>特定行政庁は，当該建築協定の認可の申請が，次に掲げる条件に該当するときは，当該建築協定を認可しなければならない．<br>……<br>三．建築協定において建築協定区域隣接地を定める場合には，その区域の境界が明確に定められていることその他の建築協定区域隣接地について国土交通省令で定める基準に適合するものであること． |  |
| | 原文：建築基準法施行規則第10条の6第二号<br>(建築協定区域隣接地に関する基準)<br>……<br>二．建築協定区域隣接地の区域は，建築協定区域との一体性を有する土地の区域でなければならない． |  |
| 23191 | 建築協定<br>------<br>変更合意 | 認可を受けた建築協定に係る建築物に関する基準を変更しようとする場合，建築協定区域内の土地の所有者等(借地権の目的となっている土地の所有者は除く．)の過半数の合意をもってその旨を定め，これを特定行政庁に申請してその許可を受けなければならない． | × |
| | 「法74条1項」及び「2項」より，「建築協定における内容の変更には，法70～73条の規定を準用する．」とあり，「法70条3項」より，「協定内容の変更には，土地の所有者等の全員の合意がなければならない．」とわかる． |  |
| | 原文：法74条<br>(建築協定の変更)<br>建築協定区域内における土地の所有者等（当該建築協定の効力が及ばない者を除く．）は，前条第1項の規定による認可を受けた建築協定に係る建築協定区域，建築物に関する基準，有効期間，協定違反があつた場合の措置又は建築協定区域隣接地を変更しようとする場合においては，その旨を定め，これを特定行政庁に申請してその認可を受けなければならない．<br>2．前4条の規定は，前項の認可の手続に準用する． |  |

| 25192 | 建築協定 | 建築協定区域内の土地の所有者で当該建築協定の効力が及ばないものは，建築協定の認可等の公告のあった日以後いつでも，特定行政庁に対して書面でその意思を表示することによって，当該建築協定に加わることができる． | ○ |
|---|---|---|---|
| | 加入手続 | | |

「法75条の2」に「建築協定に加わる手続き等」について載っており，その「1項」を訳すと，「建築協定区域内の土地の所有者で当該協定の効力が及ばないものは，建築協定の認可等の公告のあった日以後いつでも，行政庁に対して書面で意思を表示することによって，建築協定に加わることができる．」とわかる．

原文：法75条の2
(建築協定の認可等の公告のあった日以後建築協定に加わる手続等)
建築協定区域内の土地の所有者(……)で当該建築協定の効力が及ばないものは，建築協定の認可等の公告のあった日以後いつでも，特定行政庁に対して書面でその意思を表示することによって，当該建築協定に加わることができる．

| 30204 | 建築協定 | 建築協定区域隣接地の区域内の土地に係る土地の所有者等は，建築協定の認可等の公告があった日以後いつでも，当該土地に係る土地の所有者等の過半数の合意により，特定行政庁に対して書面でその意思を表示することによって，当該建築協定に加わることができる． | × |
|---|---|---|---|
| | 加入手続 | | |

「法75条の2第2項」より，「建築協定区域隣接地の区域内の土地に係る土地の所有者等は，建築協定の認可等の公告のあった日以後いつでも，当該土地に係る土地の所有者等の全員の合意により，行政庁に対して書面で意思を表示することによって，建築協定に加わることができる．」とわかる．問題文には「過半数の合意」とあるため誤り．

原文：法75条の2第2項
2. 建築協定区域隣接地の区域内の土地に係る土地の所有者等は，建築協定の認可等の公告のあった日以後いつでも，当該土地に係る土地の所有者等の全員の合意により，特定行政庁に対して書面でその意思を表示することによって，建築協定に加わることができる．ただし……

| 19173 | 建築協定 | 認可を受けた建築協定を廃止しようとする場合においては，建築協定区域内の土地の所有者等（当該建築協定の効力が及ばない者を除く．）の過半数の合意をもってその旨を定め，これを特定行政庁に申請してその認可を受けなければならない． | ○ |
|---|---|---|---|
| | 廃止 | | |

「法76条」に「協定の廃止」について載っており，そこを訳すと，「建築協定を廃止する場合においては，土地の所有者等（協定の効力が及ばない者を除く．）の過半数の合意をもってその旨を定め，行政庁に申請し認可を受ける．」とわかる．

原文：法76条
(建築協定の廃止)
建築協定区域内の土地の所有者等（当該建築協定の効力が及ばない者を除く．）は，第73条第1項の規定による認可を受けた建築協定を廃止しようとする場合においては，その過半数の合意をもってその旨を定め，これを特定行政庁に申請してその認可を受けなければならない．

21

| 17175 | 建築協定 | 建築協定は，建築協定を締結しようとする区域内のすべての土地を一人で所有している場合にも定めることができる． | ○ |
|---|---|---|---|
| | 協定締結 | | |

「法76条の3第1項」より，「建築協定を締結しようとする区域内の土地を一人で所有している場合においても建築協定を定めることができる．」とわかる．

原文：法76条の3
(建築協定の設定の特則)
第69条の条例で定める区域内における土地で，一の所有者以外に土地の所有者等が存しないものの所有者は，当該土地の区域を建築協定区域とする建築協定を定めることができる．

| 23192 | 建築協定 | 一の所有者以外に土地の所有者等が存しない土地の所有者が認可を受けた建築協定は，認可の日から起算して3年以内において当該建築協定区域内の土地に2以上の土地の所有者等が存しない場合には，効力を有するものとはならない． | ○ |
|---|---|---|---|
| | 協定効力 | | |

「法76条の3」に「建築協定の設定の特則」について載っており，その「1項」より，「一の所有者以外に土地の所有者等が存しない土地の所有者は建築協定を定めることができる．」とわかる．ただし，同条「5項」より，「認可を受けた建築協定は，認可の日から起算して3年以内において当該建築協定区域内の土地に2以上の土地の所有者等が存することとなった時から，効力を有する建築協定となる．」とわかる．よって，問題文にある「2以上の土地の所有者等が存しない場合」には，効力を有する建築協定とはならない．

原文：法76条の3第5項
5．第2項の規定による認可を受けた建築協定は，認可の日から起算して3年以内において当該建築協定区域内の土地に2以上の土地の所有者等が存することとなつた時から，……効力を有する建築協定となる．

| 25194 | 建築協定 | 地区計画は，都市計画区域及び準都市計画区域内においてのみ定めることができるが，建築協定は，都市計画区域及び準都市計画区域以外の区域内においても定めることができる． | × |
|---|---|---|---|
| | 適用範囲 | | |

「地区計画」(法68条の2)は，法第3章に規定されており，「法41条の2」に「適用区域」について載っており，そこを訳すと「第3章の規定は，都市計画区域及び準都市計画区域内に限り適用する．」とわかる．しかし，「都市計画法12条の4(地区計画等)」に「都市計画区域に地区計画は定めるものとする．」とあるため，都市計画区域においてのみ定めるものとされていることがわかる(都市計画法で準都市計画区域内に地区計画を定めていない)．よって誤り．尚，「建築協定」(法69条)は，法第4章に規定されているため，都市計画区域及び準都市計画区域外においても定めることができる．

原文：法41条の2
(適用区域)
この章(第八節を除く.)の規定は，都市計画区域及び準都市計画区域内に限り，適用する．

原文：都計法12条の4
(地区計画等)
都市計画区域については，都市計画に，次に掲げる計画を定めることができる．
一．地区計画

| コード | 項目 | 問題 | 解答 |
|---|---|---|---|
| 24252 | バリアフリー法<br><br>特定建築物 | 建築主等は，特定建築物（特別特定建築物を除く．）の建築をしようとするときは，当該特定建築物を建築物移動等円滑化基準に適合させるために必要な措置を講ずるよう努めなければならない． | ○ |

「バリアフリー法16条」より，「建築主等は，特定建築物（特別特定建築物を除く．）の建築をしようとするときは，当該特定建築物を建築物移動等円滑化基準に適合するための措置を講ずるよう努めなければならない．」とわかる．

原文：バリアフリー法16条
(特定建築物の建築主等の努力義務等)
建築主等は，特定建築物（特別特定建築物を除く．以下この条において同じ．）の建築（用途の変更をして特定建築物にすることを含む．次条第1項において同じ．）をしようとするときは，当該特定建築物を建築物移動等円滑化基準に適合させるために必要な措置を講ずるよう努めなければならない．

原文：バリアフリー法2条第十八号
十八．特定建築物　学校，病院，劇場，観覧場，集会場，展示場，百貨店，ホテル，事務所，共同住宅，老人ホームその他の多数の者が利用する政令で定める建築物 又は その部分をいい，これらに附属する建築物特定施設を含むものとする．

| 03272 | バリアフリー法，同法(令)<br><br>特定建築物 | 建築主等は，共同住宅のエレベーターを修繕しようとするときは，当該エレベーターを建築物移動等円滑化基準に適合させるために必要な措置を講ずるよう努めなければならない． | ○ |

「バリアフリー法16条2項」より，「建築主等は，特定建築物の建築物特定施設の修繕をしようとするときは，当該建築物特定施設を建築物移動等円滑化基準に適合させるために必要な措置を講ずるよう努めなければならない．」とわかる．問題文の「共同住宅」は特定建築物（同法2条第十八号）であり，「エレベーター」は建築物特定施設（同条第二十号）に該当する．よって正しい．

原文：バリアフリー法16条2項
2．建築主等は，特定建築物の建築物特定施設の修繕又は模様替をしようとするときは，当該建築物特定施設を建築物移動等円滑化基準に適合させるために必要な措置を講ずるよう努めなければならない．

原文：バリアフリー法2条第二十号
二十．建築物特定施設　出入口，廊下，階段，エレベーター，便所，敷地内の通路，駐車場その他の建築物又はその敷地に設けられる施設で政令で定めるものをいう．

| 29261 | バリアフリー法<br><br>特定建築物 | 床面積の合計が2,000m²の会員制スイミングスクール（一般公共の用に供されないもの）を新築しようとするときは，建築物移動等円滑化基準に適合させるために必要な措置を講ずるよう努めなければならない． | ○ |

「バリアフリー法16条」より，「建築主等は，特定建築物の建築をしようとするときは，当該特定建築物を建築物移動等円滑化基準に適合するための措置を講ずるよう努めなければならない．」とわかる．問題文の「会員制スイミングスクール」は，「同法（令）4条第十二号」に該当するため「特定建築物」であるが，「同法（令）5条第十一号」に規定される「水泳場（一般公共の用に供されるもの）」には該当しないため，「特別特定建築物」ではない．よって正しい．

22

| | | | |
|---|---|---|---|
| | 原文：バリアフリー法（令）4条<br>（特定建築物）<br>法第2条第十八号の政令で定める建築物は，次に掲げるもの……<br>一．学校<br>二．病院又は診療所<br>三．劇場，観覧場，映画館又は演芸場<br>……<br>六．卸売市場又は百貨店，マーケットその他の物品販売業を営む店舗<br>……<br>八．事務所<br>九．共同住宅，寄宿舎又は下宿<br>……<br>十二．体育館，水泳場，……<br>……<br>十六．理髪店，クリーニング取次店，質屋，貸衣装屋，銀行……<br>十七．自動車教習所又は学習塾，華道教室，囲碁教室その他これらに類するもの<br>……<br>二十一．公衆便所 | | |

| 27274 | バリアフリー法,同法(令)<br><br>特別特定建築物 | 「特別特定建築物」は，「高齢者，障害者等の移動等の円滑化の促進に関する法律」に規定されている用語である． | ○ |
|---|---|---|---|
| | 「バリアフリー法2条第十九号」より，「不特定かつ多数の者が利用し，又は主として高齢者，障害者等が利用する特定建築物その他の特定建築物であって，移動等円滑化が特に必要なものとして政令で定めるものをいう．」とわかる． | | |
| | 原文：バリアフリー法2条第十九号<br>十九．特別特定建築物　不特定かつ多数の者が利用し，又は主として高齢者，障害者等が利用する特定建築物その他の特定建築物であって，移動等円滑化が特に必要なものとして政令で定めるものをいう． | | |

| 19232 | バリアフリー法,同法(令)<br><br>特別特定建築物 | 「高齢者，障害者等の移動等の円滑化の促進に関する法律」において，特定建築物である共同住宅，銀行，保育所及び学習塾のうち，特別特定建築物に該当するものは，保育所である． | × |
|---|---|---|---|
| | 「バリアフリー法2条第十九号」より，「不特定かつ多数の者が利用し，又は主として高齢者，障害者等が利用する特定建築物その他の特定建築物であって，移動等円滑化が特に必要なものとして政令で定めるものをいう．」とわかる．その「政令」については，「バリアフリー法（令）5条」にあり，問題文の「銀行」はその「十五号」に該当するため「特別特定建築物」であるが，「保育所」はいずれにも該当しない．よって問題文は誤り． | | |

原文：バリアフリー法（令）5条
（特別特定建築物）
法第2条第十九号の政令で定める特定建築物は，次に掲げるものとする．
一．……「公立小学校等」又は……特別支援学校
二．病院又は診療所
三．劇場，観覧場，映画館又は演芸場
……
六．百貨店，マーケットその他の物品販売業を営む店舗
七．ホテル又は旅館
八．保健所，税務署その他不特定かつ多数の者が利用する官公署
……
十一．体育館（一般公共の用に供されるものに限る．），水泳場（一般公共の用に供されるものに限る．）若しくはボーリング場又は遊技場
……
十四．飲食店
十五．理髪店，クリーニング取次店，質屋，貸衣装屋，銀行……
十八．公衆便所

| 18233 | バリアフリー法,同法（令）建築物移動等円滑化基準 | 床面積の合計2,000m²のホテルを新築する場合，建築物移動等円滑化基準に適合させなければならない． | ○ |
|---|---|---|---|

「バリアフリー法14条」，「同法（令）9条」より，「新築の特別特定建築物が，所定の規模以上（床面積の合計2,000m²以上）であれば，建築物移動等円滑化基準に適合させなければならない．」とわかる．問題文の「ホテル」は，「同法（令）5条第七号」に規定される特別特定建築物であり，その床面積の合計が2,000m²以上であるため建築物移動等円滑化基準に適合させなければならない．

原文：バリアフリー法14条
（特別特定建築物の建築主等の基準適合義務等）
建築主等は，特別特定建築物の政令で定める規模以上の建築（用途の変更をして特別特定建築物にすることを含む．以下この条において同じ．）をしようとするときは，当該特別特定建築物（次項において「新築特別特定建築物」という．）を，……政令で定める基準（以下「建築物移動等円滑化基準」という．）に適合させなければならない．

原文：バリアフリー法（令）9条
（基準適合義務の対象となる特別特定建築物の規模）
法第14条第1項の政令で定める規模は，床面積（増築若しくは改築又は用途の変更の場合にあっては，当該増築若しくは改築又は用途の変更に係る部分の床面積）の合計2,000m²（第5条第十八号に掲げる公衆便所にあっては，50m²）とする．

| 26261 | バリアフリー法,同法（令）建築物移動等円滑化基準 | 床面積の合計が60m²の公衆便所を新築する場合，「高齢者，障害者等の移動等の円滑化の促進に関する法律」上，建築物移動等円滑化基準に適合させなくてもよい． | × |
|---|---|---|---|

「バリアフリー法 14 条」,「同法 (令) 5 条第十八号, 9 条」より,「所定の規模 (50m²) 以上の公衆便所 (特別特定建築物) を建築しようとする場合は, 建築物移動等円滑化基準に適合させなければならない.」とわかる.

原文：バリアフリー法 (令) 5 条第十八号
十八. 公衆便所

原文：バリアフリー法 (令) 9 条
法第 14 条第 1 項の政令で定める規模は, …… (第 5 条第十八号に掲げる公衆便所にあっては, 50m²) とする.

| 25262 | バリアフリー法, 同法(令) ------ 建築物移動等円滑化基準 | 床面積の合計が 2,000m² の図書館を新築しようとする場合, 当該図書館に設ける階段のうち, 不特定かつ多数の者が利用し, 又は主として高齢者, 障害者等が利用するものは, 踊場を除き, 手すりを設けなければならない. | ○ |
|---|---|---|---|

「バリアフリー法 14 条」,「同法 (令) 9 条」より,「所定の規模 (2,000m²) 以上の特別特定建築物を建築しようとする場合, 建築物移動等円滑化基準に適合させなければならない.」とわかる. 問題文の「床面積の合計 2,000m² の図書館」は,「同法(令) 5 条十二号」に規定される特別特定建築物であり, その床面積の合計が 2,000m² 以上であるため建築物移動等円滑化基準に適合させなければならない.「建築物移動等円滑化基準」については「同法 (令) 10 条〜23 条」に規定されており, そのうち「階段」については「同法 (令) 12 条」載っており, その「一号」より,「踊場を除き, 手すりを設けること.」とわかる.

原文：バリアフリー法 (令) 10 条
(建築物移動等円滑化基準)
法第 14 条第 1 項の政令で定める建築物特定施設の構造及び配置に関する基準は, 次条から第 23 条までに定めるところによる.

原文：バリアフリー法 (令) 12 条
(階段)
不特定かつ多数の者が利用し, 又は主として高齢者, 障害者等が利用する階段は, 次に掲げるものでなければならない.
一. 踊場を除き, 手すりを設けること.

| 01262 | バリアフリー法, 同法(令) ------ 建築物移動等円滑化基準 | 床面積の合計が 2,000m² の図書館を新築しようとする場合において, 当該図書館に設ける階段のうち, 不特定かつ多数の者が利用し, 又は主として高齢者, 障害者等が利用するものは, 踏面の端部とその周囲の部分との色の明度, 色相又は彩度の差が大きいことにより段を容易に識別できるものとしなければならない. | ○ |
|---|---|---|---|

「バリアフリー法 14 条」及び「同法 (令) 9 条」より,「所定の規模 (2,000m²) 以上の特別特定建築物を建築しようとする場合, 建築物移動等円滑化基準に適合させなければならない.」とわかる. 問題文の「床面積の合計 2,000m² の図書館」は,「バリアフリー法 (令) 5 条十二号」に規定される特別特定建築物であり, その床面積の合計が 2,000m² 以上であるため建築物移動等円滑化基準に適合させなければならない.「建築物移動等円滑化基準」については「バリアフリー法 (令) 10 条〜23 条」に規定されており, そのうち「階段」については「バリアフリー法 (令) 12 条」載っており, その「三号」より,「踏面の端部とその周囲の部分との色の明度, 色相又は彩度の差が大きいことにより段を容易に識別できるものとしなければならない.」とわかる. よって正しい.

| | | | |
|---|---|---|---|
| | 原文：バリアフリー法（令）12条第三号<br>三．踏面の端部とその周囲の部分との色の明度，色相 又は 彩度の差が大きいことにより段を容易に識別できるものとすること． | | |
| 21261 | バリアフリー<br>法，同法（令）<br>──────<br>建築物移動等<br>円滑化基準 | 建築物の用途を変更して博物館としようとする場合，当該用途の変更に係る部分の床面積の合計が 2,000m² 以上となるものにあっては，不特定かつ多数の者が利用し，又は主として高齢者，障害者等が利用する主たる階段は，原則として，回り階段でないものでなければならない． | ○ |

「バリアフリー法 14条」，「同法（令）9条」より，「所定の規模（2,000m²）以上の特別特定建築物を建築しようとする（用途変更して特別特定建築物となる）場合は，建築物移動等円滑化基準に適合させなければならない．」とわかる．問題文の「床面積の合計 2,000m² の博物館」は，「同法（令）5条十二号」に規定される特別特定建築物であり，その床面積の合計が 2,000m² 以上であるため建築物移動等円滑化基準に適合させなければならない．「建築物移動等円滑化基準」については「同法（令）10 条〜23 条」に規定されており，そのうち「階段」については「同法（令）12 条」に載っており，その「六号」より，「主たる階段は，原則として，回り階段でないこと．」とわかる．

原文：バリアフリー法（令）12条第六号
六．主たる階段は，回り階段でないこと．ただし，回り階段以外の階段を設ける空間を確保することが困難であるときは，この限りでない．

| | | | |
|---|---|---|---|
| 29262 | バリアフリー<br>法，同法（令）<br>──────<br>建築物移動等<br>円滑化基準 | 床面積の合計が 50m² の公衆便所を新築しようとするときは，便所内に，高齢者，障害者等が円滑に利用することができる構造の水洗器具を設けた便房を1以上（男子用及び女子用の区別があるときは，それぞれ1以上）設けなければならない． | ○ |

「バリアフリー法 14条」，及び，「同法（令）5条第十八号，9条」より，「所定の規模（50m²）以上の公衆便所（特別特定建築物）を建築しようとする場合は，建築物移動等円滑化基準（同法（令）10 条〜23 条）に適合させなければならない．」とわかる．「同法（令）14 条」の「第二号」より，「便所内に，高齢者，障害者等が円滑に利用することができる構造の水洗器具を設けた便房を1以上（男子用及び女子用の区別があるときは，それぞれ1以上）設けなければならない．」とわかる．

原文：バリアフリー法（令）14条
（便所）
不特定かつ多数の者が利用し，又は 主として高齢者，障害者等が利用する便所を設ける場合には，そのうち1以上（男子用 及び 女子用の区別があるときは，それぞれ1以上）は，次に掲げるものでなければならない．
……
二．便所内に，高齢者，障害者等が円滑に利用することができる構造の水洗器具を設けた便房を1以上設けること．

22

| 21262 | バリアフリー法,同法(令)<br>建築物移動等円滑化基準 | 床面積の合計が 2,000m² 以上のホテルで，客室の総数が 50 以上のものを新築する場合は，車椅子使用者が円滑に利用できる客室を 1 以上設けなければならない． | ○ |
|---|---|---|---|

「バリアフリー法 14 条」，「同法（令）9 条」より，「所定の規模（2,000m²）以上の特別特定建築物を建築しようとする場合は，建築物移動等円滑化基準に適合させなければならない．」とわかる．問題文の「床面積の合計 2,000m² のホテル」は，「同法（令）5 条第七号」に規定される特別特定建築物であり，その床面積の合計が 2,000m² 以上であるため建築物移動等円滑化基準に適合させなければならない．「建築物移動等円滑化基準」については「同法（令）10 条〜23 条」に規定されており，「同法（令）15 条」より，「ホテルには，客室の総数が 50 以上の場合は，車椅子使用者が円滑に利用できる客室をその総数に 1/100 を乗じて得た数（その数に 1 未満の端数があるときは，その端数を切り上げた数：最低でも 1）以上設けなければならない．」とわかる．問題文は正しい．

原文：バリアフリー法（令）15 条
(ホテル又は旅館の客室)
ホテル又は旅館には，客室の総数が 50 以上の場合は，車椅子使用者が円滑に利用できる客室（以下「車椅子使用者用客室」という．）を客室の総数に 1/100 を乗じて得た数（その数に 1 未満の端数があるときは，その端数を切り上げた数）以上設けなければならない．
2. 車椅子使用者用客室は，次に掲げるものでなければならない．
一．便所は，次に掲げるものであること．ただし，当該客室が設けられている階に不特定かつ多数の者が利用する便所（車椅子使用者用便房が設けられたものに限る．）が 1 以上（男子用及び女子用の区別があるときは，それぞれ 1 以上）設けられている場合は，この限りでない．
イ．便所内に車椅子使用者用便房を設けること．

| 29263 | バリアフリー法,同法(令)<br>建築物移動等円滑化基準 | 床面積の合計が 2,000m² の物品販売業を営む店舗を新築しようとするとき，不特定かつ多数の者が利用する駐車場を設ける場合には，そのうち 1 以上に，車椅子使用者用駐車施設を 1 以上設けなければならない． | ○ |
|---|---|---|---|

「バリアフリー法 14 条」及び「同法（令）9 条」より，「所定の規模（2,000m²）以上の特別特定建築物を建築しようとする場合は，建築物移動等円滑化基準に適合させなければならない．」とわかる．問題文の「物品販売業」は，「バリアフリー法（令）5 条第六号」に規定される特別特定建築物であり，その床面積の合計が 2,000m² 以上であるため建築物移動等円滑化基準に適合させなければならない．「建築物移動等円滑化基準」については「バリアフリー法（令）10 条〜23 条」に規定されており，「バリアフリー法（令）17 条」より，「駐車場を設ける場合には，そのうち 1 以上に，車椅子使用者用駐車施設を 1 以上設けなければならない．」とわかる．

原文：バリアフリー法（令）17 条
(駐車場)
不特定かつ多数の者が利用し，又は主として高齢者，障害者等が利用する駐車場を設ける場合には，そのうち一以上に，車椅子使用者が円滑に利用することができる駐車施設（以下「車椅子使用者用駐車施設」という．）を 1 以上設けなければならない．

| 17235 | バリアフリー法,同法(令) | 高齢者，障害者等の移動等の円滑化の促進に関する法律に基づき，床面積の合計2,000m²の病院を新築する場合において，移動等円滑化経路を構成するエレベーター（所定の特殊な構造又は使用形態のものを除く．）のかご及びエレベーターの出入口の幅は，80cm以上とし，かごの奥行きは，135cm以上としなければならない． | ○ |
| | 建築物移動等円滑化基準 | | |

「バリアフリー法14条」，「同法（令）9条」より，「所定の規模（2,000m²）以上の特別特定建築物を建築しようとする場合は，建築物移動等円滑化基準に適合させなければならない．」とわかる．問題文の「床面積の合計2,000m²の病院」は，「同法（令）5条第二号」に規定される特別特定建築物であり，その床面積の合計が2,000m²以上であるため建築物移動等円滑化基準に適合させなければならない．「建築物移動等円滑化基準」については「同法（令）10条〜23条」に規定されており，そのうち「移動等円滑化経路」に関しては，「同法（令）18条」にその解説が載っており，その「2項五号ロ・ハ」，及び，「六号」を訳すと「移動等円滑化経路を構成するエレベーターのかご及び昇降路の出入口の幅は，80cm以上とし，かごの奥行きは，135cm以上としなければならない．」とわかる．問題文は正しい．

原文：バリアフリー法（令）18条
（移動等円滑化経路）
次に掲げる場合には，それぞれ当該各号に定める経路のうち1以上（第四号に掲げる場合にあっては，そのすべて）を，高齢者，障害者等が円滑に利用できる経路（以下この条において「移動等円滑化経路」という．）にしなければならない．
2. 移動等円滑化経路は，次に掲げるものでなければならない．
……
五．当該移動等円滑化経路を構成するエレベーター（次号に規定するものを除く．以下この号において同じ．）及びその乗降ロビーは，次に掲げるものであること．
……
ロ．籠及び昇降路の出入口の幅は，80cm以上とすること．
ハ．籠の奥行きは，135cm以上とすること．

六．当該移動等円滑化経路を構成する国土交通大臣が定める特殊な構造又は使用形態のエレベーターその他の昇降機は，車椅子使用者が円滑に利用することができるものとして国土交通大臣が定める構造とすること．

| 23243 | バリアフリー法,同法(令) | 床面積の合計が2,000m²の公共駐車場(利用居室が設けられていないもの)を新築するに当たって，車椅子使用者用便房を設ける場合は，道等から当該便房までの経路のうち1以上を，移動等円滑化経路にしなければならない． | ○ |
| | 建築物移動等円滑化基準 | | |

「バリアフリー法14条」，「同法（令）9条」より，「新築の特別特定建築物が，所定の規模以上（床面積の合計2,000m²以上）であれば，建築物移動等円滑化基準に適合させなければならない．」とわかる．問題文の「公共駐車場」は，「同法（令）5条第十七号」に規定される特別特定建築物であり，その床面積の合計が2,000m²以上であるため建築物移動等円滑化基準に適合させなければならない．「建築物移動等円滑化基準」については「同法（令）10条〜23条」に規定されており，「同法（令）18条第二号」より，「建築物又はその敷地に車椅子使用者用便房を設ける場合，利用居室（利用居室が設けられていないときは，道等）から当該車椅子使用者用便房までの経路を「移動等円滑化経路」にしなければならない．」とわかる．

| | | | |
|---|---|---|---|
| | 原文：バリアフリー法（令）18条第二号<br>二．建築物 又は その敷地に車椅子使用者用便房（……）を設ける場合　利用居室（当該建築物に利用居室が設けられていないときは，道等．……）から当該車椅子使用者用便房までの経路 | | |
| 25263 | バリアフリー法, 同法(令)<br>建築物移動等円滑化基準 | 床面積の合計が2,000m²の図書館を新築しようとする場合，当該図書館の敷地に車椅子使用者用駐車施設を設ける場合，その車椅子使用者用駐車施設から利用居室までの経路のうち1以上を，移動等円滑化経路にしなければならない． | ○ |
| | 「バリアフリー法14条」，「同法（令）9条」より，「新築の特別特定建築物が，所定の規模以上（床面積の合計2,000m²以上）であれば，建築物移動等円滑化基準に適合させなければならない．」とわかる．問題文の「床面積の合計2,000m²の図書館」は，「同法（令）5条十二号」に規定される特別特定建築物であり，その床面積の合計が2,000m²以上であるため建築物移動等円滑化基準に適合させなければならない．「建築物移動等円滑化基準」については「同法（令）10条〜23条」に規定されており，「同法（令）18条第三号」より，「建築物又はその敷地に車椅子使用者用駐車施設を設ける場合，利用居室までの経路のうち1以上を「移動等円滑化経路」にしなければならない．」とわかる． | | |
| | 原文：バリアフリー法（令）18条第三号<br>三．建築物 又は その敷地に車椅子使用者用駐車施設を設ける場合　当該車椅子使用者用駐車施設から利用居室までの経路 | | |
| 25264 | バリアフリー法, 同法(令)<br>建築物移動等円滑化基準 | 床面積の合計が2,000m²の図書館を新築しようとする場合，当該図書館における移動等円滑化経路を構成する階段に代わる傾斜路の幅は，90cm以上としなければならない． | × |
| | 「バリアフリー法14条」，「同法（令）9条」より，「新築の特別特定建築物が，所定の規模以上（床面積の合計2,000m²以上）であれば，建築物移動等円滑化基準に適合させなければならない．」とわかる．問題文の「床面積の合計2,000m²の図書館」は，「同法（令）5条十二号」に規定される特別特定建築物であり，その床面積の合計が2,000m²以上であるため建築物移動等円滑化基準に適合させなければならない．「建築物移動等円滑化基準」については「同法（令）10条〜23条」に規定されており，「同法（令）18条2項第四号イ」より，「移動等円滑化経路を構成する傾斜路の幅は，階段に代わるものは120cm以上，階段に併設するものは90cm以上」とわかる．よって問題文は誤り． | | |
| | 原文：バリアフリー法（令）18条2項第四号<br>四．当該移動等円滑化経路を構成する傾斜路（……）は，……，次に掲げるものであること．<br>イ．幅は，階段に代わるものにあっては120cm以上，階段に併設するものにあっては90cm以上とすること． | | |
| 21264 | バリアフリー法（令）<br>建築物移動等円滑化基準 | 移動等円滑化経路を構成する敷地内の通路の幅は，120cm以上でなければならない． | ○ |

|  | | | |
|---|---|---|---|
| | 「バリアフリー法（令）18条」に「移動等円滑化経路」にその解説が載っており，その「2項七号イ」より，「移動等円滑化経路を構成する敷地内の通路の幅は，120cm以上とする．」とわかる． | | |

原文：バリアフリー法（令）18条2項第七号
七．当該移動等円滑化経路を構成する敷地内の通路は，第16条の規定によるほか，次に掲げるものであること．
イ．幅は，120cm以上とすること．

| 30264 | バリアフリー法（令）<br><br>建築物移動等円滑化基準 | 建築物移動等円滑化基準への適合が求められる建築物において，案内所を設ける場合には，当該建築物内の移動等円滑化の措置がとられたエレベーター等の配置を表示した案内板を設けなくてもよい． | ○ |
|---|---|---|---|

「バリアフリー法（令）20条1項」より，「建築物移動等円滑化基準（同法（令）10条～23条）」への適合が求められる建築物には，原則として，移動等円滑化の措置がとられたエレベーター等の配置を表示した案内板を設けなければならない」とわかるが，「3項」より，「案内所を設ける場合には，適用しない．」とわかる．よって問題文の場合，案内板を設けなくてもよい．

原文：バリアフリー法（令）20条
（案内設備）
建築物……には，……移動等円滑化の措置がとられたエレベーターその他の昇降機，便所又は駐車施設の配置を表示した案内板……を設けなければならない．……
3．案内所を設ける場合には，……前2項の規定は適用しない．

| 24254 | バリアフリー法，同法（令）<br><br>特別特定建築物 | 既存の特別特定建築物に，床面積の合計2,000m²の増築をする場合において，道等から当該増築部分にある利用居室までの経路が1であり，当該経路を構成する出入口，廊下等の一部が既存建築物の部分にある場合には，建築物移動等円滑化基準における移動等円滑化経路の規定は，当該増築に係る部分に限り適用される． | × |
|---|---|---|---|

「バリアフリー法14条」，「同法（令）9条」より，「特別特定建築物に，床面積の合計2,000m²以上の増築をする場合は，建築物移動等円滑化基準に適合させなければならない．」とわかる．「建築物移動等円滑化基準」については「同法（令）10条～23条」に規定されており，そのうち「令22条（増築等に関する適用範囲）」の「二号」より，「道等から当該増築等に係る部分にある利用居室までの1の経路を構成する出入口，廊下等の一部については，適用範囲に該当する．」とわかる．問題文には「当該経路を構成する出入口，廊下等の一部が既存建築物の部分にある場合」とあるため，増築部分だけではなく，既存部分も適用の範囲となるため誤り．

原文：バリアフリー法（令）22条
（増築等に関する適用範囲）
建築物の増築又は改築（……）をする場合には，第11条から前条までの規定は，次に掲げる建築物の部分に限り，適用する．
一．当該増築等に係る部分
二．道等から前号に掲げる部分にある利用居室までの1以上の経路を構成する出入口，廊下等，……

22

| 19233 | バリアフリー法 | 建築主等は，その所有し，管理し，又は占有する現に存する特別特定建築物について，建築物移動等円滑化基準に適合させるために必要な措置を講ずるよう努めなければならない． | ○ |
|---|---|---|---|
| | 特別特定建築物 | | |

「バリアフリー法14条」に「特別特定建築物の建築主等の義務」について載っており，その「1項」「2項」より「特別特定建築物のうち政令で定める規模以上の建築（用途変更含む）をしようとするとき，当該建築物（＝新築特別特定建築物）を建築物移動等円滑化基準に適合させ，その建築物をその基準のとおり維持させる「義務」がある．」とわかる．また「3項」より「地方公共団体は，「1, 2項」の規定の他に条例で必要な事項を付加できる．」とわかる．これら「1〜3項」に該当しない特別特定建築物の場合（既存の場合はこれに該当）は，その「5項」より「建築主等は，建築しようとし，又は所有し，管理し，若しくは占有する特別特定建築物を建築物移動等円滑化基準に適合させるために必要な措置を講ずるよう努めなければならない（＝努力義務）．」とわかる．問題文の建築物は「現に存する（既存の）特別特定建築物」であり「5項」が適用されるため，正しい．

原文：バリアフリー法14条
2. 建築主等は，その所有し，管理し，又は占有する<u>新築特別特定建築物を建築物移動等円滑化基準に適合するように維持しなければならない</u>．
……
5. 建築主等（<u>第1項から第3項までの規定が適用される者を除く</u>．）は，その建築をしようとし，又は所有し，管理し，若しくは占有する特別特定建築物（同項の条例で定める特定建築物を含む．以下同じ．）を建築物移動等円滑化基準（同項の条例で付加した事項を含む．第17条第3項第一号を除き，以下同じ．）<u>に適合させるために必要な措置を講ずるよう努めなければならない</u>．

| 20244 | バリアフリー法, 同法(令) | 「高齢者，障害者等の移動等の円滑化の促進に関する法律」に基づき，建築主は，特別特定建築物の一定規模以上の建築をしようとするときは，建築物移動等円滑化基準及び地方公共団体の条例で付加された事項に適合するものであることについて，原則として，建築主事又は指定確認検査機関の確認を受けなければならない． | ○ |
|---|---|---|---|
| | 特定建築物 | | |

「バリアフリー法14条3項」より，「地方公共団体は，所定の規定のみによっては，高齢者，障害者等が特定建築物を円滑に利用できるようにする目的を十分に達成することができないと認める場合は，特別特定建築物に，条例で定める特定建築物を追加し，建築物移動等円滑化基準に条例で必要な事項を付加することができる．」とわかる．また同条4項に「前3項の規定は，建築基準法第6条第1項（＝確認申請）に規定する建築基準関係規定とみなす．」とわかる．よって，条例で付加された事項については，原則として，建築主事又は指定確認検査機関の確認を受けなければならない．

原文：バリアフリー法14条
3. 地方公共団体は，その地方の自然的社会的条件の特殊性により，前2項の規定のみによっては，高齢者，障害者等が特定建築物を円滑に利用できるようにする目的を十分に達成することができないと認める場合においては，<u>特別特定建築物に条例で定める特定建築物を追加し，第1項の建築の規模を条例で同項の政令で定める規模未満で別に定め，又は建築物移動等円滑化基準に条例で必要な事項を付加することができる</u>．
4. <u>前3項の規定は，建築基準法第6条第1項に規定する建築基準関係規定とみなす</u>．

| 16222 | バリアフリー法, 同法(令) 立ち入り検査 | 所管行政庁は，一定の規模以上の特別特定建築物について，特別特定建築物の建築物移動等円滑化基準への適合義務に違反している事実があると認めるときは，その職員に，当該特別特定建築物に立ち入り，特定施設等を検査させることができる． | ○ |
|---|---|---|---|

「バリアフリー法15条」に「特別特定建築物に係る基準適合命令等」の解説が載っており，その「1項」を訳すと「所管行政庁は，2,000m²以上（同法14条，令9条）の特別特定建築物が建築物移動等円滑化基準への適合義務に違反していると認めるときは，建築主等に対し，必要な措置を命ずることができる．」とわかる．また，「同法53条3項」に，「所管行政庁は，必要な限度において，建築主等に対し，基準への適合に関する事項に関し報告させ，当該特定建築物に立ち入り，特定建築物，建築設備，書類等を検査させることができる．」とあるため，問題文は正しい．

原文：バリアフリー法15条
(特別特定建築物に係る基準適合命令等)
所管行政庁は，前条第1項から第3項までの規定に違反している事実があると認めるときは，建築主等に対し，当該違反を是正するために必要な措置をとるべきことを命ずることができる．

原文：バリアフリー法53条3項
(報告及び立入検査)
3. 所管行政庁は，この法律の施行に必要な限度において，政令で定めるところにより，建築主等に対し，特定建築物の建築物移動等円滑化基準への適合に関する事項に関し報告をさせ，又はその職員に，特定建築物若しくはその工事現場に立ち入り，特定建築物，建築設備，書類その他の物件を検査させ，若しくは関係者に質問させることができる．

| 25261 | バリアフリー法 計画認定 | 床面積の合計が2,000m²の図書館を新築しようとする場合，当該図書館の建築主等は，特定建築物の建築等及び維持保全の計画を作成し，所管行政庁の認定を申請することができる． | ○ |
|---|---|---|---|

「バリアフリー法17条」に「計画の認定」の解説が載っており，そこを訳すと「建築主等は，特定建築物の建築をしようとするとき，特定建築物の建築及び維持保全の計画を作成し，所管行政庁の認定を申請することができる．」とわかる．

原文：バリアフリー法17条
(特定建築物の建築等及び維持保全の計画の認定)
建築主等は，特定建築物の建築，修繕又は模様替（修繕又は模様替にあっては，建築物特定施設に係るものに限る．以下「建築等」という．）をしようとするときは，主務省令で定めるところにより，特定建築物の建築等及び維持保全の計画を作成し，所管行政庁の認定を申請することができる．
2. 前項の計画には，次に掲げる事項を記載しなければならない．
……
四. 特定建築物の建築等の事業に関する資金計画

**22**

| 22284 | バリアフリー法誘導基準 —————— 建築物移動等円滑化誘導基準 | 「建築物移動等円滑化誘導基準」においては，多数の者が利用する主たる階段は，回り階段以外の階段を設ける空間を確保することが困難であるときは，回り階段とすることができる． | × |
|---|---|---|---|

「建築物移動等円滑化誘導基準（高齢者，障害者等が円滑に利用できるようにするために誘導すべき建築物特定施設の構造及び配置に関する基準）を定める省令」の「4条」に階段について載っており，その「九号」より，「主たる階段は，回り階段でないこと．」とわかる（緩和規定は存在しない）．問題文は誤り．尚，「建築物移動等円滑化基準」による階段では，空間を確保することが困難であるときは，回り階段とすることができる（バリアフリー法（令）12条六号）．

原文：バリアフリー法 17 条 3 項
3．所管行政庁は，第 1 項の申請があった場合において，当該……計画が次に掲げる基準に適合すると認めるときは，認定をすることができる．
一．前項第三号に掲げる事項が，建築物移動等円滑化基準を超え，かつ，高齢者，障害者等が円滑に利用できるようにするために誘導すべき主務省令で定める建築物特定施設の構造及び配置に関する基準に適合すること．

原文：建築物移動等円滑化誘導基準を定める省令 第 1 条
（建築物移動等円滑化誘導基準）
高齢者，障害者等の移動等の円滑化の促進に関する法律（以下「法」という．）第17条第 3 項第一号の主務省令で定める建築物特定施設の構造及び配置に関する基準は，この省令の定めるところによる．

原文：建築物移動等円滑化誘導基準を定める省令 第 4 条
（階段）
多数の者が利用する階段は，次に掲げるものとしなければならない．
九．主たる階段は，回り階段でないこと．

| 16224 | バリアフリー法 —————— 計画認定 | 特定建築物の建築及び維持保全の計画の認定を申請する者は，所管行政庁に対し，当該申請に併せて，建築基準法の規定による確認の申請書を提出して，適合通知を受けるよう申し出ることができる． | ○ |
|---|---|---|---|

「バリアフリー法 17 条」に「計画の認定」の解説が載っており，そこを訳すと「建築主等は，特定建築物の建築をしようとするとき，特定建築物の建築及び維持保全の計画を作成し，所管行政庁の認定を申請することができる．」とあり，また，その「4 項」に「認定の申請をする者は，所管行政庁に対し，計画の認定の申請と併せて，建築基準法の規定による確認の申請書を提出して，適合通知を受けるよう申し出ることができる．」とあるため正しい．なお，「所管行政庁」については，「バリアフリー法 2 条第二十二号」に載っており，「主事を置く市町村又は特別区の区域は……それらの長を，その他……については都道府県知事となっている．ただし，所定の規定により主事を置く市町村又は特別区の区域内の政令で定める建築物については知事」とあり，「バリアフリー法（令）7 条」に「知事が所管行政庁となる建築物」について規定されている．

| | | | |
|---|---|---|---|
| | 原文：バリアフリー法17条4項<br>4. 前項の認定の申請をする者は，所管行政庁に対し，当該申請に併せて，建築基準法第6条第1項（……）の規定による確認の申請書を提出して，……建築主事の通知（以下この条において「適合通知」という．）を受けるよう申し出ることができる． | | |
| 21263 | バリアフリー法，同法（令）<br>-----------<br>認定特定建築物 | 認定特定建築物の建築物特定施設の床面積のうち，移動等円滑化の措置をとることにより通常の建築物の建築物特定施設の床面積を超えることとなる部分については，認定特定建築物の延べ面積の1/5を限度として，容積率の算定の基礎となる延べ面積には算入しないものとする． | × |
| | 「バリアフリー法19条」より，「認定特定建築物の建築物特定施設の床面積のうち，移動等円滑化の措置をとることにより通常の建築物の建築物特定施設の床面積を超えることとなる部分については，政令で定める床面積は，算入しないものとする．」とわかる．その面積は，「同法（令）26条」より，「延べ面積の1/10を限度とする．」とわかる．問題文は誤り． | | |
| | 原文：バリアフリー法19条<br>(認定特定建築物の容積率の特例)<br>……（以下「認定特定建築物」という．）の建築物特定施設の床面積のうち，移動等円滑化の措置をとることにより通常の建築物の建築物特定施設の床面積を超えることとなる場合における政令で定める床面積は，算入しないものとする．<br><br>原文：バリアフリー法（令）26条<br>(認定特定建築物の容積率の特例)<br>法第19条の政令で定める床面積は，認定特定建築物又は認定協定建築物の延べ面積の10分の1を限度として，…… | | |
| 16221 | バリアフリー法<br>-----------<br>エレベーター特例 | 既存の特定建築物に専ら車椅子を使用している者の利用に供するエレベーターを設置する場合において，当該昇降機が所定の基準に適合し，所管行政庁が防火上及び避難上支障がないと認めたときは，当該エレベーターについては，建築基準法の一部の規定は適用しない． | ○ |
| | 「バリアフリー法23条」に「エレベーター特例」の解説が載っており，そこを訳すと「既存の特定建築物に専ら車椅子使用者用の利用に供するエレベーターを設置する場合，所定の基準に適合し，所管行政庁が防火上及び避難上支障がないと認めたときは，当該エレベーターについては，建築基準法の一部の規定は適用されない．」とわかる． | | |
| | 原文：バリアフリー法23条<br>(既存の特定建築物に設けるエレベーターについての建築基準法の特例)<br>この法律の施行の際現に存する特定建築物に専ら車椅子を使用している者の利用に供するエレベーターを設置する場合において，当該エレベーターが次に掲げる基準に適合し，所管行政庁が防火上及び避難上支障がないと認めたときは，当該特定建築物に対する建築基準法第27条第2項の規定の適用については，当該エレベーターの構造は耐火構造（……）とみなす． | | |

22

| 19234 | バリアフリー法 | 市町村により移動等円滑化基本構想が作成されたときは，関係する建築主等は，建築物特定事業計画を作成し，これに基づき，当該建築物特定事業を実施するものとする． | ○ |
|---|---|---|---|
| | 基本構想 | | |

「バリアフリー法 25 条」に「移動等円滑化基本構想」について載っており，「市町村は，移動等円滑化に係る事業の基本的な構想（基本構想）を作成するよう努める．」とわかる．また，「同法 35 条」に「建築物特定事業の実施」について載っており，「移動等円滑化基本構想が作成されたときは，関係する建築主等は，建築物特定事業計画を作成し，これに基づき，当該建築物特定事業を実施するものとする．」とわかる．

原文：バリアフリー法 25 条
（移動等円滑化基本構想）
市町村は，基本方針（……）に基づき，単独で又は共同して，当該市町村の区域内の重点整備地区について，移動等円滑化に係る事業の重点的かつ一体的な推進に関する基本的な構想（以下「基本構想」という．）を作成するよう努めるものとする．

原文：バリアフリー法 35 条
（建築物特定事業の実施）
第 25 条第 1 項の規定により基本構想が作成されたときは，関係する建築主等は，単独で又は共同して，当該基本構想に即して建築物特定事業を実施するための計画（以下この条において「建築物特定事業計画」という．）を作成し，これに基づき，当該建築物特定事業を実施するものとする．

| 19235 | バリアフリー法 | 所管行政庁は，建築物特定事業を実施していないと認めて勧告したにもかかわらず，建築主等が正当な理由がなくて，その勧告に係る措置を講じない場合において，移動等円滑化を阻害している事実があると認めるときは，移動等円滑化のために必要な措置をとるべきことを命ずることができる． | ○ |
|---|---|---|---|
| | 建築物特定事業 | | |

「バリアフリー法 38 条」に「基本構想に基づく事業の実施に係る命令等」について載っており，その「4 項」より，「主務大臣等（同条 2 項ただし書きより「建築物特定事業」にあっては，所管行政庁（38 条に限る．））は，建築物特定事業を実施していないと認めて勧告したにもかかわらず，建築主等が正当な理由がなくて，その勧告に係る措置を講じない場合において，移動等円滑化を阻害している事実があると認めるときは，移動等円滑化のために必要な措置をとるべきことを命ずることができる．」とわかる．

原文：バリアフリー法 38 条
（基本構想に基づく事業の実施に係る命令等）
2. 市町村は，前項の規定による要請を受けた者が当該要請に応じないときは，その旨を主務大臣等（公共交通特定事業にあっては主務大臣，……建築物特定事業にあっては所管行政庁．以下この条において同じ．）に通知することができる．
4. 主務大臣等は，前項の規定による勧告を受けた者が正当な理由がなくてその勧告に係る措置を講じない場合において，当該勧告を受けた者の事業について移動等円滑化を阻害している事実があると認めるときは，……当該勧告を受けた者に対し，移動等円滑化のために必要な措置をとるべきことを命ずることができる．

**第2条**（定義）

　　十七　**特別特定建築物**　不特定かつ多数の
　　　　者が利用し，又は主として高齢者，障害
　　　　者等が利用する**特定建築物**であって，移
　　　　動等円滑化が特に必要なものとして政令
　　　　で定めるものをいう．

　　　　　　　　　→ 令5条（令4条との比較）

**第14条**（特別特定建築物の建築主等の基準**適合
義務等**）

　建築主等は，特別特定建築物の政令で定める規
模以上の建築（用途の変更をして特別特定建築
物にすることを含む．以下この条において同
じ．）をしようとするときは……新築特別特定建
築物……を……建築物移動等円滑化基準……に
適合させなければならない．

2　建築主等は，その所有し，管理し，又は占有
する新築特別特定建築物を建築物移動等円滑
化基準に適合するように維持しなければなら
ない．

3　地方公共団体……条例で必要な事項を付加す
ることができる．

4　前3項の規定は，建築基準法第六条第一項に
規定する建築基準関係規定とみなす．

5　建築主等（**第1項から第3項までの規定が適
用される者を除く．**）は，その建築をしようと
し，又は所有し，管理し，若しくは占有する
特別特定建築物（同項の条例で定める特定建
築物を含む．以下同じ．）を建築物移動等円滑
化基準……に適合させるために必要な措置を
講ずるよう努めなければならない．

**第16条**（特定建築物の建築主等の努力義務等）

　建築主等は，特定建築物（**特別特定建築物を除
く．**以下この条において同じ．）の建築（用途
の変更をして特定建築物にすることを含む．次
条第一項において同じ．）をしようとするときは，
当該特定建築物を建築物移動等円滑化基準に適
合させるために必要な措置を講ずるよう努めな
ければならない．

**第17条**（特定建築物の建築等及び維持保全の計
画の認定）

　建築主等は，……特定建築物の建築等及び維持
保全の計画を作成し，所管行政庁の認定を申請
することができる．

3　所管行政庁は，……計画が次に掲げる基準に
適合すると認めるときは，認定をすることが
できる．

　　一　……建築物移動等円滑化基準を超え，か
　　　　つ，高齢者，障害者等が円滑に利用できる
　　　　ようにするために**誘導**すべき主務省令で
　　　　定める……基準に適合すること．

4　前項の認定の申請をする者は，所管行政庁に
対し，当該申請に**併せて**，建築基準法第6条
第1項……の規定による確認の申請書を提出
して，当該申請に係る特定建築物の建築等の
計画が同法第6条第1項の建築基準関係規定
に適合する旨の建築主事の通知（以下この条
において「適合通知」という．）を受けるよ
う申し出ることができる．

7　所管行政庁が，適合通知を受けて第3項の認
定をしたときは，……確認済証の交付があっ
たものとみなす．

**第19条**（認定特定建築物の容積率の特例）

……認定特定建築物……の建築物特定施設の床
面積のうち，移動等円滑化の措置をとることに
より通常の建築物の建築物特定施設の床面積を
超えることとなる場合における政令で定める床
面積は，算入しないものとする．

**第24条**（高齢者，障害者等が円滑に利用でき
る建築物の**容積率の特例**）

　建築物特定施設（建築基準法第52条第6項に
規定する昇降機並びに共同住宅の共用の廊下及
び階段を除く．）の床面積が高齢者，障害者等の
円滑な利用を確保するため通常の床面積よりも
著しく大きい建築物で，主務大臣が高齢者，障
害者等の円滑な利用を確保する上で有効と認め
て定める基準に適合するものについては，当該
建築物を**同条第14項第一号**に規定する建築物
とみなして，同項の規定を適用する．

## バリアフリー法

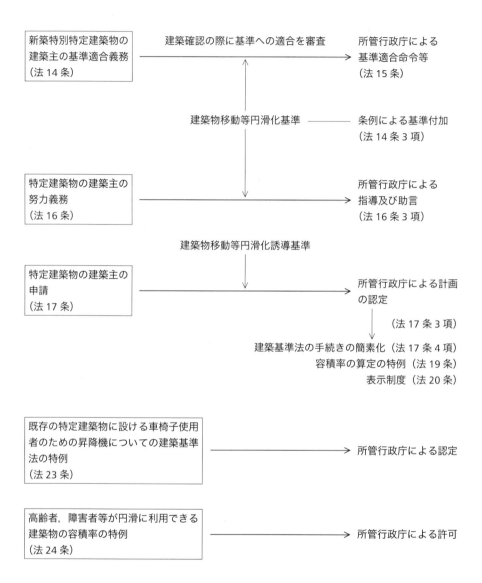

| コード | 項目 | 問題 | 解答 |
|---|---|---|---|
| 05302 | 耐震改修法<br>定義 | 「建築物の耐震改修の促進に関する法律」上，地震に対する安全性の向上を目的とした敷地の整備は，耐震改修に含まれない． | × |
| | | 「耐震改修法2条」より，「耐震改修」とは，地震に対する安全性の向上を目的として，増築，改築，修繕，模様替 若しくは一部の除却 又は 敷地の整備をすることをいう．」とわかる．問題文の「敷地の整備」は，耐震改修に含まれるため誤り． | |
| | | 原文：耐震改修法2条第2項<br>2．この法律において「耐震改修」とは，地震に対する安全性の向上を目的として，増築，改築，修繕，模様替 若しくは一部の除却 又は 敷地の整備をすることをいう． | |
| 19245 | 耐震改修法<br>努力義務 | 国民は，建築物の地震に対する安全性を確保するとともに，その向上を図るよう努めるものとされている． | ○ |
| | | 「耐震改修法3条」に「国，地方公共団体及び国民の努力義務」について載っており，その「4項」に「国民は，建築物の地震に対する安全性を確保するとともに，その向上を図るよう努めるものとする．」とある．問題文は正しい． | |
| | | 原文：耐震改修法3条4項<br>(国，地方公共団体及び国民の努力義務)<br>4．国民は，建築物の地震に対する安全性を確保するとともに，その向上を図るよう努めるものとする． | |
| 21271 | 耐震改修法，耐震改修法（令）<br>特定既存耐震不適格建築物 | 耐震関係規定に適合せず，建築基準法第3条第2項の規定の適用を受けている賃貸の共同住宅（床面積の合計が1,000m²，地上3階建てのもの)の所有者は，当該共同住宅について耐震診断を行い，その結果，地震に対する安全性の向上を図る必要があると認められるときは，耐震改修を行うよう努めなければならない． | ○ |
| | | 「耐震改修法14条」より，「学校等の他，政令（＝同法（令）6条1項）で定める多数の者が利用する建物で，政令で定める規模以上のもの（＝耐震改修法（令）6条2項）のうち，耐震関係規定について既存不適格であるものは，特定既存耐震不適格建築物であり，耐震診断を行い，その結果，地震に対する安全性の向上を図る必要があると認められるときは，耐震改修を行うよう努めなければならない．」とわかる．問題文の「賃貸の共同住宅（床面積1,000m²，地上3階建て)」は，「同法（令）6条七号」，「同条2項三号」より，特定既存耐震不適格建築物に該当するため，この所有者は，耐震診断を行い，必要があると認められるときは，耐震改修を行うよう努めなければならない． | |

23

原文：耐震改修法5条3項第一号
一．……，既存耐震不適格建築物（……（以下「耐震関係規定」という．）に適合
しない建築物で同法第3条第2項の規定の適用を受けているものをいう．以下同
じ．）であるもの……

原文：耐震改修法14条
（特定既存耐震不適格建築物の所有者の努力）
次に掲げる建築物であって既存耐震不適格建築物であるもの（要安全確認計画記載
建築物であるものを除く．以下「特定既存耐震不適格建築物」という．）の所有者
は，当該特定既存耐震不適格建築物について耐震診断を行い，その結果，地震に対
する安全性の向上を図る必要があると認められるときは，当該特定既存耐震不適格
建築物について耐震改修を行うよう努めなければならない．
一．学校，体育館，病院，劇場，観覧場，集会場，展示場，百貨店，事務所，老人
ホームその他多数の者が利用する建築物で政令で定めるものであって政令で定め
る規模以上のもの

原文：耐震改修法（令）6条
（多数の者が利用する特定既存耐震不適格建築物の要件）
法第14条第一号の政令で定める建築物は，次に掲げるものとする．
……
七．賃貸住宅（共同住宅に限る．），寄宿舎又は下宿
……
2．法第14条第一号の政令で定める規模は，次の各号に掲げる建築物の区分に応
じ，それぞれ当該各号に定める階数及び床面積の合計（……）とする．
……
三．学校（幼稚園及び小学校等を除く．），病院，劇場，観覧場，集会場，展示場，
百貨店，事務所又は前項第一号から第七号まで若しくは第十号から第十八号までに
掲げる建築物　　階数3及び床面積の合計が1,000m²

| 20231 | 耐震改修法 | 耐震関係規定に適合せず，建築基準法第3条第2項の規定の適用を受けている幼稚園（床面積の合計が500m²，地上2階建てのもの）の所有者は，当該幼稚園について耐震診断を行い，その結果，地震に対する安全性の向上を図る必要があると認められるときは，耐震改修を行うよう努めなければならない． | ○ |
| | 所有者の努力 | | |

「耐震改修法14条」を訳すと「学校等の他，政令（＝同法（令）6条1項）で定め
る多数の者が利用する建物で，政令で定める規模以上のもの（＝耐震改修法（令）
6条2項）のうち，耐震関係規定について既存不適格であるものは特定既存耐震不
適格建築物であり，耐震診断を行い，その結果，地震に対する安全性の向上を図る
必要があると認められるときは，耐震改修を行うよう努めなければならない．」とわ
かる．問題文の「幼稚園（500m²，階数2）」は，「同法（令）6条2項一号」に該当
するため，その所有者は，耐震診断を行い，必要があると認められるときは，耐震
改修を行うよう努めなければならない．

原文：耐震改修法（令）6条2項第一号
一．幼稚園，幼保連携型認定こども園又は保育所　　階数2及び床面積の合計が
500m²

| 24273 | 耐 震 改 修 法, 耐震改修法（令）<br><br>指示 | 所管行政庁は，床面積の合計が2,000m²のホテルについて，必要な耐震診断又は耐震改修が行われていないと認めるときは，その所有者に対し，必要な指示をすることができる． | ○ |
|---|---|---|---|

「耐震改修法15条2項」，「同法（令）8条1項，2項」を訳すと，「所管行政庁は，特定既存耐震不適格建築物のうち政令（＝令8条1項）で定めるもので，床面積の合計が政令（＝令8条2項）で定める規模以上のもののうち，必要な耐震診断又は耐震改修が行われていないと認めるときは，当該建築物の所有者に対し，必要な指示をすることができる．」とわかる．問題文の「2,000m²のホテル」は，「第1項七号，2項第一号（＝2,000m²）」より，指示対象となる特定既存耐震不適格建築物の要件に該当する．

原文：耐震改修法15条
（特定既存耐震不適格建築物に係る指導及び助言並びに指示等）
所管行政庁は，……必要があると認めるときは，特定既存耐震不適格建築物の所有者に対し，技術指針事項を勘案して，特定既存耐震不適格建築物の耐震診断 及び 耐震改修について必要な指導 及び 助言をすることができる．
2. 所管行政庁は，次に掲げる特定既存耐震不適格建築物（第一号から第三号まで……政令で定めるものであって政令で定める規模以上のものに限る．）について必要な耐震診断 又は 耐震改修が行われていないと認めるときは，特定既存耐震不適格建築物の所有者に対し，技術指針事項を勘案して，必要な指示をすることができる．
……

原文：耐震改修法（令）8条
（所管行政庁による指示の対象となる特定既存耐震不適格建築物の要件）
法第15条第2項の政令で定める特定既存耐震不適格建築物は，次に掲げる建築物である特定既存耐震不適格建築物とする．
……
三．劇場，観覧場，映画館又は演芸場
……
五．展示場
……
七．ホテル又は旅館
……
2. 法第15条第2項の政令で定める規模は，次の各号に掲げる建築物の区分に応じ，それぞれ当該各号に定める床面積の合計（……）
一．前項第一号から第十六号まで又は第十八号に掲げる建築物（保育所を除く．）
  床面積の合計 2,000m²
……

| 23283 | 耐震改修法, 耐震改修法（令）<br><br>指示 | 「建築物の耐震改修の促進に関する法律」に基づき，所管行政庁は，階数が2で，かつ，床面積の合計が500m²の保育所について，必要な耐震診断又は耐震改修が行われていないと認めるときは，その所有者に対し，必要な指示をすることができる． | × |
|---|---|---|---|

23

「耐震改修法15条2項」,「同法（令）8条1項, 2項」を訳すと,「所管行政庁は, 特定既存耐震不適格建築物のうち政令（＝令8条1項）で定めるもので, 床面積の 合計が政令（＝令8条2項）で定める規模以上のもののうち, 必要な耐震診断又は 耐震改修が行われていないと認めるときは, 当該建築物の所有者に対し, 必要な指 示をすることができる.」とわかる. 問題文の「500m² の保育所」は,「1項十八号, 2項第二号（＝750m²）」より, 指示対象となる特定既存耐震不適格建築物の要件に 該当しない.

原文：耐震改修法（令）8条1項第十八号, 2項第二号
……
十七．幼稚園, 小学校等又は幼保連携型認定こども園
十八．老人ホーム, 老人短期入所施設, 保育所, 福祉ホームその他……
……
2. 法第15条第2項の政令で定める規模は……
二．幼稚園, 幼保連携型認定こども園 又は 保育所　　　床面積の合計 750m²

| 17245 | 耐震改修法 指示 | 所管行政庁は, 床面積の合計が 2,000m² の特定既存耐震不適格 建築物である展示場の所有者に対し, 当該建築物の設計及び施 工並びに構造の状況に係る事項のうち地震に対する安全性に係 るもの並びに当該建築物の耐震診断及び耐震改修の状況に関し 報告させることができる. | ○ |
|---|---|---|---|

「耐震改修法15条4項」,「耐震改修法（令）9条」より,「所管行政庁は, 特定既存 耐震不適格建築物のうち政令（＝令8条1項）で定めるもので, 床面積の合計が政 令（＝令8条2項）で定める規模以上のものの所有者に対し, 当該建築物の設計及 び施工並びに構造の状況に係る事項のうち地震に対する安全性に係るもの並びに 当該建築物の耐震診断及び耐震改修の状況に関し報告させることができる.」とわ かる. 問題文の展示場は, 耐震改修法（令）8条第五号, 2項第一号により特定既 存耐震不適格建築物で, 床面積の合計が 2,000m² であるため正しい.

原文：耐震改修法15条4項
4. 所管行政庁は, 前2項の規定の施行に必要な限度において, 政令で定めるところ により, 特定既存耐震不適格建築物の所有者に対し, 特定既存耐震不適格建築物の 地震に対する安全性に係る事項に関し報告させ, 又は……検査させることができ る.

原文：耐震改修法（令）9条
(特定既存耐震不適格建築物に係る報告及び立入検査)
所管行政庁は, 法第15条第4項の規定により, 前条第1項の特定既存耐震不適格 建築物で同条第2項に規定する規模以上のもの 及び 法第15条第2項第四号に掲げ る特定既存耐震不適格建築物の所有者に対し, ……設計 及び 施工 並びに 構造の状 況に係る事項のうち地震に対する安全性に係るもの 並びに 当該特定既存耐震不適 格建築物の耐震診断 及び 耐震改修の状況に関し 報告させることができる.

| 19244 | 耐震改修法 公表 | 所管行政庁は, 所定の用途, 規模の特定既存耐震不適格建築物 について必要な耐震診断又は耐震改修が行われていないと認 め, 当該建築物の所有者に対し, 必要な指示を行ったにもかか わらず, 正当な理由がなく, その指示に従わなかったときは, そ の旨を公表することができる. | ○ |
|---|---|---|---|

「耐震改修法15条2項」より，「所管行政庁は，所定の用途，規模の特定既存耐震不適格建築物について必要な耐震診断又は耐震改修が行われていないと認めるときは，その所有者に対し，必要な指示をすることができる.」とわかる．また「3項」より「所管行政庁は，指示を受けたその所有者が，正当な理由がなく，その指示に従わなかったときは，その旨を公表することができる.」とわかる．

原文：耐震改修法15条3項
3. 所管行政庁は，前項の規定による指示を受けた特定既存耐震不適格建築物の所有者が，正当な理由がなく，その指示に従わなかったときは，その旨を公表することができる.

| 01272 | 耐震改修法 要安全確認計画記載建築物 | 要安全確認計画記載建築物の所有者は，当該建築物について耐震診断の結果，地震に対する安全性の向上を図る必要があると認められるときは，耐震改修を行うよう努めなければならない. | ○ |
|---|---|---|---|

「耐震改修法7条」に「耐震診断の義務」について載っており，「要安全確認計画記載建築物の所有者は，当該建築物について，耐震診断を行い，その結果を，建築物の区分に応じ，所定の期限までに所管行政庁に報告しなければならない.」とわかる．また，「耐震改修法11条」より，「要安全確認計画記載建築物の所有者は，当該建築物について耐震診断の結果，地震に対する安全性の向上を図る必要があると認められるときは，耐震改修を行うよう努めなければならない.」とわかる．

原文：耐震改修法7条
(要安全確認計画記載建築物の所有者の耐震診断の義務)
次に掲げる建築物（以下「要安全確認計画記載建築物」という．）の所有者は，……耐震診断を行い，その結果を，……定める期限までに所管行政庁に報告しなければならない.

原文：耐震改修法11条
(要安全確認計画記載建築物の所有者の耐震改修の努力)
要安全確認計画記載建築物の所有者は，耐震診断の結果，地震に対する安全性の向上を図る必要があると認められるときは，当該要安全確認計画記載建築物について耐震改修を行うよう努めなければならない.

| 28271 | 耐震改修法 要安全確認計画記載建築物 | 都道府県耐震改修促進計画に記載された建築物集合地域通過道路等に敷地が接する通行障害既存耐震不適格建築物の所有者は，所定の期限までに耐震改修を行わなければならない. | × |
|---|---|---|---|

「耐震改修法7条」に「耐震診断の義務」について載っており，「要安全確認計画記載建築物の所有者は，当該建築物について，耐震診断を行い，その結果を，建築物の区分に応じ，所定の期限までに所管行政庁に報告しなければならない.」とわかる．その「第二号」より，「その敷地が都道府県耐震改修促進計画に記載された建築物集合地域通過道路等に接する通行障害既存耐震不適格建築物（同法5条3項第二号）」の場合は，耐震診断と報告の義務が生じる．また「同法11条」に「耐震改修の努力」について載っており，要安全確認計画記載建築物の所有者は，耐震診断の結果，地震に対する安全性の向上を図る必要があると認められるときは，耐震改修を行うよう努めなければならない.」とわかる．問題文は「耐震改修を行わなければならない（義務).」とあるため誤り．

| | | | |
|---|---|---|---|
| | 原文：耐震改修法7条第二号<br>二．その敷地が第5条第3項第二号の規定により都道府県耐震改修促進計画に記載された道路に接する通行障害既存耐震不適格建築物（耐震不明建築物であるものに限る．）　同号の規定により都道府県耐震改修促進計画に記載された期限<br><br>原文：耐震改修法5条3項第二号<br>二．建築物が地震によって倒壊した場合においてその敷地に接する道路（……（以下「建築物集合地域通過道路等」という．）……当該道路にその敷地が接する通行障害既存耐震不適格建築物（地震によって倒壊した場合においてその敷地に接する道路の通行を妨げ，多数の者の円滑な避難を困難とするおそれがあるものとして政令で定める建築物…… | | |
| 28274 | 耐震改修法<br>------------<br>既存耐震不適格建築物 | 床面積の合計が800m²，地上2階建ての病院で既存耐震不適格建築物（要安全確認計画記載建築物でないもの）の所有者は，当該建築物について耐震診断を行い，必要に応じ，耐震改修を行うよう努めなければならない． | ○ |
| | 「耐震改修法14条」より，「学校等の他，政令（＝同法（令）6条1項）で定める多数の者が利用する建物で，政令で定める規模以上のもの（＝耐震改修法（令）6条2項）のうち，耐震関係規定について既存不適格であるものは，特定既存耐震不適格建築物であり，耐震診断を行い，必要に応じ，耐震改修を行うよう努めなければならない．」とわかる．問題文の「病院（床面積800m²，地上2階建て）」は，「耐震改修法（令）6条1項，2項」より，特定既存耐震不適格建築物に該当しない．また「耐震改修法16条」より，「要安全確認計画記載建築物及び特定既存耐震不適格建築物以外の既存耐震不適格建築物の所有者は，耐震診断を行い，必要に応じ，耐震改修を行うよう努めなければならない．」とわかる．よって正しい． | | |
| | 原文：耐震改修法16条<br>（一定の既存耐震不適格建築物の所有者の努力等）<br>要安全確認計画記載建築物及び特定既存耐震不適格建築物以外の既存耐震不適格建築物の所有者は，当該既存耐震不適格建築物について耐震診断を行い，必要に応じ，当該既存耐震不適格建築物について耐震改修を行うよう努めなければならない． | | |
| 24274 | 耐震改修法<br>------------<br>認定 | 一定規模以上の特定既存耐震不適格建築物の所有者は，当該特定既存耐震不適格建築物について耐震改修の計画を作成し，所管行政庁の認可を受けなければならない． | × |
| | 「耐震改修法17条」に「計画の認定」の解説が載っており，そこを訳すと「建築物の耐震改修をしようとする者は，当該建築物の耐震改修の計画を作成し，行政庁の認定を申請することができる．」とわかる．問題文は「認可を受けなければならない．」とあるため誤り． | | |
| | 原文：耐震改修法17条<br>（計画の認定）<br>建築物の耐震改修をしようとする者は，国土交通省令で定めるところにより，建築物の耐震改修の計画を作成し，所管行政庁の認定を申請することができる．<br>……<br>3．所管行政庁は，第1項の申請があった場合において，建築物の耐震改修の計画が次に掲げる基準に適合すると認めるときは，その旨の認定（以下この章において「計画の認定」という．）をすることができる．<br>…… | | |

| 16235 | 耐震改修法<br>‥‥‥‥‥<br>認定 | 建築物の耐震改修の計画には，建築物の耐震改修の事業に関する資金計画を記載しなければならない． | ○ |
|---|---|---|---|
| | | 「耐震改修法17条1項」より，「耐震改修をしようとする者は，耐震改修の計画を作成し，所管行政庁の認定を申請することができる．」とわかる．また，その「2項」に「前項の計画には，次に掲げる事項を記載しなければならない．」とあり，問題文の「事業に関する資金計画」は，その「四号」に該当するため，申請する際に必要な記載事項の一つである． | |
| | | 原文：耐震改修法17条2項<br>2．前項の計画には，次に掲げる事項を記載しなければならない．<br>……<br>四．建築物の耐震改修の事業に関する資金計画 | |
| 05281 | 耐震改修法<br>‥‥‥‥‥<br>認定 | 建築物の耐震改修の計画（建築物の耐震改修の促進に関する法律）が所管行政庁による認定を受けることで，技術的基準や容積率の特例の適用を受けるためには，建築物の耐震改修の事業の内容が，建築基準法で規定された基準を超え，かつ，地震に対する安全性の一層の向上の促進のために誘導すべき基準である「耐震関係規定」に適合していなければならない． | × |
| | | 「耐震改修法17条3項」より，「所管行政庁は，申請があった場合において，建築物の耐震改修の計画が次に掲げる基準に適合すると認めるときは，計画の認定をすることができる．」とわかる．その「一号」に，「建築物の耐震改修の事業の内容が耐震関係規定又は地震に対する安全上これに準ずるものとして国土交通大臣が定める基準に適合していること．」とあるが，問題文の「基準法で規定された基準を超えて，誘導すべき基準」は規定されていない．尚，「法5条3項第一号」より，「耐震関係規定とは，地震に対する安全性に係る建築基準法又はこれに基づく命令若しくは条例の規定」とわかる．よって誤り． | |
| | | 原文：耐震改修法17条3項<br>3．所管行政庁は，第1項の申請があった場合において，建築物の耐震改修の計画が次に掲げる基準に適合すると認めるときは，その旨の認定（以下この章において「計画の認定」という．）をすることができる．<br>一．建築物の耐震改修の事業の内容が耐震関係規定 又は 地震に対する安全上これに準ずるものとして国土交通大臣が定める基準に適合していること．<br><br>原文：耐震改修法5条3項<br>一．……（地震に対する安全性に係る建築基準法 又は これに基づく命令若しくは条例の規定（以下「耐震関係規定」という）……） | |
| 24271<br>＊ | 耐震改修法<br>‥‥‥‥‥<br>認定 | 所管行政庁は，耐震改修の計画の申請に係る建築物が耐震関係規定に適合せず，かつ，建築基準法第3条第2項の規定の適用を受けている3階以上の床面積の合計が200m²以上である耐火建築物の倉庫である場合において，柱及びはりの模様替をすることにより，当該建築物が建築基準法第27条第2項の規定に適合しないこととなるものであっても，所定の基準に適合すると認めるときは，計画の認定をすることができる． | ○ |

23

「耐震改修法17条3項第四号」より，「所管行政庁は，耐震改修の計画の申請に係る建築物が既存耐震不適格建築物である耐火建築物である場合，当該建築物について柱及びはりの模様替えをすることにより，当該建築物が基準法27条第2項の規定に適合しないこととなるものであっても，所定の基準に適合すると認める場合，計画の認定をすることができる.」とわかる.

原文：耐震改修法17条3項第四号
四．第1項の申請に係る建築物が<u>既存耐震不適格建築物である耐火建築物</u>（……）である場合において，当該建築物について柱若しくは壁を設け，又は柱若しくははりの模様替をすることにより当該建築物が同法<u>第27条第2項の規定に適合しないこととなるものであるとき</u>は，第一号及び第二号に掲げる基準のほか，<u>次に掲げる基準に適合していること</u>.

| 22293 | 耐震改修法 -------- 建築主事の同意 | 所管行政庁は，申請に係る建築物の耐震改修の計画が建築基準法第6条第1項の規定による確認を要するものである場合において，耐震改修の計画の認定をしようとするときは，あらかじめ，建築主事の同意を得なければならない. | ○ |
|---|---|---|---|

「耐震改修法17条4項」より，「申請に係る建築物の耐震改修の計画が基準法6条1項の規定による確認において，計画の認定をしようとするときは，所管行政庁は，あらかじめ，建築主事の同意を得なければならない.」とわかる.

原文：耐震改修法17条4項
4．第1項の申請に係る建築物の<u>耐震改修の計画が建築基準法第6条第1項の規定による確認</u>又は同法第18条第2項の規定による通知を<u>要するものである場合において，計画の認定をしようとするとき</u>は，<u>所管行政庁</u>は，<u>あらかじめ，建築主事の同意を得なければならない</u>.

| 17243 | 耐震改修法 -------- 消防長等の同意 | 建築物の耐震改修の計画が建築基準法第6条第1項の規定による確認を要するものである場合において，所管行政庁が当該建築物の耐震改修の計画について計画を認定をしようとする場合には，原則として，当該建築物の工事施工地又は所在地を管轄する消防長等の同意を得なければならない. | ○ |
|---|---|---|---|

「耐震改修法17条5項」，「基準法93条」より「建築物の耐震改修の計画が建築基準法による所定の確認を要するものである場合，所管行政庁が当該建築物の耐震改修の計画について計画を認定をしようとする場合には，原則として，当該建築物の工事施工地又は所在地を管轄する消防長等の同意を得なければならい.」とわかる.

原文：耐震改修法 17 条 5 項

5．建築基準法第 93 条の規定は所管行政庁が同法第 6 条第 1 項の規定による確認又は同法第 18 条第 2 項の規定による通知を要する建築物の耐震改修の計画について計画の認定をしようとする場合について，同法第 93 条の 2 の規定は所管行政庁が同法第 6 条第 1 項の規定による確認を要する建築物の耐震改修の計画について計画の認定をしようとする場合について準用する．

原文：基準法 93 条

（許可又は確認に関する消防長等の同意等）

特定行政庁，建築主事又は指定確認検査機関は，この法律の規定による許可 又は確認をする場合においては，当該許可又は確認に係る建築物の工事施工地 又は所在地を管轄する消防長（消防本部を置かない市町村にあつては，市町村長．以下同じ．）又は 消防署長の同意を得なければ，当該許可 又は 確認をすることができない．ただし……

| 16234 | 耐震改修法　　認定 | 耐震関係規定及び耐震関係規定以外の規定に適合しない部分を有する特定既存耐震不適格建築物について「計画の認定」を受けて耐震改修を行う場合には，その適合しない部分のすべてについて，これらの規定に適合するように改修しなければならない． | × |
|---|---|---|---|

「耐震改修法 17 条 6 項」，「同法 17 条 3 項第三号イ」を訳すと，「耐震関係規定等に適合しない建築物（通称：既存不適格建築物）の増築，大規模の修繕，大規模の模様替で工事後も計画の認定を受けた部分以外について，既存不適格建築物であることがやむを得ないと認められる場合においては，既存不適格建築物のままとすることができる．」とわかる．

原文：耐震改修法 17 条 6 項

6．所管行政庁が計画の認定をしたときは，次に掲げる建築物，建築物の敷地又は建築物若しくはその敷地の部分（以下この項において「建築物等」という．）については，建築基準法第 3 条第 3 項第三号 及び 第四号の規定にかかわらず，同条第 2 項の規定を適用する．

一．耐震関係規定に適合せず……

二．計画の認定に係る第 3 項第三号の建築物等

原文：耐震改修法 17 条 3 項第三号

三．第 1 項の申請に係る建築物，建築物の敷地又は建築物若しくはその敷地の部分が耐震関係規定及び耐震関係規定以外の建築基準法又はこれに基づく命令若しくは条例の規定に適合せず，かつ，同法第 3 条第 2 項の規定の適用を受けているものである場合において，当該建築物又は建築物の部分の増築，改築，大規模の修繕（……）又は大規模の模様替（……）をしようとするものであり，かつ，当該工事後も，引き続き，当該建築物，建築物の敷地又は建築物若しくはその敷地の部分が耐震関係規定以外の同法又はこれに基づく命令若しくは条例の規定に適合しないこととなるものであるときは，前 2 号に掲げる基準のほか，次に掲げる基準に適合していること．

イ．当該工事が地震に対する安全性の向上を図るため必要と認められるものであり，かつ，当該工事後も，引き続き，当該建築物，建築物の敷地又は建築物若しくはその敷地の部分が耐震関係規定以外の建築基準法又はこれに基づく命令若しくは条例の規定に適合しないこととなることがやむを得ないと認められるものであること．

| 17244 | 耐震改修法 | 床面積の合計が4,000m²,地上4階建のホテルの耐震改修の計画が建築基準法第6条第1項の規定による確認を要するものである場合において,所管行政庁が計画の認定をしたときは,同法による確認済証の交付があったものとみなす. | ○ |
|---|---|---|---|
| | 確認緩和 | | |

「耐震改修法17条10項」より,「建築物の耐震改修の計画の認定の申請に係る建築物の耐震改修の計画が建築基準法による所定の確認を要するものである場合において,所管行政庁が計画の認定をしたときは,同法による確認済証の交付があったものとみなす.」とわかる.問題文は正しい.

原文:耐震改修法17条10項
10. 第1項の申請に係る建築物の耐震改修の計画が建築基準法第6条第1項の規定による確認 又は 同法第18条第2項の規定による通知を 要するものである場合において,所管行政庁が計画の認定をしたときは,同法第6条第1項又は第18条第3項の規定による確認済証の交付があったものとみなす.この場合において,所管行政庁は,その旨を建築主事に通知するものとする.

| 16232 | 耐震改修法 | 建築物の耐震改修の促進に関する法律に規定する所管行政庁は,認定事業者に対し,認定建築物の耐震改修の状況について報告を求めることができる. | ○ |
|---|---|---|---|
| | 報告の徴収 | | |

「耐震改修法19条」に「報告の徴収」の解説が載っており,そこを訳すと「所管行政庁は,認定事業者に対し,計画認定建築物の耐震改修の状況について報告を求めることができる.」とわかる.

原文:耐震改修法19条
(計画認定建築物に係る報告の徴収)
所管行政庁は,認定事業者に対し,計画の認定を受けた計画(前条第1項の規定による変更の認定があったときは,その変更後のもの.次条において同じ.)に係る建築物(以下「計画認定建築物」という.)の耐震改修の状況について報告を求めることができる.

| 21272 | 耐震改修法 | 所管行政庁は,認定事業者が認定を受けた計画に従って計画認定建築物の耐震改修を行っていないと認めるときは,当該認定事業者に対し,相当の期限を定めて,その改善に必要な措置をとるべきことを命ずることができる. | ○ |
|---|---|---|---|
| | 改善命令 | | |

「耐震改修法20条」に「改善命令」について載っており,「所管行政庁は,認定事業者に対し,計画認定建築物の耐震改修を行っていないと認めるときは,改善に必要な措置をとるべきことを命ずることができる.」とわかる.

原文:耐震改修法20条
(改善命令)
所管行政庁は,認定事業者が計画の認定を受けた計画に従って計画認定建築物の耐震改修を行っていないと認めるときは,当該認定事業者に対し,相当の期限を定めて,その改善に必要な措置をとるべきことを命ずることができる.

| 21274 | 耐震改修法<br><br>耐震改修支援センター | 耐震改修支援センターは，認定事業者が行う計画認定建築物である特定既存耐震不適格建築物の耐震改修に必要な資金の貸付けに係る債務の保証をする業務を行う． | ○ |
|---|---|---|---|

「耐震改修法 32 条」に「耐震改修支援センター」の解説が載っており，その業務について，「耐震改修法 34 条一号」より，「耐震改修支援センターは，認定事業者が行う計画認定建築物である特定既存耐震不適格建築物の耐震改修に必要な資金の貸付けに係る債務の保証をする業務を行う．」とわかる．

原文：耐震改修法 32 条
(耐震改修支援センター)
国土交通大臣は，建築物の耐震診断 及び 耐震改修の実施を支援することを目的とする一般社団法人又は一般財団法人その他営利を目的としない法人であって，第34条に規定する業務 (以下「支援業務」という．) に関し次に掲げる基準に適合すると認められるものを，その申請により，耐震改修支援センター (以下「センター」という．) として指定することができる．

原文：耐震改修法 34 条
(業務)
センターは，次に掲げる業務を行うものとする．
一．認定事業者が行う計画認定建築物である要安全確認計画記載建築物及び特定既存耐震不適格建築物の耐震改修に必要な資金の貸付けを行った国土交通省令で定める金融機関の要請に基づき，当該貸付けに係る債務の保証をすること．

| 01291 | 耐震改修法<br><br>要緊急安全確認大規模建築物 | 「建築物の耐震改修の促進に関する法律」と「要緊急安全確認大規模建築物」は，法律と用語とその組合せとして正しい． | ○ |
|---|---|---|---|

「耐震改修法 附則 3 条」より，「要緊急安全確認大規模建築物の所有者は，当該建築物について，耐震診断を行い，その結果を所管行政庁に報告しなければならない．」とわかる．

原文：耐震改修法 附則 3 条
(要緊急安全確認大規模建築物の所有者の義務等)
……(……以下この条において「要緊急安全確認大規模建築物」という．) の所有者は，当該……建築物について，……耐震診断を行い，その結果を……所管行政庁に報告しなければならない．

23

**第5条**（都道府県耐震改修促進計画）

3 都道府県は，次の各号に掲げる場合には，……

  一 ……**公益上必要な建築物**で政令で定めるものであって，**既存耐震不適格建築物**（……耐震関係規定……に適合しない建築物で同法第3条第2項の規定の適用を受けているものをいう．以下同じ．）であるもの（……（以下「**耐震不明建築物**」……）に限る．）について，耐震診断を行わせ……

  二 ……**通行障害既存耐震不適格建築物**……


**第7条**（要安全確認計画記載建築物の所有者の耐震診断の義務）

次に掲げる建築物（以下「**要安全確認計画記載建築物**」という．）の所有者は，……耐震診断を行い，その結果を，次の各号に掲げる建築物の区分に応じ，それぞれ当該各号に定める期限までに所管行政庁に報告しなければならない．

  一 **第5条第3項第一号**の規定により都道府県耐震改修促進計画に記載された建築物……

  二 その敷地が**第5条第3項第二号**の規定により都道府県耐震改修促進計画に記載された道路に接する**通行障害既存耐震不適格建築物**（耐震不明建築物であるものに限る．）……


**第8条**（要安全確認計画記載建築物に係る報告命令等）

所管行政庁は，**要安全確認計画記載建築物**の所有者が前条の規定による報告をせず，又は虚偽の報告をしたときは，当該所有者に対し，相当の期限を定めて，その報告を行い，又はその報告の内容を是正すべきことを命ずることができる．


**第14条**　（特定既存耐震不適格建築物の所有者の努力）

次に掲げる建築物であって**既存耐震不適格建築物**であるもの（**要安全確認計画記載建築物**であるものを除く．以下「**特定既存耐震不適格建築物**」という．）の所有者は，……耐震診断を行い，

その結果，地震に対する安全性の向上を図る必要があると認められるときは，……耐震改修を行うよう努めなければならない．

  一 ……その他多数の者が利用する建築物で政令で定めるものであって政令で定める規模以上のもの      → 令6条


**第15条**（……指導及び助言並びに指示等）

2 所管行政庁は，次に掲げる**特定既存耐震不適格建築物**（……政令で定めるものであって政令で定める規模以上のものに限る．）について必要な耐震診断又は耐震改修が行われていないと認めるときは，……所有者に対し……必要な指示をすることができる．    → 令8条


**第16条**（一定の既存耐震不適格建築物の所有者の努力等）

要安全確認計画記載建築物及び特定既存耐震不適格建築物**以外の既存耐震不適格建築物**の所有者は，……耐震診断を行い，必要に応じ，……耐震改修を行うよう努めなければならない．


**第17条**（計画の認定）

3 所管行政庁は，……計画が次に掲げる基準に適合すると認めるときは，……**計画の認定**……をすることができる．

  三 第1項の申請に係る建築物……建築基準法……の規定に適合せず，かつ，同法第3条第2項の規定の適用を受けているものである場合において……増築，改築，大規模の修繕……又は大規模の模様替……をしようとするものであり，かつ，……規定に適合しないこととなるものであるときは，……

  四 耐火建築物の特例　五 容積率特例

  六 建蔽率特例

6 所管行政庁が計画の認定をしたときは，……建築基準法第三条第三項第三号及び第四号の規定にかかわらず，同条第二項の規定を適用する．

10 ……所管行政庁が計画の認定をしたときは，同法第6条……の規定による確認済証の交付があったものとみなす．この場合において，所管行政庁は，その旨を建築主事に通知する……

| コード | 項目 | 問題 | 解答 |
|---|---|---|---|
| 26221 | 建築士法<br><br>定義 | 「設計」とは，その者の責任において設計図書を作成することをいい，「構造設計」とは構造設計図書の設計を，「設備設計」とは設備設計図書の設計をいう． | ○ |
| | | 「士法2条6項」より，「「設計」とは，その者の責任において設計図書を作成することをいう．」とわかる．また，「士法2条7項」より，「「構造設計」とは構造設計図書の設計を，「設備設計」とは設備設計図書の設計をいう．」とわかる． | |
| | | 原文：士法2条6項<br>6．この法律で「設計図書」とは建築物の建築工事の実施のために必要な図面（現寸図その他これに類するものを除く．）及び仕様書を，「設計」とはその者の責任において設計図書を作成することをいう．<br><br>原文：士法2条7項<br>7．この法律で「構造設計」とは……（以下「構造設計図書」という．）の設計を，「設備設計」とは……（以下「設備設計図書」という．）の設計をいう． | |
| 04211 | 建築士法<br><br>定義 | 建築士が工事監理を行う場合は，その者の責任において，工事を設計図書と照合し，それが設計図書のとおりに実施されているかいないかを確認するとともに，当該工事の指導監督を行わなければならない． | × |
| | | 「士法2条8項」に「工事監理とは，その者の責任において，工事を設計図書と照合し，それが設計図書のとおりに実施されているかいないかを確認すること」とあり，建築工事の指導監督を含まない．よって誤り． | |
| | | 原文：士法2条8項<br>8．この法律で「工事監理」とは，その者の責任において，工事を設計図書と照合し，それが設計図書のとおりに実施されているかいないかを確認することをいう． | |
| 16191 | 建築士法<br><br>設計制限 | 延べ面積400m²，鉄骨造，地上2階建の飲食店を新築する場合においては，一級建築士でなければ，その設計をしてはならない． | ○ |
| | | 「士法3条」に「一級建築士でなければできない設計・監理条件」について規定されており，「鉄骨造等の建物（又は部分）で，延べ面積300m²を超えるもの」は，その「三号」条件に該当するため問題文は正しい． | |
| | | 原文：士法3条<br>（一級建築士でなければできない設計又は工事監理）<br>次の各号に掲げる建築物（……）を新築する場合においては，一級建築士でなければ，その設計又は工事監理をしてはならない．<br>一．学校，病院，劇場，映画館，観覧場，公会堂，集会場（オーデイトリアムを有しないものを除く．）又は百貨店の用途に供する建築物で，延べ面積が500m²をこえるもの<br>二．木造の建築物又は建築物の部分で，高さが13m又は軒の高さが9mを超えるもの<br>三．鉄筋コンクリート造，鉄骨造，石造，れん瓦造，コンクリートブロック造若しくは無筋コンクリート造の建築物又は建築物の部分で，延べ面積が300m²，高さが13m又は軒の高さが9mをこえるもの<br>四．延べ面積が1,000m²をこえ，且つ，階数が2以上の建築物 | |

24

| 21304 | 確認申請<br>(基準法),<br>建築士法<br>工事監理者 | 木造の一戸建ての住宅に関して,延べ面積120m²,地上2階建ての住宅を新築する場合,建築主は,建築士である工事監理者を定めなくてもよい. | × |
|---|---|---|---|

「建築基準法5条の6第4項」より,「建築主は,建築士法3条から3条の3までに規定する工事をする場合においては,それぞれに規定する建築士である工事監理者を定めなければならない.」とわかる.「士法3条の3」に「建築士(一級建築士,二級建築士又は木造建築士)でなければできない設計・監理条件」が載っており,「木造の建築物で,延べ面積100m²を超えるものは,建築主は,建築士である工事監理者を定めなければならない」とわかる.問題文は誤り.

原文:建築基準法5条の6
(建築物の設計及び工事監理)
建築士法第3条第1項(……),第3条の2第1項(……)若しくは第3条の3第1項(……)に規定する建築物又は同法第3条の2第3項(……)の規定に基づく条例に規定する建築物の工事は,それぞれ当該各条に規定する建築士の設計によらなければ,することができない.
……
4. 建築主は,第1項に規定する工事をする場合においては,それぞれ建築士法第3条第1項,第3条の2第1項若しくは第3条の3第1項に規定する建築又は同法第3条の2第3項の規定に基づく条例に規定する建築士である工事監理者を定めなければならない.

| 19184 | 定義<br>設計制限 | オーデイトリアムを有する延べ面積600m²の集会場の全体について大規模の模様替をする場合において,一級建築士事務所に所属する二級建築士が工事監理することができる. | × |
|---|---|---|---|

「士法3条」に,「一級建築士でなければできない設計・監理条件」について規定されており,「オーデイトリアムを有する延べ面積600m²の集会場」は,その「一号」条件に該当する.尚,「士法3条2項」より,「増改築・修繕・模様替」の場合においては,「増改築・修繕・模様替を行う部分を新築するものとみなして規定を適用する.」とわかる.問題文は,二級建築士が工事監理を行なうとあるため誤り.

原文:士法3条2項
2. 建築物を増築し,改築し,又は建築物の大規模の修繕若しくは大規模の模様替をする場合においては,当該増築,改築,修繕又は模様替に係る部分を新築するものとみなして前項の規定を適用する.

| 27213 | 建築士法 ⋮ 設計制限 | 延べ面積 1,200m², 高さ 12m, 軒の高さ 9m の鉄骨造の既存建築物について, 床面積 250m² の部分で大規模の修繕を行う場合においては, 当該修繕に係る設計は, 一級建築士又は二級建築士でなければしてはならない. | ○ |
|---|---|---|---|

「士法 3 条 2 項」より, 「大規模の修繕を行う場合, 修繕に係る部分を新築するものとみなして 1 項の規定を適用する.」とわかる. 問題文は「鉄骨造の既存建築物について, 床面積 250m² の部分で大規模の修繕を行う場合」であり, 「士法 3 条 1 項第三号(修繕に係る部分が 300m² を超えるもの)」には該当しないため, 当該修繕に係る設計は, 一級建築士でなくてもよい. 同様に, 問題文は「士法 3 条の 2 第 1 項第一号, 2 項」に該当するため, 「当該修繕に係る設計は, 二級建築士以上(=一級建築士又は, 二級建築士のこと)でなければしてはならない.」とわかる.

原文:士法 3 条の 2
(一級建築士又は二級建築士でなければできない設計又は工事監理)
前条第 1 項各号に掲げる建築物以外の建築物で, 次の各号に掲げるものを新築する場合においては, 一級建築士 又は 二級建築士でなければ, その設計又は工事監理をしてはならない.
一. 前条第 1 項第三号に掲げる構造の建築物又は建築物の部分で, 延べ面積が 30 m² を超えるもの
二. 延べ面積が 100 m²(木造の建築物にあつては, 300 m²)を超え, 又は 階数が 3 以上の建築物
2. 前条第 2 項の規定は, 前項の場合に準用する.

| 24211 | 建築士法 ⋮ 設計制限 | 一級建築士でなければ設計又は工事監理をしてはならない建築物の用途, 構造, 規模については, 都道府県が土地の状況により必要と認める場合においては, 建築士法に基づく条例で別に定めることができる. | × |
|---|---|---|---|

「士法 3 条の 2」に, 「二級建築士以上(=一級建築士又は, 二級建築士のこと)でなければできない設計・監理条件」について規定されており, その「3 項」に, 「都道府県は, 土地の状況により必要と認める場合においては, 条例(通称:士法 3 条の 2 の特例に関する条例)で, 区域又は建築物の用途を限り, 同項各号に規定する延べ面積を別に定めることができる.」とわかる. 問題文には「一級建築士」とあるが, 「士法 3 条(一級建築士の設計・監理条件)」には, 同様の規定がないため, その規模等について, 条例で別に定めることができない. よって誤り.

原文:士法 3 条の 2 第 3 項
3. 都道府県は, 土地の状況により必要と認める場合においては, 第 1 項の規定にかかわらず, 条例で, 区域 又は建築物の用途を限り, 同項各号に規定する延べ面積(……)を別に定めることができる.

| 21211 | 免許 ⋮ 登録 | 一級建築士名簿に登録する事項は, 登録番号, 登録年月日, 氏名, 生年月日, 性別, 所属する建築士事務所の名称, 処分歴, 定期講習の受講歴等である. | × |
|---|---|---|---|

「士法 5 条」に「登録」の解説が載っており, 「一級建築士の免許は, 一級建築士名簿に登録することによる.」とある. また, その事項については, 「士法(規則)3 条」に規定されており, 「登録番号, 登録年月日, 氏名, 生年月日, 性別, 一級建築士試験合格の年月及び合格証書番号, 処分歴, 定期講習の受講歴等」が該当するが, 「建築士事務所の名称」は, これに含まれていないため, 問題文は誤り.

24

| | | | |
|---|---|---|---|
| | 原文：士法5条 (免許の登録) 一級建築士, ……の免許は, それぞれ一級建築士名簿, ……に登録することによって行う. 原文：士法（規則）3条 (登録事項) 名簿に登録する事項は, 次のとおりとする. 一. 登録番号 及び 登録年月日 二. 氏名, 生年月日 及び 性別 三. 一級建築士試験合格の年月 及び 合格証書番号 （……） 四. ……戒告, 業務停止 又は 免許の取消しの処分 及び これらの処分を受けた年月日 …… 六. 法第22条の2に定める講習を受けた年月日 及び 当該講習の修了証の番号 …… | | |

| 29232 | 免許 ‐‐‐‐‐‐‐‐‐ 届出 | 一級建築士は, 一級建築士免許証の交付の日から30日以内に, 本籍, 住所, 氏名, 生年月日, 性別等を国土交通大臣に届け出なければならない. | ○ |
|---|---|---|---|
| | 「士法5条の2」より,「一級建築士免許証の交付の日から30日以内に, 省令で定める事項を, 国土交通大臣に届け出なければならない.」とわかる. | | |
| | 原文：士法5条の2 (住所等の届出) 一級建築士……は, 一級建築士免許証……の交付の日から30日以内に, 住所その他の国土交通省令で定める事項を, 一級建築士にあっては国土交通大臣に……届け出なければならない. 2. 一級建築士……は, 前項の国土交通省令で定める事項に変更があつたときは, その日から30日以内に, その旨を, 一級建築士にあっては国土交通大臣に……届け出なければならない. 原文：士法（規則）8条 (住所等の届出) 法第5条の2第1項に規定する国土交通省令で定める事項は, 次に掲げるものとする. 一. 登録番号 及び登録年月日 二. 本籍, 住所, 氏名, 生年月日 及び 性別 三. ……その業務の種別並びに勤務先の名称……及び所在地 | | |

| 24212 | 免許 届出 | 一級建築士は, 禁錮以上の刑に処せられ, その刑の執行を終わり, 又は執行を受けることがなくなった日から5年を経過しない者に該当することとなったときは, その日から30日以内に, その旨を, 国土交通大臣に届け出なければならない. | ○ |
|---|---|---|---|
| | 「士法7条第二号」及び「士法8条の2第二号」より,「一級建築士で, 禁錮以上の刑に処せられ, その刑の執行を終わり, 又は執行を受けることがなくなった日から5年を経過しない者に該当することとなったときは, 本人が, その日から30日以内に, その旨を, 大臣に届け出なければならない.」とわかる. よって正しい. | | |

原文：士法7条第二号
（絶対的欠格事由）
次の各号のいずれかに該当する者には，一級建築士，二級建築士又は 木造建築士の免許を与えない.
……
二．禁錮以上の刑に処せられ，その刑の執行を終わり，又は 執行を受けることがなくなった日から5年を経過しない者

原文：士法8条の2第二号
（建築士の死亡等の届出）
一級建築士，二級建築士又は木造建築士が次の各号に掲げる場合のいずれかに該当することとなったときは，当該各号に定める者は，その日（……）から30日以内に，その旨を，一級建築士にあっては国土交通大臣に，二級建築士又は木造建築士にあっては免許を受けた都道府県知事に届け出なければならない.
二．第7条第二号又は第三号に該当するに至ったとき 本人

| 27214 | 免許 | 一級建築士が死亡したときは，その相続人は，その事実を知った日から30日以内に，その旨を，国土交通大臣に届け出なければならない. | ○ |
|---|---|---|---|
| | 届出 | | |

「士法8条の2第一号」より，「一級建築士が死亡したとき，その相続人は，その事実を知った日から30日以内に，その旨を，大臣に届け出なければならない.」とわかる.

原文：士法8条の2第一号
一．死亡したとき その相続人

| 18172 | 免許 | 建築士が虚偽又は不正の事実に基づいて免許を受けた者であることが判明したときは，国土交通大臣又は都道府県知事は，免許を取り消さなければならない. | ○ |
|---|---|---|---|
| | 免許取消 | | |

「士法9条」に「免許の取消し」の解説が載っており，その「四号」より「建築士が虚偽又は不正の事実に基づいて免許を受けた者であることが判明した時，大臣または知事は，免許を取り消さなければならない.」とわかる.

原文：士法9条
（免許の取消し）
国土交通大臣 又は都道府県知事は，その免許を受けた一級建築士又は二級建築士 若しくは木造建築士が次の各号のいずれかに該当する場合においては，当該……免許を取り消さなければならない.
……
四．虚偽 又は 不正の事実に基づいて免許を受けたことが判明したとき.
3．国土交通大臣 又は都道府県知事は，前2項の規定により免許を取り消したときは，国土交通省令で定めるところにより，その旨を公告しなければならない.

| 18175 | 免許 | 建築士が業務に関して不誠実な行為をしたときは，国土交通大臣又は都道府県知事は，戒告を与え，1年以内の期間を定めて業務の停止を命じ，又は免許を取り消すことができる. | ○ |
|---|---|---|---|
| | 免許取消 | | |

24

「士法 10 条」に「懲戒」の解説が載っており，そこを訳すと「建築士が①.建築に関する法律等に違反した場合（一号条件），②.業務に関して不誠実な行為をした場合（二号条件）のうちのいずれかに該当する場合においては，大臣又は知事は業務の停止を命じたり，又は，免許を取り消すことができる.」とわかる.問題文の「業務に関して不誠実な行為をしたとき」は，その「二号」条件に該当するため，免許を取り消されることがある.

原文：士法 10 条
（懲戒）
国土交通大臣又は都道府県知事は，その免許を受けた一級建築士又は二級建築士若しくは木造建築士が次の各号のいずれかに該当する場合においては，当該一級建築士又は二級建築士若しくは木造建築士に対し，戒告し，若しくは 1 年以内の期間を定めて業務の停止を命じ，又はその免許を取り消すことができる.
一．この法律若しくは建築物の建築に関する他の法律又はこれらに基づく命令若しくは条例の規定に違反したとき.
二．業務に関して不誠実な行為をしたとき.

| 21213 | 免許 | 業務に関して不誠実な行為をして一級建築士の免許を取り消され，その取消しの日から起算して 5 年を経過しない者は，一級建築士の免許のみならず，二級建築士又は木造建築士の免許も受けることができない. | ○ |
|---|---|---|---|
| | 免許取消 | | |

「士法 10 条」に「懲戒」の解説が載っており，そこを訳すと「建築士が①.建築に関する法律等に違反した場合（一号条件），②.業務に関して不誠実な行為をした場合（二号条件）のうちのいずれかに該当する場合においては，大臣又は知事は業務の停止を命じたり，又は，免許を取り消すことができる.」とわかる.問題文の場合，その「二号」条件に該当するため，免許を取り消されることがある.また，「士法 7 条」に「所定の条件に該当する場合には，一級建築士，二級建築士又は木造建築士の免許を与えない.」とあり，「士法 10 条 1 項の規定により，免許を取り消され，その取り消しの日から起算して 5 年を経過しない者」は，その「四号」条件に該当するため免許を受けることができない.

原文：士法 7 条第四号
四．第 9 条第 1 項第四号又は第 10 条第 1 項の規定により免許を取り消され，その取消しの日から起算して 5 年を経過しない者

| 25231 | 免許 | 一級建築士が虚偽又は不正の事実に基づいて免許を受けたことが判明したときは，国土交通大臣は，中央建築士審査会の同意を得たうえで，免許を取り消さなければならない. | × |
|---|---|---|---|
| | 免許取消 | | |

「士法 9 条」に「免許の取消し」の解説が載っており，その「四号」より「建築士が虚偽又は不正の事実に基づいて免許を受けた者であることが判明した時，大臣または知事は，免許を取り消さなければならない.」とわかるが，中央建築士審査会の同意は不要である.（同意が必要なのは，「士法 10 条（懲戒）」による業務停止・免許取消）よって誤り.

原文：士法 10 条 4 項
4．国土交通大臣又は都道府県知事は，第 1 項の規定により，業務の停止を命じ，又は免許を取り消そうとするときは，それぞれ中央建築士審査会又は都道府県建築士審査会の同意を得なければならない.

| 21212 | 免許 | 国土交通大臣が一級建築士の懲戒処分をしたときは，処分をした年月日，処分を受けた建築士の名前，処分の内容，処分の原因となった事実等について公告しなければならない． | ○ |
|---|---|---|---|
| | 懲戒 | | |

「士法10条」に「懲戒」の解説が載っており，その「5項」より，「大臣又は知事は，懲戒処分をしたときは，省令で定めるところにより，その旨を公告しなければならない．」とわかる．その事項は，「士法（規則）6条の3」より，「処分をした年月日，処分を受けた建築士の名前，処分の内容，処分の原因となった事実」等が該当する．

原文：士法10条5項
5. 国土交通大臣又は都道府県知事は，第1項の規定による処分をしたときは，国土交通省令で定めるところにより，その旨を公告しなければならない．

原文：士法（規則）6条の3
（処分の公告）
法第10条第5項の規定による公告は，次に掲げる事項について，……行うものとする．
一．処分をした年月日
二．処分を受けた建築士の氏名，……及びその者の登録番号
三．処分の内容
四．処分の原因となつた事実

| 01233 | 免許 | 国土交通大臣に対し，構造設計一級建築士証の交付を申請することができるのは，原則として，一級建築士として5年以上の構造設計の業務に従事した後，登録講習機関が行う所定の講習の課程をその申請前1年以内に修了した者である． | ○ |
|---|---|---|---|
| | 構造一級・設備一級 | | |

「士法10条の3」に「構造設計一級建築士証及び設備設計一級建築士証の交付等」について載っており，その「1項一号」より，「構造設計一級建築士とは，一級建築士として5年以上構造設計の業務に従事した後，登録講習機関が行う所定の講習の課程をその申請前1年以内に修了した一級建築士」とわかる．

原文：士法10条の3
（構造設計一級建築士証及び設備設計一級建築士証の交付等）
次の各号のいずれかに該当する一級建築士は，国土交通大臣に対し，構造設計一級建築士証の交付を申請することができる．
一．一級建築士として5年以上構造設計の業務に従事した後，……（以下この章において「登録講習機関」という．）が行う講習（別表第1（一）の項講習の欄に掲げる講習に限る．）の課程をその申請前1年以内に修了した一級建築士
二．国土交通大臣が，構造設計に関し前号に掲げる一級建築士と同等以上の知識及び技能を有すると認める一級建築士
4. 構造設計一級建築士証又は設備設計一級建築士証の交付を受けた一級建築士（以下それぞれ「構造設計一級建築士」又は「設備設計一級建築士」という．）は，……

| 03224 | 業務 | 設備設計一級建築士は，設備設計以外の設計を含めた建築物の設計を行うことができる． | ○ |
|---|---|---|---|
| | 構造一級・設備一級 | | |

「士法10条の3第2項」に「設備設計一級建築士証の交付」について載っており，「所定の条件を満たす一級建築士が，設備設計一級建築士証の交付を申請することができる．」とわかる．よって正しい．

| | | | |
|---|---|---|---|
| | 原文：士法10条の3第2項<br>2．次の各号のいずれかに該当する一級建築士は，国土交通大臣に対し，設備設計一級建築士証の交付を申請することができる． | | |
| 29214 | 免許<br><br>構造一級・<br>設備一級 | 構造設計一級建築士は，構造設計一級建築士定期講習を受けたときは，国土交通大臣に対し，構造設計一級建築士証の書換え交付を申請することができる． | ○ |
| | 「士法22条の2第四号」，「士法施行規則3条第六号」より，「構造設計一級建築士が，構造設計一級建築士定期講習を受けたときは，名簿の登録事項として，当該講習の受講歴を記録する（書換える）．」とわかる．また，「士法10条の3第4項」より，「構造設計一級建築士証に記載された事項等に変更があったときは，大臣に対し，構造設計一級建築士証の書換え交付を申請することができる．」とわかる． | | |
| | 原文：士法10条の3第4項<br>4．……構造設計一級建築士証又は設備設計一級建築士証に記載された事項等に変更があつたときは，国土交通大臣に対し，構造設計一級建築士証又は設備設計一級建築士証の書換え交付を申請することができる． | | |
| 26223 | 免許<br><br>構造一級・<br>設備一級 | 設備設計一級建築士は，設備設計以外の設計を含めた，建築物の設計を行うことができる． | ○ |
| | 「士法10条の3第2項」に「設備設計一級建築士証の交付」について載っており，「所定の条件を満たす一級建築士が，設備設計一級建築士証の交付を申請することができる．」とわかる． | | |
| | 原文：士法10条の3第2項<br>2．次の各号のいずれかに該当する一級建築士は，国土交通大臣に対し，設備設計一級建築士証の交付を申請することができる． | | |
| 22253 | 免許<br><br>中央指定登録機関 | 国土交通大臣により中央指定登録機関が指定された場合であっても，一級建築士に係る業務の停止，免許の取消し等の懲戒処分については，国土交通大臣が行う． | ○ |
| | 「士法10条の4」に「中央指定登録機関の指定」の解説が載っており，「大臣は，中央指定登録機関に，「一級建築士登録等事務」を行わせることができる．」とわかるが，問題文の「一級建築士に係る業務の停止，免許の取消し等の懲戒処分」は，「一級建築士登録等事務」に該当しないので，「士法10条」より，「懲戒処分については大臣が行う．」とわかる． | | |
| | 原文：士法10条の4<br>(中央指定登録機関の指定)<br>国土交通大臣は，その指定する者（以下「中央指定登録機関」という．）に，一級建築士の登録の実施に関する事務，……名簿を一般の閲覧に供する事務 並びに 構造設計一級建築士証 及び 設備設計一級建築士証の交付の実施に関する事務（以下「一級建築士登録等事務」という．）を行わせることができる． | | |
| 21214 | 免許<br><br>中央指定登録機関 | 中央指定登録機関が指定された場合には，一級建築士の登録の実施に関する事務，一級建築士名簿を一般の閲覧に供する事務等は中央指定登録機関が行うこととなり，原則として，国土交通大臣はこれらの事務を行わない． | ○ |

「士法 10 条の 4」に「中央指定登録機関」の解説が載っており，そこを訳すと「大臣は，中央指定登録機関に，一級建築士の登録の実施に関する事務，一級建築士名簿を一般の閲覧に供する事務等を行わせることができる.」とわかる．また，「士法 10 条の 17」より，「大臣は，中央指定登録機関の指定をしたときは，原則として，一級建築士の登録の実施に関する事務，一級建築士名簿を一般の閲覧に供する事務等（一級建築士登録等事務）を行わない.」とわかる．

原文：士法 10 条の 17
（国土交通大臣による一級建築士登録等事務の実施等）
国土交通大臣は，<u>中央指定登録機関の指定をしたときは</u>，<u>一級建築士登録等事務を行わないものとする.</u>

| 30214 | 業務<br><br>定期講習 | 一級建築士定期講習を受けたことがない一級建築士は，一級建築士の免許を受けた日の次の年度の開始の日から起算して 3 年を超えた日以降に建築士事務所に所属した場合には，所属した日から 3 年以内に一級建築士定期講習を受けなければならない. | × |
|---|---|---|---|

「士法 22 条の 2」に「定期講習」の解説が載っており，「各号に掲げる建築士は，省令で定める期間ごとに，各号に定める講習を受けなければならない.」とあり，「建築士事務所に属する一級建築士」は，その「一号」に該当する．また「士法（規則）17 条の 36」より，「規定する講習のうち直近のものを受けた日の属する年度の翌年度の開始の日から起算して 3 年とする.」とわかる．ただし，「士法（規則）17 条の 37」より，「前条の規定にかかわらず，一級建築士試験に合格した日の属する年度の翌年度の開始の日から起算して 3 年を超えた日以降に建築士事務所に所属した一級建築士であって，一級建築士定期講習を受けたことがない者は，遅滞なく，講習を受けなければならない.」とわかる．問題文は「所属した日から 3 年以内」とあるため誤り.

原文：士法規則 17 条の 37 第 1 項 表一号ロ
一級建築士試験に合格した日の属する年度の翌年度の開始の日から起算して 3 年を超えた日以降に建築士事務所に所属した一級建築士であって，<u>一級建築士定期講習を受けたことがない者</u>　遅滞なく

| 18171 | 業務<br><br>設計説明 | 建築士は，設計を行う場合においては，これを法令又は条例の定める建築物に関する基準に適合するようにしなければならないとともに，設計の委託者に対し，設計の内容に関して適切な説明を行うように努めなければならない. | ○ |
|---|---|---|---|

「士法 18 条 1 項」，及び，「2 項」より，「建築士は，設計を行う場合においては，これを法令又は条例の定める建築物に関する基準に適合するようにしなければならないとともに，設計の委託者に対し，設計の内容に関して適切な説明を行うように努めなければならない.」とわかる.

原文：士法 18 条
（設計及び工事監理）
建築士は，設計を行う場合においては，設計に係る建築物が法令 <u>又は</u> 条例の定める建築物に関する基準に適合するようにしなければならない.

| 16195 | 業務<br><br>工事監理 | 建築士は，工事監理を行う場合において，工事が設計図書のとおりに実施されていないと認めるときは，直ちに，工事施工者に対してその旨を指摘し，設計図書のとおりに実施するよう求め，工事施工者がこれに従わないときは，その旨を建築士事務所を管理する建築士に報告しなければならない. | × |
|---|---|---|---|

24

「士法18条3項」より，「建築士は工事監理を行う場合において，工事が設計図書のとおりに実施されていないと認めるときは，直ちに施工者に対してその旨を指摘し，設計図書のとおりに実施するよう求め，施工者がそれに従わないときには，建築主に報告しなければならない．」とわかる．問題文では「建築士事務所を管理する建築士に報告する」とあるため誤り．

原文：士法18条3項
3．建築士は，工事監理を行う場合において，工事が設計図書のとおりに実施されていないと認めるときは，直ちに，工事施工者に対して，その旨を指摘し，当該工事を設計図書のとおりに実施するよう求め，当該工事施工者がこれに従わないときは，その旨を建築主に報告しなければならない．

| 28223 | 業務 | 建築士は，延べ面積が2,000m²を超える建築物の建築設備に係る設計又は工事監理を行う場合においては，設備設計一級建築士の意見を聴かなければならない． | × |
| | 構造一級・設備一級 | | |

「士法18条4項」より，「建築士は，延べ面積が2,000m²を超える建築物の建築設備に係る設計又は工事監理を行う場合においては，建築設備士の意見を聴くよう努めなければならない．」とわかる．

原文：士法18条4項
4．建築士は，延べ面積が2,000m²を超える建築物の建築設備に係る設計又は工事監理を行う場合においては，建築設備士の意見を聴くよう努めなければならない．……

| 17193 | 業務 | 一級建築士は，二級建築士が設計した延べ面積200m²，高さ9m，鉄筋コンクリート造，地上2階建の住宅の設計図書の一部を変更しようとする場合，原則として，当該二級建築士の承諾を求めずに，その設計図書の一部を変更することができる． | × |
| | 設計変更 | | |

「士法19条」に「設計の変更」の解説が載っており，そこを訳すと「一級建築士であっても，他の二級建築士が設計した設計図書の一部を変更する場合には，その二級建築士の承諾を求めなければならない．」とわかる．問題文は誤り．

原文：士法19条
(設計の変更)
一級建築士，二級建築士又は木造建築士は，他の一級建築士，二級建築士又は木造建築士の設計した設計図書の一部を変更しようとするときは，当該一級建築士，二級建築士又は木造建築士の承諾を求めなければならない．ただし，承諾を求めることのできない事由があるとき，又は承諾が得られなかつたときは，自己の責任において，その設計図書の一部を変更することができる．

| 28211 | 業務 | 一級建築士は，設計，工事監理，建築工事の指導監督等の委託者から請求があったときは，一級建築士免許証又は一級建築士免許証明書を提示しなければならない． | ○ |
| | 免許証等の提示 | | |

「士法19条の2」より，「一級建築士は，士法23条1項に規定する設計等（設計，工事監理，建築工事の指導監督等）の委託者から請求があったときは，一級建築士免許証又は一級建築士免許証明書を提示しなければならない．」とわかる．

原文：士法19条の2
(建築士免許証等の提示)
一級建築士……は，第23条第1項に規定する設計等の委託者（……）から請求があつたときは，一級建築士免許証……又は一級建築士免許証明書……を提示しなければならない．

| 02224 | 業務<br><br>表示行為 | 管理建築士は，その建築士事務所に属する他の建築士が設計を行った建築物の設計図書について，設計者である建築士による記名に加えて，管理建築士である旨の表示をして記名しなければならない． | × |
|---|---|---|---|

「士法20条」に「表示行為」の解説が載っており，そこを訳すと「建築士が設計を行った場合には，その設計図書に一級建築士，二級建築士，木造建築士としての表示をして記名しなければならない．」とわかる．ゆえに，記名するのは，管理する建築士ではなく，図書を作成した建築士となるため誤り．

原文：士法20条
（業務に必要な表示行為）
一級建築士，二級建築士又は木造建築士は，設計を行つた場合においては，その設計図書に一級建築士，二級建築士又は木造建築士である旨の表示をして記名しなければならない．設計図書の一部を変更した場合も同様とする．

| 20194 | 業務<br><br>表示行為 | 建築士は，構造計算によって建築物の安全性を確かめた場合においては，原則として，遅滞なく，その旨の証明書を設計の委託者に交付しなければならない． | ○ |
|---|---|---|---|

「士法20条」に「表示行為」の解説が載っており，その「2項」より，「建築士は，構造計算によって建築物の安全性を確かめた場合においては，遅滞なく，その旨の証明書を設計の委託者に交付しなければならない．」とわかる．

原文：士法20条2項
2. 一級建築士，二級建築士又は木造建築士は，構造計算によって建築物の安全性を確かめた場合においては，遅滞なく，国土交通省令で定めるところにより，その旨の証明書を設計の委託者に交付しなければならない．ただし……

| 22223 | 業務<br><br>構造一級・<br>設備一級 | 構造設計一級建築士の関与が義務づけられた建築物において，構造設計一級建築士が構造設計を行い，その構造設計図書に構造設計一級建築士である旨の表示をした場合には，構造計算によって建築物の安全性を確かめた旨の証明書を設計の委託者に交付する必要はない． | ○ |
|---|---|---|---|

「士法20条2項」より，「建築士は，構造計算によって建築物の安全性を確かめた場合，その旨の証明書を設計の委託者に交付しなければならない．ただし，次条（士法20条の2）第1項又は第2項の規定の適用がある場合は，この限りでない．」とわかる．つまり，①．「構造設計一級建築士の関与が義務づけられた建築物」で，②．「構造設計一級建築士が構造設計を行い（又は，それ以外の一級建築士が構造設計を行い，構造設計一級建築士に確認を求め）」，③．「その構造設計図書に構造設計一級建築士である旨の表示をした場合」の条件が揃えば，証明書の交付義務はない．問題文はこれに該当するため，当該証明書を設計の委託者に交付する必要はない．

原文：士法20条2項
2. ……．ただし，次条第1項又は第2項の規定の適用がある場合は，この限りでない．

| 22222 | 業務<br><br>構造一級・<br>設備一級 | 構造設計一級建築士の関与が義務づけられた建築物の対象の範囲は，構造計算適合性判定が必要となる建築物の対象の範囲と同一である． | × |
|---|---|---|---|

24

「士法20条の2」に「構造設計に関する特例」について載っており，その「1項」より，「構造設計一級建築士の関与が義務づけられた建築物の対象の範囲は，士法3条1項に規定する建築物（一級建築士の設計・監理の範囲）のうち，基準法20条第一号（超高層建築物）又は第二号（大規模建築物）に掲げる一定規模以上の建築物の構造設計」とわかる．一方，「基準法6条の3」より「構造計算適合性判定とは，「法20条第二号又は第三号に定める基準（二号イ又は三号イの政令で定める基準に従った構造計算で，「二号イに規定する方法（＝「保有水平耐力計算」，「限界耐力計算」，「許容応力度等計算」等）」，「二号イのプログラム」，「三号イのプログラム」のいずれか）により適正に行われたものかどうかの判定」とわかる．「法20条第一号」に該当する建築物は，構造設計一級建築士の関与義務があるが，構造計算適合性判定の対象とならない．また，「法20条第三号」に該当する建築物は，構造設計一級建築士の関与義務はないが，「二号イに規定する方法」で構造計算を行った場合，構造計算適合性判定の対象となる．よって，双方の建築物の対象の範囲は異なるため誤り．

原文：士法20条の2
（構造設計に関する特例）
<u>構造設計一級建築士は，第3条第1項に規定する建築物のうち建築基準法第20条第一号 又は 第二号に掲げる建築物に該当するものの構造設計を行った場合において</u>は，<u>前条第1項の規定によるほか</u>，<u>その構造設計図書に構造設計一級建築士である旨の表示をしなければならない．</u>……

| 23254 | 業務 | 構造設計一級建築士に保有水平耐力計算が必要な高さ60mの建築物の構造設計を依頼したところ，構造計算によって建築物の安全性を確かめた旨の証明書の交付を受けたので，構造設計図書に構造設計一級建築士である旨の表示がされていなかったが，当該構造設計図書により建築確認の申請を行った． | × |
|---|---|---|---|
| | 構造一級・設備一級 | | |

「士法20条2項」より，「建築士は，構造計算によって建築物の安全性を確かめた場合，その旨の証明書を設計の委託者に交付しなければならない．ただし，次条（士法20条の2）第1項又は第2項の規定の適用がある場合は，この限りでない．」とわかる．つまり，①.「構造設計一級建築士の関与が義務づけられた建築物」で，②.「構造設計一級建築士が構造設計を行い（又は，それ以外の一級建築士が構造設計を行い，構造設計一級建築士に確認を求め）」，③.「その構造設計図書に構造設計一級建築士である旨の表示をした場合」の条件が揃えば，証明書の交付義務はない．問題文の場合，証明書の交付を受けていても，①.に該当すれば，③.の行為は義務となるため，当該構造設計図書により建築確認の申請を行うことはできない．よって誤り．

原文：士法20条の2 第2項，3項
2. <u>構造設計一級建築士以外の一級建築士は，前項の建築物の構造設計を行った場合</u>……構造設計一級建築士に<u>当該構造設計に係る建築物が建築基準法第20条（第1項第一号 又は 第二号に係る部分に限る.）の</u>……（以下「構造関係規定」という.）<u>に適合するかどうかの確認を求めなければならない．</u>……
3. <u>構造設計一級建築士は，前項の規定により確認を求められた場合において，当該建築物が構造関係規定に適合することを確認したとき 又は 適合することを確認できないときは，当該構造設計図書にその旨を記載するとともに，構造設計一級建築士である旨の表示をして記名しなければならない．</u>

| 22224 | 業務 | 設備設計一級建築士の関与が義務づけられた建築物において，当該建築物が設備関係規定に適合することを確認した設備設計一級建築士は，当該建築物の設計者に含まれる． | ○ |
|---|---|---|---|
| | 構造一級・設備一級 | | |

「士法 20 条の 3 第 1 項，2 項」より，設備設計一級建築士の関与が義務づけられた建築物においては，①．「設備設計一級建築士が設備設計を行う」又は②．「設備設計一級建築士以外の一級建築士が設備設計を行う場合，設備設計一級建築士に当該設備設計に係る建築物が設備関係規定に適合するかどうかの確認を求める」のいずれかを要する．②．の場合，その設備設計一級建築士は確認の内容を設備設計図書に記載し，記名しなければならない．「法 2 条第十七号」より，「設計者とは，その者の責任において設計図書を作成した者をいい，設備設計一級建築士の関与が義務づけられた建築物において，設備関係規定に適合することを確認した設備設計一級建築士を含むものとする．」とわかる．問題文は正しい．

原文：法 2 条第十七号
十七. 設計者　その者の責任において，設計図書を作成した者をいい，建築士法第 20 条の 2 第 3 項 又は 第 20 条の 3 第 3 項の規定により建築物が構造関係規定（同法第 20 条の 2 第 2 項に規定する構造関係規定をいう．……）又は設備関係規定（同法第 20 条の 3 第 2 項に規定する設備関係規定をいう．……）に適合することを確認した構造設計一級建築士（……）又は 設備設計一級建築士（……）を含むものとする．

原文：士法 20 条の 3
（設備設計に関する特例）
設備設計一級建築士は，階数が 3 以上で床面積の合計が 5,000 m² を超える建築物の設備設計を行った場合においては，第 20 条第 1 項の規定によるほか，その設備設計図書に設備設計一級建築士である旨の表示をしなければならない．……
2. 設備設計一級建築士以外の一級建築士は，前項の建築物の設備設計を行った場合においては，国土交通省令で定めるところにより，設備設計一級建築士に当該設備設計に係る建築物が……（以下「設備関係規定」という．）に適合するかどうかの確認を求めなければならない．……
3. 設備設計一級建築士は，前項の規定により確認を求められた場合において，当該建築物が設備関係規定に適合することを確認したとき 又は 適合することを確認できないときは，当該設備設計図書にその旨を記載するとともに，設備設計一級建築士である旨の表示をして記名しなければならない．

| 23234 | 事務所 | 設備設計一級建築士は，その関与が義務づけられた建築物について，設備設計一級建築士以外の一級建築士が行った設備設計が設備関係規定に適合するかどうかの確認を，他人の求めに応じ報酬を得て業として行う場合には，一級建築士事務所の登録を受けなければならない． | ○ |
|---|---|---|---|
| | 事務所登録 | | |

「士法 21 条」のカッコ書きより，「建築士が行う設計には，設備設計一級建築士の確認（士法 20 条の 3 第 2 項）が含まれる．これは事務所登録（士法 23 条）においても同じ．」とわかる．「士法 23 条」より，「一級建築士又は一級建築士を使用する者は，他人の求めに応じ報酬を得て，設計等を業として行おうとするときは，一級建築士事務所を定めて，知事の登録を受けなければならない．」とわかる．よって，問題文のような場合，設備設計一級建築士は，一級建築士事務所の登録を受けなければならない．

| | | 原文：士法 21 条<br>(その他の業務)<br>建築士は，設計（第 20 条の 2 第 2 項 又は 前条第 2 項の確認を含む．第 22 条及び第 23 条第 1 項において同じ．）及び工事監理を行うほか，建築工事契約に関する事務，建築工事の指導監督，建築物に関する調査又は鑑定及び建築物の建築に関する法令又は条例の規定に基づく手続の代理その他の業務（……）を行うことができる．…… | |
|---|---|---|---|
| 21281 | 業務<br><br>違反行為の指示等の禁止 | 建築士は，建築基準法，建築士法等の規定に違反する行為について，相談に応じてはならない． | ○ |
| | | 「士法 21 条の 3」に「違反行為の指示等の禁止」の解説が載っており，そこを訳すと，「建築士は，建築基準法，建築士法等の規定に違反する行為について，指示をしたり，相談に応じる行為をしてはならない．」とわかる． | |
| | | 原文：士法 21 条の 3<br>(違反行為の指示等の禁止)<br>建築士は，建築基準法の定める建築物に関する基準に適合しない建築物の建築その他のこの法律若しくは建築物の建築に関する他の法律又はこれらに基づく命令若しくは条例の規定に違反する行為について指示をし，相談に応じ，その他これらに類する行為をしてはならない． | |
| 21233 | 業務<br>- - - - - - -<br>定期講習 | 建築士事務所に属する一級建築士は，直近の一級建築士定期講習を受けた日の属する年度の翌年度の開始の日から起算して 5 年以内に，次回の一級建築士定期講習を受けなければならない． | × |
| | | 「士法 22 条の 2」に「定期講習」の解説が載っており，そこを訳すと「各号に掲げる建築士は，省令で定める期間ごとに，各号に定める講習を受けなければならない．」とあり，「建築士事務所に属する一級建築士」は，その「一号」に該当する．また，その期間については，「士法（規則）17 条の 36」に載っており，「規定する講習のうち直近のものを受けた日の属する年度の翌年度の開始の日から起算して 3 年とする．」とわかる．よって問題文は誤り． | |
| | | 原文：士法 22 条の 2<br>(定期講習)<br>次の各号に掲げる建築士は，3 年以上 5 年以内において国土交通省令で定める期間ごとに，……国土交通大臣の登録を受けた者（次条において「登録講習機関」という．）が行う当該各号に定める講習を受けなければならない．<br>一．一級建築士（第 23 条第 1 項の建築士事務所に属するものに限る．）　　別表第 2 (1) の項講習の欄に掲げる講習<br>……<br><br>原文：士法（規則）17 条の 36<br>(定期講習の受講期間)<br>法第 22 条の 2 の国土交通省令で定める期間は，……規定する講習のうち直近のものを受けた日の属する年度の翌年度の開始の日から起算して 3 年とする． | |
| 21232 | 業務<br>- - - - - - -<br>定期講習 | 建築士事務所に属する構造設計一級建築士は，一級建築士定期講習と構造設計一級建築士定期講習の両方を受けなければならない． | ○ |

「士法22条の2」に「定期講習」の解説が載っており，そこを訳すと「各号に掲げる建築士は，省令で定める期間ごとに，各号に定める講習を受けなければならない．」とあり，「建築士事務所に属する構造設計一級建築士」は，その「一号」と「四号」に該当するため，それぞれの講習の両方を受けなければならない．

原文：士法22条の2
一．　一級建築士（……建築士事務所に属するものに限る．）　別表第2(1)の項講習の欄に掲げる講習
四．　構造設計一級建築士　　別表第2(4)の項講習の欄に掲げる講習

| 21231 | 業務 | 建築士事務所に属する建築士で，一級建築士免許と二級建築士免許の両方を受けている者については，一級建築士定期講習を受ければ二級建築士定期講習を受けたものとみなす． | ○ |
| | 定期講習 | | |

「士法（規則）17条の37第4項」より，「法第22条の2の規定（定期講習）により同条第二号（二級建築士）の講習を受けなければならない建築士であって，同条第一号（一級建築士）の講習を受けた者は，同条第二号（二級建築士）の講習を受けたものとみなす．」とわかる．

原文：士法（規則）17条の37第4項
4．法第22条の2の規定により同条第二号 又は 第三号に掲げる講習を受けなければならない建築士であって，同条第一号に掲げる講習を受けた者は，同条第二号 又は 第三号に掲げる講習を受けたものとみなす．

| 28213 | 設計受託契約等 | 延べ面積200m²の建築物の新築に係る設計受託契約の当事者は，契約の締結に際して，作成する設計図書の種類，設計に従事することとなる建築士の氏名及びその者の一級建築士，二級建築士又は木造建築士の別，報酬の額及び支払いの時期，契約の解除に関する事項，その他所定の事項について書面に記載し，署名又は記名押印をして相互に交付しなければならない． | × |
| | 契約の内容 | | |

「士法22条の3の3」より，「延べ面積が300m²を超える建築物の新築に係る設計受託契約又は工事監理受託契約の当事者は，所定の事項について書面に記載し，署名又は記名押印をして相互に交付しなければならない．」とわかる．問題文は「延べ面積200m²」とあるため，その必要はない．

原文：士法22条の3の3
（延べ面積が300m²を超える建築物に係る契約の内容）
延べ面積が300m²を超える建築物の新築に係る設計受託契約 又は 工事監理受託契約の当事者は，前条の趣旨に従って，契約の締結に際して次に掲げる事項を書面に記載し，署名 又は 記名押印をして相互に交付しなければならない．

| 29221 | 設計受託契約等 | 建築物の大規模の修繕に係る部分の床面積が400m²である工事の工事監理受託契約の締結に際して，その当事者は，工事と設計図書との照合の方法，工事監理の実施の状況に関する報告の方法，工事監理に従事することとなる建築士の氏名等の所定の事項について書面に記載し，署名又は記名押印をして相互に交付しなければならない． | ○ |
| | 契約の内容 | | |

「士法22条の3の3」より，「延べ面積が300m²を超える建築物の新築に係る設計受託契約又は工事監理受託契約の当事者は，所定の事項について書面に記載し，署名又は記名押印をして相互に交付しなければならない．」とわかる．また，その「3項」より，「大規模の修繕若しくは大規模の模様替をする場合においては，新築とみなして規定を適用する．」とわかる．よって正しい．

24

| | | | |
|---|---|---|---|
| | | 原文：士法22条の3の3第3項 3．建築物を増築し，改築し，又は建築物の大規模の修繕若しくは大規模の模様替をする場合に……新築とみなして前2項の規定を適用する． | |
| 28212 | 設計受託契約等 --------- 適正な委託代金 | 設計受託契約又は工事監理受託契約を締結しようとするときは，委託者及び受託者は，国土交通大臣が定める報酬の基準に準拠した委託代金で当該契約を締結するよう努めなければならない． | ○ |
| | | 「士法22条の3の4」より，「設計受託契約又は工事監理受託契約を締結しようとする者（委託者及び受託者）は，第25条に規定する（大臣が定める）報酬の基準に準拠した委託代金で設計受託契約又は工事監理受託契約を締結するよう努めなければならない．」とわかる． | |
| | | 原文：士法22条の3の4 （適正な委託代金） 設計受託契約 又は 工事監理受託契約を締結しようとする者は，第25条に規定する報酬の基準に準拠した委託代金で設計受託契約 又は 工事監理受託契約を締結するよう努めなければならない． | |
| | | 原文：士法25条 （業務の報酬） 国土交通大臣は，中央建築士審査会の同意を得て，建築士事務所の開設者がその業務に関して請求することのできる報酬の基準を定めることができる． | |
| 22251 | 業務 --------- 建築士会 | 建築士会は，建築士に対し，その業務に必要な知識及び技能の向上を図るための建築技術に関する研修を実施しなければならない． | ○ |
| | | 「士法22条の4」に「建築士会」の解説が載っており，その「5項」を訳すと「建築士会は，建築士に対し，その業務に必要な知識及び技能の向上を図るための建築技術に関する研修を実施しなければならない．」とわかる． | |
| | | 原文：士法22条の4第5項 5．建築士会及び建築士会連合会は，建築士に対し，その業務に必要な知識 及び 技能の向上を図るための建築技術に関する研修を実施しなければならない． | |
| 27222 | 事務所 --------- 事務所登録 | 一級建築士は，他人の求めに応じ報酬を得て，建築物に関する調査を業として行おうとするときは，一級建築士事務所を定めて，その建築士事務所について，登録を受けなければならない． | ○ |
| | | 「士法23条」より，「一級建築士又は一級建築士を使用する者は，他人の求めに応じ報酬を得て，設計等を業として行おうとするときは，一級建築士事務所を定めて，知事の登録を受けなければならない．」とわかる． | |
| | | 原文：士法23条 （登録） 一級建築士，二級建築士若しくは木造建築士 又は これらの者を使用する者は，他人の求めに応じ報酬を得て，設計，工事監理，建築工事契約に関する事務，建築工事の指導監督，建築物に関する調査若しくは鑑定又は建築物の建築に関する法令若しくは条例の規定に基づく手続の代理（……以下「設計等」という．）を業として行おうとするときは，一級建築士事務所，二級建築士事務所又は 木造建築士事務所を定めて，その建築士事務所について，都道府県知事の登録を受けなければならない． | |

| 05223 | 罰則 | 開設者は，建築士事務所の登録の更新を怠り，都道府県知事により当該登録を抹消されたにもかかわらず，報酬を得て，設計等を業として行った場合，1年以下の懲役又は100万円以下の罰金に処せられる． | ○ |
|---|---|---|---|
| | 無登録業務 | | |

「士法23条2項，3項」より，「建築士事務所の登録の有効期間（5年）の満了後，引き続き，他人の求めに応じ報酬を得て，設計等を業として行おうとする者は，その建築士事務所について更新の登録を受けなければならない．」とわかる（「士法規則18条」より，有効期間満了の日前30日までに申請書を提出）．また，「士法23条の8第二号」より，「登録の有効期間の満了の際更新の登録の申請が無かったとき，知事は，事務所の登録を抹消しなければならない．」とわかる．問題文の「登録を抹消されたにもかかわらず，報酬を得て，設計等を業として行った場合」については，「士法23条の10」及び「士法37条第九号」より，「登録を受けないで，業として他人の求めに応じ報酬を得て，設計等を行ってはならず，これに違反した場合，1年以下の懲役又は100万円以下の罰金に処せられる．」とわかる．よって正しい．

原文：士法23条2項，3項
2. 前項の登録の有効期間は，登録の日から起算して5年とする．
3. 第1項の登録の有効期間の満了後，引き続き，他人の求めに応じ報酬を得て，設計等を業として行おうとする者は，その建築士事務所について更新の登録を受けなければならない．

原文：士法規則18条
（更新の登録の申請）
法第23条第3項の規定により更新の登録を受けようとする者は，有効期間満了の日前30日までに登録申請書を提出しなければならない．

原文：士法23条の8第二号
（登録の抹消）
都道府県知事は，次の各号のいずれかに該当する場合においては，登録簿につき，当該建築士事務所に係る登録を抹消しなければならない．
……
二．第23条第1項の登録の有効期間の満了の際更新の登録の申請がなかつたとき．

| 21224 | 事務所 | 建築士事務所を開設しようとする者は，設計等の業務範囲が複数の都道府県にわたる場合には，当該建築士事務所の所在地を管轄する都道府県知事及び業務範囲に係るそれぞれの都道府県知事の登録を受けなければならない． | × |
|---|---|---|---|
| | 事務所登録 | | |

「士法23条の2」より，「建築士事務所の登録は，その事務所の所在地を管轄する都道府県知事が行う．」とわかる．ただし，「設計等の業務範囲が複数の都道府県にわたる場合」に，それぞれの知事の登録を受けるという規定はない．

原文：士法23条の2
（登録の申請）
前条第1項又は第3項の規定により建築士事務所について登録を受けようとする者（以下「登録申請者」という．）は，次に掲げる事項を記載した登録申請書をその建築士事務所の所在地を管轄する都道府県知事に提出しなければならない．

**24**

| 29233 | 事務所<br>————<br>登録 | 一級建築士事務所登録簿に登録する事項は，登録番号，登録年月日，建築士事務所の名称及び所在地，管理建築士の氏名，建築士事務所に属する建築士の氏名，処分歴等である． | ○ |
|---|---|---|---|

「士法 23 条の 3」より，「知事が，一級建築士事務所登録簿に登録する事項は，士法 23 条の 2 各号に掲げる事項（建築士事務所の名称及び所在地，管理建築士の氏名，建築士事務所に属する建築士の氏名等），登録年月日，登録番号，同法施行規則 20 条の 2 第 1 項に定める事項（処分歴等）」とわかる．

原文：士法 23 条の 3
都道府県知事は，前条の規定による登録の申請があつた場合においては，……前条各号に掲げる事項 及び 登録年月日，登録番号その他国土交通省令で定める事項を一級建築士事務所登録簿，……に登録しなければならない．

| 30222 | 事務所<br>————<br>変更届 | 建築士事務所の開設者は，当該建築士事務所の管理建築士の氏名について変更があったときは，2 週間以内に，その旨を都道府県知事に届け出なければならない． | ○ |
|---|---|---|---|

「士法 23 条の 5」に「変更の届出」の解説が載っており，「事務所の開設者は，事務所の名前と所在地（士法 23 条の 2 第一号）に変更があった場合には，2 週間以内に，その旨を都道府県知事に届け出なければならない．」とわかる．

原文：士法 23 条の 5
（変更の届出）
第 23 条の 3 第 1 項の規定により建築士事務所について登録を受けた者（以下「建築士事務所の開設者」という．）は，第 23 条の 2 第一号，第三号，第四号 又は 第六号に掲げる事項について変更があつたときは，2 週間以内に，その旨を当該都道府県知事に届け出なければならない．

原文：士法 23 条の 2 各号
……
一．建築士事務所の名称及び所在地
二．一級建築士事務所，二級建築士事務所又は木造建築士事務所の別
三．登録申請者が個人である場合はその氏名，法人である場合はその名称及び役員（……）の氏名
四．第 24 条第 2 項に規定する管理建築士の氏名及び……
五．……
六．前各号に掲げるもののほか，国土交通省令で定める事項

| 28243 | 罰則<br>————<br>変更届 | 建築士事務所に属する建築士の氏名及びその者の一級建築士，二級建築士又は木造建築士の別に変更があった場合に，3 月以内に，その旨を都道府県知事に届け出ないときは，当該建築士事務所の開設者及び管理建築士は，30 万円以下の罰金刑の適用の対象となる． | × |
|---|---|---|---|

「士法 40 条第九号」より，「その変更を届け出ないときは，当該建築士事務所の開設者は，30 万円以下の罰金刑の適用の対象となる．」とわかる．また，「士法 23 条の 5 第 2 項」より，「事務所の開設者は，「士法 23 条の 2 第五号（建築士事務所に属する建築士の氏名及びその者の一級建築士，二級建築士又は木造建築士の別）」に変更があった場合には，3 ヶ月以内に，その旨を知事に届け出なければならない．」とわかる．問題文に「開設者及び管理建築士」とあるが，管理建築士は対象とならないため，誤り．

原文：士法第 23 条の 5 第 2 項
2. 建築士事務所の開設者は，第 23 条の 2 第五号に掲げる事項について変更があつたときは，3 月以内に，その旨を当該都道府県知事に届け出なければならない．

原文：士法第 23 条の 2 第五号
五. 建築士事務所に属する建築士の氏名 及び その者の一級建築士，二級建築士 又は 木造建築士の別

| 20192 | 事務所 | 建築士事務所の開設者は，事業年度ごとに，設計等の業務に関する報告書を作成し，毎事業年度経過後 3 月以内に当該建築士事務所に係る登録をした都道府県知事に提出しなければならない． | ○ |
| | 報告書 | | |

「士法 23 条の 6」に「報告書」の解説が載っており，「建築士事務所の開設者は，事業年度ごとに，設計等の業務に関する報告書を作成し，毎事業年度経過後 3 月以内に当該建築士事務所に係る登録をした知事に提出しなければならない．」とわかる．

原文：士法 23 条の 6
(設計等の業務に関する報告書)
建築士事務所の開設者は，……事業年度ごとに，次に掲げる事項を記載した設計等の業務に関する報告書を作成し，毎事業年度経過後 3 月以内に当該建築士事務所に係る登録をした都道府県知事に提出しなければならない．

| 01234 | 事務所 | 建築士事務所の開設者は，事業年度ごとに作成する設計等の業務に関する報告書において，当該建築士事務所に属する一級建築士が構造設計一級建築士である場合にあっては，その者が受けた構造設計一級建築士定期講習のうち，直近のものを受けた年月日についても記載しなければならない． | ○ |
| | 報告書 | | |

「士法 23 条の 6」に「報告書」の解説が載っており，「建築士事務所の開設者は，事業年度ごとに，設計等の業務に関する報告書を作成し，毎事業年度経過後 3 月以内に当該建築士事務所に係る登録をした知事に提出しなければならない．」とわかる．
また，「士法 (規則) 20 条の 3 第二号」より「当該建築士事務所に属する一級建築士が構造設計一級建築士である場合にあっては，その者が受けた構造設計一級建築士定期講習 (士法 22 条の 2 第四号) のうち，直近のものを受けた年月日についても記載しなければならない．」とわかる．

原文：士法 23 条の 6 第四号
四. 前 3 号に掲げるもののほか，国土交通省令で定める事項

原文：士法(規則)20 条の 3 第二号
(設計等の業務に関する報告書)
二. 当該建築士事務所に属する 1 級建築士が構造設計 1 級建築士又は設備設計 1 級建築士である場合にあっては，……その者が受けた法第 22 条の 2 第四号及び第五号に定める講習のうちそれぞれ直近のものを受けた年月日

| 21234 | 事務所 | 二級建築士として 3 年以上の設計等の業務に従事した後に管理建築士講習の課程を修了した者が，新たに一級建築士の免許を受けて一級建築士事務所の管理建築士になる場合は，改めて管理建築士講習を受ける必要はない． | ○ |
| | 管理建築士講習 | | |

24

「士法24条」に「事務所の管理」の解説が載っており，その「2項」より，「管理建築士は，建築士として3年以上の設計その他省令で定める業務に従事した後，管理建築士講習の課程を修了した建築士でなければならない．」とわかる．管理建築士講習に一級・二級の区別はないため，二級建築士の時点で管理建築士となった者が，一級建築士の免許を受けて一級建築士事務所の管理建築士になる場合は，改めて管理建築士講習を受ける必要はない．

原文：士法24条2項
2．前項の規定により置かれる建築士事務所を管理する建築士（以下「管理建築士」という．）は，建築士として3年以上の設計その他の国土交通省令で定める業務に従事した後，……大臣の登録を受けた者（以下この章において「登録講習機関」という．）が行う別表第3講習の欄に掲げる講習の課程を修了した建築士でなければならない．

| 23223 | 管理建築士，帳簿・図書<br>管理建築士 | 複数の一級建築士事務所を開設している法人においては，一級建築士事務所ごとに，それぞれ当該一級建築士事務所を管理する専任の一級建築士を置かなければならない． | ○ |
|---|---|---|---|

「士法24条」に「事務所の管理」の解説が載っており，そこを訳すと「一級建築士事務所では，専任の一級建築士が，二級建築士事務所では，専任の二級建築士が，木造建築士事務所では，専任の木造建築士が管理しなければならない．」とわかる．そのため，建築士事務所を管理する建築士（管理建築士）は，事務所ごとに専任でなければならない．

原文：士法24条
（建築士事務所の管理）
建築士事務所の開設者は，一級建築士事務所，二級建築士事務所又は木造建築士事務所ごとに，それぞれ当該一級建築士事務所，二級建築士事務所又は木造建築士事務所を管理する専任の一級建築士，二級建築士又は木造建築士を置かなければならない．

| 29223 | 管理建築士，帳簿・図書<br>管理建築士 | 建築士事務所を管理する建築士は，当該建築士事務所において受託可能な業務の量及び難易並びに業務の内容に応じて必要となる期間の設定，受託しようとする業務を担当させる建築士等の選定及び配置等の所定の技術的事項を総括するものとする． | ○ |
|---|---|---|---|

「士法24条」に「管理建築士」の解説が載っており，その「3項」より「建築士事務所を管理する建築士は，当該建築士事務所において受託可能な業務の量及び難易並びに業務の内容に応じて必要となる期間の設定，受託しようとする業務を担当させる建築士等の選定及び配置等の所定の技術的事項を総括するものとする．」とわかる．

原文：士法24条第3項
3．管理建築士は，その建築士事務所の業務に係る次に掲げる技術的事項を総括するものとする．
一．受託可能な業務の量及び難易並びに業務の内容に応じて必要となる期間の設定
二．受託しようとする業務を担当させる建築士その他の技術者の選定及び配置

| 30223 | 管理建築士，帳簿・図書<br>管理建築士 | 管理建築士が総括する技術的事項には，他の建築士事務所との提携及び提携先に行わせる業務の範囲の案の作成が含まれる． | ○ |
|---|---|---|---|

「建築士法 24 条 3 項」より，「管理建築士は，その建築士事務所の業務に係る次に掲げる技術的事項を総括するものとする．」とあり，その「三号」に「他の建築士事務所との提携 及び 提携先に行わせる業務の範囲の案の作成」とある．

原文：士法 24 条 3 項第三号
三．他の建築士事務所との提携 及び 提携先に行わせる業務の範囲の案の作成

| 05231 | 事務所 | 建築士事務所に属する建築士は，当該建築士事務所の管理建築士による監督を受ける対象である． | ○ |
|---|---|---|---|
| | 管理建築士 | | |

「建築士法 24 条 3 項」に，「管理建築士は，その建築士事務所の業務に係る次に掲げる技術的事項を総括するものとする．」とあり，その「四号」に，「建築士事務所に属する建築士その他の技術者の監督」とあるため，その対象である事がわかる．

原文：士法 24 条 3 項第四号
四．建築士事務所に属する建築士その他の技術者の監督 及び その業務遂行の適正の確保

| 28221 | 管理建築士 | 建築士事務所の開設者と管理建築士とが異なる場合においては，その開設者は，管理建築士から建築士事務所の業務に係る所定の技術的事項に関し，必要な意見が述べられた場合には，その意見を尊重しなければならない． | ○ |
|---|---|---|---|
| | 必要な意見 | | |

「士法 24 条」に「事務所の管理」について載っており，その「4，5 項」より，「建築士事務所の開設者と管理建築士とが異なる場合においては，その開設者は，管理建築士から建築士事務所の業務に係る所定の技術的事項に関し，必要な意見が述べられた場合には，その意見を尊重しなければならない．」とわかる．

原文：士法 24 条 4 項，5 項
4．管理建築士は，その者と建築士事務所の開設者とが異なる場合においては，建築士事務所の開設者に対し，前項各号に掲げる技術的事項に関し，その建築士事務所の業務が円滑かつ適切に行われるよう必要な意見を述べるものとする．
5．建築士事務所の開設者は，前項の規定による管理建築士の意見を尊重しなければならない．

| 23222 | 事務所 | 建築士事務所の開設者は，委託者の許諾を得た場合においても，委託を受けた設計の業務を，建築士事務所の開設者以外の個人の建築士に委託してはならない． | ○ |
|---|---|---|---|
| | 再委託の制限 | | |

「士法 24 条の 3」に「再委託の制限」の解説が載っており，その「1 項」より，「建築士事務所の開設者は，委託者の許諾を得た場合においても，委託を受けた設計の業務を，建築士事務所の開設者以外の個人の建築士に委託してはならない．」とわかる．

原文：士法 24 条の 3
(再委託の制限)
建築士事務所の開設者は，委託者の許諾を得た場合においても，委託を受けた設計又は 工事監理の業務を建築士事務所の開設者以外の者に委託してはならない．

| 21221* | 事務所 | 建築士事務所の開設者は，延べ面積が 300m² を超える建築物の新築工事に係る設計の業務については，委託者の許諾を得た場合においても，一括して他の建築士事務所の開設者に委託してはならない． | ○ |
|---|---|---|---|
| | 再委託の制限 | | |

24

「士法24条の3」に「再委託の制限」の解説が載っており，その「2項」に「事務所の開設者は，委託者の許諾を得た場合においても，設計又は工事監理（延べ面積が300m²を超える建築物の新築工事）の業務を，それぞれ一括して他の建築士事務所の開設者に委託してはならない.」とわかる.

原文：士法24条の3第2項
2. 建築士事務所の開設者は，委託者の許諾を得た場合においても，委託を受けた設計又は工事監理(いずれも延べ面積が300m²を超える建築物の新築工事に係るものに限る.)の業務を，それぞれ一括して他の建築士事務所の開設者に委託してはならない.

| 03243 | 管理建築士, 帳簿・図書 | 保存が義務付けられている帳簿の記載事項は，業務の概要，報酬の額，業務に従事した建築士の氏名等である. | ○ |
|---|---|---|---|
| | 図書保存 | | |

「士法24条の4」に「帳簿及び図書」について載っており，「建築士事務所の開設者は，業務に関する事項で省令で定めるものを記載した帳簿を備え，これを保存しなければならない.」とわかる. また，「士法（規則）21条第三号，五号，六号」より，「その記載事項は，業務の概要，報酬の額，業務に従事した建築士の氏名等である.」とわかる. よって正しい.

原文：士法24条の4
（帳簿の備付け等及び図書の保存）
建築士事務所の開設者は，……事務所の業務に関する事項で国土交通省令で定めるものを記載した帳簿を備え付け，これを保存しなければならない.

原文：士法（規則）21条
法第24条の4第1項に規定する国土交通省令で定める事項は，次のとおりとする.
……
三.　業務の種類及びその概要
……
五.　報酬の額
六.　業務に従事した建築士及び建築設備士の氏名

| 20191 | 管理建築士, 帳簿・図書 | 建築士事務所の開設者は，当該建築士事務所の業務に関する事項を記載した帳簿を各事業年度の末日をもって閉鎖するものとし，当該閉鎖をした日の翌日から起算して10年間当該帳簿を保存しなければならない. | × |
|---|---|---|---|
| | 帳簿保存 | | |

「士法24条の4」に「帳簿及び図書」について載っており，そこに「建築士事務所の開設者は，業務に関する事項で省令で定めるものを記載した帳簿を備え，これを保存しなければならない.」とある. また，「士法（規則）21条3項」より，「帳簿は各事業年度の末日をもって閉鎖するものとし，閉鎖後15年間保存しなければならない.」とわかる. 問題文は「10年間」とあるため誤り.

原文：士法（規則）21条3項
3. 建築士事務所の開設者は，法第24条の4第1項に規定する帳簿（……）を各事業年度の末日をもって閉鎖するものとし，当該閉鎖をした日の翌日から起算して15年間当該帳簿（……）を保存しなければならない.

| 02221 | 管理建築士，帳簿・図書<br><br>図書保存 | 建築士事務所の開設者は，配置図，各階平面図等の設計図書又は工事監理報告書で，保存しなければならないと定められているものについては，作成した日から起算して15年間保存しなければならない。 | ○ |
|---|---|---|---|

「士法24条の4第2項」に「建築士事務所の開設者は，省令で定める業務に関する図書を保存しなければならない。」とあり，「士法（規則）21条4，5項」より，「その図書（配置図，各階平面図等の設計図書又は工事監理報告書など）の保存期間は，作成した日から15年間である。」とわかる。

原文：士法（規則）21条5項
5．建築士事務所の開設者は，法第24条の4第2項に規定する図書を作成した日から起算して15年間当該図書を保存しなければならない。

| 20193 | 管理建築士，帳簿・図書<br><br>書類の閲覧 | 建築士事務所の開設者は，設計等の業務に関し生じた損害を賠償するために必要な金額を担保するための保険契約の締結その他の措置を講じている場合にあっては，その内容を記載した書類を，当該建築士事務所に備え置き，設計等を委託しようとする者の求めに応じ，閲覧させなければならない。 | ○ |
|---|---|---|---|

「士法24条の6」に「書類の閲覧」の解説が載っており，その「三号」より，「建築士事務所の開設者は，設計等の業務に関し生じた損害を賠償するために必要な金額を担保するための保険契約の締結その他の措置を講じている場合にあっては，その内容を記載した書類を，当該建築士事務所に備え置き，設計等を委託しようとする者の求めに応じ，閲覧させなければならない。」とわかる。

原文：士法24条の6
（書類の閲覧）
建築士事務所の開設者は，国土交通省令で定めるところにより，次に掲げる書類を，当該建築士事務所に備え置き，設計等を委託しようとする者の求めに応じ，閲覧させなければならない。
一．当該建築士事務所の業務の実績を記載した書類
二．当該建築士事務所に属する建築士の氏名及び業務の実績を記載した書類
三．設計等の業務に関し生じた損害を賠償するために必要な金額を担保するための保険契約の締結その他の措置を講じている場合にあっては，その内容を記載した書類

| 28292 | 管理建築士，帳簿・図書<br><br>書面の交付 | 建築士事務所の開設者は，設計受託契約又は工事監理受託契約を建築主と締結しようとする場合においては，あらかじめ，当該建築主に対し，管理建築士等をして，所定の事項を記載した書面を交付して説明をさせなければならない。 | ○ |
|---|---|---|---|

「士法24条の7」に「重要事項の説明」の解説が載っており，そこを訳すと「建築士事務所の開設者は，設計受託契約又は工事監理受託契約を建築主と締結しようとするときは，あらかじめ，当該建築主に対し，管理建築士その他の当該建築士事務所に属する建築士（＝管理建築士等）をして，所定の事項を記載した書面を交付して説明をさせなければならない。」とわかる。

24

原文：士法 24 条の 7
(重要事項の説明等)
建築士事務所の開設者は，設計受託契約 又は 工事監理受託契約を建築主と締結し
ようとするときは，あらかじめ，当該建築主に対し，管理建築士その他の当該建築
士事務所に属する建築士（……「管理建築士等」という.）をして，設計受託契約
又は工事監理受託契約の内容 及び その履行に関する次に掲げる事項について，こ
れらの事項を記載した書面を交付して説明をさせなければならない.
……
六．前各号に掲げるもののほか，国土交通省令で定める事項

原文：士法（規則）22 条の 2 の 2
法第 24 条の 7 第 1 項第六号に規定する国土交通省令で定める事項は，第 17 条の 38
第一号から第六号までに掲げる事項とする.

原文：士法（規則）17 条の 38
(延べ面積が 300m$^2$ を超える建築物に係る契約の内容)
……
六．設計 又は 工事監理の一部を委託する場合にあつては，当該委託に係る設計 又
は 工事監理の概要 並びに 受託者の氏名 又は 名称 及び 当該受託者に係る建築士事
務所の名称 及び 所在地

| 21223 | 管理建築士，帳簿・図書<br><br>重要事項の説明等 | 建築士事務所の開設者が建築主との設計受託契約の締結に先だって管理建築士等に重要事項の説明を行わせる際に，管理建築士等は，当該建築主に対し，建築士免許証又は建築士免許証明書を提示しなければならない. | ○ |
|---|---|---|---|

「士法 24 条の 7」に「重要事項の説明等」の解説が載っており，「建築士事務所の開
設者は，建築主との設計受託契約の締結しようとするときは，あらかじめ，当該建
築主に対し，管理建築士等をして，書面を交付し説明を行わせる.」とわかる．ま
た，その「2 項」より「重要事項説明の際に，管理建築士等は，当該建築主に対し，
建築士免許証又は建築士免許証明書を提示しなければならない.」とわかる.

原文：士法 24 条の 7
2．管理建築士等は，前項の説明をするときは，当該建築主に対し，一級建築士免許
証，……又は一級建築士免許証明書，……を提示しなければならない.

| 17195 | 管理建築士，帳簿・図書<br><br>書面の交付 | 建築士事務所の開設者は，建築主から設計又は工事監理の委託を受けたときは，「設計又は工事監理の種類及びその内容」，「設計又は工事監理の実施の期間及び方法」，「報酬の額及び支払の時期」，「契約の解除に関する事項」等の事項を記載した書面を当該委託者に交付しなければならない. | ○ |
|---|---|---|---|

「士法 24 条の 8」に「書面の交付」の解説が載っており，そこを訳すと「建築士事
務所の開設者は，建築主から設計又は工事監理の委託を受けたときは，「第一号」
「士法 22 条の 3 の 3 第四号」より，「報酬の額及び支払の時期」，「同条第五号」よ
り，「契約の解除に関する事項」，「同条第六号」より，「設計又は工事監理の実施の
期間（士法（規則）17 条の 38 第七号）」，「設計又は工事監理の種類，内容及び方法
(同規則第八号)」の事項等を記載した書面を交付しなければならない.」とわかる.

原文：士法 24 条の 8
（書面の交付）
建築士事務所の開設者は，設計受託契約 又は 工事監理受託契約を締結したときは，遅滞なく，国土交通省令で定めるところにより，次に掲げる事項を記載した書面を当該委託者に交付しなければならない．
一．第 22 条の 3 の 3 第 1 項各号に掲げる事項
二．前号に掲げるもののほか，設計受託契約又は工事監理受託契約の内容及びその履行に関する事項で国土交通省令で定めるもの

原文：士法 22 条の 3 の 3
（延べ面積が 300m² を超える建築物に係る契約の内容）
……
一．設計受託契約にあつては，作成する設計図書の種類
二．工事監理受託契約にあつては，工事と設計図書との照合の方法 及び工事監理の実施の状況に関する報告の方法
……
四．報酬の額 及び 支払の時期
五．契約の解除に関する事項
六．前各号に掲げるもののほか，国土交通省令で定める事項

原文：士法（規則）17 条の 38
法第 22 条の 3 の 3 第 1 項第六号に規定する国土交通省令で定める事項は，次に掲げるものとする．
……
七．設計 又は 工事監理の実施の期間
八．第三号から第六号までに掲げるもののほか，設計 又は 工事監理の種類，内容及び 方法

原文：士法（規則）第 22 条の 3
（書面の交付）
法第 24 条の 8 第 1 項第二号に規定する国土交通省令で定める事項は，次のとおりとする．
一．契約の年月日
二．契約の相手方の氏名又は名称

| 28224 | 事務所 | 建築士事務所の開設者は，設計等の業務に関し生じた損害を賠償するために必要な金額を担保するための保険契約の締結その他の措置を講ずるよう努めなければならない． | ○ |
|---|---|---|---|
| | 保険契約の締結等 | | |

「士法 24 条の 9」より，「建築士事務所の開設者は，設計等の業務に関し生じた損害を賠償するために必要な金額を担保するための保険契約の締結その他の措置を講ずるよう努めなければならない．」とわかる．

原文：士法 24 条の 9
（保険契約の締結等）
建築士事務所の開設者は，設計等の業務に関し生じた損害を賠償するために必要な金額を担保するための保険契約の締結その他の措置を講ずるよう努めなければならない．

**24**

| 25224 | 管理建築士，<br>帳簿・図書<br>業務の報酬 | 建築士事務所の開設者がその業務に関して請求することのできる報酬の基準については，国土交通大臣が，中央建築士審査会の同意を得て，定めることができる． | ○ |
|---|---|---|---|

「士法25条」に「業務の報酬」の解説が載っており，「大臣は，中央建築士審査会の同意を得て，建築士事務所の開設者がその業務に関して請求することのできる報酬の基準を定めることができる．」とわかる．

原文：士法25条
（業務の報酬）
国土交通大臣は，中央建築士審査会の同意を得て，建築士事務所の開設者がその業務に関して請求することのできる報酬の基準を定めることができる．

| 02234 | 監督処分<br>登録取消 | 建築士事務所の開設者が建築基準法に違反して建築士免許を取り消された場合，当該建築士事務所の登録は取り消される． | ○ |
|---|---|---|---|

「士法26条」に「監督処分」の解説が載っており，その「1項」より，「都道府県知事は，事務所の開設者が，所定の条件に該当する場合には，当該建築士事務所の登録を取り消さなければならない．」とあり，「事務所の開設者が建築基準法に違反して建築士免許を取り消された場合（士法10条第一号）」は，その「二号」条件（士法23条の4第二号，士法7条第四号）より，「事務所登録を取り消さなければならない条件」に該当する．よって正しい．

原文：士法26条
（監督処分）
都道府県知事は，建築士事務所の開設者が次の各号のいずれかに該当する場合において，当該建築士事務所の登録を取り消さなければならない．
……
二．第23条の4第1項第一号，第二号……のいずれかに該当するに至つたとき．

| 03244 | 監督処分<br>登録取消 | 帳簿や図書の保存義務を怠った場合，建築士事務所の開設者に対しては，戒告，1年以内の事務所閉鎖の命令又は事務所登録の取消しの処分が行われる場合がある． | ○ |
|---|---|---|---|

「士法26条」に「監督処分」について載っており，その「2項」より，「知事は，開設者が，所定の条件に該当する場合には，戒告を与え，1年以内の期間を定めて当該建築士事務所の閉鎖を命じ，又は当該建築士事務所の登録を取り消すことができる．」とわかる．問題文の「帳簿や図書の保存義務（士法24条の4）を怠った場合」は，その「一号」条件に該当する．よって正しい．

原文：士法26条2項
2．都道府県知事は，建築士事務所につき次の各号のいずれかに該当する事実がある場合においては，当該建築士事務所の開設者に対し，戒告し，若しくは1年以内の期間を定めて当該建築士事務所の閉鎖を命じ，又は当該建築士事務所の登録を取り消すことができる．
一．建築士事務所の開設者が第22条の3の3第1項から第4項まで又は第24条の2から第24条の8までの規定のいずれかに違反したとき．

| 04222 | 罰則<br>管理建築士 | 建築士事務所の開設者が，管理建築士の退職後に代わりの管理建築士を置かなかった場合，その建築士事務所の登録は取り消され，その開設者は1年以下の懲役又は100万円以下の罰金に処される． | ○ |
|---|---|---|---|

「士法 23 条の 5」に，「建築士事務所の開設者は，管理建築士（士法 23 条の 2 第四号）に変更があった場合には，2 週間以内に，その旨を都道府県知事に届け出なければならない.」とあり，「士法 26 条（監督処分）」の「2 項第三号」より，「事務所の開設者が，管理建築士の変更の届出をしなかった場合，知事は，事務所の登録を取り消すことができる.」とわかる. また，「士法 24 条」に，「建築士事務所の開設者は，事務所を管理する専任の建築士（管理建築士）を置かなければならない.」とあり，「士法 37 条（罰則）」の「第十号」より，「事務所の開設者が，管理建築士を置かなかった場合，100 万円以下の罰金に処される.」とわかる.

原文：士法 26 条 2 項第三号
三．建築士事務所の開設者が第 23 条の 5 第 1 項又は第 2 項の規定による変更の届出をせず，又は 虚偽の届出をしたとき.

原文：士法 37 条
（罰則）
次の各号のいずれかに該当するときは，その違反行為をした者は，1 年以下の懲役又は 100 万円以下の罰金に処する.
……
十．第 24 条第 1 項の規定に違反したとき.

| 04223 | 監督処分 | 管理建築士が建築基準法の違反によって免許取消しや業務停止等の処分を受けた場合，その処分が自宅の設計など建築士事務所の業務によらないものであっても，当該建築士事務所は閉鎖処分の対象となる. | ○ |
| | 登録取消 | | |

「士法 26 条」に「監督処分」について載っており，その「2 項」より，「都道府県知事は，事務所の開設者が，所定の条件に該当する場合には，当該建築士事務所の閉鎖を命じ，又は当該建築士事務所の登録を取り消すことができる.」とあり，問題文の「管理建築士が建築基準法の違反によって免許取消しや業務停止等の処分を受けた場合」は，その「四号」条件に該当する. この時，「自宅の設計など建築士事務所の業務によらないもの」等の緩和規定はない. よって，当該建築士事務所は閉鎖処分の対象となる.

原文：士法 26 条 2 項第四号
四．管理建築士が第 10 条第 1 項の規定による処分を受けたとき.

| 28222 | 監督処分 | 建築士事務所に属する者で建築士でないものが，その属する建築士事務所の業務として，建築士でなければできない建築物の設計又は工事監理をしたときは，都道府県知事は，当該建築士事務所の登録を取り消すことができる. | ○ |
| | 登録取消 | | |

「士法 26 条」に「監督処分」について載っており，その「2 項」より，「都道府県知事は，事務所の開設者が，所定の条件に該当する場合には，戒告を与え，1 年以内の期間を定めて当該建築士事務所の閉鎖を命じ，又は当該建築士事務所の登録を取り消すことができる.」とあり，問題文にある「建築士事務所に属する者で建築士でないものが，その属する建築士事務所の業務として，建築士でなければできない建築物の設計をしたとき」は，その「八号」条件より，「事務所登録を取り消すことができる条件」に該当する. 問題文は正しい.

**24**

原文：士法 26 条 2 項第五号，八号

五．建築士事務所に属する建築士が，その属する建築士事務所の業務として行った行為を理由として，第 10 条第 1 項の規定による処分を受けたとき．

……

八．建築士事務所に属する者で建築士でないものが，その属する建築士事務所の業務として，第 3 条第 1 項……の規定に違反して，建築物の設計 又は工事監理をしたとき．

| 30224 | 建築士法<br><br>報告，検査 | 都道府県知事は，建築士法の施行に関し必要があると認めるときは，一級建築士事務所の開設者又は管理建築士に対し，必要な報告を求め，又は当該職員をして建築士事務所に立ち入り，図書等の物件を検査させることができる． | ○ |
|---|---|---|---|

「士法 26 条の 2」に「報告，検査」の解説が載っており，そこを訳すと「都道府県知事は，必要があると認めるときには，建築士事務所の開設者又は管理建築士に対し，当該職員をして建築士事務所に立ち入り，図書その他の物件を検査させることができる．」とわかる．

原文：士法 26 条の 2

(報告及び検査)

都道府県知事は，第 10 条の 2 第 2 項に定めるもののほか，この法律の施行に関し必要があると認めるときは，建築士事務所の開設者 若しくは 管理建築士に対し，必要な報告を求め，又は 当該職員をして建築士事務所に立ち入り，図書その他の物件を検査させることができる．

| 22254 | 監督処分<br><br>指定事務所<br>登録機関 | 都道府県知事により指定事務所登録機関が指定された場合，建築士事務所の登録を受けようとする者は，一級建築士事務所，二級建築士事務所，木造建築士事務所のいずれの場合においても，原則として，登録申請書を当該指定事務所登録機関に提出しなければならない． | ○ |
|---|---|---|---|

「士法 23 条の 2」より，「建築士事務所について登録を受けようとする者は，登録申請書を知事に提出しなければならない．」とあるが，「士法 26 条の 3」より，「知事は，指定事務所登録機関に「事務所登録等事務」を行わせることができる．」とわかる．この場合，「士法 26 条の 4」に記載されているように「指定事務所登録機関が事務所登録等事務を行う場合における士法 23 条の 2 の規定 (事務所登録の申請) の適用については，条文中「都道府県知事」とあるのは「都道府県知事の第 26 条の 3 第 1 項の指定を受けた者 (指定事務所登録機関)」とする．」とわかる．よって，知事により指定事務所登録機関が指定された場合，建築士事務所について登録を受けようとする者は，登録申請書を指定事務所登録機関に提出しなければならない．

原文：士法 26 条の 3

(指定事務所登録機関の指定)

都道府県知事は，その指定する者 (以下「指定事務所登録機関」という．) に，……(以下「事務所登録等事務」という．) を行わせることができる．

原文：士法 26 条の 4

(指定事務所登録機関が事務所登録等事務を行う場合における規定の適用等)

指定事務所登録機関が事務所登録等事務を行う場合における……第 23 条の 2……の規定の適用については，……第 23 条の 2 中「都道府県知事」とあるのは「都道府県知事の第 26 条の 3 第 1 項の指定を受けた者」……とする．

| 22252 | 事務所<br><br>建築士事務所協会 | 建築士事務所協会は，建築主等から建築士事務所に関する苦情について解決の申出があったときは，相談に応じ，必要な助言をし，事情を調査するとともに，当該建築士事務所の開設者が協会会員の場合に限り，当該開設者に対しその苦情の内容を通知して迅速な処理を求めなければならない. | × |
|---|---|---|---|

「士法 27 条の 2」に「事務所協会」の解説が載っており，「事務所協会は，建築士事務所の業務の適正な運営及び建築主の利益の保護を図ることを目的とする.」とわかる. また「士法 27 条の 5」より，「事務所協会は，建築主等から建築士事務所の業務に関する苦情について解決の申出があったときは，相談に応じ，必要な助言をし，事情を調査するとともに，当該建築士事務所の開設者に対しその苦情の内容を通知してその迅速な処理を求めなければならない.」とわかる. 問題文の「事務所の開設者が協会会員の場合に限り」という条件はない. よって誤り.

原文：士法 27 条の 2
（建築士事務所協会及び建築士事務所協会連合会）
その名称中に建築士事務所協会……は，建築士事務所の業務の適正な運営 及び……建築主（……）の利益の保護を図ることを目的とし，……
3. 第1項に規定する一般社団法人（以下「建築士事務所協会」という.）……は，その目的を達成するため，次に掲げる業務を行う.
二．建築士事務所の業務に対する建築主その他の関係者からの苦情の解決

原文：士法 27 条の 5
（苦情の解決）
建築士事務所協会は，建築主その他の関係者から建築士事務所の業務に関する苦情について解決の申出があったときは，その相談に応じ，申出人に必要な助言をし，その苦情に係る事情を調査するとともに，当該建築士事務所の開設者に対しその苦情の内容を通知してその迅速な処理を求めなければならない.

| 18182 | 罰則<br><br>構造 | 建築基準法の構造関係規定に違反する建築物の設計を建築主が指示し，建築士がそれに従って設計及び工事監理をした場合，当該建築主及び当該建築士には罰則が適用される. | ○ |
|---|---|---|---|

「法 98 条第二号」より，「法 20 条第一号から第三号までの構造関係規定に違反した場合における当該建築物の設計者は，3 年以下の懲役又は 300 万円以下の罰金に処せられる.」とわかる. また，「法 99 条第八号」より，「法 20 条第四号の構造関係規定に違反した場合における当該建築物の設計者は，1 年以下の懲役又は 100 万円以下の罰金に処せられる.」とわかる. さらに，各条「2 項」に，「その違反が建築主の故意によるものであるときは，当該設計者又は工事施工者を罰するほか，建築主に対して同項の刑を科する.」と規定されている.

24

原文：建築基準法 98 条第二号

次の各号のいずれかに該当する者は，3 年以下の懲役又は 300 万円以下の罰金に処する．

二．第 20 条（第 1 項第一号から第三号までに係る部分に限る．）……の規定に違反した場合……の設計者（……設計図書を用いないで工事を施工し，又は設計図書に従わないで工事を施工した場合……工事施工者）

原文：建築基準法 98 条 2 項

2．前項第二号又は第三号に規定する違反があった場合……その違反が 建築主……の故意によるものであるときは，当該設計者 又は 工事施工者を罰するほか，当該建築主……に対して同項の刑を科する．

原文：建築基準法 99 条第八号

八．第 20 条（第 1 項第四号に係る部分に限る．）……の規定に違反した場合……の設計者（……設計図書を用いないで工事を施工し，又は設計図書に従わないで工事を施工した場合……工事施工者）

原文：建築基準法 99 条 2 項

2．前項第八号又は第九号に規定する違反があった場合……その違反が 建築主……の故意によるものであるときは，当該設計者 又は 工事施工者を罰するほか，当該建築主……に対して同項の刑を科する．

| 18183 | 罰則 / 申請手続 | 特定行政庁が特定工程の指定と併せて指定する特定工程後の工程に係る工事を，工事施工者が中間検査合格証の交付を受ける前に施工した場合，当該工事施工者には罰則が適用される． | ○ |

「法 7 条の 3 第 6 項」，及び，「法 99 条第二号」より，「特定行政庁が指定する特定工程後の工事は，中間検査合格証の交付を受けた後でなければ，施工してはならず，これに違反した場合における当該建築物の施工者は，1 年以下の懲役又は 100 万円以下の罰金に処せられる．」とわかる．

原文：建築基準法 99 条第二号

次の各号のいずれかに該当する者は，1 年以下の懲役 又は 100 万円以下の罰金に処する．

二．第 6 条第 8 項（……）又は第 7 条の 3 第 6 項（……）の規定に違反した場合における当該建築物，工作物又は建築設備の工事施工者

| 30293 | 罰則 / 報告，検査 | 特定行政庁が，建築物の所有者，管理者，設計者，工事監理者，工事施工者又は建築物に関する調査をした者に対して，建築物の構造又は建築設備に関する調査の状況について報告を求めたにもかかわらず，報告をしなかった当該所有者等は，罰則の適用の対象となる． | ○ |

「法 12 条 5 項第一号」，及び，「法 99 条第五号」より，「特定行政庁が，建築物の所有者，管理者，設計者，工事監理者，工事施工者又は建築物に関する調査をした者に対して，建築物の構造又は建築設備に関する調査の状況について報告を求めたにもかかわらず，報告をしなかった当該所有者等は，1 年以下の懲役又は 100 万円以下の罰金に処せられる．」とわかる．

原文：建築基準法 99 条第五号
五．第 12 条第 5 項（第一号に係る部分に限る．）……の規定による報告をせず，又は 虚偽の報告をした者

原文：法 12 条 5 項
5．特定行政庁……は，次に掲げる者に対して，建築物の……構造 若しくは 建築設備に関する調査（……）の状況に関する報告を求めることができる．
一．建築物……の所有者，管理者……設計者，……工事監理者，工事施工者 又は 建築物に関する調査をした者

| 18184 | 罰則 --- 申請手続 | 確認済証の交付に当たっての審査において，建築主事による必要な事項についての質問に対して，当該建築物の設計者である建築士が虚偽の答弁をした場合，当該建築士には罰則が適用される． | ○ |
|---|---|---|---|

「法 12 条 7 項」，及び，「法 99 条第七号」より，「建築主事は，確認済証の交付に当たっての審査（法 6 条 4 項）において，設計者等に対し必要な事項について質問することができ，この質問に対して虚偽の答弁をした者は，1 年以下の懲役又は 100 万円以下の罰金に処せられる．」とわかる．

原文：建築基準法 99 条第七号
七．第 12 条第 7 項……の規定による……又は質問に対して答弁せず，若しくは 虚偽の答弁をした者

原文：建築基準法 12 条 7 項
7．建築主事又は特定行政庁の命令若しくは建築主事の委任を受けた当該市町村若しくは都道府県の職員にあつては 第 6 条第 4 項……の規定の施行に必要な限度において，……建築主，設計者，……工事監理者，工事施工者若しくは建築物に関する調査をした者に対し 必要な事項について 質問することができる．ただし……

| 18181 | 罰則 --- 設計，監理 | 一級建築士でなければ行ってはならない建築物の設計及び工事監理を二級建築士が行い，工事が施工された場合，当該建築物の工事施工者には罰則は適用されないが，当該二級建築士には罰則が適用される． | × |
|---|---|---|---|

「法 5 条の 6 第 1 項，4 項，5 項」及び「法 101 条第一号」より，「建築士法 3 条から 3 条の 3 までに規定する工事を行う場合，建築主は，規定される建築士たる工事監理者を定める義務があり，これを定めなければ工事を施工することはできない．また，これに違反した施工者は，100 万円以下の罰金に処せられる．」とわかる．尚，当該二級建築士についても，「士法 37 条第三号」より，罰則の対象となる．よって誤り．

原文：建築基準法 101 条
次の各号のいずれかに該当する者は，100 万円以下の罰金に処する．
一．第 5 条の 6 第 1 項から第 3 項まで 又は 第 5 項の規定に違反した場合における当該建築物の工事施工者

原文：建築基準法 5 条の 6 第 5 項
5．前項の規定に違反した工事は，することができない．

| 21283 | 罰則 --- 法人 | 法人である建築士事務所の業務として，その代表者又は従業員が，建築基準法の構造耐力の規定に違反する特殊建築物等を設計し，工事が施工された場合，当該法人は，1 億円以下の罰金刑の適用の対象となる． | ○ |
|---|---|---|---|

「法105条」より，「法人である建築士事務所の業務として，その代表者又は従業員が，違反行為をした場合，その行為者を罰するほか，その法人に対して当該各号に定める罰金刑を科する.」とわかる．その「一号」より，「構造耐力の規定（法20条）に違反する特殊建築物等を設計し，工事が施工された場合（法98条二号），当該法人は，1億円以下の罰金刑の適用の対象となる.」とわかる．

原文：建築基準法105条
法人の代表者 又は 法人 若しくは 人の代理人，使用人その他の従業者がその法人又は人の業務に関して，次の各号に掲げる規定の違反行為をした場合においては，その行為者を罰するほか，その法人に対して当該各号に定める罰金刑を，その人に対して各本条の罰金刑を科する．
一．……第98条（第1項第一号を除き，特殊建築物等に係る部分に限る．）並びに …… 1億円以下の罰金刑

| 18185 | 罰則 / 無登録業務 | 建築士が，建築士事務所の登録を受けないで，業として他人の求めに応じ報酬を得て，設計等を行った場合，当該建築士には罰則が適用される． | ○ |
|---|---|---|---|

「士法23条の10」，及び，「士法37条第九号」より，「建築士は，事務所登録を受けないで，業として他人の求めに応じ報酬を得て，設計等を行ってはならず，これに違反した場合，1年以下の懲役又は100万円以下の罰金に処せられる.」とわかる．

原文：士法37条第九号
次の各号のいずれかに該当する者は，1年以下の懲役 又は 100万円以下の罰金に処する．
……
九．第23条の10第1項 又は 第2項 の規定に違反した者

原文：士法23条の10
（無登録業務の禁止）
建築士は，第23条の3第1項の規定による登録を受けないで，他人の求めに応じ報酬を得て，設計等を業として行つてはならない．
2．何人も，第23条の3第1項の規定による 登録を受けないで，建築士を使用して，他人の求めに応じ報酬を得て，設計等を業として行つてはならない．

| 01284 | 罰則 / 事務所の管理 | 建築士事務所の開設者が，自己の名義をもって，他人に建築士事務所の業務を営ませたときは，当該建築士事務所の開設者は罰則の適用の対象となる． | ○ |
|---|---|---|---|

「士法24条の2」，及び，「士法37条第十一号」より，「建築士事務所の開設者が，自己の名義をもって，他人に建築士事務所の業務を営ませてはならず，これに違反した場合，1年以下の懲役又は100万円以下の罰金に処せられる.」とわかる．問題文は正しい．

原文：士法37条第十一号
十一．第24条の2の規定に違反して，他人に建築士事務所の業務を営ませた者

原文：士法24条の2
（名義貸しの禁止）
建築士事務所の開設者は，自己の名義をもって，他人に建築士事務所の業務を営ませてはならない．

| 28241 | 罰則 | 国土交通大臣が建築士の業務の適正な実施を確保するため，一級建築士に対し業務に関する報告を求めた場合に，当該建築士がその報告をせず，又は虚偽の報告をしたときは，当該建築士は，30万円以下の罰金刑の適用の対象となる． | ○ |
|---|---|---|---|
| | 報告 | | |

「士法40条第一号」より，「当該建築士がその報告をせず，又は虚偽の報告をしたときは，当該建築士は，30万円以下の罰金刑の適用の対象となる．」とわかる．また，「士法10条の2」より，「大臣が建築士の業務の適正な実施を確保するため，一級建築士に対し業務に関する報告を求めることができる．」とわかる．

原文：士法40条第一号
次の各号のいずれかに該当する者は，30万円以下の罰金に処する．
一．第10条の2第1項又は第2項の規定による報告をせず，又は虚偽の報告をした者

原文：士法10条の2
（報告，検査等）
国土交通大臣は，建築士の業務の適正な実施を確保するため必要があると認めるときは，一級建築士に対しその業務に関し必要な報告を求め，又はその職員に，建築士事務所その他業務に関係のある場所に立ち入り，図書その他の物件を検査させ，若しくは関係者に質問させることができる．

| 28242 | 罰則 | 国土交通大臣が建築士の業務の適正な実施を確保するため，国土交通省の職員に開設者が法人である建築士事務所に立ち入り当該建築士事務所に属する者に質問させた際に，その者がその質問に対して答弁せず，又は虚偽の答弁をしたときは，その者のほか，その者が所属する法人も，30万円以下の罰金刑の適用の対象となる． | ○ |
|---|---|---|---|
| | 答弁 | | |

「士法40条第三号，42条」より，「その者がその質問に対して答弁せず，又は虚偽の答弁をしたときは，その者のほか，その者が所属する法人も，30万円以下の罰金刑の適用の対象となる．」とわかる．また，「士法10条の2」より，「大臣が建築士の業務の適正な実施を確保するため，国交省の職員に開設者が法人である建築士事務所に立ち入り当該建築士事務所に属する者に質問させることができる．」とわかる．

原文：士法42条
……従業者が，その法人又は人の業務に関し，……第41条の違反行為をしたときは，その行為者を罰するほか，その法人又は人に対しても各本条の罰金刑を科する．

原文：士法40条第三号
三．第10条の2第1項又は第2項の規定による質問に対して答弁せず，又は虚偽の答弁をした者

24

| 02233 | 罰則 | 建築士事務所の業務に関する設計図書の保存をしなかった者や，設計等を委託しようとする者の求めに応じて建築士事務所の業務の実績を記載した書類を閲覧させなかった者は，10万円以下の過料に処される． | × |
|---|---|---|---|
| | 図書の保存 | | |

「士法 24 条の 4 第 2 項」に「建築士事務所の開設者は，省令で定める業務に関する図書を保存しなければならない．」とあり，「士法 24 条の 6」に「建築士事務所の開設者は，当該建築士事務所の業務の実績，当該建築士事務所に属する建築士の氏名及び業務の実績等を記載した書類を備え置き，設計等の委託者の求めに応じ，閲覧させなければならない．」とある．「士法 40 条第十二号，十四号」より，これらの規定に違反した者は，30 万円以下の罰金に処される．よって誤り．

原文：士法 40 条第十二号，十四号
次の各号のいずれかに該当する者は，30 万円以下の罰金に処する．
十二．第 24 条の 4 第 2 項の規定に違反して，図書を保存しなかつた者
十四．第 24 条の 6 の規定に違反して，……設計等を委託しようとする者の求めに応じて閲覧させず，又は……

| 28244 | 罰則 | 管理建築士等が，建築主に対して設計受託契約又は工事監理受託契約の内容及びその履行に関する重要事項について説明する際に，建築士免許証又は建築士免許証明書を提示しなかったときは，当該建築士は，10万円以下の過料の適用の対象となる． | ○ |
|---|---|---|---|
| | 免許証等の提示 | | |

「士法 43 条第一号」より，「免許証等を提示しなかったときは，当該建築士は，10万円以下の過料の適用の対象となる．」とわかる．また，「士法 24 条の 7 第 1, 2 項」より，「事務所の開設者は，建築主に対して設計受託契約又は工事監理受託契約の内容及びその履行に関する重要事項について，管理建築士等に説明させ，その際，管理建築士等は，建築士免許証又は建築士免許証明書を提示しなければならない．」とわかる．

原文：士法 43 条
次の各号のいずれかに該当する者は，10 万円以下の過料に処する．
一．……第 24 条の 7 第 2 項の規定に違反した者

コード　23261

---

一級建築士によるイ～ニの行為について，建築士法に基づいて，当該一級
建築士に対する業務停止等の懲戒処分の対象となるものは，次のうちどれか

---

イ． 建築確認の必要な建築物について，当該建築物の設計者として，建築
確認の申請を行わずに工事を施工することについて，当該建築物の工事
施工者からの相談に応じた．

ロ． 建築物の工事監理者として適正な工事監理を十分に行わなかったため，
設計図面と異なる施工が行われた．

ハ． 建築確認の必要な建築物について，建築確認の申請の代理者及び工事
監理者でありながら，当該建築物が確認済証の交付を受けないまま工事が
着工されることを容認した．

ニ． 建築士事務所登録の有効期間の満了後，更新の登録を受けずに，
業として他人の求めに応じ報酬を得て設計等を行った．

1． イとロとハとニ

2． イとロとニ のみ

3． ロとハとニ のみ

4． イとハ のみ

解説：

　　一級建築士の行う業務に係る不正行為等に厳正に対処し，建築士の業
務の適正を確保することを目的として，建築士法第10条1項の規定に基づ
く懲戒処分を行う場合，「懲戒処分の基準」が適用されます．懲戒処分の
基準は，「ランク表」に掲げる懲戒事由に対応した区分に従い，「文書注意」
「戒告」「業務停止1月未満～12月」「免許取消」の処分内容が，中央建
築士審査会の同意を得て，確定します．

　　問題文の事例は，いずれも「一級建築士の懲戒処分の基準」の懲戒事由に該当
しており，懲戒処分の対象となることがわかる．

　　イ．懲戒事由 「違反行為の指示等」
　　ロ．懲戒事由 「工事監理不履行・工事監理不十分」
　　ハ．懲戒事由 「無確認着工等容認」
　　ニ．懲戒事由 「無登録業務」

解答： 1

24

建築士法に基づく懲戒処分に関するイ～ニの記述について，正しいものの組合せは，次のうちどれか．

イ．一級建築士たる工事監理者として，工事監理を十分に行わなかったことにより，施工上重大な欠陥を見逃した場合には，当該一級建築士は懲戒処分の対象となる．

ロ．一級建築士たる建築士事務所の開設者として，建築士事務所の業務を廃止したにもかかわらず，業務廃止から30日以内に廃業届を提出しなかった場合には，当該一級建築士は，懲戒処分の対象となる．

ハ．一級建築士たる工事施工者として，確認済証の交付を受けなければならない建築工事について，確認済証の交付を受けずに当該工事を行った場合には，当該一級建築士は，建築士は懲戒処分の対象とはならない．

ニ．建築士でないにもかかわらず，確認の申請の際に一級建築士を詐称した場合には，当該者は罰則の適用の対象とはなるものの，懲戒処分の対象とはならない．

1．イ と ロ と ハ と ニ
2．イ と ロ と ハ のみ
3．イ と ロ と ニ のみ
4．ハ と ニ のみ

解説：

　　一級建築士の行う業務に係る不正行為等に厳正に対処し，建築士の業務の適正を確保することを目的として，建築士法第10条1項の規定に基づく懲戒処分を行う場合，「懲戒処分の基準」が適用されます．懲戒処分の基準は，「ランク表」に掲げる懲戒事由に対応した区分に従い，「文書注意」「戒告」「業務停止1月未満～12月」「免許取消」の処分内容が，中央建築士審査会の同意を得て，確定します．

　　事例イ，ロ，ハは，「一級建築士の懲戒処分の基準」の懲戒事由に該当し，懲戒処分の対象となることがわかる．

　　イ．士法10条1項第一号（士法18条3項）に該当
　　ロ．士法10条1項第一号（士法23条の7第一号）に該当
　　ハ．士法10条1項第一号（基準法6条8項）に該当

　　ニ．については，士法38条第一号より，罰則の対象となるが，「建築士でない」ことから「建築士法にもとづく懲戒処分」の対象とはならない．
よって，正しいものの組合せは「イ と ロ と ニ のみ」となる．

解答：　3

一級建築士によるイ～ニの行為について, 建築士法に基づいて, 当該一級建築士に対する業務停止等の懲戒処分の対象となるものは, 次のうちどれか.

イ. 建築確認の必要な建築物の設計者として, 建築確認の申請を行わずに工事を施工することについて, 当該建築物の工事施工者からの相談に応じた.

ロ. 複数の一級建築士事務所の開設者である一級建築士が, 管理建築士の欠員が生じた一級建築士事務所について, 別の一級建築士事務所の管理建築士を一時的に兼務させた.

ハ. 建築士事務所の開設者である一級建築士が, 委託者の許諾を得て, 延べ面積500㎡の建築物の新築に係る設計業務を, 一括して他の建築士事務所の開設者に委託した.

ニ. 建築士事務所登録の有効期間の満了後, 更新の登録を受けずに, 業として他人の求めに応じ報酬を得て設計等を行った.

1. イとロとハとニ
2. イとロとニ のみ
3. ロとハとニ のみ
4. イとハ のみ

解説:

一級建築士の行う業務に係る不正行為等に厳正に対処し, 建築士の業務の適正を確保することを目的として, 建築士法第10条1項の規定に基づく懲戒処分を行う場合,「懲戒処分の基準」が適用されます. 懲戒処分の基準は,「ランク表」に掲げる懲戒事由に対応した区分に従い,「文書注意」「戒告」「業務停止1月未満～12月」「免許取消」の処分内容が, 中央建築士審査会の同意を得て, 確定します.

事例イ, ロ, ハ, ニは, いずれも「一級建築士の懲戒処分の基準」の懲戒事由に該当し, 懲戒処分の対象となることがわかる.

イ. 懲戒事由 「違反行為の指示等」(士法21条の3)に該当
ロ. 懲戒事由 「管理建築士不設置」(士法24条1項)に該当
ハ. 懲戒事由 「再委託の制限違反」(士法24条の3第2項)に該当
ニ. 懲戒事由 「無登録業務」(士法23条3項)に該当

24

解答: 1

以下の条件の建築物に関する次の記述のうち,建築基準法
又は建築士法上,誤っているものはどれか.

【条件】
・立地:防火地域及び準防火地域以外の地域
・用途:物品販売業を営む店舗(各階に当該用途を有するもの)
・規模:地上4階建て(避難階は1階),高さ15m,延べ面積2,000㎡
・構造:木造(主要構造部に木材を用いたもの)
・所有者等:民間事業者

1. 時刻歴応答解析により安全性の確認を行う場合を除き,許容応力度等計算,保有水平
   耐力計算,限界耐力計算又はこれらと同等以上に安全性を確かめることができるものとして
   国土交通大臣が定める基準に従った構造計算のいずれかによって,自重,積載荷重,地震
   等に対する安全性を有することを確かめなければならない.

2. 当該建築物の通常火災終了時間及び特定避難時間が75分であった場合,その柱及びはり
   について,耐火構造とする場合を除き,通常の火災による75分間の火熱を受けている間は
   構造耐力上支障のある損傷を生じないものとする性能を確保しなければならない.

3. 当該建築物を新築する場合において,構造設計一級建築士及び設備設計一級建築士
   以外の一級建築士が設計を行ったときは,構造設計一級建築士に構造関係規定に適合
   するかどうかの確認を求め,かつ,設備設計一級建築士に設備関係規定に適合するかどうか
   の確認を求めなければならない.

4. 所有者等は,必要に応じて建築物の維持保全に関する準則又は計画を作成して常時
   適法な状態に維持するための措置を講じ,かつ,定期に,一級建築士等にその状況の
   調査をさせて,その結果を特定行政庁に報告しなければならない.

解説:

1. 問題文の建物は「木造の建築物であって,高さが13mを超える」ため,「法6条第二号」に
   該当し,「法20条」では「第二号」に該当する.次に「法20条第二号イ」に,「構造方法は,
   政令で定める基準に従った構造計算」を行うとあり,その政令である「令81条2項」より,
   「高さが31m以下の建築物については,二号イ.「許容応力度等計算又は同等として大臣が
   定める基準に従った構造計算」,二号ロ.「前号(=一号)に定める構造計算(=保有水平耐力
   計算,限界耐力計算,これらと同等として大臣が定める基準に従った構造計算)」により,
   安全性を確かめることができる.」とわかる.よって正しい.

2. 「法27条第一号」「令115条の3第三号」より，問題文の建築物は「耐火建築物等としなければならない特殊建築物」に該当し，その主要構造部については，「令110条」より，「二号条件（耐火構造等）」とする場合を除くと，「一号条件（特定避難時間）」の基準に適合しなければならない．その「主要構造部の構造方法」については，「告示255号第1」に載っており，その「2項」の「柱（第三号ロ(4)）」「はり（第五号イ(2)(ⅱ)）」より，75分間準耐火構造が要求される事がわかる．

また「法21条」に「大規模建築物の主要構造部（通称：大規模建築物の主要構造部制限）」について載っており，「大規模の建築物で，主要構造部を木造等にしたものは，原則として，耐火建築物で要求される主要構造部の基準に適合するものでなければならない．」とわかる．
当該条件は①．「地階を除く階数が4以上」，②．「高さが16m超え」，③．「倉庫，自動車車庫で，高さが13m超え」となっており，問題文の建物は①．に該当する．
その「主要構造部の性能に関する基準」は，「令109条の5」に載っており，「二号条件（耐火構造）」とする場合を除くと「一号条件（通常火災終了時間）」の基準に適合しなければならない．
その「主要構造部の構造方法」については，「告示193号第1」に載っており，その「2項」の「柱（第三号ロ(4)）」「はり（第五号イ(2)(ⅱ)）」より，75分間準耐火構造が要求される事がわかる．

よって，問題文の建物の柱及びはりについては，通常の火災による75分間の火熱を受けている間は構造耐力上支障のある損傷を生じないものとする性能を確保しなければならない．よって正しい．
    なければならない．

3. 「士法20条の3」より，「階数が3以上で床面積の合計が5,000㎡を超える建築物の設備設計を設備設計一級建築士以外の一級建築士が行った場合，設備設計一級建築士に「設備関係規定」に適合するかどうかの確認を求めなければならないが，問題文の建物はこれに該当しない．よって誤り．
尚，問題文の建物は，「基準法20条1項第二号」に該当し，「士法20条の2第1項，2項」より，構造設計一級建築士以外の一級建築士が行った場合，構造設計一級建築士に「構造関係規定」に適合するかどうかの確認を求めなければならない．

4. 「法8条」より，「建築物の所有者，管理者又は占有者は，その建築物の敷地，構造及び建築設備を常時適法な状態に維持するように努めなければならない．」とわかる．
また「法12条」より，「「令16条1項」で定める特殊建築物，及び，「令16条1項」で定めるもの以外の特定建築物（「法6条1項第一号」の特殊建築物と「令16条2項（階数5以上で延べ面積1,000㎡を超える事務所等）」で定める建築物）で行政庁が指定するものの所有者等は，定期に，所定の建築士等に状況の調査をさせて，その結果を行政庁に報告しなければならない．」とわかる．問題文の建物は「令16条1項」で定める特殊建築物に該当するため，定期報告義務が生じる．よって正しい．


解答：3

**建築基準法5条の6**（建築物の設計及び工事監理）
建築士法第3条第1項（同条第2項……を含む.以下同じ.），第3条の2第1項（……）若しくは第3条の3第1項（……）に規定する建築物又は同法第3条の2第3項（……）の規定に基づく条例に規定する建築物の工事は，それぞれ当該各条に規定する建築士の設計によらなければ，することができない.

**建築基準法6条3項**（設計制限）
3 建築主事は，第1項の申請書が提出された場合において，その計画が次の各号のいずれかに該当するときは，当該申請書を受理することができない.
　一　建築士法第3条第1項，第3条の2第1項，第3条の3第1項，第20条の2第1項若しくは第20条の3第1項の規定又は同法第3条の2第3項の規定に基づく条例の規定に違反するとき.
　二　構造設計1級建築士以外の1級建築士が建築士法第20条の2第1項の建築物の構造設計を行った場合において，当該建築物が構造関係規定に適合することを構造設計1級建築士が確認した構造設計によるものでないとき.
　三　設備設計1級建築士以外の1級建築士が建築士法第20条の3第1項の建築物の設備設計を行った場合において，当該建築物が設備関係規定に適合することを設備設計1級建築士が確認した設備設計によるものでないとき.

**士法3条**（1級建築士でなければできない設計又は工事監理）
次の各号に掲げる建築物（……）を新築する場合においては，1級建築士でなければ，その設計又は工事監理をしてはならない.
　一　学校，病院，劇場，映画館，観覧場，公会堂，集会場（オーデイトリアムを有しないものを除く.）又は百貨店の用途に供する建築物で，延べ面積が500㎡をこえるもの
　二　木造……で，高さが13m又は軒の高さが9mを超え……
　三　鉄筋コンクリート造，鉄骨造，……で，延べ面積が300㎡，高さが13m又は軒の高さが9mをこえるもの
　四　延べ面積が1,000㎡をこえ，且つ，階数が2以上……
2 ……増築，改築，修繕又は模様替に係る部分を新築するものとみなして前項の規定を適用する.

**士法3条の2**
（1級建築士又は2級建築士……設計……監理）
前条第1項各号に掲げる建築物以外の建築物で……
　一　前条第1項第三号に掲げる構造の建築物又は建築物の部分で，延べ面積が30㎡を超えるもの
　二　延べ面積が100㎡（木造の建築物にあっては，300㎡）を超え，又は階数が3以上の建築物
2 前条第2項の規定は，前項の場合に準用する.
3 都道府県は，……第1項の規定にかかわらず，条例で，……規定する延べ面積（……）を別に定めることができる.

**士法3条の3**（1級建築士，2級建築士又は木造建築士……設計……監理）
前条第1項第二号に掲げる建築物以外の木造の建築物で，延べ面積が100㎡を超えるものを新築する場合……
2 第3条第2項及び前条第3項の規定は，前項の場合に準用する.この場合において，……

```
★これらの条文の構成をイメージする
```

士法 20 条（業務に必要な表示行為）

1 級建築士，2 級建築士又は木造建築士は，設計を行った場合においては，その設計図書に 1 級建築士，2 級建築士又は木造建築士である旨の表示をして記名及び押印をしなければならない．設計図書の一部を変更した場合も同様とする．

2 1 級建築士，2 級建築士又は木造建築士は，構造計算によって建築物の安全性を確かめた場合においては，遅滞なく，国土交通省令で定めるところにより，その旨の**証明書**を設計の委託者に交付しなければならない．ただし，次条第 1 項又は第 2 項の規定の適用がある場合は，この限りでない．

士法 20 条の 2（構造設計に関する特例）

構造設計 1 級建築士は，**第 3 条第 1 項に規定する建築物のうち**建築基準**法第 20 条第 1 項第一号又は第二号**に掲げる建築物に該当するものの構造設計を行った場合においては，前条第 1 項の規定によるほか，その構造設計図書に構造設計 1 級建築士である旨の表示をしなければならない．構造設計図書の一部を変更した場合も同様とする．

2 構造設計 1 級建築士以外の 1 級建築士は，前項の建築物の構造設計を行った場合においては，国土交通省令で定めるところにより，構造設計 1 級建築士に当該構造設計に係る建築物が建築基準法第 20 条（第 1 項第一号又は第二号に係る部分に限る．）の規定及びこれに基づく命令の規定（以下「構造関係規定」という．）に適合するかどうかの確認を求めなければならない．構造設計図書の一部を変更した場合も同様とする．

3 構造設計 1 級建築士は，前項の規定により確認を求められた場合において，当該建築物が構造関係規定に適合することを確認したとき 又は 適合することを確認できないときは，当該構造設計図書にその旨を記載するとともに，構造設計 1 級建築士である旨の表示をして記名及び押印をしなければならない．

4 構造設計 1 級建築士は，第 2 項の規定により確認を求めた 1 級建築士から請求があったときは，構造設計 1 級建築士証を提示しなければならない．

## ○設計の委託者に交付する構造安全証明書

建築士が「構造計算により建築物の安全性を確かめた場合」は，その旨の証明書の交付が義務付けられる．この証明書の交付義務者は「構造計算を行った建築士」であるので，構造計算を行った建築士は，一般には，建築主へ交付する．ただし，この証明書は「設計の委託者」に交付するものであるので，下請けの建築士が構造計算を行った場合は，下請けの建築士が元請の建築士事務所に対して交付する（元請の建築士事務所は，下請の建築士事務所から受領した証明書の写しを建築主に渡す）．

## ○証明書の交付義務がないケース

①構造設計一級建築士の関与が義務づけられた建築物で，

②構造設計一級建築士が構造設計を行い（又は，それ以外の一級建築士が構造設計を行い，構造設計一級建築士に確認を求め），

③その構造設計図書に構造設計一級建築士である旨の表示をした場合，

適正な構造計算がなされ，建築物の構造関係規定への法適合性が確保されるという判断で，構造安全証明書の交付義務がない．

24

471

| コード | 項目 | 問題 | 解答 |
|---|---|---|---|
| 17253 | 建設業許可 | 建設業法に基づき，建築工事業を営む者は，その者が発注者から直接請け負った建設工事を施工するための下請契約で，下請代金の額の総額が 4,000 万円のものは，特定建設業の許可を受けなければ締結してはならない． | × |
| | 建設業許可 | | |

「業法 16 条」に「下請契約の締結の制限」について載っており，そこを訳すと「特定建設業の許可を受けた者でなければ，その者が発注者から直接請け負った建設工事を施工するための各号該当の下請契約を締結してはならない．」とわかる．また，その「一号」，「業法 3 条第二号」，「業法（令）2 条」を訳すと「特定建設業とは，発注者から直接請け負う 1 件の建設工事につき，下請代金の総額が 4,500 万円以上（建築工事業である場合は 7,000 万円以上）となる下請契約を締結して施工しようとする建設業をいい，知事又は大臣の許可を受けなければならない．」とあるため，建築工事業で 6,000 万円以上とならなければ，特定建設業の許可を受けなくても下請契約を締結できる．よって，問題文は誤り．

原文：業法 16 条
（下請契約の締結の制限）
特定建設業の許可を受けた者でなければ，その者が発注者から直接請け負つた建設工事を施工するための次の各号の一に該当する下請契約を締結してはならない．
一．その下請契約に係る下請代金の額が，1 件で，第 3 条第 1 項第二号の政令で定める金額以上である下請契約

原文：業法（令）2 条
（法第 3 条第 1 項第二号の金額）
法第 3 条第 1 項第二号の政令で定める金額は，4,500 万円とする．ただし，同項の許可を受けようとする建設業が建築工事業である場合においては，7,000 万円とする．

| 25283 | 請負契約 | 建設工事の請負契約の当事者は，書面による契約の締結に際して，工事の施工により第三者が損害を受けた場合における賠償金の負担に関する定めを記載し，署名又は記名押印をして相互に交付しなければならない． | ○ |
|---|---|---|---|
| | 請負契約 | | |

「業法 19 条」に「請負契約の内容」の解説が載っており，そこを訳すと「建設工事の請負契約の当事者は，契約の締結に際して，工事内容等の所定の事項を書面に記載し，署名又は記名押印をして相互に交付しなければならない．」とわかる．

原文：業法 19 条
(建設工事の請負契約の内容)
建設工事の請負契約の当事者は，前条の趣旨に従つて，契約の締結に際して次に掲げる事項を書面に記載し，署名 又は 記名押印をして相互に交付しなければならない．
一．工事内容
二．請負代金の額
三．工事着手の時期 及び 工事完成の時期
……
五．請負代金の……一部の前金払……の定めをするときは，その支払の時期 及び 方法
……
十．注文者が工事に使用する資材を提供……に関する定め
十一．注文者が工事の全部 又は 一部の完成を確認するための検査の時期及び方法 並びに引渡しの時期
十二．工事完成後における請負代金の支払の時期 及び 方法
……
十五．契約に関する紛争の解決方法

| 16203 | 一括下請負 | 元請負人は，その請け負った所定の建設工事を，あらかじめ発注者の書面による承諾を得た場合には，一括して他人に請け負わせることができる． | ○ |
|---|---|---|---|
| | 一括下請負 | | |

「業法 22 条」に，「一括下請負の禁止」の解説が載っており，そこに「建設業者は，請け負った建設工事を一括して他人に請け負わせてはならない．」とあるが，その「3 項」より，「あらかじめ発注者の書面による承諾を得た場合には，請け負った所定の建設工事を一括して他人に請け負わすことができる．」とわかる．

原文：業法 22 条
(一括下請負の禁止)
建設業者は，その請け負つた建設工事を，いかなる方法をもつてするかを問わず，一括して他人に請け負わせてはならない．
2．建設業を営む者は，建設業者から当該建設業者の請け負つた建設工事を一括して請け負つてはならない．
3．前 2 項の建設工事が多数の者が利用する施設又は工作物に関する重要な建設工事で政令で定めるもの以外の建設工事である場合において，当該建設工事の元請負人があらかじめ発注者の書面による承諾を得たときは，これらの規定は，適用しない．

25

| 27284 | 一括下請負 | 「建設業法」に基づき，建設工事の元請負人は，請け負った共同住宅の新築工事については，あらかじめ発注者の書面による承諾を得た場合においては，一括して他人に請け負わせることができる． | × |
|---|---|---|---|
| | 適用除外 | | |

「業法22条3項」より，「建設業者は，請け負った建設工事を一括して他人に請け負わせてはならないが，重要な建設工事で政令で定めるもの以外の建設工事である場合，あらかじめ発注者の書面による承諾を得た場合には，一括して他人に請け負わすことができる．」とわかる．「業法（令）6条の3」より，「一括下請負の禁止の対象となる重要な建設工事は，共同住宅を新築する建設工事」とわかる．問題文の「共同住宅の新築工事」は，これに該当するため，一括して他人に請け負わせることができない．

原文：業法（令）6条の3
（一括下請負の禁止の対象となる多数の者が利用する施設又は工作物に関する重要な建設工事）
法第22条第3項の政令で定める重要な建設工事は，共同住宅を新築する建設工事とする．

| 27283 | 建設業法 | 「建設業法」に基づき，請負人は，その請け負った建設工事の施工について，工事監理を行う建築士から工事を設計図書のとおりに実施するよう求められた場合において，これに従わない理由があるときは，直ちに，注文者に対して，その理由を報告しなければならない． | ○ |
|---|---|---|---|
| | 工事監理に関する報告 | | |

「業法23条の2」より，「請負人は，その請け負った建設工事の施工について，工事監理（士法18条3項）を行う建築士から工事を設計図書のとおりに実施するよう求められた場合において，これに従わない理由があるときは，直ちに，注文者に対して，その理由を報告しなければならない．」とわかる．

原文：業法23条の2
（工事監理に関する報告）
請負人は，その請け負った建設工事の施工について建築士法（……）第18条第3項の規定により建築士から工事を設計図書のとおりに実施するよう求められた場合において，これに従わない理由があるときは，直ちに，……，注文者に対して，その理由を報告しなければならない．

| 16205 | 請負契約 | 建設工事の注文者から報酬を得て建設工事の完成を目的として締結する委託契約は，建設業法の規定を適用しない． | × |
|---|---|---|---|
| | 請負契約 | | |

「業法24条」に，「請負契約とみなす場合」の解説が載っており，そこを訳すと「委託その他いかなる名義をもつてするかを問わず，報酬を得て建設工事の完成を目的として締結する契約は，建設工事の請負契約とみなして，この法律（業法）の規定を適用する．」とあるため，問題文は誤りとわかる．

原文：業法24条
（請負契約とみなす場合）
委託その他いかなる名義をもつてするかを問わず，報酬を得て建設工事の完成を目的として締結する契約は，建設工事の請負契約とみなして，この法律の規定を適用する．

| 19221 | 一括下請負 | 「建設業法」に基づき，元請負人は，その請け負った建設工事を施工するために必要な工程の細目，作業方法その他元請負人において定めるべき事項を定めようとするときは，あらかじめ，下請負人の意見をきかなければならない． | ○ |
|---|---|---|---|
| | 下請負人の意見 | | |

「業法 24 条の 2」に「下請負人の意見の聴取」について載っており，「元請負人は，その請け負った建設工事を施工するために必要な工程の細目，作業方法その他元請負人において定めるべき事項を定めようとするときは，あらかじめ，下請負人の意見をきかなければならない．」とわかる．問題文は正しい．

原文：業法 24 条の 2
（下請負人の意見の聴取）
元請負人は，その請け負つた建設工事を施工するために必要な工程の細目，作業方法その他元請負人において定めるべき事項を定めようとするときは，あらかじめ，下請負人の意見をきかなければならない．

| 18241 | 主任技術者 | 「建設業法」に基づき，発注者から直接建設工事を請け負った特定建設業者は，当該建設工事を施工するために締結した下請契約の請負代金の額の総額が 4,000 万円（建築工事業である場合においては 6,000 万円）以上となる場合においては，当該建設工事を施工するに当たって，監理技術者を置かなければならない． | ○ |
|---|---|---|---|
| | 監理技術者 | | |

「業法 26 条」に「主任技術者及び監理技術者の設置」の解説が載っており，その「2 項」及び「業法（令）2 条」より，「特定建設業者は，下請契約の請負代金の額が 4,500 万円以上（建築工事業においては 7,000 万円以上）となる場合には，監理技術者を置かなければならない．」とわかる．

原文：業法 26 条
（主任技術者及び監理技術者の設置等）
建設業者は，その請け負つた建設工事を施工するときは，……当該工事現場における建設工事の施工の技術上の管理をつかさどるもの（以下「主任技術者」という．）を置かなければならない．
2. 発注者から直接建設工事を請け負つた特定建設業者は，当該建設工事を施工するために締結した下請契約の請負代金の額（当該下請契約が 2 以上あるときは，それらの請負代金の額の総額）が第 3 条第 1 項第二号の政令で定める金額以上になる場合においては，前項の規定にかかわらず，……当該工事現場における建設工事の施工の技術上の管理をつかさどるもの（以下「監理技術者」という．）を置かなければならない．

| 26291 | 主任技術者 | 「建設業法」に基づき，建設業者は，注文者から請負代金の額が 2,500 万円の集会場の建築一式工事を請け負った場合，当該工事を施工するときは，当該工事現場に置く主任技術者を専任の者としなくてもよい． | ○ |
|---|---|---|---|
| | 主任技術者 | | |

「業法 26 条 3 項」及び「業法（令）27 条」より，「公共性のある所定の工事については，専任の主任技術者又は監理技術者を置かなければならない．」と規定されており，問題文にある「集会場」は，「業法（令）27 条三号」に該当するため，建築一式工事において，当該工事 1 件の請負代金の額が 8,000 万円以上となる場合には，原則として，専任の主任技術者又は監理技術者を置かなければならない．問題文には，「2,500 万円」とあるため専任の者としなくてもよいとわかる．

25

| | | | |
|---|---|---|---|
| | 原文：業法26条3項<br>3. 公共性のある施設若しくは工作物又は多数の者が利用する施設若しくは工作物に関する重要な建設工事で政令で定めるものについては，前2項の規定により置かなければならない<u>主任技術者 又は</u>監理技術者は，工事現場ごとに，<u>専任</u>の者でなければならない．ただし，監理技術者にあつては，<u>発注者から直接当該建設工事を請け負つた特定建設業者が，当該監理技術者の行うべき……職務を補佐する者として，……当該工事現場に専任で置くときは，この限りでない．</u><br><br>原文：業法（令）27条<br>（専任の主任技術者又は<u>監理技術者を必要とする建設工事</u>）<br><u>法第26条第3項の政令で定める重要な建設工事</u>は，次の各号のいずれかに該当する建設工事で工事1件の請負代金の額が4,000万円（当該建設工事が建築一式工事である場合にあつては，8,000万円）以上のものとする．<br>一．<u>国 又は</u> 地方公共団体が注文者である施設又は工作物に関する建設工事<br>二．第15条第一号及び第三号に掲げる施設又は工作物に関する建設工事<br>三．次に掲げる施設又は工作物に関する建設工事<br>……<br>ニ．学校<br>……<br>ヌ．<u>集会場又は公会堂</u><br>……<br>カ．<u>共同住宅</u>，寄宿舎又は下宿<br>……<br>ソ．工場，ドック又は<u>倉庫</u><br>…… | | |
| 16201 | 主任技術者<br>------------<br>指示・停止 | 国土交通大臣又は都道府県知事は，その許可を受けた建設業者が，特定建設業者以外の建設業を営む者と下請代金の額が6,000万円の下請契約を締結したときは，当該許可を受けた建設業者に対して，必要な指示をすることができる． | ○ |
| | 「業法28条」より，「大臣又は知事は，許可を受けた建設業者が規定に違反した場合，必要な指示をすることができる．」と規定されており，その「七号」に，「建設業者が，特定建設業者以外の建設業を営む者と下請代金の額が業法3条第二号の政令で定める金額以上となる下請契約を締結したとき．」とある．また，「業法3条第二号」の政令基準（業法（令）2条）をチェックすると「政令で定める金額は，4,000万円．ただし，同項の許可を受けようとする建設業が建築工事業である場合においては，6,000万円．」とわかる． | | |
| | 原文：業法28条第七号<br>七．<u>建設業者が，特定建設業者以外の建設業を営む者と下請代金の額が第3条1項第二号の政令で定める金額以上となる下請契約を締結したとき．</u> | | |

| コード | 項目 | 問題 | 解答 |
|---|---|---|---|
| 23272 | 都市計画法<br>開発行為 | 規模が1ha以上の運動・レジャー施設である工作物の建設のための土地の区画形質の変更は，原則として，開発行為に該当する． | ○ |

「都計法4条12項」に「開発行為とは，建築又は特定工作物の建設の用に供する目的で行う土地の区画形質の変更をいう．」とあり，問題文にある「規模が1ha以上の運動・レジャー施設である工作物」は，「都計法4条11項」及び「都計法（令）1条2項第一号」より「特定工作物」に該当するため正しい．

原文：都計法4条12項
12．この法律において「開発行為」とは，主として建築物の建築 又は 特定工作物の建設の用に供する目的で行なう土地の区画形質の変更をいう．

原文：都計法4条11項
11．この法律において「特定工作物」とは，……環境の悪化をもたらすおそれがある工作物で政令で定めるもの（以下「第一種特定工作物」という．）又はゴルフコースその他大規模な工作物で政令で定めるもの（以下「第二種特定工作物」という．）をいう．

原文：都計法（令）1条2項第一号
（特定工作物）
2．法第4条第11項の大規模な工作物で政令で定めるものは，次に掲げるもので，その規模が1ha以上のものとする．
一．野球場，庭球場，陸上競技場，遊園地，動物園その他の運動・レジャー施設である工作物……

| 16244 | 地域地区<br>地域地区 | 都市計画法に基づき，都市計画区域については，都市計画に，駐車場法の規定による駐車場整備地区を定めることができる． | ○ |

「都計法8条第八号」より，「都市計画区域について，駐車場法の規定による駐車場整備地区で，必要なものを都市計画に定める．」とわかる．

原文：都計法8条
（地域地区）
都市計画区域については，都市計画に，次に掲げる地域，地区 又は 街区を定めることができる．
一．第一種低層住居専用地域，第二種低層住居専用地域，第一種中高層住居専用地域，第二種中高層住居専用地域，第一種住居地域，第二種住居地域，準住居地域，田園住居地域，近隣商業地域，商業地域，準工業地域，工業地域又は工業専用地域（以下「用途地域」と総称する．）
二．特別用途地区
……
三．高度地区又は高度利用地区
……
八．駐車場法（昭和32年法律第106号）第3条第1項の規定による駐車場整備地区
……
十四．生産緑地法（……）第3条第1項 の規定による生産緑地地区
十五．文化財保護法（……）第143条第1項の規定による伝統的造物群保存地区

| 20201 | 地区計画 | 開発整備促進区は，特定大規模建築物の整備による商業その他の業務の利便の増進を図るため，一体的かつ総合的な市街地の開発整備を実施すべき区域である． | ○ |
|---|---|---|---|
| | 開発整備促進区 | | |

「都計法12条の5」に「地区計画」の解説が載っており，その「4項」より，「劇場，店舗，飲食店その他これらに類する用途に供する大規模な建築物を特定大規模建築物といい，その整備による商業その他の業務の利便の増進を図るため，一体的かつ総合的な市街地の開発整備を実施すべき区域を開発整備促進区という．」とわかる．問題文は正しい．

原文：都計法12条の5第4項
4．次に掲げる条件に該当する土地の区域における地区計画については，劇場，店舗，飲食店その他これらに類する用途に供する大規模な建築物（以下「特定大規模建築物」という．）の整備による商業その他の業務の利便の増進を図るため，一体的かつ総合的な市街地の開発整備を実施すべき区域（以下「開発整備促進区」という．）を都市計画に定めることができる．

| 20202 | 地区計画 | 開発整備促進区を都市計画に定めるに当たっては，第二種住居地域，準住居地域若しくは工業地域が定められている土地の区域又は用途地域が定められていない市街化調整区域であることが，条件の一つである． | × |
|---|---|---|---|
| | 開発整備促進区 | | |

「都計法12条の5」に「地区計画」の解説が載っており，その「4項第四号」より，「開発整備促進区を都市計画に定める場合，第二種住居地域，準住居地域若しくは工業地域が定められている土地の区域又は用途地域が定められていない土地の区域（市街化調整区域を除く）．」とわかる．問題文には，「市街化調整区域」とあるため誤り．

原文：都計法12条の5第4項第四号
四．第二種住居地域，準住居地域 若しくは 工業地域が定められている土地の区域 又は 用途地域が定められていない土地の区域（市街化調整区域を除く．）であること．

| 21241 | 地区計画 | 地区整備計画においては，地区計画の目的を達成するため，建築物の容積率，建蔽率，敷地面積，建築構造，建築設備等についての制限を定めることができる． | × |
|---|---|---|---|
| | 地区計画 | | |

「都計法12条の5」に「地区計画」の解説が載っており，その「7項各号」及び「都計法（令）7条の6」より，「地区整備計画においては，地区計画の目的を達成するため，建築物の容積率，建蔽率，敷地面積等について制限を定めることができる．」とわかるが，「建築構造，建築設備」はこれに該当しないため，制限を定めることはできない．

原文：都計法12条の5第7項
7．地区整備計画においては，次に掲げる事項（……）を定めることができる．
……
二．建築物等の用途の制限，建築物の容積率の最高限度 又は 最低限度，建築物の建蔽率の最高限度，建築物の敷地面積又は建築面積の最低限度，……
……
五．前3号に掲げるもののほか，土地の利用に関する事項で政令で定めるもの

| 20203 | 地区計画 ---- 開発整備促進区 | 開発整備促進区における地区整備計画においては，劇場，店舗，飲食店その他これらに類する用途のうち当該区域において誘導すべき用途及び及び当該誘導すべき用途に供する特定大規模建築物の敷地として利用すべき土地の区域を定めることができる． | ○ |
|---|---|---|---|

「都計法 12 条の 12」に「特定大規模建築物を整備するための地区整備計画」の解説が載っており，「開発整備促進区における地区整備計画においては，劇場，店舗，飲食店その他これらに類する用途のうち当該区域において誘導すべき用途及び当該誘導すべき用途に供する特定大規模建築物の敷地として利用すべき土地の区域を定めることができる．」とわかる．

原文：都計法 12 条の 12
(適正な配置の特定大規模建築物を整備するための地区整備計画)
開発整備促進区における地区整備計画においては，……特に必要であると認められるときは，劇場，店舗，飲食店その他これらに類する用途のうち当該区域において誘導すべき用途 及び 当該誘導すべき用途に供する特定大規模建築物の敷地として利用すべき土地の区域を定めることができる．

| 26243 | 都市計画基準 ---- 都市計画基準 | 市街化調整区域については，原則として用途地域を定めないものとされているが，地区計画は定めることができる． | ○ |
|---|---|---|---|

「都計法 13 条第七号」に「市街化調整区域については，原則として用途地域を定めないものとする．」とあるが，「都計法 12 条の 5 第二号ロ」より「用途地域が定められていない土地の区域であっても，建築物の建築等が無秩序に行われそうな区域で，不良な街区の環境が形成されるおそれがある場合には地区計画を定めることができる．」とわかる．また，「都計法 13 条第十五号イ」に「市街化調整区域における地区計画」について載っている．問題文は正しい．

原文：都計法 13 条第七号
(都市計画基準)
都市計画区域について定められる都市計画（……）は，……に関する国の計画に適合するとともに，当該都市の特質を考慮して，次に掲げるところに従つて，……，一体的 かつ 総合的に定めなければならない．……
……
七．……，市街化区域については，少なくとも用途地域を定めるものとし，市街化調整区域については，原則として用途地域を定めないものとする．

原文：都計法 12 条の 5 第二号
二．用途地域が定められていない土地の区域のうち次のいずれかに該当するもの
……
ロ．建築物の建築又はその敷地の造成が無秩序に行われ，……不良な街区の環境が形成されるおそれがあるもの

原文：都計法 13 条第十五号イ
十五．……
イ．市街化調整区域における地区計画　……

26

| 19201 | 都市計画決定 ------- 提案 | 都市計画区域又は準都市計画区域のうち，所定の規模以上の一団の土地の区域について，土地所有者等は，都道府県又は市町村に対し，都市計画の決定又は変更をすることを提案することができる． | ○ |
|---|---|---|---|
| | | 「都計法 21 条の 2」に「都市計画の決定等の提案」が載っており，その「1 項」より，「都市計画区域又は準都市計画区域のうち，政令で定める規模以上の一団の土地の区域について，土地所有者等は，都道府県又は市町村に対し，都市計画の決定又は変更を提案することができる．」とわかる． | |
| | | 原文：都計法 21 条の 2<br>(都市計画の決定等の提案)<br>都市計画区域又は準都市計画区域のうち，一体として整備し，開発し，又は保全すべき土地の区域としてふさわしい政令で定める規模以上の一団の土地の区域について，当該土地の所有権又は建物の所有を目的とする対抗要件を備えた地上権若しくは賃借権（……）を有する者（以下この条において「土地所有者等」という．）は，1 人で，又は数人共同して，都道府県又は市町村に対し，都市計画（……）の決定又は変更をすることを提案することができる．この場合においては，当該提案に係る都市計画の素案を添えなければならない． | |
| 23302 | 都市計画決定 ------- 提案 | 「都市計画法」に基づき，まちづくりの推進を図る活動を行うことを目的とする特定非営利活動法人は，所定の土地の区域について，市町村に対し，地区計画を定めることを提案することができる． | ○ |
| | | 「都計法 21 条の 2」に「都市計画の決定等の提案」が載っており，その「2 項」より，「まちづくりの推進を図る活動を行うことを目的として設立された特定非営利活動促進法に基づく特定非営利活動法人は，所定の土地の区域について，都道府県又は市町村に対し，所定の都市計画の決定又は変更をすることを提案することができる．」とわかる．「都計法 15 条」より，「地区計画は，その各号のいずれにも該当しないため，市町村が定める．」とわかる．よって正しい． | |
| | | 原文：都計法 15 条<br>(都市計画を定める者)<br>次に掲げる都市計画は都道府県が，その他の都市計画は市町村が定める． | |
| 28303 | 都市計画決定 ------- 提案 | 「都市計画法」に基づき，まちづくりの推進を図る活動を行うことを目的とする特定非営利活動法人は，所定の土地の区域について，都道府県に対し，都市計画区域の整備，開発及び保全の方針の変更を提案することができる． | × |
| | | 「都計法 21 条の 2」に「都市計画の決定等の提案」が載っており，その「2 項」より，「まちづくりの推進を図る活動を行うことを目的として設立された特定非営利活動促進法に基づく特定非営利活動法人は，所定の土地の区域について，都道府県又は市町村に対し，都市計画の決定又は変更をすることを提案することができる．」とわかるが，「同条 1 項かっこ書き」より，「都市計画のうち，都市計画区域の整備，開発及び保全の方針並びに都市再開発方針等に関するものは除かれる．次項において同じ．」とわかる．よって問題文は誤り． | |

原文：都計法 21 条の 2 第 2 項
2. まちづくりの推進を図る活動を行うことを目的とする……特定非営利活動法人……は，前項に規定する土地の区域について，都道府県 又は 市町村に対し，都市計画の決定 又は 変更をすることを提案することができる．……

原文：都計法 21 条の 2
……都市計画（都市計画区域の整備，開発 及び 保全の方針 並びに 都市再開発方針等に関するものを除く．次項 及び 第 75 条の 9 第 1 項において同じ．）……

| 27241 | 都市計画決定<br>都市計画区域指定 | 準都市計画区域の一部について都市計画区域が指定されたときは，当該都市計画区域と重複する区域内において定められている都市計画は，当該都市計画区域について定められているものとみなす． | ○ |
|---|---|---|---|

「都計法 23 条の 2」より，「準都市計画区域の一部について都市計画区域が指定されたときは，当該都市計画区域と重複する区域内において定められている都市計画は，当該都市計画区域について定められているものとみなす．」とわかる．

原文：都計法 23 条の 2
（準都市計画区域について都市計画区域が指定された場合における都市計画の取扱い）
準都市計画区域の全部又は一部について都市計画区域が指定されたときは，当該都市計画区域と重複する区域内において定められている都市計画は，当該都市計画区域について定められているものとみなす．

| 17203 | 開発許可<br>公益上必要な建築物 | 市街化区域内において，各種学校の建築の用に供する目的で行う開発行為で，その規模が 1,500m² のものについては，開発許可を受けなければならない． | ○ |
|---|---|---|---|

「都計法 29 条第一号」及び「都計法（令）19 条」より，「市街化区域内において，その規模が 1,000m² 未満の開発行為は，都道府県知事の許可が不要．」とわかる．問題文には「1,500m²」とあるため，これには該当しない．また「都計法 29 条第三号」より，「市街化区域及び市街化調整区域のいずれの区域内においても，公益上必要な建築物を建築する目的で行う開発行為は，その規模に関わらず，都道府県知事の許可が不要．」とわかる．問題文の「各種学校を建築する目的で行う開発行為」については，そのいずれにも該当しないため，許可が必要とわかる．

原文：都計法 29 条
（開発行為の許可）
都市計画区域又は準都市計画区域内において開発行為をしようとする者は，あらかじめ，国土交通省令で定めるところにより，都道府県知事（……）の許可を受けなければならない．ただし，次に掲げる開発行為については，この限りでない．
一．市街化区域，区域区分が定められていない都市計画区域 又は 準都市計画区域内において行う開発行為で，その規模が，それぞれの区域の区分に応じて政令で定める規模未満であるもの

原文：都計法（令）19 条
（許可を要しない開発行為の規模）
法第 29 条第 1 項第一号の政令で定める規模は，次の表の第一欄に掲げる区域ごとに，それぞれ同表の第二欄に掲げる規模とする．……

| 第一欄　市街化区域 | 第二欄　1,000m² |
|---|---|

| 17202 | 開発許可 | 市街化調整区域内において，農業用の温室の建築の用に供する目的で行う開発行為については，開発許可を受ける必要はない． | ○ |
|---|---|---|---|
| | 市街化調整区域内 | | |

「都計法 29 条第二号」及び「都計法（令）20 条第一号」より，「市街化調整区域内において，農業用の温室を建築する目的で行う開発行為は，都道府県知事の許可が不要．」とわかる．

原文：都計法 29 条第二号
二．市街化調整区域，区域区分が定められていない都市計画区域 又は 準都市計画区域内において行う開発行為で，農業，林業 若しくは 漁業の用に供する政令で定める建築物 又は これらの業務を営む者の居住の用に供する建築物の建築の用に供する目的で行うもの

原文：都計法（令）20 条第一号
（法第 29 条第 1 項第二号及び第 2 項第一号の政令で定める建築物）
法第 29 条第 1 項第二号 及び 第 2 項第一号の政令で定める建築物は，次に掲げるものとする．
一．畜舎，蚕室，温室，育種苗施設，家畜人工授精施設，孵卵育雛施設，搾乳施設，集乳施設その他これらに類する農産物，林産物 又は 水産物の生産 又は 集荷の用に供する建築物

| 30241 | 開発許可 | 都市計画区域又は準都市計画区域内において，図書館の建築の用に供する目的で行う開発行為で，その規模が 4,000m² のものについては，都道府県知事の許可を受けなければならない． | × |
|---|---|---|---|
| | 公益上必要な建築物 | | |

「都計法 29 条第三号」より，「市街化区域及び市街化調整区域のいずれの区域内においても，公益上必要な建築物を建築する目的で行う開発行為は，その規模に関わらず，都道府県知事の許可が不要．」とわかる．「図書館を建築する目的で行う開発行為」は，この「三号」に該当するため，その規模に関わらず，都道府県知事の許可が不要となる．尚，「公益上必要な建築物」については，「都計法（令）21 条」に載っており，その「十七号」に「図書館」に関して記載されている．

原文：都計法 29 条第三号
三．駅舎その他の鉄道の施設，図書館，公民館，変電所その他これらに類する公益上必要な建築物のうち開発区域及びその周辺の地域における適正かつ合理的な土地利用及び環境の保全を図る上で支障がないものとして政令で定める建築物の建築の用に供する目的で行う開発行為

原文：都計法（令）21 条第十七号
（適正かつ合理的な土地利用及び環境の保全を図る上で支障がない公益上必要な建築物）
法第 29 条第 1 項第三号の政令で定める建築物は，次に掲げるものとする．
……
十七．図書館法（……）第 2 条第 1 項に規定する図書館の用に供する施設である建築物又は博物館法（……）第 2 条第 1 項に規定する博物館の用に供する施設である建築物

| 27243 | 開発許可 | 市街化区域内において，土地区画整理事業の施行として開発行為を行う場合は，都道府県知事の開発許可を受けなければならない． | × |
|---|---|---|---|
| | 市街化調整区域内 | | |

「都計法 29 条第五号」より，「市街化区域及び市街化調整区域のいずれの区域内においても，土地区画整理事業の施行として行う開発行為は，都道府県知事の許可が不要.」とわかる.

原文：都計法 29 条第五号
五．土地区画整理事業の施行として行う開発行為

| 05243 | 開発許可 | 市街化区域内において，市街地再開発事業の施行として行う 1,000m² の開発行為については，都道府県知事の許可を受ける必要はない. | ○ |
| | 市街地再開発事業 | | |

「都計法 29 条第六号」より，「市街地再開発事業の施行として行う開発行為は，知事の許可が不要.」とわかる.

原文：都計法 29 条 1 項第六号
六．市街地再開発事業の施行として行う開発行為

| 01242 | 開発許可 | 都市計画区域内において，延べ面積 1,500m² の仮設興行場の建築の用に供する目的で行う開発行為は，原則として，都道府県知事の許可を受けなければならない. | × |
| | 軽易な行為 | | |

「都計法 29 条第十一号」及び「都計法（令）22 条第一号」より，「仮設興行場の建築の用に供する目的で行う開発行為は，知事の許可が不要.」とわかる.

原文：都計法（令）22 条第一号
(開発行為の許可を要しない通常の管理行為，軽易な行為その他の行為)
法第 29 条第 1 項第十一号の政令で定める開発行為は，次に掲げるものとする.
一．仮設建築物の建築……の用に供する目的で行う開発行為

| 28251 | 開発許可 | 都市計画区域内において，コンクリートプラントの改築の用に供する目的で行う開発行為については，都道府県知事の許可を受ける必要はない. | ○ |
| | 軽易な行為 | | |

「都計法 29 条第十一号」及び「都計法（令）22 条第四号」より，「特定工作物の改築の用に供する目的で行う開発行為は，知事の許可が不要.」とわかる. また，「都計法 4 条 11 項」より，「コンクリートプラントは，特定工作物に含まれる.」とわかる.

原文：都計法（令）22 条第四号
四．……特定工作物の改築の用に供する目的で行う開発行為

原文：都計法 4 条 11 項
11．この法律において「特定工作物」とは，コンクリートプラントその他……

| 29294 | 開発許可 | 「都市計画法」に基づき，開発許可の申請に当たって，一級建築士の資格を有する者で，宅地開発に関する技術に関して 2 年以上の実務の経験を有するものは，開発区域の面積が 20ha 未満の開発行為に関する設計に係る設計図書を作成することができる. | ○ |
| | 設計資格 | | |

「都計法 31 条」及び「都計法規則 19 条第一号ヘ」より，「開発許可の申請に当たって，一級建築士の資格を有する者で，宅地開発に関する技術に関して 2 年以上の実務を有する者は，開発区域の面積が 20ha 未満の開発行為に関する設計に係る設計図書を作成することができる.」とわかる.

原文：都計法 31 条
（設計者の資格）
前条の場合において，設計に係る設計図書（開発行為に関する工事のうち国土交通省令で定めるものを実施するため必要な図面（現寸図その他これに類するものを除く．）及び仕様書をいう．）は，国土交通省令で定める資格を有する者の作成したものでなければならない．

原文：都計法規則 19 条第一号
（設計者の資格）
法第 31 条の国土交通省令で定める資格は，次に掲げるものとする．
　一．開発区域の面積が 1ha 以上 20ha 未満の開発行為に関する工事にあつては，次のいずれかに該当する者であること．
　……
　ヘ．建築士法（……）による一級建築士の資格を有する者で，宅地開発に関する技術に関して 2 年以上の実務の経験を有するもの
　……
　二．開発区域の面積が 20ha 以上の開発行為に関する工事にあつては，前号のいずれかに該当する者で，開発区域の面積が 20ha 以上の開発行為に関する工事の総合的な設計に係る設計図書の作成に関する実務に従事したことのあるものその他国土交通大臣がこれと同等以上の経験を有すると認めたものであること．

| 03302 | 開発許可 ---- 設計図書の作成 | 「都市計画法」に基づき，開発許可の申請に当たって，宅地開発に関する技術に関して 2 年以上の実務経験を有していない者であっても，開発区域の面積が 1ha 未満の開発行為に関する設計に係る設計図書を作成することができる． | ○ |

「都計法 31 条」，「都計法規則 18 条」より，「開発許可の申請に当たって，資格を有する者の設計によらなければならない工事は，開発区域の面積が 1ha 以上」とわかる．よって，開発区域の面積が 1ha 未満の開発行為においては，宅地開発に関する技術に関して 2 年以上の実務経験を有していない者であっても，設計図書を作成することができる．

原文：都計法規則 18 条
（資格を有する者の設計によらなければならない工事）
法第 31 条の国土交通省令で定める工事は，開発区域の面積が 1ha 以上の開発行為に関する工事とする．

| 17201 | 開発許可 ---- 管理者同意 | 開発区域の面積が 20ha の開発行為について開発許可を申請しようとする者は，あらかじめ，当該開発区域内に居住することとなる者に関係がある義務教育施設の設置義務者と協議しなければならない． | ○ |

「都計法 32 条 2 項」，「都計法（令）23 条」より，「開発区域の面積が 20ha 以上の開発行為について開発許可を申請しようとする者は，あらかじめ，当該開発区域内に居住することとなる者に関係がある義務教育施設の設置義務者と協議しなければならない．」とわかる．問題文は正しい．

原文：都計法 32 条 2 項

2. 開発許可を申請しようとする者は，あらかじめ，開発行為又は開発行為に関する工事により設置される公共施設を管理することとなる者その他政令で定める者と協議しなければならない．

原文：都計法（令）23 条
（開発行為を行なうについて協議すべき者）
開発区域の面積が 20ha 以上の開発行為について開発許可を申請しようとする者は，あらかじめ，次に掲げる者（開発区域の面積が 40ha 未満の開発行為にあつては，第三号 及び 第四号に掲げる者を除く．）と協議しなければならない．

一．当該開発区域内に居住することとなる者に関係がある義務教育施設の設置義務者

三．当該開発区域を供給区域に含む電気事業法第 2 条第 1 項第九号に規定する一般送配電事業者……

| 22263 | 開発許可<br><br>許可基準 | 都道府県知事等は，市街化区域において開発許可の申請があった場合，当該申請に係る開発行為が所定の基準に適合しており，かつ，その申請の手続が都市計画法又は同法に基づく命令の規定に違反していないと認めるときは，開発許可をしなければならない． | ○ |
|---|---|---|---|

「都計法 33 条」より，「知事は，開発許可の申請があつた場合において，当該申請に係る開発行為が，所定の基準に適合しており，かつ，その申請の手続が都市計画法又は同法に基づく命令の規定に違反していないと認めるときは，開発許可をしなければならない．」とわかる．

原文：都計法 33 条
（開発許可の基準）
都道府県知事は，開発許可の申請があつた場合において，当該申請に係る開発行為が，次に掲げる基準（……）に適合しており，かつ，その申請の手続がこの法律又はこの法律に基づく命令の規定に違反していないと認めるときは，開発許可をしなければならない．

| 19203 | 開発許可<br><br>許可基準 | 地方公共団体は，条例で，開発区域内において予定される建築物の敷地面積の最低限度に関する制限を定めることができる． | ○ |
|---|---|---|---|

「都計法 33 条」に「開発許可の基準」が載っており，その「4 項」より，「地方公共団体は，条例で，開発区域内において予定される建築物の敷地面積の最低限度に関する制限を定めることができる．」とわかる．問題文は正しい．

原文：都計法 33 条 4 項

4. 地方公共団体は，良好な住居等の環境の形成又は保持のため必要と認める場合においては，政令で定める基準に従い，条例で，区域，目的又は予定される建築物の用途を限り，開発区域内において予定される建築物の 敷地面積の最低限度 に関する制限を定めることができる．

| 20205 | 開発許可<br><br>市街化調整区域内に係る開発行為 | 市街化調整区域内において，主として当該開発区域の周辺の地域において居住している者の利用に供する社会福祉施設の建築の用に供する目的で行う開発行為については，開発許可を受けることができる． | ○ |
|---|---|---|---|

「都計法34条」より，「市街化調整区域内における開発行為については，原則として，開発許可を受けること自体できないが，同条各号のいずれかに該当する場合に限り，開発許可を受けることができる．」とわかる．「都計法34条第一号」，「都計法（令）29条の5」に，「主として周辺の地域において居住している者の利用に供する公益上必要な建築物」について記載されており，条文中にある「都計法（令）21条第二十六号ロ」より，問題文の「主として当該開発区域の周辺の地域において居住している者の利用に供する社会福祉施設は，市街化調整区域内においても，都道府県知事の許可を受けることができる．」とわかる．問題文は正しい．

原文：都計法34条第一号
前条の規定にかかわらず，市街化調整区域に係る開発行為（……）については，……次の各号のいずれかに該当すると認める場合でなければ，都道府県知事は，開発許可をしてはならない．
一．主として当該開発区域の周辺の地域において居住している者の利用に供する政令で定める公益上必要な建築物又はこれらの者の日常生活のため必要な物品の販売，加工若しくは修理その他の業務を営む店舗，事業場その他これらに類する建築物の建築の用に供する目的で行う開発行為

原文：都計法（令）29条の5
（主として周辺の地域において居住している者の利用に供する公益上必要な建築物）
法第34条第一号（……）の政令で定める公益上必要な建築物は，第21条第二十六号イからハまでに掲げる建築物とする．
原文：都計法（令）21条第二十六号
ロ．児童福祉法（……）……保育事業，社会福祉法（……）による社会福祉事業又は……の用に供する施設である建築物

| 21244 | 開発許可<br><br>市街化調整区域内に係る開発行為 | 市街化調整区域として都市計画決定された際，自己の業務の用に供する建築物を建築する目的で，土地の利用に関する権利者として都道府県知事等に所定の期間内に所定の届出をした者は，当該建築物の建築許可を受けることができる． | ○ |
|---|---|---|---|

市街化調整区域内における開発行為については，①.「都計法29条第二号～十一号」に該当する「開発許可不要のもの」，②.「都計法34条各号」に該当する「開発許可を受ければ行うことができるもの」の2種類があり，①.②.以外の開発行為を行うことはできない．問題文にある「自己の業務の用に供する建築物を建築する目的で，（土地を所有するか，土地の利用に関する所有権以外の権利を有していた者が）土地の利用に関する権利者として知事等に所定の期間内に所定の届出をした開発行為」は，「都計法34条第十三号」に該当するため，市街化調整区域内において，知事の許可（建築物の建築許可）を受けることができる．

原文：都計法34条十三号
十三．区分区域に関する都市計画が決定され，又は当該都市計画を変更して市街化調整区域が拡張された際，自己の居住若しくは業務の用に供する建築物を建築し，又は自己の業務の用に供する第一種特定工作物を建設する目的で土地又は土地の利用に関する所有権以外の権利を有していた者で，当該都市計画の決定又は変更の日から起算して6月以内に国土交通省令で定める事項を都道府県知事に届け出たものが，当該目的に従って，当該土地に関する権利の行使として行う開発行為（政令で定める期間内に行うものに限る．）

| 29243 | 開発許可<br><br>変更の許可等 | 開発許可を受けた開発区域内において，都道府県知事の許可を受ける必要のない軽微な変更をしたときは，遅滞なく，その旨を都道府県知事に届け出なければならない． | ○ |
|---|---|---|---|
| | | 「都計法35条の2」より，「開発許可を受けた者は，許可を受けた事項の変更をしようとする場合，知事の許可を受けなければならない．ただし，省令で定める軽微な変更をしようとするときは，この限りでない．」とわかる．また，その「3項」より，「軽微な変更をしたときは，遅滞なく，その旨を都道府県知事に届け出なければならない．」とわかる（改めて許可を受ける必要はないが，届け出は必要となる）． | |
| | | 原文：都計法35条の2<br>（変更の許可等）<br>開発許可を受けた者は，第30条第1項各号に掲げる事項の変更をしようとする場合においては，都道府県知事の許可を受けなければならない．ただし，……国土交通省令で定める軽微な変更をしようとするときは，この限りでない．<br>3. 開発許可を受けた者は，第1項ただし書の国土交通省令で定める軽微な変更をしたときは，遅滞なく，その旨を都道府県知事に届け出なければならない． | |
| 26241 | 開発許可<br><br>建築制限 | 開発許可を受けた区域内の土地においては，予定される建築物の建築に関する確認済証の交付を受けた場合には，開発行為に関する工事と予定される建築物の建築工事を同時に行うことができる． | × |
| | | 「都計法37条」及び「都計法36条3項」より，「開発許可を受けた開発区域内の土地においては，当該開発行為に関する工事が完了した旨の公告があるまでの間は，原則として，建築物を建築し，又は特定工作物を建設してはならない．」とわかる．よって，開発行為に関する工事と建築工事を同時に行うことはできない． | |
| | | 原文：都計法37条<br>（建築制限等）<br>開発許可を受けた開発区域内の土地においては，前条第3項の公告があるまでの間は，建築物を建築し，又は特定工作物を建設してはならない．ただし，次の各号の一に該当するときは，この限りでない．<br>一．当該開発行為に関する工事用の仮設建築物又は……その他都道府県知事が支障がないと認めたとき．<br><br>原文：都計法36条1項，3項<br>（工事完了の検査）<br>開発許可を受けた者は，当該開発区域（……）の全部について当該開発行為に関する工事（……）を完了したときは，国土交通省令で定めるところにより，その旨を都道府県知事に届け出なければならない．<br>……<br>3. 都道府県知事は，前項の規定により検査済証を交付したときは，遅滞なく，国土交通省令で定めるところにより，当該工事が完了した旨を公告しなければならない． | |
| 03251 | 許可を受けた土地<br><br>予定建築物等以外 | 開発許可を受けた開発区域内の土地について用途地域等が定められているときは，当該開発行為に関する工事が完了した旨の公告があった後に当該開発許可に係る予定建築物等以外の建築物を新築する場合であっても，都道府県知事の許可を受ける必要はない． | ○ |

26

「都計法42条」より，「開発許可を受けた開発区域内の土地について，当該開発行為に関する工事が完了した旨の公告（都計法36条3項）があった後は，当該開発許可に係る予定建築物等以外の建築物を新築して，当該開発許可に係る予定の建築物以外の建築物としてはならない．ただし，①．「知事が許可したとき」又は②．「開発許可を受けた開発区域内の土地について用途地域等が定められているとき」は，この限りではない．」とわかる．問題文は，②．に該当するため，予定建築物等以外の建築物を新築する場合でも，知事の許可を受ける必要はない．よって正しい．

原文：都計法42条
(開発許可を受けた土地における建築等の制限)
何人も，開発許可を受けた開発区域内においては，第36条第3項の公告があった後は，当該開発許可に係る予定建築物等以外の建築物又は特定工作物を新築し，……当該開発許可に係る予定の建築物以外の建築物としてはならない．ただし，都道府県知事が……支障がないと認めて許可したとき，又は建築物……にあっては，当該開発区域内の土地について用途地域等が定められているときは，この限りでない．

| 30242 | 許可を受けた土地以外　市街化調整区域内 | 市街化調整区域のうち開発許可を受けた開発区域以外の区域内において，仮設建築物を新築する場合は，都道府県知事の許可を受ける必要はない． | ○ |
|---|---|---|---|

「都計法43条第三号」より，「市街化調整区域のうち開発許可を受けた開発区域以外の区域内において，仮設建築物を新築する場合は，都道府県知事の許可を受ける必要はない．」とわかる．

原文：都計法43条
(開発許可を受けた土地以外の土地における建築等の制限)
何人も，市街化調整区域のうち開発許可を受けた開発区域以外の区域内においては，都道府県知事の許可を受けなければ，第29条第1項第二号若しくは第三号に規定する建築物以外の建築物を新築し，又は第一種特定工作物を新設してはならず，……．ただし，次に掲げる建築物の新築……については，この限りでない．
三．仮設建築物の新築

| 29241 | 許可を受けた土地以外　附属建築物 | 市街化調整区域のうち開発許可を受けた開発区域以外の区域内において，既存の建築物の敷地内で車庫，物置その他これらに類する附属建築物を建築する場合は，都道府県知事の許可を受ける必要はない． | ○ |
|---|---|---|---|

「都計法43条第五号」，「都計法（令）35条」より，「市街化調整区域のうち開発許可を受けた開発区域以外の区域内において，既存の建築物の敷地内で車庫，物置その他これらに類する附属建築物を建築する場合は，都道府県知事の許可を受ける必要はない．」とわかる．

原文：都計法43条第五号
……ただし，次に掲げる建築物の新築……については，この限りでない．
五．通常の管理行為，軽易な行為その他の行為で政令で定めるもの

原文：都計法（令）35条
法第43条第1項第五号の政令で定める行為は，次に掲げるものとする．
一．既存の建築物の敷地内において行う車庫，物置その他これらに類する附属建築物の建築

| 03253 | 建築許可 市街地開発 事業予定 | 市街地開発事業等予定区域に関する都市計画において定められた区域内において，既存の建築物の敷地内に，附属建築物である木造，平屋建ての車庫を建築する場合は，原則として，都道府県知事等の許可を受けなければならない． | × |
|---|---|---|---|

「都計法 52 条の 2」より，「市街地開発事業等予定区域に関する都市計画において定められた区域内において，建築物の建築を行おうとする者は，知事等の許可を受けなければならない．ただし，所定の行為については，この限りではない．」とわかる．「都計法（令）36 条の 8 第三号」より，問題文の「既存の建築物の敷地内において行う，附属建築物である木造，平屋建ての車庫の建築」は，この行為に該当するため知事等の許可を受ける必要はない．よって誤り．

原文：都計法 52 条の 2
(建築等の制限)
市街地開発事業等予定区域に関する都市計画において定められた区域内において，土地の形質の変更を行い，又は建築物の建築その他工作物の建設を行おうとする者は，都道府県知事等の許可を受けなければならない．ただし，次に掲げる行為については，この限りでない．
一．通常の管理行為，軽易な行為その他の行為で政令で定めるもの

原文：都計法（令）36 条の 8
(市街地開発事業等予定区域の……軽易な行為……)
法第 52 条の 2 第 1 項第一号の政令で定める行為は，次に掲げるものとする．
……
三．既存の建築物の敷地内において行う車庫，物置その他これらに類する附属建築物（階数が 2 以下で，かつ，地階を有しない木造のものに限る．）の建築……

| 24261 | 建築許可 都市計画施設 等の区域内 | 都市計画事業の認可等の告示前において，都市計画施設の区域内における「木造，地上 2 階建ての店舗の移転」は，都道府県知事等の許可を受ける必要はない． | ○ |
|---|---|---|---|

「都計法 53 条」より，「都市計画施設の区域内において，建築をしようとする者は，都道府県知事等の許可が必要」であるが，「都計法 53 条第一号」及び「都計法（令）37 条」より，「階数が 2 以下で，かつ，地階を有しない木造の建築物の改築又は移転については，「軽易な行為」となり，知事等の許可は不要」とわかる．問題文の「移転」はこれに該当するため知事等の許可を受ける必要がない．

26

原文：都計法 53 条
(建築の許可)
都市計画施設の区域又は市街地開発事業の施行区域内において建築物の建築をしようとする者は，国土交通省令で定めるところにより，都道府県知事等の許可を受けなければならない．ただし，次に掲げる行為については，この限りでない．
一．政令で定める軽易な行為

原文：都計法（令）37 条
(法第 53 条第 1 項第一号の政令で定める軽易な行為)
法第 53 条第 1 項第一号の政令で定める軽易な行為は，階数が 2 以下で，かつ，地階を有しない木造の建築物の改築 又は 移転とする．

原文：都計法 53 条 3 項
3. 第 1 項の規定は，第 65 条第 1 項に規定する告示があつた後は，当該告示に係る土地の区域内においては，適用しない．

| 19205 | 建築許可 | 都市計画法第 65 条第 1 項に規定する告示の前においては，都市計画施設の区域内において，地上 2 階建ての木造の建築物を新築する場合にあっては，都道府県知事等の許可を受ける必要はない． | × |
|---|---|---|---|
| | 都市計画施設等の区域内 | | |

「都計法 53 条」より，「都市計画施設の区域内において，建築をしようとする者は，都道府県知事等の許可が必要．」とわかる．また，「階数が 2 以下で，かつ，地階を有しない木造の建築物の新築」は，「都計法 53 条一号」及び「都計法（令）37 条」より，「軽易な行為」に該当しないため都道府県知事等の許可が必要となる．ゆえに問題文は誤り．尚，「都市計画事業の認可等の告示後」については，「都計法 4 条 15 項」，「都計法 59 条」，「都計法 62 条」，「都計法 65 条」より，「都市計画事業の認可等の告示後においては，都市計画事業の施行の障害となるおそれがある建築物の建築等を行おうとする者は都道府県知事等の許可が必要．」とわかる．その際，「都計法 53 条一号」にある「軽易な行為」等の緩和措置は適用できない．

原文：都計法 65 条
(建築等の制限)
第 62 条第 1 項の規定による告示……があつた後においては，……都市計画事業の施行の障害となるおそれがある土地の形質の変更 若しくは 建築物の建築その他工作物の建設を……行おうとする者は，都道府県知事等の許可を受けなければならない．

原文：都計法 62 条
(都市計画事業の認可等の告示)
国土交通大臣 又は都道府県知事は，第 59 条の認可又は承認をしたときは，遅滞なく，……告示し，……

原文：都計法 59 条
(施行者)
都市計画事業は，市町村が，都道府県知事（……）の認可を受けて施行する．

原文：都計法 4 条 15 項
15. この法律において「都市計画事業」とは，この法律で定めるところにより第 59 条の規定による認可又は承認を受けて行なわれる都市計画施設の整備に関する事業 及び 市街地開発事業をいう．

| 24264 | 建築許可<br>------<br>都市計画施設<br>等の区域内 | 都市計画事業の認可等の告示前において，都市計画施設の区域内における「非常災害のため必要な応急措置として行う鉄骨造，平家建ての仮設住宅の新築」は，都道府県知事等の許可を受ける必要はない． | ○ |
|---|---|---|---|

「都計法53条」より，「都市計画施設の区域内において，建築をしようとする者は，都道府県知事等の許可が必要」であるが，「都計法53条第二号」より，「非常災害のため必要な応急措置として行う行為については，知事等の許可は不要」とわかる．問題文はこれに該当するため知事等の許可を受ける必要がない．

原文：都計法53条第二号
二．非常災害のため必要な応急措置として行う行為

| 28254 | 建築許可<br>------<br>都市計画施設<br>等の区域内 | 都市計画施設として定められた公園の区域内において，公園施設の建築物を建築しようとする者が市町村の場合，当該建築物の建築が当該公園に関する都市計画に適合するものであっても，都道府県知事等の建築の許可を受けなければならない． | × |
|---|---|---|---|

「都計法53条」より，「都市計画施設の区域内において，建築をしようとする者は，都道府県知事等の許可が必要．」とわかる．ただし，問題文の「都市計画施設として定められた公園の区域内において，公園施設の建築物を建築しようとする者が市町村の場合，当該建築物の建築が当該公園に関する都市計画に適合するもの」については，「都計法53条三号」及び「都計法（令）37条の2」に該当するため，知事等の許可を受ける必要はない．

原文：都計法53条第三号
三．都市計画事業の施行として行う行為……として政令で定める行為

原文：都計法（令）37条の2
(法第53条第1項第三号の政令で定める行為)
……市町村……が当該都市施設 又は 市街地開発事業に関する都市計画に適合して行うものとする．

| 29244 | 建築規制・<br>届出<br>------<br>届出 | 地区整備計画が定められている地区計画の区域内において，仮設の建築物の建築を行おうとする者は，当該行為に着手する日の30日前までに，行為の種類，場所，着手予定日等を市町村長に届け出なければならない． | × |
|---|---|---|---|

「都計法58条の2」より，「地区計画による地区整備計画が定められている区域内において，建築物の建築を行おうとする者は，建築に着手する日の30日前までに，行為の種類，場所等を市町村長に届け出なければならない．ただし，通常の管理行為，軽易な行為その他の行為で政令で定めるものは，この限りでない．」とわかる．「都計法（令）38条の5第二号イ，第一号イ」より，「仮設の建築物の建築」は，これに該当する．よって届け出る必要はない．

| | | | |
|---|---|---|---|
| | 原文：都計法58条の2<br>（建築等の届出等）<br>地区計画の区域（再開発等促進区若しくは開発整備促進区（……）又は地区整備計画が定められている区域に限る．）内において，土地の区画形質の変更，建築物の建築その他政令で定める行為を行おうとする者は，当該行為に着手する日の30日前までに，……市町村長に届け出なければならない．ただし，次に掲げる行為については，この限りでない．<br>　一．通常の管理行為，軽易な行為その他の行為で政令で定めるもの<br><br>原文：都計法（令）38条の5<br>法第58条の2第1項第一号の政令で定める行為は，次に掲げるものとする．<br>　一．次に掲げる土地の区画形質の変更<br>　イ．建築物で仮設のものの建築又は……<br>　二．次に掲げる建築物の建築又は工作物の建設<br>　イ．前号イに掲げる建築物の建築又は工作物の建設 | | |
| 26244 | 建築規制・届出<br><br>届出 | 市町村長は，地区計画による地区整備計画が定められている区域内において，建築等の届出に係る行為が当該地区計画に適合しないと認めるときは，その届出をした者に対し，その届出に係る行為に関し必要な措置をとることを勧告することができる． | ○ |
| | 「都計法58条の2」の「3項」より，「市町村長は，地区計画による地区整備計画が定められている区域内において，建築等の届出に係る行為が当該地区計画に適合しないと認めるときは，その届出をした者に対し，その届出に係る行為に関し必要な措置をとることを勧告することができる．」とわかる． | | |
| | 原文：都計法58条の2第3項<br>3．市町村長は，第1項又は前項の規定による届出があった場合において，その届出に係る行為が地区計画に適合しないと認めるときは，その届出をした者に対し，その届出に係る行為に関し設計の変更その他の必要な措置をとることを勧告することができる． | | |

# 開発許可申請（都計法29条 〜）

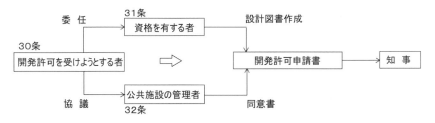

○市街化区域に建築物を建築する場合

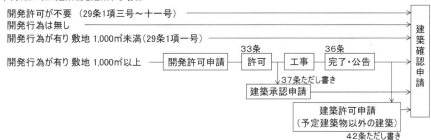

○市街化調整区域に建築物を建築する場合

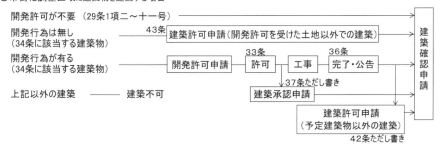

26

| コード | 項目 | 問題 | 解答 |
|---|---|---|---|
| 17212 | 許可の同意 ---- 消防長同意 | 防火地域及び準防火地域以外の区域内における一戸建ての住宅で住宅の用途以外の用途に供する部分の床面積の合計が延べ面積の1/2以上であるもの又は50m²を超えるものの新築について確認をする権限を有する行政庁は,当該確認に係る建築物の工事施工地又は所在地を管轄する消防長等の同意を得なければならない. | ○ |

「消防法7条本文ただし書き」より,「防火地域又は準防火地域以外の一戸建て住宅については,建築確認の際,消防長等の同意が不要.」とあり,条文中のカッコ書きにある「政令で定める住宅」は,「消防法(令)1条」により,「一戸建ての住宅で住宅の用途以外の用途に供する部分の床面積の合計が延べ面積の1/2以上であるもの又は50m²を超えるものは,建築確認の際,消防長等の同意が必要.」とわかる.
問題文の場合,「防火地域又は準防火地域以外」であるが,消防長等の同意を要する住宅となる.

原文:消防法7条
建築物の新築……について……確認をする権限を有する行政庁……は,……確認に係る建築物の工事施工地 又は 所在地を管轄する消防長 又は 消防署長の同意を得なければ,当該……確認をすることができない. ただし,確認……に係る建築物が……防火地域 及び 準防火地域以外の区域内における住宅(……政令で定める住宅を除く.)である場合……においては,この限りでない.

原文:消防法(令)1条
(消防長等の同意を要する住宅)
消防法(以下「法」という.)第7条第1項ただし書の政令で定める住宅は,一戸建ての住宅で住宅の用途以外の用途に供する部分の床面積の合計が延べ面積の2分の1以上であるもの 又は 50m²を超えるものとする.

| 23293 | 防火管理者 ---- 防火管理者 | 収容人員が20人のカラオケボックスと,収容人員が15人の飲食店からなる複合用途防火対象物については,防火管理者を定めなければならない. | ○ |

問題文の「カラオケボックス(別表1(二)項ニ)」と「飲食店(別表1(三)項ロ)」はいずれも防火対象物の用途に該当し,これらの複合用途防火対象物(別表1(十六)項イ)の収容人員の合計は35名となる.「消防法8条」,「消防法(令)1条の2第3項ロ」より,「収容人員が30人以上の複合用途防火対象物については,防火管理者を定めなければならない.」とわかる.

原文:消防法8条
(学校等の防火管理者)
学校,病院,工場,事業場,興行場,百貨店(これに準ずるものとして政令で定める大規模な小売店舗を含む. 以下同じ.),複合用途防火対象物(……)その他多数の者が出入し,勤務し,又は 居住する防火対象物で政令で定めるものの管理について権原を有する者は,政令で定める資格を有する者のうちから防火管理者を定め,……防火管理上必要な業務を行なわせなければならない.

原文：消防法（令）1条の2第3項
（防火管理者を定めなければならない防火対象物等）
3. 法第8条第1項の政令で定める防火対象物は，次に掲げる防火対象物とする.
一．別表第1に掲げる防火対象物(同表(十六の三)項及び(十八)項から(二十)項まで
に掲げるものを除く．次条において同じ.)のうち，次に掲げるもの
イ．……
ロ．別表第1(一)項から(四)項まで，(五)項イ，(六)項イ，ハ及びニ，(九)項イ,
(十六)項イ並びに(十六の二)項に掲げる防火対象物（……）で，収容人員が30人
以上のもの
ハ．別表第1(五)項ロ，(七)項，(八)項，(九)項ロ，(十)項から(十五)項まで，(十六)
項ロ及び (十七)項に掲げる防火対象物で，収容人員が50人以上のもの

| 22272 | 防火管理者 | 地上5階建て，かつ，収容人員が100人の飲食店で，その管理について権原が分かれているもののうち消防長等が指定するものの管理について権原を有する者は，当該飲食店について，統括防火管理者を協議して定め，消防計画の作成，当該消防計画に基づく防火管理上必要な業務を行わせなければならない. | ○ |
| | 防火管理者 | | |

問題文の「飲食店」は「別表1(3)項ロ」に該当する「防火対象物」であり，「消防法8条の2」「消防法（令）3条の3第二号」より，「地階を除く階数が3以上で，かつ，収容人員が30人以上の飲食店で，その管理について権原が分かれているもののうち消防長等が指定するものの管理について権原を有する者は，当該飲食店について，統括防火管理者を協議して定め，消防計画の作成，当該消防計画に基づく防火管理上必要な業務を行わせなければならない.」とわかる.

原文：消防法8条の2
（高層建築物等の防火管理）
高層建築物(高さ31mを超える建築物をいう．第8条の3第1項において同じ.)
その他政令で定める防火対象物で，その管理について権原が分かれているもの又は
地下街（……）でその管理について権原が分かれているもののうち消防長若しくは
消防署長が指定するものの管理について権原を有する者は，……防火対象物の全体
について防火管理上必要な業務を統括する防火管理者（以下この条において「統括
防火管理者」という.）を協議して定め，……消防計画の作成，当該消防計画に基
づく……防火管理上必要な業務を行わせなければならない.

原文：消防法（令）3条の3第二号
（統括防火管理者を定めなければならない防火対象物）
法第8条の2第1項の政令で定める防火対象物は，次に掲げる防火対象物とする.
一．……
二．別表第1(一)項から(四)項まで，(五)項イ，(六)項イ，ハ及びニ，(九)項イ並びに
(十六)項イに掲げる防火対象物（……）のうち，地階を除く階数が3以上で，かつ，
収容人員が30人以上のもの

| 19214 | 住宅用防災機器 | 住宅用防災警報器とは，住宅における火災の発生を未然に又は早期に感知し，及び報知する警報器をいう. | ○ |
| | 住宅用防災機器 | | |

「消防法9条の2」より「住宅用防災機器の設置・維持の基準」の解説が載っており，そこを訳すと「住宅の関係者は，所定の基準に従い，住宅用防災機器を設置し，及び維持しなければならない.」とわかる．また，「消防法（令）5条の6第一号」より，「住宅用防災警報器とは，住宅における火災の発生を未然に又は早期に感知し，及び報知する警報器をいう.」とわかる.

原文：消防法9条の2
(住宅用防災機器の設置・維持の基準)
住宅の用途に供される防火対象物（……）の関係者は，次項の規定による住宅用防災機器（……）の設置及び維持に関する基準に従つて，住宅用防災機器を設置し，及び維持しなければならない．

原文：消防法（令）5条の6
(住宅用防災機器)
法第9条の2第1項の住宅用防災機器として政令で定める機械器具又は設備は，次に掲げるもののいずれかであつて，その形状，構造，材質及び性能が総務省令で定める技術上の規格に適合するものとする．
一．住宅用防災警報器（住宅（……）における火災の発生を未然に又は早期に感知し，及び報知する警報器をいう．……）
二．住宅用防災報知設備（住宅における火災の発生を未然に又は早期に感知し，及び報知する火災報知設備（……）をいう．……）

| 20215 | 住宅用防災機器 | 住宅用防災機器の設置及び維持に関する条例の制定に関する基準においては，就寝の用に供する居室や当該居室がある階(避難階を除く.)から直下階に通ずる屋内階段等に，住宅用防災警報器又は住宅用防災報知設備の感知器を設置することとされている． | ○ |
| | 条例の基準 | | |

「消防法（令）5条の7」に「住宅用防災機器の設置及び維持に関する条例の基準」について載っており，その「1項一号」より「就寝の用に供する居室や当該居室がある階（避難階を除く.）から直下階に通ずる階段（屋外階段を除く）に，住宅用防災警報器又は住宅用防災報知設備の感知器を設置すること.」とわかる．

原文：消防法（令）5条の7
(住宅用防災機器の設置及び維持に関する条例の基準)
住宅用防災機器の設置及び維持に関し……法第9条の2第2項の規定に基づく条例の制定に関する基準は，次のとおりとする．
一．住宅用防災警報器又は住宅用防災報知設備の感知器は，次に掲げる住宅の部分（……）に設置すること．
イ．就寝の用に供する居室（……）
ロ．イに掲げる住宅の部分が存する階（避難階を除く.）から直下階に通ずる階段（屋外に設けられたものを除く.）
……

| 17213 | 消防法 | 危険物の製造所の位置は，文化財保護法の規定によって重要文化財，重要有形民俗文化財，史跡若しくは重要な文化財として指定され，又は旧重要美術品等の保存に関する法律の規定によって重要美術品として認定された建造物から当該製造所の外壁又はこれに相当する工作物の外側までの間に，原則として，50m以上の距離を保たなければならない． | ○ |
| | 危険物の貯蔵・取扱の制限等 | | |

「消防法10条4項」，「危険物の規制に関する政令9条第一号ハ」より，「危険物の製造所の位置は，文化財保護法の規定によって重要文化財，重要有形民俗文化財，史跡若しくは重要な文化財として指定され，又は旧重要美術品等の保存に関する法律の規定によって重要美術品として認定された建造物から当該製造所の外壁又はこれに相当する工作物の外側までの間に，原則として，50m以上の距離を保たなければならない.」とわかる．

| | | | |
|---|---|---|---|
| | 原文：消防法 10 条 4 項<br>（危険物の貯蔵・取扱の制限等）<br>4. 製造所, 貯蔵所 及び 取扱所の位置, 構造 及び 設備の技術上の基準は, 政令でこれを定める.<br><br>原文：危険物の規制に関する政令 9 条第一号ハ<br>（製造所の基準）<br>法第 10 条第 4 項の製造所の位置, 構造 及び 設備（消火設備, 警報設備及び避難設備を除く. 以下この章の第一節から第三節までにおいて同じ.）の技術上の基準は, 次のとおりとする.<br>一. 製造所の位置は, 次に掲げる建築物等から当該製造所の外壁 又は これに相当する工作物の外側までの間に, それぞれ当該建築物等について定める距離を保つこと. ただし……<br>ハ. 文化財保護法（昭和 25 年法律第 214 号）の規定によつて重要文化財, 重要有形民俗文化財, 史跡 若しくは 重要な文化財として指定され, 又は旧重要美術品等の保存に関する法律（昭和 8 年法律第 43 号）の規定によつて重要美術品として認定された建造物　　　50m 以上 | | |
| 19211 | 消防用設備の設置義務<br>―――――<br>特定防火対象物 | 図書館は, 消防用設備等の技術上の基準に関する政令等の規定の施行又は適用の際, 現に存する建築物であつても, 新築の場合と同様に消防用設備等の規定が適用される「特定防火対象物」である. | × |
| | | 「図書館」は, 「別表 1(八)項」に該当する防火対象物であり, 「消防法 17 条」, 「消防法 17 条の 2 の 5 第 2 項第四号」及び「消防法（令）34 条の 4 第 2 項」より, 「図書館は, 消防用設備等の技術上の基準に関する規定の施工又は適用の際に現存していた場合であつても, 当該規定の適用が除外されない特定防火対象物に該当しない.」とわかる. 問題文は誤り. | |
| | | 原文：消防法 17 条<br>学校, 病院, 工場, 事業場, 興行場, 百貨店, 旅館, 飲食店, 地下街, 複合用途防火対象物その他の防火対象物で政令で定めるものの関係者は, 政令で定める消防の用に供する設備, 消防用水及び消火活動上必要な施設（以下「消防用設備等」という.）について……設置し, 及び維持しなければならない.<br><br>原文：消防法 17 条の 2 の 5<br>第 17 条第 1 項の消防用設備等の技術上の基準に関する……規定の施行 又は 適用の際, 現に存する同条第 1 項の防火対象物における消防用設備等（消火器, 避難器具その他政令で定めるものを除く. ……）又は……工事中の……消防用設備等がこれらの規定に適合しないときは, ……当該規定は, 適用しない. この場合においては, 当該消防用設備等の技術上の基準に関する従前の規定を適用する.<br>……<br>2. 前項の規定は, 消防用設備等で次の各号のいずれかに該当するものについては, 適用しない.<br>四. 前三号に掲げるもののほか, 第 17 条第 1 項の……防火対象物で多数の者が出入するものとして政令で定めるもの（以下「特定防火対象物」という.）における消防用設備等又は…… | |

27

原文：消防法（令）34条の4第2項
(適用が除外されない防火対象物の範囲)
2.　法第17条の2の5第2項第四号の多数の者が出入するものとして政令で定める防火対象物は，別表第一(一)項から(四)項まで，(五)項イ，(六)項，(九)項イ及び(十六の三)項に掲げる防火対象物のうち，百貨店，旅館及び病院以外のものとする．

| 23291 | 消防用設備 | 高さ31mを超える共同住宅に設ける非常用の昇降機は，消防の用に供する設備には該当しない． | ○ |
| | 消防用設備 | | |

「消防法（令）7条」に「消防用設備等の種類」の解説が載っており，そこを訳すと「消防の用に供する設備には，①.　消火設備（2項），②.　警報設備（3項），③.　避難設備（4項）の3種類がある．」とわかる．問題文にある「非常用の昇降機」は，「消防法（令）7条」の「2項」，「3項」及び「4項」のうちのいずれにも該当しないため，消防の用に供する設備ではない．

原文：消防法（令）7条
(消防用設備等の種類)
法第17条第1項の政令で定める消防の用に供する設備は，消火設備，警報設備及び避難設備とする．
2.　前項の消火設備は，水その他消火剤を使用して消火を行う機械器具又は設備であつて，次に掲げるものとする．
……
3.　第1項の警報設備は，火災の発生を報知する機械器具又は設備であつて，次に掲げるものとする．
……
4.　第1項の避難設備は，火災が発生した場合において避難するために用いる機械器具又は設備であつて，次に掲げるものとする．
……

| 24244 | 令8区画 | 物品販売業を営む店舗と共同住宅とが開口部のない耐火構造の床又は壁で区画されているときは，その区画された部分は，消防用設備等の設置及び維持の技術上の基準の規定の適用については，それぞれ別の防火対象物とみなす． | ○ |
| | 令8区画 | | |

「消防法(令)8条」より，「防火対象物が開口部のない耐火構造の床又は壁で区画されているときは，その区画された部分は，消防用設備等の設置及び維持の技術上の基準の規定の適用については，それぞれ別の防火対象物とみなす(通称：令8区画)．」とわかる．

原文：消防法（令）8条
防火対象物が開口部のない耐火構造（……）の床又は壁で区画されているときは，その区画された部分は，この節の規定の適用については，それぞれ別の防火対象物とみなす．

| 26251 | 消火器具，屋内消火栓 | 延べ面積120m²，地上2階建ての飲食店については，消火器又は簡易消火用具を設置しなくてもよい．ただし，火を使用する設備又は器具は設けないものとする． | ○ |
| | 消火器具 | | |

「飲食店」は「別表1（三）項ロ」に該当する「防火対象物」であり，「消防法（令）10条第一号」より，「別表1（三）項ロに該当する防火対象物で，火を使用する設備又は器具を設けたものは，その規模によらず消火器又は簡易消火用具の設置義務が生じる．」とわかる．また「同条第二号」より，「別表1（三）項ロに該当する防火対象物で，火を使用しない延べ面積150m²以上のものについては，消火器又は簡易消火用具の設置義務が生じる．」とわかる．ゆえに，問題文の場合，「消火器又は簡易消火用具」は設置しなくてもよい．

| | | | |
|---|---|---|---|
| | 原文：消防法（令）10条1項<br>（消火器具に関する基準）<br>消火器 又は 簡易消火用具（以下「消火器具」という.）は，次に掲げる防火対象物又はその部分に設置するものとする.<br>一．次に掲げる防火対象物<br>イ．……<br>ロ．別表第1（三）項に掲げる防火対象物で，火を使用する設備 又は 器具（……）を設けたもの.<br>二．次に掲げる防火対象物で，延べ面積が 150m² 以上のもの<br>イ．……<br>ロ．別表第1(三)項に掲げる防火対象物（前号ロに掲げるものを除く.） | | |
| 30283 | 消火器具,<br>屋内消火栓<br>―――――――<br>消火器具 | 「消防法」に基づき，延べ面積600m²，木造の地上2階建ての旅館(無窓階を有しないものとし，少量危険物又は指定可燃物の貯蔵又は取扱いは行わないもの)については，所定の基準に従って屋内消火栓設備を設置した場合には，原則として，消火器具の設置個数を減少することができる. | ○ |
| | 「旅館」は「別表1(五)項イ」に該当する「防火対象物」であり，「消防法（令）10条第二号」より，「別表1(五)項イに該当する防火対象物で，延べ面積150m²以上のものについては，消火器又は簡易消火用具の設置義務が生じる.」とわかる．ただし，「3項」より，「防火対象物に屋内消火栓を設置したときは，消火器具の設置個数を減少することができる.」とわかる. | | |
| | 原文：消防法（令）10条3項<br>3．第1項各号に掲げる防火対象物又はその部分に屋内消火栓……を……設置したときは，……消火器具の設置個数を減少することができる. | | |
| 21252 | 屋内消火栓<br>―――――――<br>内栓3倍緩和 | 延べ面積2,100m²，主要構造部を耐火構造（壁及び天井の室内に面する部分の仕上げを難燃材料としたもの）とした地上3階建てのマーケットは，原則として，屋内消火栓設備を設けなければならない. | ○ |
| | 「マーケット」は「別表1(四)項」に該当する「防火対象物」であり，「消防法（令）11条第二号」より，「別表1(四)項に該当する防火対象物で，延べ面積700m²以上のものについては屋内消火栓設備の設置義務が生じる.」とわかる．ただし，「消防法（令）11条2項」に「屋内消火栓設置義務の緩和措置」について規定されており，そこを訳すと「主要構造部を耐火構造とし，かつ，壁・天井の室内に面する部分の仕上げを難燃材料以上とした場合には，適用数値（延べ面積，床面積の数値）を3倍にできる.」とあり（通称：内栓3倍緩和），また，「①.主要構造部を耐火構造，②.壁・天井の室内に面する部分の仕上げを難燃材料以上とした所定の準耐火建築物のうちのいずれかに該当する場合には，適用数値を2倍にできる.」とある（通称：内栓2倍緩和）．問題文の場合，「主要構造部を耐火構造とし，かつ，壁及び天井の室内に面する部分の仕上げを不燃材料とした」とあるため，「内栓3倍緩和」が適用され，「延べ面積2,100（＝700×3）m²以上」のものについて屋内消火栓設備の設置義務が生じることになる. | | |

27

| | | 原文：消防法（令）11条<br>屋内消火栓設備は，次に掲げる消火対象物又はその部分に設置するものとする．<br>……<br>二．別表第1(二)項から(十)項まで，……700 m² 以上のもの<br>2．前項の規定の適用については，同項各号（第五号を除く．）に掲げる防火対象物又はその部分の延べ面積又は床面積の数値は，主要構造部（……）を耐火構造とし，かつ，壁及び天井（……）の室内に面する部分（……）の仕上げを難燃材料（……）でした防火対象物にあっては当該数値の3倍の数値（……）とし，主要構造部を耐火構造としたその他の防火対象物又は建築基準法第2条第九号の三イ 若しくは ロのいずれかに該当し，かつ，壁 及び 天井の室内に面する部分の仕上げを難燃材料でした防火対象物にあっては当該数値の2倍の数値（……）とする． | |
|---|---|---|---|
| 24242 | 屋内消火栓<br><br>区分 | 延べ面積 2,500m²，地上3階建ての倉庫に設ける屋内消火栓は，当該倉庫の階ごとに，その階の各部分から一のホース接続口までの水平距離が25m 以下となるように設けなければならない． | ○ |
| | | 「消防法（令）11条3項」より，「前2項（設置義務と緩和）の規定のほか，屋内消火栓設備の設置及び維持に関する技術上の基準は，次の各号に掲げる防火対象物又はその部分の区分に応じ当該各号に定める．」とあり，「一号（警戒区域が広く，通常2人で操作を行う，通称：一号消火栓）」と「二号（1人での操作が可能な，通称：二号消火栓）」に分類されている．問題文の「延べ面積 2,500m² の倉庫」には設置義務があり，「別表第1(十四)」に該当するため，同項「一号イ」より，「倉庫の階ごとに，その階の各部分から一のホース接続口までの水平距離が25m 以下となるように設けること．」とわかる． | |
| | | 原文：消防法（令）11条3項<br>3．前2項に規定するもののほか，屋内消火栓設備の設置及び維持に関する技術上の基準は，次の各号に掲げる防火対象物 又は その部分の区分に応じ，当該各号に定めるとおりとする．<br>一．第1項第二号及び第六号に掲げる防火対象物又はその部分(別表第1(十二)項イ 又は (十四)項に掲げる防火対象物に係るものに限る．) 並びに第1項第五号に掲げる防火対象物又はその部分　次に掲げる基準<br>イ．屋内消火栓は，防火対象物の階ごとに，その階の各部分から一のホース接続口までの水平距離が25m 以下となるように設けること． | |
| 05251 | 屋内消火栓<br>設備<br><br>緩和 | 屋内消火栓設備を設けるべき地上8階建ての防火対象物に，屋外消火栓設備を設置する場合は，3階以下の各階について屋内消火栓設備を設置しなくてもよい． | × |
| | | 「消防法（令）11条第1項」に該当する防火対象物は，屋内消火栓設備を設置しなければならないが，「4項」より，「屋外消火栓設備を設置する場合は，1, 2 階の部分に限り，屋内消火栓設備を設置しなくてもよい．」とわかる．問題文は「3階以下の各階」とあるため誤り． | |
| | | 原文：消防法（令）11条4項<br>4．第1項各号に掲げる防火対象物 又は その部分に……，屋外消火栓設備 ……を ……設置したときは，同項の規定にかかわらず，当該設備の有効範囲内の部分（屋外消火栓設備……にあっては，1階及び2階の部分に限る．）について屋内消火栓設備を設置しないことができる． | |

| 22273 | スプリンクラー | 延べ面積 1,500m²，地上 2 階建ての特別養護老人ホームで，火災発生時の延焼を抑制する機能として所定の構造を有しないものは，原則として，スプリンクラー設備を設置しなければならない． | ○ |
|---|---|---|---|
| | 特別養護老人ホーム | | |

「特別養護老人ホーム」は「別表1(六)項ロ」に該当する「防火対象物」であり，「消防法（令）12条第一号」より，「別表1(六)項ロ(1)に該当する防火対象物のうち，火災発生時の延焼を抑制する機能として所定の構造を有しないものは，スプリンクラーの設置義務が生じる．」とわかる．よって，問題文の場合，「スプリンクラー設備」を設置しなければならない．

原文：消防法（令）12条
（スプリンクラー設備に関する基準）
一．次に掲げる防火対象物（……）で，火災発生時の延焼を抑制する機能を備える構造として総務省令で定める構造を有するもの以外のもの
イ．別表第1(六)項イ(1)及び(2)に掲げる防火対象物
ロ．別表第1(六)項ロ(1)及び(3)に掲げる防火対象物
ハ．……

| 16211 | スプリンクラー | 劇場で，舞台（床面積 300m²）並びにこれに接続して設けられた大道具室（床面積 100m²）及び小道具室（床面積 100m²）である舞台部を有するものには，原則として，スプリンクラー設備を設置しなければならない． | ○ |
|---|---|---|---|
| | 劇場 | | |

「劇場」は「別表1(一)項イ」に該当する「防火対象物」であり，「消防法（令）12条第二号」より，「別表1(一)項イに該当する防火対象物で，舞台部（舞台並びにこれに接続して設けられた大道具室及び小道具室をいう．）が地階等にないものについては床面積が500m²以上である場合に，スプリンクラーの設置義務が生じる．」とわかる．ゆえに，問題文の場合，「舞台（床面積300m²）＋大道具室（床面積100m²）＋小道具室（床面積100m²）＝舞台部（合計500m²）」であるため，原則として，スプリンクラー設備を設置しなければならない．

原文：消防法（令）12条
……
二．別表第1(一)項に掲げる防火対象物（次号 及び 第四号に掲げるものを除く.）で，舞台部（舞台並びにこれに接続して設けられた大道具室 及び 小道具室をいう．以下同じ.）の床面積が，当該舞台が，地階，無窓階 又は 4階以上の階にあるものにあつては300m² 以上，その他の階にあるものにあつては500m² 以上のもの
三．……
四．別表第1(一)項から(四)項まで，(五)項イ，(六)項及び(九)項イに掲げる防火対象物(前号に掲げるものを除く.)のうち，平屋建以外の防火対象物で，総務省令で定める部分以外の部分の床面積の合計が，同表(四)項 及び (六)項イ(1)から(3)までに掲げる防火対象物のうち病院にあつては3,000m² 以上，その他の防火対象物にあつては6,000m² 以上のもの
五．別表第1(十四)項に掲げる防火対象物のうち，天井(天井のない場合にあつては，屋根の下面.次項において同じ.)の高さが10mを超え，かつ，延べ面積が700m² 以上のラック式倉庫(棚又はこれに類するものを設け，昇降機により収納物の搬送を行う装置を備えた倉庫をいう.)

| 21254 | 屋外消火栓設備<br><br>工場 | 延べ面積6,000m²，準耐火建築物である平屋建ての工場は，原則として，屋外消火栓設備を設けなければならない． | ○ |
|---|---|---|---|

「工場」は「別表1(十二)項」に該当する「防火対象物」であり「消防法（令）19条」より，「別表1(一)項から(十五)項に該当する防火対象物で，地階を除く階数が2以上であるものは1・2階の部分の床面積の合計が，準耐火建築物については6,000m²以上である場合に，屋外消火栓設備の設置義務が生じる．」とわかる．

原文：消防法（令）19条
(屋外消火栓設備に関する基準)
屋外消火栓設備は，別表第1(一)項から(十五)項まで，(十七)項及び(十八)項に掲げる建築物で，床面積（地階を除く階数が1であるものにあつては1階の床面積を，地階を除く階数が2以上であるものにあつては1階及び2階の部分の床面積の合計をいう．第27条において同じ．）が，耐火建築物にあつては9,000m²以上，準耐火建築物（建築基準法第2条第九号の三に規定する準耐火建築物をいう．以下同じ．）にあつては6,000m²以上，その他の建築物にあつては3,000m²以上のものについて設置するものとする．

| 28262 | 屋外消火栓設備<br><br>適用除外 | 同一敷地内にあり一の建築物とみなされる複数の準耐火建築物の床面積の合計が6,000m²，平屋建ての美術館で，所定のスプリンクラー設備を設置したものについては，当該設備の有効範囲内の部分について屋外消火栓設備を設置しないことができる． | ○ |
|---|---|---|---|

「美術館」は「別表1(八)項」に該当する「防火対象物」であり，「消防法（令）19条」より，「別表1(一)項から(十五)項に該当する防火対象物で，地階を除く階数が1であるものは1階の部分の床面積の合計が，準耐火建築物については6,000m²以上である場合に，屋外消火栓設備の設置義務が生じる．」とわかる．ただし，その「4項」より，「所定のスプリンクラー設備を設置したものについては，その有効範囲内の部分について屋外消火栓設備を設置しないことができる．」とわかる．

原文：消防法（令）19条4項
4．第1項の建築物にスプリンクラー設備……を……設置したときは，同項の規定にかかわらず，当該設備の有効範囲内の部分について屋外消火栓設備を設置しないことができる．

| 01251 | 自動火災報知設備<br><br>マーケット | 延べ面積が350m²のキャバレーについては，原則として，自動火災報知設備を設置しなければならない． | ○ |
|---|---|---|---|

「キャバレー」は「別表1(二)項イ」に該当する「防火対象物」であり，「消防法（令）21条第三号イ」より，「別表1(二)項イに該当する防火対象物で，延べ面積が300m²以上のものについては自動火災報知設備の設置義務が生じる．」とわかる．ゆえに，問題文の場合，「自動火災報知設備」を設置しなければならない．

原文：消防法（令）21条
(自動火災報知設備に関する基準)
自動火災報知設備は，次に掲げる防火対象物又はその部分に設置するものとする．
一．次に掲げる防火対象物
イ．別表第1(二)項ニ，(五)項イ，(六)項イ(1)から(3)まで及びロ，(十三)項ロ並びに(十七)項に掲げる防火対象物
ロ．別表第1(六)項ハに掲げる防火対象物（利用者を入居させ，又は宿泊させるものに限る．）

二．別表第1 (九)項イに掲げる防火対象物で，延べ面積が 200m² 以上のもの

三．次に掲げる防火対象物で，延べ面積が 300m² 以上のもの

イ．別表第1 (一)項，(二)項イからハまで，(三)項，(四)項，(六)項イ(4) 及びニ，(十六)項イ 並びに (十六の二)項に掲げる防火対象物

ロ．別表第1 (六)項ハに掲げる防火対象物 (利用者を入居させ，又は 宿泊させるものを除く.)

四．別表第1 (五)項ロ，(七)項，(八)項，(九)項ロ，(十)項，(十二)項，(十三)項イ 及び (十四)項に掲げる防火対象物で，延べ面積が 500m² 以上のもの

五．別表第1 (十六の三)項に掲げる防火対象物のうち，延べ面積が 500m² 以上で，かつ，同表 (一)項から (四)項まで，(五)項イ，(六)項又は (九)項イに掲げる防火対象物の用途に供される部分の床面積の合計が 300m² 以上のもの

六．別表第1 (十一)項 及び (十五)項に掲げる防火対象物で，延べ面積が 1,000m² 以上のもの

| 30252 | 自動火災報知設備 <hr> 事務所 | 地上3階建ての事務所で，各階の床面積が 300m² のものについては，原則として，3階に自動火災報知設備を設置しなければならない． | ○ |
|---|---|---|---|

「事務所」は「別表1(十五)項」に該当する「防火対象物」であり，「消防法 (令) 21 条第六号」に「別表1(十五)項に該当する防火対象物で，延べ面積 1,000m² 以上のもの」とあり，問題文は「300m²」のため該当しないが，「十一号」に「前各号に掲げるもののほか，別表第一に掲げる建築物の地階，無窓階又は 3 階以上の階で，床面積が 300m² 以上のもの」とあり，これに該当するため「自動火災報知設備」を設置しなければならない．

原文：消防法 (令) 21 条第十一号
十一．前各号に掲げるもののほか，別表第1 に掲げる建築物の地階，無窓階又は 3 階以上の階で，床面積が 300 m²以上のもの

| 28263 | 自動火災報知設備 <hr> 適用除外 | 延べ面積 10,000m² のテレビスタジオ内にある床面積 500m² の通信機器室で，所定のハロゲン化物消火設備を設置したものについては，自動火災報知設備を設置しないことができる． | × |
|---|---|---|---|

「テレビスタジオ」は「別表1(十二)項」に該当する「防火対象物」であり，「消防法 (令) 21 条第四号」より，自動火災報知設備の設置義務が生じる．」とわかる．尚，「3 項」より，「所定のスプリンクラー設備等を設置したものについては，その有効範囲内の部分について自動火災報知設備を設置しないことができる．」とわかるが，問題文の「ハロゲン化物消火設備」は，これらに含まれないため，設置しなければならない．

原文：消防法 (令) 21 条 3 項
3．第 1 項各号に掲げる防火対象物……にスプリンクラー設備，水噴霧消火設備 又は 泡消火設備 (……) を……設置したときは，同項の規定にかかわらず，当該設備の有効範囲内の部分について自動火災報知設備を設置しないことができる．

| 18194 | 避難器具 <hr> 病院 | 2 階の収容人員が 20 人の病院については，原則として，当該階に避難器具を設置しなければならない． | ○ |
|---|---|---|---|

「病院」は「別表1(六)項イ」に該当する「防火対象物」であり，「消防法 (令) 25 条第一号」より，「別表1(六)項に該当する防火対象物の 2 階以上の階で，収容人員が 20 人以上のものについては，避難器具を設置しなければならない．」とわかる．

| 30253 | 避難器具<br><br>工場 | 各階から避難階又は地上に直通する2の階段が設けられた地上3階建ての工場（無窓階を有しないもの）で，各階の収容人員が100人のものについては，原則として，3階に避難器具を設置しなければならない。 | × |
|---|---|---|---|

原文：消防法（令）25条<br>(避難器具に関する基準)<br>避難器具は，次に掲げる防火対象物の階（避難階及び11階以上の階を除く.）に設置するものとする.<br>一．別表第1（六）項に掲げる防火対象物の2階以上の階又は地階で，収容人員が20人（下階に同表（一）項から（四）項まで，（九）項，（十二）項イ，（十三）項イ，（十四）項又は（十五）項に掲げる防火対象物が存するものにあつては，10人）以上のもの

「工場」は「別表1（十二）項イ」に該当する「防火対象物」であり，「消防法（令）25条第四号」より，「別表第1（十二）項に掲げる防火対象物の3階以上の階で，収容人員が，3階以上の無窓階で100人以上，その他の階で150人以上のものについては，避難器具を設置しなければならない。」とわかる。問題文は，「無窓階以外の階で，収容人員が100人」とあるため避難器具の設置義務はない。よって誤り。

原文：消防法（令）25条第四号<br>四．別表第1（十二）項及び（十五）項に掲げる防火対象物の3階以上の階又は地階で，収容人員が，3階以上の無窓階又は地階にあつては100人以上，その他の階にあつては150人以上のもの

| 26253 | 誘導灯<br><br>誘導灯 | 地上5階建ての図書館には，避難口誘導灯を設けなくてもよい。 | ○ |
|---|---|---|---|

「図書館」は「別表1（八）項」に該当する「防火対象物」である。「消防法（令）26条第一号」より，「別表1（八）項に該当する防火対象物については避難口誘導灯の設置義務はない（地階，無窓階又は11階以上には設置義務）。」とわかる。ゆえに，問題文の場合，「避難口誘導灯」を設置しなくてもよい。

原文：消防法（令）26条<br>(誘導灯及び誘導標識に関する基準)<br>誘導灯及び誘導標識は，次の各号に掲げる区分に従い，当該各号に定める防火対象物又はその部分に設置するものとする。……<br>一．避難口誘導灯　別表第1（一）項から（四）項まで，（五）項イ，（六）項，（九）項，（十六）項イ，（十六の2）項及び（十六の3）項に掲げる防火対象物並びに同表（五）項ロ，（七）項，（八）項，（十）項から（十五）項まで及び（十六）項ロに掲げる防火対象物の地階，無窓階及び11階以上の部分

| 27252 | 消防用設備<br><br>消防用水 | 敷地面積30,000m²，延べ面積12,000m²，高さ40mの耐火建築物のホテルについては，消防用水を設置しなくてもよい。 | ○ |
|---|---|---|---|

「ホテル」は「別表1（五）項イ」に該当し，「消防法（令）27条第1項」より，「①．敷地面積が20,000m²以上かつ，床面積が耐火建築物にあつては15,000m²以上の場合（一号），②．高さが31mを超え，かつ，その延べ面積が25,000m²以上の場合（二号）のうちのいずれかに該当する場合には，消防用水の設置義務が生じる。」とわかる。問題文はそのいずれにも該当しないため「消防用水」を設置する必要はない。

原文：消防法（令）27 条
（消防用水に関する基準）
消防用水は，次に掲げる建築物について設置するものとする.
　一．別表第 1(一) 項から (十五) 項まで, (十七) 項 及び (十八) 項に掲げる建築物で，その敷地の面積が 20,000 m² 以上あり，かつ，その床面積が，耐火建築物にあつては 15,000 m² 以上，準耐火建築物にあつては 10,000 m² 以上，その他の建築物にあつては 5,000 m² 以上のもの（次号に掲げる建築物を除く.）
　二．別表第 1 に掲げる建築物で，その高さが 31m を超え，かつ，その延べ面積（地階に係るものを除く．以下この条において同じ.）が 25,000 m² 以上のもの

原文：消防法（令）7 条 5 項
5. 法第 17 条第 1 項の政令で定める消防用水は，防火水槽又はこれに代わる貯水池その他の用水とする.

| 04253 | 排煙設備<br>設置基準 | 地階に設ける駐車場で，床面積が 1,000m² のものについては，原則として，排煙設備を設置しなければならない. | ○ |
|---|---|---|---|

「駐車場」は「別表 1(十三) 項イ」に該当し，「消防法（令）28 条第三号」より，「地階又は無窓階で，床面積が 1,000m² 以上の場合，排煙設備の設置義務が生じる.」とわかる.

原文：消防法（令）28 条
（排煙設備に関する基準）
排煙設備は，次に掲げる防火対象物又はその部分に設置するものとする.
　一．別表第 1(十六の 2) 項に掲げる防火対象物で，延べ面積が 1,000 m² 以上のもの
……
　三．別表第 1(二) 項, (四) 項, (十) 項 及び (十三) 項に掲げる防火対象物の地階 又は無窓階で，床面積が 1,000 m² 以上のもの

原文：消防法（令）7 条 6 項
6. 法第 17 条第 1 項の政令で定める消火活動上必要な施設は，排煙設備，連結散水設備，連結送水管，非常コンセント設備及び無線通信補助設備とする.

| 30254 | 排煙設備<br>連結送水管 | 延べ面積 6,000m²，地上 5 階建てのホテルについては，連結送水管を設置しなければならない. | ○ |
|---|---|---|---|

「ホテル」は「別表 1(五) 項イ」に該当する「防火対象物」であり，「消防法（令）29 条第二号」より，「前号（別表第 1 に掲げる建築物で，地階を除く階数が 7 以上のもの）のほか，地階を除く階数が 5 以上の別表第 1 に掲げる建築物で，延べ面積が 6,000m² 以上のものについては，連結送水管を設置しなければならない.」とわかる.

原文：消防法（令）29 条
（連結送水管に関する基準）
連結送水管は，次の各号に掲げる防火対象物に設置するものとする.
　一．別表第 1 に掲げる建築物で，地階を除く階数が 7 以上のもの
　二．前号に掲げるもののほか，地階を除く階数が 5 以上の別表第 1 に掲げる建築物で，延べ面積が 6,000 m² 以上のもの

27

| コード | 項目 | 問題 | 解答 |
|---|---|---|---|
| 25203 | 法もくじ<br><br>建築基準法 | 特定行政庁は，市街地に災害のあった場合において都市計画のため必要があると認めるときは，区域を指定し，災害が発生した日から3月以内の期間を限り，その区域内における建築物の建築を制限し，又は禁止することができる． | × |

「法84条」に「被災市街地における建築制限」について規定されており，「行政庁は，市街地に災害のあった場合において都市計画のため必要があると認めるときは，区域を指定し，災害が発生した日から1月以内の期間を限り，その区域内における建築物の建築を制限し，又は禁止することができる．」とわかる．

原文：基準法84条
(被災市街地における建築制限)
特定行政庁は，市街地に災害のあつた場合において都市計画又は土地区画整理法による土地区画整理事業のため必要があると認めるときは，区域を指定し，災害が発生した日から1月以内の期間を限り，その区域内における建築物の建築を制限し，又は禁止することができる．

| コード | 項目 | 問題 | 解答 |
|---|---|---|---|
| 19194 | 法もくじ<br><br>建築基準法 | 市町村は，国土交通大臣の承認を得て，条例で，伝統的建造物群保存地区内における現状変更の規制及び保存のための措置を確保するため，構造耐力に関する制限を緩和することができる． | × |

「基準法85条の3」より，「市町村は，大臣の承認を得て，条例で，伝統的建造物群保存地区内における現状変更の規制及び保存のための措置を確保するため，一部の制限を緩和することができる．」とわかる．その中に構造耐力に関する制限（法20条）は，含まれないため，問題文は誤り．

原文：基準法85条の3
(伝統的建造物群保存地区内の制限の緩和)
文化財保護法……の伝統的建造物群保存地区内においては，市町村は，同条第1項後段（同条第2項後段において準用する場合を含む．）の条例において定められた現状変更の規制及び保存のための措置を確保するため必要と認める場合においては，国土交通大臣の承認を得て，条例で，……による制限を緩和することができる．

| コード | 項目 | 問題 | 解答 |
|---|---|---|---|
| 02192 | 法もくじ<br><br>一団地認定 | 一団地内に建築される1又は2以上の構えを成す建築物のうち，特定行政庁がその位置及び構造が安全上，防火上及び衛生上支障がないと認めるものに対する用途地域等の規定の適用については，当該一団地を当該1又は2以上の建築物の一の敷地とみなす． | × |

「基準法86条1項」より，「一の敷地とみなすこと等による制限の緩和の適用について，一団地内に2以上の構えを成す建築物で総合的設計によって建築されるもののうち，所定の基準により，特定行政庁がその各建築物の位置及び構造が安全上，防火上及び衛生上支障がないと認めるものに対する規定（特例対象規定）の適用については，これらの建築物は，同一敷地内にあるものとみなす．」とわかる．用途地域の規定（法48条）は，特例対象規定に該当しないので，適用されない．よって誤り．

原文：基準法86条1項，8項，9項
（一の敷地とみなすこと等による制限の緩和）
……一団地（……）内に……「建築等」……をする……2以上の構えを成す建築物（……総合的設計によって建築等をするものに限る．……）のうち，国土交通省令で定めるところにより，特定行政庁が……2以上の建築物の位置及び構造が安全上，防火上及び衛生上支障がないと認めるときは，……「特例対象規定」……の適用については，当該一団地を……一の敷地とみなす．
……
8．特定行政庁は，第1項から第4項までの規定による認定又は許可をしたときは，遅滞なく，当該認定又は許可に係る第6項の計画に関して，対象区域その他国土交通省令で定める事項を公告するとともに，対象区域，建築物の位置その他国土交通省令で定める事項を表示した図書をその事務所に備えて，一般の縦覧に供さなければならない．
9．第1項から第4項までの規定による認定又は許可は，前項の規定による公告によって，その効力を生ずる．

| 25204 | 法もくじ<br><br>建築基準法 | 建築物の建築，修繕，模様替又は除却のための工事の施工者は，当該工事の施工に伴う地盤の崩落，建築物又は工事用の工作物の倒壊等による危害を防止するために必要な措置を講じなければならない． | ○ |
|---|---|---|---|

「法90条」に「工事現場の危害の防止」について規定されており，「建築物の建築，修繕，模様替又は除却のための工事の施工者は，当該工事の施工に伴う地盤の崩落，建築物又は工事用の工作物の倒壊等による危害を防止するために必要な措置を講じなければならない．」とわかる．

原文：法90条
（工事現場の危害の防止）
建築物の建築，修繕，模様替又は除却のための工事の施工者は，当該工事の施工に伴う地盤の崩落，建築物又は工事用の工作物の倒壊等による危害を防止するために必要な措置を講じなければならない．

| 25202 | 法もくじ<br><br>建築基準法 | 建築基準法の規定による許可には，建築物又は建築物の敷地を交通上，安全上，防火上又は衛生上支障がないものとするための条件等を付することができる． | ○ |
|---|---|---|---|

「法92条の2」に「許可の条件」について規定されており，「建築基準法の規定による許可には，建築物又は建築物の敷地を交通上，安全上，防火上又は衛生上支障がないものとするための条件等を付することができる．」とわかる．

原文：法92条の2
（許可の条件）
この法律の規定による許可には，建築物又は建築物の敷地を交通上，安全上，防火上又は衛生上支障がないものとするための条件その他必要な条件を付することができる．……

| 15233 | 都市計画法<br><br>定義 | 「都市計画法」と「特定工作物」とは，法律と用語の組み合わせとして正しい． | ○ |
|---|---|---|---|

「都計法4条11項」より，「環境の悪化をもたらすおそれのある工作物，又は大規模な工作物を特定工作物という．」とわかる．

|  | 原文：都計法 4 条 11 項<br>11．この法律において「特定工作物」とは，コンクリートプラントその他周辺の地域の環境の悪化をもたらすおそれがある工作物で政令で定めるもの（以下「第一種特定工作物」という．）又はゴルフコースその他大規模な工作物で政令で定めるもの（以下「第二種特定工作物」という．）をいう． |  |
|---|---|---|
| 30272 | 法令名索引<br>‥‥‥‥‥<br>都市緑地法 | 「都市緑地法」に基づき，緑化地域内において，敷地面積が1,000m²の建築物の新築又は増築をしようとする者は，原則として，当該建築物の緑化率を，緑化地域に関する都市計画において定められた建築物の緑化率の最低限度以上としなければならない． | ○ |
|  | 「都市緑地法 35 条」，「同法（令）9 条」より，「緑化地域内において，敷地面積が政令で定める規模（1,000m²）以上の建築物の新築又は増築をしようとする者は，原則として，当該建築物の緑化率を，緑化地域に関する都市計画において定められた建築物の緑化率の最低限度以上としなければならない．」とわかる． |  |
|  | 原文：都市緑地法 35 条<br>（緑化率）<br><u>緑化地域内においては，敷地面積が政令で定める規模以上の建築物の新築又は増築</u>……をしようとする者は，<u>当該建築物の緑化率を，緑化地域に関する都市計画において定められた建築物の緑化率の最低限度以上としなければならない</u>．…… |  |
|  | 原文：都市緑地法（令）9 条<br>（緑化率の規制の対象となる敷地面積の規模）<br>法第 35 条第 1 項の政令で定める規模は，1,000 m² とする．…… |  |
| 20232 | 法令名索引<br>‥‥‥‥‥<br>文化財保護法 | 「文化財保護法」に基づき，重要文化的景観に関しその現状を変更し，又はその保存に影響を及ぼす行為をしようとする者は，原則として，現状を変更し，又は保存に影響を及ぼす行為をしようとする日の 30 日前までに，文化庁長官にその旨を届け出なければならない． | ○ |
|  | 「文化財保護法 139 条」より，「重要文化的景観に関しその現状を変更し，又はその保存に影響を及ぼす行為をしようとする者は，原則として，現状を変更し，又は保存に影響を及ぼす行為をしようとする日の 30 日前までに，文化庁長官にその旨を届け出なければならない．」とわかる．問題文は正しい． |  |
|  | 原文：文化財法 139 条<br>（現状変更等の届出等）<br><u>重要文化的景観に関しその現状を変更し，又はその保存に影響を及ぼす行為をし</u>うとする者は，現状を変更し，<u>又は保存に影響を及ぼす行為をしようとする日の 30 日前までに，文部科学省令で定めるところにより，文化庁長官にその旨を届け出な</u>ければならない．…… |  |
| 17232 | 法令名索引<br>‥‥‥‥‥<br>医療法 | 医療法に基づき，病院の療養病床に係る病室に隣接する廊下（患者が使用するもの）で，両側に居室があるものの幅は，内法による測定で，2.7m 以上としなければならない． | ○ |
|  | 「医療法（規則）16 条」に「病院等の構造設備の基準」の解説が載っており，その「十一号イ」を訳すと「患者が使用する廊下の幅で，精神病床及び療養病床に係る病室に隣接する廊下の幅は，内法による測定で，1.8m 以上とし，両側に居室がある廊下の幅は，内法による測定で，2.7m 以上としなければならない．」とわかる．問題文は正しい． |  |

| | | | |
|---|---|---|---|
| | 原文：医療法（規則）16条<br>（病院等の構造設備の基準）<br>法第23条第1項の規定による病院又は診療所の構造設備の基準は，次のとおりとする．ただし，……<br>十一．患者が使用する廊下の幅は，次のとおりとすること．<br>イ．精神病床及び療養病床に係る病室に隣接する廊下の幅は，内法による測定で，1.8m以上とすること．ただし，両側に居室がある廊下の幅は，内法による測定で，2.7m以上としなければならない． | | |
| 20233 | 法令名索引<br><br>環境衛生法 | 「建築物における衛生的環境の確保に関する法律」に基づき，特定建築物の所有者等で当該特定建築物の維持管理について，権原を有するものは，「建築物環境衛生管理基準」に従って当該特定建築物の維持管理をしなければならない． | ○ |
| | 「環境衛生法4条」より，「特定建築物の所有者等で当該特定建築物の維持管理について，権原を有するものは，「建築物環境衛生管理基準」に従って当該特定建築物の維持管理をしなければならない．」とわかる．問題文は正しい． | | |
| | 原文：環境衛生法4条<br>（建築物環境衛生管理基準）<br>特定建築物の所有者，占有者その他の者で当該特定建築物の維持管理について権原を有するものは，政令で定める基準（以下「建築物環境衛生管理基準」という．）に従つて当該特定建築物の維持管理をしなければならない． | | |
| 18242 | 法令名索引<br><br>浄化槽法 | 「浄化槽法」に基づき，何人も，浄化槽で処理した後でなければ，浄化槽をし尿の処理のために使用する者が排出する雑排水を公共用水域等に放流してはならない． | ○ |
| | 「浄化槽法3条2項」より，「何人も，浄化槽で処理した後でなければ，浄化槽をし尿の処理のために使用する者が排出する雑排水を公共用水域等に放流してはならない．」とわかる． | | |
| | 原文：浄化槽法3条2項<br>2．何人も，浄化槽で処理した後でなければ，浄化槽をし尿の処理のために使用する者が排出する雑排水を公共用水域等に放流してはならない． | | |
| 19222 | 法令名索引<br><br>宅建業法 | 「宅地建物取引業法」に基づき，宅地建物取引業を営もうとする者は，2以上の都道府県の区域内に事務所（本店，支店等）を設置してその事業を営もうとする場合にあっては，国土交通大臣の免許を受けなければならない． | ○ |
| | 「宅建業法3条」より，「2以上の都道府県の区域内に事務所を設け宅地建物取引業を行う場合には国土交通大臣の免許が，1の都道府県の区域内にのみ事務所を設け宅地建物取引業を行う場合には，その事務所の所在地を管轄する都道府県知事の免許を受けなければならない．」とわかる． | | |
| | 原文：宅建業法3条<br>（免許）<br>宅地建物取引業を営もうとする者は，2以上の都道府県の区域内に事務所（本店，支店その他の政令で定めるものをいう．以下同じ．）を設置してその事業を営もうとする場合にあつては国土交通大臣の，一の都道府県の区域内にのみ事務所を設置してその事業を営もうとする場合にあつては当該事務所の所在地を管轄する都道府県知事の免許を受けなければならない． | | |

**28**

| 16245 | 法令名索引 | 宅地建物取引業法に基づき，宅地建物取引業者は，建物の建築に関する工事の完了前においては，当該工事に関し必要とされる建築基準法に基づく確認等所定の処分があった後でなければ，当該工事に係る建物の売買その他の業務に関する広告をしてはならない． | ○ |
|---|---|---|---|
| | 宅建業法 | | |

「宅建業法33条」に「広告の開始時期の制限」の解説が載っており，そこを訳すと「建物の建築に関する工事の完了前においては，当該工事に関し必要とされる建築基準法に基づく確認等所定の処分があった後でなければ，当該工事に係る建物の売買その他の業務に関する広告をしてはならない．」とわかる．

原文：宅建業法33条
(広告の開始時期の制限)
宅地建物取引業者は，宅地の造成又は建物の建築に関する工事の完了前においては，当該工事に関し必要とされる都市計画法29条第1項又は第2項の許可，建築基準法（昭和25年法律第201号）第6条第1項の確認その他法令に基づく許可等の処分で政令で定めるものがあつた後でなければ，当該工事に係る宅地又は建物の売買その他の業務に関する広告をしてはならない．

| 28301 | 法令名索引 | 「宅地建物取引業法」に基づき，宅地建物取引業者は，建物の売買の相手方等に対して，その契約が成立するまでの間に，宅地建物取引士をして，所定の事項を記載した書面等を交付して説明をさせなければならない． | ○ |
|---|---|---|---|
| | 宅建業法 | | |

「宅建業法35条」より，「宅地建物取引業者は，建物の売買の相手方に対して，その者が取得しようしている建物の売買契約が成立するまでの間に，宅地建物取引士をして，重要事項を記載した書面を交付して説明をさせなければならない．」とわかる．

原文：宅建業法35条
(重要事項の説明等)
宅地建物取引業者は，……（以下「宅地建物取引業者の相手方等」という．）に対して，……契約が成立するまでの間に，宅地建物取引士をして，……書面……を交付して説明をさせなければならない．

| 21292 | 法令名索引 | 「駐車場法」に基づき，地方公共団体は，商業地域内において，延べ面積が2,000m² 以上で条例で定める規模以上の建築物を新築しようとする者に対し，条例で，その建築物又はその建築物の敷地内に駐車施設を設けなければならない旨を定めることができる． | ○ |
|---|---|---|---|
| | 駐車場法 | | |

「駐車場法20条」より，「地方公共団体は，商業地域内において，延べ面積が2,000m²以上で条例で定める規模以上の建築物を新築しようとする者に対し，条例で，その建築物又はその建築物の敷地内に駐車施設を設けなければならない旨を定めることができる．」とわかる．

原文：駐車場法20条
(建築物の新築又は増築の場合の駐車施設の附置)
地方公共団体は，駐車場整備地区内又は商業地域内若しくは近隣商業地域内において，延べ面積が2,000m² 以上で条例で定める規模以上の建築物を新築……しようとする者に対し，条例で，その建築物 又は その建築物の敷地内に自動車の駐車のための施設（以下「駐車施設」という．）を設けなければならない旨を定めることができる．……

| 21293 | 法令名索引<br><br>---<br><br>駐輪場法 | 「自転車の安全利用の促進及び自転車等の駐車対策の総合的推進に関する法律」に基づき，地方公共団体は，自転車等の駐車需要の著しい地域内で条例で定める区域内において，スーパーマーケット等自転車等の大量の駐車需要を生じさせる施設で条例で定めるものを新築しようとする者に対し，条例で，当該施設若しくはその敷地内又はその周辺に自転車等駐車場を設置しなければならない旨を定めることができる． | ○ |
|---|---|---|---|
| | | 「駐輪場法（自転車の安全利用の促進及び自転車等の駐車対策の総合的推進に関する法律）5 条 4 項」より，「地方公共団体は，自転車等の駐車需要の著しい地域内で条例で定める区域内において，スーパーマーケット等自転車等の大量の駐車需要を生じさせる施設で条例を定めるものを新築しようとする者に対し，条例で，当該施設若しくはその敷地内又はその周辺に自転車等駐車場を設置しなければならない旨を定めることができる．」とわかる． | |
| | | 原文：駐輪場法 5 条第 4 項<br>（自転車等の駐車対策の総合的推進）<br>4．地方公共団体は，……自転車等の駐車需要の著しい地域内で条例で定める区域内において<u>百貨店</u>，<u>スーパーマーケット</u>，……等の<u>大量の駐車需要を生じさせる施設で条例で定めるもの</u>を新築し，又は増築しようとする者に対し，条例で，<u>当該施設 若しくは その敷地内 又は その周辺に自転車等駐車場を設置しなければならない旨を定めることができる．</u> | |
| 01294 | 法令名索引<br>密集市街地法 | 「密集市街地における防災街区の整備の促進に関する法律」と「特定防災街区整備地区」とは，法律と用語の組合せとして正しい． | ○ |
| | | 「特定防災街区整備地区」は，「密集市街地法 31 条」に規定されている． | |
| | | 原文：密集市街地法 31 条<br>（<u>特定防災街区整備地区</u>に関する都市計画）<br>密集市街地内の土地の区域については，……都市計画に，<u>特定防災街区整備地区</u>を定めることができる． | |
| 18245 | 法令名索引<br><br>---<br><br>老人福祉法 | 「老人福祉法」に基づき，特別養護老人ホームの居室の入所者 1 人当たりの床面積は，収納設備等を除き，3.3m² 以上としなければならない． | × |
| | | 「老人福祉法 17 条」，及び，「特別養護老人ホームの設備及び運営に関する基準 11 条 4 項第一号ハ」より，「特別養護老人ホームの居室の入所者 1 人当たりの床面積は，10.65m² 以上としなければならない．」とわかる．問題文は誤り． | |
| | | 原文：老人福祉法 17 条<br>（施設の基準）<br>都道府県は，<u>養護老人ホーム 及び 特別養護老人ホーム の設備 及び 運営</u>について，条例で基準を定めなければならない．<br><br>原文：特別養護老人ホームの設備及び運営に関する基準 11 条 4 項<br>（設備の基準）<br>4．前項各号に揚げる設備の基準は，<u>次のとおりとする．</u><br>一．<u>居室</u><br>……<br>ハ．入所者 1 人当たりの床面積は，<u>10.65m² 以上とすること．</u> | |

| 18221 | 法令名索引 | 「労働安全衛生法」に基づき，事業者は，高さが 5m 以上のコンクリート造の工作物の解体の作業については，作業主任者を選任しなければならない． | ○ |
|---|---|---|---|
| | 労安法 | | |

「労安法 14 条」及び「労安法施行令 6 条第十五号の五」より，「コンクリート造の工作物（その高さが 5m 以上であるものに限る）の解体作業においては，作業主任者を選任しなければならない．」とわかる．

原文：労安法施行令 6 条第十五号の五
十五の五．コンクリート造の工作物（その高さが 5m 以上であるものに限る．）の解体 又は 破壊の作業

| 17254 | 法令名索引 | 労働安全衛生法に基づき，事業者は，建設業の仕事で，高さ 31m を超える建築物の建設の仕事を開始しようとするときは，原則として，その計画を当該仕事の開始の日の 14 日前までに，労働基準監督署長に届け出なければならない． | ○ |
|---|---|---|---|
| | 労安法 | | |

「労安法 88 条 3 項」，「労安法（規則）90 条第一号」より，「事業者は，建設業の仕事で，高さ 31m を超える建築物の建設の仕事を開始しようとするときは，原則として，その計画を当該仕事の開始の日の 14 日前までに，労働基準監督署長に届け出なければならない．」とわかる．問題文は正しい．

原文：労安法 88 条 3 項
（計画の届出等）
3．事業者は，建設業その他政令で定める業種に属する事業の仕事（建設業に属する事業にあつては，前項の厚生労働省令で定める仕事を除く．）で，厚生労働省令で定めるものを開始しようとするときは，その計画を当該仕事の開始の日の 14 日前までに，厚生労働省令で定めるところにより，労働基準監督署長に届け出なければならない．

原文：労安法（規則）90 条
法第 88 条第 3 項の厚生労働省令で定める仕事は，次のとおりとする．
一．高さ 31m を超える建築物又は工作物（橋梁を除く．）の建設，改造，解体又は破壊（以下「建設等」という．）の仕事
……
五の二．建築基準法（……「耐火建築物」……又は……「準耐火建築物」という．）で，石綿等が吹き付けられているものにおける石綿等の除去の作業を行う仕事

| 18224 | 法令名索引 | 「労働安全衛生法」に基づく石綿障害予防規則により，事業者は，建築物の解体の作業を行うときは，あらかじめ，当該建築物について，石綿等の使用の有無を目視，設計図書等により調査し，その結果を記録しておかなければならない． | ○ |
|---|---|---|---|
| | 石綿障害予防規則 | | |

「石綿障害予防規則 3 条」より，「事業者は，建築物の解体の作業を行うときは，あらかじめ，当該建築物について，石綿等の使用の有無を目視，設計図書等により調査し，その結果を記録しておかなければならない．」とわかる．

| | | | |
|---|---|---|---|
| | 原文：石綿障害予防規則3条<br>（事前調査）<br>事業者は，次に掲げる作業を行うときは，石綿等による労働者の健康障害を防止するため，あらかじめ，当該建築物，工作物又は船舶（……）について，石綿等の使用の有無を目視，設計図書等により調査し，その結果を記録しておかなければならない.<br>一．建築物，工作物又は船舶の解体，破砕等の作業（吹き付けられた石綿等の除去の作業を含む．以下「解体等の作業」という.） | | |
| 18225 | 法令名索引<br>------------<br>石綿障害予<br>防規則 | 「労働安全衛生法」に基づく石綿障害予防規則により，石綿等が使用されている建築物の解体等の作業を行うときに事業者があらかじめ定める作業計画は，「作業の方法及び順序」，「石綿等の粉じんの発散を防止し，又は抑制する方法」及び「作業を行う労働者への石綿等の粉じんのばく露を防止する方法」が示されているものでなければならない. | ○ |
| | 「石綿障害予防規則4条」，及び，その「2項」より，「石綿等が使用されている建築物の解体等の作業を行うときに事業者があらかじめ定める作業計画は，「作業の方法及び順序」，「石綿等の粉じんの発散を防止し，又は抑制する方法」及び「作業を行う労働者への石綿等の粉じんのばく露を防止する方法」が示されているものでなければならない.」とわかる. | | |
| | 原文：石綿障害予防規則4条<br>（作業計画）<br>事業者は，次に掲げる作業を行うときは，石綿等による労働者の健康障害を防止するため，あらかじめ，作業計画を定め，かつ，当該作業計画により作業を行わなければならない.<br>一．石綿等が使用されている建築物，工作物又は船舶の解体等の作業<br>二．第10条第1項の規定による石綿等の封じ込め又は囲い込みの作業<br>2．前項の作業計画は，次の事項が示されているものでなければならない.<br>一．作業の方法及び順序<br>二．石綿等の粉じんの発散を防止し，又は抑制する方法<br>三．作業を行う労働者への石綿等の粉じんのばく露を防止する方法 | | |
| 17251 | 法令名索引<br>------------<br>景観法 | 景観法に基づき，景観行政団体は，都市，農山漁村その他市街地又は集落を形成している地域及びこれと一体となって景観を形成している地域における「地域の自然，歴史，文化等からみて，地域の特性にふさわしい良好な景観を形成する必要があると認められる土地の区域」について，景観計画を定めることができる. | ○ |
| | 「景観法8条」に「景観計画」について載っており，そこに「景観行政団体は，都市，農山漁村その他市街地又は集落を形成している地域及びこれと一体となって景観を形成している地域における各号のいずれかに該当する土地の区域について，景観計画を定めることができる.」とわかる. また，その「二号」に「地域の自然，歴史，文化等からみて，地域の特性にふさわしい良好な景観を形成する必要があると認められる土地の区域」とあるため，問題文は正しい. | | |

28

原文：景観法8条
（景観計画）
景観行政団体は，都市，農山漁村その他市街地 又は 集落を形成している地域 及び これと一体となって景観を形成している地域における次の各号のいずれかに該当する土地（水面を含む．以下この項，第11条及び第14条第2項において同じ．）の区域について，良好な景観の形成に関する計画（以下「景観計画」という．）を定めることができる．
……
二．地域の自然，歴史，文化等からみて，地域の特性にふさわしい良好な景観を形成する必要があると認められる土地の区域

| 18214 | 法令名索引 | 「景観法」に基づき，景観計画においては，良好な景観の形成のための行為の制限に関する事項を定めるものとする． | ○ |
|---|---|---|---|
| | 景観法 | | |

「景観法8条」に「景観計画」について載っており，その「2項第二号」より，「景観計画においては，良好な景観の形成のための行為の制限に関する事項を定める．」とわかる．

原文：景観法8条2項
2．景観計画においては，次に掲げる事項を定めるものとする．
……
二．良好な景観の形成のための行為の制限に関する事項

| 18211 | 法令名索引 | 「景観法」に基づき，景観計画区域内において，建築物の外観を変更することとなる修繕をしようとする者は，あらかじめ，行為の種類，場所，設計又は施行方法等について，景観行政団体の長の許可を受けなければならない． | × |
|---|---|---|---|
| | 景観法 | | |

「景観法16条」に「届出及び勧告等」について載っており，そこに「景観計画区域内において，所定の行為（建築物の外観を変更することとなる修繕を含む（景観法16条第一号））をしようとする者は，あらかじめ，行為の種類，場所，設計又は施行方法等を景観行政団体の長に届け出なければならない．」とある．問題文には「許可を受けなければならない」とあるため誤り．

原文：景観法16条
（届出及び勧告等）
景観計画区域内において，次に掲げる行為をしようとする者は，あらかじめ，国土交通省令（第四号に掲げる行為にあっては，景観行政団体の条例．以下この条において同じ．）で定めるところにより，行為の種類，場所，設計 又は 施行方法，着手予定日その他国土交通省令で定める事項を景観行政団体の長に届け出なければならない．
一．建築物の新築，増築，改築若しくは移転，外観を変更することとなる修繕若しくは模様替又は色彩の変更（以下「建築等」という．）

| 01303 | 法令名索引 | 「景観法」に基づき，景観計画区域内において，建築物の建築等をしようとする者は，原則として，あらかじめ，所定の事項を景観行政団体の長に届け出なければならず，景観行政団体がその届出を受理した日から30日を経過した後でなければ，当該届出に係る行為に着手してはならない． | ○ |
|---|---|---|---|
| | 景観法 | | |

「景観法 16 条」より，「景観計画区域内において，所定の行為をしようとする者は，あらかじめ，景観行政団体の長に届け出なければならない．」とわかる．また，「景観法 18 条」より，「景観行政団体がその届出を受理した日から 30 日を経過した後でなければ，当該届出に係る行為に着手してはならない．」とわかる．

原文：景観法 18 条
(行為の着手の制限)
第 16 条第 1 項又は第 2 項の規定による届出をした者は，景観行政団体がその届出を受理した日から 30 日（……）を経過した後でなければ，当該届出に係る行為（……）に着手してはならない．……

| 18213 | 法令名索引<br>景観法 | 「景観法」に基づき，景観地区に関する都市計画には，建築物の形態意匠の制限を定めるものとする． | ○ |

「景観法 61 条」に「景観地区に関する都市計画」について載っており，そこに「市町村は，市街地の良好な景観の形成を図るため，都市計画に，景観地区を定めることができる．」とある．また，その「2 項一号」に，「景観地区に関する都市計画には，建築物の形態意匠の制限を定めるものとする．」と規定されている．

原文：景観法 61 条
市町村は，都市計画区域又は準都市計画区域内の土地の区域については，市街地の良好な景観の形成を図るため，都市計画に，景観地区を定めることができる．
2．景観地区に関する都市計画には，都市計画法第 8 条第 3 項第一号及び第三号に掲げる事項のほか，第一号に掲げる事項を定めるとともに，第二号から第四号までに掲げる事項のうち必要なものを定めるものとする．この場合において，これらに相当する事項が定められた景観計画に係る景観計画区域内においては，当該都市計画は，当該景観計画による良好な景観の形成に支障がないように定めるものとする．
一．建築物の形態意匠の制限

| 18212 | 法令名索引<br><br>景観法 | 「景観法」に基づき，景観地区内において建築物の建築等をしようとする者は，原則として，あらかじめ，その計画について，市町村長の認定を受けなければならない． | ○ |

「景観法 63 条」に「計画の認定」について載っており，そこに「景観地区内において建築物の建築等をしようとする者は，申請書を提出して市町村長の認定を受けなければならない．」とある．

原文：景観法 63 条
(計画の認定)
景観地区内において建築物の建築等をしようとする者は，あらかじめ，その計画が，前条の規定に適合するものであることについて，申請書を提出して市町村長の認定を受けなければならない．当該認定を受けた建築物の計画を変更して建築等をしようとする場合も，同様とする．

| 21291 | 法令名索引<br><br>屋外広告物法 | 「屋外広告物法」に基づき，都道府県は，第一種中高層住居専用地域について，良好な景観又は風致を維持するために必要があると認めるときは，条例で定めるところにより，広告物の表示又は掲出物件の設置を禁止することができる． | ○ |

「屋外広告物法 3 条」より，「都道府県は，条例で定めるところにより，良好な景観又は風致を維持するために必要があると認めるときは，所定の地域について，広告物の表示又は掲出物件の設置を禁止することができる．」とわかる．その「一号」より，「第一種中高層住居専用地域」はこれに該当するため，問題文は正しい．

28

| | | | |
|---|---|---|---|
| | 原文：屋外広告物法3条<br>(広告物の表示等の禁止)<br>都道府県は，条例で定めるところにより，良好な景観又は風致を維持するために必要があると認めるときは，次に掲げる地域又は場所について，広告物の表示 又は掲出物件の設置を禁止することができる.<br>一．……第一種中高層住居専用地域…… | | |
| 18223 | 法令名索引<br><br>リサイクル法 | 「建設工事に係る資材の再資源化等に関する法律」に基づき，床面積の合計が 40m² の木造建築物の解体工事の受注者は，原則として，分別解体等をしなければならない. | × |
| | 「リサイクル法(建設工事に係る資材の再資源化等に関する法律)9条」より，「特定建設資材(木材を含む(リサイクル法2条5項，令1条第三号))を用いた建築物等に係る解体工事等で，その規模が所定の規模以上(解体工事については，床面積の合計80m²以上(リサイクル法9条3項，リサイクル法(令)2条第一号))である場合，受注者は，原則として，分別解体等をしなければならない.」とわかる.<br>問題文の場合，床面積の合計は 40m² であるため誤り. | | |
| | 原文：リサイクル法2条5項<br>5. この法律において「特定建設資材」とは，コンクリート，木材その他建設資材のうち，建設資材廃棄物となった場合におけるその再資源化が……必要であり，かつ，その再資源化が経済性の面において制約が著しくない と認められるものとして政令で定めるものをいう.<br><br>原文：リサイクル法9条1項，3項<br>(分別解体等実施義務)<br>特定建設資材を用いた建築物等に係る解体工事……等であって，その規模が……基準以上のもの(以下「対象建設工事」という.)の受注者(……以下「対象建設工事受注者」という.)又はこれを請負契約によらないで自ら施工する者(……)は，……，分別解体等をしなければならない.<br>……<br>3. 建設工事の規模に関する基準は，政令で定める.<br><br>原文：リサイクル法(令)1条<br>(特定建設資材)<br>……建設資材のうち政令で定めるものは，次に掲げる建設資材とする.<br>……<br>三．木材<br><br>原文：リサイクル法(令)2条<br>(建設工事の規模に関する基準)<br>法第9条第3項の建設工事の規模に関する基準は，次に掲げるとおりとする.<br>一．建築物(……)に係る解体工事については，当該建築物(当該解体工事に係る部分に限る.)の床面積の合計が 80m² であるもの<br>二．建築物に係る新築又は増築の工事については，当該建築物(……)の床面積の合計が 500m² であるもの | | |

| 20235 | 法令名索引 | 「建設工事に係る資材の再資源化等に関する法律」に基づき，特定建設資材を用いた建築物に係る解体工事で当該工事に係る部分の床面積の合計が 80m² 以上であるものの発注者又は自主施工者は，工事に着手する日の7日前までに，都道府県知事に届け出なければならない． | ○ |
|---|---|---|---|
| | リサイクル法 | | |
| | | 「リサイクル法 (建設工事に係る資材の再資源化等に関する法律) 9条」より，「特定建設資材を用いた建築物等に係る解体工事等で，その規模が所定の規模以上（解体工事については，床面積の合計80m²以上(リサイクル法9条3項，リサイクル法(令)2条第一号)）であるものを「対象建設工事」という．」とわかる．また，リサイクル法 10 条より，「対象建設工事の発注者又は自主施工者は，工事に着手する日の7日前までに，知事に届け出なければならない．」とわかる．問題文は正しい． | |
| | | 原文：リサイクル法 10 条<br>(対象建設工事の届出等)<br>対象建設工事の発注者 又は 自主施工者は，工事に着手する日の7日前までに，主務省令で定めるところにより，次に掲げる事項を都道府県知事に届け出なければならない． | |
| 18222<br>* | 法令名索引 | 「建設工事に係る資材の再資源化等に関する法律」に基づき，解体工事業を営もうとする者は，建設業法に基づく土木工事業，建設工事業又は解体工事業に係る建設業の許可を受けている場合を除き，当該業を行おうとする区域を管轄する都道府県知事の登録を受けなければならない． | ○ |
| | リサイクル法 | | |
| | | 「リサイクル法 (建設工事に係る資材の再資源化等に関する法律) 21条」より，「解体工事業を営もうとする者は，建設業法に基づく土木工事業，建設工事業又は解体工事業に係る建設業の許可を受けている場合を除き，当該業を行おうとする区域を管轄する都道府県知事の登録を受けなければならない．」とわかる． | |
| | | 原文：リサイクル法 21 条<br>(解体工事業者の登録)<br>解体工事業を営もうとする者 (建設業法別表第1の右欄に掲げる 土木工事業，建築工事業 又は 解体工事業 に係る同法第3条第1項の許可を受けた者を除く．)は，当該業を行おうとする区域を管轄する都道府県知事の登録を受けなければならない． | |
| 18244 | 法令名索引 | 「水道法」に基づき，給水装置における家屋の主配管は，配管の経路について構造物の下の通過を避けること等により漏水時の修理を容易に行うことができるようにしなければならない． | ○ |
| | 水道法 | | |
| | | 「水道法 16 条」，「水道法 (令) 5条2項」，「給水装置の構造及び材質の基準に関する省令1条3項」より，「家屋の主配管は，配管の経路について構造物の下の通過を避けること等により漏水時の修理を容易に行うことができるようにしなければならない．」とわかる． | |
| | | 原文：給水装置の構造及び材質の基準に関する省令1条3項<br>(耐圧に関する基準)<br>3. 家屋の主配管は，配管の経路について 構造物の下の通過を避けること等により漏水時の修理を容易に行うことができるようにしなければならない． | |
| 21294 | 法令名索引 | 「特定空港周辺航空機騒音対策特別措置法」に基づき，航空機騒音障害防止特別地区内においては，所定の防音上有効な構造とすることにより，同法による都道府県知事の許可を受けずに高等学校を新築することができる． | × |
| | 航空機騒音対策特措法 | | |

「特定空港周辺航空機騒音対策特別措置法5条2項」及び「同条1項一号」より，「航空機騒音障害防止特別地区内においては，高等学校（学校教育法1条に規定する学校）の建築をしてはならない．ただし，知事が，公益上やむを得ないと認めて許可した場合は，この限りでない．」とわかる．問題文は誤り．

原文：特定空港周辺航空機騒音対策特別措置法5条1項，2項
（……航空機騒音障害防止特別地区内における建築の制限等）
航空機騒音障害防止地区（航空機騒音障害防止特別地区を除く．）内において次に掲げる建築物（……）の建築（……）をしようとする場合においては，当該建築物は，政令で定めるところにより，防音上有効な構造としなければならない．
一．学校教育法（……）第1条に規定する学校
……
2．航空機騒音障害防止特別地区内においては，前項各号に掲げる建築物の建築をしてはならない．ただし，都道府県知事が，公益上やむを得ないと……認めて許可した場合は，この限りでない．

| 23304 | 法令名索引<br><br>歴史的風致法 | 「地域における歴史的風致の維持及び向上に関する法律」に基づき，歴史的風致維持向上地区整備計画において，所定の必要がある場合には，建築物等の形態又は色彩その他の意匠の制限について定めるものとする． | ○ |
|---|---|---|---|

「歴史的風致法31条4項第二号」より，「歴史的風致維持向上地区整備計画において，所定の必要がある場合には，建築物等の形態又は色彩その他の意匠の制限について定めるものとする．」とわかる．

原文：歴史的風致法31条4項第二号
（歴史的風致維持向上地区計画）
4．歴史的風致維持向上地区整備計画においては，次に掲げる事項を定めることができる．
二．……建築物等の形態又は色彩その他の意匠の制限……

| 24283 | 法令名索引<br><br>特定非常災害被害者の特措法 | 「特定非常災害の被害者の権利利益の保全等を図るための特別措置に関する法律」に基づき，特定行政庁は，特定非常災害である場合において，応急仮設住宅を存続させる必要があり，所定の要件を満たすときは，建築基準法による2年以内の許可について，更に1年を超えない範囲内で許可の期間を延長することができる． | ○ |
|---|---|---|---|

「特定非常災害の被害者の権利利益の保全等を図るための特別措置に関する法律8条」より，「特定行政庁は，特定非常災害である場合において，応急仮設住宅を存続させる必要があり，所定の要件を満たすときは，建築基準法による2年以内の許可について，更に1年を超えない範囲内で許可の期間を延長することができる．」とわかる．

原文：特定非常災害の被害者の権利利益の保全等を図るための特別措置に関する法律8条
（建築基準法による応急仮設住宅の存続期間の特例に関する措置）
建築基準法第2条第三十五号の特定行政庁は，……非常災害又は……特定非常災害である場合において，……規定する期間を超えて当該被災者の居住の用に供されている応急仮設建築物である住宅を存続させ……必要があり，かつ，安全上，防火上及び衛生上支障がないと認めるときは，同項の規定にかかわらず，更に1年を超えない範囲内において……許可の期間を延長することができる．……

| | | | |
|---|---|---|---|
| | 原文：法85条4項<br>4. 特定行政庁は，前項の許可の申請があった場合において，安全上，防火上及び衛生上支障がないと認めるときは，2年以内の期間を限って，その許可をすることができる． | | |
| 23274 | 法令名索引<br><br>宅造法 | 「宅地造成等規制法」に基づき，宅地造成工事規制区域内において，宅地以外の土地を宅地にするために行う造成工事で，盛土をした土地の部分に高さが1mを超える崖を生ずることとなるものは，原則として，都道府県知事等の許可を受けなければならない． | ○ |

「宅造法2条第二号」及び「宅造法施行令3条」より，「宅造法における宅地造成とは，宅造法施行令3条に該当する土地の区画形質の変更をいう．」とわかる．また，「宅造法8条」に「宅地造成工事規制区域内において，宅地造成の工事（＝宅造法施行令3条各号に該当する工事）を行う場合には，造成主は都道府県知事の許可を受けなければならない．」とあり，問題文にある「高さ1mを超える崖を生ずる盛り土の工事」は，「宅造法施行令3条第二号」より，「宅地造成の工事」に該当するため知事の許可が必要となる．

原文：宅造法2条
（定義）
この法律において，次の各号に掲げる用語の意義は，それぞれ当該各号に定めるところによる．
一．宅地　　農地，採草放牧地……その他政令で定める……土地以外の土地をいう．
二．宅地造成　　宅地以外の土地を宅地にするため又は宅地において行う土地の形質の変更で政令で定めるもの（宅地を宅地以外の土地にするために行うものを除く．）をいう．

原文：宅造法施行令3条
（宅地造成）
法第2条第二号の政令で定める土地の形質の変更は，次に掲げるものとする．
一．切土であつて，当該切土をした土地の部分に高さが2mを超える崖を生ずることとなるもの
二．盛土であつて，当該盛土をした土地の部分に高さが1mを超える崖を生ずることとなるもの
三．切土と盛土とを同時にする場合における盛土であつて，当該盛土をした土地の部分に高さが1m以下の崖を生じ，かつ，当該切土及び盛土をした土地の部分に高さが2mを超える崖を生ずることとなるもの

原文：宅造法8条
（宅地造成に関する工事の許可）
宅地造成工事規制区域内において行われる宅地造成に関する工事については，造成主は，当該工事に着手する前に，国土交通省令で定めるところにより，都道府県知事の許可を受けなければならない．……

| 28281 | 法令名索引<br>急傾斜地法 | 「宅地造成等規制法」と「急傾斜地崩壊危険区域」とは，法律と用語の組合せとして正しい． | × |
|---|---|---|---|

「急傾斜地崩壊危険区域」は，「急傾斜地法3条」に規定されている．

28

原文：急傾斜地法3条
(急傾斜地崩壊危険区域の指定)
都道府県知事は，……第7条第1項各号に掲げる行為が行なわれることを制限する
必要がある土地の区域を急傾斜地崩壊危険区域として指定することができる．

| 01293 | 法令名索引<br>土砂災害防止法 | 「宅地造成等規制法」と「土砂災害特別警戒区域」は，法律と用語とその組合せとして正しい． | × |
|---|---|---|---|

「土砂災害警戒区域等における土砂災害防止対策の推進に関する法律9条」より，
「都道府県知事は，警戒区域のうち，政令で定める基準に該当するものを，土砂災害
特別警戒区域として指定することができる．」とわかる．「宅地造成等規制法」には
定められていないため誤り．

原文：土砂災害警戒区域等における土砂災害防止対策の推進に関する法律9条
(土砂災害特別警戒区域)
都道府県知事は，……警戒区域のうち，……政令で定める基準に該当するものを，
土砂災害特別警戒区域……として指定することができる．

| 24284 | 法令名索引<br>土砂災害防止法 | 「土砂災害警戒区域等における土砂災害防止対策の推進に関する法律」に基づき，特別警戒区域内において，予定建築物が分譲住宅である開発行為をしようとする者は，原則として，あらかじめ，都道府県知事の許可を受けなければならない． | ○ |
|---|---|---|---|

「土砂災害警戒区域等における土砂災害防止対策の推進に関する法律10条」より，
「特別警戒区域内において，予定建築物が「制限用途」の開発行為をしようとする
者は，原則として，あらかじめ，知事の許可を受けなければならない．」とわかる．
「制限用途」については，その「2項」に規定されており，問題文の「分譲住宅」
は，「住宅（自己の居住の用に供するものを除く）」に該当するため「制限用途」に
区分される．よって知事の許可を受けなければならない．

原文：土砂災害警戒区域等における土砂災害防止対策の推進に関する法律10条
(特定開発行為の制限)
特別警戒区域内において，……開発行為をする土地の区域内において建築が予定さ
れている建築物（……以下「予定建築物」という．）の用途が制限用途であるもの
(以下「特定開発行為」という．)をしようとする者は，あらかじめ，都道府県知事
の許可を受けなければならない．……
2. 前項の制限用途とは，予定建築物の用途で，住宅（自己の居住の用に供するも
のを除く．）……以外の用途でないものをいう．

| 25291 | 法令名索引<br>低炭素化促進法 | 「都市の低炭素化の促進に関する法律」に基づき，低炭素建築物新築等計画の認定の申請をしようとする場合には，あらかじめ，建築基準法に基づく確認済証の交付を受けなければならない． | × |
|---|---|---|---|

「低炭素化促進法53条」に「計画の認定」について載っており，「市街化区域等内
において，「低炭素化のための建築物の新築等」をしようとする者は，低炭素建築
物新築等計画を作成し，行政庁の認定を申請することができる．」とわかる．また，
「同法54条」に「認定基準等」について載っており，その「2項」より，「計画の認
定の申請をしようとする場合には，当該申請に併せて，基準法に基づく確認の申請
書を提出しなければならない．」とわかる．問題文は「あらかじめ，確認済証の交
付を受けなければならない．」とあるため誤り．

| | | | |
|---|---|---|---|
| | 原文：低炭素化促進法 53 条<br>(低炭素建築物新築等計画の認定)<br>市街化区域等内において，……（以下「低炭素化のための建築物の新築等」という.）をしようとする者は，……（以下「低炭素建築物新築等計画」という.）を作成し，所管行政庁（……）の認定を申請することができる.<br><br>原文：低炭素化促進法 54 条第 2 項<br>(低炭素建築物新築等計画の認定基準等)<br>2．前条第 1 項の規定による認定の申請をする者は，所管行政庁に対し，……基準法第 6 条第 1 項に規定する建築基準関係規定に適合するかどうかの審査を受けるよう申し出ることができる．この場合においては，当該申請に併せて，同項の規定による確認の申請書を提出しなければならない. | | |
| 01304 | 法令名索引<br>------<br>低炭素化促進法 | 「都市の低炭素化の促進に関する法律」に基づき，低炭素建築物新築等計画の認定を受けた者は，当該認定を受けた低炭素建築物新築等計画の変更をしようとするときは，原則として，所定の申請書等を提出して所管行政庁の認定を受けなければならない. | ○ |
| | 「低炭素化促進法 55 条」に「計画の変更」について載っており，「計画の認定を受けた者は，当該認定を受けた低炭素建築物新築等計画の変更をしようとするときは，原則として，所定の申請書等を提出して所管行政庁の認定を受けなければならない.」とわかる.<br><br>原文：低炭素化促進法 55 条<br>(低炭素建築物新築等計画の変更)<br>前条第 1 項の認定を受けた者（以下「認定建築主」という.）は，当該認定を受けた低炭素建築物新築等計画の変更（……）をしようとするときは，……，所管行政庁の認定を受けなければならない.<br>2．前条の規定は，前項の認定について準用する. | | |
| 03281 | 法令名索引<br>------<br>低炭素法 | 「都市の低炭素化の促進に関する法律」に基づき，低炭素建築物新築等計画の認定基準に適合させるための措置をとることにより通常の建築物の床面積を超えることとなる場合，建築基準法第 52 条第 1 項に基づく容積率の算定の基礎となる延べ面積には，当該建築物の延べ面積の1/10 を限度に算入しないものとする. | × |
| | 「低炭素化促進法 60 条」に「低炭素建築物の容積率の特例」について載っており，「低炭素建築物新築等計画の認定基準（同法 54 条第一号）に適合させるための措置をとることにより通常の建築物の床面積を超えることとなる場合，建築基準法第 52 条第 1 項に基づく容積率の算定の基礎となる延べ面積には，政令で定める床面積を算入しないものとする.」とわかる．その床面積については，「同法（令）13 条」より，「当該建築物の延べ面積の 1/20 を限度に算入しないものとする.」とわかる．問題文は「1/10」とあるため誤り.<br><br>原文：低炭素化促進法 60 条<br>(低炭素建築物の容積率の特例)<br>建築基準法第 52 条 1 項……の容積率……の算定の基礎となる延べ面積には，……低炭素建築物の床面積のうち，第 54 条第 1 項第一号に掲げる基準に適合させるための措置をとることにより通常の建築物の床面積を超えることとなる場合における政令で定める床面積は，算入しないものとする. | | |

原文：低炭素化促進法（令）13条
（低炭素建築物の容積率の特例に係る床面積）
……（当該床面積が当該低炭素建築物の延べ面積の 1/20 を超える場合においては，
当該低炭素建築物の延べ面積の 1/20）とする．

| 04271 | 法令名索引 | 建築主は，非住宅部分の床面積の合計が 300m² の建築物を新築しようとするときは，その工事に着手する日の 21 日前までに，当該行為に係る建築物のエネルギー消費性能の確保のための構造及び設備に関する計画を所管行政庁に届け出なければならない． | × |
| | 建築物省エネ法 | | |

「建築物省エネ法 11 条」，「同法（令）4 条」より，「建築主は，非住宅部分の床面積の合計が 300m² 以上の建築物（＝特定建築物）を新築しようとするときは，建築物エネルギー消費性能基準に適合させなければならない（適合義務）．」とわかる．一方，「建築物省エネ法 19 条」，「同法（令）7 条」より，「建築主は，特定建築物以外の建築物で，床面積の合計が 300m² 以上の建築物を新築しようとするときは，建築物エネルギー消費性能の確保のための構造及び設備に関する計画を所管行政庁に届け出なければならない（届出義務）．」とわかる．問題文の「非住宅部分の床面積の合計が 300m² の建築物」は，特定建築物であるため，建築物のエネルギー消費性能基準の適合義務は生じるが届け出義務はない．よって誤り．

原文：建築物省エネ法 11 条
（特定建築物の建築主の基準適合義務）
建築主は，特定建築行為（特定建築物（……（以下「非住宅部分」という．）の規模がエネルギー消費性能の確保を特に図る必要があるものとして政令で定める規模以上である建築物をいう．以下同じ．）の新築……をしようとするときは，当該特定建築物（非住宅部分に限る．）を建築物エネルギー消費性能基準に適合させなければならない．

原文：建築物省エネ法（令）4 条
（特定建築物の非住宅部分の規模等）
法第 11 条第 1 項のエネルギー消費性能の確保を特に図る必要があるものとして政令で定める規模は，床面積……の合計が 300 m² であることとする．

原文：建築物省エネ法 19 条
（建築物の建築に関する届出等）
建築主は，次に掲げる行為をしようとするときは，その工事に着手する日の 21 日前までに，……行政庁に届け出……
一．特定建築物以外の……政令で定める規模以上のものの新築

原文：建築物省エネ法（令）7 条
（所管行政庁への届出の対象となる建築物の建築の規模）
法第 19 条第 1 項第一号の政令で定める規模は，床面積の合計が 300 m² であることとする．

| 30303 | 法令名索引 | 「建築物のエネルギー消費性能の向上に関する法律」に基づき，建築物エネルギー消費性能適合性判定を受けた者は，建築基準法に基づく確認申請書を建築主事に提出するときに，併せて適合判定通知書又はその写しを提出しなければならない． | × |
| | 建築物省エネ法 | | |

「建築物省エネ法 12 条」に「省エネ適合性判定」について載っており，その「7 項」より，「建築物エネルギー消費性能適合性判定を受けた者は，建築基準法に基づく確認申請書を建築主事に提出するときに，所定の期間の末日の 3 日前までに，前項の適合判定通知書又はその写しを当該建築主事に提出しなければならない．」とわかる．問題文は「併せて提出」とあるため誤り．

原文：建築物省エネ法 12 条
（建築物エネルギー消費性能適合性判定）
建築主は，特定建築行為をしようとするときは，その工事に着手する前に，建築物エネルギー消費性能確保計画（……）を提出して所管行政庁の建築物エネルギー消費性能適合性判定（建築物エネルギー消費性能確保計画（非住宅部分に係る部分に限る……）……）を受けなければならない．
3．所管行政庁は，……計画の提出を受けた場合においては，その提出を受けた日から 14 日以内に，当該提出に係る建築物エネルギー消費性能適合性判定の結果を記載した通知書を当該提出者に交付しなければならない．
6．建築主は，第 3 項の規定により交付を受けた通知書が適合判定通知書（……）である場合においては，当該特定建築行為に係る建築基準法第 6 条第 1 項……の規定による確認をする建築主事……に，当該適合判定通知書 又は その写しを提出しなければならない．……
7．建築主は，前項の場合において，……計画が建築基準法第 6 条第 1 項の規定による建築主事の確認に係るものであるときは，同条第 4 項の期間（……）の末日の 3 日前までに，前項の適合判定通知書 又は その写しを当該建築主事に提出しなければならない．

| 02302 | 法令名索引 | 「建築物のエネルギー消費性能の向上に関する法律」に基づき，建築主は，特定建築物以外の建築物で床面積の合計が 300m² 以上のものを新築をしようとするときは，所定の事項に関する計画の所管行政庁への届出に併せて，建築物エネルギー消費性能適合性判定に準ずるものとして，登録建築物エネルギー消費性能判定機関が行う建築物のエネルギー消費性能に関する評価の結果を記載した書面を提出することができる． | ○ |
| | 建築物省エネ法 | | |

「建築物省エネ法 19 条」，「同法（令）8 条」より，「建築主は，特定建築物以外の建築物で，床面積の合計が 300m² 以上の建築物（住宅・非住宅に係わらず）の新築しようとするときは，当該建築物を建築物エネルギー消費性能基準に適合させ，所定の計画を所管行政庁に届け出なければならない．」とわかる．また「同法 19 条 4 項，15 条」より，「建築主は，届出に併せて，建築物エネルギー消費性能適合性判定に準ずるものとして，登録建築物エネルギー消費性能判定機関が行う建築物のエネルギー消費性能に関する評価の結果を記載した書面を提出することができる．」とわかる．よって正しい．

原文：建築物省エネ法 19 条 4 項
4．建築主は，第 1 項の規定による届出に併せて，建築物エネルギー消費性能基準への適合性に関する審査であって第 12 条第 1 項の建築物エネルギー消費性能適合性判定に準ずるものとして国土交通省令で定めるものの結果を記載した書面を提出することができる．この場合において……

28

原文：建築物省エネ法 15 条

所管行政庁は，……（以下「登録建築物エネルギー消費性能判定機関」という．）に，第 12 条第 1 項……の建築物エネルギー消費性能適合性判定の全部又は一部を行わせることができる．

2. 登録建築物エネルギー消費性能判定機関が建築物エネルギー消費性能適合性判定を行う場合における第 12 条第 1 項……の規定の適用については，これらの規定中「所管行政庁」とあるのは，「第 15 条第 1 項の登録を受けた者」とする．

| 04273 | 法令名索引 | 建築士は，床面積の合計が 100m² の住宅の新築に係る設計を行うときは，原則として，当該住宅の建築物エネルギー消費性能基準への適合性について評価を行うとともに，当該設計の委託をした建築主に対し，当該評価の結果について，書面を交付して説明しなければならない． | ○ |
| | 建築物省エネ法 | | |

「建築物省エネ法 27 条」より，「建築士は，小規模建築物の新築に係る設計を行うときは，原則として，当該住宅の建築物エネルギー消費性能基準への適合性について評価を行うとともに，当該設計の委託をした建築主に対し，当該評価の結果について，書面を交付して説明しなければならない．」とわかる．問題文の「床面積の合計が 100m² の住宅」は，小規模建築物に該当する．よって正しい．

原文：建築物省エネ法 27 条

（小規模建築物のエネルギー消費性能に係る評価及び説明）

建築士は，小規模建築物（特定建築物 及び 第 19 条第 1 項第一号に規定する建築物以外の建築物……をいう．以下この条において同じ．）の建築……に係る設計を行うときは，……当該小規模建築物の建築物エネルギー消費性能基準への適合性について評価を行うとともに，当該設計の委託をした建築主に対し，当該評価の結果……について，……書面を交付して説明しなければならない．

| 04272 | 法令名索引 | 特定一戸建て住宅建築主は，新築する分譲型一戸建て規格住宅を当該住宅のエネルギー消費性能の一層の向上のために必要な住宅の構造及び設備に関する基準に適合させるよう努めなければならない． | ○ |
| | 建築物省エネ法 | | |

「建築物省エネ法 28，29 条」より，「特定一戸建て住宅建築主は，新築する分譲型一戸建て規格住宅を当該住宅のエネルギー消費性能の一層の向上のために必要な住宅の構造及び設備に関する基準に適合させるよう努めなければならない．」とわかる．

原文：建築物省エネ法 28 条

（特定一戸建て住宅建築主……の努力）

特定一戸建て住宅建築主（……その 1 年間に新築する……「分譲型一戸建て規格住宅」……の戸数が政令で定める数以上であるもの……）は，……その新築する分譲型一戸建て規格住宅を……基準に適合させるよう努めなければならない．

2. 特定共同住宅等建築主（……その 1 年間に新築する……「分譲型規格共同住宅等」……の住戸の数が政令で定める数以上であるもの……）は，……その新築する分譲型規格共同住宅等を……基準に適合させるよう努めなければならない．

原文：建築物省エネ法 29 条
(分譲型一戸建て規格住宅等のエネルギー消費性能の向上に関する基準)
……国土交通大臣は，……新築する分譲型一戸建て規格住宅のエネルギー消費性能の一層の向上のために必要な住宅の構造及び設備に関する基準を定めなければならない.

原文：建築物省エネ法（令）9 条
(特定一戸建て住宅建築主等の新築する分譲型一戸建て規格住宅の戸数等)
法第 28 条第 1 項の政令で定める数は，150 戸とする.
2. 法第 28 条第 2 項の政令で定める数は，1,000 戸とする.

| 03282 | 法令名索引 | 「建築物のエネルギー消費性能の向上に関する法律」に基づき，請負型一戸建て規格住宅を 1 年間に新たに 300 戸建設する特定建設工事業者は，当該住宅をエネルギー消費性能の一層の向上のために必要な住宅の構造及び設備に関する基準に適合させるよう努めなければならない. | ○ |
| --- | --- | --- | --- |
| | 建築物省エネ法 | | |

「建築物省エネ法 31, 32 条」より，「特定一戸建て住宅建設工事業者は，1 年間に新たに所定の戸数以上建設する請負型一戸建て規格住宅を，エネルギー消費性能の一層の向上のために必要な住宅の構造及び設備に関する基準に適合させるよう努めなければならない.」とわかる. また，「同法（令）10 条」より，「その戸数は，300 戸」以上とわかる. よって正しい.

原文：建築物省エネ法 31 条
(特定一戸建て住宅建設工事業者 及び 特定共同住宅等建設工事業者の努力)
特定一戸建て住宅建設工事業者 (……その 1 年間に新たに建設する……「請負型一戸建て規格住宅」……の戸数が政令で定める数以上であるものをいう. ……) は，その新たに建設する請負型一戸建て規格住宅を同項に規定する基準に適合させるよう努めなければならない.
2. 特定共同住宅等建設工事業者 (……その 1 年間に新たに建設する……「請負型規格共同住宅等」……の住戸の数が政令で定める数以上であるものをいう. ……は，その新たに建設する請負型規格共同住宅等を同項に規定する基準に適合させるよう努めなければならない.

原文：建築物省エネ法 32 条
(請負型一戸建て規格住宅等……の一層の向上に関する基準)
……大臣は，……省令で，……請負型一戸建て規格住宅等のエネルギー消費性能の一層の向上のために必要な住宅の構造及び設備に関する基準を定めなければならない.

原文：建築物省エネ法（令）10 条
(特定一戸建て住宅建設工事業者等の新たに建設する請負型一戸建て規格住宅の戸数等)
法第 31 条第 1 項の政令で定める数は，300 戸とする.
2. 法第 31 条第 2 項の政令で定める数は，1,000 戸とする.

| 29274 | 法令名索引 | 「建築物のエネルギー消費性能の向上に関する法律」に基づき，建築主等は，エネルギー消費性能の向上のための建築物に設けた空気調和設備等の改修をしようとするときは，建築物エネルギー消費性能向上計画を作成し，所管行政庁の認定を申請することができる． | ○ |
| --- | --- | --- | --- |
| | 建築物エネルギー法 | | |

「建築物のエネルギー消費性能の向上に関する法律34条」に「計画の認定」について載っており，「建築主等は，エネルギー消費性能の向上のための建築物の修繕等（建築物に設けた空気調和設備等の改修を含む）をしようとするときは，建築物エネルギー消費性能向上計画を作成し，所管行政庁の認定を申請することができる．」とわかる．

原文：建築物省エネ法34条
（建築物エネルギー消費性能向上計画の認定）
建築主等は，エネルギー消費性能の向上に資する建築物の新築又は……増築，改築若しくは修繕等（以下「エネルギー消費性能の向上のための建築物の新築等」という．）をしようとするときは，……（以下「建築物エネルギー消費性能向上計画」という．）を作成し所管行政庁の認定を申請することができる．

原文：同法6条2項
2．建築主は，その修繕等（建築物の修繕 若しくは 模様替，建築物への空気調和設備等の設置又は建築物に設けた空気調和設備等の改修をいう．第34条第1項において同じ．）を……

| 30304 | 法令名索引 | 「建築物のエネルギー消費性能の向上に関する法律」に基づき，建築物エネルギー消費性能向上計画の認定を受けたときは，当該建築物の新築等のうち，建築物エネルギー消費性能適合性判定を受けなければならないものについては，原則として，適合判定通知書の交付を受けたものとみなされる． | ○ |
| --- | --- | --- | --- |
| | 建築物省エネ法 | | |

「建築物省エネ法35条」に「計画の認定基準」について載っており，その「8項」より，「建築物エネルギー消費性能向上計画の認定を受けたときは，当該建築物の新築等のうち，建築物エネルギー消費性能適合性判定を受けなければならないものについては，原則として，適合判定通知書の交付を受けたものとみなされる．」とわかる．

原文：建築物省エネ法35条
（建築物エネルギー消費性能向上計画の認定基準等）
所管行政庁は，前条第1項の規定による認定の申請があった場合において，当該申請に係る建築物エネルギー消費性能向上計画が次に掲げる基準に適合すると認めるときは，その認定をすることができる．
……
8．エネルギー消費性能の向上のための建築物の新築等をしようとする者がその建築物エネルギー消費性能向上計画について第1項の認定を受けたときは，……第12条第1項の建築物エネルギー消費性能適合性判定を受けなければならないものについては，……適合判定通知書の交付を受けたものとみなし……

| 05273 | 法令名索引<br><br>建築物省エネ法 | 建築基準法第52条第1項に規定する建築物の容積率の算定の基礎となる延べ面積には，認定建築物エネルギー消費性能向上計画に係る建築物の床面積のうち，建築物エネルギー消費性能誘導基準に適合させるための措置をとることにより通常の建築物の床面積を超えることとなる場合，国土交通大臣が定めるものの床面積については，当該建築物の延べ面積の1/10を限度として算入しないものとする． | ○ |
|---|---|---|---|

「建築物のエネルギー消費性能の向上に関する法律40条」「同法（令）11条」より，「建築基準法第52条第1項に規定する建築物の容積率の算定の基礎となる延べ面積には，認定建築物エネルギー消費性能向上計画に係る建築物の床面積のうち，建築物エネルギー消費性能誘導基準に適合させるための措置をとることにより通常の建築物の床面積を超えることとなる場合，国土交通大臣が定めるものの床面積については，当該建築物の延べ面積の1/10を限度として算入しないものとする．」とわかる．

原文：建築物省エネ法40条
(認定建築物エネルギー消費性能向上計画に係る建築物の容積率の特例)
建築基準法第52条第1項……に規定する建築物の容積率……の算定の基礎となる延べ面積には，同法第52条第3項及び第6項に定めるもののほか，認定建築物エネルギー消費性能向上計画に係る建築物の床面積のうち，建築物エネルギー消費性能誘導基準に適合させるための措置をとることにより通常の建築物の床面積を超えることとなる場合における政令で定める床面積は，算入しないものとする．

原文：建築物省エネ法（令）11条
(認定建築物エネルギー消費性能向上計画に係る建築物の容積率の特例に係る床面積)
……国土交通大臣が定めるもの (当該床面積が当該建築物の延べ面積の1/10を超える場合においては，当該建築物の延べ面積の1/10) とする．

## 図問題

建築主から以下の条件Aに基づく「地上3階建て共同住宅」の設計を求められた際に，各居室に以下の条件Bに該当する窓を設置しようとした場合，建築基準法その他の建築関係法令の規定の適用に関する設計者の判断として，イ～ハの記述について，正しいもののみの組合せは，次のうちどれか．

| 条件A<br>（建築主の要請） | ・各居室の床面積：40m²（各階に3室ずつ）<br>・階の床面積：160m²<br>・延べ面積：480m²<br>・建築物エネルギー消費性能基準における「地域の区分」が6の地域の基準に適合させる．<br>・住戸ごとの防火区画は設けない． |
|---|---|
| 条件B<br>（各居室の窓） | <br>※採光補正係数は1.0とする．<br>※天井面近くの窓は，全面開放できるものとする．<br>※窓の性能を基に算出した住戸単位での「外皮平均熱貫流率」は0.75W/(m²・度)，「冷房間の平均日射熱取得率」は1.4である． |

イ．適切に採光を確保することができる規模の窓であることを確認した．

ロ．それぞれの住戸について「外皮平均熱貫流率」及び「冷房期の平均日射熱取得率」が基準値以下となることを確認した．

ハ．排煙設備を設置することなく，避難上の支障をきたす煙・ガスを適切に屋外に排出することができる規模の窓であることを確認した．

1．イとロとハ

2．イとロ

3．イとハ

4．ロとハ

イ.

「建築基準法28条1項」より、「共同住宅の居室には、採光のための窓その他の開口部を設け、その有効な部分の面積は、居室の床面積の1/7以上としなければならない。」とわかる。
図の居室の採光に有効な部分の面積は、窓の内法寸法で
「1.84m×0.96m×3 ＋ 0.44×1.14m」×1.0（採光補正係数）＝5.80㎡
これは、居室の床面積の1/7（40㎡×1/7＝5.71㎡）以上であるため、記述は正しい。

ロ.

「建築物省エネ法2条1項第三号」、「建築物エネルギー消費性能基準等を定める
省令 1条1項第二号イ(1)(ⅰ)表」より、「住宅部分を有する建築物で「地域の区分」が6の地域においては、「外皮平均熱貫流率」は、0.87W/(㎡・K)以下、「冷房期の平均日射熱取得率」は、2.8以下」とわかる。いずれも規定値以下のため、記述は正しい。

ハ.

「建築基準法施行令126条の2第1項」より、「令116条の2第1項第二号に該当する窓その他の開口部を有しない居室（排煙無窓）には、排煙設備を設けなければならない。」とわかる。
図の居室において、天井から下方80cm以内の距離にある窓は、その開放できる部分の面積の合計が 0.5m×1.2m＝0.6㎡ であり、床面積40㎡の1/50（＝0.8㎡）未満となっている。
これは排煙無窓に該当するため記述は誤り。
　尚、消防法施行令28条1項の排煙設備の設置については、共同住宅は該当しないため、消防法による設置は不要である。


よって、正しいものの組合せは、「2. イ と ロ」である。

28

以下の条件に該当する建築物の設計に際して，建築基準法その他の建築関係法令の規定の適用に関する設計者の判断として，次の記述のうち，不必要な内容を含むものはどれか．

【条件】
・規　　模：地上6階建て，高さ27m
・構　　造：鉄筋コンクリート造
・延べ面積：3,000㎡（各階の床面積は500㎡）
・用　　途：物品販売業を営む店舗（各階に売場）

1. 構造耐力上の安全性を確認するため，構造計算の実施に当たっては「保有水平耐力計算」によることとし，「保有水平耐力が必要保有水平耐力以上であること」，「構造耐力上主要な部分の断面に生ずる各応力度が，各許容応力度を超えないこと」，「層間変形角が，基準値以内であること」，「屋根ふき材等が，風圧に対して構造耐力上安全であること」を確かめて設計した．

2. 避難上の安全性を確保するため，避難経路となる屋内の直通階段を，「特別避難階段に適合する階段として，2か所に設置すること」，「階段室に排煙機による排煙設備を設置すること」，「非常用の照明装置を設置すること」として設計した．

3. 建築物の備えるべきエネルギー消費性能を確保するため，空気調和設備，照明設備等に関して，実際の設計仕様の条件を基に算定した「設計一次エネルギー消費量」が，床面積，設備等の条件によって定まる「基準一次エネルギー消費量」を超えないものとして設計した．

4. 建築主の要請により，高齢者や障害者など誰もが利用しやすい建築物とするため，廊下の幅などについて移動がしやすいように配慮したところ，床面積の増加によって容積率の基準を超えたことから，容積率の特例の対象となる「認定特定建築物」の認定を受けることとして，「建築物移動等円滑化誘導基準」に適合するものとして設計した．

1. 「建築基準法20条1項第二号イ」,「令81条2項第二号」「令82条」より, 必要なものと判断できる.

2. ・「令122条2項」より,「3階以上の階を物販店舗(1,500㎡を超える)の用途に供する建築物とする場合, 2以上の直通階段を設け, これを避難階段又は特別避難階段としなければならない.」とわかる. また「令122条3項」より, 5階以上の階に売場がある場合, その「1以上」を特別避難階段としなければならない.
   ・「令126条の2第1項第三号」より,「排煙設備を設けなければならない建築物であっても, 階段の部分は, 適用が除外される.」とわかる.
   ・「令126条の4」より,「法別表1(1)～(4)の特殊建築物の居室から地上に通ずる廊下, 階段などの通路等には, 原則として, 非常用照明を設置しなければならない.」とわかる.

   問題文に「設計者の判断として, 不必要な内容を含むもの」とある事から「2箇所の特別避難階段」と「階段室の排煙設備」は不必要なものと判断する事ができる.

   尚, 階段室に対する加圧防煙システムを設けたり, 特別避難階段の付室に排煙機による排煙設備を設ける事で, 階段室に煙が侵入しにくい計画は避難安全上有効であるが,「階段室に排煙機」を設けてしまうと, 階段室が負圧となり, 周囲から階段室に煙を引き込む要因となるため, 有効とは言えない.

3. 「建築物省エネ法11条1項, 2条1項第三号」「建築物エネルギー消費性能基準等を定める省令1条第一号イ, 2条」より, 必要なものと判断できる.

4. 「バリアフリー法17条3項第一号」,「同法19条」より, 必要なものと判断できる.

28

〈**建築物のエネルギー消費性能の向上に関す**
**る法律**〉

**法11条**（特定建築物の建築主の基準適合義務）
建築主は，特定建築行為（**特定建築物**（居住の
ために継続的に使用する室その他の政令で定め
る建築物の部分（以下「住宅部分」という.）
以外の建築物の部分（以下「非住宅部分」とい
う.）の規模がエネルギー消費性能の確保を特に
図る必要がある大規模なものとして**政令**で定め
る規模以上である建築物をいう. 以下同じ.）**の**
**新築** 若しくは **増築** 若しくは **改築**（非住宅部分
の増築 又は 改築の規模が**政令**で定める規模以
上であるものに限る.）／ 又は **特定建築物以外**
**の**建築物の**増築**（非住宅部分の増築の規模が**政**
**令**で定める規模以上であるものであって，当該
建築物が増築後において特定建築物となる場合
に限る.）をいう. 以下同じ.）をしようとする
ときは，当該特定建築物（非住宅部分に限る.）
を建築物エネルギー消費性能基準に**適合させな**
**ければならない.**
2 前項の規定は，建築基準法第6条第1項に規
定する建築基準関係規定とみなす.

**法12条**(建築物エネルギー消費性能適合性判定)
……適合性判定……**を受けなければならない.**

**法19条**（建築物の建築に関する届出等）
建築主は，次に掲げる行為をしようとするとき
は，その工事に着手する日の21日前までに，
……計画を所管行政庁に**届け出なければならな**
**い.** ……
　　一　**特定建築物以外の**……政令で定める規模
　　　以上のものの新築

**令4条**（特定建築物の非住宅部分の規模等）
法第11条第1項のエネルギー消費性能の確保
を特に図る必要がある大規模なものとして政令
で定める規模は，床面積……の合計が300㎡で
あることとする.
2 法第11条第1項の政令で定める**特定建築物**
**の非住宅部分の増築**又は改築の規模は，当該
増築又は改築に係る部分の床面積の合計が
300㎡であることとする.
3 法第11条第1項の政令で定める**特定建築物**
**以外の**建築物の**非住宅部分の増築**の規模は，
当該増築に係る部分の床面積の合計が300㎡
であることとする.

| 規模・用途 | | 措置 |
|---|---|---|
| 300m² 以上 | 非住宅 | 適合義務 |
| | 住宅 | 届出義務 |
| 300m² 未満<br>（非住宅・住宅） | | 説明義務 |

**令8条**（所管行政庁への届出の対象となる……
規模）
法第19条第1項第一号の政令で定める規模は,
床面積の合計が300㎡であることとする.

**法 27 条**（小規模建築物の……評価及び説明）
建築士は，小規模建築物（特定建築物 及び第 19
条第 1 項第一号に規定する建築物以外の建築物
……）……の建築……に係る設計を行うときは，
……建築主に対し……書面を交付して説明しな
ければならない．

小規模建築物＝ 300m² 未満

**法 34 条**（建築物エネルギー消費性能向上計画の
認定）
建築主等は，……（以下「エネルギー消費性能
の向上のための建築物の新築等」という．）を
しようとするときは，……「建築物エネルギー
消費性能向上計画」……を作成し，所管行政庁
の認定を申請することができる．

★認定は「任意」による

28

| コード | 項目 | 問題 | 解答 |
|---|---|---|---|
| 20221 | 品確法<br>----------<br>新築住宅 | 「新築住宅」とは，新たに建設された住宅で，まだ人の居住の用に供したことのないものであり，かつ，当該住宅の建設工事の完了の日から起算して1年を経過していないものをいう． | ○ |
| | | 「品確法2条2項」より，「新築住宅とは，新たに建設された住宅で，まだ人の居住の用に供したことのないものをいい，建設工事の完了の日から起算して1年を経過したものは除かれる．」とわかる． | |
| | | 原文：品確法2条2項<br>2．この法律において「新築住宅」とは，新たに建設された住宅で，まだ人の居住の用に供したことのないもの（建設工事の完了の日から起算して1年を経過したものを除く．）をいう． | |
| 27262 | 品確法<br>----------<br>性能評価基準 | 「評価方法基準」とは，日本住宅性能表示基準に従って表示すべき住宅の性能に関する評価（評価のための検査を含む．）の方法の基準をいう． | ○ |
| | | 「品確法3条の2」より，「日本住宅性能表示基準に従って表示すべき住宅の性能に関する評価の方法を定めた基準を評価方法基準という．」とわかる． | |
| | | 原文：品確法3条の2<br>（評価方法基準）<br>国土交通大臣は，日本住宅性能表示基準を定める場合には，併せて，日本住宅性能表示基準に従って表示すべき住宅の性能に関する評価（評価のための検査を含む．以下同じ．）の方法の基準（以下「評価方法基準」という．）を定めるものとする．<br>2．前条第2項から第5項までの規定は，評価方法基準について準用する．…… | |
| 17222 | 品確法<br>----------<br>住宅性能評価 | 設計された住宅又は建設された住宅について，日本住宅性能表示基準に従って表示すべき性能に関し，評価方法基準に従って評価することを，「住宅性能評価」という． | ○ |
| | | 「品確法5条」のカッコ書きより，「住宅性能評価とは，設計された住宅又は建設された住宅について，日本住宅性能表示基準に従って表示すべき性能に関し，評価方法基準に従って評価することをいう．」とわかる．よって正しい． | |
| | | 原文：品確法5条<br>（住宅性能評価）<br>第7条から第10条までの規定の定めるところにより国土交通大臣の登録を受けた者（以下「登録住宅性能評価機関」という．）は，申請により，住宅性能評価（設計された住宅又は建設された住宅について，日本住宅性能表示基準に従って表示すべき性能に関し，評価方法基準（……）に従って評価することをいう．以下同じ．）を行い，……評価書（以下「住宅性能評価書」という．）を交付することができる． | |

| 02301 | 品確法 | 「住宅の品質確保の促進等に関する法律」に基づき，住宅の建設工事の請負人は，設計住宅性能評価書の写しを請負契約書に添付した場合においては，当該設計住宅性能評価書の写しに表示された性能を有する住宅の建設工事を行うことを契約したものとみなす． | ○ |
| --- | --- | --- | --- |
| | 住宅性能評価書 | | |

「品確法6条1項」より，「住宅の建設工事の請負人は，設計住宅性能評価書を請負契約書に添付した場合においては，当該設計住宅評価書に表示された性能を有する住宅の建設工事を行うことを契約したものとみなす．」とわかる．

原文：品確法6条
（住宅性能評価書等と契約内容）
住宅の建設工事の請負人は，設計された住宅に係る住宅性能評価書（以下「設計住宅性能評価書」という．）若しくは その写しを請負契約書に添付し，又は 注文者に対し設計住宅性能評価書若しくはその写しを交付した場合においては，当該設計住宅性能評価書又はその写しに表示された性能を有する住宅の建設工事を行うことを契約したものとみなす．
2．新築住宅の建設工事の完了前に当該新築住宅の売買契約を締結した売主は，設計住宅性能評価書若しくはその写しを売買契約書に添付し，又は 買主に対し設計住宅性能評価書若しくはその写しを交付した場合においては，当該設計住宅性能評価書又はその写しに表示された性能を有する新築住宅を引き渡すことを契約したものとみなす．
3．新築住宅の建設工事の完了後に当該新築住宅の売買契約を締結した売主は，建設された住宅に係る住宅性能評価書（以下「建設住宅性能評価書」という．）若しくはその写しを売買契約書に添付し，又は 買主に対し建設住宅性能評価書若しくはその写しを交付した場合においては，当該建設住宅性能評価書又はその写しに表示された性能を有する新築住宅を引き渡すことを契約したものとみなす．

| 17223 | 品確法 | 住宅の建設工事の請負人が，注文者に対し設計住宅性能評価書の写しを交付した場合においては，請負人が請負契約書において反対の意思を表示していなければ，当該設計住宅性能評価書の写しに表示された性能を有する住宅の建設工事を行うことを契約したものとみなす． | ○ |
| --- | --- | --- | --- |
| | 住宅性能評価書 | | |

「品確法6条1項・4項」より，「住宅の建設工事の請負人は，設計住宅性能評価書の写しを交付した場合においては，請負人が請負契約書において反対の意思を表示していなければ，当該設計住宅性能評価書の写しに表示された性能を有する住宅の建設工事を行うことを契約したものとみなす．」とわかる．問題文は正しい．

原文：品確法6条第4項
4．前3項の規定は，請負人 又は 売主が，請負契約書又は売買契約書において反対の意思を表示しているときは，適用しない．

| 27264 | 紛争処理機関 | 指定住宅紛争処理機関は，建設住宅性能評価書が交付された住宅の建設工事の請負契約又は売買契約に関する紛争の当事者の双方からの申請がなければ，当該紛争のあっせん，調停又は仲裁の業務を行うことはできない． | × |
|---|---|---|---|
| | 業務 | | |

「品確法 67 条」より「指定住宅紛争処理機関は，建設住宅性能評価書が交付された住宅の建設工事の請負契約又は売買契約に関する紛争の当事者の双方（又は一方）からの申請により，当該紛争のあっせん，調停及び仲裁の業務を行うものとする．」とわかる．

原文：品確法 66 条
(指定住宅紛争処理機関の指定等)
国土交通大臣は，……次条第 1 項に規定する業務（以下この章において「紛争処理の業務」という．）を公正かつ適確に行うことができると認められるものを，その申請により，紛争処理の業務を行う者として指定することができる．

原文：品確法 67 条
(業務)
指定住宅紛争処理機関は，建設住宅性能評価書が交付された住宅（以下この章において「評価住宅」という．）の建設工事の請負契約 又は 売買契約に関する紛争（……）の当事者の双方又は一方からの申請により，当該紛争のあっせん，調停 及び 仲裁（以下この章において「住宅紛争処理」という．）の業務を行うものとする．

| 20225 | 紛争処理機関 | 国土交通大臣の指定する住宅紛争処理支援センターは，建設住宅性能評価書が交付された住宅以外の住宅についても，建設工事の請負契約又は売買契約に関する相談，助言及び苦情の処理を行う． | ○ |
|---|---|---|---|
| | 住宅紛争処理支援センター | | |

「品確法 83 条」に「住宅紛争処理支援センター（同法 82 条）の業務」について載っており，その「七号」より，「建設住宅性能評価書が交付された住宅（評価住宅）以外の住宅についても，建設工事の請負契約又は売買契約に関する相談，助言及び苦情の処理を行う．」とわかる．問題文は正しい．

原文：品確法 82 条
(住宅紛争処理支援センター)
国土交通大臣は，……一般財団法人であって，次条第 1 項に規定する業務（以下この節において「支援等の業務」という．）に関し次に掲げる基準に適合すると認められるものを，その申請により，全国に一を限って，住宅紛争処理支援センター（以下「センター」という．）として指定することができる．

原文：品確法 83 条
(業務)
センターは，次に掲げる業務を行うものとする．
……
七．評価住宅以外の住宅の建設工事の請負契約 又は 売買契約に関する相談，助言 及び 苦情の処理を行うこと．

| 29271 | かし担保責任 | 「住宅の品質確保の促進等に関する法律」に基づき，住宅新築請負契約においては，請負人は，注文者に引き渡した時から10年間，住宅の構造耐力上主要な部分等の瑕疵（構造耐力又は雨水の浸入に影響のないものを除く．）について，民法に規定する担保の責任を負う． | ○ |
|---|---|---|---|
| | 請負人の瑕疵担保責任 | | |

「品確法94条」より，「住宅新築請負契約においては，請負人は，注文者に引き渡した時から，10年間，住宅の構造耐力上主要な部分等の瑕疵（構造耐力又は雨水の浸入に影響のないものを 除く．）について，民法に規定する担保の責任を負う．」とわかる．

原文：品確法94条
(住宅の新築工事の請負人の瑕疵担保責任)
住宅を新築する建設工事の請負契約（以下「住宅新築請負契約」という．）においては，請負人は，注文者に引き渡した時から10年間，住宅のうち構造耐力上主要な部分 又は 雨水の浸入を防止する部分として政令で定めるもの（次条において「住宅の構造耐力上主要な部分等」という．）の瑕疵（構造耐力 又は 雨水の浸入に影響のないものを除く．次条において同じ．）について，民法……に規定する担保の責任を負う．

| 20222 | かし担保責任 | 住宅新築請負契約又は新築住宅の売買契約における瑕疵担保責任の特例において，「住宅の構造耐力上主要な部分等」には，「雨水を排除するため住宅に設ける排水管のうち，当該住宅の屋根若しくは外壁の内部又は屋内にある部分」が含まれる． | ○ |
|---|---|---|---|
| | 請負人の瑕疵担保責任 | | |

「品確法94条」及び「品確法（令）5条2項第二号」より，「新築住宅の売主の瑕疵担保責任の特例における住宅の構造耐力上主要な部分等には，雨水を排除するため住宅に設ける排水管のうち，当該住宅の屋根若しくは外壁の内部又は屋内にある部分が含まれる．」とわかる．

原文：品確法（令）5条2項
(住宅の構造耐力上主要な部分等)
2．法第94条第1項の住宅のうち雨水の浸入を防止する部分として政令で定めるものは，次に掲げるものとする．
一．住宅の屋根 若しくは 外壁 又は これらの開口部に設ける戸，わく その他の建具
二．雨水を排除するため住宅に設ける排水管のうち，当該住宅の屋根 若しくは 外壁の内部 又は 屋内にある部分

| 18243 | かし担保責任 | 「住宅の品質確保の促進等に関する法律」に基づき，新築住宅の売買契約においては，売主は，買主に引き渡した時（当該新築住宅が住宅新築請負契約に基づき請負人から当該売主に引き渡されたものである場合にあっては，その引渡しの時）から10年間，住宅の構造耐力上主要な部分等の隠れた瑕疵について，民法第570条において準用する同法第566条第1項並びに同法第634条第1項及び第2項前段に規定する担保の責任を負う． | ○ |
|---|---|---|---|
| | 売主の瑕疵担保責任 | | |

「品確法95条」より，「新築住宅の売買契約においては，売主は，買主に引き渡した時から10年間，住宅の構造耐力上主要な部分等の隠れた瑕疵について，民法第570条において準用する同法第566条1項並びに同法第634条1項及び2項前段に規定する担保の責任を負う．」とわかる．問題文は正しい．

| | | | |
|---|---|---|---|
| | 原文：品確法95条<br>(新築住宅の売主の瑕疵担保責任の特例)<br>新築住宅の売買契約においては，<u>売主は，買主に引き渡した時</u>（当該新築住宅が住宅新築請負契約に基づき請負人から当該売主に引き渡されたものである場合にあっては，その引渡しの時）から10年間，住宅の構造耐力上主要な部分等の隠れた瑕疵について，<u>民法第570条</u>において準用する同法第566条第1項 並びに <u>同法第634条第1項</u> 及び 第2項前段に規定する担保の責任を負う．…… | | |
| 20224 | かし担保責任<br>────────<br>売主の瑕疵担保責任 | 新築住宅の買主は，住宅の構造耐力上主要な部分等の隠れた瑕疵について，瑕疵担保責任の特例により，売主又は建設工事の請負人のいずれに対しても，契約の解除，瑕疵の修補又は損害賠償の請求をすることができる． | × |
| | 「品確法95条」より，「新築住宅の売買契約においては，住宅の構造耐力上主要な部分等の隠れた瑕疵について，民法に規定する担保の責任を負う．この場合において，民法566条を読み替えると，「瑕疵があるときは，買主は，売主に対し，その瑕疵の修補を請求し，損害賠償の請求をすることができる．」とわかる．問題文は，「売主又は建設工事の請負人のいずれに対しても」とあるため誤り． | | |
| | 原文：品確法95条<br>……．この場合において，同条第1項 及び 第2項前段中「注文者」とあるのは「買主」と，同条第1項中「請負人」とあるのは「売主」とする． | | |
| 22301 | かし担保責任<br>────────<br>請負人の瑕疵担保責任 | 「住宅の品質確保の促進等に関する法律」に基づき，住宅新築請負契約又は新築住宅の売買契約においては，住宅の構造耐力上主要な部分等について，引き渡した時から10年間の瑕疵担保責任を義務づけており，これに反する特約で注文者又は買主に不利なものは無効とされる． | ○ |
| | 「品確法94条，95条」より，「住宅新築請負契約又は新築住宅の売買契約においては，住宅の構造耐力上主要な部分等について，引き渡した時から10年間の瑕疵担保責任が義務づけられる．」とわかる．また，各同条「2項」より，「これに反する特約で注文者又は買主に不利なものは無効とする．」とわかる． | | |
| | 原文：品確法94条2項<br>2．前項の規定に反する特約で注文者に不利なものは，無効とする．<br><br>原文：品確法95条2項<br>2．前項の規定に反する特約で買主に不利なものは，無効とする． | | |
| 20223 | かし担保責任<br>────────<br>瑕疵担保責任の期間の伸長等 | 住宅新築請負契約又は新築住宅の売買契約においては，住宅の構造耐力上主要な部分等の瑕疵担保責任の期間は，瑕疵担保責任の特例により，引き渡した時から10年間であるが，契約において，引き渡した時から20年以内とすることができる． | ○ |
| | 「品確法97条」より，「住宅新築請負契約又は新築住宅の売買契約においては，請負人が負うべき住宅の構造耐力上主要な部分等の瑕疵担保責任の期間は，契約において，注文者に引き渡した時から20年以内とすることができる．」とわかる． | | |

| | | | |
|---|---|---|---|
| | 原文：品確法97条<br>（瑕疵担保責任の期間の伸長等の特例）<br>住宅新築請負契約 又は 新築住宅の売買契約においては，請負人が第94条第1項に規定する瑕疵その他の住宅の瑕疵について同項に規定する担保の責任を負うべき期間 又は 売主が第95条第1項に規定する瑕疵その他の住宅の隠れた瑕疵について同項に規定する担保の責任を負うべき期間は，注文者又は買主に引き渡した時から20年以内とすることができる． | | |
| 22302 | 瑕疵担保履行法<br><br>保証金の供託等 | 「特定住宅瑕疵担保責任の履行の確保等に関する法律」に基づき，新築住宅の建設工事の請負人である建設業者又は売主である宅地建物取引業者は，原則として，瑕疵担保保証金の供託又は瑕疵担保責任保険契約の締結のいずれかを行わなければならない． | ○ |

「瑕疵担保履行法3条」に「住宅建設瑕疵担保保証金の供託」について載っており，その「1項」に，「新築住宅の建設工事の請負人である建設業者は，瑕疵担保保証金の供託を行わなければならない．」とあり，「2項」に，その保証金の額の算定方法が定められているが，カッコ書きより，「瑕疵担保責任保険契約を締結した新築住宅を除く．」とわかる．つまり，新築住宅の建設工事の請負人である建設業者は，①.「瑕疵担保保証金の供託」又は②.「瑕疵担保責任保険契約の締結」のいずれかを行わなければならない．」とわかる．また，同法「11条」に自ら売主となる新築住宅について売買契約した宅地建物取引業者が行わなければならない「住宅販売瑕疵担保保証金の供託」について同様の規定が定められている．よって問題文は正しい．

原文：瑕疵担保履行法3条<br>
（住宅建設瑕疵担保保証金の供託等）<br>
建設業者は，……10年間に住宅を新築する建設工事の請負契約に基づき発注者に引き渡した新築住宅について，……住宅建設瑕疵担保保証金の供託をしていなければならない．<br>
2．……新築住宅（当該建設業者が第17条第1項に規定する住宅瑕疵担保責任保険法人（……）と住宅建設瑕疵担保責任保険契約を締結し，保険証券又はこれに代わるべき書面を発注者に交付した……新築住宅を除く．以下この条において「建設新築住宅」という．）……

原文：瑕疵担保履行法11条<br>
（住宅販売瑕疵担保保証金の供託等）<br>
宅地建物取引業者は，……10年間に自ら売主となる売買契約に基づき買主に引き渡した新築住宅について，……住宅販売瑕疵担保保証金の供託をしていなければならない．<br>
2．……新築住宅（当該宅地建物取引業者が住宅瑕疵担保責任保険法人と住宅販売瑕疵担保責任保険契約を締結し，保険証券又はこれに代わるべき書面を買主に交付した……新築住宅を除く．以下この条において「販売新築住宅」という．）……

原文：瑕疵担保履行法17条<br>
（指定）<br>
国土交通大臣は，……第19条に規定する業務（以下「保険等の業務」という．）に関し，次に掲げる基準に適合すると認められるものを，その申請により，住宅瑕疵担保責任保険法人（以下「保険法人」という．）として指定することができる．

| 22303 | 長期優良住宅法 | 「長期優良住宅の普及の促進に関する法律」に基づき，所管行政庁は，長期優良住宅建築等計画の認定の申請があった場合において，構造及び設備，規模，地域における居住環境の維持及び向上，建築後の維持保全の方法等について，所定の基準に適合すると認めるときは，認定をすることができる． | ○ |
|---|---|---|---|
| | 計画の認定 | | |

「長期優良住宅法6条」に「認定基準等」について載っており，「所管行政庁は，長期優良住宅建築等計画の認定の申請があった場合において，所定の基準に適合すると認めるときは，認定をすることができる．」とわかる．その基準については，同条各号より，「構造及び設備，規模，地域における居住環境の維持及び向上，建築後の維持保全の方法等」とわかる．よって，問題文は正しい．

原文：長期優良住宅法5条
(長期優良住宅建築等計画の認定)
住宅の建築をしてその構造 及び 設備を長期使用構造等とし，自らその建築後の住宅の維持保全を行おうとする者は，……(以下「長期優良住宅建築等計画」という.)を作成し，所管行政庁の認定を申請することができる．
2.　住宅の建築をしてその構造 及び 設備を長期使用構造等とし，建築後の住宅を譲り受けてその維持保全を行おうとする者(以下「譲受人」という.)に譲渡しようとする者(以下「分譲事業者」という.)は，当該譲受人と共同して，……，長期優良住宅建築等計画を作成し，所管行政庁の認定を申請することができる．

原文：長期優良住宅法6条
(認定基準等)
所管行政庁は，前条……の規定による認定の申請があった場合において，当該申請に係る長期優良住宅建築等計画……が次に掲げる基準に適合すると認めるときは，その認定をすることができる．
一．……構造 及び 設備が長期使用構造等であること．
二．……規模が国土交通省令で定める規模以上であること．
三．……地域における居住環境の維持 及び 向上に配慮されたものであること．
……
五．前条……の……計画にあっては，次に掲げる基準に適合すること．
イ．……維持保全の方法が……省令で定める基準に適合するものであること．
……

| 05304 | 長期優良住宅法 | 「長期優良住宅の普及の促進に関する法律」上，構造及び設備が長期使用構造等に該当すると認められる既存住宅(区分所有住宅を除く.)の所有者は，長期優良住宅として国土交通省令で定める長期優良住宅維持保全計画を作成し，所管行政庁の認定を申請することができる． | ○ |
|---|---|---|---|
| | 計画の認定 | | |

「長期優良住宅の普及の促進に関する法律5条」に「計画の認定」について載っており，その「6項」より，「構造及び設備が長期使用構造等に該当すると認められる住宅(区分所有住宅を除く.)の所有者は，長期優良住宅として国土交通省令で定める長期優良住宅維持保全計画を作成し，所管行政庁の認定を申請することができる．」とわかる．問題文に「既存住宅」とあるが，新築に限らず申請する事ができる．よって正しい．

| | | | |
|---|---|---|---|
| | 原文：長期優良住宅の普及の促進に関する法律 5 条第 6 項<br>6. 住宅（区分所有住宅を除く．……）のうちその構造 及び 設備が長期使用構造等に該当すると認められるものについて当該住宅の所有者……は，国土交通省令で定める……（以下「長期優良住宅維持保全計画」という．）を作成し，所管行政庁の認定を申請することができる． | | |
| 22304 | 長期優良住宅法<br>------<br>計画の認定 | 「長期優良住宅の普及の促進に関する法律」に基づき，長期優良住宅建築等計画の認定の申請をしようとする場合には，あらかじめ，建築基準法に基づく確認済証の交付を受けなければならない． | × |
| | 「長期優良住宅法 6 条」に「認定基準等」について載っており，その「2 項」より，「長期優良住宅建築等計画の認定の申請をしようとする者は，行政庁に対し，計画を主事に通知し，計画が基準法 6 条 1 項（確認申請）に規定する建築基準関係規定に適合するかどうかの審査を受けるように申請することができ，この場合，当該申請に併せて，確認の申請書を提出しなければならない．」とわかる．問題文は「あらかじめ，確認済証の交付を受けなければならない．」とあるため誤り． | | |
| | 原文：長期優良住宅法 6 条 2 項<br>2. 前条……の規定による認定の申請をする者は，所管行政庁に対し，当該所管行政庁が当該申請に係る長期優良住宅建築等計画（住宅の建築に係る部分に限る．以下この条において同じ．）を建築主事に通知し，当該長期優良住宅建築等計画が建築基準法第 6 条第 1 項に規定する建築基準関係規定に適合するかどうかの審査を受けるよう申し出ることができる．この場合においては，当該申請に併せて，同項の規定による確認の申請書を提出しなければならない． | | |
| 25271<br>* | 長期優良住宅法<br>------<br>計画の認定 | 「長期優良住宅の普及の促進に関する法律」に基づき，一戸建て住宅等分譲事業者は，譲受人を決定するまでに相当の期間を要すると見込まれる場合においては，単独で長期優良住宅建築等計画を作成し，所管行政庁の認定を申請することができる． | ○ |
| | 「長期優良住宅法 5 条」に「計画の認定」について載っており，その「3 項」より，「分譲事業者は，譲受人を決定するまでに相当の期間を要すると見込まれる場合においては，単独で長期優良住宅建築等計画を作成し，所管行政庁の認定を申請することができる．」とわかる． | | |
| | 原文：長期優良住宅法 5 条第 3 項<br>3. 一戸建て住宅等分譲事業者は，譲受人を決定するまでに相当の期間を要すると見込まれる場合において，……単独で長期優良住宅建築等計画を作成し，所管行政庁の認定を申請することができる． | | |

29

# おわりに

「ウラ指導」というサイト名は、ネーミングとしてのイメージが悪いので変えた方がいいのではないか？という意見も寄せられます．けれども、「ウラ指導」というサイト名には、こだわりがあるのです．

いまだに、多くの受験生が、「一級建築士受験戦争の最前線が、実は、インターネット上に存在している」という事実を知りません．けれども、もし、あなたが、確実に合格をつかみとりたいと望むのであれば、まず、最初に、この試験の実情を探るべきです．ただし、それは、「オモテ」では絶対に手に入りません．真相を物語る受験生たちの生の声は、常に「ウラ（インターネット）」に集まるからです．

私たちのサイト名は、「ウラ指導」とします．私たちは、一級建築士受験戦争の最前線に立ち、これからも、受験生たちからの生の声と向き合い続けます．

2023年11月　著者

## ■編著者略歴

### 一級建築士受験支援サイト「教育的ウラ指導」

一級建築士試験受験支援サービスを主にウェブ上で行う（代表：荘司和樹）．その指導内容は口コミで全国に広まり、年間50回以上の一級建築士育成講習会を主催するほか、東京都や、建築士会などの業界団体、民間企業より依頼され、一級建築士受験対策講習会の講師をつとめる．各講習会の開催風景や参加者の感想などを無料メールマガジン（年間読者数6,500名）やブログ、Facebookで公開し、指導内容を「ブラックボックス化」せずに、積極的に「見える化」している．HP http://www.ura410.com/

### 荘司 和樹（しょうじ　かずき）

千葉県生まれ．日本大学理工学部建築学科卒業後、アーキノーバー建築研究所入所．1999年、一級建築士受験支援サイト「教育的ウラ指導」を開設．2006年、㈱イエサブ ユナイテッド 一級建築士事務所設立．一級建築士．

### 有本 和徒使（ありもと　かずとし）

大阪府生まれ．「教育的ウラ指導」を活用し、独学で一級建築士に合格．2007年、㈱イエサブ ユナイテッド 一級建築士事務所入社．一級建築士．

一級建築士合格戦略　**法規のウラ指導 2024年版**

2023年12月20日　第1版第1刷発行

編　著　者……**教育的ウラ指導**
発　行　者……井口夏実
発　行　所……株式会社 **学芸出版社**
　　　　　　　〒600-8216
　　　　　　　京都市下京区木津屋橋通西洞院東入
　　　　　　　電話 075-343-0811
　　　　　　　http://www.gakugei-pub.jp/
　　　　　　　E-mail info@gakugei-pub.jp
編 集 担 当……古野咲月
装　　　丁……KOTO DESIGN Inc. 山本剛史
印刷・製本……亜細亜印刷

本文の内容は出版当時の情報です．最新の情報については最新の法令集をご確認ください．出版以降の法改正によって内容に修正が必要な場合は、学芸出版社のウェブサイト（https://book.gakugei-pub.co.jp/gakugei-book/9784761503529/）にて正誤表を公開します．

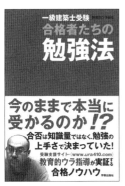

## 一級建築士試験　建築法規のツボ

小嶋和平 著

A5 判・256 頁・本体 2000 円＋税

年々難しくなる一級建築士試験対策として好評の「一級建築士試験のツボ」シリーズに「法規」が登場．学科Ⅲ（法規）の分野ごとに過去問の出題傾向を徹底分析．例年繰り返し出題される「ツボ」と関連条文を効率よく理解することに特化し，ツボごとに例題と解答・解説を付した．ツボを押さえた学習で，苦手分野を得意分野に！

## 一級建築士試験出題キーワード別問題集

全日本建築士会 監修／建築資格試験研究会 編

A5 判・本体 3000 円＋税

一級建築士試験「学科試験」の出題傾向を徹底分析し，過去７年分の問題を出題キーワード別に収録した．出題頻度と問題の傾向が一目でわかり，受験対策が効率よく進められる画期的な問題集．類似問題の集中学習で確実な実力アップができるとともに，試験直前の問題研究にも役立つ．すべての問題に解法のポイントを的確に解説．

## 第三版 イラストでわかる一級建築士用語集

大西正宜 改訂監修／中井多喜雄・石田芳子 著

A5 判・384 頁・本体 3200 円＋税

学科試験の項目ごとに重要な用語を厳選．用語の内容を正確に押さえ，見開きで一つのストーリーとして語ることで，項目内の用語を相互に関連させながら学べる平易で便利な用語集．一級建築士受験に必要不可欠な 2000 語を，温かいタッチのイラストをまじえて解説した．巻末索引の利用で，手軽な建築用語事典として現場でも役立つ．

学芸出版社 ｜ Gakugei Shuppansha

- 📄 図書目録
- 📄 セミナー情報
- 📄 電子書籍
- 📄 おすすめの 1 冊
- 📄 メルマガ申込
  （新刊＆イベント案内）
- 📄 Twitter
- 📄 Facebook

建築・まちづくり・
コミュニティデザインの
ポータルサイト

WEB GAKUGEI
www.gakugei-pub.jp/